KHMER
(CAMBODIAN)
Practical Dictionary

KHMER
(CAMBODIAN)
Practical Dictionary

Khmer–English
English–Khmer

compiled by
Rosanich Sou

Hippocrene Books, Inc.
New York

Copyright © 2018 Hippocrene Books, Inc.
Second printing, 2024

All rights reserved.

For information, address:
HIPPOCRENE BOOKS, INC.
171 Madison Avenue
New York, NY 10016
www.hippocrenebooks.com

Library of Congress Cataloging-in-Publication Data

Names: Sou, Rosanich, author.
Title: Khmer (Cambodian) practical dictionary : Khmer-English/English-Khmer / compiled by Rosanich Sou.
Other titles: Khmer-English/English-Khmer practical dictionary
Description: New York : Hippocrene Books, Inc., [2018]
Identifiers: LCCN 2018015478| ISBN 9780781813617 (pbk.) | ISBN 0781813611 (pbk.)
Subjects: LCSH: Khmer language--Dictionaries--English. | English language--Dictionaries--Khmer.
Classification: LCC PL4326 .S68 2018 | DDC 495.9/32321--dc23
LC record available at https://lccn.loc.gov/2018015478

Printed in the United States of America.

CONTENTS

Abbreviations

abbr.	abbreviation
adj.	adjective
adv.	adverb
anat.	anatomical
art.	article
conj.	conjunction
excl.	exclamation
gram.	grammatical
mech.	mechanical
med.	medical
n.	noun
num.	number
phr.	phrase
prep.	preposition
pron.	pronoun
quant.	quantity
s*b.*	somebody
sth.	something
tech.	technical
v.	verb

BRIEF INTRODUCTION TO THE KHMER LANGUAGE

Khmer is the official language of the Kingdom of Cambodia, which is geographically located in Southeast Asia and borders Thailand, Laos, and Vietnam. With more than 14 million speakers in Cambodia alone, Khmer is classified as a member of modern Mon-Khmer subfamily. Sanskrit and Pali words feature prominently in the language, due to the dominance of Hinduism and Theravada Buddhism in the region throughout history. The Angkorian period, a golden era of the Khmer Empire that occurred around the 12th century, established Cambodia as a major power in the region, resulting in many cultural and linguistic exchanges with Thai, Burmese, and Lao that continue today.

The Khmer language has evolved with time, occasionally borrowing features from Thai, Vietnamese, and French. In the 19th century, Cambodia was colonized by France and most of the technical vocabulary used in science and medical practice today are transliterations of the French terms. The increased popularity of Vietnamese cuisine in the last century has also lead to incorporation of Vietnamese terms into the culinary vocabulary. Written Khmer employs 33 consonants and 25 vowels plus diphthongs and has various different diacritics to be used with the combination of consonants and vowels.

Consonants & Sub-Consonants

In Khmer language, there are 33 consonants, each of which can be categorized into two categories, or series. Consonants in the first series are voiceless or light voiced (and have an "or" sound at the end), while the second series is voiced or heavy voiced (and pronounced with an "oo" sound). When consonants from either series are combined with vowels, the sound of these consonants shall not be distinctive between voiceless or voiced. However, the two types of consonants do determine the sound of the vowel: a vowel used after a light consonant would be pronounced as the sound in first series, while one coming after a heavy consonant would be sounded in the manner of the second series.

Consonants	"light"	"heavy"	Roman	English equiv.
ក	kor		k	s**k**unk, s**k**ip
ខ	khor		kh	**k**ind
គ		koo	k	s**k**unk, s**k**ip
ឃ		khoo	kh	**k**ind
ង		ngoo	ng	morni**ng**
ច	chor		ch	**j**ump
ឆ	chhor		chh	**ch**eese
ជ		choo	ch	**j**ump
ឈ		chhoo	chh	**ch**eese
ញ		nhoo	nh	o**n**ion
ដ	dor		d	**d**og
ឋ	thor		th	**Th**ailand, **t**ake
ឌ		doo	d	**d**og
ឍ		thoo	th	**Th**ailand, **t**ake

Consonants	"light"	"heavy"	Roman	English equiv.
ណ	nor		n	**n**ame
ត	tor		t d	**t**elevision **d**og
ថ	thor		th	**Th**ailand, **t**ake
ទ		too	t	**t**élévision (in French)
ធ		thoo	th	**Th**ailand, **t**ake
ន		noo	n	**n**ame
ប	bor		b[1]	**b**ook
ផ	phor		ph	**p**en
ព		poo	p	pu**pp**y
ភ		phoo	ph	**p**en
ម		moo	m	**m**ake
យ		yoo	y	**y**ou
រ		roo	r	**r**un
ល		loo	l	**l**ong
វ		voo	v[2] w	**v**ision **w**olf
ស	sor		s	**S**unday
ហ	hor		h	**h**and
ឡ	lor		l	**l**ong
អ	or		or[3]	s**aw**

---

[1]This letter has the sound of the English "b" except in a few instances where there is a hidden accent when it sounds like the English "p". These instances are usually something that is just memorized.

[2] the "v" sound in Khmer bears a slightly different pronunciation than in English in a sense that the "v" has a vibration and therefore should be pronounced with the teeth and lips clenched together.

[3] When standing alone, this letter can be pronounced as "aw" or "ak" depending on different words. With any combination of vowel after it, it becomes soundless, but then follows the vowel sound. Thus, it has many varieties of pronunciation.

While there are 33 consonants, there are 33 sub-consonants as well. Sub-consonants, or consonants written in subscript form, are placed beneath consonants as shown below. Sub-consonants have the same pronunciation as the "normal" consonant they belong to, but are written this way to express that the two consonants need to be pronounced consecutively. It is common for sub-consonants to be used in the middle of a word, though never at the beginning of a word. For example:

សង្ឃឹម (hope) = សង (sorng) + ឃឹម (khoem)

Rather than writing consonant "ឃ" in the second syllable, the sub-consonant "្ឃ" is used instead in the middle of the word.

Here is a chart of sub-consonants, written below their "full" written version:

ក្ក	ខ្ខ	គ្គ	ឃ្ឃ	ង្ង	ច្ច
ឆ្ឆ	ជ្ជ	ឈ្ឈ	ញ្ញ	ដ្ដ	ឋ្ឋ
ឌ្ឌ	ឍ្ឍ	ណ្ណ	ត្ត	ថ្ថ	ទ្ទ
ធ្ធ	ន្ន	ប្ប	ផ្ផ	ព្ព	ភ្ភ
ម្ម	យ្យ	រ្រ	ល្ល	វ្វ	ស្ស
ហ្ហ	ឡ្ឡ	អ្អ			

Note: The sub-consonant versions of "ដ" and "ត" are written the same way: "្ត". Also, there is no sub-consonant version of ឡ.

Vowels

There are 25 vowels in Khmer language. The pronunciation of each vowel is dependent on the type of the initial consonant used before the vowel. If the consonant is first series (light voiced), for example, then the vowel used with that consonant has to be pronounced as first series sound of that vowel.

1. Dependent vowels

Dependent vowels are known as *srak nisai.* They are divided into two groups: 17 individual vowels (known as ***srak reay***) and 8 combination vowels (known as ***srak phsorm***). These vowels all must follow a supporting consonant.

(*See charts on pages 6–9*)

2. Independent Vowels

Independent vowels in Khmer can stand alone in a word without a supporting consonant; each vowel already sounds like a combination of a consonant and a dependent vowel. Independent vowels are known as ***srak penh tuo***. According to officially-established standards for the language, there are 15 independent vowels.

(*See chart on page 10*)

Dependent Vowels

vowels	example with ក	name	first series	second series	notes	available equivalent to English	
						1st series	2nd series
|	ក	srak or*	or	or		absorb, or	absorb, or
ា	កា	srak a	a	ea		car	dear
ិ	កិ	srak e	e	i		day (shorter voiced)	think
ី	កី	srak ei	ei	i, y		pay + bee	see
ឹ	កឹ	srak oe	oe	oe		cheaper (shorter voiced)	clerk (shorter voiced, without stress-ing the k sound strongly)

ឺ	កឺ	srak eu	eu	eu		alone (pro-nounced as schwa [ə]) (mouth is half opened)	perfume + you (mouth is least opened)
ុ	កុ	srak o	o (short)	u		post (shorter voiced)	push (shorter voiced)
ូ	កូ	srak ou	o (long)	ou		oh	zoo
ួ	កួ	srak uo	uo	uo		cure	cure
ើ	កើ	srak a–uh	a–uh/er	e–uh	ើ+	dark + per	ten + per
ឿ	កឿ	srak oeur	oeur	oeur		about + last (long voiced)	about + last (long voiced)
ៀ	កៀ	srak ie	ie	ie		near	near

Dependent Vowels *(continued)*

vowels	example with ក	name	first series	second series	notes	available equivalent to English	
						1st series	2nd series
េ	កេ	srak e	e	ee		gay	gay (shorter voiced)
ែ	កែ	srak ae	ae	eae		start + bed	peer + pen
ៃ	កៃ	srak ai	ai	ay		die (shorter voiced)	head + ship
ោ	កោ	srak oa	oa	oo	េ+ា	saw + farm	so + do
ៅ	កៅ	srak aow	aow	ouw		out	too + vast
ុំ	កុំ	srak om	om	um	ុ+ំ	go (shorter voiced) + mom	book + mind
ំ	កំ	srak om	orm	oum		sort + milk	book + mind

ាំ	កាំ	srak am	am	ouam	ា+ំ	gum	put + arm + man
ះ	កះ	srak ah	ah	eah		father + same (without stressing "s" sound strongly)	near + some (without stress-ing "s" sound strongly)
ិះ	កិះ	srak is	is	is	ិ+ះ	please	this
ុះ	កុះ	srak oh	oh	ouh	ុ+ះ	float (shorter voiced) + sing (without stress-ing "s" sound strongly)	food + song (without stress-ing "s" sound strongly)
េះ	កេះ	srak esh	esh	is	េ+ះ	chase	this
ោះ	កោះ	srak a–oh	a–oh	uoh	េ+ា+ះ	art + gosh (without stress-ing "sh" sound strongly)	poor + safe (without stress-ing "s" sound strongly)

*srak or is normally embedded/implicit in the consonant; "|" is never used in written Khmer.

Independent Vowels

Vowels	Name	Sound
អ	or srak penh tuo	or
អា	a srak penh tuo	a
ឥ	ei srak penh tuo	ei
ឦ	ei srak penh tuo	ei
ឧ	uh (short) srak penh tuo	uh (short)
ឩ	ou (long) srak penh tuo	ou (long)
ឱ	oa srak penh tuo	oa
ឳ	aow srak penh tuo	aow
ឪ	ouw srak penh tuo	ouw
ឫ	reu (short) srak penh tuo	reu (short)
ឬ	reu srak penh tuo	reu
ឭ	leu (short) srak penh tuo	leu (short)
ឮ	leu srak penh tuo	leu
ឯ	ae srak penh tuo	ae
ឰ	ai srak penh tuo	ai

There is another vowel which is classified as an independent vowel in some unofficial sources and is also used often in daily writing:

ឲ្យ / ឱ្យ : oay srak penh tuo : oay / oay

Word building using consonants and vowels

As independent vowels can stand in a word independently, they do not need an accompanying consonant. A word, however, must contain at least one consonant and one vowel. Here are a few examples:

- ដំរី dom-rei (*elephant*)

  ដ is a consonant with ំ as the dependent vowel. រ is a consonant with ី as the dependent vowel.

- ក kor (*neck*)

  ក is a consonant accompanied by vowel "|" *srak* or which is implied within the consonant.

Diacritics (Sanh-nha-vanayut)

It is very important to understand Khmer diacritics. There is no formal rule for when to use these them, however, other than to memorize which words use these symbols. There are five different diacritics in Khmer language; each one has different function and has a distinct effect on the sound.

(*See chart on pages 12–14*)

Diacritic	Name	Usage/Rule	Example
់	born-tork	Make the syllable sound shorter	សក់ /sork/ (hair) While សក is pronounced as "sork," សក់ with Born-tork sign is pronounced strongly in a shorter syllable.
៊	trei-sap	Converts first series consonants that have no second series consonant counter parts (such as ស ហ ប អ) to second series consonants	ស (sor) converts to ស៊ (soo) ហ (hor) converts to ហ៊ (hoo) អ (or) converts to អ៊ (oor)
៉	mou-soek-ka-toan	Converts second series consonants to first series consonants. It is used only for ង ញ ម យ រ and វ.	ង (ngoo) converts to ង៉ (ngor) ញ (nhoo) converts to ញ៉ (nhor) ម (moo) converts to ម៉ (mor) <u>Note</u>: we can use this diacritic for ប as well. ប (bor) converts to ប៉ (por)

Diacritic	Name	Usage/Rule	Example
◌័	sanh-yoak-sanh-nha	Is used on particular words, usually borrowed from Sanskrit language. Often equivalent to "ា". However, if the final consonant is យ, then it is pronounced as /ay/	ស័ក្តិ /sak/ (rank to be used in military hierarchy) pronounces as សាក់ /sak/ ភ័យ/phay/ (scared) pronounces as ភៃ /phay/
◌៌	roo-bat	Is not pronounced in the word. It is equal to "រ", as a consonant.	ពណ៌នា (describe) is pronounced as /puo-or ra-nea/
◌៍	toan-na-kheat	Used to silence the consonant it stands on.	សប្តាហ៍ (week) is pronounced as /sab-da/ ហ៍ is not pronounced.
◌៏	as-sda	There is no particular usage of this diacritic. However, we it is often used in two words: ក៏ and ដ៏	ក៏ (also) is pronounced /kor/ ដ៏ (very) is pronounced /dor/

Diacritic	Name	Usage/Rule	Example
ៗ	lek-too	Used to repeat the same word to avoid redundancy.	ដូចៗគ្នា (same as each other) is pronounced /douch-douch-knea/
ះ	yuh-kalek-pen-tuh	Equivalent to "ាក់" which sounds like /ak/ (short sound).	ស្រះ (vowel) is pronounced /srak/

KHMER–ENGLISH
Dictionary

KHMER ALPHABETICAL ORDER:

ក ខ គ ឃ ង ច ឆ ជ ឈ ញ ដ ឋ ឌ ណ ត ថ
ទ ធ ន ប ផ ព ភ ម យ រ ល វ ស ហ ឡ អ

Independent Vowels

ឥ ឧ ឪ ឱ ឫ ឮ ឯ ឲ

ក

កក kork *v.* freeze
កក់ kork *n.* reed
កក់ក្ដៅ kork-kdao *adj.* warm
កក់ពេញ kork-penh *adj.* fully booked
កករ kor-kor *n.* sediment
កកាយ kor-kay *v.* scratch
កក kok *adj.* solid
កងកម្លាំង korng-kom-lang *n.* force
កងទ័ព korng torb *n.* army
កងអនុសេនាតូច korng-ah-nu-se-na-toch *n.* platoon
កង់ korng *n.* bicycle
កង់មុខ kong-muk *n.* front wheel
កង់សម្រាប់ឡើងភ្នំ kong-som-rab-lerng-phnom *n.* mountain bike
កដៃ kor-dai *n.* wrist
កសាង kor-sang *v.* found
កង្កែប kong-kep *n.* frog
កង្វះ korng-was *n.* lack
កង្វះខាត korng-was-khat *n.* deficiency
កង្វះអាហារូបត្ថម្ភ korng-was aha-ruop-pak-thorm *n.* malnutrition
កង្ហារ kong-ha *n.* ventilator
កង្ហារ konf-ha *n.* fan *(mech.)*
កចា kak-cha *n.* enamel
កញ្ចក់ konh-chok *n.* mirror
កញ្ចក់បង្អួច konh-chork-bong-ouch *n.* pane, windowpane
កញ្ចប់ konh-chop *n.* package
កញ្ជ្រិល kanh-chroel *n.* measles
កញ្ឆា kanh-char *n.* marijuana
កញ្ឆែត kanh-chaet *n.* water mimosa
កញ្ញា konh-nha *n.* Ms. *(form of address)*
ក៏ដូចតែគ្នា kor-doch-tea-knea *adv.* similarly
កណិការ kaknika *n.* kanak champa *(tree)*
កណ្ដុរប្រេង kondol-preng *n.* rat
កណ្ដូប korn-doub *n.* locust

កណ្ដាប់ដៃ kon-dab-dai *n.* fist
កណ្ដាល kondal *n.* Middle
កណ្ដាលវាល kon-dal-veal *adj.* outdoor(s)
កណ្ដាលអាធ្រាត kondal-ah-threat *n.* midnight
កណ្ដឹង korn-deng *n.* bell
កណ្ដុរ kon-dol *n.* mouse
កណ្ដុរសំពោ kon-dol-som-pouw *n.* guinea pig
កត្តា kak-ta *n.* factor
កត្តិក ka-doek *n.* kartika *(ritual knife)*
កត្តិកាសញ្ញា kat-te-ka-sanha *n.* charter
កថាខ័ណ្ឌ kak-tha-khan *n.* paragraph
កន្ត្រក korn-trok *n.* basket
កន្ត្រៃ kon-trai *n.* scissors
កន្ទក់ kon-touk *n.* bran
កន្ទប korn-tob *n.* diaper
កន្ទុយ kon-tuy *n.* tail
កន្ទុយគោ kon-tuy-ko *n.* oxtail
កន្ទុយចចក kon-tuy chor-chork *n.* cat's tail
កន្ទួត korn-tuot *n.* gooseberry
កន្ទាំង korn-thaing *n.* woody herb
កន្ទាំងហៃ korn-thaing hae *n.* polygonum tomentosum *(vegetable)*
កន្ទ្រង kon-trong *n.* sieve
កន្ទ្រោក korn-troak *n.* pink wampee *(fruit)*
កន្លងទៅ korn-lorng touw *adv.* ago
កន្លាត korn-lat *n.* cockroach
កន្លាស់កអាវ kon-las kor av *n.* brooch
កន្លែង kon-laeng *n.* space
កន្លែងកំសាន្ត kon-laeng-kom-san *n.* resort
កន្លែងចតយានយន្ត kon-laeng-chot-yean-yom *n.* parking garage
កន្លែងចូល kon-laeng-chol *n.* entry
កន្លែងចូលនៃទ្វារ kon-leaeng-chol-nay-thvea *n.* doorway
កន្លែងជួបជុំ kon-laeng-chuob-chom *n.* gathering place
កន្លែងដាក់ទុក kon-laeng-dak-tok *n.* repository
កន្លែងដែលកើតហេតុ kon-laeng-del-kert-het *n.* stage
កន្លែងដែលនៅសល់ kon-laeng-del-nov-sol *adj.* remaining
កន្លែងថតភាពយន្ត kon-laeng-thot-pheap-yon *n.* studio
កន្លែងថាច់ផេត korn-laeng tach-pet *n.* touchpad

កន្លែងទទួលភ្ញៀវ kon-laeng-tor-tuol-phnheav *n.* foyer
កន្លែងទីធ្លាបើកចំហ kon-laeng-ti-thlea-berk-chom-hor *n.* open air
កន្លែងបង្កក kon-laeng-bong-kork *n.* freezer
កន្លែងបោកគក់ kon-laeng boak kuok *n.* laundry
កន្លែងបោះបង់ចោល kon-laeng-bos-bong-chol *n.* ruins
កន្លែងបោះយុថ្កា kon-laeng boah yuth-thka *n.* anchorage
កន្លែងប្រជុំ kon-laeng-bro-chum *n.* meeting place
កន្លែងផ្សេងទៀត kon-laeng-phaeng-teat *adv.* elsewhere
កន្លែងមើលក្មេង kon-laeng-merl-kmeng *n.* nursery *(baby)*
កន្លែងរាំ kon-leaeng-rouam *n.* discotheque
កន្លែងលក់ផ្កា kon-laeng-luok-phka *n.* florist
កន្លែងលក់សំបុត្រ kon-laeng louk som-bot *n.* box office
កន្លែងលេងកីឡា kon-laeng-leng-key-la *n.* sporting ground, sports field
កន្លែងសង្កេតមើលផ្កាយ kon-laeng-song-ket-merl-phkay *n.* observatory
កន្លែងសម្តែងអូប៉េរ៉ា kon-laeng-som-deng-oh-pe-ra *n.* opera house
កន្លែងសម្រាកលំហែកាយ kon-laeng-som-rab-lom-hae-kay *n.* holiday resort
កន្លែងសួរព័ត៌មាន kon-laeng-suor-por-mean *n.* information desk
កន្លែងហើម kon-laeng-herm *n.* swelling
កន្លែងឡើង kon-laeng lerng *n.* climb
កន្លែងអគ្គីភ័យ kon-laeng-ah-ki-phei *n.* fireplace
កន្លែងអង្គុយខាងមុខ kon-laeng-orng-kuy-khang-muk *n.* front seat
កន្លះ kon-las *quant.* half past
កន្លះគីឡូ kon-las-ki-lo *quant.* half a kilo (1.1 lb.)
កន្លះលីត្រ kon-las-lit *quant.* half a liter (0.5 qt.)
កន្សែង kon-saeng *n.* towel
កន្សែង kon-saeng *n.* scarf
កន្សែងជូតចាន kon-saeng-chout-chan *n.* dish towel
កន្សែងជូតមាត់ kon-saeng-chut-moat *n.* napkin
កន្សែងដៃ kon-saeng-dai *n.* handkerchief
កន្សែងរុំកឲ្យកក់ក្តៅ kon-saeng-rom-oy-kok-kdao *n.* muffler
កប់ kob *v.* bury
កប៉ាល់ kak-pal *n.* ship
កម្ចី korm chei *n.* loan
កម្ទេចសាច់សេសសល់ kom-tech-sach-ses-sol *n.* offal
កម្តៅ korm-dao *v.* re-heat
កម្ទេច korm-tech *n.* crumb
កម្ពឹស korm-peus *n.* clove

កម្មវិធីកុំព្យូទ័រ kam-vi-ti-kom-pyu-ter *n.* spreadsheet
កម្មវិធីជាឯកសារ kam-vi-thi-chea-aek-sa *n.* documentary
កម្មវិធីធ្វើដំណើរ kam-vithi-thver-dom-ner *n.* itinerary
កម្មវិធីអ៊ីនធឺណេត kam-vithi internet *n.* Internet browser
កម្មសិទ្ធិ kam-seth *n.* domain *(Internet)*
កម្មសិទ្ធិបញ្ញា kam-soet-panha *n.* copyright
កម្រង korm-rong *n.* queue
កម្រងកវីនិពន្ធន៍ korm-rorng kak-vei ni-pun *n.* anthology
កម្រមាន korm-ror-mean *adj.* rare
កម្រាល korm-ral *n.* mat
កម្រាលតង់ korm-ral-tong *n.* groundcloth
កម្រាលតុ korm-ral-tok *n.* tablecloth
កម្រាលពូកនៅផ្ទះ korm-ral-puok-nov-phteah *n.* household linen
កម្រាលព្រំ korm-ral proum *n.* carpet
កម្រិត korm-ret *n.* constraint
កម្រិតខុសគ្នា korm-roet khos khnea *n.* margin
កម្រិតជីវភាព korm-roet chi-vak-pheap *n.* living standard
កម្រិតទម្ងន់វ៉ាលី korm-roet tum-ngun vali *n.* luggage allowance
កម្រិតបន្ទុក korm-roet born-tuk *n.* load limit
កម្រិតល្បឿន korm-rit-la-bern *n.* speed limit
កម្រើក korm rerk *v.* stir
កម្លាំងវ៉ុលខ្លាំង korm-lang-vol-khlang *n.* high voltage line
កម្អែភ្នំភ្លើង korm-aer phnom phleung *n.* lava
ករចែវទូក ka-chev-tuk *n.* rowing
ករណី kak-ror-nei *n.* case *(situation)*
ករណីយុត្តិសាស្ត្រ kak-ror-nei yuti-sas *n.* precedent
កវីនិពន្ធ kak-vei ni-pun *n.* author
កវីនិពន្ធវិជ្ជា kak-vey-ni-pun-vichea *n.* poetics
កសិកម្ម kak-se-kam *n.* agriculture
កសិករ kak-se-kor *n.* farmer
កសិដ្ឋាន kak-se-than *n.* farm
កាក់ kak *n.* coin
កាកទឹកដោះ kark-toek-dos *n.* whey
កាកសំណល់ kak-som-nol *n.* residue
កាកាវ ka-kaw *n.* cocoa
កាច់ចង្កូត kach-chong-kot *v.* steer
កាច់បត់បែន kach bot-baen *v.* bend

កាដូឥតគិតថ្លៃ ka-do-et-kit-thlai *n.* free gift
កាណូត ka-not *n.* motorboat
កាត់ kat *v.* cut
កាតទូរស័ព្ទ kat-tu-ro-sap *n.* phone card
កាត់ទោស kat toas *v.* prosecute *(legal)*
កាត់បន្ថយ kat-bon-thoy *v.* reduce
កាតប៉ុស្តាល់ kart-post-tal *n.* postcard
កាតព្វកិច្ច ka-tap-kich *n.* obligation
កាតាឡុក ka-ta-lok *n.* catalog
កាតុង ka-tong *n.* cardboard
កាន់ kan *v.* hold
កាន់កាប់ kan-kab *v.* possess
កាន់តែ kan-tea *adv.* still
កាន់ទុក្ខ kan-tok *v.* mourn
កាបូន ka-bon *n.* carbon
កាបូប ka-boub *n.* bag
កាបូបដឹកជញ្ជូន ka-boub doek-chunh-choun *n.* carrier bag
កាបូបដៃ ka-boub-dai *n.* handbag
កាបូបយួរដៃ ka-boub-yuo-dai *n.* hand baggage
កាបូបស្ពាយ ka-boub-spiay *n.* knapsack
កាបូបស្ពាយក្រោយ ka-boub speay kroay *n.* backpack
កាបូអ៊ីដ្រាត ka-bo-i-drat *n.* carbohydrate
កាព្យសាស្ត្រ karp-sas *n.* prosody
កាមេរ៉ាឌីជីថល ka-meh-ra-digital *n.* slr camera
កាយវិការ kay-vi-ka *n.* gesture
កាយវិភាគវិទ្យា kay vi-pheak vi-tchea *n.* anatomy
ការកក ka kork *n.* clot
ការកក់ ka kok *n.* booking
ការកក់ក្តៅ ka-kok-kdao *n.* warmth
ការកត់ kar-kot *n.* notation
ការកម្ទេច ka-kom-tech *n.* obstruction
ការកម្រិត kar korm-roet *n.* limitation
ការកាត់ដេរ ka-kat-deh *n.* sewing
ការកាត់ទោស kar kat-toas *n.* prosecution
ការកាត់បន្ថយ ka-kat-bon-thoy *n.* reduction
ការកាត់សក់ ka-kat-sork *n.* haircut
ការកាត់សាច់កក ka kat sach kork *n.* cold cuts

ការកាត់សាច់ពិនិត្យ kar kat sach pi-nit *n.* biopsy
ការកាន់កាប់ ka-kan-kab *n.* possession
ការកាប់ព្រៃឈើ ka kab pray chheuh *n.* deforestation
ការការពារ ka ka-pea *n.* defense
ការការពារខ្លួន ka-ka-pea-kloun *n.* self-defense
ការកើតរោគ ka-kert-rok *n.* morbidity
ការកើតឡើង ka-kert-lerng *n.* occurrence
ការកៀប ka-keab *n.* pinch
ការកេងចំណេញ ka-kenh-chom-nenh *n.* gambit
ការកេងប្រវ័ញ្ច ka-keng-bro-vanh *n.* exploitation
ការកែ ka-kea *n.* revision
ការកែខ្លួន ka kae kluon *n.* atonement
ការកែច្នៃឡើងវិញ ka-kea-chhnai-lerng-ving *n.* recycling
ការកែប្រែ ka kae-brae *n.* alteration
ការកែប្រែពីលើ ka-kea-brea-pi-ler *n.* modification
ការកែសម្រួល ka kae sorm-ruol *n.* adjustment
ការកោតសរសើរ ka koat sor-ser *n.* admiration
ការកំដៅ ka-kom-daow *n.* heating
ការកំសាន្ត ka-kom-san *n.* entertainment
ការក្រាបអោនលំទោន ka-krab-orn-lom-ton *n.* prostration
ការក្រេបទឹកឃ្មុំ ka-kreb-toek-khmum *n.* honeymoon
ការក្លែងបន្លំ ka-klaeng-bon-lom *n.* forgery
ការក្ស័យធុន ka ksay-thun *n.* bankruptcy
ការខកចិត្ត ka-khork-chet *n.* disappointment
ការខូចខាត ka khoch khat *n.* damage
ការខំប្រឹងជាថ្មី ka-khom-brerng-chea-thmei *n.* renewal
ការខ្វះខាត ka-kvas-khat *n.* shortage
ការខ្វះនូវ ka kvas nov *n.* privation
ការគណនា ka keak-neak-nea *n.* calculation
ការគិត ka-kit *n.* thinking
ការគិតរវើរវាយ ka-kit-rover-roveay *n.* reverie
ការគុណ ka-kun *n.* multiplication
ការគូរគំនូរ ka-ku-kom-nu *n.* painting *(activity)*
ការគោរព ka-ko-rop *n.* respect
ការគំនាប់ ka-kom-neab *n.* salutation
ការគំរាមកំហែង ka-kom-ream-kom-haeng *n.* menace
ការគាំទ្រ ka-kouam-tror *n.* advocacy

ការគ្មានសេចក្ដីសុខ ka-kmean-sekdey-sok *n.* unhappiness
ការគ្រប់គ្រង kar krub-krong *n.* management
ការគ្របសង្កត់លើចិត្ត ka krob song-kot ler chet *n.* preoccupation
ការឃើញមួយភ្លែត ka-khernnh-muoy-phlet *n.* glimpse
ការឃោសនា ka-khos-sna *n.* propaganda
ការឃុំ kar khum *n.* custody
ការងប់ងុល ka-ngob-ngol *n.* obsession
ការងារ ka-ngea *n.* occupation
ការងារក្នុងការិយាល័យ ka-ngea-ka-ri-ya-lai *n.* office work
ការងារផ្ទះ ka-ngea-phteah *n.* housework
ការងារពេញម៉ោង ka-ngea-penh-morng *n.* full-time work
ការងូតទឹក ka ngout toek *n.* bath
ការចងការ ka-chorng-ka *n.* usury
ការចងកំហឹង ka-chong-kom-houeng *n.* rancor
ការចងចាំ ka-chong-cham *n.* remembrance
ការចង្អុលបង្ហាញ ka chorng-ol borng-hanh *n.* demonstration
ការចតយានយន្ត ka-chot-yean-yon *n.* parking
ការចម្លងទុក kar chom-lorng tuk *n.* backup
ការចម្លងរាងកាយ ka chorm-lorng reang kay *n.* cloning
ការចម្លងរោគ ka-chom-lorng-rork *n.* infection
ការចម្អក ka-chom-ork *n.* mockery
ការចម្អិនម្ហូបអាហារ ka chorm-en mhob a-ha *n.* cooking
ការចម្អិនសាច់ ka chorm en sach *n.* charcuterie
ការចរចា ka-chor-char *n.* negotiation
ការចាក់ ka-chak *n.* punch
ការចាក់ដោយម្ជុល ka-chak-doay-mchul *n.* puncture
ការចាក់ថ្នាំ ka-chak-thnam *n.* injection
ការចាក់ថ្នាំការពារ ka-chak-thnam-ka-pea *n.* inoculation
ការចាក់បញ្ចូល ka-chak-bonh-chol *n.* transfusion
ការចាប់កំណើត ka chab korm-nert *n.* conception
ការចាប់ចិត្ត ka-chab-chet *n.* fascination
ការចាប់ជំរិត ka chab chum rith *n.* abduction
ការចាប់ធ្វើបន្ត ka-chab-thver-bon-tor *n.* resumption
ការចាប់ផ្ដើម ka chab pderm *n.* beginning
ការចាប់ផ្ដើមលើកដំបូង ka chab pderm leuhk dorm-bong *n.* debut
ការចាប់ពិរុទ្ធ ka chab pi-rut *n.* censorship
ការចាប់រំលោភ ka-chab-romlop *n.* rape

ការចិញ្ចឹម ka-chenh-cherm *n.* nourishment
ការចុចចំគោលដៅ ka-choch-chom-kol-daow *n.* hits *(striking of a target)*
ការចុះកិច្ចសន្យា ka chos kech sorn-ya *n.* contraction
ការចុះចេញពីដំណែង ka-chos-chenh-pi-dom-neng *n.* resignation
ការចុះឈ្មោះបញ្ជីការ ka-chos-chhmous-bonh-chi-ka *n.* registration
ការចុះឈ្មោះរៀន kar chos chhmuoh rean *n.* matriculation
ការចូល ka chol *n.* access
ការចូលខុសច្បាប់ ka-chol-khus-chbab *n.* illegal entry
ការចូលដោយឥតគិតថ្លៃ ka-chol-doay-et-kit-thlai *n.* free admission
ការចេញដំណើរ ka chenh dorm-ner *n.* departure
ការចេញផ្សាយច្រើន ka-chenh-psay-chrern *n.* propagation
ការចែកចាយ ka-chaek-chay *n.* distribution
ការចោទប្រកាន់ kar-choat pror-kan *n.* allegation
ការចោះបញ្ចូលទៅក្នុង ka-chos-bonh-chol-touw-knong *n.* penetration
ការចំណាយ ka-chom-nay *n.* expenditure
ការចំអក ka-chom-orn *n.* irony
ការចំអកបញ្ឈឺចិត្ត ka-chom-ork-bonh-chher-chet *n.* sarcasm
ការចំអន់លេង ka-chom-orn-leng *n.* railery, jest
ការចាំ ka-cham *n.* retention
ការច្នៃប្រឌិត ka chnai pror-dit *n.* creativity
ការឆក់ ka-chhork *n.* shock
ការឆុង ka-chung *n.* infusion
ការឆែកឆេរ ka-chhek-chhee *n.* search
ការឆ្លងផ្លូវ ka chhlorng phlouw *n.* crossing
ការឆ្លាក់ ka chhlak *n.* carving
ការឆ្លើយតប ka-chhlery-tob *n.* rejoinder
ការឆ្លើយបដិសេធ ka-chhlery-pak-deset *n.* refutation
ការឆ្អែត ka chha-et *n.* saturation
ការជក់បារី ka-chouk-barey *n.* smoke
ការជប់លៀង ka-chuob-leang *n.* feast
ការជម្រុញទឹកចិត្ត ka-chom-runh-toek-chet *n.* inspiration
ការជម្រះ ka-choum-reah *n.* discharge
ការជម្រះក្ដីមិនត្រូវ ka-choum-reah-kdei min trouw *n.* mistrial
ការជាប់ឃុំ ka chorb khoum *n.* captivity
ការជាប់ទាក់ទងគ្នា ka chorb teak-torng knea *n.* correlation
ការជាប់ទាក់ទិន ka-choib-tak-torng *n.* implication
ការជាវជាប្រចាំ ka-cheav-chea-bro-cham *n.* subscription

ការជិះកង់ ka chis korng *n.* cycling
ការជិះជាន់ ka-chis-chorn *n.* oppression
ការជិះដោយឥតគិតថ្លៃ ka-chis-doay-et-kit-thlai *n.* free ride
ការជិះសេះ ka-chis-sesh *n.* horseback riding
ការជិះស្គីចុះភ្នំ ka-chis-ski-chos-phnom *n.* downhill skiing
ការជួញដូរ ka-chounh-do *n.* trading
ការជួញរឿង ka-chounh-ruerng *n.* quibble
ការជួល kar-chuol *n.* leasing
ការជួលឲ្យធ្វើការ ka-chuol-oay-thver-ka *n.* employment
ការជួសជុលហាង ka-chous-chol-hang *n.* repair shop
ការជំទាស់ ka-chom-tors *n.* objection
ការជំនួស ka-chum-nous *n.* replacement
ការជំនុំជម្រះក្ដី kar chum-num chum-reas kdei *n.* trial
ការជ្រមុជទឹក ka-chror-moch-toek *n.* diving
ការជ្រើសរើស ka-chrers-rers *n.* recruitment
ការជ្រៀតជ្រែក ka-chreat-chraet *n.* interference
ការឈប់សម្រាក kar-chhub sorm-rak *n.* layover
ការឈឺ ka-chheu *n.* ailment *(minor illness)*
ការឈឺក្រពះ ka-chher-kro-peas *n.* stomachache
ការឈឺចាប់ ka-chheu-chab *n.* affliction
ការឈឺចាប់ផ្លូវចិត្ត ka-chher-chab-phlouw-chet *n.* wound
ការឈឺត្រចៀក ka-chheu-tror-chiek *n.* earache
ការឈ្លានពាន ka-chhlean-pean *n.* aggression
ការញុះញង់ ka-nhus-nhung *n.* instigation
ការដក់ចេញ ka-dork-chenh *n.* recession
ការដកចេញពីវិជ្ជាជីវៈ kar dork chench pi vi-thyia-chi-vak *n.* disbarment
ការដកដង្ហើម ka dork dorng-herm *n.* breathing
ការដកដង្ហើមចេញចូល ka-dork-dong-herm-chenh-chol *n.* respiration
ការដកពីវិជ្ជាជីវៈ ka-dork-pei-vi-chea-chi-veak *n.* disbarment
ការដកហូតវិញ kar dork hout vinh *n.* revoke
ការដាក់ ka-dak *n.* setting
ការដាក់គុក ka-dak-kuk *n.* incarceration
ការដាក់ទោស ka dak toos *n.* charge
ការដាក់បញ្ចូល kar-dak banh-chol *n.* input
ការដាក់ប្រេង kar-dark-preng *n.* lubrication
ការដាក់ពន្ធនាគារ kar dak poan-theanea-kea *n.* incarceration
ការដាក់ព្រំដែន ka-dak-prom-den *n.* restriction

ការដាក់លក្ខណ៍ ka dak leak *n.* coloring
ការដាក់ហិប ka dak heb *n.* casing
ការដឹកជញ្ជូន ka deuk chunh-choun *n.* delivery
ការដឹកនាំ kar doek-noam *n.* leadership
ការដឹង ka-derng *n.* sense
ការដឹងអ្វីៗទាំងអស់ ka-deng-avey-avey-teang-os *n.* omniscience
ការដួលរលំ ka duol ror-loum *n.* crash
ការដើរ ka-der *n.* walking
ការដើរចរច្រប់ ka-der-chor-chrop *n.* ramble
ការដើរទស្សនាកំសាន្ត ka-der-tus-na-kom-san *n.* sightseeing
ការដើរទិញឥវ៉ាន់ ka-der-tinh-ey-van *n.* shopping
ការដើរបិណ្ឌបាត kar da-uh ben-bart *n.* alms round *(Buddhist)*
ការដែលអាចមានផលចំណេញ ka-del-ach-mean-phol-chom-nenh *n.* profitability
ការដោះលែង ka daoh leaeng *n.* acquittal
ការដោះស្រាយ ka-dos-sray *n.* settlement
ការដំឡើងស័ក្ត ka-dom-lerng-sak *n.* promotion
ការដាំ ka-dam *n.* planting
ការណាត់ជួបគ្នា ka-nat-choub-knea *n.* rendezvous
ការណែនាំ ka-nae-noam *n.* guidance
ការតថ្លៃ ka tor-thlai *n.* bargain
ការតបត ka-tob-tor *n.* response
ការតម្រង់ kar-dorm-rorng *n.* alignment
ការតម្រូវ kar-dorm-rouw *n.* customize
ការតម្រៀបជាជួរ ka dorm-reab chea chuor *n.* alignment
ការតម្លើង ka-dom-lerng *n.* installation
ការតវ៉ា ka-tor-va *n.* protest
ការតស៊ូព្យាយាម ka-tor-su-pchea-yeam *n.* persistence
ការតាក់តែងច្បាប់ kar-tak-taeng-chbab *n.* legislation
ការតានតឹង ka-tan-terng *n.* tension
ការតាមរក ka-tam-rok *n.* pursuit
ការតុបតែង ka tob-taeng *n.* decoration
ការតែងតាំង ka-teng-tang *n.* nomination
ការតែងនិពន្ធ ka taeng ni-pun *n.* composition
ការតំលើង kar dorm-leurng *n.* setup
ការតាំងដ៏អស្ចារ្យ ka-tang-dor-os-cha *n.* pageantry
ការតាំងនាម ka taing neam *n.* behalf

ការតាំងពិព័រណ៍ ka-tang-pi-por *n.* exhibition
ការត្រលប់ទៅក្រោយវិញ ka-tro-lop-touw-kroy-vinh *n.* reversal
ការត្រិះរិះ ka-tris-ris *n.* introspection
ការត្រួតត្រា ka truot tra *n.* control
ការត្រួតត្រាមើល ka-truot-tra-merl *n.* supervision
ការត្រួតពិនិត្យ ka-truot-pinit *n.* inspection
ការត្រួតលើគ្នា ka-truot-ler-knea *n.* pile
ការត្អូញត្អែរ ka-ta-ounh-ta-ae *n.* grouse
ការថតចម្លង ka-thort-chom-long *n.* photocopy
ការថតរូប ka-thort-rub *n.* photography
ការថតរូបភ្លែតៗ ka-thort-rub-phlet-phlet *n.* flash photography
ការថែទាំ ka-thae-touam *n.* care
ការថែទាំក្មេង ka thae-touam kmeng *n.* childcare
ការថែទាំល្អិតល្អន់ ka-thae-toim-laet-la-oin *n.* intensive care
ការថ្លឹង ka-thloeng *n.* poise
ការទទូច ka-tor-touch *n.* insistence
ការទទួលខុសត្រូវ kar tor-tuol khos trouw *n.* liability
ការទទួលទានអាហារ ka tor-tuol a-ha *n.* dining
ការទទួលស្គាល់ ka-tor-toul-skol *n.* recognition
ការទប់ ka-tob *n.* repression
ការទប់ទល់ ka-tub-tol *n.* resistance
ការទប់ ka tub *n.* blockage
ការទម្លាក់ចេញពីតំណែង ka toum-leak chenh pi dorm-naeng *n.* deposition
ការទល់លាមក ka tul lea-mork *n.* constipation
ការទាក់ទង ka-tak-torng *n.* interaction
ការទាក់ទងគ្នា ka teak-torng knea *n.* affiliation
ការទាក់ទាញ ka teak-teanh *n.* allurement
ការទាញយក ka-teanh-yok *n.* recovery
ការទាត់ចោល ka-tot-chorl *n.* rebuff
ការទាមទារធានារ៉ាប់រង ka-team-tea-thea-nea-rab-rorng *n.* insurance claim
ការទាយអនាគត់ ka-teay-aknakot *n.* prophecy
ការទិច ka tech *n.* sting
ការទិញ ka-tinh *n.* purchase
ការទុកចិត្ត ka-tok-chet *n.* reliance
ការទុកសារនៅប្រៃសនីយ ka-tok-sa-nov-prey-sni *n.* general delivery
ការទូត ka tout *n.* diplomacy
ការទំនាក់ទំនង ka-tom-neak-tom-nong *n.* relationship

ការទះតិចៗ ka-tes-tic-tic *n.* pat
ការទ្រាមបម្រុងទុកមុន ka-tream-bom-rong-tok-mun *n.* prospect
ការធានា ka-thea-nea *n.* guarantee
ការធូរស្រាល ka-thu-sral *n.* relief
ការធ្វើកាយវិកលកម្ម ka-thver-kay-vikol-kam *n.* mutilation
ការធ្វើក្រចក kar-thver-kror-chork *n.* manicure
ការធ្វើឃាដព្រះរាជា ka-thver-kheat-preah-reachea *n.* regicide
ការធ្វើជាតូបនីយកម្ម ka-thver-chea-tob-ni-kam *v.* nationalize
ការធ្វើជាទំលាប់ ka-thver-chea-tom-lop *n.* ritual
ការធ្វើជាស្រីពេស្យា ka-thver-chea-srey-pes-sya *n.* prostitution
ការធ្វើដោយខ្លួនឯង ka-thver-doay-khluon-aeng *n.* do-it-yourself
ការធ្វើដំណើរ ka-thver-dom-ner *n.* traveling
ការធ្វើដំណើរឆ្លងកាត់ ka-thver-dom-ner-chhlong-kat *n.* transit
ការធ្វើដំណើរតាមនាវា ka-thver-dom-ner tam nea-vea *n.* cruise
ការធ្វើដំណាំ ka-thver-dom-nam *n.* gardening
ការធ្វើតម្រាប់តាម ka-thver-dom-rab-tam *n.* imitation
ការធ្វើទោស ka-thver-tos *n.* punishment
ការធ្វើធម្មយាត្រា ka-thver-thom-yeat-tra *n.* pilgrimage
ការធ្វើបដិរូបកម្ម ka-thver-pak-di-roub-kam *n.* impersonation
ការធ្វើពុត ka-thver-put *n.* affectation
ការធ្វើពុម្ព ka-thver-pum *n.* sample
ការធ្វើម្តងទៀត ka-thver-mdong-teat *n.* reiteration
ការធ្វើសក់ ka-thver-sork *n.* hairdo
ការធ្វើអោយដូចដើមវិញ ka-thver-oy-doch-derm *n.* reinstatement
ការធ្វើអោយត្រូវបាន ka-thver-oy-ban-trouw *n.* rectification
ការធ្វើអោយថ្មី ka-thver-oy-tmey *n.* renovation
ការធ្វើអោយមានសុពលភាព ka-thver-oy-mean-so-pul-pheap *n.* validation
ការធ្វើអោយមានឡើងវិញ ka-thver-oy-mean-lerng-ving *n.* regeneration
ការធ្វើអោយស្អាត ka-thver-oay-sart *n.* purgation
ការធ្វើអោយអាម៉ាស់ ka-thver-oay-amas *n.* humiliation
ការធ្វើឲ្យកក ka-thver-oay-kork *n.* frosting
ការធ្វើឲ្យរស់រវើក ka-thver-oay ros ro-verk *n.* animation
ការធ្វើឲ្យស៊ាំ ka-thver-ory-soim *n.* immunization
ការធ្វើអំពើបៀតបៀន ka-thver-om-per-beat-bean *n.* molestation
ការធ្វេសប្រហែស ka-tves-bro-hes *n.* negligence
ការនិយម ka-ni-yom *n.* trend
ការនិយាយ ka-ni-yeay *n.* speech

ការនិយាយផ្លែផ្កា ka ni-yey plae-pka *n.* allusion
ការនិយាយឡើងវិញ ka-niyeay-lerng-vinh *n.* revival
ការនិយាយអត្ថាធិប្បាយ ka ni-yeay ak-tha-thi-bay *n.* commentary
ការនឹករឭកដើម ka-nek-rerng-derm *n.* reminiscence
ការនៅមានរូបរាង ka-nov-mean-roub-reang *n.* existence
ការនាំចូល ka-noam-choul *n.* import
ការនាំមុខ ka-noam-muk *n.* precedence
ការនាំសម្រុះសម្រួល kar noam sorm-ros sorm-ruol *n.* mediation
ការបកប្រែដោយសរសេរ ka-bork-brae-doy-sor-se *n.* translation
ការបកប្រែផ្ទាល់មាត់ ka-bork-brae-ptoil-moit *n.* interpretation
ការបង់ថ្លៃ ka-bong-thlai *n.* payment
ការបង់ប្រាក់ធានា ka bong-prak thea-nea *n.* premium
ការបង្កព្យសនកម្ម kar-borng-kor-pyaeas-sanak-kam *n.* tort
ការបង្កអគ្គីភ័យ ka borng-kor ak-ki-phei *n.* arson
ការបង្កាត់ពូជ ka-bong-kat-puoch *n.* hybrid
ការបង្កើត ka borng-kert *n.* creation
ការបង្កើតថ្មី ka-bong-kert-thmey *n.* fabrication
ការបង្កើតឡើង ka-bong-kert-lerng *n.* establishment
ការបង្រួមឲ្យតូច ka-bong-roum-ory-toch *v.* minimize
ការបង្រៀន ka-bong-rean *n.* teaching
ការបង្វិល ka-bong-vil *n.* rotation
ការបង្ហាញ ka-bong-hanh *n.* exposure
ការបង្ហាញល្បែង ka-bong-hat-lbaeng *n.* game show
ការបង្ហាញអោយឃើញ ka-bong-hanh-oy-khernh *n.* representation
ការបង្ហាត់ ka-bong-hat *n.* training
ការបង្ហាត់បង្រៀន ka-bong-hat-bong-rean *n.* tutorial
ការបង្ហូរទឹក ka-bong-hou-toek *n.* irrigation
ការបង្អង់ទុក ka-bong-orng-tok *n.* procrastination
ការបញ្ចុះតម្លៃ ka banh-chos dorm-lai *n.* depreciation
ការបញ្ចុះបញ្ចូល ka-bonh-chos-bonh-chol *n.* persuasion
ការបញ្ចូល ka-banh-choul *n.* induction
ការបញ្ចូលគ្នា ka-bonh-chol-knea *n.* fusion
ការបញ្ចេញ kar banh chenh *n.* output
ការបញ្ចេញកំដៅ ka-banh-chenh-kom-dao *n.* radiation
ការបញ្ចេញទៅ ka-bonh-chenh-touw *n.* emission
ការបញ្ចេញពន្លឺ ka-banh-chenh-pun-leu *n.* illumination
ការបញ្ចេញមតិ ka-bonh-chenh-ma-ti *n.* expression

ការបញ្ចេញសម្លេង ka banh chenh sormleng *n.* accent
ការបញ្ឆេះឡើង ka-banh-ches-lerng *n.* ignition
ការបញ្ជាក់អោយច្បាស់ ka-banh-cheak-oy-chbas *n.* specification
ការបញ្ជូន ka-banh-choun *n.* transmission
ការបញ្ចើរ ka-bonh-cho *n.* flattery
ការបដិសេដ ka-pak-deset *n.* decline, refusal
ការបដិសេធមិនទទួល ka-pak-deset-min-tor-toul *n.* rejection
ការបណ្ដេញចេញ ka-bon-denh-chenh *n.* dismissal
ការបន់ស្រន់ ka-bon-sron *n.* prayer
ការបន្ត ka born-tor *n.* continuance
ការបន្ថយ ka-bon-thoy *n.* retrenchment
ការបន្ថែម ka bon-thaem *n.* addition
ការបន្ថែមកម្លាំង ka-bon-them-kom-lang *n.* reinforcement
ការបន្លំ ka-born-lom *n.* imposture
ការបន្លំធ្វើ ka bon-lom thver *n.* pretence
ការបម្រើការយោធា ka-bom-rer-ka-yo-thea *n.* military service
ការបរាជ័យ ka-pak-ra-chey *n.* failure
ការបរិច្ចាគ ka-bor-ri-chak *n.* donation
ការបរិហាកេរ្តិ៍ kar-bori-ha-ke *n.* libel
ការបរិហារ ka-bori-ha *n.* revelation
ការបាញ់កាំភ្លើង ka-banh-kom-phlerng *n.* gunshot
ការបាត់បង់ kar-bat-borng *n.* loss
ការបាត់បង់ការចងចាំ ka bat borng ka chong-cham *n.* amnesia
ការបិទសន្ទះ ka-bet-son-tes *n.* shutoff valve
ការបូជា ka bo-chea *n.* dedication
ការបូបដាក់លុយ ka-bob-dak-luy *n.* wallet
ការបើក ka-berk *n.* opening
ការបើកបរ ka-berk-nor *n.* driving
ការបើកសិទ្ធិឲ្យ ka berk sit oay *n.* admittance
ការបៀតបៀន ka-beat-bean *n.* harassment
ការបែកបាក់ ka-baek-bak *n.* fracture
ការបែងចែក ka-baeng chaek *n.* classification
ការបែងចែកជាតំបន់ ka-beng-chek-chea-dom-bom *n.* zoning
ការបោកប្រាស់ ka-boak-bras *n.* fraud
ការបោកស្ងួត ka-boak-snguot *n.* dry cleaner
ការបោះចោល ka-buoh-choal *n.* disposal
ការបោះឆ្នោត ka-buoh-chhnoat *n.* election

ការបោះពុម្ព ka bos-pom *n.* printing
ការបោះពុម្ពផ្សាយ ka-bos-pom-psay *n.* publication
ការបំបៅដោះ ka bom baow doh *n.* breastfeeding
ការបំផ្លាញ ka borm-phlanh *n.* annihilation
ការបំផ្លាញចោល ka-borm-phlanh-chol *n.* obliteration
ការបំផ្លិចបំផ្លាញ ka borm-phlech borm-phlanh *n.* destruction
ការបំពារបំពាន kar-borm-pear-borm-pean *n.* assault
ការបំពេញ ka borm-penh *n.* completion
ការបំភ្លេចពាក្យសន្យា ka-bom-plech-peak-som-ya *n.* tort
ការបំលែងលោហៈជាមាស ka borm-laeng lo-hak chea meas *n.* alchemy
ការបះបោរ ka-bas-boa *n.* rebellion, mutiny
ការប្តឹងផ្តល់ ka-phderng-phdol *n.* plea
ការប្តូររូបិយវត្ថុ ka pdo rupei-wat-tho *n.* currency exchange
ការប្តេជ្ញា ka-pdach-nha *n.* pledge
ការប្តេជ្ញាចិត្ត ka pdach-nha chet *n.* commitment
ការប្រកបអក្សរ ka-bro-korb-ak-sor *n.* spelling
ការប្រកាន់ពូជសាសន៍ ka-bro-kan-pouch-sas *n.* discrimination
ការប្រកាន់ភេទ ka-bro-kan-pet *n.* sexism
ការប្រកាស ka bro-kas *n.* announcement
ការប្រកាសពន្ធគយ ka pror-kas pun kory *n.* customs declaration
ការប្រកួត ka pror-kuot *n.* challenge
ការប្រកួតឆ្លងប្រទេស kar pror-kuot chlorng pror-tes *n.* cross-country
ការប្រកួតប្រជែង ka pror-kuot pror-cheaeng *n.* contest
ការប្រគុំតន្ត្រី ka pror-koum dorn-trei *n.* concert
ការប្រឆាំង ka-bro-chhang *n.* rebellion
ការប្រឆាំងយ៉ាងខ្លាំង ka-bro-chhang-yang-klang *n.* outcry
ការប្រជុំ ka pror-chum *n.* convention
ការប្រណាំងប្រជែង ka-pro-nang-pro-cheng *n.* race *(sport)*
ការប្រណាំងសេះ ka-bro-namng-sesh *n.* horse racing
ការប្រតិបត្តិតាម ka-bro-ti-bat-tam *n.* observance
ការប្រថុយ ka-prothoy *n.* risk
ការប្រព្រឹត្តខិលខូច ka-bro-bret-khil-khoch *n.* perversity
ការប្រមាញ់ ka-bro-manh *n.* hunting
ការប្រមូលថវិកា ka-bro-mol-thak-vi-ka *n.* fundraiser
ការប្រមូលផល ka-bro-moul-phol *n.* harvest
ការប្រមូលផ្តុំ ka-bror-mol pdom *n.* collection
ការប្រយត្ន័ប្រយែង ka pror-yat pror-yaeng *n.* caution

ការប្រលង ka-bro-lorng *n.* exam
ការប្រលងចៅក្រម kar-bror-lorng chouw-krom *n.* bar exam
ការប្រល័យពូជសាសន៍ ka-bro-lai-puch-sas *n.* holocaust
ការប្រឡង ka-bro-lorng *n.* test
ការប្រាប់ឲ្យដឹង ka-brab-oy-derng *n.* notification
ការប្រារព្ធពិធី ka pra-rob pi-thi *n.* celebration
ការប្រាស្រ័យទាក់ទង ka prar-srai teak torng *n.* communication
ការប្រឹក្សាយោបល់ ka preuk-sa yor-bol *n.* consultation
ការប្រុងប្រយ័ត្ន ka-prong-pror-yat *n.* prudence
ការប្រើប្រាស់ ka prer-pras *n.* consumption
ការប្រើប្រាស់ហ្វ្រេកង់ kar preur-pras fre-korng *n. (tech.)* wide band
ការប្រើសម្ដីច្រើន ka-prer-som-dey-chrern *n.* redundance
ការប្រៀបធៀប ka prieb thieb *n.* comparison
ការប្រែប្រួលទម្រង់ ka-brea-broul-tom-rong *n.* mutation
ការប្លន់ ka-plon *n.* robbery
ការប៉ាក់ ka-pak *n.* embroidery
ការប៉ាន់ស្មាន ka-pan-sman *n.* estimate
ការប៉ានស្មាន ka-pan-sman *n.* presupposition
ការប៉ានស្មានតំលៃ ka-pan-sman-domlai *n.* quotation
ការប៉ិនប្រសប់ ka-pin-pro-sop *n.* skill
ការប៉ុនប៉ងបន្លំ ka-pon-pong-bonlom *n.* ramp
ការប៊ុយរ៉ាទ័រ ka-boouy-ra-tor *n.* carburetor
ការផលិត kar phorl-lit *n.* manufacturing
ការផលិតបន្ថែមទៀត ka-phorl-lit-bon-them-teat *n.* reproduction
ការផឹកថ្នាំច្រើនហួស ka-pherk-thnam-chrern-hous *n.* overdose
ការផុតកំណត់ ka-phot-kom-nort *n.* expiration
ការផុលខ្យល់ ka-phol-kchol *n.* puff
ការផ្គត់ផ្គង់ ka p-kot p-kong *n.* supply
ការផ្ញើតាមអាកាសយាន ka pnheuh tam a-kas-yean *n.* airmail
ការផ្ដល់ ka-pdol *n.* provision
ការផ្ដល់យោបល់ ka-pdol-yo-bol *n.* suggestion
ការផ្ដល់សំណើ ka-pdol-sorm-ner *n.* recommendation
ការផ្ដល់មូលនិធិ ka-phdol-moul-ni-thi *n.* funding
ការផ្ដល់យោបល់ kar pdol yoo-bol *n.* counsel
ការផ្ដាច់ខ្លួន ka-pdach-kloun *n.* isolation
ការផ្ដាច់មុខ ka-pdach-muk *n.* monopoly
ការផ្ទុះ ka-phtus *n.* explosion

ការផ្លាស់ប្តូរ ka-plas-pdo *n.* transformation
ការផ្សងព្រេង ka prom preang *n.* adventure
ការផ្សព្វផ្សាយ ka psop psay *n.* advertisement
ការផ្សាយជាសាធារណៈ ka-psay-chea-sa-thea-ronak *n.* publicity
ការផ្សាយពាណិជ្ជកម្ម ka psay pea-nech-kam *n.* advertisement
ការផ្សះផ្សា ka-psas-psa *n.* reconciliation
ការពង្រាវ ka pung reaw *n.* dilution
ការពង្រីក ka pung-rik *n.* amplification
ការពណ៌នា ka por-neak-nea *n.* description
ការពន្យល់ ka-pon-yol *n.* explanation
ការពន្យារ ka-pon-year *n.* extension
ការពន្យារពេល ka-pon-year-pel *n.* postponement, delay
ការពន្យារកំណើត ka pun-yea korm-nert *n.* contraception
ការពន្លើស ka-pon-lers *n.* exaggeration
ការពាក់ពន្ធ័ ka-pak-poin *n.* involvement
ការពារ ka-pea *v.* defend
ការពារពីកម្តៅថ្ងៃ ka-pea-pi-kom-dao-tngai *n.* sunroof
ការពារល្បាត ka-pea-lbat *v.* patrol
ការពិចារណា ka pi-cha-ra-na *n.* consideration
ការពិត ka-pit *n.* fact
ការពិនិត្យថែទាំ ka-pi nit-thee-tom *n.* surveillance
ការពិនិត្យពិច័យ ka-pi-nit-pi-chai *n.* examination
ការពិភាក្សា ka-pi-pheak-sa *n.* discussion
ការពិសោធការស្តាប់ ka-pi-sort-ka-slab *n.* hearing test
ការពិសោធន៍ ka-pi-sort *n.* experiment
ការពឹងផ្អែក ka peng p-aek *n.* dependence
ការពុក ka puk *n.* cavity
ការពុលអាហារ ka-pil-ah-ha *n.* food poisoning
ការពេញចិត្ត ka-penh-chet *n.* satisfaction
ការព្យាករណ៍ ka-pchea-kor *n.* forecast
ការព្យាបាល ka-pchea-bal *n.* therapy
ការព្យាយាមសាកល្បង ka pchea-yeam sark lborng *n.* attempt
ការព្រមាន ka-pro-mean *n.* warning
ការព្រួយបារម្ភ ka pruoy ba-rom *n.* anxiety
ការភន្តំអារម្មណ៍ ka phorn a-rorm *n.* delusion
ការភូតភរ (តុលាការ) ka-phut-phor (to-la-ka) *n.* perjury
ការភៀសខ្លួន ka-pheas-kluon *n.* evacuation

ការភ្ញាក់ផ្អើល ka pnheak p-erl *n.* astonishment
ការភ្នាល់ ka pnorl *n.* betting
ការមកដល់ ka mok dol *n.* arrival
ការមានជំងឺ ka-mean-chom-ngeu *n.* illness
ការមានឡើងវិញ ka-mean-lerng-vinh *n.* recurrence
ការមានប្រពន្ធច្រើន ka-mean-pror-pun-chren *n.* polygamy
ការម៉ាស្សាមុខ ka-mas-sa-muk *n.* facial
ការមិនប្រឌិត ka-min-bro-det *n.* non-fiction
ការមិនរាប់បញ្ចូល ka-men-rorb-bonh-chol *n.* exclusion
ការមិនរំលាយអាហារ ka-min-rom-leay-a-ha *n.* indigestion
ការមិនសម្រេច ka min sormrach *n.* abortion
ការមិនស្ងៀមាត់ ka-min-sov-mot *n.* reticence
ការមើលតាមទំព័រ ka-merl-tam-tom-por *n.* pageview
ការយកចិត្តទុកដាក់ ka york chit tuk dak *n.* attention
ការយកចេញ ka-yok-chenh *n.* removal
ការយកពន្ធ ka-york-pon *n.* taxation
ការយល់ ka-yol *n.* understanding
ការយល់ខុស ka-yol-khos *n.* misconception
ការយល់ឃើញ ka-yol-khernh *n.* perception
ការយល់ច្រឡំ ka yul chror-lom *n.* confusion
ការយល់ដឹង ka yol deng *n.* awareness
ការយល់ព្រម ka-yol-prom *n.* sanction
ការយឺតយូរ ka-yert-yu *n.* retardation
ការរកឃើញ ka-rork-khernh *n.* finding
ការរករឿង ka-rok-roueng *n.* provocation
ការរចនា ka racha-na *n.* design
ការរញ្ជួយដី ka-runh-chuoy-dei *n.* earthquake
ការរត់ ka-rot *n.* running
ការរត់ត្រុកៗ ka-rot-truk-truk *n.* jogging
ការរត់បណ្តាក់ ka-rot-bon-dak *n.* relay
ការរត់ម៉ារ៉ាតុន kar-rot-maraton *n.* marathon
ការរលាក ka ro-leak *n.* burn
ការរលាកប្លោកនោម ka ror-leak ploak noom *n.* cystitis
ការរលាក់ ka ro-lark *n.* spring *(leap)*
ការរលូតកូនក្នុងផ្ទៃ ka-ro-lut-kon-khnong-ptey *n.* miscarriage
ការរអែងចិត្ត ka-ro-eng-chet *n.* misgiving
ការរាគរូស ka reak rus *n.* diarrhea

ការរាជត្បាត ka-reat-tbat *n.* reign
ការរាប់ ka rorb *n.* counting
ការរិះគន់ ka ris-kun *n.* criticism
ការរិះគិត ka-ris-kit *n.* thought
ការរីកចម្រើន ka rik chorm-rern *n.* boom
ការរីករាលដាល ka-rik-real-dal *n.* epidemic
ការរីកលូតលាស់ ka rik lut-lors *n.* boost
ការរីកសាយភាយ (ជំងឺ) ka-rik-say-pheay (chum-ngeur) *n.* outbreak
ការរឹបអូសយក ka-rep-ohs *n.* seizure
ការរ៉ឺត្រែត ka-rue-tret *n.* retirement
ការរុករក ka-ruk-rork *n.* exploration
ការរួមបញ្ចូលគ្នា ka ruom banh-chol knea *n.* combination
ការរួបរួម ka-roub-roum *n.* union
ការរួមចំណែក ka ruom chorm-naek *n.* contribution
ការរៀបចំ ka rieb chorm *n.* arrangement
ការរៀបចំដីឡើងវិញ ka-reap-chom-dey-lerng-vinh *n.* reclamation
ការរៀបចំម្ហូប kar-reab-chom ma-hob *n.* catering
ការរៀបរាប់ ka-reap-rop *n.* recital
ការរំខាន ka-rom-khan *n.* interruption
ការរំជួលចិត្ត ka-rom-choul-chet *n.* hysteria
ការរំដោះ ka-rom-dos *n.* redemption
ការរំពឹង ka-roum-poeng *n.* expectation
ការរំភើបចិត្ត ka-rom-pherp-chet *n.* thrill
ការរំលាយក្រុមហ៊ុន kar roum-leay krom-hun *n.* liquidation
ការរំលេចចេញដំបូង ka-rum-lech chenh dom-bong *n.* prima facie
ការរំលោភច្បាប់ ka-rom-lop-chbab *n.* offense
ការរាំ ka-rouam *n.* dancing
ការរាំហាត់ប្រាណ ka-rouam hat-bran *n.* aerobics
ការលរ ka-lor *n.* fitting
ការលក់ ka-louk *n.* sale
ការលក់ដេញថ្លៃ ka louk denh thlai *n.* auction
ការលក់រាយ ka-louk-reay *n.* retail
ការលក់លាងឃ្លាំង ka louk leang khleaeng *n.* clearance sale
ការល្បង ka-lbong *n.* probation
ការលាង ka-leang *n.* washing
ការលាងបាប ka leang bab *n.* baptism
ការលាតត្រដាង ka-leat-tror-dang *n.* disclosure

ការលាន់មាត់ ka-lorn-mot *n.* exclamation
ការលាយបញ្ចូលគ្នា ka-ro-leay-bonh-chol-knea *v.* mix
ការលុកលុយ ka-luk-luy *n.* trespassing
ការលុប ka lub *n.* backspace
ការលុបចោល ka-lub-chol *n.* omission
ការលុបចោលវិញ ka-lub-chol-vinh *n.* revocation
ការលុបបំបាត់ ka-lub-borm-bat *n.* elimination
ការលូតលាស់ ka-lout-lors *n.* growth
ការលួច ka-louch *n.* theft
ការលួចប្លន់ ka-louch-plon *n.* raven
ការលួចឥវ៉ាន់ក្នុងហាង ka-louch-ey-van-knong-hang *n.* shoplifting
ការលើកដំកើង ka leuhk dom-kerng *n.* adulation
ការលើកទឹកចិត្ត ka-lerk-toek-chet *n.* encouragement
ការលើកលែង ka-lerk-laeng *n.* exception
ការលើកលែងទោស ka lerk-laeng toas *n.* amnesty
ការលើកវាកាល kar lerng vea-karl *n.* continuance
ការលេងពាក្យ ka-leng-peak *n.* pun
ការលេងល្បែង ka-leng-lbaeng *n.* gambling
ការលេងសើច kar leng sauch *n.* lark
ការលែងប្រពន្ធ ka-leng-pro-pon *n.* repudiation
ការលែងលះ ka-leaeng-leah *n.* divorce
ការលៃលកទុកដោយឡែក ka ley-lork tok doay-laek *n.* allocation
ការលោត ka-loat *n.* hops
ការលោតខ្សែរ៉ក ka loat ksae hrok *n.* bungee-jumping
ការលោតទឹក ka-loot-toek *n.* dive
ការលោតរបាំបាឡេ ka loot ror-bam ba-le *n.* ballon *(in ballet)*
ការលំហែ kar-lom-hae *n.* leisure
ការលំហែកាយ ka-lom-hae-kay *n.* holiday
ការលំអៀងទៅ ka-lom-eang-touw *n.* tendency
ការលះបង់ចោល ka-leas-bong-chol *n.* renunciation
ការលះបង់សិទ្ធិ kar leaes borng soet *n.* waiver
ការល្បួងបោកប្រាស់ ka-lbuong-bork-bras *n.* entrapment
ការវង្វេងស្មារតី ka vong-veng sma-dei *n.* breakdown
ការវាយ ka-veay *n.* beat
ការវាយឆ្មក់ ka-veay-chmok *n.* raid
ការវាយតប់ ka-veay-tob *n.* fighting
ការវាយតម្លៃ ka veay dom-lai *n.* appraisal

ការវាយប្រហារ ka veay bro-ha *n.* assault
ការវាយថ្ងាដៃ ka veay phnga dai *n.* backhand
ការវាស់វែង kar voas-vaeang *n.* measurement
ការវិនិយោគ ka-vi-ni-yoak *n.* investment
ការវិលជុំវិញ ka-vil-chom-vinh *n.* revolution
ការវិវត្ត ka-vi-vot *n.* evolution
ការវើអន្តរាគមន៍ ka-ver-orn-ta-ra-kum *n.* intervention
ការសើកសំដីតបវិញភ្លាម ka-sork-som-dey-vinh-pleam *n.* repartee
ការសង ka-song *n.* repayment
ការសងសឹក ka-song-serk *n.* retaliation
ការសង្កត់ ka-song-kot *n.* pinch
ការសង្កត់ធ្ងន់ ka-song-kort-thngon *n.* emphasis
ការសង្ខេប ka sorng-khaeb *n.* briefs
ការសង្គ្រោះ ka-sorng-kruos *n.* salvation
ការសង្គ្រោះបន្ទាន់ ka-song-kruoh-bon-toan *n.* emergency
ការសង្ស័យ ka-sorng-sai *n.* suspicion
ការសន្យា ka-son-ya *n.* undertaking
ការសន្លប់បាត់ស្មារតី ka sorn-lob bat sma-ra-dei *n.* coma
ការសប្បាយអ៊ូអរ ka-sabay-ou-or *n.* revel
ការសមាធិ ka-sama-thi *n.* meditation
ការសម្គាល់ ka-som-korl *n.* identification
ការសម្ងំ ka-som-ngom *n.* hibernation
ការសម្តែង ka-som-deng *n.* performance
ការសម្បថបំពាន kar sorm-bort borm-pean *n.* perjury
ការសម្រាក ka-som-rak *n.* relaxation
ការសម្រាល ka sorm-ral *n.* alleviation
ការសម្រុះសម្រួល kar sorm-ros sorm-ruol *n.* mediation
ការសម្រេចចិត្ត ka sorm-rach choet *n.* decision
ការសម្លាប់ kar-som-lab *n.* killing
ការសម្លាប់រង្គាល kar-sorm-larb-rong-keal *n.* massacre
ការសម្លុត ka-som-lot *n.* threat
ការសម្អាត ka sorm-at *n.* cleaning
ការសរសេរតាមការសូត្រ ka sor-se tam ka sot *n.* dictation
ការសរសេរអក្សរ ka-sor-seh-ak-sor *n.* writing
ការសហការគ្នា ka sa-hak-ka knea *n.* cooperation
ការសាក ka-sak *n.* probation
ការសាកល្បង ka-sak-lbong *n.* trial

ការសាងសង់ ka sang song *n.* construction
ការសាបព្រួស ka-sab-prous *n.* sowing
ការសារភាព ka sa-ra-pheap *n.* confession
ការសិក្សា ka-sek-sa *n.* study
ការស៊ូទ្រាំ ka sou trouam *n.* adhesion
ការសួរចម្លើយ ka suo chorm-lery *n.* cross-examination
ការសួររក ka-sak-sour *n.* requisition
ការស៊ើបអង្កេត ka-serb-ang-ket *n.* investigation
ការសែត ka-set *n.* tape
ការសោកសៅ kar soak-sao *n.* lamentation
ការសំចៃ ka-som-chai *n.* reservation
ការសំដែង kar-sorm-daeng *n.* matinée
ការសំអាង ka sorm-ang *n.* alibi
ការស្ញើចសរសើរ ka-sngerch-sor-ser *n.* impression
ការស្តាប់បង្គាប់ ka sdab borng-korb *n.* amenity
ការស្តាយក្រោយ ka-sday-kroy *n.* remorse
ការស្តីបន្ទោស ka-sdey-bon-tos *n.* reproof
ការស្តុកទំនិញ ka-stok-tom-ninh *n.* stock *(merchandise)*
ការស្ទង់ ka-stong *n.* survey
ការស្ទង់ល្បឿន ka-stong-lbern *n.* speedometer
ការស្ទូចត្រី ka-stouch-trei *n.* fishing
ការស្នាក់នៅ ka snak nov *n.* accommodation
ការស្នេហា ka-sne-ha *n.* patriotism
ការស្បត់ស្បែរ ka-sbot-sbe *n.* swearing
ការស្បថ kar sbort *n.* oath
ការស្រពន់ចិត្ត ka-sro-pom-chet *n.* spleen
ការស្រម័យ ka-sror-mai *n.* figment
ការស្រមើស្រមៃ៉ ka-sro-mer-sro-mai *n.* imagination
ការស្រមើស្រមៃ ka-sro-mer-sro-mai *n.* fantasy
ការស្រាវជ្រាវ ka-srav-chreav *n.* research
ការស្រេក ka-srek *n.* thirst
ការស្រែកច្រៀង ka-srek-chreang *n.* singing
ការស្វែងរក ka-sveng-rok *n.* quest
ការស្អប់ខ្ពើម ka-saob-khperm *n.* odium
ការស្អប់មុខ ka-saob-muk *n.* repugnance
ការហក់ចុះជម្រាលភ្នំ ka-hok-chos-chom-real-pnom *n.* rappeling
ការហាត់ ka-hat *n.* rehearsal

ការហាត់ប្រាណ ka-hat-bran *n.* workout
ការហាមឃាត់ ka harm khot *n.* prevention
ការហូរចាក់ទៅ ka-hoo-chak-touw *n.* emptying
ការហែលទឹក ka-hel-toek *n.* swimming
ការហៅចេញតាមទូរស័ព្ទ ka-hav-chenh-tam-tu-ro-sap *n.* phone call
ការឡើង ka lerng *n.* climbing
ការឡើងភ្នំ ka-lerng-phnom *n.* mountain climbing
ការអង្វរក ka-orng-vor-kor *n.* plea bargain *(legal)*
ការអង្អែល ka-ong-el *n.* stroke *(rub)*
ការអញ្ជើញ ka-anh-chernh *n.* invitation
ការអត់ធ្មត់ ka-ort-thmut *n.* patience
ការអត់ឱន kar-ort-oan *n.* leniency
ការអនុញ្ញាត ka-ak-nuk-nhat *n.* permission
ការអនុញ្ញាតឲ្យចូល ka-ak-nuk-nhat-oay-chol *n.* admission
ការអនុវត្ត ka-ak-nu-wat *n.* implementation
ការអប់រំ ka-orb-roum *n.* education
ការអបអរសាទរ ka orb-or sa-tor *n.* congratulations
ការអភិរក្ស ka ak-phi-reak *n.* conservation
ការអភិវឌ្ឍ ka ak-phi-wort *n.* development
ការអាណិតអាសូរ ka-ah-mit-ah-so *n.* pity
ការអាន ka-arn *n.* pronunciation
ការអានមិនដាច់ ka-arn-min-dach *n.* illegibility
ការអាឡោះអាល័យ ka-ah-los-ah-lai *n.* nostalgia
ការអោប ka-orb *n.* hug
ការអោយថ្នាំ kar-oay-thnam *n.* medication
ការឲ្យរួច ka-oay-ruoch *n.* exemption
ការអះអាង kar-as-aing *n.* claim
ការិយាធិបតេយ្យ ka-ri-ya-thi-pa-tay *n.* bureaucracy
ការិយាល័យ ka-ri-ya-lai *n.* office
ការិយាល័យព័ត៌មាន ka-ri-ya-lai-por-mean *n.* information office
ការិយាល័យវេជ្ជបណ្ឌិត ka-ri-ya-lai-vech-cheak-bon-det *n.* doctor's office
ការី ka-ri *n.* curry
ការ៉ុង karong *n.* pouch
ការ៉ុត ka rot *n.* carrot
ការ៉ុតឈូស karot-chous *n.* grated carrot
ការ៉េម karem *n.* ice cream
ការ៉េមកី karem-kei *n.* ice pop

ការ៉េមទ្រង់គ្រឿង ka-rem-tron-krerng *n.* sundae
ការ៉េមមានរសជាតិផ្លែឈើ ka-rem-mean-ros-cheat-plae-chher *n.* sorbet
ការបោះឆ្នោត ka-bos-chnaut *n.* poll
ការបំពុល ka-bom-poul *n.* pollution
ការប្រុងប្រយ័ត្ន ka-prong-pror-yat *n.* precaution
ការព្យាករណ៍ ka-pchea-kor *n.* prediction
ការសង្គ្រប់លើ ka-sorng-krub-ler *v.* pounce
ការសរសើរ ka-sor-ser *n.* praise
ការអនុវត្ត ka-ah-nouk-wat *n.* practice
កាល kal *n.* tense
កាលណា kal-na *conj.* when
កាលពីពេលថ្មីៗនេះ kal-pi-pel-tmey-tmey-nis *adv.* recently
កាលវសាន karl-vor-san *n.* maturity
កាលវិភាគ kal-vi-pheak *n.* schedule
កាលៈទេសៈ ka-lak te-sak *n.* circumstance
កាលវិភាគលំហែកាយ kal-vi-pheap-lom-hae-kay *n.* holiday schedule
កាលវិភាគហោះហើរ kal-vi-pheak-hos-her *n.* scheduled flight
កាល់ស្យូម kal-syom *n.* calcium
កាវ kav *n.* glue
កាស៊ីណូ ka-si-no *n.* casino
កាសែត ka-saet *n.* cassette
កាសំចត ka-som-chort *n.* sojourn
កាហ្វេ ka-fe *n.* coffee
កាហ្វេឡាតេ ka-fe la-te *n.* latte
កាហ្វេអេសប្រេសូ ka-fe-ess-pres-so *n.* espresso
កាឡូរី ka-lo-ri *n.* calorie
កិច្ចការ kich-ka *n.* task
កិច្ចការនយោបាយ kach-ka-nor-yo-bye *n.* politics
កិច្ចការផ្ទះ kech-ka-phteah *n.* homework
កិច្ចខិតខំ kech-khet-khorm *n.* effort
កិច្ចប្រជុំ kech-bro-chum *n.* meeting
កិច្ចពិភាក្សាតទល់ kech pi-pheak-sa tor tul *n.* debate
កិច្ចសន្យា kech sorn-ya *n.* contract
កិត្តិគុណ ket-te-kun *n.* credit
កិត្តិនាម ket-tneam *n.* fame
កិត្តិយស ket-ti-yuos *n.* honor
កិន koen *adj.* mashed

កិរិយាស័ព្ទ ke-ri-ya-sap *n.* verb
កិរិយាសព្ទ័ជំនួយ ke-ri-ya-sap choum nuoy *n.* auxiliary
កីឡា kei-la *n.* sports
កីឡាកាយសម្ពន្ធ kei-la-kay-som-pon *n.* gymnastics
កីឡាជិះទូកក្តោង kei-la-chis-touk-kdoang *v.* windsurf
កីឡាជិះស្គីលើទឹក kei-la-chis-ski-ler-toek *n.* water-skiing
កីឡាជេះសេះវាយកូនបាល់ keila-chis-ses-vai-kon-bal *n.* polo
កីឡាបាល់ទាត់ kei-la-bal-tot *n.* football *(soccer)*
កីឡាបុកប៊ីយ៉ា kei-la-bok-bi-ya *n.* pool
កីឡាប្រដាល់ kei-la bro-dal *n.* boxing
កីឡាវាយកូនគោល kei-la-veay-kon-kol *n.* golf
កីឡាវាយកូនគោលលើទឹកកក kei-la-veay-koun-khoal-ler-toek-kok *n.* ice hockey
កីឡាវាយសី kei-la veay si *n.* badminton
កីឡាអូឡាំពិត kei-la-oh-lam-pich *n.* Olympic games
កុងតាក់ kong-tak *n.* switch
កុងស៊ុល kong sul *n.* consulate
កុមារភាព ko-ma-ra-pheap *n.* childhood
កុម្ភការក័ណ្ឌ kum-peak-krak-poan *n.* earthenware pot
កុម្ភការី kom-ka-rey *n.* potter
កុលាប koh-larp *n.* rose
កុះករ koh-kor *adj.* crowded
កូកាកូឡា ko-ka-ko-la *n.* coke *(soda)*
កូកាអ៊ីន ko-ka-in *n.* cocaine
កូដសម្រាប់វាយ kot sorm-rab weay *n.* dialing code
កូនៗ kon kon *n.* children
កូនកម្លោះ kon kom-loh *n.* bridegroom
កូនក្មេង kon kmeng *n.* child
កូនក្រមុំ kon kro-mom *n.* bride
កូនគ្រែ kon kreae *n.* cot
កូនចៅ kon-chao *n.* offspring
កូនចៅខាងក្រោយ kon-chao-khang-kroy *n.* posterity
កូនឆ្កែ kon-chhke *n.* puppy
កូនឆ្មា kon chmar *n.* kitten
កូនឈើ kon-cher *n.* sapling
កូនទា kon-tea *n.* duckling
កូនបំណុល kon borm-nol *n.* debtor

កូនប្រសាប្រុស kon-pro-sa-pros *n.* son-in-law
កូនប្រសារស្រី kon pror-sa srei *n.* daughter-in-law
កូនប្រុស kon-pros *n.* son
កូនព្រាប kon-preap *n.* squab
កូនភ្នំ kon-phnom *n.* hill
កូនភ្លោះ kon-plous *n.* twin
កូនសិស្ស kon-sers *n.* pupil, student
កូនសោរបញ្ឆេះ koun-sor-banh-ches *n.* ignition key
កូនស្រី kon srei *n.* daughter
កូពី kopi *v.* copy
កូរនឹងចង្វារ ko-neng-chong-va *n.* paddle
កើតកូនចៅច្រើនឡើង kert-kon-chao-chrern-lerng *v.* proliferate
កើតទុក្ខ kert tuk *adj.* depressed
កើតមានឡើង kert mean lerng *v.* arise
កើតឡើង kert-loeurng *v.* happen
កើតឡើងម្តងទៀត kert-lerng-mdong-teat *v.* recur
កើន kern *v.* gain
កើនឡើង kern lerng *v.* appreciate
កើនឡើងបន្តបន្ទាប់ kern lerng bontor bontorb *v.* accumulate
កៀកនឹង keak-neng *adv.* nearly
កេងប្រវញ្ច keng-bro-vanh *n.* exploit
កេតណភណ្ឌ ket-nak-phorn *n.* attribute
កេរ្តិ៍ឈ្មោះ ke-chhmous *n.* renown
កែតម្រូវ kae-dom-rov *v.* edit
កែងដៃ kaeng-dai *n.* elbow
កែងជើង kaeng cherng *n.* ankle
កែងស្បែកជើង kaeng-sbaek-cherng *n.* heel
កែច្នៃ kae-chnai *v.* process
កែតម្រង់ kea-dom-rong *v.* rectify
កែប kep *n.* saddle
កែប្រែពីលើ kea-brea-pi-ler *v.* modify
កែវ kaew *n.* glass
កែវកាហ្វេ kaew ka-fe *n.* coffee mug
កែវមានជើង kaew-mean-cherng *n.* goblet
កែវយឹត kaew yoet *n.* binoculars; scope
កែវសម្រាប់វាស់ kaew-sorm-rab-voas *n.* measuring cup
កែវស្រាទំពាំងបាយជូរ kaew-sra-tom-peang-bay-chu *n.* wineglass

កែសម្រួល kae sorm-ruol *v.* adjust
កែសម្រួលតាមចិត្ត kae sorm-ruol tam chet *v.* customize
កែអោយត្រូវ kea-oy-trouw *v.* redress
កោង koang *adj.* bent
កោរ koa *v.* shave
កោស kouhs *v.* grate
កោសិកាស្បែក kor-se-ka-sbek *n.* membrane
កោះ koh *n.* island
កោះបក្សី kouh-bak-sai *n.* gizzard
កៅសិប kao-sep *num.* ninety
កៅស៊ូ kao-su *n.* rubber
កៅឡាក់ kao-lak *n.* pulley
កៅអី kaow ei *n.* chair
កៅអីមានកង់ kao-ey-mean-kong *n.* wheelchair
កុំព្យូទ័រ kom-phyu-tor *n.* computer
កំចាត់ kom-chat *v.* rid
កំចាត់ចេញ kom-chat-chenh *v.* purge
កំដរ korm dor *v.* accompany
កំដៅ kom-daow *n.* heat
កំដៅរំងាប់មេរោគ kom-dav-rom-ngob-rok *adj.* pasteurized
កំណត់ kom-nort *v.* set
កំណត់ចំណាំ korm-nort chom-narm *adj.* marked
កំណត់ជាមុន kom-nort-chea-mun *v.* predetermine
កំណត់សំគាល់ korm-nort sorm-koal *n.* landmark
កំណត់ហេតុ kom-nort-het *n.* journal
កំណាច kom-nach *adj.* evil
កំណាញ់ kom-nanh *adj.* selfish
កំណាត់ kom-nat *n.* segment
កំណាព្យ kom-narb *n.* poem
កំណើត korm-nert *n.* birth
កំណែថ្មី kom-nea-tmey *n.* version
កំទេចថ្ម kom-tech-tmor *n.* rubble
កំទេចនំប៉័ង korm-tech num pang *n.* breadcrumbs
កំបោរបាយអរម្យ៉ាង kom-bor-bay-or-myang *n.* plaster
កំប៉ុង korm-pong *n.* can
កំប្រុក kom-brok *n.* squirrel
កំប្លែង korm-plaeng *adj.* comic

កំប្លោក kom-ploak *n.* water hyacinth
កំប៉ុងក្រដាស korm-pong kror-das *n.* carton
កំប៉ុងឧស្ម័ន kom-porng-ou-sman *n.* gas cylinder
កំពង់ផែ kom-pong-phae *n.* dock
កំពស់ kom-puos *n.* height
កំពស់ពីសមុទ្រ kom-puos-pi-sak-mot *n.* height above sea level
កំពីងដូង kom-ping-dong *n.* heart of palm
កំពីងពួយ kom-ping-puoy *n.* ludwigia *(aquatic plant)*
កំពីស korm peus *n.* crayfish
កំពុងបានរៀបចំជាថ្មី kom-pong-ban-rap-chom-chea-tmey *n.* restructuring
កំពុងប្រញាប់ kompung-bronhab *phr.* in a hurry
កំពូល kom-pul *n.* ridge
កំពូលបិសាច kom-pul-bey-sach *n.* Satan
កំពែង kom-peng *n.* rampart
កំព្យូទ័រ kom-phyu-tor *n.* computer
កំភ្លៀង kom-phneang *n.* aporosa aurita *(tropical fruit)*
កំរិត korm-ret *n.* degree *(temperature)*; rate
កំរិតកំពូល korm-ret korm-poul *n.* climax
កំរិតទាប kom-ret-teap *adj.* junior
កំរិតប្រើប្រាស់ថ្នាំ kom-ret-brer-bras-thnam *n.* dosage
កំរៃជើងសារ korm-rai cherng sa *n.* commission
កំលាំងការងារ kom-lang-ka-ngea *n.* workforce
កំលាំងជាវ៉ុលត៍ kom-lang-chea-vol *n.* voltage
កំលាំងរុញច្រាន kom-lang-runh-chran *n.* momentum
កំសាន្ត kom-san *v.* entertain
កំសៀវ korm-seaw *n.* kettle
កំហឹង korm-herng *n.* anger
កំហឹងខ្លាំង korm-herng-khlang *n.* outrage
កំហឹងដ៏ខ្លាំង korm-herng-dor-khlang *n.* rage
កំហុស kom-hos *n.* error
កាំជ្រួច kam-chruoch *n.* fireworks
កាំបិត kam-boet *n.* knife
កាំបិតកោពុកមាត់ kam-bet-kor-puk-mot *n.* razor
កាំបិតវះកាត់ kam-bet-veas-kat *n.* scalpel
កាំភ្លើង kam-phlerng *n.* gun
កាំភ្លើងខ្លី kam-phlerng-khlei *n.* pistol
កាំភ្លើងធំ kam-phlerng thoum *n.* artillery

កាំរស្មី kam-reaksmey *n.* ray
កាំរស្មីអិច kam-reak-smey-ex *n.* x-ray
ក្ងាន kngan *n.* goose
ក្ងោក kngork *n.* peacock
ក្ដាត kdad *n.* giant taro *(tropical plant)*
ក្ដារបិទប្រកាស kda bet bro-kas *n.* bulletin board
ក្ដៅរលាក kdao-ro-leak *adj.* scalding
ក្ដៅឧណ្ហៗ kdao un-un *adj.* lukewarm
ក្ដាន់ kdan *n.* deer
ក្ដាប់ណែន kdab naen *v.* clutch
ក្ដាម kdam *n.* crab
ក្ដារ kda *n.* board
ក្ដារចុច kda-choch *n.* keyboard
ក្ដារបង្ហាញសារ kda-bong-heanh-sar *n.* message board
ក្ដារលេងចត្រង្គ kda lbaeng chak-to-rung *n.* chessboard
ក្ដារលោតទឹក kda-loot-toek *n.* diving board
ក្ដារល្បែង kda-lbaeng *n.* game board
ក្ដារសម្រាប់ជិះរំអិល kda-somrab-chis-rom-el *n.* surfboard
ក្ដៅ kdao *adj.* hot
ក្ដាំងងា kdaing-ngea *n.* ylang-ylang
ក្ទម្ពទេស ktom-tes *n.* white leadtree
ក្នុង knong *adv.* In
ក្នុង knong *prep.* per
ក្នុងករណី knong-kor-nei *phr.* in case (of)
ក្នុងការគ្រប់គ្រង knong-ka-krob-krorng *phr.* in charge of
ក្នុងចំណោម knong choum-noam *prep.* among
ក្នុងទីបផុត knong-ti-bom-phot *adv.* ultimately
ក្នុងប្រទេស knong pror-tes *adv.* locally
ក្នុងផ្ទះ knung-pteah *adj.* indoor
ក្នុងពេលបន្តទៅ knong-pel-bon-tor-touw *adv.* subsequently
ក្នុងសរីរាង្គ knung-sa-re-reang *adj.* intrinsic
ក្នុងស្រុក knong srok *adj.* local
ក្នុងអំឡុងពេល knong-orm-long-pel *prep.* during
ក្បាល kbal *n.* head *(part of body)*
ក្បាលទំព័រ kbarl tum-puour *n.* header
ក្បាលពោះ kbal puoh *n.* belly
ក្បាលម៉ាស៊ីនទឹក kbal-ma-sin-toek *n.* faucet

ក្បាលរថភ្លើង kbarl-rot-phleung *n.* locomotive
ក្បួនដង្ហែ kboun-dong-hee *n.* parade
ក្បៀស kbies *n.* comma
ក្បែរ kbae *prep.* close to
ក្មួយប្រុស kmuoy-bros *n.* nephew
ក្មួយស្រី kmuoy-srey *n.* niece
ក្មេង kmeng *n.* kid
ក្មេងកំព្រា kmeng-kom-prea *n.* orphan
ក្មេងប្រុស kmeng bros *n.* boy
ក្រខុប kror-kub *n.* madagascar plum
ក្រចក kro-chork *n.* fingernail
ក្រចកដៃ kror-chork-dai *n.* fingernail
ក្រចាប់ kro-chab *n.* okra
ក្រចាប់សមុទ្រ kro-chab-sak-mot *n.* starfish
ក្រញាំ kro-nham *n.* paw
ក្រដាស kro-das *n.* paper
ក្រដាសក្រមួន kror-das kror muon *n.* wax paper
ក្រដាសប្រាក់ kro-das prak *n.* bill
ក្រដាស់អនាម័យ kro-das-ana-mai *n.* toilet paper
ក្រណាត់ kror nat *n.* cloth
ក្រណាត់ជូតទារក kror-nat chout tea-ruok *n.* baby wipe
ក្រណាត់វេញពីថ្មី kror-nat venh pi thmei *n.* linen
ក្របី kror-bei *n.* cattle
ក្រពេញ krop-penh *n.* gland
ក្រពេន kror-pen *n.* henna
ក្រពះ kro-peas *n.* stomach
ក្រមសីលធម៌ krorm-sel-thor *n.* ethics
ក្រមា kro-ma *n.* scarf
ក្រមួន kror-muon *n.* wax
ក្រវាន់ kror-van *n.* hara-champa *(flowering climbing vine)*
ក្រវិល kror-vel *n.* earring
ក្រសួង kro-soung *n.* ministry
ក្រសាំង kror-saing *n.* ferroniella lucida *(tree/fruit)*
ក្រសាំងទៀប kro-sang-teab *n.* watercress
ក្រឡ kro-lor *n.* jar
ក្រឡាញ់ kror-lanh *n.* velvet tamarind
ក្រឡាប់ kro-lab *v.* flip

ក្រឡុក kror-lok *v.* agitate
ក្រាក krak *n.* rubus alceaefolius *(tropical shrub)*
ក្រាប krab *n.* graph
ក្រាម kram *n.* gram (*abbr.* g, gm)
ក្រាស់ kras *adj.* thick
ក្រាស់សិតសក់ kras set sork *n.* comb
ក្រាសសិតសក់ kras-seth-sork *n.* hairbrush
ក្រាហ្វិក kra-phfich *adj.* graphic
ក្រឹត្យ kroet *n.* decree
ក្រុងបុរាណ krong-boran *n.* old town
ក្រុងម៉ាឌ្រីដ krung mar-drit *n.* Madrid
ក្រុងឡុង krong-long *n.* London
ក្រុម krom *n.* cluster
ក្រុមចម្រៀង krom chorm-reang *n.* choir
ក្រុមប្រឹក្សា krom preuk-sa *n.* council
ក្រុមភ្លេង krom-pleng *n.* trio
ក្រុមមនុស្ស krum-mnus *n.* stables
ក្រុមមឿង krom-merng *n.* municipality
ក្រុមហ៊ុន krom hun *n.* company
ក្រុមហ៊ុនធានារ៉ាប់រង krum-hun-thea-nea-rab-rorng *n.* insurance company
ក្រូច krouch *n.* clementine
ក្រូចខ្លង krouch-thlong *n.* melon
ក្រូចឃ្វិច krouch-kvich *n.* tangerine
ក្រូចចិន krouch chen *n.* mandarin orange
ក្រូចឆ្មារ krouch chmar *n.* lime
ក្រូចឆ្មារ krouch chmar *n.* lemon
ក្រូចឆ្មារលឿង krouch chmar lerng *n.* lemon
ក្រូចជីអង្កាម krouch chi orng-kam *n.* mint lemonade
ក្រូចថ្លង krouch-thlong *n.* grapefruit
ក្រូចពោធិ៍សាត់ krouch poo-sat *n.* orange
ក្រូចសាច់ក្រហម krouch sach kro-horm *n.* blood orange
ក្រូម៉ូសូម kro-mo-som *n.* chromosome
ក្រៀម kream *adj.* dried
ក្រៀវ kreav *adj.* sterilized
ក្រេម krem *n.* lipstick
ក្រែម kraem *n.* cream
ក្រែមជូរ kraem chou *n.* sour cream

ក្រែមឈីស kraem chhiz *n.* cream cheese
ក្រែមទឹកដោះគោ kraem toek da-oh kooh *n.* non-dairy cream
ក្រែមវាយនឹងរំពាត់ kraem vai noeng rum-poat *n.* whipped cream
ក្រែមស្រោបនំ kraem-sroab-num *n.* icing
ក្រោម krom *prep.* under
ក្រោមការគ្រប់គ្រង kroam-ka-krob-krorng *phr.* in control (of)
ក្រោមដី krom-dey *adj.* underground
ក្រោមពោះ kroam-puos *n.* lower abdomen
ក្រោយ kroay *adv.* Later
ក្រោយ kroy *adj.* next
ក្រោយមក តាមក្រោយ kroay mok tam kroay *adv.* afterwards
ក្រៅប្រទេស krav bror tes *adv.* abroad
ក្រៅម៉ោង kraow-moang *adj.* part-time
ក្លរ klor *n.* chlorine
ក្លាយទៅជា klay touw chea *v.* become
ក្លាហាន kla-han *adj.* brave
ក្លិន klen *n.* odor
ក្លិនក្រអូប klen kro-oub *n.* aroma
ក្លែងក្លាយ klaeng-klay *adj.* artificial
ក្លែងបន្លំ klaeng-bon-lom *v.* forge
ក្លោងទ្វារធំ klorng-thver-thom *n.* portal
ក្លាំពូ klaim-pou *n.* clove
ក្ស័យធន ksai-thun *v.* bankrupt
ក្សេត្រវិទ្យា kset-vithyia *n.* agronomy
ក្អក ka-ork *v.* cough
ក្អួត kh-out *v.* vomit
ក្អែប k-aeb *n.* centipede

ខ

ខនត្រូលផេននេល khorn-trol-pen-nel *n.* control panel
ខាងក្នុង khang-knung *adj.* inner
ខាងក្រោម khang kroam *n.* bottom
ខាងក្រៅ khang-krav *adj.* outer
ខាងត្បូង khang-tboung *adj.* southern
ខាងទេវកថា khang-te-veak-kak-tha *adj.* mythical
ខាងទ្រឹស្តី khang-trerd-sdey *adj.* theoretical
ខាងភ្លេង khang-phleng *adj.* musical
ខាងមុខ khang mok *adv.* ahead
ខាងមុខនៃ khang mok nay *prep.* ahead of
ខាងលើ khang ler *adv.* above
ខាងវោហាសាស្ត្រ khang-vo-ha-sas *adj.* rhetorical
ខាងសាសនា khang-sas-na *adj.* spiritual
ខាងអក្សរសាស្ត្រ khang ak-sor-sas *adj.* literary
ខាច់ khach *n.* cache
ខាប់ khab *adj.* clotted
ខិតខំព្យាយាម khet-khom-pchea-yeam *v.* persevere
ខិតប័ណ្ណ khet-ban *n.* coupon
ខឹង khoeng *adj.* angry, mad
ខឹងខ្លាំង khoeng khlaing *adj.* angry, mad
ខឹសើរ khoes-seur *n.* cursor
ខុទ្ទកាល័យ khut-taka-lai *n.* chambers
ខុស khos *adj.* false
ខុសគន្លងធម៌ khos kon-long thor *adv.* astray
ខុសគ្នា khos knea *v.* differ
ខុសច្បាប់ khus-chbab *adj.* illegal
ខុសពីប្រក្រតី khos-pi-bro-kro-dey *adj.* unusual
ខុសរបៀប khos-ro-beab *adj.* offside
ខូច khoch *v.* go bad
ខូចចិត្តខូចថ្លើម khoch-chet-khoch-tlerm *adj.* rueful
ខួប khuob *n.* cycle
ខួរក្បាល khuor kbal *n.* brain

ខេត្ត khet *n.* province
ខេបលក kheb-lork *n.* caps lock
ខែ khae *n.* month
ខែកក្កដា khae-kakada *n.* July (*abbr* Jul.)
ខែកញ្ញា khae-kanha *n.* September (*abbr* Sept.)
ខែកុម្ភៈ khae-koum-pheak *n.* February (*abbr* Feb.)
ខែតុលា khae-tola *n.* October (*abbr* Oct.)
ខែធ្នូ khae-thnou *n.* December (*abbr* Dec.)
ខែបន្ទាប់ khae-bon-torp *adv.* next month
ខែមករា khae-mak-ra *n.* January (*abbr* Jan.)
ខែមិថុនា khae-mi-thuna *n.* June (*abbr* Jun.)
ខែមិនា khae-mi-nea *n.* March (*abbr* Mar.)
ខែមុន khae-mun *adv.* last month
ខែមេសា khae-me-sa *n.* April (*abbr* Apr.)
ខែវិច្ឆិកា khae-vich-ka *n.* November (*abbr* Nov.)
ខែសីហា khae-sei-ha *n.* August (*abbr* oct.)
ខែឧសភា khae-uh-saphea *n.* May
ខោខៅប៊ូយ khoa-khouv-bouy *n.* jeans
ខោខ្លី khoa-kley *n.* underpants
ខោជើងវែង khoa-cherng-veng *n.* pants
ខោទ្រនាប់បុរស khoa-tro-nop-bros *n.* shorts
ខោអាវ khoa-aw *n.* clothes
ខោអាវទ្រនាប់ khoa-av-tro-nop *n.* underwear
ខោអាវនារី khoa-aw neari *n.* ladieswear
ខោអាវស្លៀកដេក khoa-aw-sleak-dek-yop *n.* pajamas
ខោអាវហែលទឹក khoa-aw-hael-toek *n.* wetsuit
ខំប្រឹងជាថ្មី khom-brerng-chea-thmei *v.* renew
ខាំ kham *v.* bite
ខ្ចាស់ khchas *n.* diospyros
ខ្ចី khchei *v.* borrow
ខ្ចៅ kchao *n.* shellfish
ខ្ជិល khchoel *adj.* lazy
ខ្ជះខ្ជាយ khcheas-kcheay *v.* waste
ខ្ញី khnhei *n.* ginger
ខ្ញែសមុទ្រ khnhae-samut *n.* jellyfish
ខ្ញុំ khnhom *pron.* I
ខ្ទង់រយ khtung-roy *adj.* hundredth

ខ្ទម khtorm *n.* cottage
ខ្ទាតចេញ khteat-chenh *v.* toss
ខ្ទឹង khtoeng *n.* ballnut
ខ្ទឹម khtoem *n.* chives
ខ្ទឹមក្រហម khtoem-sor *n.* shallot
ខ្ទឹមគល់ khtoem kul *n.* leek
ខ្ទឹមបារាំង khtoem-barang *n.* onion
ខ្ទឹមស khtoem-sor *n.* garlic
ខ្ទើយស្រី khteuy srei *adj.* lesbian
ខ្ទេចខ្ទាំ khtech-khtoim *adj.* broken
ខ្ទះ khteah *n.* frying pan
ខ្ទះចៀន khteah chean *n.* skillet
ខ្ទះដុត khteah dot *n.* baking pan
ខ្នង khnorng *n.* back *(anat.)*
ខ្នងកង់ khnong-kong *n.* rim
ខ្នុរ khnul *n.* jackfruit
ខ្នើយ khnery *n.* pillow
ខ្នោះ khnors *n.* handcuff
ខ្ពង់រាប khpong-reap *n.* plateau
ខ្ពស់ khpuos *adj.* high
ខ្ពើម khperm *v.* disgust
ខ្មាស khmas *adj.* ashamed
ខ្មោច khmoch *n.* phantom
ខ្មៅ khmao *adj.* black
ខ្មៅដៃ khmao-dai *n.* pencil
ខ្យង khyong *n.* snail
ខ្យងសមុទ្រ khchorng sak-mut *n.* abalone
ខ្យងស្មិត khyong-phseth *n.* oyster
ខ្យល់ khchol *n.* air
ខ្យល់ព្យុះ khyol-pchus *n.* storm
ខ្យល់រំភើយ khchol roum-phery *n.* breeze
ខ្យាដំរី khya-domrey *n.* scorpion
ខ្លាឃ្មុំតុក្កតា khla-kmom-tu-ka-ta *n.* teddy bear
ខ្លាញ់កក khlanh-kork *n.* drippings
ខ្លារខិន khla-ro-khen *n.* panther
ខ្លាច khlach *v.* scare
ខ្លាញ់ khlanh *n.* grease

ខ្លាញ់ជ្រូក khlanh chrouk *n.* lard
ខ្លាដំបង់ khlar-dorm-borng *n.* leopard
ខ្លី khlei *adj.* short
ខ្លីៗ khlei khlei *adj.* brief
ខ្លុយ khloy *n.* flute
ខ្លួន khluon *n.* body
ខ្លួនខ្ញុំ khluon-khnom *pron.* myself
ខ្លួនគាត់ khluon-kort *pron.* himself
ខ្លួននាង khluon-neang *pron.* herself
ខ្លួនពួកយើង khluon-pouk-yerng *pron.* ourselves
ខ្លួនរបស់ពួកគេទាំងឡាយ khluon-robos-pouk-ke-teang-lay *pron.* themselves
ខ្លួនវា khluon-vea *pron.* itself
ខ្លួនឯង khluon-eng *n.* self
ខ្លោច khloach *adj.* burnt
ខ្លាំង khlang *adj.* strong
ខ្លាំងក្លា khlang-khla *adj.* intense
ខ្លះ khlas *pron.* some
ខ្វាក់ khvak *adj.* blind
ខ្វិត khvoet *n.* wood apple
ខ្វៃ kvai *v.* roast
ខ្សាច់ផុង khsach-phong *n.* quicksand
ខ្សឹបប្រាប់ khsep-prab *v.* whisper
ខ្សែ khsae *n.* cord
ខ្សែក khsae-kor *n.* necklace
ខ្សែកថា khsae kak-tha *n.* amulet
ខ្សែកាប khsae kab *n.* cable
ខ្សែកាបទូរទស្សន៍ khsae kab toureak-tuos *n.* cable tv
ខ្សែក្រវ៉ាត់ khsae kro-vart *n.* belt
ខ្សែក្រវាត់ពោង khsae kror-vat poong *n.* life belt
ខ្សែដៃ khsae dai *n.* bracelet
ខ្សែទប់ឲ្យមានលំនឹង khsae tub oay mean lum neng *n.* braces
ខ្សែទឹក khsae toek *n.* stream
ខ្សែបញ្ចូលភ្លើងអាគុយ khsae banh-chol phleung a-kuy *n.* jumper cables
ខ្សែពានកង្ហារ khsae-pean-korng-ha *n.* fan belt
ខ្សែពួរ khsae-puo *n.* guy rope
ខ្សែភ្លើង khsae pleuhng *n.* cord
ខ្សែរូត khsae-rut *n.* zipper

ខ្សែលួស khsae-lous *n.* wire
ខ្សែវណ្ណ khsae-voin *n.* meridian
ខ្សែសម្អាតធ្មេញ khsae sorm-at thmenh *n.* dental floss
ខ្សែស្បែកជើង khsae sbaek-cheung *n.* lace
ខ្សែអ៊ីនធឺណេត khsae-internet *n.* wireless internet
ខ្សោយ khsoay *adj.* faint

គ koo *n.* kapok tree
គណកម្មការ keak-neak kam-ka *n.* committee
គណនា keak-neak-nea *v.* calculate
គណនាខុស keak-nea-khos *v.* miscalculate
គណនីធនាគារ keak-ni thor-nea-kea *n.* bank account
គណនេយ្យករ keak neak ney kor *n.* accountant
គណៈវិនិច្ឆយ kanak-vi-ni-chai *n.* jury
គណៈវិនិច្ឆយចំបង kanak vi-ni-chai chorm-borng *n.* grand jury
គណិតវិទ្យា kaeak-nit-vit-tyea *n.* mathematics
គតិបណ្ឌិត kak-tik-bon-det *n.* wisdom
គន្លងផ្កាយ kun-lorng-phkay *n.* galaxy
គប់ kob *v.* throw
គម្ពីរ kom-pi *n.* writ
គម្ពីសាសនាគ្រិស្ត kum-pi sas-na krirs *n.* bible
គម្រប kum-rorb *n.* lid
គម្របកាំកង់ koum-rorb kam korng *n.* chain guard
គម្របក្បាល kom-rorb-kbal *n.* hood
គម្របក្មេងបើកមិនបាន kum-rorb kmeng berk min ban *n.* childproof cap
គម្របលេន kum-rorb len *n.* lens cap
គម្រាមបរិហារកិត្តិយស kum-ream bak-vi-hea ke-te-yuos *v.* blackmail
គម្រោង koum-rorng *v.* outline • *n.* plot
គម្រោងសម្ព័ន្ធ komroang-sorm-poan *n.* architecture
គរុកោសល្យ ko-ru-kor-sol *n.* pedagogy
គាត់ kort *pron.* he
គាបសង្កត់ keab-song-kot *v.* grind
គាវ kieu *n.* pierogi
គាវ kieu *n.* dumpling
គាស់ kos *v.* pry
គិត kit *v.* think
គិតគូរ kit-ku *v.* reckon
គិតត្រិះរិះ kit-tres-ris *v.* ponder
គិលានដ្ឋាន ki-lean-dthean *n.* infirmary

គិលានុបដ្ឋាយិកា ki-lean-nu-pak-thak-nika *n.* nurse
គីបាប់ ki-bab *n.* kebab
គីមីវិទូ ki-mi wi-tou *n.* chemist
គីមីវិទ្យា ki-mi wi-tyea *n.* chemistry
គីវី ki-wi *n.* kiwi
គីឡូក្រាម kilo-gram *n.* kilogram
គីឡូបាយត៍ kilo-bay *n.* kilobyte
គីឡូម៉ែត្រ kilo-maet *n.* kilometer
គុក kuk *n.* jail, prison
គុជ kuch *n.* pearl
គុណ kun *v.* multiply
គុណកិរិយា kun ke-ri-ya *n.* adverb
គុណធម៌ kun-thor *n.* virtue
គុណនាម kun-neam *n.* adjective
គុណវិបត្តិ kun-vi-bat *n.* disadvantage
គុណសម្បត្តិ kun sorm-bat *n.* advantage
គុណភាព kun-pheap *n.* quality
គុម្ពោត kum-poot *n.* bush
គុយ kuy *n.* willughbeia cochinchinensis *(tropical fruit)*
គុយទាវ kuy teav *n.* noodle
គូ ku *n.* pair
គូដណ្ដឹងប្រុស kou-don-doeng-bros *n.* fiancé
គូដណ្ដឹងស្រី kou-don-doeng-srey *n.* fiancée
គូថ kut *n.* seat
គូបដិបក្ខ ku-pak-di-pak *n.* opponent
គូប្រកួតប្រជែង kou pror-kuot pror-cheaeng *n.* competitor
គូរ kou *v.* draw
គូរក្ដី kou-kdei *n.* litigant
គូរប្រជែង ku-procheng *n.* rival
គូរវិវាទ koo-vi-veat *n.* litigant
គូរឡើងវិញ ku-lerng-vinh *v.* retrace
គូលែន kou-len *n.* lychee
គូសង្សារ kou sorng-sa *n.* couple
គួរជាទីពេញចិត្ត kou-chea-ti-penh-chet *adj.* satisfying
គួរតែ kou-tea *v.* ought to
គួរអោយខ្ពើម kuor-oay-khpeurm *adj.* loathsome
គួរអោយខ្លាច kou-oy-klach *adj.* terrible

គួរអោយចាប់អារម្មណ៍ kou-oy-chab-arom *adj.* remarkable
គួរអោយសរសើរ kuor-oay sor-sa-uh *adj.* laudable
គួរអោយស្ដាយ kou-oy-sday *adj.* sorry
គួរអោយស្រលាញ់ kuor-oay-sror-lanh *adj.* lovely
គួរអោយស្អប់ kou-oy-saob *adj.* repugnant
គួរអោយអស់សំណើច kou-oy-os-som-nerch *adj.* ridiculous
គួរឲ្យកត់សម្គាល់ kou-oy-kot-som-korl *adj.* noteworthy
គួរឲ្យកំសាន្តសប្បាយ kuo-oay-kom-san-sabay *adj.* entertaining
គួរឲ្យខ្ពើម kuo-ory-khperm *adj.* disgusting
គួរឲ្យខ្មាស kuo-oay-khmas *adj.* embarrassing
គួរឲ្យត្រេកអរ kour-oy-trek-or *adj.* pleasing
គួរឲ្យមួម៉ៅ kuor-ory-muo-mao *adj.* irritating
គួរឲ្យរំភើប kuo-oay-roum-pherb *adj.* exciting
គួរឲ្យសង្វេគ kou-oy-song-vek *adj.* piteous
គួរឲ្យស្អប់ kuo oay s-orb *adj.* despicable
គួរឲ្យអាណិត kou-oy-ah-nit *adj.* pathetic
គេ ke *pron.* they
គេង keng *v.* sleep
គេងលក់ keng louk *adj.* asleep
គេងសម្រាក keng sorm-rak *v.* lie down
គេច kech *v.* abscond
គេចខ្លួន kech-kloun *n.* sneaker *(shoe)*
គេចវេស kech-ves *v.* escape
គេហកិច្ច ke-ha-kich *n.* housekeeping
គេហទំព័រ ke-hak-tom-por *n.* webpage
គែមជញ្ជាំង keaem-choonh-chaing *n.* ledge
គោ ko *n.* cow
គោព្រៃ ko prei *n.* bison
គោរព korop *v.* regard
គោរពតាម ko-rop-tam *v.* obey
គោរពបូជា koo-rub-bou-chea *v.* revere
គោរពប្រតិបត្តិតាម ko-rop-prot-tibat-tam *v.* oblige
គោលការណ៍ kool-ka *n.* principle
គោលការណ៍ម៉ោងចូលផ្ទះ kool-ka moang chol phteas *n.* curfew
គោលគំនិត kul-kom-nit *n.* theory
គោលដៅ koal dav *n.* aim
គោលនយោបាយ koul-nor-yo-bay *n.* policy

គោលនយោបាយបក្ស kool-nor-yoo-bay-pak *n.* manifesto
គោលបំណង korl-bomnorng *n.* intention
គោះទ្វារ kuoh tvea *v.* knock
គោះបន្តើរ kuoh-bon-ther *v.* tap
គំនរឧសបូជាសព kom-nor-ous-bo-chea-sop *n.* pyre
គំនាប់ kom-neab *v.* salute
គំនិត koum-nit *n.* concept; notion
គំនិតផ្តួចផ្តើម kom-nit-pduoch-pderm *n.* initiative
គំនិតព្យាបាទ kom-nit pyea-bat *n.* malice
គំនិតសំខាន់ koum-nit-som-khan *n.* motif
គំនូរ koum-nou *n.* drawing
គំនូរដោយប្រេីប្រេង koum-nou-doy-brer-breng *n.* oil painting
គំនូរព្រាង koum nou-preang *n.* sketch
គំនូររឿង koum-nou-rerng *n.* storyboard
គំនូរលើជញ្ជាំង koum-nou-ler-chonh-cheang *n.* fresco
គំនុំពិរោធន៍ koum-num pi-rooth *n.* animosity
គំរប kom-rob *n.* shutter
គំរាមកំហែង kom-ream-kom-heng *v.* threaten
គំរូ kum-ru *n.* model, pattern
គំរូដើម kum-ru-derm *n.* prototype
គំរោងការ kom-rong-ka *n.* proposal
គំហកដាក់ kom-hork-dak *v.* yell
គាំទ្រ kouam tror *v.* advocate
គ្មាន kmean *prep.* without
គ្មាន kmean *conj.* nor
គ្មានកម្លាំងកំហែង kmean-kom-lang-kom-heng *adj.* nerveless
គ្មានការធ្វើ kman-ka-thver *adj.* unemployed
គ្មានខ្លាញ់ kmean khlanh *adj.* lean
គ្មានគ្រោះថ្នាក់ kmean kruoh tnak *adj.* benign
គ្មានជាតិកាហ្វេអ៊ីន kmean cheat ka-fe-in *adj.* caffeine-free
គ្មានជាតិសំណ kmean cheat sorm-nor *adj.* lead-free
គ្មានទ្រុង kmean trung *adj.* cage-free
គ្មាននរណាម្នាក់ kmean-nor-na-mneak *pron.* no one
គ្មានផ្លូវទេ! kmean-phlouw-te *phr.* no way!
គ្មានមេត្តា kmean-meta *adj.* pitiless
គ្មានសមត្ថភាព kmean-samat-ta-pheap *adj.* incompetent
គ្មានអ្នកណាដឹង kmean-nek-na-deng *adj.* unknown

គ្មានអ្វីសោះ kmean-avey-sos *pron.* nothing
គ្រុនចាញ់ krun-chanh *n.* malaria
គ្រប់គ្រង krub-krong *v.* manage
គ្រលុក kror-lok *n.* potholes
គ្រហឹម kro-hem *v.* roar
គ្រាប់កាំភ្លើង kroab kam-plerng *n.* bullet
គ្រាប់បែក kroab-baek *n.* bomb
គ្រប់គ្រាន់ krub kron *adj.* adequate
គ្រប់គ្រាន់ល្មម krub-kron-lmom *adj.* sufficient
គ្របដណ្តប់ krorb dorn-dob *v.* cover
គ្រប់ទីកន្លែង krob-ti-kon-laeng *adv.* everywhere
គ្រប់ពេលវេលា krob-pel-ve-lea *adv.* thoroughly
គ្របសង្កត់លើចិត្ត krob song-kot ler chet *v.* preoccupy
គ្រលុតមានទឹកដក់ kro-luk-mean-toek-dok *n.* puddle
គ្រាប់កៅឡាក់ kroab-kaow-lak *n.* hazelnut
គ្រាប់តូចៗ kroab-toch-toch *n.* granule
គ្រាប់ថ្នាំបញ្ឆោត kroab-thnam-bonh-chhort *n.* placebo
គ្រាប់បែកនុយក្លេអ៊ែរ kroab-bek-nuy-kle-ear *n.* nuclear bomb
គ្រាប់ផ្កាឈូករ័ត្ន kroab-pka-chhouk-roat *n.* sunflower seeds
គ្រាប់ផ្លែឈើប្រេស៊ីល kroab phlae cher bre-sil *n.* brazil nut
គ្រាប់ពូជ kroab-pouch *n.* seed
គ្រាប់ពូជដំណាំអាភៀន kroab pouch dorm-nam ah-phean *n.* poppy seed
គ្រាប់ពូជម្អម kroab pouch ma-orm *n.* caraway seed
គ្រាប់ភ្នែក kroab-phnek *n.* eyeball
គ្រាប់មូលទ្រវែង kroab moul tror-veaeng *n.* capsule
គ្រាប់ល្ពៅ kroab la-pouw *n.* pumpkin seed
គ្រាប់វាល់ណាត kroab val-nat *n.* walnut
គ្រាប់សណ្តែក kroab sorn-daek *n.* legumes
គ្រាប់សណ្តែក kroab-son-dek *n.* peapod
គ្រាប់ឡុកឡាក់ kroab lok-lak *n.* dice
គ្រាប់(ផ្លែឈើ) kroab(plae-chher) *n.* nut
គ្រីមកោរពុកមាត់ krim-koa-puk-mot *n.* shaving cream
គ្រីស្តាល់ kris-stal *n.* crystal
គ្រឹះស្ថានហាត់ប្រាណ kroes-sthan-hat-bran *n.* gym
គ្រុនក្តៅ krun-kdaow *n.* fever
គ្រុនផ្តាសាយធំ krun-pdas-say *n.* influenza
គ្រូទាយ krou-teay *n.* fortune teller

គ្រូទាយក្រយៅបាតដៃ kru-teat-kro-yao-bat-dai *n.* palmist
គ្រូបង្រៀន kru-bong-rean *n.* teacher
គ្រូបង្រៀនឯកជន kru-bong-rean-ek-chon *n.* tutor
គ្រូបង្វឹក kru bong-weuk *n.* coach
គ្រូពេទ្យ kru-pet *n.* physician
គ្រូម៉ាស្សា krou mas-sa *n.* chiropractor
គ្រួស krous *n.* pebble
គ្រួសារ kruor-sa *n.* family
គ្រឿងការពារ kroeurng-ka-pea *n.* fender
គ្រឿងកុលាលភាជន៍ kroeung ko-la-lor-pheach *n.* ceramics
គ្រឿងកែវ kroeurng-kaeo *n.* glassware
គ្រឿងកំសាន្ត krerng-kom-san *n.* pastime
គ្រឿងក្នុងសត្វ kroeurng-knong-sat *n.* giblets
គ្រឿងក្រអូប kroeurng-kro-ob *n.* fragrant
គ្រឿងជួយដោះបន្ទាល់ krerng-chouy-dos-bon-tol *n.* recourse
គ្រឿងជំរុញលើកទឹកចិត្ត krerng-chom-roch-lerk-toek-chet *n.* stimulus
គ្រឿងញាត់ krerng-nhot *n.* stuffing
គ្រឿងដាក់រំលាយ krerng-dak-rom-leay *n.* solvent
គ្រឿងដែក kroeurng-daek *n.* hardware
គ្រឿងតុបតែង krerng-tob-taeng *n.* garnish
គ្រឿងតុបតែងលម្អ krerng-top-teng-lom-or *n.* ornament
គ្រឿងទេស kroeurng-tes *n.* groceries
គ្រឿងទេសរំដេង kreung tes rum deng *n.* horseradish
គ្រឿងធ្វើឲ្យផ្អែម kreong-thver-oy-pa-em *n.* sweetener
គ្រឿងបង្កើតកំដៅ krerng-bong-kert-kom-dao *n.* reactor
គ្រឿងបន្ទន់ kroeung born-tun *n.* conditioner
គ្រឿងបន្លាស់ krerng-bon-las *n.* spare part
គ្រឿងបរិក្ខារ kroeurng-pak-ri-kha *n.* facilities
គ្រឿងផ្គត់ផ្គង់ krerg p-kot p-kong *n.* supplies
គ្រឿងផ្សំ kroeng-psom *n.* ingredient
គ្រឿងផ្សំរសជាតិ kroeung psorm rors cheat *n.* condiments
គ្រឿងព្រំ klrerng-prom *n.* tapestry
គ្រឿងយន្ត kreung-yun *n.* machinery
គ្រឿងរក្សាទុក krerng reak-sa tok *v.* preserve
គ្រឿងរុំពីក្រៅ krerng-rom-pi-krav *n.* wrapping
គ្រឿងសង្ហារឹម kroeurng-phkut-phkong *n.* furniture
គ្រឿងសម្អាង kroeurng sorm-ang *n.* cosmetics

គ្រឿងស៊ុប kroeurng sup *n.* bouillon
គ្រឿងសំអិតសំអាងខ្លួន kreung sorm-oet sorm-arng khluon *n.* make-up
គ្រឿងស្លៀកពាក់ krerng-sleak-peak *n.* outfit
គ្រឿងហិរម៉ត់ kroeung heul mot *n.* cayenne pepper
គ្រឿងហើរ kreung hoel *n.* spice
គ្រឿងអលង្ការ kreoung-ak-lang-ka *n.* jewelry
គ្រឿងអាវុធយុទ្ធភណ្ឌ krerng-ahvut-yuth-phon *n.* munitions
គ្រឿងអេឡិចត្រូនិច kroeurng-eh-lech-tro-nech *n.* electronics
គ្រែ kreae *n.* bed
គ្រែកូនក្មេង kre-kon-kmeng *n.* portable crib
គ្រែក្រោម kree-kroam *n.* lower berth
គ្រែស្នែង kre-sneng *n.* palanquin
គ្រោង kroong *n.* framework
គ្រោងការណ៍ krong-ka *n.* scheme
គ្រោងឆ្អឹង krong chh-erng *n.* skeleton
គ្រោងទុកជាមុន krong-tok chea-mun *v.* premeditate
គ្រោតគ្រាត krot-kreat *adj.* rough
គ្រោះថ្នាក់ krous thnak *n.* danger, peril
គ្រោះថ្នាក់អកុសល krous-thnak-ahk-ko-sol *n.* mishap
គ្រោះមហន្តរាយ kruoh-mor-hon-tray *n.* disaster
គ្រោះរាំងស្ងួត kruoh-reang-snguot *n.* drought
គ្លីនិក kli-nik *n.* clinic
គ្លីសេរ៉ុល kli-se-rol *n.* glycerin
គ្លុយកូស kloy-kos *n.* glucose

ឃ

ឃាតកម្ម kheat-kam *n.* assassination
ឃាតករ kheat-kor *n.* assassin
ឃីបត khi-bort *n.* keyboard
ឃោរឃៅ khoo-khouw *adj.* savage, cruel
ឃុំ khoum *v.* confine
ឃុំឃាំង khoum-khouang *v.* encased
ឃ្នាប khneab *n.* bracket
ឃ្មុំ khmum *n.* bee
ឃ្លា khlea *n.* clause
ឃ្លាកិរិយាសព្ទ khlea-ki-riya-sap *n.* phrasal verb
ឃ្លាតឆ្ងាយ khleat chhngay *adv.* apart
ឃ្លាតឆ្ងាយពី khleat chhngay pi *prep.* apart from
ឃ្លាន khlean *adj.* hungry
ឃ្លី khli *n.* marble
ឃ្លាំងផ្ទុកទិន្នន័យ khleang phtuk tin-nei *n.* database
ឃ្លាំងអាវុធ khleang a-vut *n.* arsenal
ឃ្លាំងឥវ៉ាន់ khleang ei-wan *n.* depot
ឃ្លាំងអីវ៉ាន់ khleang-ey-wan *n.* warehouse

ង

ងងឹត ngoo-ngoet *adj.* dark
ងងឹតជាងមុន ngoo-ngoet cheang mun *adj.* darker
ងងឹតសូន្យសុង ngor-nget-son-song *n.* pitch
ងងុយដេក ngor-nguy-dek *adj.* drowsy
ងប់ ngub *n.* star gooseberry
ងប់ងុល ngob-ngol *v.* obsess
ងាយ ngeay *adv.* simply
ងាវ ngav *n.* scallops
ងាវសមុទ្រ ngeav-samot *n.* oyster
ងូតទឹក ngout toek *v.* bathe

ច

ចក្រភព chak-phop *n.* empire
ចក្រភពអង់គ្លេស chak-phorb-ang-le *n.* United Kingdom
ចង chorng *n.* knot
ចង់ chorng *adj.* keen
ចងយ៉ាងជាប់ chong-yang-chop *v.* truss
ចង្ការ chorng-ka *n.* chin
ចង្កឹះ chorng-keus *n.* chopsticks
ចង្កេះ chong-kes *n.* waist
ចង្ក្រាន chorng-kran *n.* cooker
ចង្ក្រានប្រេងកាត chorng-kran preng-kat *n.* kerosene stouwe
ចង្ក្រានអាំងនំប៉័ង chong-kran-ang-num-pang *n.* toaster oven
ចង្រឹងបង្អួច chong-rerng-bong-ouch *n.* mullion
ចង្វាក់បេះដូង chong-vak-bes-dong *n.* heartbeat
ចង្អុលដៃ chong-ol-dai *n.* forefinger
ចង្អុលទៅកាន់ chong-ol-touw-kan *v.* point to
ចង្អៀត chong-eat *adj.* packed
ចចេស chor-ches *adj.* headstrong
ចតុកោណ chak-to-korn *n.* quadrangle
ចតុរង្គ chak-to-rung *n.* chess
ច័ន chan *n.* gold apple
ចន្ទគ្រាស chan-kreas *n.* eclipse
ចន្ទន៍ក្រឹស្នា chan-kris-sna *n.* nutmeg
ចន្ទល់ chun-tul *n.* buttress
ចន្ទាស chon-teas *n.* tweezers
ច័ន្ទ chan-thou *n.* tuberose
ចន្លោះ chon-los *n.* gap
ចន្លោះចម្ងាយ chon-los-chom-ngay *n.* range
ចន្លោះដំបូលក្នុងឡាន chon-los-dom-bol-knong-lan *n.* headroom
ចបជីក chop-chik *n.* spade
ចបត្រសេះ chorb-tro-ses *n.* pickaxe
ចម្ការផ្លែឈើ chom-ka-phle-chher *n.* orchard
ចម្ការសណ្តែក chom-ka-son-dek *n.* string bean

ចម្ងាយ chorm-ngay *n.* distance
ចម្ងាយម៉ាយ chorm-ngeay-may *n.* mile
ចម្រឹង chom-rerng *n.* picket
ចម្រៀង chom-reang *n.* music
ចម្រៀងប៉ុប chom-reang-pop *n.* pop music
ចម្រៀងសាសនា chom-reang-sasna *n.* psalm
ចម្លងរោគ chom-lorng-rork *v.* infect
ចម្លើយ chom-la-uhy *n.* answer
ចម្លើយបករបស់ចុងចោទ chom la-uhy bork ror-bors chong choat *n.* rejoinder
ចម្លើយរបស់ចុងចោទ chorm la-uhy ror-bors chong choat *n.* plea
ចម្លែក chorm-laek *adj.* awkward
ចម្លែក chom-laek *adj.* odd
ចម្អិន chorm-en *v.* cook
ចរចា chor-char *v.* negotiate
ចរាចរ chor-ra-chor *n.* traffic
ចលករ chol-kor *n.* motive
ចល័ត chak-lat *adj.* mobile
ចល័តភាព chak-lat-pheap *n.* mobility
ចលនា chorla-na *n.* circulation
ចលនាជុំវិញ chorla-na choum winh *n.* circuit
ចលនាតៗគ្នា chol-na-tor-tor-knea *n.* procession
ចាំ cha *excl.* yes
ចាហ្វាយ cha-hvay *n.* boss
ចាក់ chak *v.* inject
ចាកចេញ chak chenh *v.* depart
ចាក់ថ្នាំវ៉ាក់សាំង chak-tnam-vak-sang *v.* vaccinate
ចាក់សោរ chark-soa *v.* lock
ចាក់សោរអោយនៅក្រៅ chark-soa oay nov krao *v.* lock out
ចាក់សំបកកង់ថ្មី chak-som-bok-kong-tmey *v.* retread
ចាក់(ទឹក) chak(teouk) *v.* pour
ចាត់ចែង chat-cheng *v.* proceed
ចាត់តាំង chat tang *v.* appoint
ចាន chan *n.* dish
ចានគោះបារី charn kuoh ba-rei *n.* ashtray
ចានដាក់ស៊ុប chan-dak-sop *n.* soup bowl
ចានដែក chan-dek *n.* pan
ចានទាបធំ chan-teap-thom *n.* platter

ចានសម្ល chan som-lor *n.* bowl
ចាប់ខ្លួន chab kluon *v.* arrest
ចាប់ចិត្ត chab-chet *v.* fascinate
ចាប់ជំរិត chab chum-roet *v.* kidnap
ចាប់តាំងពី chab-tang-pi *prep.* since
ចាប់បាន chab ban *v.* capture
ចាប់ផ្តើម chab-pderm *v.* start, begin
ចាប់យក chab-york *v.* grab
ចាយ៉ cha-yor *n.* croquettes
ចារ cha *n.* flame of the forest *(plant)*
ចាស់ chas *adj.* old
ចាហួយ cha-houy *n.* jelly
ចាហួយត្រី cha-houy trei *n.* fish jelly
ចាហួយផ្លែឈើ cha-houy-plae-chher *n.* jello
ចាហ្វាយក្រុង cha-vai-krong *n.* mayor
ចិញ្ចឹម chenh chem *v.* adopt
ចិញ្ចើម chenh-cherm *n.* eyebrow
ចិញ្ចើមថ្នល់ chenh-cherm-tnol *n.* sidewalk
ចិញ្ចៀន chenh-chean *n.* ring
ចិញ្ច្រាំ chenh-chram *v.* chop, mince
ចិតសិប chet-sep *num.* seventy
ចិត្តសប្បុរស chet-sob-bros *adj.* generous
ចិត្តនិយម chet-nitom *n.* romanticism
ចិត្តបណ្ឌិត chet-bon-dit *n.* psychologist
ចិត្តអាក្រក់ chet-akrok *adj.* unkind
ចិត្របដ chet-bod *n.* retina
ចុងក្រោយ chong-kroay *n.* end
ចុងក្រោយបង្អស់ chong kroay borng-ors *adj.* latest
ចុងចោទ chong-choat *n.* defendant
ចុងដៃ chong-dai *n.* fingertip
ចុងបញ្ចប់ chong-bonh-chob *n.* ending
ចុងផ្លូវ chong-phlouw *n.* terminus
ចុងពោះវៀន chong-pous-vean *n.* rectum
ចុងភៅ chong phouw *n.* chef
ចុងសប្តាហ៍ chong-sab-bda *n.* weekend
ចុច choch *v.* click
ចុះ chos *v.* get off

ចុះចាញ់ chos chanh *v.* surrender
ចុះចូល chos chol *v.* submit
ចុះឈ្មោះ chos-chhmous *v.* register
ចុះឈ្មោះរៀន chos chhmuoh rean *v.* matriculate
ចុះបន្ទាត់ chos-born-toat *v.* enter
ចុះសម្រុង chos-som-rong *v.* get on well
ចុះហត្ថលេខានិងឈ្មោះ chos-hat-lee-kha neng chhmous *n.* sign
ចុះអព្ទ chos-arb *adj.* foggy
ចូល chol *v.* enter
ចូលកាន់កាប់ chol-kan-kab *v.* occupy
ចូលចិត្ត chol-chet *v.* fancy
ចូលចិត្តច្រើនជាង chol-chet chrern-cheang *v.* prefer
ចូលនិវត្តន៍ chol-nivot *v.* retire
ចូលនៅ chol-nov *v.* occupy
ចូលរួម chol ruom *v.* attend
ចូលរួមក្នុង choul-ruom-knung *v.* join in
ចៀន chean *v.* fry
ចៀម cheam *n.* lamb
ចៀមឈ្មោល cheam-chhmol *n.* ram *(animal)*
ចៀសវាង chies veang *v.* avoid
ចេក chek *n.* banana
ចេកខ្ចី chek-khchei *n.* green banana
ចេកទេស chek-tes *n.* canna lily
ចេញ chenh *v.* log out/off
ចេញឈាម chenh chheam *v.* bleed
ចេញញើស chenh-nhers *v.* perspire
ចេញទៅ chenh-touw *phr.* go away!
ចេញពីរ៉ូប៊ីណេ chenh-pi-rom-ne *phr.* on tap
ចេតិយ chaet-day *n.* mausoleum
ចេត្រ chaet *n.* chaitra *(month on Hindu calendar)*
ចែក chaek *v.* divide
ចែកគ្នា chaek-knea *v.* split
ចែកចាយ chaek-chay *v.* distribute
ចែកឲ្យ chaek-oay *v.* hand around
ចែងចាំង chaeng-charng *adj.* lucent
ចៃ chai *n.* flea
ចោទប្រកាន់ choat bror kan *v.* accuse

ចោរកម្ម choar-rakam *n.* larceny
ចោរកម្ម (តាមសមុទ្រ) chor-kam (tam-samot) *n.* piracy
ចោរប្លន់ chor-plon *n.* robber, bandit, thief
ចោរសមុទ្រ chor-sa-mot *n.* pirate
ចៅ chaow *n.* grandchild
ចៅក្រម chao-kroim *n.* judge
ចៅប្រុស chaow-bros *n.* grandson
ចៅស្រី chaow-srey *n.* granddaughter
ចំកាត់ chom-kart *n.* Plc. (*abbr*: Public Limited Company)
ចំការទំពាំងបាយជូរ chom-ka-tom-peang-bay-chu *n.* vineyard
ចំការធំៗ chom-ka-thom-thom *n.* plantation
ចំណង chorm-norng *n.* bond
ចំណង់ចំណូលចិត្ត chom-nong-chom-nol-chet *n.* passion
ចំណងជើង chom-norng-cherng *n.* heading
ចំណងដៃ chom-norng-dai *n.* dowry
ចំណងផ្លូវភេទ chom-norng-phlouw-phet *n.* lust
ចំណតចុងក្រោយ chom-nort chong kroay *n.* last stop
ចំណតនាវា chom-not nea-vea *n.* berth
ចំណតបន្ទាប់! chom-not-bon-torp *phr.* next stop!
ចំណតផែ chom-nort-phee *n.* harbor
ចំណតរថយន្តរយៈពេលយូរ chom-nort rort-yun ror-yak pel you *n.* long-term parking
ចំណតឡានក្រុង chom-not lan krong *n.* bus terminal
ចំណាត់ការ chom-nat-ka *n.* proceeding
ចំណាន chom-narn *adj.* outstanding
ចំណាប់ខ្មាំង chom-nab-kmang *n.* hostage
ចំណាប់អារម្មណ៍ chom-nab-arom *n.* interest *(in something)*
ចំណាយ chom-nay *n.* expense
ចំណិត chorm-net *n.* chip *(small piece)*
ចំណិតសាច់ chom-net sach *n.* cutlet
ចំណិតស្តើងតូច chom-net-sderng-toch *n.* flakes
ចំណី chom-nei *n.* appetite
ចំណីបន្ទាប់បន្សំ chom-nei bon-torb bon-som *n.* appetizer
ចំណីសត្វ chom-nei-sat *n.* feed
ចំណីអាហារ chom-ney aha *n.* prey
ចំណុច chom-noch *n.* dot, bullet point
ចំណុចកណ្តាលទីក្រុង chorm-noch korn-dal ti krong *n.* center of town

ចំណុចកណ្តាល chorm-noch korn-dal *n.* center
ចំណុចក្បៀស chom-noch-kbeas *n.* semicolon
ចំណុចខ្ពស់បំផុត chom-noch-khpous-bom-phot *n.* pinnacle
ចំណុចត្រួតពិនិត្យ chorm-noch truot pi-nit *n.* checkpoint
ចំណុច ទីជ្ជភាព choum-noch tit-pheap *n.* angle
ចំណុចប្រសព្វ chom-nuch-bro-sorb *n.* intersection, junction
ចំណុះ chorm-noh *n.* capacity
ចំណុះមួយស្លាបព្រា chom-nos-muoy-slap-prea *n.* spoonful
ចំណុះវត្ថុករ chom-cos-vothuk-reav *n.* gallon
ចំណូលស្រុក chom-noul-sruk *n.* immigration
ចំណេះដឹង chorm-nes-doeng *n.* knowledge
ចំណែក chorm-naek *n.* bit
ចំណែកក្មេង chorm-naek kmeng *n.* children's portion
ចំណែកតូចៗ chom-nek-toch-toch *n.* splinter
ចំណែកនៃគ្រឿងសង្ហារឹម chom-nek-ney-krerng-song-ha-rerm *n.* piece of furniture
ចំណោទ chom-not *n.* slope
ចំណោទ chom-not *n.* problem
ចំណាំ chom-nam *v.* recognize
ចំនុច chom-noch *v.* point
ចំនួនកំរិត chon-noun-kom-ret *n.* quota
ចំនួនច្រើន chum-noan chreun *n.* mass
ចំនួនតិចតួច chom-nuon tech tuoch *pron.* a little
ចំនួននៃរង្វាស់ម៉ាយ chom-noun-nei-rong-voin *n.* mileage
ចំនួនប្រជាជនទាំងអស់ chum-nuon-pror-chea-chun-tang-ors *n.* population
ចំនួនប្រាក់សង chom-noun-prak-song *n.* remuneration
ចំនួនមើលលើទំព័រ chom nuon merl leu tum-puour *n.* pageview
ចំនួនលើស chom-noun-lers *n.* surplus
ចំនួន chom-noun *n.* quantity
ចំនោទសួរ chom-nort-sour *n.* quiz
ចំបង chorm borng *adj.* main
ចំប៉ា chom-pa *n.* champa *(type of flower)*
ចំប៉ី chom-pei *n.* plumeria *(flowering plant)*
ចំពុះ chorm-pouh *n.* beak
ចំពោះ chom-pous *prep.* regarding
ចំពោះមុខ chom-pous muk *n.* presence
ចំរៀងបំពេរ chorm-reang borm-pee *n.* lullaby

ចំលង chom-long *v.* transmit
ចំលែក chorm laek *adj.* absurd
ចំហាយ chom-hay *n.* steam
ចំហៀង chom-heang *n.* side
ចំអក chom-ork *v.* ridicule
ចំណុចពុះ chorm-noch pouh *n.* boil
ចំណុចកំពូល chom-noch-kom-pul *n.* peak
ចាំបាច់ cham-bach *adj.* mandatory
ចាំ cham *v.* remember
ច្បាប់ chbab *n.* law
ច្បាប់ដើម chbab-derm *n.* source
ច្បាប់ព្រហ្មទណ្ឌ chbab prum-toan *n.* criminal law
ច្បាប់យុត្តិសាស្ត្រ chbab yuth-te-sas *n.* case law
ច្បាប់រដ្ឋធម្មនុញ្ញ chbab rort thorm-nunh *n.* constitution
ច្បាស់លាស់ chbas-lors *adj.* definite
ច្បាស់ chbas *adj.* palpable
ច្រក chrork *n.* terminal
ច្រក (ភ្នំ) chrork (phnom) *n.* pass
ច្រកចេញ chrork-chenh *n.* outlet
ច្រកដើរ chrork deuh *n.* aisle
ច្របល់គ្នា chro-bol-knea *v.* scramble
ច្របាច់ chro-bach *v.* squeeze
ច្រមុះ chro-mos *n.* nose
ច្រវ៉ាក់ chror-wak *n.* chain
ច្រឡំ chror-lom *v.* confuse
ច្រាន chrarn *v.* push
ច្រានចេញ chran-chenh *v.* rout
ច្រានទៅវិញ charan-touw-vinh *v.* repel
ច្រាសដុះធ្មេញ chras-dos-tmenh *n.* toothbrush
ច្រើន chrern *pron.* many, numerous
ច្រើនក្រៃលែង chrern-krai-leng *adj.* profuse
ច្រើនគួរសម chrern-kour-som *adj.* substantial
ច្រើនជាង chrern-cheang *adj.* more
ច្រើនបែបយ៉ាង chrern-beb-yang *adj.* multiple
ច្រើនប៉ុណ្ណា? chrern-punna *phr.* how much?
ច្រៀក chreak *v.* shred
ច្រៀង chreang *v.* sing

ច្រេះ chres *n.* rust
ច្រេះចាប់ chres-chab *adj.* rusty
ច្រោះ chraoh *v.* decant
ច្រាំងថ្មចោត chrang thmor choat *n.* cliff

ឆ

ឆកសមុទ្រ chhok-sa-mot *n.* bay
ឆ័ត្រ chhatt *n.* umbrella
ឆ័ត្រយោង chhat-yong *n.* parachute
ឆត្រ័ហោះ chhat-ha-uh *n.* hangglider
ឆមាស chhor-meas *n.* term *(academic)*
ឆាប់ chhab *adj.* constant
ឆាប់ជាងនេះ chhab-cheang-nis *adj.* earlier
ឆាបឡើង chhab-lerng *v.* flare
ឆា chha *n.* stir-fry
ឆាក chhak *n.* scene
ឆាសាច់គោជាមួយបន្លែ chha-sach-ko-muoy-bon-lae *n.* pot roast
ឆៃកែវ chhai-keo *n.* rickshaw
ឆៃថាវ chhai thav *n.* beet
ឆៅ chhav *adj.* raw
ឆ្កួត chhkuot *adj.* crazy
ឆ្កែ chhkae *n.* dog
ឆ្កែនាំផ្លូវ chhkae-norm-phlouw *n.* guidedog
ឆ្ងាញ់ chhnganh *adj.* delicious
ឆ្ងាយ chhngay *adj.* distant
ឆ្ងាយជាង chhngay-cheang *adj.* farther
ឆ្ងាយបំផុត chhngay-bom-phot *adj.* farthest
ឆ្នុក chhnok *n.* plug
ឆ្នុកដប chhnok dorb *n.* cork
ឆ្នូត chhnot *n.* stripe
ឆ្នើម chhnerm *adj.* great
ឆ្នេរខ្សាច់ chhne-khsach *n.* beach
ឆ្នេរសមុទ្រ chhne sak-mut *n.* coast
ឆ្នោត chhnoat *n.* lottery
ឆ្នោតសរុប chhnoat sa-rub *n.* ballot
ឆ្នាំងដាំពុះ chhnang dam pouh *n.* boiler
ឆ្នាំងតូចមានដៃ chhnang-toch-mean-dai *n.* saucepan
ឆ្នាំ chhnam *n.* year

ឆ្នាំថ្មី chhnam-thmei *n.* new year
ឆ្នាំបន្ទាប់ chhnam-bon-torp *n.* next year
ឆ្នាំមុន chhnam mun *adv.* last year
ឆ្ពោះទៅខាងលិច chhpous-touw-khang-lich *adj.* western
ឆ្មប chhmob *n.* midwife
ឆ្មា chhma *n.* cat
ឆ្លងកាត់ chhlorng kat *adv.* across
ឆ្លាក់ chhlak *v.* carve
ឆ្លាត chhlat *adj.* clever
ឆ្លើយតប chhlery-top *v.* respond
ឆ្លើយបដិសេធ chhlery-pak-deset *v.* refute
ឆ្វេង chhveng *adj.* left
ឆ្វេងនិយម chhveng niyum *adj.* left-wing
ឆ្អឹង chha-oeng *n.* bone
ឆ្អឹងខ្ចី chha-oeng khchei *n.* cartilage
ឆ្អឹងខ្នង chha-oeng-knong *n.* spinal column
ឆ្អែត chha-aet *adj.* stuffed

ជ

ជក់កោរពុកមាត់ chouk-koa-puk-mot *n.* shaving brush
ជង្គង់ choong-koong *n.* knee
ជង្រុក chung-ruk *n.* crib
ជជែកលេង chor cheaek leng *v.* chat
ជញ្ជក់ chonh-chouk *v.* suck
ជញ្ជាំង chonh-cheang *n.* wall
ជញ្ជាំងពួនបាញ់ chunh-chaing puon banh *n.* battlement
ជណ្តើរ chon-der *n.* stair
ជណ្តើរនិងបង្កាន់ដៃ chon-der neng bong-kan-dai *n.* staircase
ជណ្តើរ chun da-uh *n.* ladder
ជណ្តើរយន្ត choun-der-yon *n.* elevator
ជនការិយាល័យនិយម chun ka-ri-ya-lay ni-yum *n.* bureaucrat
ជនកំសាក chun korm-sak *n.* coward
ជនគ្មានទីជម្រក chun-kmean-ti-chom-rork *n.* homeless person
ជនចាប់ជំរិត chun chab chum-roet *n.* kidnapper
ជនចំណូលស្រុក chun-chom-noul-sruk *n.* immigrant
ជនឆ្វេងនិយម chun chveng niyum *n.* leftist
ជនជាតិកាណាដា chun-cheat-ka-na-da *adj.* Canadian
ជនជាតិចិន chun-cheat-chen *adj.* Chinese
ជនជាតិជប៉ុន chun-cheat-cho-pun *adj.* Japanese
ជនជាតិជ្វា chun-cheat-chvea *adj.* Jewish
ជនជាតិនិយម chun-cheat-ni-yom *n.* patriot
ជនជាតិអង់គ្លេស chun-cheat-ong-kles *adj.* British
ជនជាតិអាមេរិក chun-cheat ah-me-rich *adj.* American
ជនជាតិអារ៉ាប់ chun-cheat-ah-rab *adj.* Arab
ជនជាតិអាស៊ី chun-cheat-ah-zi *adj.* Asian
ជនជាតិអាហ្វ្រិច chun-cheat ah-frech *adj.* African
ជនជាតិឥណ្ឌា chun-cheat-en-dia *adj.* Indian
ជនជាតិអ៊ីរ៉ង់ chun-cheat-ei-rorng *adj.* Iranian
ជនជាតិអឺរ៉ុប chun-cheat-oe-rop *adj.* European
ជនជាតិអ៊ីស្រាអែល chun-cheat-e-sra-el *adj.* Israeli
ជនជាតិអូស្ត្រាលី chun-cheat-o-stra-ly *adj.* Australian

ជនជាតិអៀកឡង់ chun-cheat-eak-lorng *adj.* Irish
ជនដែលត្រូវបានតែងតាំង chun-del-trouw-ban-teng-tang *n.* nominee
ជនដែលមានទុទិដ្ឋិនិយម chun-del-meantu-ti-thi-ni-yom *n.* pessimist
ជនដែលសុទិដ្ឋិនិយម chun-del-sothei-thi-niyom *n.* optimist
ជនបទ chun-bot *n.* countryside
ជនបរទេស chun-bor-tes *n.* foreigner
ជនផ្តាច់ការ chun-phdach-ka *n.* oppressor
ជនពិការ chun-pi-ka *n.* disabled person
ជនភាគតិច chun-pheak-tic *n.* minority
ជនភៀសខ្លួន chun-pheas-kloun *n.* refugee
ជនមិនជក់បារី chun-min-chouk-barey *n.* non-smoker
ជនមិនសេពគ្រឿងស្រវឹង chun-min-sep-kob-krerng-sro-verng *adj.* non-alcoholic
ជនរួមជាតិ chun ruom cheat *n.* citizen
ជនស្ម័គ្រចិត្ត chun-smak-chet *n.* volunteer
ជនស្មោះត្រង់ chun sma-oh trorng *n.* loyal
ជនអនាធិបតេយ្យ chun ah-na-thib-tay *n.* anarchist
ជន្លួស chun-lous *n.* erioglossum rubiginosum *(shrub or small tree)*
ជន្លែន chun-leen *n.* earthworm
ជាប់គ្នា choab-knea *adj.* stuck
ជម្ងឺ chum-ngeu *n.* malady
ជម្ងឺខះទឹកសន្លាក់ chum ngeu toek son-lak *n.* arthritis
ជម្ងឺចិត្ត chum-ngeu-choet *n.* damages
ជម្ងឺស្រែង chum-ngeu-sraeng *n.* ringworm
ជម្ពូ chum-poo *n.* wax apple
ជម្រក choum-rork *n.* habitat
ជម្រុញទឹកចិត្ត chom-runh-toek-chet *v.* inspire
ជម្រុះរោម chom-rus-rom *v.* molt
ជម្រុះស្រកា chum-rouh sror-ka *v.* descale
ជម្រើស chum-reuhs *n.* choice
ជម្រើសព្យាបាលផ្សេងៗ chum-rers pyea-bal pseng pseng *n.* alternative treatment
ជម្រៅ choum rouw *n.* depth
ជម្លោះ chum-louh *n.* argument
ជ័យជំនះ chei-chom-neas *n.* triumph
ជ័យលាភី chei lea-phi *n.* laureate
ជយោ chei-yoo *interj.* hooray

ជា chea *v.* be
ជាកម្មសិទ្ធិ chea kam-sit *v.* belong
ជាក់លាក់ cheak-leak *adj.* certain
ជាក់ស្តែង cheak-sdaeng *n.* reality
ជាក់ស្តែង cheak sdaeng *adj.* actual
ជាក់ស្តែង cheak-sdaeng *adj.* palpable
ជាកាព្យនិទាន chea-karb-ni-tean *adj.* poetic
ជាការចងចាំនៃ chea-ka-chong-cham-nei *phr.* in memory of
ជាការផ្លាស់ប្តូរនឹង chea-ka-phlas-pdo-noeng *phr.* in exchange (for)
ជាកិត្តយសនៃ chea-ki-ti-yuos-nei *phr.* in honor of
ជាច្រើន chea-chrern *adj.* numerous
ជាង cheang *prep.* than
ជាងកាត់ដេរ cheang-kat-de *n.* tailor
ជាងកាត់សក់ cheang kat-sork *n.* barber
ជាងគំនូរ cheang-kom-nu *n.* painter
ជាងចម្លាក់ cheang-chom-lak *n.* sculptor
ជាងជួសជុល cheang chuos chol *n.* mechanic
ជាងធ្វើនាឡិកា cheang-thver-nea-li-ka *n.* watchmaker
ជាងធ្វើបង្គន់ cheang-thver-borng-kun *n.* plumber
ជាចង្វាក់ chea-chong-vak *adj.* rhythmic
ជាចុងក្រោយ chea-chong-kroay *adv.* eventually
ជាចំបង chea chorm-borng *adv.* mainly
ជាច្រើន chea chra-uhn *pron.* a lot (of)
ជាដុំៗ chea dom dom *adj.* chunky
ជាដំបូង chea-dom-boung *adv.* initially • *adj.* primitive
ជាតិកាហ្វេអ៊ីន cheat ka-fe-in *n.* caffeine
ជាតិខាប់អន្ទិល cheat-khab-orn-til *n.* gelatin
ជាតិនិយម cheat-niyom *n.* nationalism
ជាតិបណ្តេញសត្វល្អិត cheat-born-denh-sat-laet *n.* insect repellant
ជាតិពុល cheat-pol *n.* toxin
ជាតិអន្ទិល cheat-orn-til *n.* gel
ជាតូបនីយកម្ម chea-tob-ni-kam *n.* nationalization
ជាទូទៅ chea-tou-touw *adv.* generally
ជាធម្មតា chea thorm-da *adv.* basically
ជាន់ខាងលើ choan-khang-ler *adv.* upstairs
ជាន់ថ្នាក់ choan thnak *n.* deck
ជាន់ផ្ទាល់ដី choan-phtol-dei *n.* ground floor

ជាន់ពីលើ choan-pi-ler *v.* overlap
ជានិរន្តរ៍ chea-ni-ron *adj.* everlasting
ជាបឋមវិធាន chea-bak-thom-vithean *adj.* rudimentary
ជាបណ្ដោះអាសន្ន chea-bon-dos-asorn *adv.* provisionally
ជាប់ទាក់ទងនឹង chob-teak-tong-neng *v.* pertain
ជាបន្តបន្ទាប់ chea born-tor born-torb *adv.* continuously
ជាប្រវត្តិសាស្ត្រ chea-bro-vot-sas *adj.* historic
ជាពន្លឺ chea-pon-loue *adj.* refulgent
ជាពិសេស chea-pi-ses *adv.* especially
ជាមុន chea mun *adv.* beforehand
ជាមូលដ្ឋាន chea-moul-than *adj.* fundamental
ជាមួយ chea-muoy *prep.* with
ជាមួយគ្នា chea-muoy-knea *adv.* together
ជាយ cheay *n.* edge
ជាយក្រុង cheay-krong *n.* suburb
ជារាងបំពង់ chea reang borm-pung *adj.* cylindrical
ជារៀងរហូត chea-reang-ro-hot *phr.* for good
ជាលទ្ធផល chea let-ta-phol *adv.* consequently
ជាលម្អិត chea-lom-et *phr.* in detail
ជាវប្រចាំ cheav-bro-cham *v.* subscribe
ជាសកល chea-sak-korl *adj.* global
ជាសាធារណៈ chea-sa-thea-nak *phr.* in public
ជាសះស្បើយ chea-sas-sbery *v.* recover
ជាអចិន្ត្រៃយ៍ chea-ak-chen-trai *adv.* permanently
ជាអមតៈ chea-arm-mtak *adv.* forever
ជាឧទាហរណ៍ chea-ou-tea-hor *phr.* for example
ជាឧបករណ៍ chea-ou-pak-koo *adj.* instrumental
ជាឯកជនជាពិសេសខ្លួន chea ek-chon chea pises kloun *adv.* privately
ជាប់នឹង chop-neng *prep.* next to
ជិត chit *adv.* practically
ជិតក្បែរ chet-kbea *adj.* near
ជិតបំផុត chet-bom-phot *adj.* proximate
ជិតស្លាប់ chet-slab *adj.* dying
ជិតអាក្រក់ chet-akrok *n.* spite
ជិះ chis *v.* ride
ជិះរលក chis-ro-lork *v.* surf
ជិះស្គីលើទឹក chis-ski-ler-toek *v.* water-ski

ជិះស្បែកជើងមានកង់ chis sbek-cherng mean kong *v.* skate
ជីក chik *v.* dig
ជីជាតិទ្រទ្រង់រាងកាយ chi-cheat-tro-trong-reang-kay *n.* nutrient
ជីឌីភី chi-di-phi *n.* GDP (gross domestic product)
ជីធម្មជាតិ chi thoma-cheat *n.* compost
ជីពចរ chip-chor *n.* pulse
ជីម៉ាជីរ៉ាម chi ma-chor-ram *n.* marjoram
ជីម្អម chi-ma-orm *n.* peppermint
ជីរអង្កាម chi-orng-kam *n.* fennel
ជីវចម្រុះ chi-veak chom-rouh *n.* biodiversity
ជីវបច្ចេកវិទ្យា chi-veak pach-chaek vi-chea *n.* biotechnology
ជីវភាព chi-veak-pheap *n.* livelihood
ជីវវិទ្យា chi-veak vi-chea *n.* biology
ជីវ៉ាន់ស៊ុយ chi-wan-suy *n.* cilantro
ជីវិត chivit *n.* life
ជីវិតផ្លូវភេទ chi-vet-phlouw-phet *n.* sexuality
ជីវិតពេលរាត្រី chi-vit-pel-rea-trei *n.* nightlife
ជីអង្កាម chi-orng-kam *n.* mint
ជុនពរ choun por *v.* bless
ជូត chout *v.* wipe
ជូរ chou *adj.* sour
ជូរចត់ chou-chot *adj.* tart
ជួរដេក chuor-dek *n.* row
ជួនគ្នា chuon knea *v.* coincide
ជួប chuob *v.* meet
ជួបប្រទះ chuob-bro-teah *v.* encounter
ជួយ chuoy *v.* assist
ជួយសង្គ្រោះ chuoy-song-krous *v.* rescue
ជួយឲ្យធ្វើបាន chuoy-oay-thver-ban *v.* enable
ជួរ chuo *n.* column *(in a table/chart)*
ជួរឈរ chuo-chhor *n.* column *(in a table/chart)*
ជួរភ្នំ chour-phnom *n.* mountain chain
ជួល chuol *v.* hire
ជួសជុល chuos-chol *v.* fix
ជើង cherng *n.* feet *(anat.)*
ជើងគោ cheung-kooh *n.* piliostigma malabaricum *(tropical plant)*
ជើងចាប cheung-charb *n.* cyanodaphne cuneata *(Asian plant/fruit)*

ជើងទំព័រ cheung-tum-puour *n.* footer
ជើងម៉ា cherng-ma *n.* stool
ជើងមុខ cherng-muk *n.* foreleg
ជើងយន្តហោះ cherng-yon-hos *n.* flight
ជើងយន្តហោះទៅដល់គោលដៅ cherng-yon-huoh-touw-doel-kol-daow *n.* direct flight
ជើងវត្ត cherng-wat *n.* parish
ជើងហោះហើរដោយឡែក cherng hos her doay laek *n.* charter flight
ជឿ choeur *n.* believe
ជឿទុកមុន cher tok mun *v.* presuppose
ជឿនលឿន chern-lern *adj.* sophisticated
ជៀសផុតពីសេចក្តីស្លាប់ cheas-phot-pi-sekdey-slab *v.* survive
ជេរប្រទិច che-bro-tich *v.* insult
ជេស្ឋ ches *n.* jyaishttha *(month on the Hindu calendar)*
ជោគជ័យ chok-chey *n.* success
ជោគសំណាង chook sorm-nang *n.* auspice
ជុំនាញ chom-neanh *adj.* skilled
ជុំវិញ chom-vinh *adj.* surrounding
ជំងឺ chum-ngeu *n.* disease
ជំងឺវិលចរិក chum-ngeu-vi-kol-chak-rik *n.* neurosis
ជំងឺខាន់លឿង chum-ngeu-khan-lerng *n.* jaundice
ជំងឺខ្វះឈាម chum-ngeu kvas chheam *n.* angina
ជំងឺគាំងបេះដូង chum-ngeu-keang-bes-dong *n.* heart attack
ជំងឺឆ្លងតាមទឹកមាត់ chum-ngeu-chlorng-tam-toek-moit *n.* infectious mononucleosis
ជំងឺដេកមិនលក់ chum-ngeu-dek-min-luk *n.* insomnia
ជំងឺតឹងច្រមុះ chum-ngeu-toeng-chro-mos *n.* hay fever
ជំងឺទឹកនោមផ្អែម chum-ngeutoek noom p-aem *n.* diabetes
ជំងឺធាត់ខ្លាំង chum-ngeu-thot-klang *n.* obesity
ជំងឺមហារីក chum-ngeu morha-rik *n.* cancer
ជំងឺរលាកក្រពះ chum-ngeu-ro-leak-kro-peah *n.* gastritis
ជំងឺរលាកក្រពះពោះវៀន chum-ngeu-ro-leak-kro-peah-puos-vean *n.* gastroenteritis
ជំងឺរលាកសួត chum-ngeu-ror-leak-sourt *n.* pneumonia
ជំងឺហឺត chum ngeu heut *n.* asthma
ជំងឺអេដស៍ chum ngeu ad *n.* AIDS
ជំទាស់ choum-tors *v.* disapprove

ជំនាញ chom-neanh *n.* expertise
ជំនាន់ chom-norn *n.* epoch
ជំនួញ chom-nuonh *n.* trade
ជំនួយ choum nuoy *n.* aid
ជំនួយការមេធាវី chum-nuoy-kar me-theavi *n.* paralegal
ជំនួស chum-nous *v.* replace
ជំនួសឲ្យ chum-nuos-ory *prep.* instead of
ជំនឿ chum noeur *n.* belief, notion
ជំនឿខាងអធិធម្មជាតិ chum-noeur-khang-ak-thi-thom-cheat *n.* mysticism
ជំនឿចិត្ត chum-noeur-chet *n.* faith
ជំពាក់ chom-peak *v.* owe
ជំពូក choum-pouk *n.* chapter
ជំរក chom-rok *n.* refuge
ជំរាបលា choum-reap-lea *phr.* goodbye
ជំរុញ choum-rounh *v.* foster
ជំរឿន choum-roeun *n.* census
ជំរុំ chum-rum *n.* camp
ជំហាន chom-hean *n.* step
ជាំ choim *v.* bruise
ជះត្រលប់មកវិញ cheas-tro-lop-mok-vinh *v.* reflect
ជះឥទ្ធិពល cheas eit-thi-pul *v.* affect
ជ្រក់ chrouk *n.* pickled vegetable
ជ្រក់ត្រសក់ chrouk tror-sork *n.* pickle
ជ្រក់ម៉្យាង chrouk-myang *n.* tartar sauce
ជ្រក់ chrouk *v.* pickle
ជ្រមុជចូល chro-mouch-chol *v.* plunge
ជ្រលក់ chror-lork *v.* dip
ជ្រលងចន្លោះភ្នំ chro-long-chon-los-phnom *n.* mountain pass
ជ្រលងភ្នំ chro-long-pnom *n.* valley
ជ្រុង chrung *n.* corner
ជ្រូក chrouk *n.* pig
ជ្រូកព្រៃ chrouk-prey *n.* wild boar
ជ្រើសតាំង chrers-tang *v.* elect
ជ្រើសរើស chrers rers *v.* select, choose
ជ្រោយដី chrooy dei *v.* cultivate
ជ្រោះជ្រៅ chrous-chrov *n.* ravine
ជ្រៅ chrouw *adj.* deep

ជ្វា chvea *n.* Jew
ជម្រើស chom-rers *n.* option

ឈ

ឈប់ chhub *v.* stop
ឈប់សម្រាក chhub sorm-rak *v.* break
ឈរ chhor *v.* stand
ឈរឲ្យគេថតរូប chhor-ouy-ke-thort-roub *v.* pose
ឈានទៅមុខ chhean touw muk *v.* advance
ឈាបនដ្ឋាន chheapa-nak-than *n.* cemetery
ឈាម chheam *n.* blood
ឈីព chhip *n.* chip
ឈីស chhiz *n.* cheese
ឈីសលឿង chhiz loeurng *n.* yellow cheese
ឈីសស chhiz sor *n.* white cheese
ឈឺ chheu *adj.* ill
ឈឺចាប់ chheu-chab *adj.* sore
ឈឺធ្មេញ chheu-thmenh *n.* toothache
ឈីសពែរមេហ្សង់ chhis-pea-me-shong *n.* parmesan cheese
ឈឺសាច់ដុំ chher-sach-dom *n.* myalgia
ឈុត chhut *n.* kit; scene
ឈុតងូតទឹក chhut ngout toek *n.* bathing suit
ឈុតល្បែងចតុរង្គ chhut lbaeng chak-to-rung *n.* chess set
ឈូក chhouk *n.* lotus
ឈើ chher *n.* wood
ឈើគូស chheur-kuos *n.* matches
ឈើចាក់ធ្មេញ chher-chak-tmenh *n.* toothpick
ឈើច្រត់ chheuh chhrort *n.* crutches
ឈើឆ្កាង chheuh chhkang *n.* cross
ឈើវ៉ែលណាត់ chher-val-nat *n.* walnut
ឈ្នាន់ chhnon *n.* pedal
ឈ្នាន់ល្បឿន chhnorn lboeurn *n.* accelerator
ឈ្នះ chhneas *v.* win
ឈ្មួញ chhmuonh *n.* trader
ឈ្មួញកណ្តាល chhmuonh kondal *n.* broker
ឈ្មួញគ្រឿងអលង្ការ chhmuonh-kreoung-ak-lang-ka *n.* jeweler

ឈ្មួញលក់សាច់ chhmuonh louk sach *n.* butcher
ឈ្មោះ chhmuos *n.* name
ឈ្មោះក្រៅ chhmuos-krav *n.* nickname
ឈ្មោះដើម chhmuos deurm *n.* maiden name
ឈ្មោះនំម៉្យាង chhmuos-nom-myang *n.* mousse
ឈ្មោះបន្លែម៉្យាង chhmuos-bon-lae-ma-yang *n.* summer squash
ឈ្មោះសាច់គោម៉្យាង chhmuos-sach-koo-ma-yang *n.* striploin
ឈ្មោះស្រាម៉្យាង chhmuos-sra-myang *n.* vodka
ឈ្មោះហៅក្រៅ chhmuos hao kraow *n.* alias
ឈ្មោះអ្នកប្រើប្រាស់ chhmous-nek-brer-bras *n.* username
ឈ្លានពាន chhlean-pean *v.* intrude
ឈ្លួសប្រែង chhlus-breng *n.* musk
ឈ្លើង chhleung *n.* leech
ឈ្លោះ chhlouh *v.* argue

ញ

ញ nhoo *n.* noni *(tropical fruit)*
ញកបន្ទប់ nhok-born-tub *n.* alcove
ញញឹម nhor-nhoem *v.* smile
ញញួរ nhor-nhuor *n.* hammer
ញាក់ nheak *v.* quiver
ញាតិវង្ស nheat-vong *n.* affinity
ញាតិសន្តាន nheat sorn-dan *n.* kinship
ញាប់ញ័រ nhorb-nhor *v.* palpitate
ញាស់ nhors *v.* incubate
ញឹកញយ nherk-nhoy *adv.* often
ញឹកញាប់ nhoek-nhorb *adj.* frequent
ញឹកញាប់ប៉ុណ្ណា? nhoek-nhorb-punna *phr.* how often?
ញុះញង់ nhus-nhung *v.* instigate
ញើស nhers *n.* perspiration
ញៀន nhean *adj.* addicted
ញ៉ាំ nham *v.* eat
ញ៉ាំស្ពៃក្តោបទឹកសាឡាដ nham spay kdorb toek sa-lad *n.* coleslaw
ញត្តិ nheat *n.* petition

ដ

ដក dork *v.* deduct
ដកខិម dork-kim *n.* ixora *(tropical evergreen plant)*
ដកគាំ dork-koam *n.* achiote *(tropical tree)*
ដកឃ្លា dork khlea *n.* spacebar
ដកចេញ dork-chenh *v.* pluck
ដកចេញពីពុម្ព dok-chenh-pi-pum *v.* un-mold
ដកដង្ហើម dork dorng-herm *v.* breathe
ដកថយ dork-thoy *v.* recede
ដកយកចេញ dork-yok-chenh *v.* strip
ដកសង្ហើម dok-dong-herm *v.* respire
ដកស្រង់សម្ដី dork-srong-somdey *v.* quote
ដងវាយកូនគោល dorng-veay-kon-kol *n.* golf club
ដងសន្ទូច dorng-sorn-touch *n.* fishing rod
ដង្កូវ dong-kov *n.* worm
ដង្កោ dorng-koa *n.* diospyros chevalieri *(tropical fruit)*
ដង្វាយ dong-vay *n.* oblation
ដង្ហក់ dong-hok *v.* pant
ដង្ហើម dong-herm *n.* breath
ដដែលៗ dor-del dor-del *adv.* repeatedly
ដទៃទៀត dor-tei-teat *pron.* either
ដប dob *n.* bottle • *num.* ten
ដបទឹកដោះគោក្មេង dob-toek-dos-ko-kmeng *n.* feeding bottle
ដប់បី dob-bey *num.* thirteen
ដប់បួន dob-buon *num.* fourteen
ដប់ប្រាំ dob-bram-bei *num.* fifteen
ដប់ប្រាំបី dob-bram-bei *num.* eighteen
ដប់ប្រាំបួន dob-bram-boun *num.* nineteen
ដប់ប្រាំពីរ dob-pram-pi *num.* seventeen
ដប់ប្រាំមួយ dob-bram-muoy *num.* sixteen
ដប់ពី dob-pi *num.* twelve
ដប់មួយ dob-muoy *num.* eleven
ដបឧស្ម័ន dob-ou-sman *n.* gas bottle

ដ៏ប្រណីត dor pror-net *adj.* delicate
ដ៏មានកិត្យានុភាព dor mean ket-tya-nu-pheap *adj.* prestigious
ដល់កាលកំណត់ dorl-kal-kom-not *adj.* due
ដល់រដូវ dol-ror-douv *phr.* in season
ដល់អាយុជីវិត dol-ah-yuk-chi-vet *adj.* mortal
ដ៏ល្អ dor-laor *adj.* outstanding
ដ៏ស្គួចស្តើង dor-sdouch-sderng *adj.* slim
ដ៏អស្ចារ្យ dor-os-cha *adj.* monumental
ដ៏អំណាច dor-om-nach *adj.* violent
ដាក់កម្រិត dak-kom-ret *v.* regulate
ដាក់កំណត់ dak-kom-not *v.* restrict
ដាក់គុក dak-kuk *v.* incarcerate
ដាក់ចុះ dak chos *v.* lay
ដាក់ទោស dak-tos *v.* punish
ដាក់បញ្ចូលគ្នា dak-banhchol-knea *v.* merge
ដាក់ប្រេង dak-preng *v.* lubricate
ដាក់ពាក្យ dak peak *v.* apply
ដាក់ស្នើ dak-sner *v.* propose
ដាក់ឡាំង dak lang *v.* cased
ដាច់ខាត dach khat *adj.* absolute
ដាច់ស្រយាល dach-sro-yal *adj.* remote
ដាប់បែលយូបីដង dab-bel-you bei dorng *n.* world-wide-web (www.)
ដាវ dav *n.* sword
ដាស់ das *v.* wake
ដាស់តឿន das-tern *v.* rouse
ដាឡៃឡាម៉ា dalai-la-ma *n.* lama *(Buddhist teacher)*
ដី dei *n.* earth *(ground)*
ដីកា dei-ka *n.* subpoena
ដីកាកោះសាក្សី deika koh sak-sei *n.* subpoena
ដីកាកោះហៅ dei-ka-kos-hav *n.* summons
ដីកាចោទប្រកាន់ dei-ka-choat-pror-kan *n.* indictment
ដីកាចៅក្រម dei-ka chaow kroam *n.* bench warrant
ដីកាបង្គាប់ deika borng koab *n.* writ
ដីខ្សាច់ dey-ksach *n.* sand
ដីទំនាប dei tum-neap *n.* lowland
ដីមួយឡូត៍ dey-muoy-lo *n.* piece of land
ដីឥដ្ឋ dei et *n.* clay

ដឹកជញ្ជូន doek chunh-choun *v.* deliver
ដឹកទំនិញ doek-tom-ninh *v.* transport
ដឹកនាំ doek noam *v.* lead
ដឹង doeng *v.* know
ដឹង (ដោយវិញ្ញាណ) doeng (doy-vi-nhean) *v.* perceive
ដឹស deus *n.* air potato *(type of yam)*
ដុត dot *v.* bake
ដុត dot *v.* roast
ដុតកម្ដៅជ្រុល dot-kom-dao-chrol *v.* overheat
ដុតរោល dot rool *v.* char
ដុស dus *v.* brush
ដុសចេញ dos-chenh *v.* scrape
ដុសលាង dos-leang *v.* mop
ដុះសាច់ dos-sach *n.* tumor
ដូង doung *n.* coconut palm
ដូច douch *prep.* like
ដូចគ្នា douch-knea *phr.* in common
ដូចជា doch-chea *adv.* somewhat
ដូចជាប្រកាន់ចិត្ត doch-chea-bro-kan-chet *adv.* proudly
ដូចតាបស doch ta bos *n.* ascetic
ដូច្នេះ doch-chnes *adv.* hence
ដូណាត់ do-nat *n.* doughnut
ដូនជី don-chi *n.* nun
ដូមីណូ do-mi-no *n.* dominoes
ដួលរលំ duol ror-loum *v.* collapse
ដើមកៅឡាក់ derm kaow-lak *n.* chestnut
ដើមកំណើត derm-kom-nert *n.* origin
ដើមក្រូចឆ្មារ derm kroch-chhma *n.* citrus
ដើមខ្ញែរ derm-khe *n.* nettle
ដើមចាព្លូ derm-chha-plu *n.* tarragon
ដើមចោទ derm-choat *n.* complainant
ដើមឈើ derm-chher *n.* tree
ដើមឈើអែម derm-cheur-aem *n.* licorice
ដើមដូងចែម derm duong chaem *n.* clover
ដើមដៃ derm dai *n.* arm
ដើមដំបូង derm-dom-bong *n.* outset
ដើមត្នោត derm-thnort *n.* palm *(tree)*

ដើមទៀន derm tien *n.* candlestick
ដើមទុំទេស derm-tom-tes *n.* nectarine
ដើមទំពាំងបាយជូរ derm-tom-peang-bay-chu *n.* vine
ដើមទ្រូង derm troung *n.* breast
ដើមនំប៉័ង derm num pang *n.* bread stick
ដើមបណ្ដឹង derm-bon-derng *n.* plaintiff
ដើមប្រទាលកន្ទុយក្រពើ derm bror-teal kon-tuy kro-peuh *n.* aloe
ដើមផ្កាសិរមាន់ derm phka se-moin *n.* amaranth
ដើមពាក្យ derm-peak *n.* sorrel
ដើមលិនដុន derm lin-den *n.* linden tree
ដើមសណ្ដែកសៀង derm-son-dek-seang *n.* soya
ដើមសែន derm-sen *n.* oak
ដើមស្ពៃ derm-spey *n.* parsnip
ដើមស្ពៃទឹក derm-spey-toek *n.* rhubarb
ដើមស្រល់ derm-srorl *n.* fir tree
ដើមហេតុ derm-het *n.* root
ដើមអង្កាដី derm-orng-kea-dey *n.* pistachio
ដើមអាភៀន derm-ah-phean *n.* poppy
ដើម្បី derm-bei *phr.* for the sake of
ដើម derm *n.* stem
ដើរ der *v.* walk; pulsate
ដើរកាត់ der-kat *v.* go by
ដើរចរច្រប់ der-chor-chrop *v.* roam
ដើរជាក្បួន deur-chea-kbuon *v.* march
ដើរតួ der-tour *n.* role
ដើរត្រេតត្រត der tret-trot *v.* amble
ដើរយ៉ាងខ្លាំង der-yang-klang *v.* pound
ដើរលេង der-leng *v.* go for a walk
ដើរលំហែរ der-lom-heh *v.* stroll
ដើរអឹកអ៊ាក der-eouk-eak *v.* plod
ដេកថែប dek-theb *n.* steel
ដេករលីវៗ deek-ro-liv-ro-liv *v.* doze
ដេក dek *v.* sleep
ដេញថ្លៃ denh thlai *v.* bid
ដេរ deh *v.* sew
ដែក daek *n.* iron *(metal)*
ដែកកេះ daek kes *n.* lighter

ដែកកោស dek-kors *n.* ripple

ដែកឆក់ daek-chhork *n.* magnet

ដែកឆ្កឹះរងើកភ្លើង dek-chkers-ror-ngerg-plerng *n.* poker

ដែរ dea *adv.* too

ដែល dael *pron.* which

ដែលកក dael-kork *adj.* frozen

ដែលកខ្វក់ dael-kor-khvork *adj.* dirty

ដែលកណ្តើយ dael-kon-tery *adj.* nonchalant

ដែលកតញ្ញូ dael-kat-tnhu *adj.* grateful

ដែលកាត់កែង dael-kat-keng *adj.* perpendicular

ដែលកាន់កាប់ជាម្ចាស់ dael-kan-kab-chea-mchas *adj.* possessive

ដែលការពារ dael-ka-pea *adj.* secure

ដែលកើតមក dael kert mok *adj.* born

ដែលកើតមហារីក dael kert morha-rik *adj.* cancerous

ដែលកែច្នៃ dael-kae-chnai *adj.* processed

ដែលកំដរ dael korm dor *adj.* accompanying

ដែលកំប្លែង dael-komplaeng *adj.* humorous

ដែលកំពុងគណនា dael korm-pung keak-neak-nea *adj.* calculating

ដែលកំពុងចាប់កំណើត dael-kom-pong-chab-kom-nert *adj.* nascent

ដែលក្តៅស្អុះស្អាប់ dael-kdao-sa-ous-sa-arb *adj.* muggy

ដែលក្រអឺតក្រទម dael-kror-ert-kror-torm *adj.* pompous

ដែលក្រីក្រ dael-krei-kror *adj.* poor

ដែលខកចិត្ត dael-khork-chet *adj.* disappointed

ដែលខឹងខ្លាំង dael-kherng-khlang *adj.* outrageous

ដែលខុសគ្នា dael khos knea *adj.* different

ដែលខូចខាត dael-khoch-khat *adj.* ruined

ដែលខ្ជះខ្ជាយ dael-kcheas-kcheay *adj.* prodigal

ដែលខ្មាស dael-khmas *adj.* embarrassed

ដែលខ្លាច dael-klach *adj.* scared

ដែលខ្លាំងក្លា dael-khlang-khla *adj.* intensive

ដែលខ្វល់ខ្វាយ dael kworl kway *adj.* caring

ដែលខ្វះគតិបណ្ឌិត dael-kvas-kak-ti-bon-det *adj.* naive

ដែលគួរធ្វើ dael-kou-thver *adj.* worthy

ដែលគួរសម dael-kour-som *adj.* polite

ដែលគួរអោយសង្ស័យ dael-kour-oy-song-sai *adj.* questionable

ដែលគួរអោយសរសើរ dael-kour-ouy-sor-ser *adj.* praiseworthy

ដែលគួរអោយស្អប់ខ្ពើម dael-kour-oy-saob-kperm *adj.* repulsive

ដែលគួរឲ្យកត់សម្គាល់ dael-kou-oy-kot-som-kol *adj.* notable

ដែលគួរឲ្យខ្លាច dael-kuo-oay-khlach *adj.* frightening

ដែលគួរឲ្យចង់សើច dael kuor oay chong serch *adj.* amused

ដែលគួរឲ្យចាប់ចិត្ត dael-kuor-oay-chab-chet *adj.* fascinating

ដែលគួរឲ្យជំទាស់ dael-kou-oy-chom-tors *adj.* objectionable

ដែលគួរឲ្យធុញ dael kuor oay thunh *adj.* boring

ដែលគួរឲ្យភ្ញាក់ផ្អើល dael thver oay pnheak pa-erl *adj.* amazing

ដែលគួរឲ្យមួរម៉ៅ dael kuor oay muor-maow *adj.* annoying

ដែលគួរឲ្យយល់ច្រឡំ dael kuo oay yul chror-lom *adj.* confusing

ដែលគួរឲ្យសប្បាយ dael-kuo-oay-sabay-rik-reay *adj.* enjoyable

ដែលគួរឲ្យសើចសប្បាយ dael kuor oay serch sa-bay *adj.* amusing

ដែលគួរឲ្យស្ញើច dael-kuor-oy-sngerch *adj.* impressive

ដែលគួរឲ្យស្រលាញ់ dael kuor oay sror-lanh *adj.* adorable

ដែលគួរឲ្យស្អប់ dael-kour-oy-saob *adj.* obnoxious

ដែលគេបន្សាត់ចោល dael-ke-bon-sat-chol *n.* outcast

ដែលគំរាមកំហែង dael-kom-ream-kom-heng *adj.* ominous

ដែលគោរព dael-korop *adj.* reverential

ដែលគ្មានការអត់ធ្មត់ dael-kmean-ka-ort-thmut *adj.* impatient

ដែលគ្មានឆ្អឹង dael kmean chha-oeng *adj.* boneless

ដែលគ្មានជាតិស្ករ dael-kmean-cheat-skor *adj.* sugar-free

ដែលគ្មានទីជម្រក dael-kmean-ti-chum-rork *adj.* homeless

ដែលគ្មានទោស dael-kmean-tors *adj.* innocent

ដែលគ្មានសាច់ dael-kmean-sach *adj.* vegetarian

ដែលគ្មានសីលធម៌ dael-kmean-sel-thor *adj.* immoral

ដែលគ្មានអនាម័យ dael-kmean-akna-mai *adj.* unsanitary

ដែលគ្រប់គ្រាន់ dael krub kron *adv.* adequately

ដែលគ្របដណ្ដប់ dael krorb dorn-dob *adj.* covered

ដែលងងុយគេង dael-ngor-nguy-keng *adj.* sleepy

ដែលងាយស្រួល dael ngeay sruol *adj.* convenient

ដែលចង់ដឹងចង់ឃើញ dael chorng deung chorng kheuhnh *adj.* curious

ដែលច្របល់គ្នា dael-chro-bol-knea *adj.* scrambled

ដែលចម្លងរោគ dael-chom-lorng-rork *adj.* infectious

ដែលចម្លែកខុសគេ dael-chom-lek-khos-ke *adj.* outlandish

ដែលចាត់ចែងច្រើន dael-chat-cheng-chrern *adj.* officious

ដែលចាប់ចិត្ត dael-chab-chet *adj.* fascinated

ដែលចាស់ dael chas *adj.* aged

ដែលចិត្តស្រាល dael-chet-sral *adj.* fiery

ដែលចូលគ្នា dael-choul-knea *adj.* incorporated (*abbr* Inc.)
ដែលចូលចិត្តជាងគេ dael-chol-chet-cheang-ke *adj.* favorite
ដែលចូលនិវត្តន៍ dael-chol-nivot *adj.* retired
ដែលចៀន dael-chean *adj.* fried
ដែលចេះជួយគ្នា dael-ches-chuoy-knea *adj.* helpful
ដែលចេះពីរភាសា dael ches pi phea-sa *adj.* bilingual
ដែលចេះហោះ dael-ches-hos *adj.* flying
ដែលចែដន្យល្អ dael-chai-don-laor *adj.* providential
ដែលចោលស្រមោលលើ dael-chorl-sro-morl-ler *adj.* overcast
ដែលចំណេញច្រើន dael chom-nenh chreun *adj.* lucrative
ដែលចំឡែក dael-chom-lek *adj.* strange
ដែលចំអក dael-chom-orn *adj.* ironic
ដែលច្បាស់ក្រលែត dael-chbas-kro-let *adj.* obvious
ដែលច្រើនលើសលុប dael chrern leuhs-lub *adj.* considerable
ដែលច្រេះ dael-chres *adj.* oxidized
ដែលច្អេសច្អាស dael chh-es chh-as *adj.* obscene
ដែលឆក់ dael-chhork *adj.* magnetic
ដែលឆាប់ខឹង dael chhab khoeng *adj.* bad-tempered
ដែលឆាប់រហ័ស dael-chhab-rohas *adj.* prompt
ដែលឆុងចាស់ពេក dael-chung-chas-pek *adj.* stewed
ដែលឆ្ងាយ dael-chhngay *adj.* far
ដែលឆ្ងាយជាង dael-chhngay-cheang *adj.* further
ដែលឆ្ងាយជាងគេ dael-chhngay-cheang-ke *adj.* furthest
ដែលឆ្លង dael chhlorng *adj.* contagious
ដែលជក់ចិត្តខ្លាំង dael-chouk-chet-klang *adj.* rapt
ដែលជាកាតព្វកិច្ច dael-chea-ka-tap-kich *adj.* obligatory
ដែលជាការបន្ថែម dael chea ka bon-thaem *adj.* additional
ដែលជាក្រុម dael-chea-krom *adj.* social
ដែលជាចំណង់ចំណូលចិត្ត dael chea chorm-norng-chorm-noul-chet *adj.* favorite
ដែលជាជម្រើស dael-chea-choum-rers *adj.* elective
ដែលជាជួរ dael chea chuor *adj.* lined
ដែលជាតិនិយម dael-cheat-ni-yom *adj.* patriotic
ដែលជាទីចាប់អារម្មណ៍ dael-chea-ti-chab-ah-rom *adj.* picturesque
ដែលជានិមិត្តរូប dael-chea-ni-met-truk *adj.* figurative
ដែលជាប់ dael choab *adj.* bound
ដែលជាប់គ្នា dael chorb knea *adj.* adjoining

ដែលជាបន្ទាត់ dael chea born-toat *adj.* linear
ដែលជាប់ស្អិត dael-choib-saet *adj.* encrusted
ដែលជាមូលដ្ឋាន dael-chea-mul-than *adj.* underlying
ដែលជឿយ៉ាងស៊ប់ dael-cher-yang-sop *adj.* pious
ដែលជេរប្រមាថ dael-che-bro-tich *adj.* insulting
ដែលជំទាស់ dael-choum-tors *adj.* disapproving
ដែលជំពាក់ទាក់ទង dael-chom-peak-teak-tong *adj.* pertinent
ដែលជ្រលក់នំប៉័ង dael chro-louk num pang *adj.* breaded
ដែលជ្រុល dael-chrol *adj.* overdone
ដែលឈានទៅមុខ dael chhean touw muk *adj.* advanced
ដែលឈឺ dael-chheu *adj.* sick
ដែលឈឺចាប់ dael-cher-chab *adj.* painful
ដែលដាក់កំប៉ុង dael dak korm-pong *adj.* canned
ដែលដាក់ខ្លួន dael-dak-kloun *adj.* humble
ដែលដាក់ដប dael dak dob *adj.* bottled
ដែលដាក់ទឹកកក dael-dak-toek-kok *adj.* iced
ដែលដាក់ទំងន់ dael-dak-tom-ngon *adj.* stressful
ដែលដឹងខ្លួន dael deng kluon *adj.* aware
ដែលដឹងអ្វីៗទាំងអស់ dael-deng-avey-avey-teang-os *adj.* omniscient
ដែលដុត dael dot *adj.* baked
ដែលដុះផ្សិត dael-dos-phset *adj.* moldy
ដែលដុះឯង dael-dos-eng *adj.* wild
ដែលដូចបេះបិត dael-douch-beah-bet *adj.* identical
ដែលដេរដោយដៃ dael-dee-doay-dai *adj.* handsewn
ដែលតមអាហារ dael torm a-ha *adj.* dietary
ដែលតស៊ូព្យាយាម dael-tor-su-pchea-yeam *adj.* persistent
ដែលតុបតែងដោយរំភើយ dael-tub-teng-doy-rom-pery *adj.* ruffled
ដែលតូច dael-toch *adj.* smaller
ដែលតែឯង dael tae-aeng *adj.* lonesome
ដែលត្រជាក់ dael-tro-chak *adj.* icy
ដែលត្រជាក់តិចៗ dael tror-cheak tech tech *adj.* chilly
ដែលត្រលប់មកក្រោយវិញ dael-tro-lob-mok-kroy-vinh *adj.* recurrent
ដែលត្រលប់វិលវិញ dael-tro-lop-vil-vinh *n.* returnable
ដែលត្រឹមត្រូវ dael-trem-trouw *adj.* righteous
ដែលត្រូវ dael-trouw *adj.* proper
ដែលត្រូវកាត់បន្ថយ dael-trouw-kat-bon-thoy *adj.* reduced
ដែលត្រូវការ dael-trouw-ka *adj.* required

ដែលត្រូវគ្នា dael trouw knea *adj.* matching
ដែលត្រូវបានកម្ទេច dael trouw ban korm-tich *adj.* crushed
ដែលត្រូវបានកោស dael-trouw-ban-kouhs *adj.* grated
ដែលត្រូវបានឃុំ dael trouw ban khoum *adj.* confined
ដែលត្រូវបានចាប់ខ្លួន dael trouw ban chab kluon *adj.* arrested
ដែលត្រូវបានចាប់រំលោភ dael-trouw-ban-hab-romlop *adj.* raped
ដែលត្រូវបានឆ្លងរោគ dael-trouw-ban-chlorng-rork *adj.* infected
ដែលត្រូវបានជម្រះ dael-trouw-ban-choum-reah *adj.* discharged
ដែលត្រូវបានដាក់ត្រាំ dael-trouw-ban-dak-tram *adj.* pickled
ដែលត្រូវបានត្រួតត្រា dael trouw ban truot tra *adj.* controlled
ដែលត្រូវបានបណ្ដុះឡើង dael trouw ban born-doh lerng *adj.* cultivated
ដែលត្រូវបានបោះបង់ចោល dael trouw ban bos borng choal *adj.* deserted
ដែលត្រូវបានបំផ្លាញ dael trouw ban borm-phlanh *adj.* destroyed
ដែលត្រូវបានពង្រឹង dael-trouw-ban-pong-roeng *adj.* enhanced
ដែលត្រូវបានពត់ឲ្យកោង dael trouw ban put oay koang *adj.* curved
ដែលត្រូវបានពន្យារពេល dael trouw ban pun-yea pel *adj.* delayed
ដែលត្រូវបានរកឃើញ dael-trouw-ban-rork-khernh *adj.* discovered
ដែលត្រូវបានរចនា dael trouw ban racha-na *adj.* designed
ដែលត្រូវបានរាយមុខ dael-trouw-ban-reay-muk *adj.* itemized
ដែលត្រូវបានលាបពណ៌ dael trouw ban leab por *adj.* colored
ដែលត្រូវបានវាយប្រហារ dael trouw ban veay bro-ha *adj.* assaulted
ដែលត្រូវបានសម្រក់ dael-trouw-ban-som-rork *adj.* distilled
ដែលត្រូវបានអនុញ្ញាត dael-trouw-ban-ak-nuk-nhat *adj.* permitted
ដែលត្រូវបានអាំង dael-trouw-ban-arng *adj.* grilled
ដែលត្រូវរបួស dael-trouw-ro-bous *adj.* wounded
ដែលត្រូវបានប្រមាញ់ dael-trouw-ban-pror-mhenh *adj.* poached
ដែលត្រួតត្រា dael-truot-tra *adj.* dominant
ដែលថ្មី dael-thmei *adj.* new
ដែលធ្វើពីថ្មម៉ាប dael thver pi thmor-mab *adj.* marbled
ដែលទុំជោរ dael-tom-cho *adj.* ripe
ដែលទទឹកជោគ dael-tor-toek-chok *adj.* saturated
ដែលទទួលខុសត្រូវ dael too-tuol khos trouw *adj.* liable
ដែលទាក់ទងគ្នា dael-teak-tong-knea *adj.* relevant
ដែលទាក់ទងជាតិសាសន៍ dael-teak-tong-cheat-sas *adj.* racial
ដែលទាក់ទងទៅនឹង dael-tak-tong-touw-neng *adj.* related (to)
ដែលទាក់ទាញ dael teak teanh *adj.* charming
ដែលទាន់សម័យ dael torn sak-mai *adj.* classy

ដែលទាល់ dael-torl *adj.* obtuse
ដែលទុកអោយគេហើយ dael-tok-oy-ke-hey *adj.* reserved
ដែលទៅមុខ dael-touw-muk *adj.* forward
ដែលទំនេរ dael toum-ne *adj.* available
ដែលទ្វេរដង dael-thvee-dorng *adj.* double
ដែលធម្មតា dael-thom-da *adj.* normal
ដែលធាត់ខ្លាំង dael-theat-klang *adj.* obese
ដែលធ្វើការងារ dael-thver-ka-ngea *adj.* working
ដែលធ្វើក្នុងឆ្នាំល្អ dael-thver-knong-chnam-laor *adj.* vintage
ដែលធ្វើក្រោមផ្ទៃទឹក dael-thver-kropm-ptey-toek *adj.* underwater
ដែលធ្វើចលនាបានស្រួល dael thver chorl-lana ban sruol *adj.* limber
ដែលធ្វើដោយដៃ dael-thver-doay-dai *adj.* handmade
ដែលធ្វើនៅផ្ទះ dael-thver-nov-phteah *adj.* homemade
ដែលធ្វើពីឈើ dael-thver-pi-chher *adj.* wooden
ដែលធ្វើអោយខូច dael-thver-oy-khoch *adj.* spoiled
ដែលធ្វើអោយខ្លាច dael-thver-oy-klach *adj.* scary
ដែលធ្វើអោយឈ្នះ dael-thver-oy-chhneas *adj.* winning
ដែលធ្វើអោយដូចដើមវិញ dael-thver-oy-doch-derm-vinh *adj.* restored
ដែលធ្វើអោយទាន់សម័យ dael-thver-oy-ton-sak-mai *adj.* updated
ដែលធ្វើអោយនឹកដល់ dael-thver-oy-nek-dol *adj.* reminiscent
ដែលធ្វើអោយបារម្ភ dael-thver-oy-barom *adj.* worrying
ដែលធ្វើអោយភ្ញាក់ផ្អើល dael-thver-oy p-nheak p-erl *adj.* stunning
ដែលធ្វើអោយល្អឡើងវិញ dael-thver-oy-laor-lerng-vinh *adj.* reparable
ដែលធ្វើអោយសប្បាយចិត្ត dael-thver-oy-sabay-chet *adj.* thrilling
ដែលធ្វើអោយអស់កម្លាំង dael-thver-oy-os-kom-lang *adj.* tiring
ដែលធ្វើឲ្យខកចិត្ត dael-thver-ory-khork-chet *adj.* disappointing
ដែលធ្វើឲ្យខូចខាត dael-thver-oay-khoch-khat *adj.* harmful
ដែលធ្វើឲ្យចង់ក្អួត dael-thver-oy-chong-kout *adj.* nauseous
ដែលធ្វើឲ្យដូចគ្នា dael-thver-oay-dovh-knea *adj.* homogenized
ដែលធ្វើឲ្យមានទុក្ខ dael thver oay mean tuk *adj.* depressing
ដែលធ្វើឲ្យរលាក dael-thver-ory-ro-leak *adj.* inflammatory
ដែលធ្វើឲ្យស្អិត dael thver oay speuk *adj.* congealed
ដែលនិយាយ dael-niyeay *adj.* spoken
ដែលនិយាយផ្លែផ្កា dael ni-yey plae-pka *adj.* allusive
ដែលនិយាយភាសាអង់គ្លេស dael-ni-yeay-phea-sa-orng-kles *adj.* English-speaking
ដែលនិយាយឥតសំចៃ dael-niyeay-et-som-chai *adj.* outspoken

ដែលនឹងនរ dael neung-nor *adj.* calm
ដែលនៅក្នុងស្រុក dael-nov-knong-srork *adj.* domestic
ដែលនៅជាប់គ្នា dael nov chorb *adj.* adjacent
ដែលនៅជិត dael-nov-chet *adj.* neighboring
ដែលនៅមានស្មារតី dael nov mean sma-ra-dei *adj.* conscious
ដែលនៅរាយប៉ាយ dael-nov-reay-pay *adj.* scattered
ដែលបង់ប្រាក់ហើយ dael-bong-brak-hery *adj.* paid
ដែលបង្កគ្រោះថ្នាក់ dael borng kor kruos tnak *adj.* malignant
ដែលបង្ករឿង dael-bong-kor-roeurng *adj.* hostile
ដែលបង្កហេតុ dael-bong-kor-het *adj.* provocative
ដែលបង្ការ dael borng-ka *adj.* preventive
ដែលបង្ខំ dael-bong-khom *adj.* forceful
ដែលបង្ហាញការគោរព dael-bong-hanh-ka-ko-rop *adj.* respectful
ដែលបង្ហាញតួលេខ dael borng-hanh tuo lek *adj.* digital
ដែលបញ្ចូលគ្នា dael-banh-choul-knea *adj.* integrated
ដែលបញ្ចេញចំណេះ dael-bonh-chenh-chom-nes *adj.* pedantic
ដែលបញ្ចេញពន្លឺ dael banh-chenh pun-leu *adj.* luminous
ដែលបញ្ជា dael-banh-chea *adj.* imperative
ដែលបរិសុទ្ធ dael-bon-soth *adv.* purely
ដែលបាត់ dael bat *adj.* lost
ដែលបាត់បង់ dael-bat-bong *adj.* missing
ដែលបានការពារ dael-ban-ka-pea *adj.* protected
ដែលបានចម្រើន dael-ban-chom-rern *adj.* prosperous
ដែលបានចាត់ជាក្រុម dael ban chat chea krum *adj.* assorted
ដែលបានដោតចង្កាក់ dael-ban-dort chong-kak *adj.* skewered
ដែលបានបញ្ចូលសំឡេង dael-ban-bonh-chol-som-leng *adj.* dubbed
ដែលបានបញ្ជាក់ dael ban banh-cheak *adj.* clarified
ដែលបានបិទ dael ban bet *adj.* closed
ដែលបានផ្តល់យោបល់ dael-ban-pdol-yobol *adj.* recommended
ដែលបានលួច dael-ban-louch *adj.* stolen
ដែលបានសម្រេច dael ban sorm-rach *adj.* accomplished
ដែលបានអាំង dael ban ang *adj.* braised
ដែលបារម្ភ dael ba-rorm *adj.* concerned
ដែលបំផ្លិចបំផ្លាញ dael-bom-phlech-bom-phlanh *adj.* obstructive
ដែលបះបោរ dael-bas-boa *adj.* mutinous
ដែលប្រកបដោយការយល់ឃើញ dael-bro-korb-doy-ka-yol-khernh *adj.* perceptive

ដែលប្រកបដោយជម្រើស dael-bro-korb-doy-chom-rers *adj.* optional
ដែលប្រកបដោយភ្នំច្រើន dael-pro-kob-doy-chou-phnom *adj.* mountainous
ដែលប្រកបដោយសាច់ដុំ dael-bro-kob-doy-sach-dom *adj.* muscular
ដែលប្រកបដោយសិល្ប: dael bro-korb doay sil-pak *adj.* artistic
ដែលប្រកបដោយសីលធម៌ dael-bro-korb-doy-sel-thor *adj.* moral
ដែលប្រសើរបំផុត dael-bro-ser-bom-phot *adj.* optimum
ដែលប្រសើរលើសលប់ dael pror-seur le-uhs loup *adj.* magnificent
ដែលប្រឡាក់ម្សៅ dael-bro-lak-msaow *adj.* floured
ដែលប្រុងប្រយ័ត្ន dael-prong-pror-yat *adj.* prudent
ដែលប្រើថ្នាំស្រវឹង dael-brer-tnam-sro-verng *n.* narcotic
ដែលប្រេះ dael pres *adj.* cracked
ដែលប្រែប្រួល dael-bre-bruol *adj.* flexible
ដែលប្រែប្រួលទម្រង់ dael-brea-broul-tom-rong *adj.* mutative
ដែលប្លន់ dael plon *adj.* robbed
ដែលប្លែក dael-blaek *adj.* distinctive
ដែលប៉ិនប្រសប់ dael-pin-bro-sop *adj.* talented
ដែលផ្គត់ផ្គង់ dael-phkut-phkong *adj.* furnished
ដែលផ្ចិតផ្ចង់ dael-phchet-phchong *adj.* painstaking
ដែលផ្ដេក dael-pdek *adj.* horizontal
ដែលផ្ដល់សិទ្ធិ dael phdol sit *v.* authorize
ដែលផ្ដាច់ខ្លួន dael-pdach-kloun *adj.* isolated
ដែលផ្ទុកជាតិកាបូន dael ptuk cheat ka-bon *adj.* carbonated
ដែលផ្ទុយគ្នា dael phtuy knea *adj.* contrasting
ដែលផ្លាស់ប្ដូរ dael-plas-pdo *adj.* variable
ដែលផ្សារភ្ជាប់គ្នា dael phsa pchorb knea *adj.* attached
ដែលពន្លើស dael-pon-lers *adj.* exaggerated
ដែលពិការ dael-pi-ka *adj.* disabled
ដែលពិតឥតក្លែងក្លាយ dael pit et klaeng-klay *adj.* authentic
ដែលពិបាកយល់ dael-pibak-yol *adj.* occult
ដែលពឹងផ្អែក dael peng p-aek *adj.* dependent
ដែលពឹងលើកសិកម្ម dael poeng leuh kak-se-kam *adj.* agrarian
ដែលពុល dael-poul *adj.* poisonous
ដែលពុះ dael pouh *adj.* boiled
ដែលពេញកំពុងនិយម dael-kom-pong-penh-ni-yom *adj.* fashionable
ដែលពុំគួរអោយជឿ dael pum kuo-oay choeur *adj.* lame
ដែលពុំផ្ដល់សទ្ធផល dael-pon-pdol-lat-phol *adj.* sterile
ដែលពំអាចគ្រួតត្រាបាន dael-pom-ach-trout-tra-ban *adj.* rampant

ដែលព្យាយាមសាកល្បង dael pchea-yeam sark-lborng *adj.* attempted
ដែលព្រមព្រៀងគ្នា dael prorm prieng knea *adj.* corresponding
ដែលព្រួយបារម្ភ dael pruoy ba-rom *adj.* anxious
ដែលភ្ញាក់ផ្អើល dael pnheak pa-erl *adj.* amazed
ដែលភ្ញាក់ឡើង dael pnheak lerng *adj.* awake
ដែលភ្លឺថ្លា dael-plue-tla *adj.* sagacious
ដែលភ្លេចភ្លាំង dael-plech-pleang *adj.* oblivious
ដែលមានកម្មវិធីច្រើន dael mean kam-vithi chreun *adj.* multi-application
ដែលមានកម្លាំងទំនាញ dael-mean-kom-lang-tom-neanh *adj.* gravitational
ដែលមានការចងចាំ dael-mean-ka-chong-cham *adj.* retentive
ដែលមានការច្នៃប្រឌិត dael mean ka chnai pror-dit *adj.* creative
ដែលមានការតុបតែងលម្អ dael mean ka tob-taeng l-or *adj.* decorative
ដែលមានការទាក់ទង dael-mean-ka-tak-torng *adj.* interactive
ដែលមានការប្ដេជ្ញា dael mean ka pdach-nha chet *adj.* determined
ដែលមានការអប់រំ dael-mean-ka-orb-roum *adj.* educated
ដែលមានកាឡូរីទាប dael mean ka-lo-ri teap *adj.* low-calorie
ដែលមានកិច្ចសន្យា dael-mean-kich-sonya *adj.* promissory
ដែលមានកូនភ្នំ dael-mean-kon-phnom *adj.* hilly
ដែលមានកំហុស dael-mean-kom-hos *adj.* faulty
ដែលមានក្លិនអាក្រក់ dael-mean-klen-ah-krok *adj.* revolting
ដែលមានខ្យល់ខ្លាំង dael-mean-kyol-klang *adj.* stormy
ដែលមានខ្លួនឯង dael-mean-kloun-eng *adj.* own
ដែលមានខ្សាច់ច្រើន dael-mean-ksach-chrern *adj.* sandy
ដែលមានគង់នៅ dael-mean-kong-nov *n.* survival
ដែលមានគុណភាពខ្ពស់ dael-mean-kon-pheap-khpuos *adj.* high-quality
ដែលមានគំនិតរវើរវាយ dael-mean-kom-net-rover-roveay *adj.* quixotic
ដែលមានគ្រាប់ dael-mean-krop *adj.* nutty
ដែលមានគ្រោះថ្នាក់ dael mean kruos thnak *adj.* dangerous
ដែលមានចលនា dael-mean-chol-na *adj.* moving
ដែលមានចិត្តស្មោះ dael mean chet smaoh *adj.* devoted
ដែលមានចេតនា dael mean chet-ta-na *adj.* daeliberate
ដែលមានចំនួនច្រើនជាង dael-mean-chom-noun-chrern-cheang *v.* out-number
ដែលមានច្រើនទម្រង់ dael-mean-chrern-tom-rong *adj.* multiform
ដែលមានច្រើនភាគី dael-mean-chrern-pheak-ki *adj.* multilateral
ដែលមានឆ្នូតៗ dael-mean-chhnot-chhnot *adj.* striped
ដែលមានជ័យជំនះ dael-mean-chey-chom-neas *adj.* victorious

ដែលមានជាតិគីមី dael mean cheat ki-mi *adj.* chemical
ដែលមានជាតិអាល់កុល dael mean cheat al-kol *adj.* alcoholic
ដែលមានជាប់ដោយអាវុធ dael mean chob doay a-vut *adj.* armed
ដែលមានជើងច្រើន dael-mean-cherng-chrern *n.* multiped
ដែលមានជោគជ័យ dael-mean-chok-chey *adj.* successful
ដែលមានជំនាញ dael-mean-chom-neanh *adj.* specialized
ដែលមានជ្រុង dael mean chrung *adj.* angular
ដែលមានឈើពាក់កណ្តាល dael-mean-chher-peak-kon-dal *adj.* half-timbered
ដែលមានតម្លៃ dael-mean-dom-lai *adj.* valuable
ដែលមានតែមួយ dael-mean-tea-muoy *adj.* unique
ដែលមានតំលៃ dael-mean-dom-lai *adj.* worth
ដែលមានទំនាក់ទំនង dael-mean-ton-neak-tom-nong *adj.* relative
ដែលមានទំហំតូច dael-mean-tom-hom-toch *adj.* narrow
ដែលមានបណ្តាញច្រើន dael mean born-danh chreun *adj.* multichannel
ដែលមានបទពិសោធន៍ dael-mean-bot-pi-sort *adj.* experienced
ដែលមានបំណងសម្លាប់ dael-mean-bom-nong-som-lab *adj.* murderous
ដែលមានប្រពន្ធច្រើន dael-mean-pror-pun-chren *adj.* polygamous
ដែលមានប្រយោជន៍ dael-mean-bro-youh *adj.* useful
ដែលមានប្រហោង dael-mean-bro-hoang *adj.* hollow
ដែលមានប្រាជ្ញា dael-mean-prach-nha *adj.* intellectual
ដែលមានផាសុកភាព dael mean pha-sok-pheap *adj.* comfortable
ដែលមានពណ៌ដាំដែង dael-mean-por-dam-deng *adj.* tan
ដែលមានពពកច្រើន dael mean por-pork chrern *adj.* cloudy
ដែលមានភាពចំណាស់ dael mean pheap choum-nas *adj.* aging
ដែលមានភាពទាក់ទាញ dael mean pheap teak teanh *adj.* attractive
ដែលមានភាពប្រាកដនិយម dael-mean-pheap-brakot-niyom *adj.* realistic
ដែលមានភ្លៀងច្រើន dael-mean-pleang-chrern *adj.* rainy
ដែលមានមន្ទិលសង្ស័យ dael-mean-mon-til-sorng-sai *adj.* suspicious
ដែលមានម៉ាស៊ីនត្រជាក់ dael mean ma-sin-tror-cheak *n.* air conditioning
ដែលមានមោទនភាព dael-mean-moo-tanak-pheap *adj.* proud
ដែលមានម្លប់ dael-mean-mlop *adj.* shady
ដែលមានរណ្តៅ dael-mean-ron-dao *adj.* pitted
ដែលមានរបួស dael-mean-ro-buos *adj.* injured
ដែលមានរស់ជាតិ dael-mean-ros-cheat *adj.* savory
ដែលមានរសជាតិ មុត dael-mean-ros-cheat mut *adj.* tangy
ដែលមានរសជាតិហិរ dael-mean-rous-cheat-hil *adj.* spicy

ដែលមានរាងដូចស្វៃ del-mean-reang-doch-svea *adj.* spherical
ដែលមានរាងបួនជ្រុង dael mean reang buon chrung *adj.* cubed
ដែលមានលក្ខខណ្ឌ dael mean leak khan *adj.* conditional
ដែលមានល្បិចកល dael mean lbech kol *adj.* cunning
ដែលមានវត្តមាន dael mean wat-mean *adj.* present
ដែលមានវោហាសព្ទ័ dael-mean-voo-ha-sap *adj.* eloquent
ដែលមានសក់ពណ៌ទង់ដែង dael mean sork por tung daeng *adj.* blonde
ដែលមានសក់ស្កូវ dael-mean-sork-skaow *adj.* gray-haired
ដែលមានសក្តានុភាព dael-mean-sak-kda-nouk-pheap *adj.* potential
ដែលមានសង្ឃឹម dael-mean-sorng-khoem *adj.* hopeful
ដែលមានសន្តិភាព dael-mean-son-ti-pheap *adj.* peaceful
ដែលមានសនៀ្សមកក dael-mean-sorn-serm-kork *adj.* frosted
ដែលមានសមត្ថភាព dael mean sak-mat-thak-pheap *adj.* capable (of)
ដែលមានសម្រើប dael-mean-som-berm *adj.* sexy
ដែលមានសិទ្ធិទទួល dael-mean-set-tor-toul *adj.* qualified
ដែលមានសីលធម៌ dael-mean-sel-thor *adj.* ethical
ដែលមានសុខភាពល្អ dael-mean-sok-pheap-laor *adj.* healthy
ដែលមានសុពលភាព dael-mean-so-pul-pheap *adj.* valid
ដែលមានឧត្តគតិ dael-mean-ou-dom-kh-ti *adj.* idealistic
ដែលមានក្លិនក្រអូប dael-mean-klen-kro-ob *adj.* odorous
ដែលមានប្រតិបត្តិការ dael-mean-bro-ti-bat-ka *adj.* operational
ដែលមានសណ្តាប់ធ្នាប់ dael-mean-son-dab-thnop *adj.* orderly
ដែលមិនចេះអក្សរ dael-min-ches-ak-sor *adj.* illiterate
ដែលមិនចាំបាច់ dael-min-cham-bach *adj.* unnecessary
ដែលមិនច្បាស់ dael-min-chbas *adj.* obscure
ដែលមិនជក់បារី dael-min-chouk-barey *adj.* non-smoking
ដែលមិនជាប់ dael min-choab *adv.* loosely
ដែលមិនជ្រាបទឹក dael-min-chreap-toek *adj.* waterproof
ដែលមិនឈប់ dael-min-chhop *adj.* uninterrupted
ដែលមិនត្រង់ dael min trorng *adj.* nonlinear
ដែលមិនត្រូវការ dael-min-trouw-ka *adj.* redundant
ដែលមិនទទួលបានជោគជ័យ dael-min-tor-toul-chok-chey *adj.* unsuccessful
ដែលមិនទាក់ទងនឹងសាសនា dael-min-teak-tong-neng-sas-na *adj.* secular
ដែលមិនធ្វើឲ្យខូចខាត dael-men-thver-oay-khoch-khat *adj.* harmless
ដែលមិនបញ្ចេញឈ្មោះ dael men banh-chenh chhmuoh *adj.* anonymous
ដែលមិនបានគិតជាមុន dael-min-ban-kit-chea-mun *adj.* unexpected
ដែលមិនប្រុងប្រយត្ន័ dael min prong pror-yat *adj.* careless

ដែលមិនផ្អែមខ្លាំង dael-min-pa-em-klang *adj.* semi-sweet
ដែលមិនមានភាពតានតឹង dael min mean pheap tan teng *adj.* chilled
ដែលមិនមានសុវត្ថិភាព dael-min-mean-sovat-pheap *adj.* unsafe
ដែលមិនមើលឃើញវែងឆ្ងាយ dael-min-merl-kherng-veng-chhngay *adj.* near-sighted
ដែលមិនមែនជាបន្ទាត់ dael-min-men-chea-bon-tot *adj.* nonlinear
ដែលមិនមែនទាំងពីរ dael-min-men-teang-pi *pron.* neither
ដែលមិនយុត្តិធម៌ dael-min-yuth-thor *adj.* unfair
ដែលមិនរាប់បញ្ចូល dael-men-rorb-bonh-chol *adj.* exclusive
ដែលមិនល្អ dael men l-or *adj.* awful
ដែលមិនសប្បាយ dael-min-sabay *adj.* unhappy
ដែលមិនសប្បាយចិត្ត dael-min-sabay-chet *adj.* upsetting
ដែលមិនសាកពណ៌ dael min sak por *adj.* colorfast
ដែលមិនស៊ីសាច់នឹងស៊ុត dael-min-si-sach-neng-sup *adj.* vegan
ដែលមិនសុខចិត្ត dael-min-sok-chet *adj.* unwilling
ដែលមិនសំខាន់ dael-min-som-khan *adj.* unimportant
ដែលមិនស្រួល dael-min-sroul *adj.* uncomfortable
ដែលមិនស្រួលខ្លួន dael men sruol kluon *adj.* ailing
ដែលមិនស្អិតជាប់ dael-min-saet-chop *adj.* non-stick
ដែលមិនអាចគ្រប់គ្រងបាន dael-min-ach-krop-krong-ban *adj.* uncontrolled
ដែលមិនអាចចូលដល់ dael-min-arch-choul *adj.* inaccessible
ដែលមិនអាចចៀសបាន dael-min-arch-cheas-ban *adj.* inevitable
ដែលមិនអាចចែកដាច់បាន dael men ach chaek dach ban *adj.* ambiguous
ដែលមិនអាចទទួលយកបាន dael-moin-ach-tor-toul-yok-ban *adj.* unacceptable
ដែលមិនអាចទៅរួច dael-min-arch-touw-ruoch *adj.* impossible
ដែលមិនអាចទ្រាំបាន dael-min-arch-trom-ban *adj.* unbearable
ដែលមិនអាចប្តូរវិញបាន dael-min-ach-phdo-vinh-ban *adj.* nonreturnable
ដែលម៉ឺងម៉ាត់ dael meung mat *adj.* austere
ដែលមុតស្រួច dael-mut-sroul *adj.* poignant
ដែលមួម៉ៅ dael-muo-mao *adj.* irritated
ដែលមួរម៉ៅ dael muor-maow *adj.* annoyed
ដែលម្នាក់ឯង dael-mnek-eng *adj.* single
ដែលយល់ច្រឡំ dael yul chror-lom *adj.* confused
ដែលរក្សាទុក dael rek-sa tuk *adj.* preserved
ដែលរងការខូចខាត dael rorng ka khoch-khat *adj.* damaged
ដែលរងការរបក dael-rong-ka-ro-bork *v.* peeled

ដែលរត់លឿនជាង dael-rot-lern-cheang *adj.* outrun
ដែលរពិលរពូច dael-ro-pel-ro-poch *adj.* mischievous
ដែលរលើបដោយប្រេង dael-ro-lerb-doy-breng *adj.* oily
ដែលរស់បានយូរជាង dael-rous-ban-yu-cheang *v.* outlive
ដែលរស់រវើក dael-ruos-ro-verk *adj.* fervent
ដែលរហ័ស dael-rohas *adj.* prone
ដែលរហ័សរហួន dael ror-has ror-huon *adj.* agile
ដែលរហែក dael-ro-hek *adj.* torn
ដែលរាប់បញ្ចូល dael-roib-banh-choul *adj.* included
ដែលរាប់អានគ្នា dael rorb an knea *adj.* acquainted
ដែលរីកចម្រើន dael-rek-chom-rern *adj.* improved
ដែលរឹងទទឹង dael-rerng-tor-termg *adj.* perverse
ដែលរួចពន្ធ dael-ruoch-pon *adj.* duty-free
ដែលរួមគ្នា dael-roum-knea *adj.* united
ដែលរួមសម្ព័ន្ធ dael ruom sorm-poin *adj.* allied
ដែលរៀបការ dael-reap-kar *adj.* married
ដែលរៀបចំតាមរបៀប dael-reap-chom-tam-robeab *adj.* regulatory
ដែលរំខាន dael-roum-khan *adj.* disturbing
ដែលរំជួលចិត្ត dael-rom-chuol-chet *adj.* emotional
ដែលរំពឹងទុក dael-roum-poeng-tuk *adj.* expected
ដែលរំភើបចិត្ត dael-rorm-pherb-chet *adj.* enthusiastic
ដែលលាក់ជាអាថ៌កំបាំង dael leak chea at-korm-bang *adj.* confidential
ដែលលាបប័រ dael leab bur *adj.* buttered
ដែលលាបម្សៅ dael-leap-m-sao *adj.* powdered
ដែលលាយស្ករ dael leay skor *adj.* candied
ដែលលិចចេញជាថ្មី dael-lech-chenh-chea-tmey *adj.* resurgent
ដែលលួចលាក់ dael-louch-leak *n.* stealing
ដែលលើសចំណុះ dael-lers-chom-nouh *adj.* excessive
ដែលលើសលុប dael-lers-loup *adj.* predominant
ដែលលើសហួស dael-lers-hous *adj.* overdone
ដែលលឿនបំផុត dael-lern-bom-put *adj.* quickest
ដែលលែងលះ dael-leaeng-leah *adj.* divorced
ដែលល្ងង់ dael-lngong *adj.* ignorant
ដែលល្អិត dael l-et *adj.* tiny
ដែលល្អិតល្អន់ dael-la-eit-la-orn *adj.* elaborate
ដែលវិសុទ្ធ dael-vi-soth *adj.* holy
ដែលវៃឆ្លាត dael-vei-chleat *adj.* intelligent

ដែលសកម្ម dael sar-karm *adj.* lively
ដែលសង់ឡើង dael-sorng-lerng *adj.* erected
ដែលសង់ឡើងវិញ dael-song-lerng-vich *adj.* rebuilt
ដែលសប្បុរស dael sob-ros thor *adj.* benevolent
ដែលសប្បាយរីករាយ dael sa-bay rik-reay *adj.* delighted
ដែលសម dael-som *adj.* proper
ដែលសមតាមបំណង dael-som-tam-bom-norng *adj.* satisfied
ដែលសម្បូរសម្បាយ dael-som-bo-sab-bay *adj.* opulent
ដែលសហការគ្នា dael sa-hak-ka knea *adj.* cooperative
ដែលសាមញ្ញ dael-sa-manh *adj.* ordinary
ដែលសុខចិត្ត dael-sok-chet *adj.* willing
ដែលសុខសប្បាយ dael-sok-sabay *adj.* safe
ដែលសោកសង្រេង dael-soak-song-reng *adj.* mournful
ដែលសោកសៅ dael soak-sao *adj.* lamentable
ដែលសំចៃ dael-som-chai *adj.* provident
ដែលសំដៅទៅក្រោម dael-som-daow-touw-kroam *adj.* downward
ដែលសំបូរដោយគ្រួស dael-som-bo-doy-krous *adj.* pebbly
ដែលស្ងាត់ dael-sngat *adj.* mute
ដែលស្ងើច dael-sngerch *adj.* impressed
ដែលស្ងៀមស្ងាត់ជាង dael-sngeam-sngat-cheang *adj.* quieter
ដែលស្តាប់បង្គាប់ dael sdab borng-korb *adj.* amenable
ដែលស្ទាត់ជំនាញ dael stort choum neanh *adj.* adept
ដែលស្ម័គ្រចិត្ត dael-smak-chet *adj.* voluntary
ដែលស្មុគស្មាញ dael smok-smanh *adj.* complicated
ដែលស្មើគ្នា dael-smer-knea *adj.* equal
ដែលស្មោះ dael-smos *adj.* sincere
ដែលស្របគ្នា dael-bro-sop-knea *adj.* parallel
ដែលស្របច្បាប់ dael srorb chbab *adv.* legally
ដែលស្រមើស្រមៃ dael-sro-mer-sro-mai *adj.* imaginary
ដែលស្រវឹងខ្លាំង dael-sro-verng-klang *adj.* stoned
ដែលស្រអាប់ dael-sro-ab *adj.* dull
ដែលស្រួច dael-srouch *adj.* pointed
ដែលស្រើបស្រាល dael-srerb-sral *adj.* erotic
ដែលស្រោបពីក្រៅ dael sroab pi kraow *adj.* coated
ដែលស្លៀកពាក់ dael-sleak-peak *adj.* dressed
ដែលស្លេកស្លាំង dael-slek-slang *adj.* pale
ដែលស្វ័យប្រវត្តិ dael svay-pror-voat *adj.* mechanical

ដែលស្អាតបាត dael-saart-bat *adj.* neat
ដែលស្អិត dael s-et *adj.* sticky
ដែលស្អិតជាប់ dael s-et chorb *adj.* adhesive
ដែលហាមឃាត់ dael harm-khot *adj.* prohibited
ដែលហាមប៉ះពាល់ dael-ham-pas-pol *adj.* taboo
ដែលហួសសម័យ dael-hous-samai *adj.* outdated
ដែលអង្កាញ់ dael-ang-kanh *adj.* rippled
ដែលអចិន្ត្រៃយ៍ dael ak-chen-trai *adj.* standing
ដែលអត់ប្រយោជន៍ dael-ort-bro-yoch *adj.* obsolete
ដែលអត់ឱន dael ort-oan *adj.* lenient
ដែលអនុញ្ញាតឲ្យ dael ak-nuk-nhat oay *adj.* approving
ដែលអបអរសាទរ dael orb-or sa-tor *adj.* cheerful
ដែលអប្រិយ dael-ark-phrey *adj.* notorious
ដែលអភិរក្សនិយម dael ak-phi-reak *adj.* conservative
ដែលអវត្តមាន dael ak vorta-mean *adj.* absent
ដែលអស្ចារ្យ dael os-char *adj.* brilliant
ដែលអាក្រក់ dael-ah-krok *adj.* nasty
ដែលអាក្រាត dael-ah-krat *adj.* naked
ដែលអាចកាន់បាន dael-arch-kan-ban *adj.* portable
ដែលអាចឆ្លាស់គ្នាបាន dael ach chlas knea ban *adj.* alternate
ដែលអាចញ៉ាំបាន dael-ach-nham-ban *adj.* edible
ដែលអាចដាំដំណាំបាន dael ach dam dorm-nam ban *adj.* arable
ដែលអាចទទួលយកបាន dael ach tor tuol york ban *adj.* acceptable
ដែលអាចទាញយកបាន dael-ach-teanh-york *adj.* downloadable
ដែលអាចទៅរួច dael-arch-touw-rouch *adv.* possible
ដែលអាចទំពារបាន dael ach tum-pea ban *adj.* chewable
ដែលអាចទ្រទ្រង់ dael-ach-tro-trong *adj.* sustainable
ដែលអាចធ្វើបាន dael-ach-thver-ban *adj.* feasible
ដែលអាចនឹងមានជោគជ័យ dael-ach-neng-mean-chok-chey *adj.* promising
ដែលអាចនឹងមានឡើង dael arch neng mean lerng *adj.* probable
ដែលអាចបោះចោលបាន dael-ach-buoh-choal-ban *adj.* disposable
ដែលអាចប្រើម្តងទៀត dael-ach-prer-mdong-teat *adj.* recyclable
ដែលអាចផឹកបាន dael-arch-phirk-ban *adj.* potable
ដែលអាចមើលឃើញ dael-ach-merl-khernh *adj.* visible
ដែលអាចយកមកជជែកបាន dael-ach-york-mok-chor-chek-ban *adj.* moot
ដែលអាចរាប់បាន dael ach rorb ban *adj.* countable
ដែលអាចលាងដៃបាន dael-ach-leang-dai-ban *adj.* hand-washable

ដែលអាចសម្គាល់បាន dael-ach-som-korl-ban *adj.* perceptible
ដែលអាចស្អុយ dael-ach-saouy *adj.* perishable
ដែលអាណិតអាសូរ dael-anit-aso *adj.* sympathetic
ដែលអាថ៌កំបាំង dael-art-kom-bang *adj.* mysterious
ដែលអានមិនដាច់ dael-arn-min-dach *adj.* illegible
ដែលឥតខ្ចោះ dael-et-khchos *adj.* perfect
ដែលឧទ្ទិសដល់ dael ou-teus *adj.* dedicated
ដែលអោយកំរៃ dael-oy-kom-rai *adj.* profitable
ដែលអាំងដោយភ្លើងធ្យូង dael arng doay pleuhng thyoung *adj.* charcoal-grilled
ដែលចេះច្រើនភាសា dael-ches-phea-sa-chren *n.* polyglot
ដែលបង់ថ្លៃតែមរូច dael-borng-thlai-taem-rouch *adv.* postage-paid
ដែលប្រកបដោយថាមពល dael-pror-korb-doy-tham-mpul *adj.* powerful
ដែលមានតម្លៃ dael-mean-dom-lai *adj.* precious
ដែលមានប្រជាជនច្រើន dael-mean-pror-chea-chun-chren *adj.* populous
ដែលលាយបញ្ចូលគ្នា dael-leay-bonh-chol-knea *adj.* mixed
ដែលសាមញ្ញ dael sa-manh *adj.* mediocre
ដែលអាចអនុវត្តបាន dael-arch-ah-nouk-wat-ban *adj.* pragmatic
ដៃ dai *n.* hand
ដៃកង់ dai-kong *n.* handlebars
ដៃគូ dai kou *n.* companion
ដៃគូប្រកួតប្រជែង dai kou pror-kuot pror-cheaeng *n.* component
ដៃចង្កូត dai-chong-kot *n.* gearshift lever
ដៃអាវ dai-av *n.* sleeve
ដោតចង្កាក់ dort chong-kak *v.* skewer
ដោនឡូត doan-load *v.* download
ដោយ doay *prep.* per
ដោយកម្រ doay-kom-ror *adv.* rarely
ដោយការកើនឡើង doay-ka-kern-lerng *adv.* increasingly
ដោយការចង់ដឹងចង់ឃើញ doay ka chorng deung chorng kheuhnh *adv.* curiously
ដោយក្ដីពេញចិត្ត doay-kdey-penh-chet *adv.* willingly
ដោយក្លែងក្លាយ doay klaeng klay *adv.* artificially
ដោយខុសច្បាប់ doay-khus-chbab *adv.* illegally
ដោយគួរអោយសោកស្ដាយ doay-kou-oy-sork-sday *adv.* unfortunately
ដោយគួរឲ្យកត់សម្គាល់ doay-kou-oy-kot-som-kol *adv.* notably
ដោយគ្មានបានការ doay kmean ban ka *adv.* awfully

ដោយចម្លែក doay chorm-laek *adv.* awkwardly
ដោយចិត្តល្អ doay chet-la-or *adv.* kindly
ដោយចេតនា doay chet-ta-na *adv.* deliberately
ដោយចៃដន្យ doay-chai-don *adv.* unexpectedly
ដោយច្បាស់ក្រលែត doay-chbas-kro-let *adv.* obviously
ដោយជាក់លាក់ doay-cheak-leak *adv.* specifically
ដោយជាក់ស្តែង doay-cheak-sdeng *adv.* virtually
ដោយជំនួស doay-chom-nuos *adv.* instead
ដោយដៃ doay day *adj.* manual
ដោយថ្មី doay-thmei *adv.* newly
ដោយទ្រគោះ doay-tro-kus *adv.* rudely
ដោយធម្មជាតិ doay-thom-cheat *adv.* naturally
ដោយធម្មតា doay-thom-da *adv.* typically
ដោយនឹងនរ doay neung-nor *adv.* calmly
ដោយបណ្ដោះអាសន្ន doay-born-doah-ah-sorn *adv.* temporarily
ដោយបើកចំហ doay-berk-chom-hor *adv.* openly
ដោយបែកគ្នា doay-bek-knea *adv.* separately
ដោយប្រកបដោយសីលធម៌ doay-bro-korb-doy-sel-thor *adv.* morally
ដោយប្រយោល doay-bro-yoal *adv.* indirectly
ដោយប្រុងប្រយត្ន័ doay prong pror-yat *adv.* carefully
ដោយប្រើអគ្គិសនី doay-brer-ah-kis-sni *adj.* electric
ដោយផ្ទាល់ខ្លួន doay-phtol-khloun *adv.* personally
ដោយផ្នត់គំនិត doay-pnot-kumnit *adv.* mentally
ដោយផ្នែក doay-phnek *adv.* partially
ដោយផ្លូវការ doay-phlouw-ka *adv.* formally
ដោយពឹងផ្អែកទៅលើ doay peng p-aek touw leuh *prep.* depending on
ដោយភ័យខ្លាច doay-phey-klach *adv.* nervously
ដោយភាគច្រើន doay-pheak-chrern *adv.* mostly
ដោយភាពស្ងប់ស្ងាត់ doay-pheap-sngeam-angat *adv.* quietly
ដោយភ្ជាប់គ្នា doay-phchoib-knea *adv.* jointly
ដោយមាត់ doay-mot *adj.* oral
ដោយមានជម្រើស doay mean chum-rers *adv.* alternatively
ដោយមានរចនាសម្ព័ន្ធ doay-mean-rach-na-som-pon *adv.* structurally
ដោយមានសារៈសំខាន់ doay-mean-sarak-som-khan *adv.* significantly
ដោយមានឧបទ្ទវហេតុ doay mean oupak teak-veak haet *adv.* accidentally
ដោយមិនបាច់សង្ស័យ doay-min-bach-song-sai *adv.* undoubtedly
ដោយមិនពេញចិត្ត doay-min-penh-chet *adv.* unwillingly

ដោយមិនអាចចៀសបាន doay-min-arch-cheas-ban *adv.* inevitably
ដោយរាងកាយ doay-reang-kay *adv.* physically
ដោយល្អល្អះ doay-laor-la-as *adv.* nicely
ដោយសមហេតុផល doay-som-het-phol *adv.* reasonably
ដោយសុក្រិត doay so-kret *adv.* accurately
ដោយសុវត្ថិភាព doay-sovat-pheap *adv.* safely
ដោយសេចក្តីសន្និាន doay sekdey sorn-ni-tharn *adv.* presumably
ដោយសេចក្តីរំភើប doay-sech-kdei-rom-pherb *adv.* dramatically
ដោយសេរី doay-se-rei-pheap *adv.* freely
ដោយសំណាង doay-som-narng *adv.* fortunately
ដោយស្ម័គ្រចិត្ត doay-smak-chet *adv.* voluntarily
ដោយស្មោះ doay-smos *adv.* truly
ដោយស្មោះត្រង់ doay-smos-trong *adv.* honestly
ដោយស្វ័យប្រវត្តិ doay svai bro-vat *adj.* automatic
ដោយស្អាតបាត doay-saart-bat *adv.* neatly
ដោយហេតុថា doay-het-tha *conj.* where
ដោយឡែក doay laek *adv.* aside
ដោយអត់មានប្រយោជន៍ doay-ort-mean-bro-yoch *adv.* unusually
ដោយឥតខ្ចោះ doay-et-khchos *adv.* perfectly
ដោយឥតគិតថ្លៃ doay-et-kit-thlai *adj.* free of charge
ដោយឥតស្រាកស្រាន្ត doay-et-srak-sran *adv.* nonstop
ដោយឧត្តមភាព doay oudom-pheap *adj.* preeminent
ដោយឯករាជ្យ doay-ek-reach *adv.* independently
ដោះចេញ dos-chenh *v.* undress
ដោះដូរ duoh-do *v.* exchange
ដោះលែង daoh leaeng *v.* acquit
ដោះស្រាយ daoh-sray *v.* cope
ដោះស្រាយបញ្ហា dos-sray-panh-ha *v.* solve
ដោះហ្ស៊ីប da-uoh zip *v.* unzip
ដុំ dom *n.* block
ដុំកល់ dom-kol *n.* pad
ដុំកៅស៊ូទន់ៗ dom-kao-su-ton-ton *n.* sponge
ដុំក្រដាស់500សន្លឹក dom-kro-das-500-snolerk *n.* ream
ដុំថ្ម dom-tmor *n.* stone
ដុំនំប៉័ងតូចៗ dom noum pang toch toch *n.* crouton
ដុំរាងបួនជ្រុង dom reang buon chrung *n.* cube
ដំណាក់កាលវិវត្តន៍ dom-nak-kal-vi-wat *n.* phase

ដំណាប់ dom-nab *n.* jam
ដំណាប់ក្រូច dorm-nab krouch *n.* marmalade
ដំណាប់ផ្លែឈើ dorm-nab phlae-cheur *n.* compote
ដំណាលប្រាប់ dom-nal-brab *v.* relate
ដំណើរ dom-ner *n.* journey
ដំណើរការមេតាបូលីស dom-ner-kar-meh-ta-bolis *n.* metabolism
ដំណើរកំសាន្ត dom-ner-kom-san *n.* excursion
ដំណើរកំសាន្តទៅនឹងមក dom-ner-kom-san-touw-mok *adj.* round-trip
ដំណើរគ្រេច dom-ner-krech *n.* sprain
ដំណើរចង់ក្អួតចង្អោរ dom-ner-chong-kout-chong-oar *n.* nausea
ដំណើរទស្សនាចរ dom-ner-tus-sa-na-chor *n.* sightseeing tour
ដំណើរធ្លាក់បោកខ្លាំង dom-ner-tleak-bok-klang *n.* torrent
ដំណើរផុសវិញនៃទឹកដី dom-ner-phos-vinh-ney-toek-dey *n.* resurgence
ដំណើរមានគត៌ dom-ner mean kor *n.* pregnancy
ដំណើរមានថ្មី dom-ner-mean-tmey *n.* renaissance
ដំណើររលាកនឹងកំដៅថ្ងៃ dom-ner-ror-leak-neng-korm-daow thngai *n.* sunburn
ដំណើរអធិកអធម dom-ner-arc-theouk-arc-thoarm *n.* pomp
ដំណែងនៅទំនេ dom-neng-nov-tom-ne *n.* vacancy
ដំណោះស្រាយ dom-nos-sray *n.* solution
ដំណាំ dorm-nam *n.* compote
ដំណាំទំពាំងបាយជូរ dorm-nam tum-paing-bay-chou *n.* raisin
ដំណាំផ្លែឈើ dorm-nam-phlae-cheur *n.* fruit preserves
ដំណាំពុទ្រា dorm-nam putrea *n.* prune
ដំបង dorm-borng *n.* club *(weapon)*
ដំបងយក្ស dorm-borng yeak *n.* cactus
ដំបូង dom-boung *adj.* initial; prior
ដំបូន្មាន dorm-bo-mean *n.* advice
ដំបូល dombol *n.* roof
ដំបូលផ្លូវដើរ dom-bol-phlouw-der *n.* portico
ដំបែ dorm-bae *n.* yeast
ដំបៅ dom-bav *n.* ulcer
ដំរែង dom-raeng *n.* bar *(metal)*
ដំឡូង dorm-loung *n.* potato
ដំឡូងកិន dorm-loung koet *n.* mashed potato
ដំឡូងចៀន dorm-loung chean *n.* french fries
ដំឡូងចំណិតស្រួយៗ dorm-loung chomnet srouy-srouy *n.* potato chips

ដំឡូងឆិប dorm-loung chip *n.* potato chip
ដំឡូងជ្វា dorm-loung-chvea *n.* sweet potato
ដំឡូងបារាំងបំពង dorm-loung-barang-bom-pong *n.* french fries
ដំឡូងបំពង dorm-loung borm-porng *n.* chips
ដំឥដ្ឋ doum et *n.* brick
ដ្យាក្រាម dya-kram *n.* diagram

ឋ

ឋានសួគ៌ than-suo *n.* heaven
ឋិតថេរ thet-the *adj.* stable

ឌ

ឌីវីឌី dy-vi-dy *n.* dvd
ឌីស dis *n.* compact disc
ឌីអេនអេ dy-en-ee *n.* dna
ឌុយ duy *n.* socket

ណ

ណាមួយ na muoy *adj.* any
ណឺតត្រុង nert-trong *n.* neutron
ណេប៊ុយ់ឡា ne-boy-la *n.* nebula
ណែនាំ nae-noim *v.* introduce
ណែនាំខ្លួន nae-noim-kloun *v.* introduce oneself
ណ្យៃយ៉ូ nai-yo *n.* nucleus

ត

តង្កៀបក្ដាម dorng-keab-kdam *n.* black currant tree
តង្វាយ dong-vay *n.* offering
តន្ត្រីករ dorn-trei-kor *n.* musician
តន្ត្រីបុរាណ dorn-trei bo-ran *n.* classical music
តន្ត្រីប្រជាប្រិយ dorn-trei-bro-chea-prei *n.* folk music
តបស្នង tob-snong *v.* repay
តម torm *v.* refrain
តម្កល់ dorm-korl *v.* file
តម្រង់ dom-rong *v.* orientate
តម្រងនោម dorm-rorng-noam *n.* kidney
តម្រូវការ dorm-rouw ka *n.* demand
តម្រៀបជាជួរ torm-reab chea chuor *v.* align
តម្រេក dorm rek *n.* desire
តម្រេកខ្លួន dorm-rek khluon *v.* lie
តម្លើង dom-lerng *v.* install
តម្លៃ dom-lai *n.* price, cost
តម្លៃក្នុងមួយលីត្រ dom-lai knong muoy-lit *n.* price per liter
តម្លៃឈ្នួល dorm-lai-chhnuol *n.* fee
តម្លៃទីផ្សារ dorm-lay ti-psar *n.* market price
តម្លៃមិនចុះ dorm-lai-men-chos *n.* fixed price
តម្លៃអប្បបរមា dorm-lai-ah-pak-pak-ma *n.* minimum charge
តវ៉ា tor-wa *v.* complain
តស៊ូ tor-su *v.* persist
តា ta *n.* grandfather
តាក់ស៊ី tak-si *n.* taxi
តានតឹង tan-teong *adj.* stressed
តាប៉ែ ta-pae *adj.* malted
តាម tam *prep.* via
តាម tam *prep.* per
តាមខ្សែបណ្ដោយ tam-ksea-bon-doy *adj.* vertical
តាមចាប់ tam chab *v.* chase
តាមចំណែកដែលពាក់ព័ន្ធ tam-chom-nek-del-peak-pon *adv.* relatively

តាមចំណែកស្មើៗគ្នា tam-chom-nek-smer-smer-knea *adj.* proportional
តាមច្បាប់ tam-chbab *adj.* statutory
តាមជាក់ស្តែង tam cheak sdaeng *adv.* apparently
តាមដាន tam-dan *v.* trace
តាមធម្មជាតិ tam-choim-cheat *adj.* innate
តាមធម្មតា tam-thom-da *adv.* usually
តាមបណ្តោយ tam bon-doy *prep.* along
តាមបែបប្រពៃណីបូរាណ tam-beb-bror-pey-ney-boran *adv.* traditionally
តាមបែបសង្គម tam-beb-song-kom *adv.* socially
តាមផ្លូវ tam-phlouw *adj.* seasonal
តាមផ្លូវការ tam plow ka *adj.* civil
តាមពុម្ពគំរូ tam-pom-kom-ru *adj.* shaped
តាមពូជ tam-puch *adj.* genetic
តាមភាពជាក់ស្តែង tam pheap cheak sdaeng *adv.* actually
តាមមាត់ tam-mot *adv.* orally
តាមយុទ្ធសាស្ត្រ tam-yuth-sas *adv.* strategically
តាមរក tam-rok *v.* pursue
តាមរយៈ tam-ro-yeak *prep.* through
តាមលំដាប់ tam lum-dap *adj.* sequential
តាមលំដាប់លំដោយ tam-lum-dab-lum-doay *adj.* sequential
តាយាយ ta-yeay *n.* grandparent
តារាង ta-rang *n.* chart
តារាងទិន្នន័យ ta-rang tin-na-nei *n.* spreadsheet
តារាងបណ្តឹងក្តី tarang born-doeng kdei *n.* docket
តារាងពេលវេលា darang-pel-velea *n.* timetable
តារានិករ da-ra-ni-kor *n.* constellation
តារាវិទូ da-ra vi-tou *n.* astronomer
តារាសាស្ត្រ da-ra sas *n.* astronomy
តិច tech *adj.* little
តិចៗ tech tech *adv.* lightly
តិចជាង tech cheang *pron.* less
តិចបំផុត tech borm-put *pron.* least
តិន្នីស tin-nis *n.* tennis
តឹង terng *adj.* tight
តុ tuk *n.* table
តុក្កតា tok-ka-ta *n.* cartoon
តុគិតលុយ tok kit luy *n.* counter

តុធ្វើការ tok thver ka *n.* desk
តុបតែង tob-taeng *v.* decorate
តុមុខ tok-muk *n.* front desk
តុល្យភាព tol-yeak-pheap *n.* equilibrium
តុលាការ to-la-ka *n.* court *(legal)*
តូច toch *adj.* compact
តូចច្រឡឹង toch-chror-loeng *adj.* slight
តួតླក tuo thlok *n.* clown
តួយ៉ាង tour-yang *n.* specimen
តួឯក tour-ek *n.* protagonist
តួលេខ tuor-lek *n.* figure
តៀមស្រា team sra *n.* cabaret
តេរ៉ាបាយត៍ te-ra-baiy *n.* terabyte (*abbr.* tb)
តេលូទកា te-lu-tka *n.* emulsion
តេស្តនុយក្លេអ៊ែរ tes-nuy-kle-ear *n.* nuclear tests
តែក្តៅ tae-kdao *n.* hot tea
តែខ្មៅ tae-kmao *n.* black tea
តែងតែ taeng tae *adv.* always
តែងតាំងវិញ teng-tang-vinh *v.* reinstate
តែជីអង្កាម tae chi orng-kam *n.* mint tea
តែបៃតង tae-bei-tong *n.* green tea
តែម tem *n.* stamp
តែម្តង tea-mdong *adv.* once
តែឯង tae-eng *adj.* idle
តែឱសថរុក្ខជាតិ tae-oay-soth-rok-cheat *n.* herbal tea
តោន torn *n.* ton
តោះទៅ! tos-touw *phr.* let's go!
តៅហ៊ូ taow-hou *n.* bean curd
តំណពូជ dom-nor-puch *n.* genetics
តំណែង dom-na-eng *n.* position
តំបន់ dom-bon *n.* region
តំបន់ជាយក្រុង dom-bon-cheay-krong *n.* outskirts
តំបន់ជុំវិញ dom-bon-chom-vinh *n.* environs
តំបន់ប៉ូល dom-bon-pole *n.* pole *(of Earth)*
តំបន់ពាណិជ្ជកម្ម dom-bon pea-nicha-kam *n.* commercial zone
តំបន់រស់នៅមួយ dom-bon-rous-nov-muoy *n.* neighborhood
តំបន់អភិរក្ស dom-bon ak-phi-reak *n.* conservation area

តំបន់អភិរក្សធម្មជាតិ dom-bon-ark-phi-reak-thom-cheat *n.* nature reserve
តំបន់អាកទិក dom-bon ak-tik *n.* Arctic
តំរុយ dom-roy *n.* hint
តំហែទាំ tom-hae-toam *n.* maintenance
តំឡើងបុណ្យស័ក្ត domlerng-bon-sak *v.* promote
តាំងខ្លួនជា tang kloun chea *v.* pretend
តាំងចិត្ត tang-chet *v.* resolve
តាំងនៅ tang-nov *v.* reside
តាំងពិព័រណ៍ tang-pi-por *v.* exhibit
តាំងម៉ែ tang-mea *n.* nougat
តាំងម៉ែដាក់កញ្ចប់ tang-mea-dak-kanh-chop *n.* toffee
តាំងយូរ tang-yu *n.* parasol
ត្នោត tnaut *n.* sugar palm
ត្បូង tbong *n.* gem
ត្បូងកណ្ដៀង tbong-kon-deang *n.* sapphire
ត្បូងថ្ម tbong-thmor *n.* gemstone
ត្បូងទទឹម tbong-tor-term *n.* garnet
ត្បូងទទ្ទឹម tbong-ton-tem *n.* ruby
ត្បូងមរកត tbong-mor-kort *n.* emerald
ត្រកួន tror-kuon *n.* water spinach
ត្រគាក tror-keak *n.* flank
ត្រគាត tro-keak *n.* rump
ត្រគៀក tro-keak *n.* hip
ត្រង trong *v.* filter
ត្រង់ trong *adv.* straight
ត្រង់ៗ trong trong *adj.* direct
ត្រង់កណ្ដាលវិហារ trong-kon-dal-vihea *n.* nave
ត្រចៀក tror-chiek *n.* ear
ត្រជាក់ tror cheak *adj.* cold
ត្រដាង tro-dang *v.* spread
ត្រប់វែង trorb-vaeng *n.* eggplant
ត្របកផ្កា tro-bork-phka *n.* petal
ត្រប់អាំង trorb ang *n.* roasted eggplant
ត្របែក tror-baek *n.* guava
ត្រល់ trorl *n.* shuttle
ត្រលប់ tro-lop *v.* reverse
ត្រលប់យក tror-lop yoak *v.* retrieve

ត្រសក់ tror-sork *n.* cucumber
ត្រសក់ស្រូវ tror-sork srouw *n.* melon
ត្រសក់ស្រូវ tror-sork-srouv *n.* honeydew
ត្រសក់ស្រូវម្យ៉ាង tror-sork srouw myang *n.* cantaloupe
ត្រសេក tror-sek *n.* trasek *(type of tree)*
ត្រឡប់មកវិញ tro-lorb-mork-vich *phr.* in return
ត្រាហ្វិក tra-fik *n.* traffic
ត្រិះរិះ tris-ris *v.* introspect
ត្រិះរិះពិចារណា tres-ris-pi-cha-na *v.* mull
ត្រី trei *n.* fish; ត្រីអាំង trei-arng grilled fish
ត្រីកញ្ចាញច្រាសតូច trei kanh-chanh chras touch *n.* Siamese glassfish
ក្រីញ្ចាញច្រាសធំ trei kanh-chanh chras thom *n.* iridescent glassy perchlet
ត្រីកញ្ចុះថ្ម trei kanh-choh thmor *n.* Asian bumblebee catfish
ត្រីកញ្ចាក់ស្លា trei kanh-chiak-sla *n.* large-scale archerfish
ត្រីកញ្ជ្រូក trei korn-chrouk *n.* chameleon botia fish
ត្រីកញ្ជ្រូកក្រហម trei korn-chrouk kror-horm *n.* sun loach fish
ត្រីកញ្ជ្រូកឆ្នូត trei korn-chrouk chnout *n.* tiger botia fish
ត្រីកញ្ជ្រូកលឿង trei kanh-chrouk leurng *n.* silver botia fish
ត្រីកន្ទ្រង់ប្រេង trei korn-trorng preng *n.* duskyfin glassy perchlet
ត្រីកន្ទ្រប់ trei korn-trorb *n.* catopra
ត្រីកន្ទ្រប់ trei korn trorb *n.* kissing gourami fish
ត្រីកន្ទុយក្រហម trei korn-tuy kror-horm *n.* redtail barb fish
ត្រីកន្ធរ trei korn-thooh *n.* snakeskin gourami fish
ត្រីកាមួយ trei ka-muoy *n.* chacunda gizzard shad
ត្រីកាហែលឿង trei ka-hae leurng *n.* tinfoil barb fish
ត្រីកៀតស្រង trei kiat-srorng *n.* bala sharkminnow
ត្រីកេសប្រាក់ trei kes-prak *n.* glass catfish
ត្រីកំពត trei kompot *n.* redeye pufferfish
ត្រីកំព្រាម trei kom-pream *n.* fringed threadfin fish
ត្រីកំភ្លាញភ្លុក trei kom pleanh phlouk *n.* moonlight gourami fish
ត្រីកំភ្លាញសំរែ trei kom pleanh sorm-rae *n.* threespot gourami fish
ត្រីក្បក trei-kbork *n.* whiting
ត្រីក្របី trei kror-bei *n.* dwarf goonch fish
ត្រីក្រពើ trei kror pa-uh *n.* bellybarred pipefish
ត្រីក្រម៉ម trei kror morm *n.* butter catfish

ត្រីក្រាញស្រែ trei kranh-srae *n.* climbing perch
ត្រីក្រាយ trei krai *n.* royal featherback fish
ត្រីក្រឹមក្តារ trei kroem-kdar *n.* croaking gourami fish
ត្រីក្រឹមទន្សាយ trei kroem tun-sai *n.* pygmy gourami fish
ត្រីក្រឹមភឿក trei kroem-pheurk *n.* siamese fighting fish
ត្រីក្រស trei kos *n.* beardless barb fish
ត្រីក្សាន trei ksan *n.* golden tank goby fish
ត្រីក្អុក trei ka-ohk *n.* engraved sea catfish
ត្រីក្អែក trei ka-aek *n.* black sharkminnow
ត្រីក្អោរ trei ka-oar *n.* thai mahseer
ត្រីខ្ជឹង trei khchoeng *n.* frecklefin eel
ត្រីខ្ជឹងផ្កា trei khchoeng-pkar *n.* fire eel
ត្រីខ្លា trei khla *n.* finescale tigerfish
ត្រីគល់រាំង trei kul-raing *n.* giant barb fish
ត្រីចង្វា trei chorng-va *n.* rosefin rasbora fish
ត្រីចង្វាឆ្នូត trei chorng-va chnout *n.* lambchop rasbora fish
ត្រីចង្វាពោត trei chorng-va poat *n.* dwarf scissortail rasbora fish
ត្រីចង្វាមូល trei chorng-va moul *n.* pale rasbora fish
ត្រីចង្វារនោង trei chorng-va ror-noang *n.* blue panchax fish
ត្រីចង្វាស្រលួង trei chorng-va sror-loung *n.* stoplight rasbora fish
ត្រីចេកទុំ trei chek tum *n.* black lancer catfish
ត្រីចៃក្រពើ trei chai kror-pa-uh *n.* long-snouted pipefish
ត្រីច្លូក trei chlok *n.* shortfin eel
ត្រីឆ្នូតលឿង trei chnout loeurng *n.* yellowstripe scad fish
ត្រីឆ្ពិន trei chpoen *n.* goldfin tinfoil barb fish
ត្រីឆ្ពិនប្រាក trei chpoen prak *n.* tawes
ត្រីឆ្តោរ trei cha-poor *n.* giant snakehead fish
ត្រីឆ្មា trei chmar *n.* dusky hairfin anchovy
ត្រីឆ្មាក្រពើ trei chmar kror-pa-uh *n.* sabertooth thryssa fish
ត្រីឆ្លាម trei-chhlam *n.* shark
ត្រីឆ្លូញឆ្នូត trei chhlounh chhnout *n.* peacock eel
ត្រីជន្លួញមាន់ trei chorn-lunh moan *n.* lindman's grenadier anchovy
ត្រីជំពូកក្អែក trei-chom-pouk-ka-ek *n.* sea bream
ត្រីដងដាវ trei dorng-doaw *n.* apollo sharkminnow
ត្រីដូវអង្គរ trei doo-orng-kor *n.* whipfin silver-biddy fish
ត្រីដំរី trei dorm-rei *n.* marbled sleeper fish
ត្រីដំរីខ្ចៅ trei dorm-rei khchao *n.* brown sleeper fish

ត្រី trei *n.* fish *(continued)*

ត្រីតាពត trei ta-port *n.* Asian bonytongue fish
ត្រីត្រចៀកដំរី trei tror-chiak-dorm-rei *n.* giant gourami fish
ត្រីត្រសក់ trei tror-sork *n.* seven-line barb fish
ត្រីត្រសក់ស trei tror-sork sor *n.* thicklip barb fish
ត្រីថ្កុ trei thkooh *n.* largetooth sawfish
ត្រីទីឡាបយ៉ា trei-ti-lap-ya *n.* tilapia
ត្រីទីឡាព្យ៉ាខ្មៅ trei ti-la-pya-kmao *n.* mozambique cichlid
ត្រីទឹកសាប trei toek sab *n.* carp
ត្រីទឹកសាបម៉្យាង trei-toek-sab-myang *n.* trout
ត្រីធូណា trei-tu-na *n.* tuna
ត្រីធំ trei thom *n.* grouper
ត្រីធំសំប៉ែត trei-thom-som-pet *n.* halibut
ត្រីនួនចាន់ trei nuon chan *n.* milkfish
ត្រីបណ្ដូលស្រុក trei borndol-srok *n.* siamese algae eater fish
ត្រីបណ្ដូលអំពៅ trei borndol-orm-pouw *n.* borneo river sprat fish
ត្រីបាឡែន trei-ba-len *n.* zander
ត្រីបេកា trei pe-ka *n.* Chinese seerfish
ត្រីប្រម៉ា trei pror-ma *n.* smallscale croaker fish
ត្រីប្រា trei pra *n.* iridescent shark-catfish
ត្រីប៉ាល្វុង trei pa-loung *n.* toli shad
ត្រីផ្ទាគ trei phkeak *n.* mud carp
ត្រីផ្ទោង trei-ptung *n.* minnow
ត្រីពុកមាត់ឆ្មា trei puk moit chma *n.* anchovy
ត្រីព្រលួង trei proo-loung *n.* mad barb fish
ត្រីព្រាម trei preap *n.* fourfinger threadfin fish
ត្រីព្រាមលឿង trei pream-leung *n.* borneo threadfin fish
ត្រីព្រាមស trei pream sor *n.* mimic threadfin fish
ត្រីព្រួល trei pruol *n.* trout
ត្រីភ្នែកធំ trei phnaeak thom *n.* bigeye illisha fish
ត្រីម័រុយ trei mor-ruy *n.* cod
ត្រីមឹក trei-merk *n.* squid
ត្រីមួយប្រភេទ trei-muoy-bro-phet *n.* mullet
ត្រីរមាស trei ror-meas *n.* elephant ear gourami fish
ត្រីរ៉ស់ trei ros *n.* chevron snakehead fish
ត្រីរាជ trei reach *n.* mekong giant catfish
ត្រីឬសចេក trei reus-chek *n.* speakle horseface loach fish

ត្រីសាឌីន trei-sa-din *n.* sardine
ត្រីសាឌីនធំ trei-sa-din-thom *n.* herring
ត្រីស៊ីសាច់ trei-si-sach *n.* piranha
ត្រីសូម៉ុង trei-so-mong *n.* salmon
ត្រីសំបោរហៀរ trei sorm-boa-hea *n.* common ponyfish
ត្រីស្បៃកា trei sbai-kar *n.* mackerel
ត្រីស្ពុង trei chpung *n.* barramundi
ត្រីស្មុក trei smok *n.* spotted algae eater fish
ត្រីស្លាត trei slat *n.* bronze featherback fish
ត្រីហារ៉ុង trei harong *n.* herring
ត្រីហាលីបាត់ trei ha-li-bat *n.* halibut
ត្រីអង្កត់ប្រាក់ trei orng-kot prak *n.* swamp barb fish
ត្រីអណ្តាតឆ្កែ trei-orn-dat-chhkae *n.* flounder
ត្រីអណ្តែងទន់ trei orn-daeng tun *n.* broadhead catfish
ត្រីអណ្តែងរឹង trei orn-daeng roeng *n.* walking catfish
ត្រីចង្វាភ្លៀង trei chorng-va phleang *n.* striped flying barb fish
ត្រីកោណ trei-korn *n.* triangle
ត្រីវិស័យ trei wi-sai *n.* compass
ត្រឹមតែ treom-tae *adj.* mere
ត្រឹមត្រូវ treum trouw *adj.* correct
ត្រឹមត្រូវ សមរម្យ trem trouw som-rum *adj.* appropriate
ត្រឹមតែ trerm-tea *adj.* only
ត្រូវ trouw *v.* fit
ត្រូវការ trouw-kar *v.* need
ត្រូវតែ trouw-tea *v.* must
ត្រូវបានចិញ្ច្រាំ trouw ban chenh-chram *adj.* chopped
ត្រូវបានច្រោះ trouw-ban-chhrors *adj.* filtered
ត្រូវបានទុកចោល trouw ban tuk choal *adj.* abandoned
ត្រូវបានធ្វើឲ្យជា trouw ban thver oay chea *adj.* cured
ត្រូវបានបញ្ចប់ trouw-ban-bonh-chob *adj.* finished
ត្រូវបានរំសាយ trouw ban rum-say *adj.* canceled
ត្រូវបានលើកទឹកចិត្ត trouw-ban-lerk-toek-chet *adj.* motivated
ត្រូវបានសាងសង់ trouw ban sang-song *adj.* built
ត្រូវបានហាមឃាត់ trouw-ban-ham-khuot *adj.* forbidden
ត្រូវបានអនុញ្ញាត trouw ban ak-nuk-nhat *adj.* allowed
ត្រូវហើយ trouw hery *adj.* all right
ត្រួតត្រា truot-tra *v.* dominate

ត្រួតត្រាលើ truot-tra ler *v.* predominate
ត្រួតពិនិត្យ truot-pinit *v.* inspect
ត្រៀមខ្លួន triem kluon *v.* anticipate
ត្រៀមទុក tream-tok *v.* reserve
ត្រៀល treal *n.* uvaria rufa *(shrub species)*
ត្រែ trae *n.* golden trumpet *(flower)*
ត្រាំ *v.* pickle
ត្រាំអោយទន់ tram-oay-tun *v.* macerate
ត្អើក ta-erk *n.* hiccup

ថ

ថង់ thong *n.* sack, pouch
ថង់ប្លាស្ទិច thong-phlas-stic *n.* plastic bag
ថង់សំរាម thong-som-ram *n.* garbage bag
ថតតុ thort-tok *n.* drawer
ថនិកសត្វ tak-noek-sat *n.* mammal
ថយក្រោយ thoy kroay *adj.* backward
ថយចុះ thory chos *v.* decrease
ថវិកា thak-vi-ka *n.* budget
ថាតើ tha-ter *conj.* whether
ថាមពល tham-pol *n.* energy
ថាមពលនុយក្លេអ៊ែរ tham-pol-nuy-kle-ear *n.* nuclear energy
ថាស thas *n.* disc *(optical)*
ថាសចម្រៀង thas-chom-reang *n.* record *(phonograph)*
ថាសដុត thas dot *n.* baking sheet
ថាសត្រងទឹក thas-trong-toek *n.* drip pan
ថាសមូលតូច thas moul toch *n.* compact disc (*abbr.* CD)
ថាសស៊ីឌី thas si-di *n.* CD (compact disc)
ថាឡើងវិញ tha-lerng-vinh *v.* repeat
ថូ t-ho *n.* pot
ថូរចម្រោះស្រា tho chorm-raoh sra *n.* decanter
ថើប tha-uhb *v.* kiss
ថែទាំ thea-tom *v.* tend
ថែរក្សា thae-rak-sa *v.* look after
ថោក thoak *adj.* cheap
ថោកជាង thoak cheang *adj.* cheaper
ថៅកែ thao-ke *n.* patron
ថ្កូវ thkouw *n.* anthocephalus cadamba *(tree with medicinal uses)*
ថ្គាម thkeam *n.* jaw
ថ្គាមធ្មេញ thkeam-thmenh *n.* molar
ថ្ងាន់ thngan *n.* sacred garlic pear *(tree species)*
ថ្ងាស thngas *n.* forehead
ថ្ងៃ thngai *n.* day

ថ្ងៃកំណត់ thngai korm-not *n.* deadline
ថ្ងៃកំណើត thngai korm-nert *n.* birthday
ថ្ងៃខែ thngai khae *n.* date
ថ្ងៃច័ន្ទ thngai -chan *n.* Monday (*abbr.* Mon.)
ថ្ងៃចូលឆ្នាំថ្មី thngai -chol-chhnam-thmei *n.* New Year's Day
ថ្ងៃត្រង់ thngai-trong *n.* midday
ថ្ងៃធ្វើការ thngai -thver-ka *n.* weekday
ថ្ងៃនេះ thngai -nis *adv.* today
ថ្ងៃបុណ្យណូអែល thngai bon no-ael *n.* Christmas Day
ថ្ងៃផុតកំណត់ thngai -phot-kom-nort *n.* expiration date
ថ្ងៃពុធ thngai -put *n.* Wednesday
ថ្ងៃព្រហស្បតិ៍ thngai-pro-hos *n.* Thursday
ថ្ងៃមុនចូលឆ្នាំថ្មី thngai -mun-chol-chhnam-thmei *n.* New Year's Eve
ថ្ងៃរីករាយបំផុត thngai-rik-reay-bom-phot *n.* heyday
ថ្ងៃលិច thngai -lich *n.* sunset
ថ្ងៃសិល thngai -sil *n.* Sabbath
ថ្ងៃសុក្រ thngai-sok *n.* Friday
ថ្ងៃសៅរ៍ thngai -sao *n.* Saturday
ថ្ងៃសំរាក thngai -som-rak *n.* vacation
ថ្ងៃអង្គារ thngai -orng-kea *n.* Tuesday
ថ្ងៃអាទិត្យ thngai -ah-tet *n.* Sunday
ថ្នាក់ thnak *n.* class
ថ្នាក់ថ្នម thnak-thnom *v.* pamper
ថ្នាក់ពាក្យ thnak-peak *n.* part of speech
ថ្នាក់រៀន thnak rean *n.* classroom
ថ្នឹង thnoeng *n.* aganonerion polymorphum *(plant native to Indochina)*
ថ្នើរ thner *n.* tray
ថ្នាំ thnam *n.* drug
ថ្នាំកែរោគគ្រប់យ៉ាង thnam-kea-rok-krop-yang *n.* panacea
ថ្នាំគ្រាប់ thnam-krob *n.* pill
ថ្នាំគ្រាប់ផ្អែម thnam kroab pha-aem *n.* lozenge
ថ្នាំង thnang *n.* node
ថ្នាំងងុយគេង thnam-ngo-nguy-keng *n.* sleeping pill
ថ្នាំជក់ thnam-chuok *n.* tobacco
ថ្នាំដុះធ្មេញ thnam-dos-tmenh *n.* toothpaste
ថ្នាំទល់លាមក thnam tol-lea-muok *n.* laxative
ថ្នាំធ្វើឲ្យស thnam thver oay sor *n.* bleach

ថ្នាំបង្ការរោគ thnam-bong-ka-rok *n.* vaccine
ថ្នាំបញ្ចុះ thnam-bonh-chos *n.* purgative
ថ្នាំបញ្ចុះទឹកនោម thnam-bonh-chouh-toek-noom *n.* diuretic
ថ្នាំបន្សាប thnam bon-sab *n.* antidote
ថ្នាំបាញ់សត្វ thnam-banh-chhab *n.* spray
ថ្នាំបំបាត់ការឈឺចាប់ thnam-bom-bat-ka-chher-chab *n.* painkiller
ថ្នាំប៉ូវកម្លាំង thnam-pov-kom-lang *n.* tonic water
ថ្នាំពណ៌សម្រាប់លាប thnam-por-som-rab-leab *n.* paint
ថ្នាំពន្យារកំណើត thnam-pon-year-kom-nert *n.* morning-after pill
ថ្នាំពុល thnam-poul *n.* poison
ថ្នាំពុលអាសេនិច thnam pul a-se-nich *n.* arsenic
ថ្នាំពេទ្យ thnam-pet *n.* tablet
ថ្នាំរម្ងាប់ការឈឺចាប់ thnam-rom-ngop-ka-cher-chab *n.* sedative
ថ្នាំរលោង thnarm ror-loong *n.* lacquer
ថ្នាំលាបអោយឡើងពណ៌ដែក thnam-leap-oy-lerng-por-dek *n.* suntan
ថ្នាំលាបឲ្យរលោង thnam-leap-oay-ro-long *n.* glaze
ថ្នាំសម្លាប់មេរោគ thnam sorm-lab me-rook *adj.* antiseptic
ថ្នាំសំលាប់មេរោគ thnam-som-lab-me-rook *n.* germicide
ថ្នាំស្រវឹង thnam-sro-voeng *n.* hashish
ថ្នាំអង់ទីប៊ីយោតិច thnam orng-ti bi-yo-tech *n.* antibiotic
ថ្នាំអាភៀន thnam-ah-phean *n.* heroin
ថ្នាំអាស្ពីរីន thnam a-spi-rin *n.* aspirin
ថ្នាំអំពូល thnam om-pul *n.* ampule
ថ្ពាល់ thporl *n.* cheek
ថ្ម thmor *n.* battery
ថ្មក្បាលផ្នូរ thmor-kbal-phno *n.* gravestone
ថ្មីៗ thmey-tmey *adj.* recent
ថ្លង់ thlorng *adj.* deaf
ថ្លា thlar *adj.* transparent
ថ្លឹង thlerng *v.* weigh
ថ្លើម thlerm *n.* liver
ថ្លើមក្ងាន thlerm-kngan *n.* goose liver
ថ្លើមទា thlerm-tea *n.* foie gras
ថ្លែង thlaeng *v.* state
ថ្លៃ thlai *adj.* dear
ថ្លៃចុះពាក់កណ្តាល thlai-chos-peak-kon-dal *n.* half price
ថ្លៃឈ្នួល thlai-chhnuol *n.* fare

ថ្លៃឈ្នួលខ្ពស់ជ្រុល thlai-chhnoul-kpous-chrol *v.* overcharge
ថ្លៃដឹកជញ្ជូន thlai-dek-chun-chune *n.* portage
ថ្លៃតែម thlai-taem *n.* postage
ថ្លៃថ្នូរ thlai-thno *adj.* refined
ថ្លៃបន្ថែមលើអាហារ thlai born-thaem leuh a-ha *n.* cover charge
ថ្វីបើ thvei ber *conj.* albeit

ទ

ទង tong *n.* stem
ទង់ជាតិ tong-cheat *n.* flag
ទង់ដែង tung daeng *n.* copper
ទទួលស្គាល់ ទទួលយក tor tuol skorl tor tuol york *v.* admit
ទទឹក tor-toek *adj.* wet
ទទឹង tor-terng *n.* width
ទទឹម tor-toem *n.* pomegranate
ទទូច tor-touch *v.* insist (on)
ទទួលស្គាល់ tor tuol skorl *v.* acknowledge
ទទួល tor-toul *v.* receive
ទទួលខុសត្រូវ tor-tuol khos trouw *adj.* liable
ទទួលទានអាហារ tor-tuol tean a-ha *v.* dine
ទទួលបាន tor-tuol-ban *v.* get
ទទួលបានដោយសមត្ថភាព tor tuol ban doay sak matha-pheap *v.* acquire
ទទួលព្រមធ្វើ tor-toul-prom-thver *v.* undertake
ទទួលយក tor tuol york *v.* accept
ទទួលស្វាគមន៍ tor-toul-sva-kom *v.* welcome
ទទេ tor-te *adj.* empty, blank
ទន់ៗ ton ton *adj.* soft
ទន្តបណ្ឌិត torn born-dit *n.* dentist
ទន្ទឹមនឹងនេះ tun-toem-noeng-nis *adv.* meanwhile
ទន្លាប់ tun-loab *n.* persimmon
ទន្លេ ton-le *n.* river
ទន្សាយ ton-say *n.* hare
ទន្សែ ton-sae *n.* caryota mitis *(palm tree)*
ទប់ tub *v.* curb
ទប់ទល់ tub-tol *v.* resist
ទ័ព toab *n.* regiment
ទ័ពជើងទឹក toab-cherng-toek *n.* navy
ទ័ពថ្មើរជើង toab-thmer-cherng *n.* infantry
ទ័ពសេះ toab sesh *n.* cavalry
ទម្ងន់ tom-ngun *n.* weight

ទម្ងន់សរុប tom-ngun-sak-rop *n.* net weight
ទម្រង់ tom-rong *n.* form
ទម្រង់ការ tomrong-ka *n.* routine
ទម្រង់ក្រៅ tom-rong-krav *v.* outline
ទម្លាប់ tom-top *n.* habit
ទម្លាប់កំសាន្ត tom-lop-kom-san *n.* hobby
ទល់លាមក tul lea-mork *adj.* constipated
ទស្សន៍ទ្រនិច tuos tror-nich *n.* cursor
ទស្សនវិជ្ជា tous-snak-vi-chea *n.* philosophy
ទស្សនវិទូ tous-snak-vi-tu *n.* philosopher
ទស្សនៈវិស័យ tors-sa-nak-visai *n.* insight
ទស្សនវិស័យ tous-snak-vi-sai *n.* perspective
ទស្សនាវដ្ដី tuosana-vadei *n.* magazine
ទស្សនិកជន tus-nich-chun *n.* audience
ទស្សនះ tous-nak *n.* viewpoint
ទស្សនះវិស័យ tous-nak-vi-sai *n.* vision
ទស្សវត្ស tuosa-wort *n.* decade
ទា tea *n.* duck
ទាក់ទង tak-torng *v.* interact
ទាក់ទងនឹង teak torng neung *prep.* concerning
ទាក់ទងលក់ដូរ teak-tong-louk-do *v.* patronize
ទាក់ទាញ teak-teanh *v.* allure
ទាញ teanh *v.* drag
ទាញចេញ teanh-chenh *v.* slip
ទាញយក teanh-york *v.* download
ទាញវៃ teanh-vai *v.* rove
ទាត់ toat *v.* kick
ទាន់ ton *v.* overtake
ទានអំណោយ tean om-noay *n.* alms
ទាប teap *adj.* low
ទាបជាង teap-cheang *adj.* lower
ទាមទារ team tea *v.* claim
ទាយ teay *v.* guess; prophesy
ទារក tea-ruok *n.* baby
ទារកក្នុងស្បូន tea-ruok-knong-sbon *n.* embryo
ទាហាន tea-hean *n.* soldier
ទាហានគោលដៅ tea-hean-kol-dao *n.* musketeer

ទាហានជើងទឹក tea-hean-cherng-toek *n.* sailor
ទាហានល្បាត tea-hean-lbat *n.* ranger
ទាហានសក្តិធំ tea-hean sak thoum *n.* brass
ទិញ tenh *v.* buy
ទិន្នន័យ tin-nay *n.* data
ទិន្នផល tin-phol *n.* output
ទិវាពលកម្ម tivea pol-karm *n.* Labor Day
ទិវាឧសភា tivea uh-saphea *n.* May Day (May 1)
ទិសខាងកើត ters-khang-kert *n.* east
ទិសខាងជើង ters-khang-cherng *n.* north
ទិសខាងត្បូង ters-khang-tboung *n.* south
ទិសខាងលិច ters-khang-lich *n.* west
ទិសដៅ tes-daow *n.* direction
ទិសពាយព្យ ters-pea-youp *adj.* northwest
ទីកន្លែង ti kon-laeng *n.* location
ទីកន្លែងកំណើត ti-kon-laeng-kom-nert *n.* place of birth
ទីកន្លែងជំនុំជំរះ ti-korn-laeng chum-num chum-reas *n.* venue
ទីកន្លែងណាក៏ដោយ ti kon-laeng na kor doay *adv.* anywhere
ទីកៅសិប ti-kao-sep *adj.* ninetieth
ទីក្រាលថ្ម ti-kral-thmor *n.* pavement
ទីក្រុង ti krong *n.* city
ទីក្រុងធំៗ ti-krung-thom-thom *n.* metropolis
ទីក្រុងប៉ារីស ti-krong-pa-ris *n.* Paris
ទីក្រុងមូស្គូ ti-krong-mus-sku *n.* Moscow
ទីក្រុងរ៉ូម ti-krong-rome *n.* Rome
ទីក្រុងហ្សេរុយសាឡិម ti-krong-ze-ruy-sa-lim *n.* Jerusalem
ទីចិតសិប ti-chet-sep *adj.* seventieth
ទីជម្រាល ti-chom-real *n.* gradient
ទីជំរក ti-chom-rok *n.* sanctuary
ទីជ្រកកោន ti chrok koan *n.* asylum
ទីដប់ ti-dob *adj.* tenth
ទីដប់បី ti-dob-bey *adj.* thirteenth
ទីដប់បួន ti-dob-buon *adj.* fourteenth
ទីដប់ប្រាំ ti-dob-bram *adj.* fifteenth
ទីដប់ប្រាំបី ti-dob-bram-bei *adj.* eighteenth
ទីដប់ប្រាំបួន ti-dob-bram-boun *adj.* nineteenth
ទីដប់ប្រាំពីរ ti-dob-pram-pi *adj.* seventeenth

ទីដប់ប្រាំមួយ ti-dob-bram-muoy *adj.* sixteenth
ទីដប់មួយ ti-dob-muoy *adj.* eleventh
ទីទៃពីគ្នា ti-tey-knea *adj.* separate
ទីធ្លា ti-thlea *n.* courtyard
ទីធ្លាសម្រាប់លេងកីឡា ti-thlea-som-rab-leng-key-la *n.* playing field
ទីធ្វើសក្ការបូជា ti-thver-sa-karak-bo-chea *n.* shrine
ទីនេះ ti-nis *adv.* here
ទីនោះ ti-nus *adv.* there
ទីបញ្ចប់ te-banh-chob *phr.* in the end
ទីបី ti-bey *adj.* third
ទីបួន ti-buon *adj.* fourth
ទីបំផុតនៃតម្រេក ti-bom-phot-ney-dom-nek *n.* orgasm
ទីប្រជុំជន ti-bro-chom-chon *n.* downtown
ទីប្រាំ ti-bram *adj.* fifth
ទីប្រាំបី ti-bram-bei *adj.* eighth
ទីប្រាំបួន ti-bram-boun *adj.* ninth
ទីប្រាំពីរ ti-bram-pi *adj.* seventh
ទីប្រាំមួយ ti-bram-muoy *adj.* sixth
ទីប៉ែតសិប ti-paet-sib *adj.* eightieth
ទីផ្សារ ti-psar *n.* market
ទីផ្សារទិញលក់ភាគហ៊ុន ti-psa-tenh-luk-pheak-hun *n.* stock exchange
ទីផ្សារផលិតផល ti-psa-pholit-phol *n.* produce market
ទីភ្នាក់ងារ ti pneak-ngea *n.* agency
ទីមួយ ti-muoy *adj.* first
ទីមួយពាន់ ti-muoy-pon *adj.* thousandth
ទីម្ភៃ ti-mpey *adj.* twentieth
ទីលាន ti-lean *n.* field
ទីលានចំបង ti-lean chorm-borng *n.* main square
ទីលានវាយកូនគោល ti-lean-veay-kon-kol *n.* golf course
ទីលំនៅ te-lom-nov *n.* housing
ទីវាស់ដោយគិតជាកាំ ti-vos-doy-kit-chea-kam *n.* radius
ទីសាមសិប ti-sam-seb *adj.* thirtieth
ទីសែសិប ti-sae-seb *adj.* fortieth
ទីហាសិប ti-ha-seb *adj.* fiftieth
ទីហុកសិប ti-hok-seb *adj.* sixtieth
ទីអភិបាល ti ak-phi-bal *n.* courthouse
ទី១២ ti-dob-pi *adj.* twelfth

ទឹក toek *n.* water
ទឹកកក toek-kok *n.* ice
ទឹកកកសំឡី toek-kok-som-ley *n.* snow
ទឹកកកស្អំ toek kok s-orm *n.* cold pack
ទឹកកុឡាប toek kolap *n.* rose water
ទឹកក្ដៅ toek-kdao *n.* hot water
ទឹកក្រូច toek-kroch *n.* orange juice
ទឹកក្រូចប្រចាប់ toek krouch chror-bach *n.* lemonade
ទឹកក្រូចឆ្មារ toek krouch chmar *n.* lemonade
ទឹកខាប់ផ្លែឈើ toek khab phlae chheuh *n.* coulis
ទឹកខ្មេះ toek-kmes *n.* vinegar
ទឹកខ្មៅ toek-khmao *n.* ink
ទឹកឃ្មុំ toek-khmum *n.* honey
ទឹកជំនន់ toek-chom-non *n.* flood
ទឹកជ្រលក់ toek-chro-luok *n.* gravy
ទឹកជ្រលក់ហិរ toek-chro-luk-hil *n.* hot sauce
ទឹកជ្រលក់ឥណ្ឌា toek chror-lork en-dea *n.* chutney
ទឹកដមផ្កា toek-dorm-phkar *n.* nectar
ទឹកដែលមានសារធាតុរ៉ែ toek-del-mean-sar-theat-rea *n.* mineral water
ទឹកដែលអាចផឹកបាន toek-deael-ach-pherk-ban *n.* drinkable water
ទឹកដោះ toek da-oh *n.* milky
ទឹកដោះកក toek dos kork *n.* curd
ទឹកដោះគោ toek-da-oh-koo *n.* milk
ទឹកដោះគោកូនក្មេង toek-dos-koo-koun-kmeng *n.* infant formula
ទឹកដោះគោក្រឡុក toek-da-oh-koo-krorlok *n.* milkshake
ទឹកដោះគោចៀម toek da-oh koo cheam *n.* sheep milk
ទឹកដោះគោជូរ toek-da-oh-koo-chou *n.* yogurt
ទឹកដោះគោធ្វើពីប័រ toek da-oh koo thver pi bur *n.* buttermilk
ទឹកដោះគោពពែ toek da-oh koo pooh-phe *n.* goat milk
ទឹកដោះគោយ៉ាអួ toek da-oh koo chou *n.* yogurt
ទឹកដោះគោសូកូឡា toek da-oh koo sokola *n.* chocolate milk
ទឹកតែ toek-tea *n.* tea
ទឹកទំពាំងបាយជូរ toek-tom-peang-bay-chu *n.* grape juice
ទឹកធ្លាក់ toek-tleak *n.* waterfall
ទឹកនោម toek-nom *n.* urine
ទឹកបរិសុទ្ធ toek-bor-ri-soth *n.* fresh water
ទឹកប្រលាក់សាច់ toek pror-lak sach *n.* marinade

ទឹកប៉េងប៉ោះ toek peng pa-oh *n.* ketchup
ទឹកផុស toek-phos *n.* fountain
ទឹកផុសពីដី toek-pous-pe-dei *n.* hot spring
ទឹកផ្លែឈើ toek-plae-chheu *n.* juice
ទឹកផ្លែឈើដែលរាវ toek-pleh-chher-del-reav *n.* sherbet
ទឹកផ្លែប៉ោម toek phlae phoam *n.* apple juice
ទឹកភេសជ្ជៈ toek-pes-sa-chak *n.* soft drink
ទឹកភ្នែក toek-pnek *n.* tear *(in eye)*
ទឹកមាត់ toek-mot *n.* saliva
ទឹកម៉ូតាត toek mas-thad *n.* mustard
ទឹករងៃ toek-ro-ngey *n.* pus
ទឹករលក toek-ro-lork *n.* wave
ទឹកលាងភ្នែក toek-leang-phnek *n.* eyewash
ទឹកសមុទ្រ toek sak-mut *n.* brine
ទឹកសាច់ស្ងោរ toek sach-sa-ngoa *n.* broth
ទឹកសាឡាត់ toek-sa-lat *n.* dressing
ទឹកស៊ីរ៉ូ toek-si-ro *n.* syrup
ទឹកស៊ុប toek sup *n.* broth
ទឹកឡើងចុះ toek-lerng-chos *n.* tide
ទឹកអប់ toek-ob *n.* perfume
ទឹកប៉េងប៉ោះ toek peng pa-oh *n.* tomato paste
ទឹកផ្លែឈើ toek phlae cheur *n.* fruit juice
ទុក tuk *v.* keep
ទុកចោល tuk choal *v.* abandon
ទុកដោយឡែក tok-doy-lek *v.* sequester
ទុកនៅក្រៅ tuk nov krao *v.* leave out
ទុកអោយបន្ត tok-oy-bon-tor *v.* retain
ទុកអោយនៅក្រៅ tuk oay-nov-krao *v.* keep out
ទុក្ករបុគ្គល tu-karak-bok-kool *n.* martyr
ទុក្ខព្រួយ tok-pruoy *n.* grief
ទុច្ចរិត tuch-chrek *adj.* fraudulent
ទុទិដ្ឋិនិយម tu-ti-thi-ni-yom *n.* pessimism
ទុរេន tuh-ren *n.* durian *(fruit)*
ទូក touk *n.* boat
ទូកក្តោងសំរាប់ជិះលេង tuk-kdorng-som-rab-chis-leng *n.* yacht
ទូកចែវ touk chaew *n.* canoe
ទូកសង្គ្រោះ touk sorng-kruos *n.* lifeboat

ទូគមនាគមន៍ tu-keak-na-kum *n.* telecommunications
ទូចាន tu-chan *n.* cupboard
ទូដែក tu-dek *n.* vault
ទូទាត់ tu-tot *v.* offset
ទូទឹកកក tu-toek-kok *n.* refrigerator, fridge
ទូទៅ tou-touw *adj.* general
ទូទាំងពិភពលោក tou-tang-pi-phob-lok *adj.* worldwide
ទូន្មានតាមបែបសាសនា tou-mean-tarm-baeb-sasna *v.* preach
ទូរខោអាវ tou khoa aw *n.* closet
ទូរគមនាគមន៍ tourak-keak-ma-nea-kum *n.* telecommunication
ទូរណឺវីស tu-ner-vis *n.* screwdriver
ទូរទស្សន៍ tu-tous *n.* television
ទូរទាត់ tou-toat *v.* liquidate
ទូរព្យួរខោអាវ tu-pchou-khor-av *n.* wardrobe
ទូរលេខ tu-lek *n.* telegram
ទូរស័ព្ទ tu-ro-sap *v.* make a phone call
ទូរស័ព្ទក្រៅតំបន់ tou-rasab krouw dorm-born *n.* long-distance call
ទូរសព្ទ័ដៃ tu-ro-sap dai *n.* cell phone, mobile phone
ទូរស័ព្ទបង់ថ្លៃ tu-ro-sap-bong-thlai *n.* pay phone
ទូរសារ tou-sa *n.* fax
ទូលំទូលាយ tou-loum tou-leay *adj.* broad
ទួញសោក tuonh soak *v.* lament
ទើបតែ te-uhb tae *adv.* just
ទើបនឹងលិចឡើង terb-noeng-lech-lerng *adj.* emergent
ទៀកកំណត់ពេល teak-kom-not-pel *adj.* periodic
ទៀងត្រង់ teang-trorng *adj.* faithful
ទៀងទាត់ tieng tort *adj.* consistent
ទៀងទាត់ពេលវេលា teang-tot-pel-velea *adj.* punctual
ទៀន tien *n.* candle
ទៀប teab *n.* sweetsop
ទៀបបារាំង teab-baraing *n.* corossolier *(fruit tree)*
ទៀបភ្លឺ tieb phleu *n.* dawn
ទេ te *adv.* no
ទេពកោសល្យ tep-kosal *n.* talent
ទេពអប្សរ tep ab-sor *n.* angel
ទេវកថាវិទ្យា te-veak-kak-tha-vi-chea *n.* mythology
ទេសចរណ៍មានមគ្គុទេសក៍ tes-schor-mean-meak-ktes-kor *n.* guided tour

ទេសភាព tes-pheap *n.* landscape
ទែរម៉ូស tea-moss *n.* thermos
ទោង tong *n.* swing
ទោចក្រយានយន្ត toch-chak-kro-yean-yon *n.* motorbike
ទោសប្រមាថព្រលឹង tos-promat-pro-lueng *n.* sacrilege
ទោះជា tous-chea *conj.* though
ទោះជាយ៉ាងណាក៏ដោយ tuoh bei chea yang na kor doay *adv.* anyway
ទោះបី tuoh-bei *adv.* even
ទោះបីជា tuoh bei chea *conj.* although
ទោះយ៉ាងណាក៏ដោយ tuos-yang-na-kor-dory *adv.* however
ទៅ touw *v.* go
ទៅកាន់ touw-kan *prep.* to
ទៅក្នុង touw-knung *adv.* inwards
ទៅជិះស្គី touw-chis-ski *v.* go skiing
ទៅញ៉ាំអាហារខាងក្រៅ touw-nham-ah-ha-khang-krouw *v.* go out for a meal
ទៅដល់ ...? touw-dol ...? *phr.* how do i get to ...?
ទៅតាម touw tam *prep.* alongside
ទៅតាមពូជ touw-tam-puch *adv.* genetically
ទៅតាមអក្ខរក្រម touw tam ak-krak-krorm *adv.* alphabetically
ទៅទិញឥវ៉ាន់ touw-tinh-ey-van *v.* go shopping
ទៅទីនេះ touw-ti-nis *adv.* to here
ទៅបាត់ touw-bat *adj.* gone
ទៅយក touw-york *v.* fetch
ទៅរក touw rok *v.* approach
ទៅលើ touw-ler *adv.* up
ទៅវិញទៅមក touw-vinh-touw-mork *pron.* each other
ទំ (លើមែកឈើ) tom (ler-mek-chher) *n.* perch
ទុំហូ tum-hou *n.* bachelor button *(flower)*
ទំនងជា tum-nong chea *adj.* likely
ទំនងនឹងបរាជ័យ tom-nong-neng-para-chey *phr.* on the rocks
ទំនប់ទឹក tom-noib-toek *n.* jetty
ទំនាក់ទំនង toum-neak toum-norng *n.* connection
ទំនាក់ទំនងជំនួញ toum-neak tuom-norng choum-nuonh *n.* dealings
ទំនាញផែនដី tom-neanh-phen-dei *n.* gravity
ទំនាបបឹង tum-neab boek *n.* marsh
ទំនិញ toum-ninh *n.* commodity
ទំនិញប្រណិត tum-ninh pror-noet *n.* luxury goods

ទំនុកចិត្ត toum-nuk chet *n.* confidence
ទំនៀងពេល tom-neang-pel *n.* punctuality
ទំនៀមទំលាប់ tu-chan *n.* custom
ទំនេរ tom-ne *adj.* vacant
ទំនោរ tom-no *n.* proclivity
ទំពក់ tom-puos *n.* hook
ទំព័រ tom-por *n.* page
ទំព័រដើម tom-por-derm *n.* homepage
ទំពារ tum-pea *v.* chew
ទំពារគ្រុបៗ tom-pea-kroub-kroub *v.* munch
ទំពូង tum-poung *n.* croton joufra *(medicinal herb)*
ទំពាំងបាយជូរ tom-peang-bay-chu *n.* grape
ទំពាំងបាយជូរក្រៀម tom-peang-bay-chu-kream *n.* raisin
ទំពាំងបារាំង tum-paing ba-rang *n.* asparagus
ទំរង់ tom-rong *n.* profile
ទំរង់បែបបទ tum-rung baeb-bort *n.* format
ទំហំ tum-hum *n.* magnitude
ទំហំទិដ្ឋភាព toum-houm tit-thak-pheap *n.* dimension
ទាំងនេះ teang-nis *adj.* these
ទាំងនោះ teang-nus *adj.* those
ទាំងពីរ taing pi *adj.* both
ទាំងមូល teang-moul *adj.* entire
ទាំងស្រុង teang-srong *adv.* quite
ទាំងអស់ taing ors *pron.* all
ទាំងអស់គ្នា touang ors knea *adv.* altogether
ទះដៃ teas dai *v.* clap
ទ្រង់ទ្រាយ trong-treay *n.* feature
ទ្រង់ទ្រាយមុខ trong-treay-muk *n.* physiognomy
ទ្រឆេ tror-chhe *n.* viola
ទ្រទ្រង់ tro-trong *v.* sustain
ទ្រនាប់ tro-nop *n.* sole *(shoe)*; pad *(absorbent material)*
ទ្រព្យ trop *n.* property
ទ្រព្យសម្បត្តិ trob sorm-bat *n.* asset
ទ្រព្យសម្បត្តិបញ្ញា troib-sombat-panha *n.* intellectual property
ទ្រព្យសម្បត្តិ trorb-som-bat *n.* hole
ទ្រយឹង tro-yoeng *n.* black sapote *(fruit)*
ទ្រលឹងទឹង tro-loeng-toeng *n.* bilimbi *(tree)*

ទ្រុង trung *n.* cage; bosom
ទ្រុងមាន់ trung moan *n.* chicken breast
ត្រៀមរួចហើយ tream-rouch-hey *adj.* ready
ទ្រាំ trouam *v.* bear
ទ្វារ thvea *n.* door
ទ្វារមុខ thvea-muk *n.* front door
ទ្វាររបង thvea-ro-borng *n.* gate
ទ្វីប thvib *n.* continent
ទ្វីបអាស៊ី thvib ah-zi *n.* Asia
ទ្វីបអាហ្វ្រិច thvib ah-frech *n.* Africa
ទ្វីបអឺរ៉ុប thvib-oe-rop *n.* Europe
ទ្វេភាគ tve-pheak *adj.* binary

ធ

ធញ្ញជាតិ thunh-cheat *n.* cereal
ធនធាន thon-thean *n.* resource
ធនាគារ thor-nea-kea *n.* bank
ធម្មជាតិ thom-cheat *n.* nature
ធម្មជាតិព្យាបាល thom-cheat-pchea-bal *n.* physical therapy
ធម្មតា thorma-da *adj.* common
ធាត់ thort *adj.* fat
ធាតុបារ៉ត theat-barot *n.* mercury
ធានា thea-nea *v.* assure
ធានារ៉ាប់រង thea-nea-rab-rorng *n.* insurance
ធានារ៉ាប់រងសុខភាព thea-nea-rab-rorng-sok-pheap *n.* health insurance
ធុង thung *n.* tank
ធុងទឹក thung toek *n.* bucket
ធុងលាងចាន thong-leang-chan *n.* sink
ធុងសម្រាម thung sorm-ram *n.* bin
ធុងសំរាម thung-som-ram *n.* garbage can
ធុងសាំង thong-sang *n.* fuel tank
ធុងស្រា thung sra *n.* barrel
ធុងឧស្ម័ន thong-ou-sman *n.* gas tank
ធុញ thunh *adj.* bored
ធូបមូស thub-mus *n.* mosquito coil
ធូលបារ thool-bar *n.* toolbar
ធូលី thuo-ly *n.* dirt
ធំ thoum *adj.* big
ធំជាង thoum cheang *adj.* bigger
ធំជាងគេ thom cheang ke *adj.* primary
ធំធេង thom-theng *adj.* vast
ធំសម្បើម thom-som-berm *adj.* enormous
ធំឡើង thom-lerng *v.* grow up
ធ្ងន់ thngon *adj.* heavy
ធ្ងន់ធ្ងរ tngun tngor *adj.* acute
ធ្វើដំណើរ thver dorm-ner *v.* commute

ធ្នឹម thnoem *n.* beam
ធ្នើរ thner *n.* shelf
ធ្មេញ thmenh *n.* tooth
ធ្មេចភ្នែក thmech pnaek *v.* blink
ធ្មេញជំនួយ thmenh choum-nuoy *n.* dentures
ធ្មៃ thmai *n.* flax
ធ្យូង thyoung *n.* charcoal
ធ្យូងថ្ម thyung thmor *n.* coal
ធ្លក thlok *n.* parinari anamensis *(plant species)*
ធ្លាក់ thleak *v.* drop
ធ្លាប់ thlorp *adv.* ever
ធ្លាយចេញមក thleay chanh mok *v.* burst
ធ្លុះចូលទៅក្នុង thlus-chol-touw-knong *v.* penetrate
ធ្វើ thver *v.* do
ធ្វើកាយវិកលកម្ម thver-kay-vikol-kam *v.* mutilate
ធ្វើការផ្សងព្រេង thver-ka-psong-preng *n.* venture
ធ្វើកូដកម្ម thver-kod-kam *adj.* striking
ធ្វើឃាតកម្ម thver kheat-kam *v.* assassinate
ធ្វើដំណើរ thver-dom-ner *v.* travel
ធ្វើតប thver-tob *v.* reciprocate
ធ្វើតបវិញ thver-tob-vinh *v.* return
ធ្វើតម្រាប់តាម thver-dom-rab-tam *v.* imitate
ធ្វើត្រលប់ thver-tro-lop *v.* remand
ធ្វើទស្សនះកិច្ច thver-tous-nak-kich *v.* visit
ធ្វើនាវាចរណ៍ thver-near-vea-chor *v.* navigate
ធ្វើនិរប្រវេសន៍ thver-ni-bro-ves *v.* emigrate
ធ្វើបដិរូបកម្ម thver-pak-di-roub-kam *v.* impersonate
ធ្វើបានប្រសើរជាង thver-ban-bro-ser-cheang *v.* outdo
ធ្វើបាប thver-bab *v.* torture
ធ្វើប្រតិបត្តិការ thver-bro-ti-bat-ka *n.* operate
ធ្វើពីធីរំលឹក thver pi-thi roum-leuk *n.* commemoration
ធ្វើពីមាស thver-pi-meas *adj.* golden
ធ្វើពីសំណ thver pi sorm-nor *adj.* leaded
ធ្វើមាតុភូមិនិវត្ត thver-mea-to-phum-nivot *v.* repatriate
ធ្វើម្តងទៀត thver-mdong-teat *v.* reiterate
ធ្វើយុវកម្ម thver-yu-veak-kam *v.* rejuvenate
ធ្វើលេងអោយដឹងខ្លួន thver-leng-oy-derng-kloun *v.* stun

ធ្វើវិភាគ thver vi-pheak *v.* scan
ធ្វើសនិទានកម្ម thver-sak-ni-tean-kam *v.* rationalize
ធ្វើសុពលកម្ម thver-so-pol-karm *v.* probate
ធ្វើសំណើ thver-som-ner *v.* propose
ធ្វើស្មឹងស្មាត thver-smerng-smat *v.* recollect
ធ្វើឡើង thver la-uhng *adj.* made
ធ្វើឯកទេសកម្ម thver-ek-tes-kam *v.* specialize
ធ្វើអោយកំពប់ thver-oy-kom-pop *v.* spill
ធ្វើអោយខូច thver-oy-khoch *v.* ruin
ធ្វើអោយខូចខាតបាត់បង់ thver-oy-khoch-khat-bat-bong *v.* sabotage
ធ្វើអោយឃើញច្បាស់ thver-oy-khernh-chbas *v.* represent
ធ្វើអោយចម្រើន thver-oy-chom-rern *v.* prosper
ធ្វើអោយឆ្ងាញ់ thver-oy chh-nganh *v.* savor
ធ្វើអោយជ្រួតជ្រាប thver-oy-chrout-chreap *v.* saturate
ធ្វើអោយឈឺ thver-oy-chher *v.* strain
ធ្វើអោយញ័រ thver-oy-nhor *v.* shiver
ធ្វើអោយដឹង thver-oy-deng *v.* reveal
ធ្វើអោយដឹងខ្លួនវិញ thver-oy-derng-kloun-vinh *v.* revive
ធ្វើអោយដួនដ៏ាប thver-oy-don-dab *v.* prostrate
ធ្វើអោយដុះដាល thver-oy-dos-dal *v.* propagate
ធ្វើអោយដុះឡើងវិញ thver-oy-dos-lerng-ving *v.* regenerate
ធ្វើអោយដូចដើម thver-oy-doch-derm *v.* restore
ធ្វើអោយដូចដើមវិញ thver-oy-doch-derm-vinh *v.* undo
ធ្វើអោយដូរដើមវិញ thver-oy-doch-derm-vinh *v.* restore
ធ្វើអោយត្រង់ thver-oy-trong *v.* square
ធ្វើអោយត្រឹមត្រូវ thver-oy-trerm-trouw *v.* validate
ធ្វើអោយទៅជា thver-oy-touw-chea *v.* transform
ធ្វើអោយទៅមុខ thver-oy-touw-muk *v.* propel
ធ្វើអោយធូស្រាល thver-oy-thu-sras *v.* relieve
ធ្វើអោយនឹកឃើញ thver-oy-nel-khernh *v.* remind
ធ្វើអោយបានយូ thver-oy-ban-yu *v.* prolong
ធ្វើអោយប្រឡាក់ thver-oy-pro-lak *v.* stain
ធ្វើអោយផ្លាស់ប្តូរ thver-oy-plas-pdo *v.* vary
ធ្វើអោយពិសិដ្ឋ thver-oy-piseth *v.* sanctify
ធ្វើអោយពេញអេក្រង់ thver oay penh eh-krorng *v.* maximize
ធ្វើអោយមានរូបរាងឡើង thver-oy-mean-rub-reang-lerng *v.* shape
ធ្វើអោយមានអនាម័យ thver-oy-mean-ak-na-mai *v.* sanitize

ធ្វើអោយយឺត thver-oy-yert *v.* retard
ធ្វើអោយរកាំចិត្ត thver-oy-ro-kam-chet *v.* upset
ធ្វើអោយលាន់រំពង thver-oy-lon-rom-pong *v.* resound
ធ្វើអោយល្អឡើងវិញ thver-oy-laor-lerng-vinh *v.* rehabilitate
ធ្វើអោយសប្បាយរីករាយ thver-oy-sabay-rik-reay *v.* rejoice
ធ្វើអោយសើម thver-oy-serm *v.* swell
ធ្វើអោយស្ងួត thver-oy-sngout *v.* sear
ធ្វើអោយស្មើ thver-oy-smer *v.* trim
ធ្វើអោយស្អាត thver-oy-sart *v.* purify
ធ្វើអោយឡើងមេ thver oay la-uhng me *v.* leaven
ធ្វើអោយអណ្តែតអណ្តូង thver-oay-orn-daet-orn-doung *adj.* lyric
ធ្វើអោយអាម៉ាស់ thver-oay-amas *v.* humiliate
ធ្វើឲ្យកក thver-oay-kork *adj.* freezing
ធ្វើឲ្យខកចិត្ត thver-ory-khork-chet *v.* disappoint
ធ្វើឲ្យខ្ទេច thver oay ktich *v.* crumble
ធ្វើឲ្យខ្មាស thver-oay-khmas *v.* embarrass
ធ្វើឲ្យចុះខ្សោយ thver oay chos ksoay *v.* depress
ធ្វើឲ្យច្របូកច្របល់ thver-oy-chro-bok-chro-bol *v.* muddle
ធ្វើឲ្យឆ្ងល់ thver-oy-chhngol *v.* mystify
ធ្វើឲ្យឈឺចាប់ thver oay chheu chab *v.* afflict
ធ្វើឲ្យដំណើរការ thver oay dorm nauh ka *v.* activate
ធ្វើឲ្យធម្មតា thver-oy-thom-da *v.* normalize
ធ្វើឲ្យធាត់ thver-oay-thort *adj.* fattened
ធ្វើឲ្យធុញ thver oay thunh *v.* bore
ធ្វើឲ្យបារម្ភ thver oay ba-rorm *v.* concern
ធ្វើឲ្យពុករលួយ thver oay puk ror-luoy *v.* corrupt
ធ្វើឲ្យភ្ញាក់ផ្អើល thver oay pnheak pa-erl *v.* amaze
ធ្វើឲ្យមានផ្នត់ thver oay mean phnot *v.* crimp
ធ្វើឲ្យមានសូរក្រេបៗ thver oay mean so kruob-kruob *v.* crunch
ធ្វើឲ្យមានសំណើម thver-oy-mean-som-nerm *v.* moisten
ធ្វើឲ្យមូល thver-ouy-moul *v.* plump
ធ្វើឲ្យមួរម៉ៅ thveroay muor-maow *v.* annoy
ធ្វើឲ្យមាំ thver-oay-moam *adj.* fortified
ធ្វើឲ្យរបួស thver-ory-ro-buos *v.* injure
ធ្វើឲ្យរលាយខ្លាញ់ thver oay ror-leay klanh *v.* degrease
ធ្វើឲ្យរលាយទឹកកក thver oay ror-leay toek-kok *v.* defrost
ធ្វើឲ្យរីកចម្រើន thver-ory-rek-chom-rern *v.* improve

ធ្វើឲ្យរំភើប thver-oay-roum-pherb *v.* excite
ធ្វើឲ្យលែងដំណើរការ thver-uh-ory-leeng-dorm-ner-ka *v.* disable
ធ្វើឲ្យសើច thver oay serch *v.* amuse
ធ្វើឲ្យសើមកក thver-oay-serm-kork *v.* frost
ធ្វើឲ្យស្ញើច thver-ory-sngerch *v.* impress
ធ្វើឲ្យស្មុគស្មាញ thver oay smok-smanh *v.* complicate
ធ្វើឲ្យឡើងស្លេក thver oay lerng slek *v.* blanched
ធ្វើឲ្យអាប់មុខ thver-oy-arb-muk *v.* mortify
ធ្វើឲ្យមានសន្តិភាព thver-oy-mean-son-ti-pheap *v.* pacify
ធ្វើអំពើបៀតបៀន thver-om-per-beat-bean *v.* molest
ធ្វេសប្រហែស tves-bro-hes *v.* neglect

ន

នគរបាល nor-kor-bal *n.* sheriff
នគរូបនីយកម្ម nor-kor rub-pak-nei-kam *n.* zoning
ន័យ nei *n.* meaning
ន័យនៃពាក្យ nei-nei-peak *adj.* literal
និយាយប្រាប់ niyeay-prab *v.* tell
នយោជក nor-yoo-chuok *n.* employer
នយោបាយគណបក្ស nor-yo-bay-pak-pouk *n.* party politics
នរក nor-ruok *n.* hell
នវានុវត្ត no-va-nu-wat *v.* innovate
នវានុវត្តន៍ no-va-nu-wat *n.* innovation
នាង neang *pron.* her • *n. (form of address)* Ms.
នាដសាស្ត្រ neat-sas *n.* choreography
នាទី nea-ti *n.* minute
នាម neam *n.* noun
នាមត្រកូល neam tror-koul *n.* last name
នាយក nea-yuok *n.* director
នាយកដ្ឋាន nea-york-than *n.* department
នាយកដ្ឋានអគ្គីភ័យ nea-yuok-than-ah-ki-phei *n.* fire department
នាយកប្រៃសណីយ៍ nea-york-prey-sa-ney *n.* postmaster
នាយករដ្ឋមន្ត្រី nea-youk roth-mon-trei *n.* premier
នារី neari *n.* lady
នារីនៅលីវ neary nov liv *n.* bachelorette
នាវាចរណ៍ near-vea-chor *n.* navigation
នាឡិកា nea-li-ka *n.* clock
នាឡិកាប៉ោល nea-li-ka-porl *n.* pendulum
នាឡិកាធំ nea-li-ka-thom *n.* pendulum
នាឡិកាវាស់ប្រេង nea-li-ka-vos-breng *n.* oil gauge
និកម្មភាព nikam-pheap *n.* unemployment
និក្ខេប ni-kheb *n.* mortgage
និង neng *conj.* and
និងអ្នកដទៃទៀត noeng-neak-dor-tei-teat *adv.* and others (*abbr.* et al)
និតិវិធី ni-ti-vithi *n.* procedure

និទាន nitean *v.* relate
និន្នាការទំនោរ nen-nea-ka tum-noo *n.* mainstream
និពន្ធ ni-pun *v.* compose
និពន្ធដៀលត្មះ ni-pon deal-tmes *n.* satire
និមិត្តរូប ni-mit-roub *n.* imagery
និម្មិតកម្ម ni-met-kam *n.* formation
និយតករ niyat-kam *n.* regulator
និយមន័យ ni-yum-nay *n.* definition
និយាយ ni-yeay *v.* say
និយាយត្រហេបត្រហប ni-yeay tro-heb tro-horb *v.* babble
និយាយបោកប្រាស់ ni yeay boak bras *v.* bluff
និយាយមួលបង្កាច់ ni yeay muol borng-kach *v.* malign
និយាយរអ៊ូៗ ni yeay-ro-ou-ro-ou *v.* mutter
និយាយរអ៊ូៗក្នុងមាត់ ni yeay-ro-ou-ro-ou-khnong-mot *v.* murmur
និយាយឥតបានការ ni-yeay-et-ban-ka *v.* prattle
និរទោស ni-ror-toos *n.* innocent
និរប្រវេសន៍ ni-bro-ves *n.* emigration
នីតិកម្ម ni-te-karm *n.* legislation
នីតិគ្រួសារ ni-te kruosa *n.* family law
នីតិវិធីត្រឹមត្រូវ ni-te-vi-thi-troem-trouw *n.* due process
នីត្យានុកូលកម្ម ni-tyar-nuh-kol-karm *n.* legalization
នីមួយៗ ni-muoy-ni-muoy *pron.* each
នីឡុង ni-long *adj.* nylon
នឹកឃើញ nek-khernh *v.* remember
នឹកឃើញឡើងវិញ nek-kherng-lerng-vinh *v.* recall
នឹង neng *v.* shall
នឿយហត់ nery-hot *adj.* exhausted
នេះ nis *adj.* this
នេះនែ nis-ne *phr.* here you are
នែ ne *excl.* hey
នៃ ney *prep.* of
នៃកងនាវាចរណ៍ ney-kong-near-vea-chor *adj.* naval
នៃកសិកម្ម nay kak-se-kam *adj.* agricultural
នៃការគ្រប់គ្រង nei-kar-krub-krong *adj.* managerial
នៃការទំពែក nay ka toum-paek *adj.* balding
នៃការបន្តពូជ ney-ka-bon-tor-puch *adj.* reproductive
នៃការពន្យារកំណើត nay ka pun-yea korm-nert *adj.* contraceptive

នៃការពិសោធន៍ nei-ka-pi-sort *adj.* experimental
នៃការព្យាករណ៍ ney-ka-pyea-kor *n.* oracular
នៃការលក់ nei-kar-luok *n.* sales
នៃការវិវត្ត nei-ka-vi-vot *adj.* evolutionary
នៃការសិក្សា nay ka sek sa *adj.* academic
នៃកុលាលភាជន៍ nay ko-la-lor-pheach *adj.* ceramic
នៃកូនក្រមុំ nay kon kro-mom *adj.* bridal
នៃក្រុង ney-krong *adj.* municipal
នៃខ្សែអាកាស nay ksae ah-kas *adj.* aerial
នៃគតិវិជ្ជា nei-kak-ti-vi-ch chea *adj.* ideological
នៃគហបតី nay keak-hap-pak-dey *adj.* bourgeois
នៃគំនិត nay koum-nit *adj.* conceptual
នៃគំនូរជីវចល nei kum-nou chi-vak-chorl *adj.* animated
នៃគ្រាប់បរមាណូ nay krorb pa-ra-marn-no *adj.* atomic
នៃចិត្តវិជ្ជា ney-chet-vichea *adj.* psychological
នៃចំណូលចិត្តរបស់ nei-chom-noul-chet-robors *phr.* in favor (of)
នៃជាតិ ney-cheat *adj.* national
នៃជាតិពន្ធ nei-cheat-pon *adj.* ethnic
នៃជំងឺឆ្កួតជ្រូក nei-chom-ngeu-chhkuot-chruk *adj.* epileptic
នៃដំណើរគ្រេច ney-dom-ner-krech *adj.* sprained
នៃតិណទេស nei-tin-tes *adj.* herbaceous
នៃតំបន់ ney-dom-bon *adj.* regional
នៃតំបន់ក្តៅ ney-dom-bon-kdav *adj.* tropical
នៃតំបន់មេឌីទែរ៉ានេ nei-tom-bon-meh-dy-tae-rane *adj.* Mediterranean
នៃទិសខាងជើង ney-ters-khang-cherng *adj.* northern
នៃទិសឦសាន ney-ters-ey-san *adj.* northeast
នៃទីក្រុង ney-ti-krong *adj.* urban
នៃទីពីរ nei-ti-pi *adj.* latter
នៃទ្វីប nay thvib *adj.* continental
នៃទ្វីបអាមេរិកខាងជើង ney-thvib-americh-khang-cherng *adj.* North American
នៃទ្វីបអាស៊ី ney-thvib-ah-si *adj.* oriental
នៃធម្មជាតិ ney-thom-cheat *adj.* natural
នៃធ្មេញ nay thmenh *adj.* dental
នៃនុយក្លេអ៊ែរ ney-nuy-kle-ear *adj.* nuclear
នៃបទឧក្រិដ្ឋ nay bot ou-kret *adj.* criminal
នៃបរិស្ថាន nei-pak-ri-than *adj.* environmental

នៃបាក់តេរី nay bak-te-ri *adj.* bacterial
នៃបុគ្គល nei-bu-kul *adj.* individual
នៃបុរាណវិទ្យា nay bo-ran vi-chea *adj.* archeological
នៃបុរេប្រវត្តិ ney bo-ree-bror-voat *adj.* prehistoric
នៃប្រទេសកុងហ្គោ nay pror-tes kong-ghoa *adj.* Congolese
នៃប្រទេសស្វីស nei-pror-tes-swiss *adj.* Swiss
នៃប្រទេសអ៊ីរ៉ាក់ nei-pror-tes-ei-rak *adj.* Iraqi
នៃប្រទេសអេស្ប៉ាញ ney-pro-tes-es-spanh *adj.* Spanish
នៃប្រវត្តិសាស្ត្រ nei-bro-vot-sas *adj.* historical
នៃប៉ាស៊ីហ្វិក ney-pa-si-phich *adj.* Pacific
នៃផ្កាភ្លើង ney-pka-plerng *adj.* sparkling
នៃផ្ទៃក្នុង nei-ptei-knung *adj.* internal
នៃផ្នត់គំនិត nei-pnot-kumnit *adj.* mental
នៃផ្នែកខាងក្រៅ nei-phnaek-khang-krouw *adj.* external
នៃពាណិជ្ជកម្ម nay pea-nicha-kam *adj.* commercial
នៃព្រះអាទិត្យ ney-preas-ah-tet *adj.* solar
នៃភាគខាងកើត nay-pheak-khang-kert *adj.* eastern
នៃភាពស្រស់ស្អាត nay pheap sros s-at *adj.* aesthetic
នៃភាសាបារាំង nei-phea-sa-barang *adj.* French
នៃភាសាសាស្ត្រ ney-phea-sa-sas *adj.* philological
នៃភាសាអាល្លឺម៉ង់ nei-phea-sa-arl-lmong *adj.* German
នៃភូគព្ភសាស្ត្រ nei-phout-phat-sas *adj.* geological
នៃភ្នែក ney-phnek *adj.* ocular
នៃមជ្ឈឹមបូព៌ា nei-m-chhoem-bo-pea *adj.* Middle Eastern
នៃមជ្ឈឹមសម័យ nei mach-cheom-samai *adj.* medieval
នៃមនុស្ស nei-mnus *adj.* human
នៃមរណភាព ney-mor-nak-pheap *n.* obituary
នៃមុខងារ nei-muk-ngea *adj.* functional
នៃម៉ូលេគុល ney-mo-le-kol *adj.* molecular
នៃមួយភាគបួន ney-muoy-pheak-boun *adj.* quartered
នៃយុគសម័យក្រោយៗ ney-yuk-keak-sak-mai-kroy-kroy *adj.* neolithic
នៃយើង ney-yerng *adj.* our
នៃយោធា nei-yo-thea *adj.* military
នៃរចនាសម្ព័ន្ធ ney-rach-na-som-pon *adj.* structural
នៃរដ្ឋបាល nay rort-bal *adj.* administrative
នៃរាងកាយ ney-reang-kay *adj.* physical
នៃរុក្ខជាតិ nay rukhak-cheat *adj.* botanical

នៃរូបិយវត្ថុ ney-rub-pey-vothuk *adj.* monetary
នៃរឿងប្រឌិត nei-roeurng-bro-det *adj.* fictional
នៃរោគទឹកនោមផ្អែម nay rook toek noom p-aem *adj.* diabetic
នៃរោគសង្គម ney-rok-song-kom *adj.* venereal
នៃរោគសន្លាក់ឆ្អឹង ney-rok-sonlak chh-erng *adj.* rheumatic
នៃលក្ខណៈ nay leak-kak-nak *adj.* characteristic
នៃវប្បធម៌ nay wapa-thor *adj.* cultural
នៃវិទ្យាសាស្ត្រ ney-vi-chea-sas *adj.* scientific
នៃវេជ្ជសាស្ត្រ nei vech-sas *adj.* medical
នៃសក្តិភូមិ nei-sak-kde-phoum *adj.* feudal
នៃសម័យកាល ney-sa-mai-kal *adj.* periodical
នៃសមុទ្រ nei-sak-mut *adj.* marine
នៃសម្លេង ney-som-leng *adj.* vocal
នៃសរសៃប្រសាទ ney-sor-sai-bro-sat *adj.* nervous
នៃសរីរាង្គ ney-sarey-reang *adj.* organic
នៃសហពន្ធ័ nei-sa-hak-paon *adj.* federal
នៃសាជីវកម្ម nay sa-chivak-kam *adj.* corporate
នៃសារពើពន្ធ nei-sa-ror-per-poan *adj.* fiscal
នៃសាសនា ney-sas-na *adj.* religious
នៃសាសនាកាតូលិក nay sas-na kato-lik *adj.* Catholic
នៃសាសនាគ្រិស្ត nay sas-na kreus *adj.* Christian
នៃសេចក្តីណែនាំ nei-sech-kdei-nae-noim *adj.* instructional
នៃសេដ្ឋកិច្ច nei-seet-kech *adj.* economic
នៃសោតវិញ្ញាណ nay soat-tak vi-nhean *adj.* auditory
នៃស្តេច ney-sdach *adj.* royal
នៃស្ត្រី nei-srey *adj.* feminine
នៃស្តេច nei-sdach *adj.* regal
នៃស្ថាបត្យកម្ម nay stha-pat-yeak-kam *adj.* architectural
នៃស្ថាប័ន nei-stha-ban *adj.* institutional
នៃស្ថិតិ ney s-thek-tek *adj.* statistical
នៃស្រុកស្រែ ney-srok-sre *adj.* rural
នៃហិរញ្ញវត្ថុ nei-hee-ranh-vothok *adj.* financial
នៃអក្ខរក្រម nay ak-krak-krorm *adj.* alphabetical
នៃអគ្គិសនី nei-as-kis-sni *adj.* electrical
នៃអង់គ្លេស nei-orng-kles *adj.* English
នៃឥស្លាម nei-e-slam *adj.* Islamic
នៃឧស្សាហកម្ម nei-ou-sa-ha-kam *adj.* industrial

នៃអេឡិចត្រូនិច nei-eh-lech-trorng *adj.* electronic
នៃឱសថរុក្ខជាតិ nei-oay-soth-rok-cheat *adj.* herbal
នៃអ្នករចនាម៉ូត ney-nek-rach-na-mot *adj.* stylistic
នៃអ្នកស្រុកដើម ney nak srok derm *adj.* aboriginal
នៃដំណើរការមេតាបូលីស nei-dom-ner-ka-meh-ta-bo-lis *adj.* metabolic
នោះ nus *pron.* that
នៅកន្លែងណាមួយ nov-kon-leng-na-mouh *adv.* somewhere
នៅក្នុង nov-knong *prep.* within
នៅក្នុងផ្ទះ nov-knung-pteah *adv.* indoors
នៅក្បែរ nov kbae *prep.* beside
នៅក្រោម nov-krom *v.* underlie
នៅខាងក្នុង nov-khang-knung *prep.* inside
នៅខាងក្រោម nov-khang-kroam *adv.* down
នៅខាងក្រៅ nov-khang-krav *adj.* outdoor(s)
នៅខាងលើ nov-khang-ler *adj.* upward
នៅខ្ចី nov-kchey *adj.* unripe
នៅចន្លោះ nov chon-laoh *prep.* between
នៅឆ្ងាយ nov chngay *adv.* away
នៅជញ្ជាំង nov-chonh-cheang *n.* mural
នៅជាន់ក្រោម nov-chorn-kroam *adv.* downstairs
នៅជាមួយគ្នា nov chea-muoy knea *v.* live together
នៅជិតៗ nov-chet-nov-chet *adj.* nearby
នៅជិតបំផុត nov-chet-bom-phot *adj.* nearest
នៅជុំវិញ nov chum vinh *adv.* around
នៅថ្ងៃស្អែក nov-tngi s-ek *adv.* tomorrow
នៅទីនេះ nov-ti-nis *adv.* hither
នៅពីក្រោយ nov pi-kroay *v.* lag
នៅពីមុខ nov-pe-muk *phr.* in front (of)
នៅពេលដែល nov-pel-del *conj.* while
នៅពេលព្រឹក nov-pel-prerk *adv.* in the morning
នៅមុខស្រាប់ nov muk srab *adv.* previously
នៅរស់ nov ruos *adj.* alive
នៅលីវនៅឡើយ nov-liv-nov-lery *adj.* unmarried
នៅលើ nov ler *adv.* aboard; *phr.* on board
នៅសល់ nov sorl *adj.* leftover
នៅឡើយ nov-lery *adv.* yet
នៅតំបន់ប៉ូល nov-dom-bon-pole *adj.* polar

នំ num *n.* pastry
នំកង num-korng *n.* pretzel
នំក្រែប noum kraeb *n.* crepe
នំគ្រៀបដាក់ការ៉េម num-kreab-dak-karem *n.* ice cream cone
នំឃុកឃី num-khuk-khi *n.* cookie
នំចាក់ចុល num-chak-chol *n.* pancake
នំឈីសខេក num chhiz khek *n.* cheesecake
នំដុតពងទា num-dot-pong-tea *n.* meringue
នំដូណាត់ nuum-do-nat *n.* doughnut
នំដែលផ្ទុកក្រែម num-deael-phtok-kreaem *n.* éclair
នំទឹកឃ្មុំ num toek kmum *n.* honey cake
នំធ្វើពីម្សៅក្រែម num thver pi msaow kraem *n.* cream puff
នំធ្វើពីម្សៅប័រ noum thver pi msaow beu *n.* cookie
នំធ្វើពីសូកូឡា num thver pi so-ko-la *n.* brownie
នំបញ្ចុកអ៊ីតាលី num-banh-chok-itali *n.* spaghetti
នំបារាំង num ba-rang *n.* cake
នំប៊ឺហ្គឺរ num bur-keur *n.* burger
នំប៉័ង num paing *n.* bread
នំប៉័ងគ្រាប់ធញ្ញជាតិ num-paing kroab thun-cheat *n.* pumpernickel
នំប៉័ងញាត់សាច់ num-paing-nhot-sach *n.* sandwich
នំប៉័ងធ្វើពីពោត num paing thver pi poat *n.* cornbread
នំប៉័ងភីតា num-paing pita *n.* pita bread
នំប៉័ងលាយស៊ុត num-paing-leay-sot *n.* French toast
នំប៉័ងស num-paing sor *n.* white bread
នំប៉័ងសាច់ហែម num-paing-sach-haem *n.* ham sandwich
នំប៉័ងស្រូវសាឡី num-paing-srov-saley *n.* pumpernickel
នំប៉័ងស្រូវសាឡីសុទ្ធ num-paing srouw salei sot *n.* whole wheat bread
នំប៉័ងអាំង num-paing-ang *n.* toast
នំបំពង num-bom-pong *n.* fritter
នំប្រអប់ num bror-orb *n.* biscuit
នំប៉័ងខ្មៅ num-paing kmao *n.* dark bread
នំប៉័ងដុំមូលតូចៗ num-paing-dom-mul-toch-toch *n.* muffin
នំប៉័ងបារាំង num-paing baraing *n.* french bread
នំប៉ាវ num pav *n.* bun
នំផាយ num-pai *n.* pie
នំផ្សិតដំបែ num-pa-soet dorm-bae *n.* yeast cake
នំផ្សេងៗធ្វើពីម្សៅ nom-phseng-phseng-thver-pi-msao *n.* pastry

នំផ្អែម nom-phaem *n.* fudge
នំពងទា num-pong-tea *n.* sponge cake
នំពងទាដាក់ស្វូកូឡា num-pong-tea-dak-so-ko-la *n.* soufflé
នំពុម្ព nom-pom *n.* waffle
នំភីហ្សា nom-piza *n.* pizza
នំម៉ាការូន num-makaroon *n.* macaroon
នំម៉ាហ្សីផាន nom marzipan *n.* marzipan
នំម៉្យាង nom-myang *n.* torte
នំម្យាង nom myang *n.* pretzel
នំម៉្យាងតូចៗស្តើង nom-myang-toch-toch-sderng *n.* wafer
នំម្សៅផាសស្ទ្រី num-msao-pastry *n.* puff-pastry
នំរាងដូចពែង num reang doch peaeng *n.* cupcake
នំរុំម៉ិចសិក num rum mich-sich *n.* burrito
នំសង់ខ្យា num sorng-kya *n.* custard
នំសេម៉ូលីណា num se-mo-li-na *n.* semolina cake
នំស្រួយ num-srouy *n.* melba toast
នំស្រួយបន្ទះតូចៗ num srouy born-teas toch toch *n.* crackers
នំភីហ្សា num pi-za *n.* pizza
នាំចេញ nouam-chenh *v.* export
នាំមកនូវ noim-mok-nouv *v.* incur
នាំមុខ noam muk *adj.* leading

ប

Note: this letter has the sound of the English "b" except in a few instances where there is a hidden accent when it sounds like the English "p". These instances are usually something that is just memorized.

បក bork *v.* peel
បកប្រែ bork-brae *v.* translate
បកប្រែផ្ទាល់មាត់ bork-prae-ptoil-moit *v.* interpret
បក្សពួក pakpouk *n.* partisan
បក្សពួកនិយម pak-pouk-niyom *n.* nepotism
បក្សី bak-sei *n.* bird
បក្សីស្រុក bak-sey-srok *n.* poultry
បក្សីអាប្រិច bak-sei-ah-me-rech *n.* guinea fowl
បង់ borng *n.* bench
បង់ថ្លៃ borng-thlai *v.* pay
បង់បិតដំបៅ borng bet dom-baow *n.* band-aid
បងប្អូនជីដូនមួយ bong p-oun chi-don muoy *n.* cousin
បងប្អូនបង្កើត bong p-oun bong-kert *n.* sibling
បងប្អូនប្រុស bong paoun bros *n.* brother
បងប្អូនស្រី bong p-oun srey *n.* sister
បង្កក borng-kork *v.* curdle
បង្កងសមុទ្រ borng-korng samut *n.* lobster
បង្កប់ bong-korb *v.* embedded
បង្ករឿង bong-kor-roueng *v.* provoke
បង្កហេតុ bong-kor het *v.* provoke
បង្កាត់ពូជ borng-kat pouch *v.* breed
បង្កាន់ដៃ bong-kan-dai *n.* receipt
បង្កើត borng-kert *v.* create
បង្កើតថ្មី bong-kert-thmey *v.* fabricate
បង្កើតសារជីវកម្ម bong-kert-sa-chi-vak-kam *v.* incorporate
បង្កើតឡើង bong-kert-lerng *v.* establish
បង្កើន bong-kern *v.* increase
បង្កើនជាអតិបរមា borng-keurn-chea a-ti-pak-rama *v.* maximize
បង្ក្រាប bong-krab *v.* repress

បង្ខាំងទុក borng-khaing tuk *n.* sequester
បង្គន់ borng kun *n.* bidet
បង្គារ bang-kea *n.* prawn
បង្គោល bong-korl *n.* post
បង្គោល bong-kol *n.* picket
បង្គៅ borng-kouw *n.* amoora montana *(tropical plant/fruit used for medicinal purposes)*
បង្រៀន bong-rean *v.* teach
បង្វិល bong-vil *v.* spin
បង្ហាញ borng-hanh *v.* demonstrate
បង្ហាញអោយឃើញ bong-hanh-oay-khernh *v.* expose
បង្ហាញឲ្យឃើញ borng-hanh oay-kheuhn *v.* convey
បង្ហាត់ bong-hat *v.* rehearse
បង្ហុយ bong-hoy *adj.* smoked
បង្ហូរ boeng-ho *v.* drain
បង្ហូរទឹក bong-hou-toek *v.* irritate
បង្ហូរឈាម bong-ho-leang *v.* flush
បង្ហួត bong-huot *adj.* evaporated
បង្អួច bong-ouch *n.* window
បង្អែម borng-aem *n.* dessert
បង្អែមស្ករ borng-aem skor *n.* confection
បច្ចកទេសបើកទូកក្ដោង pak-chaek-tes-berk-tuk-kdorng *n.* sailing
បច្ចុប្បន្ននេះ pach-cho-born nis *adv.* currently
បញ្ចប់ bonh-chob *v.* finish
បញ្ចុះបញ្ចូល banh-chos banh-chol *v.* convince
បញ្ចូល banh-choul *v.* induce
បញ្ឆិតបញ្ឆៀង bonh-chhet-bonh-chheang *adj.* oblique
បញ្ជា banh-chea *v.* dictate
បញ្ជាក់ banh-cheak *v.* affirm
បញ្ជី bonh-chi *n.* file
បញ្ជូន bonh-chun *v.* send
បញ្ជោរ bonh-cho *v.* flatter
បញ្ឈប់ banh-chhub *v.* cease
បញ្ហា banh-ha *n.* issue
បណ្ដាញ bon-danh *n.* web *(network)*
បណ្ដុះបណ្ដាល bon-dos bon-dal *v.* reproduce
បណ្ដោះអាសន្ន born-doah-ah-sorn *adj.* temporary

បណ្ឌិត bon-deth *n.* sage, wise person
បត់ bot *v.* fold
បន្ត born-tor *v.* continue
បន្ថែម bon-thaem *v.* add; plus
បន្ធូរចិត្ត bon-ton-chet *v.* relent
បន្ទប់ bon-tub *n.* room
បន្ទប់ទឹក bon-tub toek *n.* bathroom
បន្ទាត់ bon-tot *n.* ruler
បន្ទាប់ bon-teab *adv.* then
បន្ទាប់បន្សំ bon-top-bon-som *adj.* secondary
បន្ទាយ bon-teay *n.* fortress
បន្ទុក born-tuk *n.* burden
បន្ទះ bon-teas *n.* slice
បន្លា bon-la *n.* spine
បន្លែ bon-lae *n.* vegetable
បន្សាប bon-sab *v.* neutralize
បបរ bor-bor *n.* porridge
បបូរមាត់ bor-bo-moat *n.* lip
បម្រើ bom-rer *v.* serve
បរទេស bor-tes *adj.* alien
បរិច្ចាគ bor-ri-chak *v.* donate
បរិមាណ pak-ri-man *n.* quantity
បរិយាយ bor-ri-yay *v.* depict
បាច់ bach *n.* bunch
បាញ់ banh *v.* shoot
បាត់ bat *v.* lose
បាទ bat *excl.* yeah
បច្ច័យ pak-chai *n.* suffix
បច្ចុប្បន្ន pach-cho-born *adj.* contemporary
បច្ចេកទេស pak-chek-tes *adj.* technical
បច្ចេកវិទ្យា pak-chek-vichea *n.* technology
បច្ឆាលិខិត pak-cha-li-khet *n.* postscript
បញ្ចកោណ panh-cha-korn *n.* pentagon
បញ្ចុះបញ្ចូល bonh-chos-bonh-chol *v.* urge
បញ្ចូលគ្នា banh-chol knea *v.* combine
បញ្ចូលសំឡេង bonh-chol-som-leng *v.* dub
បញ្ចេញគំនិត bonh-chenh-kom-nit *v.* profess

បញ្ចេញពន្លឺ bonh-chenh-pun-leu *v.* illuminate
បញ្ចេញពន្លឺភ្លែតៗ bonh-chenh-pon-leu-phlet-phlet *v.* flash
បញ្ឆេះម៉ូតូ banh-chhes-moto *n.* starter motor
បញ្ឆេះឡើង banh-ches-lerng *v.* ignite
បញ្ជីឈ្មោះ bonh-chi-chhmous *n.* registry
បញ្ជីមុខម្ហូប banh-chi-muk-mahoub *n.* menu
បញ្ជីរាយនាម bonh-chi-reay-chhmuos *n.* directory
បញ្ច្រាសទិសគ្នា bonh-chras-tis-knea *adv.* upside down
បញ្ញើទុកក្នុងដៃគតិជន panh-nheu tuk knong dai ka-te-chun *n.* escrow
បញ្ហា panh-ha *n.* problem
បដិរូប pak-de-rub *n.* specimen
បដិរូបកម្ម pak-dek-rub-kam *n.* personification
បដិសណ្ឋារកិច្ច pak-de-son-tha-kich *n.* greeting
បដិសេដ pak-de-saet *v.* deny
បដិសេធ pak-de-saet *n.* reverse
បណ្តាក់នៅពេលក្រោយ bon-dak-nov-pel-kroy *v.* procrastinate
ប័ណ្ណ barn *n.* bond
បណ្ណ័ធានារ៉ាប់រង ban-thea-nea-rab-rorng *n.* insurance card
បណ្ណ័បើកបរ ban-berk-bor *n.* driver's license
ប័ណ្ណប្រកាស banne-pror-kas *n.* poster
បណ្ណ័យកឥវ៉ាន់ ban york ei-wan *n.* claim check
បណ្ណ័សម្គាល់ខ្លួន ban-som-korl-kloun *n.* identification card (*abbr.* ID card)
ប័ណ្ណសំគាល់កម្មសិទ្ធិ ban som-koal kamasoet *n.* title
បណ្ណ័ឥណទាន ban en-tean *n.* credit card
បណ្ណារក្ស bannarak *n.* librarian
បណ្ណាល័យ banna-lay *n.* library
បណ្តាញ bon-danh *n.* network
បណ្តាញផ្សព្វផ្សាយ bon-danh-phsop-phsay *n.* multimedia
បណ្តឹង born-doeng *n.* complaint
បណ្តឹងទាមទារ born-doeng team-tear *n.* petition
បណ្តឹងវិវាទ born-doeng vi-veat *n.* litigation
បណ្តឹងឧទ្ធរណ៍ bon-doeng uh-tor *n.* appeal
បណ្តេញ bon-denh *v.* dismiss
បណ្តេញចេញ bon-denh-chenh *v.* evict
បណ្តោះអាសន្ន born-dos-ason *adj.* interim
បត់ជាផ្នត់ bot-chea-pnot *v.* ruffle
បទដ្ឋាន bot-than *n.* norm

បទបង្ហាញ bort-borng-hanh *n.* lecture
បទបញ្ជា bot-bonh-chea *n.* regulation
បទបញ្ញត្តិ bort panh-nhat *n.* ordinance
បទបណ្ដឹង bort-born-deong *n.* grievance
បទពិសោធន៍ bot-pi-sort *n.* experience
បទព្រហ្មទណ្ឌ bort-prum-toan *n.* capital crime
បទភ្លេង bot-pleng *n.* melody
បទមជ្ឈិម bort mach-choem *n.* misdemeanor
បទល្មើស bot-lmers *n.* infraction
បទល្មើសជាមជ្ឈិម bot-lmers-chea-mach-chherm *n.* misdemeanor
បទល្មើសព្រហ្មទណ្ឌ bot-lmers prum-toan *n.* crime
បទសម្ភាសន៍ bot-som-pheas *n.* interview
បទឧក្រិដ្ឋ bot-ou-kret *n.* felony
បន់ស្រន់ bon-sron *v.* pray
បន្តបន្ទាប់ bon-tor-bon-top *adj.* subsequent
បន្តោងសោរ bon-toang soa *n.* key ring
បន្ថែមកម្លាំង bon-them-kom-lang *v.* reinforce
បន្ថែមទៅលើ bon-thaem-touw-ler *phr.* in addition (to)
បន្ទប់ក្រោមដី bon-tub kroam dei *n.* basement
បន្ទប់គេង bon-tub keng *n.* bedroom
បន្ទប់តូច bon-tub toch *n.* cell
បន្ទប់ទទួលទានអាហារ bon-tub tor-tuol tean a-ha *n.* dining room
បន្ទប់ទទួលភ្ញៀវ bon-tub tor-tuol phnheav *n.* living room
បន្ទប់ទឹកនារី bon-tub toek neari *n.* ladies' restroom
បន្ទប់ទឹកបុរស bon-tub-toek-bros *n.* mens' restroom
បន្ទប់ទូរស័ព្ទ bon-tub-tu-ro-sap *n.* phone booth
បន្ទប់បង្គន់ bon-tub bong-kun *n.* restroom
បន្ទប់បើកយន្តហោះ bon-tub berk yun hors *n.* cabin
បន្ទប់ប្ដូរខោអាវ bon-tub pdo khoa-aw *n.* changing room
បន្ទប់ផ្ទាល់ខ្លួន bon-tub ptol-kloun *n.* private room
បន្ទប់ពិសោធន៍ bon-tub pi-soat *n.* laboratory
បន្ទប់រង់ចាំ bon-tub rorn-cham *n.* lounge
បន្ទប់លខោអាវ bon-tub-lor-khoa-av *n.* fitting room
បន្ទប់លេងល្បែង bon-tub-leng-lbaeng *n.* game room
បន្ទាត់កោង bon-tort koang *n.* curve
បន្ទាត់ផ្ចិត bon-tort phchet *n.* diameter
បន្ទាប់ពី bon-tob pi *prep.* after

បន្ទាប់ bon-torp *adj.* next
បន្ទុកទិន្នន័យ bon-tuk tin-nai-neiy *n.* databases
បន្ទុកភស្តុតាង born-tuk phoas-tang *n.* burden of proof
បន្ទះសាច់ bon-teah sach *n.* lunchmeat
បន្ទះសាច់ជញ្ច្រាំ bon-teah sach chun-chram *n.* meatloaf
បន្ទះសាច់អាំង bon-teah-ang-sach *n.* steak
បន្ទះសូកូឡា bon-teah so-ko-la *n.* chocolate bar
បន្លែញាត់សាច់ចូល bon-lae nhoat sach chol *n.* stuffed vegetable
បន្លែញាំចូលគ្នា bon-le-nhom-chol-knea *n.* mixed salad
បន្លែបៃតង bon-lae-bei-tong *n.* greens *(vegetable)*
បន្លែផ្លែមានគួរ bon-lae phlae mean kuor *n.* legume
បន្លែម្យ៉ាង bon-lae myang *n.* celery
បន្លែម្យាង bon-leh- m-yang *n.* spinach
បន្លែម្យ៉ាងស្រដៀងននោង bon-lae-myang-sro-deang-no-norng *n.* zucchini
បបរកាវ bor-bor-reav *n.* gruel
បញ្ចសីល panh-cha soel *n.* five precepts *(in Buddhism)*
បព្វាជនីយកម្ម bupa-chak-nei-yakam *n.* banishment
ប័រ bur *n.* butter
បរមត្ថ bor-rom-tik *n.* paradox
បរាជ័យ pak-ra-chey *v.* fail
បរាជ័យទាំងស្រុង pak-ra-chey-teang-srong *n.* fiasco
បរិនិព្វាន bor-re-ni-pean *n.* parinirvana *(Buddhist)*
បរិបទ pak-re-bot *n.* context
បរិភោគដោយឃ្លាន bor-ri-phook doay klean *v.* devour
បរិមាណ pak-rik-marn *n.* amount
បរិមាណថ្នាំ pak-ri-man-thnam *n.* dose
បរិមាណលើស pak-ri-man-lers *n.* excess
បរិយាកាស pak-ri-ya-kas *n.* atmosphere
បរិយាយភារកិច្ច bo-re-yeay-phea-ro-kich *n.* job description
បរិវេណជំរុំ pak-ri-wen chum-rum *n.* campground
បរិស្ថាន pak-ri-than *n.* environment
បឋមវិធាន bak-thom vithean *n.* rudiment
បាក់តេរី bak-te-ri *n.* bacteria
បាណកសាស្ត្រ ban-nak-sas *n.* entomology
បាត់ទៅ bat-touw *v.* disappear
បាត់បង់ឈាម bat-borng chheam *v.* lose blood
បាតុភូត pa-to-phut *n.* phenomenon

បាតុភូតដែនម៉ាញេទិច

បាតុភូតដែនម៉ាញេទិច pataput daen ma-nhe-tech *n.* magnetism
បាទ bat *excl.* yes
បានមកពី ban mork pi *v.* derive
បានមកវិញ ban-mok-vinh *v.* get back
បាយឆាដាក់សាច់ bay-chha-dak-sach *n.* pilaf
បាយពោត bay poot *n.* cornmeal
បាយភីឡាហ្វ bai pi-laf *n.* pilaf
បាយស bai-sor *n.* steamed white rice
បាយអរ bay-or *n.* mortar
បាយអាហ្វ្រិច bay a-frich *n.* couscous
បារត ba-rot *n.* quicksilver
បារម្ភ barom *v.* worry
បារ៉ាហ្វីន ba-ra-phvin *n.* paraffin
បារី ba-rei *n.* cigarette
បារីស៊ីហ្គា ba-rei si-gha *n.* cigars
បាល់ bal *n.* ball
បាល់ទះ bal-tes *n.* volleyball
បាល់លេងរំលំដប bal leng roum lum dob *n.* bowling ball
បិដក bei-dork *n.* canon
បិតស្រា bit-sra *v.* distill
បិទ bet *v.* close
បិសាច bei-sach *n.* devil
បី bei *num.* three
បឹង boeng *n.* lake
បុគ្គលិក buk-klerk *n.* employee
បុគ្គលិកលក្ខណៈ bok-klerk-leak-knak *n.* personality
បាវចនា ba-vach-chna *n.* motto
បាហ្វ័រ baf-fer *n.* buffer
ប៊ឺរ beur *n.* butter
បុកកំទេច bok-kom-tech *v.* smash
បុករុក bok-ruk *v.* trespass
បុគ្គលណាម្នាក់ bok-kol-na-mneak *n.* person
បុណ្យកំសាន្ត bon korm-san *n.* carnival
បុណ្យគម្រប់ខួប bon kum-rub khuob *n.* anniversary
បុណ្យឈប់សម្រាកជាតិ bon-chhob-som-rak-cheat *n.* national holiday
បុណ្យណូអែល bon no-ael *n.* Christmas
បុណ្យសព bon-sorp *n.* funeral

បុព្វកថា bop-pek-kak-tha *n.* preamble
បុព្វការីជន bop-pa-ka-rey-chun *n.* predecessor
បុព្វបទ bop-pbot *n.* prefix
បុព្វបុរស bup-peak boros *n.* ancestor
បុព្វសិទ្ធិ bop-pseth *n.* prerogative
បុរស boros *n.* man
បុរសនៅលីវ boros nov liv *n.* bachelor
បុរាណ bo-ran *adj.* ancient
បុរាណ boran *adj.* old
បុរាណនិយម bo-ran ni-yum *n.* classicism
បុរាណវិទ្យា bo-ran vi-chea *n.* archeology
បុរេកថា bo-ree-kaktha *n.* prologue
បុស bos *n.* pausha *(month on Hindu calendar)*
បុសនាគ bos-neak *n.* Ceylon ironwood
បូ bo *n.* ribbon
បូក b-oak *prep.* plus
បូជា bo-chea *v.* dedicate
បូមភក់ bom-phuok *v.* dredge
បូលីង bo-ling *n.* bowling
បូស buos *n.* abscess
បួងសួង boung-soung *v.* wish
បួន buon *num.* four
បួនដង boun-dong *n.* quadruple
បើក berk *adj.* open
បើកឆ្នុកចេញ berk-chnok-chenh *v.* uncork
បើកទូកក្ដោង berk-tuk-kdorng *v.* sail
បើកបរ berk-bor *v.* drive
បើមិនដូច្នេះទេ ber-min-doch-chhnes-te *adv.* otherwise
បើសិន ber-sen *conj.* if
បៀ bear *n.* card
បៀតបៀន beat-bean *v.* harass
បៀរសន្លឹក bear-son-lerk *n.* playing cards
បេនវីត ben-vit *n.* bandwidth
បេះដូង bes-dong *n.* heart
បេះប្រមូលយកផល bes-promol-yok-phol *v.* reap
បែកកង់ baek-kong *n.* flat tire
បែងចែក baeng-chaek *v.* classify

បែបជីហ្វ baeb cheuvis *adj.* kosher
បែបបទ baeb-bot *n.* genre
បែបមជ្ឈឹមសម័យ baeb mach-choem-samai *n.* Gothic style
បៃតង bai-torng *adj.* green
បោកប្រាស់ boak pras *v.* cheat
បោស boas *v.* sweep
បោសធូលី boos-thu-ly *v.* dust
បោះ bos *v.* cast
បោះចោល ba-oh choal *v.* dump
បោះបង់ចោល bos-bong-choal *v.* forsake
បោះពុម្ព bos-pom *v.* print
បោះពុម្ពម្តងទៀត bos-pom-mdong-tet *v.* reprint
បំណងជាសះស្បើយ bom-norng-chea-sas-sbery *n.* intension
បំណុល borm-nol *n.* debt
បំណែក bom-naek *n.* fragment
បំណះ bom-nes *n.* patch
បំបាត់ bom-bat *v.* quell
បំបែក borm-baek *v.* crush
បំបាំង borm-baing *v.* minimize
បំផ្លាញ borm-phlanh *v.* annihilate
បំផ្លាញចោល bom-phlanh-chol *v.* obliterate
បំផ្លាញដោយគ្រាប់បែក bom planh doay krob-baek *v.* bombard
បំផ្លិចបំផ្លាញ bom-plec-bom-planh *v.* ravage
បំពង borm-porng *adj.* deep-fried
បំពង់ bom-pong *n.* tube
បំពង់ក bon-pong-kor *n.* throat
បំពង់ខ្យល់ bom-pong-kchol *n.* snorkel
បំពង់ជក់ថ្នាំ bom-pung-chuos-thnam *n.* hookah
បំពង់បង្ហូរទឹកម៉្យាង bom-pong-bong-ho-toek *n.* tile
បំពង់បញ្ចេញផ្សែង bom-pong-bonh-chenh-phsaeng *n.* exhaust pipe
បំពង់បឺត bom-pong-bert *n.* straw
បំពង់បឺតខ្លាញ់ borm-pung beut klanh *n.* baster
បំពង់ផ្សែង borm-pong psaeng *n.* chimney
បំពានច្បាប់ bom-pean-chbab *v.* offend
បំពុល bom-poul *v.* pollute
បំពេញ borm-penh *v.* compete
បំពេញចិត្ត bom-penh-chet *v.* satisfy

បំពេញម្តងទៀត bom-penh-mdong-teat *v.* replenish
បំពេញរាជ្យ borm-penh reach *n.* santol *(tree/fruit)*
បំភ័យ bom-phei *v.* frighten
បំលែង borm-laeng *v.* convert
បំលែងទៅជាអាស៊ីត bormlaeng taow chea a-sid *v.* acidify
បះបោរ bas-bor *v.* rebel
បេក្ខជន paek-khak-chun *n.* candidate
បេតិកភណ្ឌ pe-te-kak-porn *n.* heritage
បេសកជន pes-skak-chun *n.* emissary
ប្តីឬប្រពន្ធ pdey roue pro-pon *n.* spouse
ប្តូរកន្លែង pdo-kon-leng *v.* shift
ប្តូរទិស pdo-ters *v.* redirect
ប្តី pdei *n.* husband
ប្តេជ្ញា pdach-nha *v.* determine
ប្រកបដោយជោគជ័យ bro-kok-doy-chok-chey *adv.* successfully
ប្រកបដោយថាមពល bro-korb-doay-tham-pol *adj.* dynamic
ប្រកបដោយភាពរាក់ទាក់ pror-korb-doy-pheap-rek-tek *adv.* politely
ប្រកបដោយលក្ខណៈនយោបាយ pror-korb-doy-leak-kha-nak-nor-yo-bye *adv.* politically
ប្រកបរបរ bro-korb-ror-bor *v.* employ
ប្រកបអក្សរ bro-korb-ak-sor *v.* spell
ប្រកាន់ខ្ជាប់ bror karn khchorb *v.* adhere
ប្រកាន់ពូជសាសន៍ bro-kan-pouch-sas *v.* discriminate
ប្រកាស bro-kas *v.* announce
ប្រកាសផ្សព្វផ្សាយ bro-kas psob psay *v.* broadcast
ប្រកាស prokas *v.* proclaim
ប្រគល់អោយម្ចាស់ដើមវិញ pro-kol-oy-mchas-derm-vinh *v.* revert
ប្រគល់អោយវិញ bro-kol-oy-vinh *v.* render
ប្រចណ្ឌ bro-chan *adj.* jealous
ប្រចាំខែ bro-cham-khae *adj.* monthly
ប្រចាំឆ្នាំ bro-cham chhnam *adj.* annual
ប្រចាំថ្ងៃ pror-cham thngai *adj.* daily
ប្រឆាំង bro-chhang *prefix* anti-
ប្រឆាំងទឹកកក bro-chhang toek kok *n.* antifreeze
ប្រឆាំងនឹង bror-chang noeng *prep.* against
ប្រឆាំងនុយក្លេអ៊ែ bro-chhang noy-kle-aer *adj.* antinuclear
ប្រឆាំងរដ្ឋាភិបាល bro-chhang rotha-phi-bal *adj.* anti-government

ប្រជាជន bro-chea-chon *n.* people
ប្រជាជនអេកូស pro-chea-chon-eh-kos *n.* Scotch, Scottish
ប្រជាជាតិ bro-chea-cheat *n.* nation
ប្រជាធិបតេយ្យ pror-chea-thepa-tai *n.* democracy
ប្រជាប្រិយភាព pror-chea-prey-pheap *n.* popularity
ប្រជាសិទ្ធិ prochea-sethi *n.* plebiscite
ប្រជុយ bro-chruy *n.* mole
ប្រឈមមុខ bror-chhorm muk *v.* confront
ប្រញាប់ bronhab *v.* hurry
ប្រញាប់ប្រញាល់ bro-nhab-bro-nhal *v.* rush
ប្រដាក់ bror-dak *n.* mitrephora maingayi *(tree)*
ប្រដាប់ការពារ pro-dab-ka-pea *n.* shield
ប្រដាប់កោរ pro-dab-kor *n.* shaver
ប្រដាប់កោស bror-dab-koas *n.* grater
ប្រដាប់ក្មេងលេង bro-dab-khmeng-leng *n.* toy
ប្រដាប់ខួងដកឆ្នុកដប pror-dab khuong dork chhnok dorb *n.* corkscrew
ប្រដាប់គណនា pror-dab keak-neak-nea *n.* calculator
ប្រដាប់ចាក់ថាសស៊ីឌី pror-dab chak thas si-di *n.* CD-player
ប្រដាប់ជាន់ក្លុងឡាន pror-dab chorn knong lan *n.* clutch pedal
ប្រដាប់ជំនួយត្រចៀក bro-dab-chom-nuoy-tro-cheak *n.* hearing aid
ប្រដាប់ថតចម្លងឯកសារ pro-dab thot-chom-long-ek-sa *n.* scanner
ប្រដាប់ទារកអង្រន់លេង bro-dab-tea-rouk-orngron-leng *n.* rattle
ប្រដាប់ធ្វើអោយកក់ក្តៅ bro-dab-tvre-oy-kok-kdao *adj.* warmer
ប្រដាប់ធ្វើអោយយឺត bro-dab-thver-oy-yert *n.* stretcher
ប្រដាប់បង្វិល pro-dab-bong-vil *n.* rotary
ប្រដាប់បញ្ចាំងកុន pro-dab-bonh-chang-kon *n.* projector
ប្រដាប់បន្តពូជ bro-dab-bon-tor-puch *n.* genitals
ប្រដាប់បាញ់សក់ bro-dab-banh-sork *n.* hair spray
ប្រដាប់បិតបើក bro-dab-bet-berk *n.* stopcock
ប្រដាប់បំភ្លឺ pror-dab borm-phleur *n.* lighting
ប្រដាប់ប្រដា bro-dab-bro-da *n.* tool
ប្រដាប់ប្រដាគ្រែ bro-dab bro-da kreae *n.* bedding
ប្រដាប់ផ្លុំសក់ bro-dab-phlom-sork *n.* hair dryer
ប្រដាប់ព្យួរ bro-dab-phchuor *n.* hanger
ប្រដាប់ភេទស្ត្រី bro-dab-phet-sa-trei *n.* vagina
ប្រដាប់វាស់កំដៅ bro-dab-veas-kom-dao *n.* thermometer
ប្រដាប់វាស់ប្រេង bro-dab-vors-breng *n.* fuel gauge

ប្រដាប់វាស់ស្ទង់ bro-dab-vos-stong *n.* gauge
ប្រដាប់សំរាប់ព្យួរ bro-dab -somrab-pchou *n.* rack
ប្រដាប់ស្ទង់ឧស្ម័ន bro-dab-stong-ou-sman *n.* gas gauge
ប្រដាប់ស្រាវជ្រាវ bro-dab srav-chreav *n.* browser
ប្រឌិត pror-dit *v.* conceive
ប្រណិត pror-noet *n.* luxury
ប្រណីត bror-net *adj.* elegant
ប្រតិកម្ម bror-t-kam *n.* allergy
ប្រតិឃាត bro-ti-kheat *n.* repercussion
ប្រតិចារិក bror-the charoek *n.* transcript
ប្រតិទិន prote-tin *n.* calendar
ប្រតិបត្តិការ bro-ti-bat-ka *n.* execution
ប្រតិបត្តិ prort-te-bat *v.* conduct
ប្រតិបត្តិការ bro-ti-bat-ka *n.* operation
ប្រតិភូ prort-te-phou *n.* delegate
ប្រទេស pror-tes *n.* country, nation
ប្រទេសកាណាដា bror-tes ka-na-da *n.* Canada
ប្រទេសចិន pror-tes chen *n.* China
ប្រទេសជប៉ុន pror-tes-cho-pun *n.* Japan
ប្រទេសជ័រដែន pror-tes-chor-daen *n.* Jordan
ប្រទេសបារាំង pror-tes-barang *n.* France
ប្រទេសរុស្ស៊ី pror-tes-rusy *n.* Russia
ប្រទេសអង់គ្លេស pror-tes ong-kles *n.* Britain
ប្រទេសអាល្លឺម៉ង់ pror-tes-arl-lmong *n.* Germany
ប្រទេសឥណ្ឌា pror-tes-en-dia *n.* India
ប្រទេសអ៊ីរ៉ង់ pror-tes-ei-rorng *n.* Iran
ប្រទេសអ៊ីរ៉ាក់ pror-tes-ei-rak *n.* Iraq
ប្រទេសអ៊ីស្រាអែល pror-tes-e-sra-el *n.* Israel
ប្រទេសអូស្ត្រាលី pror-tes o-stra-ly *n.* Australia
ប្រទេសអៀកឡង់ pror-tes-eak-lorng *n.* Ireland
ប្រទេសអៀកឡង់ខាងជើង pror-tes-eak-lorng-khang-cherng *n.* Northern Ireland
ប្រទេសអេស្ប៉ាញ pror-tes-es-spanh *n.* Spain
ប្រធាន bro-thean *n.* topic
ប្រធានថ្នាក់ bror-tean tnak *n.* prefect
ប្រធានបទ bro-thean-bot *n.* subject
ប្រធានស្រី pror-thean srei *n.* chairwoman

ប្រធានាធិបតី pro-thea-near thip-dey *n.* president
ប្រផេះ bro-phes *adj.* gray
ប្រពន្ធ pror-pun *n.* wife
ប្រព័ន្ធ pror-poan *n.* system
ប្រពន្ធ័ចលនា pror-poan chorla-na *n.* circulatory system
ប្រព័ន្ធដង្ហើម pror-poan-dong-herm *n.* respiratory system
ប្រព័ន្ធដំណើរការ pror-poan dorm na-uh kar *n.* operating system
ប្រពន្ធ័បរិស្ថាន pror-poan-pak-ri-than *n.* ecosystem
ប្រពន្ធ័ភាពស៊ាំ pror-poan-pheap-soim *n.* immune system
ប្រពន្ធ័រំលាយអាហារ pror-poan roum-leay a-ha *n.* digestive system
ប្រព័ន្ធសរសៃប្រសាទ pror-poan-sor-sai-bro-sat *n.* nervous system
ប្រពៃ bro-pei *adj.* fine
ប្រពៃណី bro-pey-nei *n.* tradition
ប្រព្រឹត្ត pror-prit *v.* commit
ប្រព្រឹត្តបទល្មើស bro-proet bot lmers *v.* breach
ប្រភេទ pror-phet *n.* kind
ប្រភេទច្បាប់ដើម bro-phet-chbab-derm *n.* original version
ប្រភេទឈាម bro-phet chheam *n.* blood type
ប្រភេទដែកថែបមិនច្រេះ bro-pet-dek-theb-min-chres *adj.* stainless steel
ប្រភេទត្រីធំម៉្យាង bro-phet-trei-thom-myang *n.* sturgeon
ប្រភេទទឹកផ្លែឈើម្យាង bro-phet-toek-pleh-chher-myang *n.* smoothie
ប្រភេទធញ្ញជាតិម៉្យាង bro-pet-thun-cheat-myang *n.* quinoa
ប្រភេទនំម៉្យាង bro-pet-num-myang *n.* quiche
ប្រភេទស្ពៃម៉្យាង bro-pet-spai-ma-yang *n.* romaine lettuce
ប្រមាញ់ bro-manh *v.* hunt
ប្រមាថ pro-mart *v.* profane
ប្រមូល pror-mol *v.* collect
ប្រមូលផ្តុំ bro-mol-pdom *v.* summon
ប្រមូលសម្អាត pror-mol sorm-at *v.* clear
ប្រម៉ោយ bro-mory *n.* trunk
ប្រយុទ្ធ bro-yoth *v.* struggle
ប្រយោគ pro-yok *n.* sentence *(gram.)*
ប្រយោជន៍ bro-youch *n.* utility
ប្រយោល bro-yoal *adj.* indirect
ប្រលាក់ pror-lak *adj.* marinated
ប្រវត្តិរូប bro-vat roub *n.* background
ប្រវត្តិវិទូ bro-vot-vi-tou *n.* historian

ប្រវត្តិសាស្ត្រ bro-vot-sas *n.* history
ប្រវែង pror-vaeng *n.* length
ប្រសប់ bro-sop *adj.* subtle
ប្រសាទសាស្ត្រ bro-sat-sas *n.* neurology
ប្រសិទ្ធិ bro-seth *n.* sacrament
ប្រសិទ្ធិភាព bro-seth-pheap *n.* effectiveness
ប្រសើរ bro-ser *adj.* outstanding
ប្រសើរក្រៃលែង bro-ser-krai-leng *adj.* superb
ប្រហាក់ប្រហែល bro-hak bro-hael *adj.* approximate
ប្រហាក់ប្រហែលគ្នា pro-hak-pro-hel-knea *n.* resemblance
ប្រហិត pror-hoet *n.* meatball
ប្រហិតចៀនមជ្ឈឹមបូពា bro-het-chean-mach-chherm-bo-pea *n.* falafel
ប្រហែល pror-hael *adv.* maybe
ប្រហែលជា pror-hael chea *v.* may
ប្រហែលនឹង bro-hael neng *adv.* approximately
ប្រហែលមិន bro-hel-min *adj.* unlikely
ប្រហោង bro-hong *n.* muse
ប្រឡាក់ដោយម្សៅ pror-lak-doy-m-sao *adj.* powdery
ប្រឡាយទឹក bro-lay toek *n.* aqueduct
ប្រឡោះជណ្ដើរ bro-los-chon-der *n.* stairwell
ប្រអប់ bro-orb *n.* box
ប្រអប់ដាក់ឧបករណ៍ bro-orb-dak-ob-pkor *n.* gearbox
ប្រអប់សម្រាប់ដាក់របស់ bro-ob-som-rab-dak-robos *n.* serving tray
ប្រអប់សារ pror-orb sar *n.* mailbox
ប្រអប់សំបុត្រ pror-orb sombut *n.* letter box
ប្រអប់ហ្វយហ្ស៊ីប bro-orp-fhuy-ship *n.* fuse box
ប្រាក់ prak *n.* silver
ប្រាក់កក់ prak kork *n.* deposit
ប្រាក់ខែ brak-khe *n.* salary
ប្រាក់ចូលនិវត្តន៍ brak-chol-ni-voat *n.* pension
ប្រាក់ចំណូល brak-chom-nol *n.* earnings
ប្រាក់ចំណេញ prak-chom-nenh *n.* profit
ប្រាក់ឈ្នួល brak-chhnoul *n.* wage
ប្រាកដនិយម brakot-niyom *n.* realism
ប្រាកដប្រជា bra-kot-chea *adv.* surely
ប្រាក់ដុល្លារ brak-dul-la *n.* dollar
ប្រាក់ធានា prak thea-nea *n.* bail

ប្រាក់បង្វិលអោយមកវិញ prak-bong-vel-oy-mok-vinh *n.* rebate
ប្រាក់ផ្ញើទៅអោយ prak-pnher-touw-oy *n.* remittance
ប្រាក់លោះ prak-lous *n.* ransom
ប្រាក់សន្សំ prak-sorn-son *n.* saving
ប្រាក់អឺរ៉ូ brak-eu-ro *n.* euro
ប្រាក់ឧបត្ថម្ភ prak oub-thom *n.* allowance
ប្រាក់អោយមកវិញ brak-oy-mok-vinh *n.* refund
ប្រាជ្ញា prach-nha *n.* intelligence
ប្រាប់អោយជាក់លាក់ prab-oy-cheak-leak *v.* specify
ប្រារព្ធពិធី pra-rob pi-thi *v.* celebrate
ប្រាសាទ pra-sat *n.* castle
ប្រាស្រ័យទាក់ទង prar-srai teak torng *v.* communicate
ប្រឹតប្រៀង bret-preang *adj.* rigorous
ប្រុងប្រយត្ន័ prong pror-yat *adj.* careful
ប្រុងប្រៀប prong-preap *adj.* prepared
ប្រូតុង pro-tong *n.* proton
ប្រូតេអ៊ីន pro-te-in *n.* protein
ប្រើប្រាស់ prer-pras *v.* use
ប្រើស brers *n.* elk
ប្រើហើយ prer-hey *adj.* used
ប្រៀបធៀប prieb thieb *v.* compare
ប្រេង breng *n.* balm
ប្រេងកាត preng-kat *n.* kerosene
ប្រេងឈូករ័ត្ន breng-chhouk-roat *n.* sunflower oil
ប្រេងត្នោត breng-thnort *n.* palm oil
ប្រេងទំពាំងបាយជូរ breng-tom-peang-bay-chu *n.* grapeseed oil
ប្រេងផ្កាសាហ្វ preng pkar-saf *n.* safflower oil
ប្រេងម៉ាស៊ូត preng ma-sout *n.* diesel
ប្រេងរំអិល preng rum-oel *n.* lubricant
ប្រេងសាំង breng-sang *n.* fuel
ប្រេងអូលីវ breng-oh-live *n.* olive oil
ប្រោផ្នូល bro-phnol *n.* omen
ប៊ី peï *n.* pipe
ប៉ុន្តែ pon-tae *conj.* but
ប៉ុស្តិ៍ pos *n.* channel
ប៉ូលិស po-lis *n.* police
ប៉េងប៉ោះ peng-pos *n.* tomato

ប៉ែតសិប paet-sib *num.* eighty
ប៉ែល pehl *n.* shovel
ប៉ោម poam *n.* apple
ប្រៃ brai *adj.* salted
ប្រៃសណីយ៍ prei-sa-ni *n.* exchange office
ប្រាំ bram *num.* five
ប្រាំបី bram-bei *num.* eight
ប្រាំបួន bram-boun *num.* nine
ប្រាំពីរ pram-pi *num.* seven
ប្រាំមួយ bram-muoy *num.* six
ប្លន់ plon *v.* rob
ប្លាទីន phla-tin *n.* platinum
ប្លាស្មា phla-sma *n.* plasma
ប៊្លូធូស bloo-toos *n.* bluetooth
ប្លែក blaek *adj.* distinct
ប្លោកនោម ploak noom *n.* bladder
ប៉មតូច porm-toch *n.* turret
ប៉មវិហារឥស្លាម porm-vi-hea-ei-slarm *n.* minaret
ប៉រសេឡែន por-say-lane *n.* porcelain
ប៉ាតង់ pa-tong *n.* patent
ប៉ារ៉ាម៉ែត្រ pa-ra-met *n.* parameter
ប៉ារ៉ាសិត pa-ra-sit *n.* parasite
ប៉ាស្តែល pas-stel *n.* pastel
ប៉ាស្តា pa-sta *n.* pasta
ប៉ាស្តែល pa-stel *n.* pastel
ប៉ុន្មាន? pun-marn *phr.* how many?
ប៉ុន្មានដង? pun-marn-dorng *phr.* how many times?
ប៉ុស្តិ៍ប៉ូលិស post-po-lis *n.* police station
ប៉ុស្តិ៍មុខ pos-muk *n.* outpost
ប៉ូលា po-lea *n.* polish
ប៉ូលីសមហាវិថី po-lis-mor-ha-vi-thei *n.* highway police
ប៉េងប៉ុង peng-pong *n.* ping-pong
ប៉េងប៉ោះក្រៀម peng pa-oh kream *n.* sun-dried tomato
ប៉េងប៉ោះតូចៗ peng-pos toch toch *n.* cherry tomatoes
ប៉េងប៉ោះស្រោម peng pa-oh sroam *n.* tall ground cherry
ប៉ែកខាងលើ pek-khang-ler *n.* topside
ប៊ិច bich *n.* pen

ប៊ូត boot *v.* boot
ប៊ូតុងលុប boutong loub *n.* backspace *(computer)*
ប៊ូតុងអក្សរធំ boutong ak-sor thom *n.* caps lock *(computer)*

ផ

ផងដែរ phong dae *adv.* also
ផលដំណាំ phol-dom-nam *n.* produce
ផលបូក phol-bok *n.* sum
ផលប្រយោជន៍ phol bro-yoach *n.* benefit
ផលប៉ះពាល់ phol-pas-poil *n.* impact
ផលវិបាក phol wi-bak *n.* consequence
ផលិត phorl-lit *v.* manufacture
ផលិតកម្ម pholit-kam *n.* production
ផលិតផល pholit-phol *n.* product
ផលិតផលដែក phol-let-phol-daek *n.* ironwork
ផលិតផលថែរក្សា phor-let-phol-thae-reak-sa *n.* haircare product
ផលិតផលស្រស់ phor-let-phorl-srors *n.* fresh produce
ផលិតភាព pholit-pheap *n.* productivity
ផល្គុន phorl-kun *n.* phalguna *(month of the Hindu calendar)*
ផាវ phav *n.* firecracker
ផាស phas *v.* paste
ផាសុកភាព pha-sok-pheap *n.* comfort
ផឹក pherk *v.* drink
ផុតកំណត់ phot-kom-nort *v.* expire
ផុសឡើង phos-lerng *v.* emerge
ផូស្វ័រ pho-svor *n.* phosphorous
ផេន (លុយអង់គ្លេស) phen (luy-ong-kles) *n.* pence *(British)*
ផេះ phesh *n.* ash
ផែ phea *n.* pier
ផែនការ phen-ka *n.* plan
ផែនការកម្ម phenka-kam *n.* planning
ផែនដី phaen-dei *n.* Earth
ផែនទី phaen-ti *n.* map
ផែនទឹកកក phaen-toek-kok *n.* glacier
ផ្កា phka *n.* flower
ផ្កាកូលាប phka-kolap *n.* rose
ផ្កាក្រូច phka-kroch *n.* orange blossom

ផ្កាខាត់ណា phkar-kat-na *n.* cauliflower
ផ្កាចន្ទ័ phka chan *n.* cinnamon
ផ្កាឈូករត្ន phka-chhouk-roat *n.* sunflower
ផ្កាព្រៃពណ៌លឿង phka pray por loeurng *n.* dandelion
ផ្កាម្លិះ phka-mlis *n.* jasmine
ផ្កាយ phkay *n.* star
ផ្កាយដុះកន្ទុយ phkai-dos-korn-tuy *n.* lodestar
ផ្កាយព្រះអង្គារ phkay-preah-orng-kea *n.* Mars
ផ្កាយរណប phkay-ro-nob *n.* satellite
ផ្ការូសម៉ារី phkar ros-mari *n.* rosemary
ផ្កាលីលី phkar li-li *n.* lily
ផ្កាលីឡាក phkar li-lac *n.* lilac
ផ្កាស្ពៃខៀវ phka spei khiev *n.* broccoli
ផ្កាឡាវេនឌឺ phkar lavender *n.* lavender
ផ្គត់ផ្គង់ phkut-phkong *v.* furnish
ផ្គរ phkor *n.* thunder
ផ្កាខាត់ណា phka khat-na *n.* cauliflower
ផ្ចាញ់ phchanh *v.* defeat
ផ្ញៀវ phnheaw *n.* Burmese grape
ផ្តល់យោបល់ phdol-yobol *v.* recommend
ផ្តល់សិទ្ធិ phdol-set *v.* qualify
ផ្តល់អោយ phdol-oy *v.* yield
ផ្តាច់ព្រាត់ phdach-prot *adj.* ultimate
ផ្តើមមុខ phderm-muk *adj.* preliminary
ផ្តន្ទាទោស phdon-tod *v.* penalize
ផ្តល់ phdorl *v.* cater
ផ្តល់កំណើត phdol-kom-nert *v.* give birth (to)
ផ្តល់ដំណឹង phdol-dom-noeng *v.* inform
ផ្តល់សិទ្ធិ phdol-seth *v.* entitle
ផ្តល់ឲ្យ phdol-oy *v.* offer
ផ្តល់អំណះអំណាង phdorl orm-nas-orm-nang *v.* justify
ផ្តាច់ phdach *v.* detach
ផ្តាច់ការ phdach-ka *adj.* communist
ផ្តាច់ខ្លួន phdach-kloun *v.* isolate
ផ្តោត phdot *v.* focus
ផ្តោតអារម្មណ៍ phdoat a-rorm *v.* concentrate
ផ្តុំគ្នា phdom-knea *v.* muster

ផ្ទុក phtuk *v.* contain
ផ្ទុកច្រើនហួស phtok-chrern-hous *v.* overload
ផ្ទុយពី phtuy-pi *adj.* opposite
ផ្ទុះ phtus *v.* explode
ផ្ទុះបែក phtous-baek *v.* pop
ផ្ទៃបួនជ្រុងទ្រវែង phtey-boun-chrung-tro-veng *n.* rectangle
ផ្ទៃរឿង phtey-rourng *n.* theme
ផ្ទាំងក្រាស់ phteang-kras *n.* thickness
ផ្ទាំងគំនូរ phteang-kom-nu *n.* tableau
ផ្ទាំងទឹកកកអណ្តែត phteang-toek-kok-orn-daek *n.* iceberg
ផ្ទាំងបិទប្រកាស phteang-bet-bro-kas *n.* placard
ផ្ទះ phteah *n.* home, house
ផ្ទះឆ្កែ phteah chha-kae *n.* kennel
ផ្ទះជួល phteah-chuol *n.* house for rent
ផ្ទះឈើ phteah cheuh *n.* chalet
ផ្ទះបាយ phteah bay *n.* kitchen
ផ្ទះបារនិងក្លឹប phteah ba neung kleb *n.* clubhouse
ផ្ទះមួយជាន់ phteah-muoy-chorn *n.* one-story house
ផ្ទះល្វែង phteah lvaeng *n.* apartment
ផ្ទះសំណាក់ phteah-som-nak *n.* guesthouse
ផ្ទះសំណាក់តាមផ្លូវ phteah-som-nak-tam-phlouw *n.* motel
ផ្ទះសំបែង phteah-sorm-baeng *n.* household
ផ្ទះលំហែកាយ phteah loum-hae kay *n.* bungalow
ផ្នត់គំនិត phnot kumnit *n.* attitude
ផ្នូរ phno *n.* grave
ផ្នែក phnaek *n.* aspect
ផ្នែកកោង phnaek koang *n.* arch
ផ្នែកខាង pha-naek khang *n.* sidebar
ផ្នែកខាងក្នុង phnhaek-khang-knung *n.* interior
ផ្នែកខាងក្រោយ phnek-khang-kroy *n.* rear
ផ្នែកខាងក្រៅ phnek-khang-krav *n.* surface
ផ្នែកគ្រលរ phnaek kro-lor *n.* bass *(in music)*
ផ្នែកនៃសាច់គោ phnaek nay sach ko *n.* chuck steak
ផ្លាក phlak *n.* tag
ផ្លាកសញ្ញា phlak-sanh-hna *n.* signpost
ផ្លាស់ទី phlas-ti *v.* move
ផ្លាស់ប្តូរ phlas-pdo *v.* transfer, alter

ផ្លាស្ទិច phlas-stic *n.* plastic
ផ្លូវ phlouw *n.* path, way
ផ្លូវសម្រាប់ជិះកង់ phlouw sorm-rab chis korng *n.* biking path
ផ្លូវកាត់តាមធម្មជាតិ phlouw-kat-tam-thom-cheat *n.* nature trail
ផ្លូវការ phlouw-ka *adj.* formal
ផ្លូវក្រោមដី phlouw-krom-dey *n.* subway
ផ្លូវចូល phlouw-chol *n.* entrance
ផ្លូវចេញ phlouw-chenh *n.* exit
ផ្លូវចេញពីមហាវិថី phlouw-chenh-pi-mor-ha-vi-thei *n.* highway exit
ផ្លូវដែក phlouw-dek *n.* track
ផ្លូវណា phlouw-na *adv.* whither
ផ្លូវតូច phlouw touch *n.* alley
ផ្លូវតូចសម្រាប់ដើរ phlouw-toch-som-rab-der *n.* footpath
ផ្លូវថ្នល់ phlouw-tnol *n.* road
ផ្លូវទាល់ phlouw torl *n.* dead end
ផ្លូវធំ phlouw-thom *n.* highway
ផ្លូវបែកនៃមហាវិថី phlouw-baek-nei-mor-ha-vi-thei *n.* highway interchange
ផ្លូវភេទ phlouw-phet *adv.* sexually
ផ្លូវភ្នំ phlouw-phnom *n.* mountain path
ផ្លូវរទេះភ្លើង phlouw-rotes-phlerng *n.* railroad
ផ្លូវរូង phlouw-rung *n.* tunnel
ផ្លូវវាង phlouw veang *n.* bypass
ផ្លូវឡើងភ្នំ phlouw-lerng-phnom *n.* hiking route
ផ្លូវឯកទិស phlouw-ek-ters *n.* one-way street
ផ្លែកាំបិត phlae kam-bet *n.* blade
ផ្លែក្រូចឆ្មារ phlae kroch-chhma *n.* citron
ផ្លែគ្រែនប៊ឺរី phlae kraen-beu-ri *n.* cranberry
ផ្លែឃើរែន phlae kher-raen *n.* currants
ផ្លែច្រើន phlae-chrern *adj.* prolific
ផ្លែឆ័រី phlae cher-ri *n.* maraschino cherry
ផ្លែឆឺរី phlae cher-ri *n.* cherry
ផ្លែឈើ phlae-chher *n.* fruit
ផ្លែឈើជូ phlae-chher-chu *n.* strudel
ផ្លែឈើមួយបែប phlae-chher-muoy-beb *n.* raspberry
ផ្លែឈើស្ងួត phlae-cheur snguot *n.* dried fruit
ផ្លែដូង phlae dong *n.* coconut
ផ្លែត្រប់ phlae trob *n.* aubergine, eggplant

ផ្លែត្របែក phlae-tor-baek *n.* guava
ផ្លែត្រសក់ phlae tror-sork *n.* cucumber
ផ្លែទទឹម phlae-tor-tem *n.* pomegranate
ផ្លែទម្លាប់ phlae tum-loab *n.* persimmon
ផ្លែធូរេន phlae-thou-reen *n.* durian
ផ្លែប័រ phlae bur *n.* avocado
ផ្លែប៊ឺរី phlae beu-ri *n.* berry
ផ្លែប៊ឺរីខ្មៅ phlae bur-ri khmao *n.* blackberry
ផ្លែប្លូប៊ឺរី phlae blu bur ri *n.* blueberry
ផ្លែប៉ែស phlae-pes *n.* peach
ផ្លែប៉ោម phlae poam *n.* apple
ផ្លែប៊ឺរី phlae beu-ri *n.* juniper berry
ផ្លែផាស្យុង phlae-pha-shong *n.* passion fruit
ផ្លែផ្លម phlae phlum *n.* plum
ផ្លែព្រូន phlae-prune *n.* plum
ផ្លែព្រូនហាល phlae-prune-hal *n.* prune
ផ្លែល្វា phlae-lvea *n.* fig
ផ្លែសាគូ phlae sa-ku *n.* arrowroot
ផ្លែសារី phlae-sa-ry *n.* pear
ផ្លែសេដា phlae-se-da *n.* persimmon
ផ្លែសេរី phlae-seri *n.* sherry
ផ្លែសែន phlae saen *n.* acorn
ផ្លែស្ត្របេរី phlae-stop-bery *n.* strawberry
ផ្លែស្រដៀងប៊ឺរី phlae sro-dieng bur-ri *n.* boysenberry
ផ្លែស្រល់ phlae-srol *n.* pine
ផ្លែអាព្រិខត phlae a-pri-khot *n.* apricot
ផ្លែអាម៉ង់ phlae-al-mon *n.* almond
ផ្លែអូលីវ phlae-oh-live *n.* olive
ផ្លែអែបព្រិខត phlae aprikot *n.* apricot
ផ្លុំ phlom *n.* whistle • *v.* blow
ផ្លុំស្ងួត phlom snguot *v.* blow-dry
ផ្សព្វផ្សាយ phsorb psay *v.* advertise
ផ្សាបន្លែបៃតង phsa-bon-lae-bei-tong *n.* greengrocer
ផ្សាភ្ជាប់ phsa phchorb *v.* connect
ផ្សាយ phsay *v.* publish
ផ្សាយវិទ្យុ phsay-vi-yuk *n.* radio
ផ្សារជជុះ phsa-chor-chus *n.* flea market

ផ្សារទំនើប phsar tum-noeb *n.* mall
ផ្សារធំ phsa-thom *n.* supermarket
ផ្សារភ្ជាប់ phsa pchorb *v.* attach
ផ្សារលក់ចេញ phsa-louk-chenh *n.* outlet
ផ្សិត phset *n.* fungus
ផ្សេងៗ phseng phseng *adj.* various
ផ្សេងគ្នា phseng-knea *adj.* varied
ផ្សេងទៀត phseng-teat *adv.* else
ផ្សែង phsaeng *n.* fumes
ផ្សំអ៊ីដ្រូសែន phsorm-ei-dro-sen *v.* hydrogenize
ផ្សះផ្សា phsas-phsar *v.* make up
ផ្អាក phaarkmuoy *v.* pause
ផ្អែម p-em *adj.* sweet
ផ្ទះដំបូលមូល phteah-dom-bol-moul *n.* dome

ព

ពងក្រពើ pong-kro-per *adj.* oval
ពងត្រី pong-trei *n.* roe
ពងត្រីប្រឡាក់ pong trei pror-lak *n.* caviar
ពងទាខ porng-tea khooh *n.* haminados *(egg dish)*
ពងទាវាយបញ្ចូលគ្នា porng-tea vai banh-chol-knea *n.* scrambled egg
ពងទាស្ងោរ porng-tea sngoa *n.* hard-boiled egg
ពងស្បែក porng sbaek *n.* blister
ពងស្វាស pong-svas *n.* testicle
ពង្រាង pong-reang *n.* draft
ពង្រាត់ពង្រាយ pong-rot-pong-reay *v.* ransack
ពង្រាវ pung-reaw *v.* dilute
ពង្រីក pung-rik *v.* amplify
ពង្រឹង ping-roeng *v.* enhance
ពង្សាវលី pong-sa-valy *n.* pedigree
ពណ៌ por *n.* color
ពណ៌ក្រហម por-kror-horm *adj.* red
ពណ៌ខៀវ por khiev *adj.* blue
ពណ៌ចម្រុះគ្នា por-chom-ros-knea *n.* mottle
ពណ៌ត្នោតខ្ចី por tnoat kchei *n.* beige
ពណ៌នា por-neak-nea *v.* describe
ពណ៌ផ្កាឈូក por-phka-chhuk *adj.* pink
ពណ៌លឿង por-loeurng *adj.* yellow
ពណ៌លឿងភ្លាវ puour leurng phleaw *n.* cinnamon
ពណ៌ស្វាយ por-svay *adj.* purple
ពត់ put *adj.* whipped
ពត៌ត្នោត por tnoat *adj.* brown
ពត័មាន puour-dor-mean *n.* information
ពទ្ធ័ជុំវិញ pot-chom-vinh *v.* engulf
ពន្ធ pon *n.* tax
ពន្ធគយ pun kory *n.* customs *(at border)*
ពន្ធទិញអីវ៉ាន់ pon-tinh-eyvan *n.* sales tax
ពន្ធនាគារ pon-tnea-kea *n.* prison

ពន្ធប្រាក់ចំណូល pun-prak-chom-noul *n.* income tax
ពន្ធលើតម្លៃបន្ថែម pun-ler-dom-lai-bon-thaem *n.* value-added tax (VAT)
ពន្យល់ pon-yol *v.* explain
ពន្យាពេល pon-year-pel *v.* postpone
ពន្យារ pon-yeal *v.* extend
ពន្លក pon-lok *n.* sprout
ពន្លកស្រូវសាលី pun-lork srouw-salei *n.* wheat germ
ពន្លត់ pon-lot *v.* quench
ពន្លា pon-lea *n.* pavilion
ពន្លឺចាំងខ្លាំង pon-lue-chang-khlang *n.* high-beam lights
ពន្លឺព្រះអាទិត្យ pon-lue-preas-ah-tet *n.* sunlight
ពន្លួញ pun luon *n.* axle
ពន្លើស pon-lers *v.* exaggerate
ពន្លឿន pon-lorurn *v.* fasten
ពពក por-pork *n.* cloud
ពពកភ្លៀង por-pork-pleang *n.* nimbus
ពពុះ por-pouh *n.* bubble
ពពួកអណ្តើក po-pouk-orn-derk *n.* tortoise
ពពែ por-pe *n.* goat
ពព្លា poo-phlea *n.* grewia tomentosa *(flowering plant)*
ព័រស៊ីឡែន por-seu-laen *n.* china
ពលកម្ម pol-karm *n.* labor
ពលរដ្ឋ pul-rort *n.* civilian
ពលរដ្ឋភាព pul-rort-pheap *n.* citizenship
ពស់ pous *n.* snake
ពស់ថ្លាន់ pous-tlan *n.* python
ពស់វែក puos vaek *n.* aspic
ពហិកា peak-hi-ka *v.* boycott
ពហុកីឡាដ្ឋាន peak-huk-key-la-than *n.* stadium
ពហុជាតិ peak-huk-cheat *adj.* multinational
ពហុភាណ peak-huphean *n.* pedantry
ពហុវចនៈ pek-huk-vech-cha-nak *n.* plural
ពាក់កណ្តាល peak-kon-dal *n.* half
ពាក់កណ្តាលដប peak-kon-dal-dorb *n.* half bottle
ពាក់ពន្ធ័ peak poin *v.* associate
ពាក់ពន្ធ័នឹង pak-poin-noeng *phr.* involved in
ពាក្យ peak *n.* word

ពាក្យកាត់ peak kat *n.* abbreviation
ពាក្យក្លាយ peak klay *n.* derivative
ពាក្យគន្លឹះ peak-kon-leus *n.* keyword
ពាក្យចចាមអារ៉ាម peak-chor-cham-ah-ram *n.* hearsay
ពាក្យចួន peak-choun *n.* rhyme
ពាក្យច្រំដែល peak-chrom-del *n.* repetition
ពាក្យទស្សន៍ទាយ peak-tous-teay *n.* oracle
ពាក្យទិទៀន peak ti-tien *n.* critique
ពាក្យន័យធៀប peak-nei-theab *n.* idiom
ពាក្យប្រដៅ peak-prodao *n.* riddle
ពាក្យរាយ peak-reay *n.* prose
ពាក្យសម្រាប់ភ្ជាប់ peak som-rab pchop *n.* preposition
ពាក្យសរសើរ peak-sor-ser *n.* panegyric
ពាក្យសាមញ្ញ peak sa-manh *n.* slang
ពាក្យសំងាត់ peak sorm-ngart *n.* password
ពានរង្វាន់ pean rung-vorn *n.* award
ពាន់លាន poin lean *n.* billion
ពិការ pi-ka *n.* handicap
ពិការភាព pi-ka-roo-pheap *n.* disability
ពិគ្រោះ pi-kruoh *v.* consult
ពិចនិច pich-nich *n.* picnic
ពិចារណា pi-cha-ra-na *v.* consider
ពិចារណាអំពីអតីតកាល pi-cha-na-om-pi-ak-tey-takal *v.* retrospect
ពិណ pen *n.* harp
ពិតជា pit-chea *adj.* sure
ពិតប្រាកដ pit-bra-kot *adj.* genuine, true, real
ពិតប្រាកដណាស់ pit-bra-kod-nas *adv.* indeed
ពិតាន pi-dan *n.* ceiling
ពិធី pi-thi *n.* event
ពិធីការ pithi-ka *n.* protocol
ពិធីជប់លៀង pi-thi-choub-leang *n.* party
ពិធីបុណ្យ pi-thi-bon *n.* ceremony
ពិធីបុណ្យម្ហូប pi-thy-bon-mhob *n.* food festival
ពិធីភ្ជាប់ពាក្យ pi-thi-phchop-peak *n.* engagement
ពិធីរំលឹក pi-thi-rom-leok *n.* memorial
ពិន័យ pi-ney *v.* penalize
ពិនិត្យ pi-nit *v.* check

ពិនិត្យមើល pi-nit-mel *v.* probe
ពិនិត្យឡើងវិញ pinit-lerng-vinh *v.* revise
ពិន្ទុ pon-tuk *n.* score
ពិបាក pi-bak *adj.* difficult
ពិបាកដោះស្រាយ pi-bak-dos-sray *adj.* sensitive
ពិភពលោក pi-phob-lok *n.* world
ពិភាក្សា pi-pheak-sa *v.* discuss
ពិល pil *n.* flashlight
ពិស pis *n.* venom
ពិសេស pi-ses *adj.* extraordinary
ពិស្តារ peus-sda *adj.* circumstantial
ពិស្តុង pis-stong *n.* piston
ពីកំណើត pi korm-nert *adj.* biological
ពីក្រោម pi kroam *prep.* below
ពីក្រោយ pi kroay *prep.* behind
ពីងពាង ping-peang *n.* spider
ពីចំហៀង pi-chom-heang *adj.* sideways
ពីជគណិត peich k-nit *n.* algebra
ពីដើមដល់ចប់ pi-derm-dol-chop *prep.* throughout
ពីទីនេះ pi-ti-nis *adv.* from here
ពីធីខួបកំណើត pi-thy khuob korm-nert *n.* birthday party
ពីធីទទួល pithi-tor-toul *n.* reception
ពីព្រោះ pi pruoh *conj.* because
ពីម្សិលម៉ិញ pi-msil-minh *adv.* yesterday
ពីរដង pi-dong *adv.* twice
ពីរបី pi-bei *adj.* few
ពីរសប្ដាហ៍ pi-sab-pda *n.* fortnight
ពីរ៉ាមីតអាហារ pi-ra-mid-ah-ha *n.* food pyramid
ពីលើ pi-ler *prep.* on
ពីអតីត pi-ah-det *adv.* formerly
ពឹងផ្អែក peng p-aek *v.* depend
ពឹងលើ peong-ler *v.* rely on
ពុកមាត់ puk moit *n.* beard
ពុកផុយ puk-phoy *v.* perish
ពុករលួយ puk ror-luoy *adj.* corrupted
ពុទ្ធជាត puth-cheat *n.* chameli *(flower)*
ពុទ្រា put-trea *n.* jujube

ពុម្ព pum *n.* mold *(form)*
ពុម្ពអក្សរ pum-ak-sor *n.* font
ពុល pol *adj.* toxic
ពុលរលកសមុទ្រ pol-ro-lork-sak-mut *adj.* seasick
ពូក pouk *n.* mattress
ពូកែខាង pi-kae-khang *phr.* good at
ពូជ pouch *n.* lineage
ពូជត្រី puch-trei *n.* fish stock
ពូជសត្វរងគ្រោះ pouch-sat-rong-kruoh *n.* endangered species
ពូថៅ pu-thaow *n.* axe
ពួកខ្យងខ្មៅ puok-khchong-khmaow *n.* gastropod
ពួកគេ pouk-ke *pron.* them
ពួកចោរ pouk-chor *n.* steamer
ពួច puoch *n.* rhodomyrtus tomentosa (*flowering plant*; *aka* rose myrtle)
ពួរ pour *n.* rope
ពេជ្រ pich *n.* diamond
ពេញ penh *adj.* full
ពេញណែន penh-nen *adj.* packed
ពេញមាត់ penh-mot *adj.* mouthful
ពេញលេញ penh-lenh *adv.* fully
ពេញវ័យ penh vay *v.* mature
ពេទ្យ pet *n.* hospital
ពេទ្យភ្នែក pet-phnek *n.* oculist
ពេទ្យវិកលចរិត pet-vikol-charek *n.* psychiatrist
ពេទ្យវះកាត់ pet-veas-kat *n.* surgeon
ពេលណាក៏បាន pel-na-kor-ban *conj.* whenever
ពេលថ្ងៃ pel thngai *n.* daytime
ពេលទំនេរ pel-tom-ne *n.* free time
ពេលធ្វើការក្រៅម៉ោង pel-thver-ka-krav-morng *n.* overtime
ពេលព្រឹក pel proek *adv.* a.m.
ពេលយប់ pel-yob *adv.* night
ពេលសម្រាក pel-somrak *n.* intermission
ពេលអាហារថ្ងៃត្រង់ pel aha-tngai-trorng *n.* lunchtime
ពេលអ្នកធ្វើដំណើរ pel-nek-thver-dom-ner *n.* rucksack
ពែង peaeng *n.* cup, mug
ពោងសុវត្ថិភាព poong so-vat-te-pheap *n.* life preserver
ពោត poot *n.* corn

ពោតលីង poot-ling *n.* popcorn
ពោន poan *n.* hog plum
ពោពេញ po-penh *n.* replete
ពោះ puos *n.* abdomen
ពោះម៉ាយ pous-may *n.* widower
ពោះវៀន puoh vean *n.* bowel
ពោះវៀនធំ puoh-wean thoum *n.* colon
ពំនូកដី pon-nuk-dey *n.* mound
ព្នៅ phnov *n.* bael fruit
ព្យញ្ជនៈ pchunh-neak *n.* consonant
ព្យាករណ៍ pchea-kor *v.* predict, prophesy
ព្យាង្គ pyeang *n.* syllable
ព្យាណូ pya-no *n.* piano
ព្យាបាល pyea-bal *v.* cure
ព្យាបាលរោគ pyea-bal-rok *n.* sanatorium
ព្យាយាម pyea-yeam *v.* try; persist
ព្យុះទឹកកក pchuoh toek kok *n.* blizzard
ព្យុះសង្ឃរា pchuoh-song-krea *n.* gale
ព្យួរ pchuor *v.* hang
ព្យួរគណៈវិនិច្ឆយ pchuo-k-nak-vi-ni-chai *n.* hung jury
ព្រងើយ pro-ngery *v.* ignore
ព្រនង់ pror-nung *n.* bat *(sports)*
ព្រមព្រៀងគ្នា prorm prieng knea *v.* correspond
ព្រលឹង pro-lerng *n.* soul
ព្រលឹត proo-loet *n.* water lily
ព្រហូត pro-huot *n.* garcinia vilersiana *(medicinal plant)*
ព្រហ្មលិខិត prom-li-khet *n.* fate
ព្រាប preab *n.* dove
ព្រាវៗ preav-preav *adj.* random
ព្រិល pril *adj.* blurred
ព្រីង pring *n.* jambolan plum
ព្រីន prin *v.* print
ព្រឹកនេះ prerk-nis *adv.* this morning
ព្រឹទ្ធសភា pret-sa-phea *n.* senate
ព្រឹទ្ធិកម្ម proet-takam *n.* usury
ព្រួស pruos *n.* garcinia cochinchinensis *(mangosteen-like plant/fruit)*
ព្រួញ pruonh *n.* arrow

ព្រេងសំណាង preng-somnang *n.* predestination
ព្រែកជីក preaek chik *n.* canal
ព្រៃ prei *n.* forest
ព្រៃឈើ prei-chher *n.* forestry
ព្រំដែន proum daen *n.* border
ព្រះ preah *n.* god
ព្រះខ្លប preah-khlorb *n.* sensitive plant
ព្រះគន្ធកុដិ preah kun-kot *n.* fragrant cell *(Buddhist)*
ព្រះចន្ទ័ preas-chan *n.* moon
ព្រះធម៌ preah thuour *n.* dhamma *(Buddhist)*
ព្រះពុទ្ធ preah put *n.* Buddha
ព្រះពុទ្ធសាសនា preah put-ta-sas-na *n.* Buddhism
ព្រះមហាក្សត្រ preas-mo-ha-khsat *n.* monarch
ព្រះមុនី preah mu-ni *n.* calmed one
ព្រះរាជណាចក្រ preah-reach-na-chak *n.* realm
ព្រះរាជអាជ្ញា preah-reach-anha *n.* prosecutor
ព្រះរាជាណាចក្រ preah-reachea-na-chak *n.* royalty
ព្រះវិហារ preah vi-hea *n.* church
ព្រះអរហន្ត preah ak-ra-horn *n.* arahant *(worthy person in Buddhism)*
ព្រះអាទិត្យ preas-ah-tet *n.* sun
ព្រះអាទិត្យរះ preas-ah-tet reah *n.* sunrise
ព្រះអាទិទេព preuh-ah-ti-tep *n.* god

ភក់ phouk *n.* mud
ភគវា phak-ka-vea *n.* exalted one
ភទ្របទ phak-tra-bot *n.* bhadrapada *(month on Hindu calendar)*
ភព phop *n.* planet
ភពណិបទូន phop-nib-tun *n.* Neptune
ភព្វសំណាង phorb-som-narng *n.* fortune
ភ័យខ្លាច phay khlach *adj.* afraid
ភវនីយហេតុ pheak-vak-nei-haet *n.* probable cause *(legal)*
ភស្តុតាង phos-tang *n.* evidence
ភស្តុតាងប្រយោល phoas-tang pror-yoal *n.* circumstantial evidence *(legal)*
ភាគ pheak *n.* episode
ភាគកណ្តាល pheak korn-dal *adj.* central
ភាគច្រើន pheak-chrern *adv.* most
ភាគយក pheak-york *n.* numerator
ភាគរយ pheak-roy *n.* percent
ភាគលាភ pheak-leap *n.* dividend
ភាគល្អិត pheak-la-et *n.* particle
ភាជន៍ pheach *n.* jug
ភាព pheap *n.* generosity
ភាពកន្តើយ pheap-kon-tery *n.* nonchalance
ភាពខុសគ្នា pheap khos knea *n.* difference
ភាពខូចខាត pheap-khoch-khat *n.* harm
ភាពខ្ជះខ្ជាយ pheap-kcheas-kcheay *n.* prodigality
ភាពខ្មាស pheap-khmas *n.* embarrassment
ភាពខ្លាំងក្លា pheap-khlang-khla *n.* intensity
ភាពគ្មានជាតិធាត់ pheap-kmean-cheat-thort *adj.* fat-free
ភាពគ្មានរបៀបរៀបរយ pheap-kmean-ror-beab-reab-roy *n.* disorder *(mess)*
ភាពគ្រប់ការ pheap-krub-ka *n.* puberty
ភាពឃោឃៅ pheap khoo-khouw *n.* cruelty
ភាពងាយស្រួល pheap ngeay sruol *n.* convenience store
ភាពចម្រុះ pheap-chom-ros *n.* multiplicity
ភាពចម្រើន pheap-chom-rern *n.* prosperity

ភាពច្រើនក្រៃលែង pheap-chrern-krai-leng *n.* profusion
ភាពឆាប់រំភើប pheap-chhab-rom-pherb *n.* sensitivity
ភាពឆ្លាតវៀងវៃ pheap-chhlat-veang-vey *n.* sagacity
ភាពជាជើងឯក pheap chea cheuhng aek *n.* championship
ភាពជាដៃគូ pheap-chea-dai-ku *n.* partnership
ភាពជាបងប្អូនប្រុស pheap chea bong paoun bros *n.* brotherhood
ភាពជាអាណាព្យាបាល pheap-chea-ah-na-phchea-bal *n.* guardianship
ភាពជិតបំផុត pheap-chet-bom-phot *n.* proximity
ភាពជឿនលឿន pheap-chern-lern *n.* progress
ភាពជ្រាលជ្រៅ pheap-chreal-chrov *n.* profoundity
ភាពឈឺចាប់ pheap cheu chab *n.* ache
ភាពញឹកញាប់ pheap-nhoek-nhorb *n.* frequency
ភាពញៀន pheap nhean *n.* addiction
ភាពដាក់ខ្លួន pheap-dak-kloun *n.* humility
ភាពដាច់ពីគេ pheap dach pi-ke *n.* privacy
ភាពតានតឹង pheap-tan-terng *n.* stress
ភាពត្រឹមត្រូវ pheap-trerm-trouw *n.* purity
ភាពថ្មី pheap-tmey *n.* novelty
ភាពទង្គិចក្បាល pheap tung-kech kbal *n.* concussion
ភាពទន់ល្ហិតល្ហៃ pheap tun la-hoet la-hai *n.* lethargy
ភាពទាក់ទង pheap-teak-tong *n.* relevance
ភាពទាក់ទាញ pheap teak teanh *n.* attraction
ភាពទីពីរ pheap-ti-pi *n.* second
ភាពទុនខ្សោយ pheap-ton-khsoy *n.* weakness
ភាពទំនេរ pheap tum-ne *n.* availability
ភាពទាំងស្រុង pheap-teang-srong *n.* utterance
ភាពធីងធោងឈឺក្បាល pheap-thyng-thong-chher-kbal *n.* hangover
ភាពបាត់មើលលែងឃើញ pheap-bat-meuhl-leaeng-khernh *n.* disappearance
ភាពប៉ិនប្រសប់ pheap pen pror-sob *n.* craft
ភាពប្រកបដោយទុក្ខសោក pheap-bro-kob-doy-tuk-soak *n.* melancholy
ភាពប្រក្រតី pheap-bro-kro-dey *n.* functionality
ភាពប្រណីត pheap pror-net *n.* delicacy
ភាពប្រែប្រួល pheap-bre-bruol *n.* flexibility
ភាពប្លែកគ្នា pheap-blaek-knea *n.* distinction
ភាពផ្គត់ផ្គង់ pheap-pkut-pkong *n.* provisionality
ភាពផ្ទុយគ្នា pheap phtuy knea *n.* contrast
ភាពផ្ទុយពី pheap-phtuy-pi *n.* opposition

ភាពពិតឥតក្លែងក្លាយ pheap pit et klaeng-klay *n.* authenticity
ភាពពិសេស pheap-pi-ses *n.* specialty
ភាពពេញចិត្ត pheap-penh-chet *n.* willingness
ភាពព្រឺសម្បុរ pheap preu sorm-bol *n.* chills
ភាពភ័យខ្លាច pheap-phei-khlach *n.* fear
ភាពភ្ញាក់ផ្អើល pheap pnheak pa-erl *n.* awe
ភាពភ្លឺចាំង pheap-pler-chang *n.* radiance
ភាពភ្លឺច្បាស់ pheap phleu-chbas *n.* brightness
ភាពមានច្រើន pheap-mean-chrern *n.* variety
ភាពមានះ pheap-mea-neas *n.* perversion
ភាពមិនច្បាស់ pheap-min-chbas *n.* obscurity
ភាពមិនច្បាស់លាស់ pheap min chbas lors *n.* ambiguity
ភាពមិនពិតប្រាកដ pheap-min-bra-kot *n.* uncertainty
ភាពមិនយល់ស្រប pheap-men-yol-srorb *n.* disagreement
ភាពមិនសមហេតុផល pheap-min-som-het-phol *n.* nonsense
ភាពមុតស្រួច pheap-mun-sroul *n.* poignancy
ភាពមាំទាំ pheap-morm-torm *n.* fitness
ភាពយន្ត pheap-yun *n.* film
ភាពយន្តរន្ធត់ pheap-yun-run-thut *n.* horror film
ភាពរលោង pheap-ro-long *n.* gloss
ភាពរាយប៉ាយ pheap-reay-pay *n.* mess
ភាពរីកចម្រើន pheap-rek-chom-rern *n.* improvement
ភាពរីករាយ pheap rik-reay *n.* delight
ភាពរឹងទទឹង pheap-rerng-tor-terng *n.* perversion
ភាពរឹងមាំ pheap-reong-mum *n.* rigor
ភាពរឹងរូស pheap-rerng-rus *n.* obstinacy
ភាពរុងរឿង pheap-rung-rerng *n.* glory
ភាពរំជើបរំជួល pheap-roum-cherb-roum-chuol *n.* fervor
ភាពលម្អៀង pheap lum-eang *n.* bias
ភាពលេចធ្លោ pheap-lech-chro-ngo *n.* prominence
ភាពលែងត្រូវការ pheap-leng-trouw-ka *n.* redundancy
ភាពលំបាក pheap loum bak *n.* difficulty
ភាពលំអៀង pheap-lom-eang *n.* incline
ភាពល្ងង់ខ្លៅ pheap-lngong-khlao *n.* ignorance
ភាពល្អឥតខ្ចោះ pheap-laor-et-khchos *n.* perfection
ភាពវឹកវរ pheap weuk-wor *n.* calamity
ភាពសណ្ដំចិត្ត pheap-sorn-dorm *n.* hypnotism

ភាពសប្បាយ pheap-sabbay *n.* fun
ភាពសប្បាយរីករាយ pheap sa-bay rik-reay *n.* amusement
ភាពសមគ្នា pheap-som-knea *n.* symmetry
ភាពសមតាមវិចារណញ្ញាណ pheap-som-tam-vicha-ronak-nhean *n.* rationality
ភាពសម្បូរ pheap-sombo *n.* plenty
ភាពសម្បូរទ្រព្យធន pheap sorm-bo trob-thun *n.* affluence
ភាពសម្បូរសប្បាយ pheap-som-bo-sab-bay *n.* opulence
ភាពសម្រេចបាន pheap sorm-rach ban *n.* achievement
ភាពសាមញ្ញ pheap sa-manh *n.* mediocrity
ភាពស៊ាំ pheap-soim *adj.* immune
ភាពស៊ាំនឹងមេរោគ pheap-soim-noeng-me-rork *n.* immunity
ភាពសើម pheap-serm *n.* humidity
ភាពសែនរីករាយ pheap-sen-rik-reay *n.* relish
ភាពសោកសៅ pheap-sork-sao *n.* sadness
ភាពសំបូរ pheap-som-bo *n.* wealth
ភាពស្ងប់ស្ងាត់ pheap sgnob-sgnat *n.* composure
ភាពស្ងាត់ pheap-sngat *n.* silence
ភាពស្ទាត់ pheap-sngat *n.* fluency
ភាពស្ទើស្ទាក់ pheap-ster-steak *n.* reluctance
ភាពស្និទ្ធស្នាល pheap-snet-snal *n.* intimacy
ភាពស្មុគស្មាញ pheap smok-smanh *n.* complexity
ភាពស្មើគ្នា pheap-smer-knea *n.* equality
ភាពស្មោកគ្រោក pheap-smoak-krok *n.* filth
ភាពស្រអាប់ pheap-sro-ab *n.* opacity
ភាពស្រេកឃ្លាន pheap-srek-khlean *n.* hunger
ភាពស្អប់ខ្ពើម pheap-sa-ob-khperm *n.* hatred
ភាពអនាមិក pheap a-na-mek *n.* anonymity
ភាពអប្រិយ pheap-ark-phrey *n.* notoriety
ភាពអមិត្ត pheap-ark-met *n.* enmity
ភាពអល់អែក pheap-orl-ek *n.* quandary
ភាពអាចនឹងស្លាប់ pheap-ach-neng-slab *n.* mortality
ភាពអាម៉ាស់មុខ pheap-ah-mas *n.* shame
ភាពអាសគ្រាម pheap-as-kream *n.* obscenity
ភាពក្រីក្រ pheap-krey-kror *n.* poverty
ភាពត្រូវ pheap-trouw *n.* precision
ភារកិច្ច phea-reak-kech *n.* duty

ភាសា phea-sa *n.* language
ភាសាតាមស្រុក phea-sa tam srok *n.* dialect
ភាសាបរទេស phea-sa-bor-tes *n.* foreign language
ភាសាម៉ាស៊ីន pheasa masin *n.* machine language
ភាសាវិទូ phea-sa vitou *n.* linguist
ភាសាសាស្ត្រ phea-sa sas *n.* linguistics
ភាសាសាស្ត្រ phea-sa-sas *n.* philology
ភាសាអារ៉ាប់ phea-sa ah-rab *n.* Arabic
ភិក្ខុ phi-khok *n.* parson
ភិតភ័យ phet-phei *adj.* frightened
ភីច pheech *n.* peach
ភូគព្ភវិទូ phout-pheak-vi-tou *n.* geologist
ភូគព្ភវិទ្យា phout-pheak-vi-chea *n.* geology
ភូមិ phum *n.* village
ភូមិភាគឧស្សាហកម្ម phoum-pheak-ou-sa-ha-kam *n.* industrial district
ភូមិសាស្ត្រ phoum-sas *n.* geography
ភួយ phuoy *n.* blanket
ភៀសខ្លួន pheas-khluon *v.* evacuate
ភេ phe *n.* otter
ភេទ phet *n.* gender
ភេទប្រុស phet-pros *adj.* male
ភេទស្រី phet-srey *adj.* female
ភេរវជន phe-veak-chon *n.* terrorist
ភេសជ្ជៈ phesa-cheak *n.* beverage
ភេសជ្ជៈធ្វើពីប៉ោម phesa-cheak thver pi poam *n.* cider
ភេសជ្ជៈប៉ូវកម្លាំង phesa-cheak-pouw-kom-lang *n.* gin-and-tonic
ភេសជ្ជះ phes-cheak *n.* refreshment
ភោគទ្រព្យ phoak-troab *n.* estate
ភោជនីសិល្បៈ phoch-ni-sel-lpak *n.* gastronomy
ភ្ជាប់ phchoab *v.* link
ភ្ជាប់គ្នា phchob knea *v.* bind
ភ្ជាប់ពាក្យ phchop-peak *adj.* engaged
ភ្ជួរស្រែ phchuo-srae *v.* plow
ភ្ញៀវ phnhiev *n.* client
ភ្នាក់ងារ phneak-ngea *n.* agent
ភ្នាក់ងារអតិថិជន phnak-ngea ak-ti-the-chun *n.* call center
ភ្នាល់ phnorl *v.* bet

ភ្នែក phnek *n.* eye
ភ្នែកឈើ phnek-chher *n.* node
ភ្នំ phnom *n.* mountain
ភ្នំភ្លើង phnom-plerng *n.* volcano
ភ្លាម phleam *adj.* immediate
ភ្លាមៗ phleam-phleam *adv.* immediately
ភ្លឺ phleu *adj.* bright
ភ្លឺភ្លិបភ្លែត phleu-phlerb-phlet *v.* flicker
ភ្លូ phlou *n.* dillenia hookeri *(flowering plant)*
ភ្លើង phlerng *n.* blaze
ភ្លើងក្រោយ phlerng-kraoy *n.* taillight
ភ្លើងមុខ phlerng-muk *n.* front light
ភ្លើងសញ្ញា phlerng sa-nha *n.* beacon
ភ្លើងហ្វា phlerng-fha *n.* fog light
ភ្លើងហ្វាជិត phlerng-pha-chet *adj.* low-beam
ភ្លើងហ្វារ phlerng-fha *n.* headlight
ភ្លៀង phleang *n.* rain
ភ្លៀងរលឹម phleang-ro-loem *v.* drizzle
ភ្លេង (ភ្លេងជាតិ) phleng (phleng cheat) *n.* anthem
ភ្លេច phlech *v.* forget
ភ្លេចភ្លាំង phlech-phleang *adj.* forgetful
ភ្លៅសត្វ phlouw-sat *n.* thigh

ម

មក mork *v.* come
មកដល់ mok dol *v.* arrive
មកវិញ mork winh *v.* come back
មគ្គុទេសក៏ meak-ktes *n.* guide
មង morng *n.* fishing net
មង្គលការ mong-kol-ka *n.* wedding
មង្ឃុត mung-khut *n.* mangosteen
មជ្ឈមណ្ឌលការងារ mo-cheah-mon-dul-ka-ngea *n.* job center
មជ្ឈត្តកម្ម mach-choet-takam *n.* arbitration
មជ្ឈឹមបូព៌ា mach-chheom-bo-pea *n.* Middle East
មណ្ឌលកុមារកំព្រា mod-dol-ko-ma-kom-prea *n.* orphanage
មតិ mat-te *n.* comment
មតិរបស់រាស្ត្រ matek-robos-reas *n.* referendum
មត្តេយ្យ mat-tei *n.* kindergarten
មធ្យម ma-tyum *adj.* average
មធ្យោបាយ moat-tyoa-bay *n.* means
មនសិការ ma-naes-se-kar *n.* attention
មនុស្សកុហក mnus kuh-hork *n.* liar
មនុស្សក្រិន mnus-krin *n.* pigmy
មនុស្សខិល mnus-khil *n.* rogue
មនុស្សខ្វះសមត្ថភាព mnus kvas samat-ta-pheap *n.* incompetent
មនុស្សឃាត mnus-kheat *n.* homicide
មនុស្សចង្រៃ mnus chong-rai *n.* bastard
មនុស្សចម្លែក mnus-chom-lek *n.* stranger
មនុស្សឆ្កួត mnus-chhkuot *n.* fool
មនុស្សតូចតាច mnus-toch-tach *n.* pygmy
មនុស្សនៅពីក្រោយគេ mnus nov pi-kroay ke *n.* laggard
មនុស្សប្រសប់កំប្លែង mnus-pro-shop kom-pleng *n.* riot
មនុស្សប្រុស mnus-bros *n.* guy
មនុស្សប្រុសក្រៀវ mnus-bros-kreav *n.* eunuch
មនុស្សពាល mnus-peal *n.* ruffian
មនុស្សពេញវ័យ mnus penh vey *n.* adult

មនុស្សមិនល្អ mnus-min-laor *n.* jerk
មនុស្សម្នា mnus-mnea *n.* people
មនុស្សយន្ត mnus-yon *n.* robot
មនុស្សល្អឥតខ្ចោះ mnus-laor-et-khchos *n.* paragon
មនុស្សសម្រែ mnus-som-re *n.* rustic
មនុស្សស្រី mnus-srey *n.* girl
មនុស្សអស្ចារ្យ mnus-os-cha *n.* superman
មន្ត្រី mon-trei *n.* officer
មន្ត្រីប៉ូលិស mon-trei-po-lis *n.* policeman
មន្ទិល mon-tel *n.* doubt
មរណភាព mor-ror-nak-pheap *n.* death
មល្លិកា malika *n.* mallika *(flower)*
មហាវិទ្យាល័យ mor-ha vi-thyea-lai *n.* college
មហាវិហារ mor-ha wi-hea *n.* cathedral
មហាសង្ឃ mo-ha song *n.* archbishop
មហាសមុទ្រ moha-sak-mot *n.* ocean
មហាសមុទ្រប៉ាស៊ីហ្វិក mo-ha-sa-mot-pa-si-phich *n.* Pacific Ocean
មហិច្ឆតា mhach-ta *n.* ambition
មហោរី mor-hor-ri *n.* symphony
ម៉ាក mark *n.* brand
មាក់បាត mak-bat *n.* custard apple
មាក់ប៉ែន mak-paen *n.* gold apple
មាក់ប្រាង mak-praing *n.* maprang *(fruit)*
ម៉ាការូនី ma-karo-ni *n.* macaroni
ម៉ាក់ mak *n.* mom
មាឃ mek *n.* magha *(month in Hindu calendar)*
ម៉ាញេស្យូម ma-nhe-shoum *n.* magnesium
ម៉ាដ័របត mа-der-bort *n.* motherboard *(computer)*
មាត់ mot *n.* mouth
មាត់បឹង mot-berng *n.* shore
មាតាភាព mea-ta-pheap *n.* motherhood
មាតិកា meat-te-ka *n.* content
មាតុភូមិនិវត្ត mea-to-phum-nivot *n.* repatriation
មាត្រា mea-tra *n.* statute
ម៉ាទ្រីស ma-tris *n.* matrix
មាន mean *v.* have
មាន់ moan *n.* chicken *(animal)*

មានកំណត់ mean korm-nort *adj.* limited
មានកំហុស mean-kom-hors *v.* go wrong
មានគំនិតអាក្រក់ mean kom-nit ak-krork *adj.* malicious
មានចំណាប់អារម្មណ៍ mean-chom-nab-arom *adj.* interested
មានចំណាប់អារម្មណ៍លើ mean chom-nab-ar-rorm *phr.* keen on
មានច្រើនឡើង mean-chrern-lerng *v.* multiply
មានជាតិខ្លាញ់ច្រើន mean-cheat-khlanh-chrern *adj.* fatty
មានជាតិខ្លាញ់តិច mean cheat khlanh tech *adj.* low-fat
មានជីវិត mean chivit *adj.* living
មានជំនាញ mean-chom-neanh *adj.* professional
មាន់ឈ្មោល moin-chhmol *n.* rooster
មានឋានៈខ្ពស់ជាង mean-tha-nak-kpous-cheang *adj.* senior
មានទីតាំង mean ti-taing *adj.* located
មាន់ទោរ moin-tor *n.* pheasant
មានទំនុកចិត្ត mean toum-nuk chet *adj.* confident
មានទ្រព្យ mean-trop *adj.* wealthy
មានន័យ mean nei *v.* mean
មាន់បារាំង moin-barang *n.* turkey
មានបំណង mean-bom-norng *v.* intend
មានប្រតិកម្ម mean bror-t-kam *adj.* allergic
មានប្រសិទ្ធិភាព mean-bro-seth-pheap *adj.* effective
មានភាពសប្បាយរីករាយ mean-pheap-sabay-rik-reay *v.* enjoy
មានរសជាតិម្យ៉ាង mean-ruos-cheat-myang *v.* flavored
មានរឿងអ្វីកើតឡើង? mean-roeurng-avey-kert-loeurng *phr.* what happened?
មានលទ្ធភាពទិញ mean lata-pheap *v.* afford
មានលើសពីការប្រមាណ mean-lers-pi-ka-bro-man *v.* overrun
មានសាច់ដុំ mean-sach-doum *adj.* masculine
មានស្បែក mean sbek *adj.* skinned
មានអាកប្បកិរិយា mean a-kab-pak-ke-ri-ya *v.* behave
មានអារម្មណ៍ mean-ah-rom *v.* feel
មានអារម្មណ៍ខ្ពើម mean-arorm-khperm *adj.* disgusted
មានឧត្តមានុភាព mean oudom-mea-nupheap *v.* preponderate
មានឱជារសអាចទទួលយកបាន mean-oa-chea-ros-ach-tor-toul-york-ban *adj.* palatable
មាន់អាំង moan ang *n.* roast chicken
មាននៅខាងមុខ mean-nov-khang-muk *v.* precede
ម៉ាយ៉ានេស maya-nes *n.* mayonnaise

ម៉ាល់ធីមីឌៀរ marl-thi mi-dear *n.* multimedia
មាស meas *n.* gold
ម៉ាសការ៉ា mas-ka-ra *n.* mascara
មាសស្រោប meas-srorb *n.* gold plate
ម៉ាស៊ីន masin *n.* machine
មាស៊ីនកាត់ដេរ ma-sin-kat-deh *n.* sewing machine
ម៉ាស៊ីនចរន្តឆ្លាស់ ma-sin cha-ron chlas *n.* alternator
ម៉ាស៊ីនដំណើរការតូច masin dorm-na-uh kar touch *n.* microprocessor
ម៉ាស៊ីនថតចម្លង ma-sin-thot-chom-long *n.* photocopier
ម៉ាស៊ីនថតរូប ma-sin thort roub *n.* camera
ម៉ាស៊ីនថតសម្លេង masin-thot-somleng *n.* recorder
ម៉ាស៊ីនបង្ហាញទិស ma-sin-bong-hanh-ters *n.* navigator
ម៉ាស៊ីនបូម ma-sin-bom *n.* pump
ម៉ាស៊ីនបោកគក់ masin boak kuok *n.* launderette
ម៉ាស៊ីនបំពងសំលេង ma-sin bom-porng sorm-leng *n.* amplifier
ម៉ាស៊ីនព្រីន masin prin *n.* printer
ម៉ាស៊ីនភ្លើង ma-sin-phlerng *n.* generator
ម៉ាស៊ីនស្កេន masin sken *n.* scanner
ម៉ាស៊ីនអារ ma-sin ah *n.* saw
ម៉ាស៊ីន ATM ma-sin atm *n.* automatic-teller machine (*abbr.* ATM)
ម៉ាស៊ីនផ្លុំស្ងួត ma-sin plom snguot *n.* blow-dryer
ម៉ាស៊ីន ma̋-sin *n.* engine
ម៉ាស៊ីនកំដៅ ma-sin korm-daow *n.* central heating
ម៉ាស៊ីនគិតលុយ ma-sin kit luy *n.* cash register
ម៉ាស៊ីនទូរសារ ma-sin-tou-sa *n.* fax machine
ម៉ាស៊ីនម៉ាស៊ូត ma-sin ma-sout *n.* diesel motor
ម៉ាស៊ីនលាងចាន ma-sin-leang-chan *n.* dishwasher
ម៉ាស៊ីនលេងល្បែង ma-sin-leng-lbaeng *n.* games arcade
ម៉ាស៊ីនសម្ងួត ma-sin-som-nguot *n.* dryer
ម៉ាស្សា mas-sa *n.* massage
ម៉ាឡាកាំង ma-la-kaing *n.* mannequin
មិគសិរ meak-ka-se *n.* mekasay *(month of Khmer calendar)*
មិត្តប្រុស moet bros *n.* boyfriend
មិត្តភក្តិ moet-pheak *n.* friend
មិត្តភ័ក្តិ moet-phaeak *n.* mate
មិត្តភាព moet-pheap *n.* friendship
មិត្តរួមការងារ moet ruom ka-ngea *n.* colleague

មិត្តរួមបន្ទប់ moet-roum-bon-top *n.* roommate
មិត្តស្រី moet-srey *n.* girlfriend
មិនកំណត់ min-kom-nort *adj.* unlimited
មិនគួរសម min-kuor-som *adj.* impolite
មិនគួរឲ្យជឿ min-kour-ory-cheur *adj.* incredible
មិនគ្រប់គ្រាន់ min-krub-kroin *adj.* insufficient
មិនចាក់សោរ min-chak-sor *v.* unlock
មិនចូលចិត្ត men-chol-chet *v.* dislike
មិនចេះប្រែប្រួល min-ches-pre-proul *adj.* rigid
មិនចាំបាច់ min cham bach *v.* moot
មិនច្បាស់ min-chbas *adj.* uncertain
មិនច្របល់ចូលគ្នា min-chro-bol-chol-knea *adj.* unmixed
មិនជាប់ min-choab *adj.* loose
មិនជ្រៅ min-chrov *adj.* shallow
មិនដាច់ស្រាច min-dach-srach *adj.* problematic
មិនដឹងជាយ៉ាងម៉េច min-derng-chea-yang-mech *adv.* somehow
មិនដូច min-doch *prep.* unlike
មិនឋិតថេរ min-thet-the *adj.* unstable
មិនណាស់ណា min-nas-na *adj.* mild
មិនត្រឹមត្រូវ min-troem-trouw *adj.* incorrect
មិនត្រូវ min-trouw *adv.* wrongly
មិនថ្លៃថ្នូរ min-tlai-tno *adj.* unrefined, prosaic
មិនទាន់ឆ្អែត min-ton chha-et *adj.* unsaturated
មិនទៀងទាត់ min-teang-toit *adj.* irregular
មិនទៀងទាត់រហូត min-teang-tot-rohot *adj.* unsteady
មិនធ្លាប់ដែល min-tlob-del *adv.* never
មិនធម្មតា min-thom-mda *adj.* odd
មិនបិទរូត min-bet-rut *v.* unzip
មិនប្រែប្រួល men-brae-bruol *adj.* fixed
មិនផ្លូវការ min-phlouw-ka *adj.* informal
មិនពែក min-pek *pron.* none
មិនភ្លឺរលោង min phleur roo-loong *n.* matte finish
មិនមាន min-mean *conj.* nor
មិនមានរបៀបរៀបរយ min-mean-ro-beab-reap-roy *adj.* untidy
មិនមែន min-men *adv.* not
មិនយល់ស្រប men-yol-srorb *v.* disagree
មិនរាក់ទាក់ min-reak-teak *adj.* unfriendly

មិនរាប់បញ្ចូល men-rob-bonh-chol *v.* exclude
មិនរៀបរយ men-reab-roy *adj.* dislocated
មិនរំភើប min-rom-pherb *adj.* placid
មិនលេងសើច min-leng-serch *adj.* serious
មិនល្បីល្បាញ min-lbey-lbanh *adj.* unfamiliar
មិនសប្បាយចិត្ត min-sabay-chet *adj.* unpleasant
មិនសមហេតុផល min-som-het-phol *adj.* unreasonable
មិនសម្រេច min sormrach *v.* abort
មិនសូវល្អ men-souw-laor *phr.* not very good
មិនស្មើគ្នា min-smer-knea *adj.* uneven
មិនស្មោះត្រង់ men-smors-trorng *adj.* dishonest
មិនស្រស់ min-sros *adj.* stale
មិនឡើង min-lerng *adj.* unleavened
មិនអាច min-ach *adj.* unable
មិនអាចរាប់បាន min-ach-rop-ban *adj.* uncountable
មិនអីទេ min-ey-te *phr.* never mind
មី mi *n.* noodle
មីង ming *n.* aunt
មីញ៉ូប (មើលឃើញជិត) mi-nhob *n.* myopia
មីនុយ mi-nuy *n.* menu
មីលីក្រាម mi-li-kram *n.* milligram (*abbr.* mg)
មីលីម៉ែត្រ mi-li-met *n.* millimeter (*abbr.* mm)
មីស៊ីល mi-sil *n.* missile
មឹក merk *n.* octopus
មុខ muk *n.* face
មុខងារ muk-ngea *n.* function
មុខជា muk-chea *adv.* probably
មុខវិជ្ជា muk wi-chea *n.* course
មុង mung *n.* mosquito net
មុត mut *adj.* sharp, piquant
មុន mun *adj.* prior
មុន mon *n.* acne
មុនគេ mun-ke *adj.* foremost
មុនគេបំផុត mun ke bom-pot *adj.* primitive
មុននឹង mun neng *prep.* before
ម៉ូដអក្សរ mod-ark-sor *n.* font
ម៉ូឌឹម moo-derm *n.* modem

ម៉ូត mot *n.* style
ម៉ូតពេញនិយម mot-penh-ni-yom *n.* fashion
ម៉ូតាត mu-tat *n.* mustard
ម៉ូនីទ័រ moni-ter *n.* monitor
មូល mul *adj.* round
មូលដ្ឋាន mul-than *n.* base
មូលនិធិ moul-ni-thi *n.* fund
មូលវិវដ្តនិយម mul-vi-wat-niyom *n.* radicalism
មូលហេតុ moul-haet *n.* cause
មូលេគុល mo-le-kol *n.* molecule
មូសុង mu-song *n.* monsoon
មួក muok *n.* hat
មួកកាតិប muok ka-teb *n.* cap
មួកសុវត្ថិភាព muok-so-vat-te-pheap *n.* helmet
មួយ muoy *art.* a
មួយកន្លះ muoy-kon-las *quant.* one half
មួយដុំតូច muoy-dom-toch *n.* morsel
មួយទៀត muoy tiet *adj.* another
មួយផ្សេងទៀត muoy-phseng-teat *adj.* other
មួយពាន់ muoy-pon *num.* thousand
មួយភាគបួន muoy-pheak-boun *n.* quarter
មួយរយឆ្នាំ muoy rory chhnam *n.* centenary
មួយស្របក់ muoy-sro-bork *n.* moment
មួយស្របក់ពេលដ៏ខ្លី muoy-sro-bork-pel-dol-khley *adj.* momentary
មួយឡូ muoy-lo *n.* dozen
មួលចេញ moul-chol *v.* unscrew
មើម merm *n.* tuber
មើមឆៃថាវ merm chhai thav *n.* beetroot
មើមស្ពៃ merm-spey *n.* turnip
មែក mek *n.* stem
មើមស្ពៃក្រហម merm-spey-kro-horm *n.* radish
មើល meurl *v.* look
មើលទៅដូច meurl-touw-douch *v.* look like
មើលរំលង meurl-rom-long *v.* overlook
មៀន mean *n.* longan *(tropical tree/fruit)*
មេការ me-ka *n.* foreman
មេការរត់តុ mee-ka-rot-tok *n.* head waiter

មេគោ mee-ko *n.* heifer
មេឃ mek *n.* sky
មេជើង me-cherng *n.* toe
មេដាយ me-day *n.* medal
មេដែកអគ្គិសនី meh-dek-ah-kis-sani *n.* microwave
មេដៃ me-dai *n.* thumb
មេតាផ័រ meh-ta-phor *n.* metaphor
មេត្រីភាព me-trei pheap *n.* amity
មេធាវី me thea vy *n.* attorney, lawyer
មេប្រយោគ me-pro-yok *n.* proctor
មេផ្ទះ me-phteah *n.* housewife
មេម៉ាយ mee-may *n.* widow
មេរៀន me-rean *n.* lesson
មេរៀនភាសា me-rean phea-sa *n.* language course
មេរោគ me-rok *n.* germ
មេរោគហ៊ីវ me-rok-hiv *n.* HIV
មេសោរ me-soa *n.* locker
មេហ្គាបាយត៏ mega-baiy *n.* megabyte (*abbr.* mb)
មេអំបៅ me om-baow *n.* butterfly
ម៉ែត្រ maet *n.* meter
ម៉ោង moang *n.* hour
ម៉ោងចូល moang-chol *n.* access time, log-in time
ម៉ោងដំណើរការ morng-dom-ner-ka *n.* open hours
មោទនភាព motnak pheap *n.* pride
មោស៍ moas *n.* mouse *(tech.)*
ម្កាក់ ma-kak *n.* June plum
ម្កុដ mkot *n.* crown
ម្ចាស់ mchas *n.* owner; patron
ម្ចាស់ផ្ទះ mchas-pteah *n.* host
ម្ចាស់ហាង mchas-hang *n.* shopkeeper
ម្ចាស់ហ៊ុន mchas-hun *n.* shareholder
ម្ចាស់អចលនទ្រព្យ ma-chas ak-chorl-lanak-truo-orb *n.* landlord
ម្ជុល mchol *n.* needle
ម្ជុសខ្ទាស់ mchol-khtos *n.* pin
ម្ជូល mchol *n.* needle flower
ម្ជូលចាក់ថ្នាំ mchol-chak-tnam *n.* syringe
ម្តង mdong *n.* one time

ម្តងម្កាល mdong-mkal *adv.* sometimes
ម្តងហើយម្តងទៀត mdong-hey-mdong-teat *adj.* repeated
ម្តងទៀត mdong tiet *adv.* again
ម្តងបន្តិច mdong-bon-tich *adv.* gradually
ម្តាយ mday *n.* mother; mum
ម្តាយក្មេក mday-kmek *n.* mother-in-law
ម្ទេស mtes *n.* chili
ម្ទេសញាត់សាច់ចូល ma-tes nhoat sach chol *n.* stuffed pepper
ម្ទេសប្លោក mtes ploak *n.* bell pepper
ម្ទេសប្លោកតូច mtes-ploak *n.* jalapeno
ម្ទេសហឹរ mtes hoel *n.* chili pepper
ម្នាក់ឯង mneak aeng *adj.* alone
ម្នាស់ mnors *n.* pineapple
ម្ភៃ mpey *num.* twenty
ម្រាមដៃ mream-dai *n.* finger
ម្រេច mrech *n.* pepper
ម្រេញគង្វាល mrenh-kung-veal *n.* elf
ម្លប់ mlop *n.* shade
ម្សៅ msao *n.* flour
ម្សៅកិន msao-kin *n.* grits
ម្សៅក្តួចដំឡូងឈើ msao-kdouch dom-loung-chher *n.* tapioca
ម្សៅគ្រប់មុខ msao krub muk *n.* all-purpose flour
ម្សៅដុត msao dot *n.* baking powder
ម្សៅដំបែ msao dorm-bae *n.* baking soda
ម្សៅដំឡូង msao dorm-loung *n.* potato flour
ម្សៅធញ្ញជាតិ msao-thom-cheat *n.* oatmeal
ម៉្សៅធ្វើនំប៉័ង msao-thver-num-pang *n.* spelt flour
ម្សៅនំប៉័ង msao num pang *n.* breading
ម្សៅពោត msao poot *n.* cornstarch
ម្សៅលាយ msao leay *n.* batter
ម្សៅលាយទឹក msao-leay-toek *n.* dough
ម្សៅសាប៊ូ msao sa-bou *n.* detergent
ម្សៅស្ករ msao skor *n.* powdered sugar
ម្សៅស្រូវសាឡី msao srouw salei *n.* wheat flour
ម្ហូប mhob *n.* cuisine
ម្ហូបចំអិនចេញភ្លើង mhop-chom-en-chenh-phlerng *n.* flambé
ម្ហូបឆ្ងាញ់ៗ mhob chnganh chnganh *n.* ambrosia

ម្ហូបជ្វីហ្វ ma-houb cheu-vis *n.* Jewish cuisine
ម្ហូបទិញយកញ៉ាំក្រៅ ma-houb-tenh-yok-nham-krao *n.* take-out food
ម្ហូបពិសេសក្នុងតំបន់ ma-hob pises knong dom-born *n.* local speciality
ម្ហូបសាច់សមុទ្រ mhop-sach-sak-mut *n.* seafood
ម្ហូបបន្ទាប់បន្សំ ma-hub born-toab born-sorm *n.* side dish
ម្អម ma-orm *n.* caraway *(plant)*

យ

យកឈ្នះពីលើ york-chhneas-pi-ler *v.* overcome
យកទៅដាំ york-touw-dam *v.* transplant
យកបានមកវិញ yok-ban-mok-vinh *v.* salvage
យកមក yok mok *v.* bring
យកមកកាត់ទោស yok-mok-kat-tos *v.* prosecute
យកមកប្រើវិញ yok-mok-brer-vinh *v.* resume
យក្ស yeak *n.* giant
យន្តសាស្ត្រ yun-sas *n.* mechanics
យន្តការ yun-kar *n.* mechanism
យន្តហោះ yon-hos *n.* aircraft
យប់នេះ yub-nis *adv.* tonight
យប់មិញ yub menh *adv.* last night
យប់មុនថ្ងៃណូអែល yub mun thngai no-ael *n.* Christmas Eve
យល់ yol *v.* understand
យល់ដឹង yol-deng *v.* realize
យល់ស្រប yul srob *v.* agree
យ៉ាងខុសគ្នា yang khos knea *adv.* differently
យ៉ាងខ្ពស់ yang-khpuos *adv.* highly
យ៉ាងខ្ពស់សន្លឹម yang-kpous-son-lerm *adv.* steeply
យ៉ាងខ្លី yang klei *adv.* briefly
យ៉ាងខ្លាំង yang-khlang *adv.* extremely
យ៉ាងខ្លាំងខ្លា yang-klang-klar *adj.* severe
យ៉ាងគ្មានភាពអត់ធ្មត់ yang-kmean-pheap-ort-thmut *adv.* impatiently
យ៉ាងគ្រប់គ្រាន់ yang-krub-kron *adv.* sufficiently
យ៉ាងឃោរឃៅ yang-kho-khov *adv.* violently
យ៉ាងងាយ yang-ngeay *adv.* readily
យ៉ាងចម្លែក yang-chom-laek *adv.* oddly
យ៉ាងច្បាស់ yang chbas *adv.* clearly
យ៉ាងច្រើនលើសលុប yang chrern leuhs-lub *adv.* considerably
យ៉ាងឆាប់ yang-chhab *adv.* soon
យ៉ាងឆាប់រហ័ស yang-chhab-rohas *adv.* quickly
យ៉ាងជាក់លាក់ yang-cheak-leak *adv.* exactly, certainly

យ៉ាងជាប់ yang-chorb *adv.* firmly
យ៉ាងជិតស្និទ្ធ yang chet snet *adv.* closely
យ៉ាងជ្រៅ yang chrouw *adv.* deeply
យ៉ាងឈ្លើយ yang-chhlery *adv.* roughly
យ៉ាងញឹកញាប់ yang-nhoek-nhorb *adv.* frequently
យ៉ាងដិតដល់ yang-det-dol *adv.* strictly
យ៉ាងណា yang-na *conj.* how
យ៉ាងណាក៏ដោយ yang-na-kor-doy *adv.* nevertheless
យ៉ាងតឹង yang-terng *adv.* tightly
យ៉ាងត្រង់ៗ yang-trong-trong *adv.* directly
យ៉ាងត្រឹមត្រូវ yang treum trouw *adv.* correctly
យ៉ាងថោក yang thoak *adv.* cheaply
យ៉ាងថ្នមៗ yang-thnorm-thnorm *adv.* gently
យ៉ាងទទេរ yang tor-te *adv.* blankly
យ៉ាងទូលំទូលាយ yang tou-loum tou-leay *adv.* broadly
យ៉ាងទៀងត្រង់ yang-teang-trorng *adv.* faithfully
យ៉ាងទៀងទាត់ yang tieng tort *adv.* consistently
យ៉ាងធម្មតា yang thorma-da *adv.* commonly
យ៉ាងធ្ងន់ធ្ងរ yang-thngon-thngor *adv.* heavily
យ៉ាងបើកចំហរ yang-berk-chom-hor *adv.* publicly
យ៉ាងប្រពៃ yang-prey-phsai *adv.* finely
យ៉ាងប្រាកដ yang pra-kord *adv.* absolutely
យ៉ាងប្លែកអស្ចារ្យ yang-plek-os-cha *adv.* strangely
យ៉ាងផ្តាច់មុខ yang-pdach-muk *adv.* exclusively
យ៉ាងពិតប្រាកដ yang-pit-bra-kot *adv.* genuinely
យ៉ាងពិសេស yang-pi-ses *adv.* specially
យ៉ាងពេញទំហឹងតែម្តង yang-penh-tom-herng-tea-mdong *adv.* originally
យ៉ាងពេញលេញ yang penh-lenh *adv.* completely
យ៉ាងព្រួយបារម្ភ yang pruoy ba-rom *adv.* anxiously
យ៉ាងព្រៃផ្សៃ yang-prey-psai *adv.* wildly
យ៉ាងភ្លឺ yang phleu *adv.* brightly
យ៉ាងមានកំហឹង yang mean korm-hoeng *adv.* angrily
យ៉ាងមានទំនុកចិត្ត yang mean toum-nuk-chet *adv.* confidently
យ៉ាងមានប្រសិទ្ធិភាព yang-mean-bro-seth-pheap *adv.* effectively
យ៉ាងមានផាសុកភាព yang mean pha-sok-pheap *adv.* comfortably
យ៉ាងម៉េចហើយ? yang-mech-hery *phr.* how is it going?
យ៉ាងមាំមួន yang-morm-moun *adv.* strongly

យ៉ាងរហ័ស yang-rohas *adv.* promptly
យ៉ាងរហ័សរហួន yang-rohas-rohoun *adv.* rapidly
យ៉ាងរាបស្មើ yang-reap-smer *adv.* smoothly
យ៉ាងរីករាយ yang rik-reay *adv.* cheerfully
យ៉ាងរីករាយរាក់ទាក់ yang-rik-reay-reak-teak *adv.* pleasantly
យ៉ាងរឹង yang-reong *adv.* stiffly
យ៉ាងរំជួលចិត្ត yang-rom-chuol-chet *adv.* emotionally
យ៉ាងរំជើបរំជួល yang-rom-cherb-rom-choul *adj.* passionate
យ៉ាងលាន់សូរ yang loin-so *adv.* aloud
យ៉ាងលឺ yang-leu *adv.* loudly
យ៉ាងលឿន yang leuhn *adv.* constantly
យ៉ាងល្វីង yang lving *adv.* bitterly
យ៉ាងល្អបំផុត yang-laor-bom-put *adv.* ideally
យ៉ាងល្អិតល្អន់ yang l-et l-orn *adj.* clinical
យ៉ាងសកម្ម yang sak-kam *adv.* actively
យ៉ាងសន្សឹមៗ yang son-serm son-serm *adv.* softly
យ៉ាងសប្បុរស yang-sob-bros *adv.* generously
យ៉ាងសោះកក្រោះ yang sos kor-kraoh *adv.* coldly
យ៉ាងសៅហ្មង yang-sao-mong *adv.* sadly
យ៉ាងសំខាន់ yang-som-khan *adv.* essentially
យ៉ាងស្មើភាព yang-smer-knea *adv.* equally
យ៉ាងស្មោះត្រង់ yang-smos-trong *adv.* seriously
យ៉ាងស្រស់ៗ yang-srors-srors *adv.* freshly
យ៉ាងស្រស់ស្អាត yang sros sa-art *adv.* beautifully
យ៉ាងស្រាល yang-sruol *adv.* faintly; easily
យ៉ាងអយុត្តិធម៌ yang-ak-yuth-thor *adv.* unfairly
យ៉ាងអស់សង្ឃឹម yang ors sorng-kheum *adv.* desperately
យ៉ាងអស្ចារ្យ yang-os-cha *adv.* greatly
យ៉ាងអាក្រក់ yang ah-krok *adv.* badly
យ៉ាងអាថ៌កំបាំង yang-art-kok-bang *adv.* secretly
យ៉ាន់ yan *n.* hubcap
យានជំនិះ yean-chom-nis *n.* vehicle
យានដ្ឋាន yean-than *n.* garage
យានសំកាំង yean-som-kang *n.* glider
យាយ yeay *n.* grandmother
យ៉ាហក្រាស់ yang-kras *adv.* thickly
យីថោ yi-toa *n.* digoxin

យឺត yeut *adj.* elastic
យុគសម័យ yuk-keak-sak-mai *n.* era
យុត្តិធម៌ yut-te-thuour *n.* justice
យុត្តាធិការ yut-ta-thi-ka *n.* jurisdiction
យុត្តិធម៌ yut-te thuo-or *n.* justice
យុត្តិសាស្ត្រ yut-ti-sars *n.* jurisprudence
យុថ្កា yuth-thka *n.* anchor
យុទ្ធនាការ yutak-nea-ka *n.* campaign
យុទ្ធសាស្ត្រ yuth-sas *adj.* strategic
យុវកម្ម yu-veak-kam *n.* rejuvenation
យុវជន yu-veak-chun *n.* youth
យូ ខេ yu-k *abbr.* U.K. (United Kingdom)
យូនីកូដ you-ni-kod *n.* unicode
យូអរអិល you-or-el *n.* URL *(Uniform Resource Locator / Internet)*
យូ អេស អេ yu-es-a *abbr.* U.S.A. (*abbr.* United States of America)
យួរ you *v.* carry
យើង yerng *pron.* us
យោគ yuk *n.* yoga
យោងតាម young-tam *adj.* following
យោងទៅតាម yoong touw tam *prep.* according to
យោលទៅយោលមក yol-touw-yol-mok *v.* oscillate
យំ yum *v.* cry

រ

រក rok *v.* look around
រកកន្លែង rork korn-laeng *v.* locate
រកឃើញ rork-khernh *v.* discover
រកចំណូល rork-chom-nol *v.* earn
រកមើល rok-merl *v.* seek
រកស៊ីអោយគេ rok-si-oy-ke *v.* procure
រក្សា rak-sa *v.* maintain, retain
រក្សាទុក rak-sa tuk *v.* save
រង់ចាំ rorng-cham *v.* look forward to
រងូ ro-ngu *n.* molasses
រង្គសាល reang-sal *n.* night club
រង្វង់ rung-wung *n.* circle
រង្វង់មូល rong-vong-mol *n.* roundabout, traffic circle
រង្វន់ rov-von *n.* recompense
រង្វាន់ rong-won *n.* prize
រង្វាន់អតិរេក rung-vorn ak-te-rek *n.* bonus
រង្វាស់ rong-vos *n.* proportion
រង្វាស់កម្រិតអង្សារ rung-wors korm-ret orng-sa *n.* celsius
រង្វាស់ដី rung vors dei *n.* acre
រង្វាស់ទម្ងន់ rong-vos-tom-ngon *n.* ounce
រញ្ជួយ ronh-chouy *v.* quake
រដូវក្តៅ ro-dov-kdoaw *n.* summer
រដូវត្រជាក់ ro-dov-tro-cheak *n.* winter
រដូវស្លឹកឈើជ្រុះ ro-dov sloek chher chrouh *n.* autumn
រដ្ឋ roat *n.* state
រដ្ឋធម្មនុញ្ញ roat thoam-ma-nunh *n.* constitution
រដ្ឋធានី roat-thea-ni *n.* capital
រដ្ឋបាល roat-bal *n.* administration
រដ្ឋមន្ត្រី roat-mun-trei *n.* minister
រដ្ឋាភិបាល roat-tha-phi-bal *n.* government
រត់ rot *v.* run
រតនសម្បត្តិ rot-nak-som-bat *n.* treasure

រតនាគារ rot-na-kea *n.* treasury
រតនោបល (ពេជ្រម្យ៉ាង) rot-no-bol (pech myang) *n.* opal
រថភ្លើងក្នុងស្រុក rut-phlerng knong srok *n.* local train
រថភ្លើងក្រោមដី rut-phlerng-kroam-dei *n.* metro
រថភ្លើងឆ្លងក្រុង rut-phlerng-chlorng-krung *n.* intercity train
រថយន្តហ្ស៊ីប rut-yun-zep *n.* jeep
រថយន្ត rut-yun *n.* automobile
រថអគ្គិសនី rod-ah-ki-sa-ni *n.* streetcar
រទេះ ror tes *n.* cart
រទេះភ្លើង ror-tes-phlerng *n.* train
រទេះភ្លើងលឿន ror-tes-phlerng-loeurn *n.* express train
រទេះរុញដាក់ម្ហូប ror-tes-ronh-dak-mhop *n.* trolley
រទេះសេះ ror-tes-ses *n.* gig
រទេះអូសកង់ពីរ ror-tes-os-kong-pi *n.* vinaigrette
រនោងល្ពៅ ror-noong-la-pouw *n.* squash
រន្ទះបាញ់ run te-ah banh *n.* lightning
រន្ធចងខ្សែ run-chorng khsae *n.* eyelet
រន្ធញើស roon-nhers *n.* pore
របកគំហើញ ro-borb-koum-khernh *n.* discovery
របង ror-borng *n.* fence
របបគ្រប់គ្រង roborb-krob-krong *n.* regime
របបផ្តាច់ការ ror-borb pdach-ka *n.* communism
របបអាហារ ror-borb a-ha *n.* diet
របរ robor *n.* job
របស់ ro-bos *n.* stuff
របស់ខ្ញុំ ro-bos-khnhom *pron.* mine
របស់គាត់ ro-bos-kort *pron.* his
របស់គេ robos-ke *adj.* their
របស់ដែលគេប្រើហើយ robos-del-ke-brer-hery *n.* secondhand
របស់ធ្វើពីស្បែក ror-bors thver-pi-sbaek *n.* leather goods
របស់នាង ro-bos-neang *adj./pron.* her(s)
របស់ពួកគេ robos-pouk-ke *pron.* theirs
របស់មានជីវិត ro-bos-mean-chi-vit *adj.* mutant
របស់យួរដៃ ror-bos you dai *n.* carry-on
របស់យើង ro-bos-yerng *pron.* ours
របស់របរក្នុងផ្ទះ robors-robor-knung-phteah *n.* household goods
របស់រំលីង ror-bors rum-ling *n.* sautéed

របស់វា robors-vea *pron.* its
របស់អ្នក robos-neak *pron.* yours
របស់អ្នកណា ro-bos-nek-na *pron.* whose
របា ro-ba *n.* rail
របាយការណ៍ ro-bay-ka *n.* statement
របារកម្មវិធី ro-ba-kam-vi-ti *n.* toolbar *(tech.)*
របូត ror-bot *v.* fumble
របួស robuos *n.* injury
របៀប ror-beab *n.* manner, way, mode
របៀបដេរ ro-beab-deh *n.* stitch
របៀបរៀបចំ ro-beab-reap-chom *n.* setup
របៀបរៀបពាក្យ ro-beab-reap-peak *n.* phraseology
របៀបវារៈ ro-beab vea-rak *n.* agenda
របុំ ror-bum *n.* roll
របាំ ror-bam *n.* dance
របាំង ro-bang *n.* barrier
របាំងការពារ ro-bang ka-pea *n.* bumper
របាំងការពារមុខ ro-bang-ka-pea-muk *n.* visor
របាំងមុខ ror-barng-muk *n.* mask
របាំត្រាប់ ro-bam-trab *n.* mime
របាំបាឡេ ror-bam ba-le *n.* ballet
រមាស ro-meas *n.* rhinoceros
រមាស់ ro-mois *v.* itch
រមូរ romu *n.* roll
រមួល ror-muol *v.* curl
រមួលក្រពើ ror-muol kror-peuh *n.* cramp
រមៀត ro-meaat *n.* saffron
រមាំងមួយបែប ro-meang-muoy-kbal *n.* reindeer
រម្ងាស់ rom-ngos *v.* simmer
រយ roy *num.* hundred
រយៈកំពស់ ror-yak kom-puos *n.* altitude
រយៈទទឹង ror-yak to-toek *n.* latitude
រយៈបណ្ដោយ ror-yak born-doay *n.* longitude
រយៈពេលវែង ror-yak pel veng *adj.* long-term
រយះពេល ro-yak-pel *n.* standing
រយះពេលដែលចាំ ro-yak-pel-dael-cham *n.* wait
រលកជាច្រើន ro-lok-chea-chrern *n.* rapids

រលកអាកាស ro-lok ah-kas *n.* broadband
រលាក ro-leak *adj.* burned
រលាត់ស្បែក ro-leak-sbaek *v.* graze
រលាយ ro-leay *v.* melt
រលុង ror-long *adj.* loose-fitting
រលុប ro-lub *v.* rub
រលួយ ro-louy *v.* perish
រលួយស្អុយ ro-louy siuy *adj.* rotten
រលោង ro-long *adj.* shiny
រវល់ ro-vol *adj.* busy
រវាងភេទ ro-veang-phet *adj.* sexual
រវើរវាយ ror-weuh ror-weay *adj.* delirious
រសជាតិ ruos-cheat *n.* flavor
រស់នៅ ruos nov *v.* live
រសៀល ror seal *n.* afternoon
រហស្សនាម rohas-neam *n.* pseudonym
រហ័ស rohas *adj.* quick, nimble
រហូតដល់ ro-hot-dol *prep.* till
រហែក ro-hek *n.* rent
រអិល ro-eil *v.* slide
រាក់ raik *n.* crown flower
រាក់ទាក់ reak-teak *adj.* sociable
រាងកាយចម្លង reang kay chorm-lorng *n.* clone
រាជវង្ស reach-chvong *n.* dynasty
រាជាធិបតេយ្យ reach-chea-thep-tai *n.* monarchy
រ៉ាឌីយ៉ាទ័រ ra-di-ya-ter *n.* radiator
រាត្រីសួស្តី rea-trei-sur-sdei *phr.* good night
រានពិឃាតមនុស្សទោស rean-pi-kheat-mnus-tos *n.* scaffold
រានហាល rean hal *n.* balcony
រាប់ rorb *v.* count
រាប់បញ្ចូល roib-banh-choul *v.* include
រ៉ាប់រង rab-rong *v.* handle
រាប់សារឡើងវិញ rob-sa-lerng-vinh *v.* recount
រាបស្មើ reab-smer *adj.* flat
រាប់អាន rob-arn *v.* repute
រាយការណ៍ជូនព័ត៌មាន reay-ka-chun-por-mean *v.* notify
រាយមុខទំនិញ reay-muk-tom-ninh *v.* itemize

រាល់ rorl *adj.* every
រាលដាល real-dal *adj.* prevalent
រាល់ថ្ងៃ rorl-thngi *adj.* everyday
រាល់សប្តាហ៍ rol-sab-bda *adv.* weekly
រាសីចក្រ rea-si-chak *n.* zodiac
រាសីធ្នូ rea-sey-tnu *n.* Sagittarius
រាសីអ៊ាប់អូរ rea-sey-ab-ou *n.* Pisces
រ៉ាំរ៉ៃ ram-rai *adj.* chronic
រិះគន់ ris-kun *v.* criticize, reproach
រិះគន់យ៉ាងសំបើម ris-kun yang sorm-berm *v.* lambaste
រីកដុះដាល rik-dos-dal *v.* flourish
រីករាយ rik-reay *adj.* glad
រីករាយខ្លាំង rik-reay-klang *n.* zest *(enthusiasm)*
រីករាយថ្ងៃខួបកំណើត rik-reay-thngai-khuob-kom-nert *phr.* happy birthday
រីករាយថ្ងៃបុណ្យណូអែល reek-reay-tngai-bun-nou-el *phr.* Merry Christmas
រីករាលដាលពាសពេញ rik-real-dal-peas-penh *v.* pervade
រីហ្វ្រេស ri-fres *v.* refresh
រឹងរូស rerng-rus *adj.* obstinate
រឹមទំព័រ roem tum-puour *n.* margin
រឺ roue *conj.* or
រុករក rouk-rork *v.* explore
រុក្ខជាតិ rok-khcheat *n.* plant
រុក្ខជាតិជំពូកផ្សិត rok-cheat-chom-puk-pset *n.* truffle
រុក្ខជាតិអាល់ម៉ុន ruk-cheat al-mon *n.* almond
រុក្ខវិថី ruk-khak vi-thei *n.* avenue
រុក្ខជាតិម៉្យាង ruk-cheat-myang *n.* yarrow
រុញ runh *v.* push
រុស្សី rusy *adj.* Russian
រូងភ្នំ roung phnoum *n.* cave
រូបគំនូរ rub-kom-nu *n.* painting
រូបគំនូរតូច rub-kum-nu-toch *n.* miniature
រូបចម្លាក់ rub-chom-lak *n.* sculpture
រូបចម្លាក់តូច roub-chom-lak-toch *n.* figurine
រូបតំណាង roub-dorm-nang *n.* mascot
រូបភ្លុក roub thlok *n.* caricature
រូបថត rub-thot *n.* photo
រូបថតលិខិតឆ្លងដែន rub-thot-li-khet-chhlong-den *n.* passport photo

រូបផ្ចិតពីចម្លាក់ roub-phdet-pi-chom-lak *n.* etching
រ៉ូបផ្លូវការ roop-phlouw-ka *n.* formal dress
រូបភាព roub-pheap *n.* image
រូបភាពក្រាហ្វិច rub-pheap-kra-phfich *n.* graphics
រូបមន្ត rub-mun *n.* formula
រូបមន្តធ្វើម្ហូប rub-mun-thver-mhop *n.* recipe
រូបសាស្ត្រ rub-sas *n.* physics
រូបសូន្យក្រមួន rub-son-kror-muon *n.* waxwork
រូបិយបណ្ណបរទេស rupei-ban-bor-tes *n.* foreign currency
រូបិយវត្ថុ rupei-wat-tho *n.* currency
រូបី rub-pei *adj.* concrete
រួមមាន ruom mean *v.* consist
រួចទោស ruoch toas *v.* exonerate
រួចហើយ ruoch hery *adv.* already
រួញ ruonh *adj.* curly
រួមចំណែក ruom chorm-naek *v.* contribute
រួមមកវិញ roum-mok-vinh *v.* recoil
រួមមាន ruom mean *v.* comprise
រួសរាយ ruos-reay *adj.* friendly
រើស rers *v.* pick
រើសអ្វីមួយឡើង rers-avey-muoy-lerng *v.* pick sth. up
រឿង roeurng *n.* matter
រឿងកំប្លែង roeurng korm-phlaeng *n.* comedy
រឿងក្ដី roeurng kdei *n.* lawsuit
រឿងប្រឌិត roeurng-bro-det *n.* fiction
រឿងប្រលោមលោក roeurng-bro-lorm-lok *n.* novel
រឿងព្រេង roeurng preng *n.* legend
រឿងរ៉ាវ roeurng rav *n.* account
រឿងលើកទឹកចិត្ត roeurng-lerk-toek-chet *n.* incentive
រឿងសោកសៅ roeurng-sok-sao *n.* tragedy
រឿងហេតុ roeurng-het *n.* story
រឿងអាស្រូវ roeurng-ah-srov *n.* scandal
រៀងខ្លួន reang-kloun *adj.* respective
រៀងរាល់ឆ្នាំ rieng rol chhnam *adv.* annually
រៀន rean *v.* learn
រៀបការ reap-kar *v.* marry
រៀបចំ rieb chorm *v.* arrange, prepare

រៀបចំកែអោយល្អជាថ្មី reap-chom-kea-oy-laor-chea-tmey *v.* renovate
រៀបចំជាថ្មី reap-chom-chea-tmey *v.* restructure
រៀបរាប់ reap-rop *v.* recite
រេម rem *(tech.) n.* RAM *(tech.)*
រោគក្រិស rook-kris *n.* rickets
រោគក្លូន rook-klorn *n.* hernia
រោគខ្វះឈាមក្រហម rook kvas chheam kror-horm *n.* anemia
រោគប្រកាច់ rook-bro-kach *n.* tetanus
រោគពិស rook-pis *n.* plague
រោគរលាកខ្នែងពោះវៀន rook ro-leak knaeng puoh vien *n.* appendicitis
រោគរលាកទងសួត rook ro-leak torng suot *n.* bronchitis
រោគរលាកស្រោមខួរ rook-roleak-sroam-khour *n.* meningitis
រោគរលាកអាមីដាល់ rook-ro-leak-ah-mi-dal *n.* tonsilitis
រោគវិនិច្ឆ័យ rook wi-ni-chai *n.* diagnosis
រោគសញ្ញា rook-sanha *n.* symptom
រោគសន្លាក់ឆ្អឹង rook-sonlak chh-erng *n.* rheumatism
រោគសាលាទែន rook-sala-ten *n.* mumps
រោគស្លាប់អវៈយវៈ rook-slab-ah-veak-chi-veak *n.* palsy
រោងកុន roong kon *n.* cinema
រោងចក្រ roong-chak *n.* factory; plant
រោងចក្រផលិតស្រាបៀរ roong chak phor-lit sra bier *n.* brewery
រោងចក្រស្លប្រេងកាត rong-chak-slor-preng-kat *n.* refinery
រោងជាង rong-cheang *n.* workshop
រោងសំណាក់ rong-somnak *n.* tent
រោម room *n.* feather
រោមភ្នែក room-phnek *n.* eyelash
រោយ roy *v.* sift
រោលចុង rol-chong *v.* singe
រុំ rom *v.* twist • *n.* roll
រុំព័ទ្ធ rom-pot *v.* muffle
រំខាន roum-khan *v.* disturb
រំចេក rum-chek *n.* screw-pine
រំដួល rumduol *n.* rumdul *(flower)*
រំដេង rom-deng *n.* horseradish
រំដេញ rum-deng *n.* planchonella obavata *(flowering tree)*
រំពាត់ rom-pot *n.* rod
រំពាសី room-pea-sey *n.* predator

រំពឹង roum-poeng *v.* expect
រំភើប roum-pherb *adj.* excited
រំយោល rum-yoal *n.* rum-yuol *(flower)*
រំលាយ roum-leay *v.* dissolve
រំលាយអាហារ roum-leay a-ha *v.* digest
រំលោភបំពាន roum looph borm pien *n.* abuse
រំសាយចោល rum-say choal *v.* cancel
រំសេវ rom-seev *n.* dynamite
រាំង raing *n.* cannonball tree

ល

លៗ lak-noeng-lak *adv.* etcetera (*abbr.* etc.)
លក់ដូរ louk-do *v.* sell
លក្ខខណ្ឌ leak khan *n.* condition
លក្ខណ: leak-khak-nak *n.* properties
លក្ខណ៍ដាក់ម្ហូប leak-khan-dak-mhob *n.* food coloring
លក្ខណ:នយោបាយ leak-kha-nak-nor-yo-bye *adj.* political
លក្ខណ:វិនិច្ឆ័យ leak-ka-nak wi-chhai *n.* criterion
លក្ខណៈដូចស្រុកស្រែ leak-knak-doch-srok-sre *n.* rusticity
លក្ខណ្ឌ័ leak-khan *n.* criterion
លក្ខន្តិក: leak-khan-the-kak *n.* statute
លង long *v.* haunt
លង់ទឹក lung-toek *v.* drown
លទ្ធកម្ម loet-kam *n.* procurement
លទ្ធផល lat-phol *n.* outcome; produce
លទ្ធភាព let-ta-pheap *n.* possibility
លទ្ធភាពសងបំណុល loet-pheap sorng borm-nol *n.* liquidity
លទ្ធិបដិវត្តន៍ let-thi-pak-divot *n.* nihilism
លទ្ធិផ្តាច់ការ lit-thik phdach ka *n.* autocracy
លម៉េ leu-ma-uh *n.* date palm
លម្អិត lum-et *n.* detail
លលាដ៍ក្បាល lor-lea-kbal *n.* skull
លាក់ leak *v.* hide
លាក់បាំង leak bang *v.* conceal
លាងសំអាត leang-som-art *v.* rinse
លាង leang *v.* wash
លាត leat *v.* spread
លាតត្រដាង leat-tror-dang *v.* disclose
លាតសន្ធឹងពីលើ leat-son-therng-pi-ler *adj.* overhanging
លាន lean *num.* million
លាបពណ៌ leap-por *v.* dye
លាបសក់ផ្នែកៗ leap-sork-phnek-phnek *v.* highlight hair
លាយ leay *v.* blend

លាលែង lea-leng *v.* vacate
លាហើយ lea-hery *excl.* goodbye, bye
លិខិត likit *n.* letter *(written note)*
លិខិតឆ្លងដែន li-khet-chhlong-den *n.* passport
លិខិតថ្លែងសច្ចា li-khit thlaeng sach-cha *n.* affidavit
លិខិតធានា li-khet thea-nea *n.* bail bond
លិខិតបញ្ជាក់ការងារ likhet-bonh-cheak-ka-ngea *n.* resumé
លិខិតប្រគល់សិទ្ធិ lekhit-bro-kol-set *n.* proxy
លិង្គ lerng *n.* penis
លីងទៅហ្វាល ling touw farl *n.* hyperlink
លីត្រ lit *n.* liter
លីបប្រា lib-bra *n.* Libra *(Zodiac)*
លីអូ li-ou *n.* Leo *(Zodiac)*
លឺខ្លាំង leu-khlaing *adj.* loud
លឺជាងមុន leu-cheang-mun *adv.* louder
លឺដោយចៃដន្យ loue-doy-chai-don *v.* overhear
លុប lub *v.* delete
លុបចោល lub chorl *v.* delete
លុបបំបាត់ lub-borm-bat *v.* eliminate
លុយ luy *n.* money
លុយសុទ្ធ luy sot *n.* cash
លុយអង់គ្លេស luy-ong-kles *n.* sterling *(British money)*
លុះត្រាតែ lus-tra-tea *conj.* unless
លូតលាស់ lout-lors *v.* grow
លូតលាស់ល្អ lout-loas-la-or *adj.* lush
លូនលបៗ loun lorb lorb *v.* creep
លួងលោម luong loom *v.* cajole
លួច louch *v.* pilfer
លួចប្លន់ louch-plorn *v.* plunder
លួចមើល louch-merl *v.* peep
លើ ler *prep.* upon
លើក leurk *v.* lift
លើកដំបូងតែម្តង lerk dom-bong tea mdong *adv.* primarily
លើកទឹកចិត្ត lerk-toek-chet *v.* encourage
លើកទោស lerk-tos *v.* remit
លើកនរណាម្នាក់ឡើង lerk-nor-na-mneak-lerng *v.* pick sb. up
លើកលែងចេញ lerk-laeng-chenh *prep.* excluding

លើកលែងទោស lerk-laeng-tos *v.* forgive, pardon
លើកឡើង lerk-lerng *v.* highlight
លើលលែងតែ lerk-laeng-tea *prep.* except
លើស lers *phr.* in excess of
លើសចំណុះ lers-chom-nos *v.* exceed
លើសទម្ងន់ lers-tom-ngun *adj.* overweight
លើសពីនេះ lers-pi-nis *adv.* furthermore
លើសពីនេះទៅទៀត lers-pi-nis *adv.* moreover
លើសលុប lers-lub *adj.* extreme
លឿន loeurn *adj.* abrupt; quick
លៀស leas *n.* shellfish
លៀសសមុទ្រ leas sak-mut *n.* clam
លៀសគ្រុំ leas krum *n.* shellfish
លេខ lek *n.* number (*abbr.* no.)
លេខកូដ lek kot *n.* code
លេខកូដប្រទេស lek kot pror-tes *n.* country code
លេខកូដប៉ុស្តិ៍ lek-kot-post *n.* postal code
លេខកូដអនុញ្ញាត lek-kot ak-nu-nhat *n.* authorization code
លេខដៃ lek day *n.* manual transmission
លេខទូរស័ព្ទ lek-tu-ro-sab *n.* phone number
លេខនាសិល្បៈ lek-nea-sel-lpak *n.* graphic art
លេខពីរ lek-pi *num.* two
លេខមួយ lek-muoy *n.* first place
លេខសម្ងាត់ lek-som-ngat *n.* password
លេង leng *v.* play
លេងល្បែង leng-lbaeng *v.* gamble
លេងសើច leng-serch *v.* joke
លេងស្គី leng-ski *v.* ski
លេច lech *n.* leak
លេចឡើង lech lerng *v.* appear
លេន len *n.* lens
លេនផ្លូវ len phlouw *n.* lane
លេប leb *v.* swallow
លេបថប leb-torb *n.* laptop *(computer)*
លែឃ្លោក lae-khlok *n.* gourd
លែងទទួលស្គាល់ leng-tor-toul-skol *v.* repudiate
លែងលះពីគ្នា leng-leas-pi-knea *adj.* separated

លៃលកទុកដោយឡែក ley-lork tok doay-laek *v.* allocate
លោក lok *n.* Mr.
លោកធាតុ look theat *n.* cosmos
លោកសង្ឃ lok-song *n.* priest
លោកស្រី lok srey *n.* madam, Mrs.
លោត loot *v.* jump; pulsate
លោតរំលង loot-rum-long *v.* leap
លោតឡើងវិញ lot-lerng-vinh *v.* rebound
លោហៈ lor-hak *n.* metal
លោះ luos *n.* santol *(a fruit)*
លោះរបស់មកវិញ lous-robos-mok-vinh *v.* redeem
លំចង់ lum-chorng *n.* star lotus
លំដាប់ lom-dab *n.* grade
លំដាប់ថ្នាក់ lom-dab-tnak *n.* rank
លំនឹង lum noeng *n.* balance
លំនាំ lom-nom *n.* pattern
លំពែង lum-peaeng *n.* lance
លំហាត់ lom-hat *n.* exercise
លំហូរ lom-ho *n.* flow
លំអង lum-orng *n.* pollen
លំអងធូលី lom-orng-thu-li *n.* mote
លាំងសាត laing-sat *n.* langsat *(fruit)*
លះបង់ leas borng *v.* devote
ល្ង lngor *n.* sesame
ល្ងង់ lngong *adj.* dumb, obtuse, stupid
ល្ងាច lngeach *n.* evening
ល្ងីល្ងើ lngi-lnger *adj.* stupid, dump
ល្បាយ lbay *n.* mixture
ល្បាយគ្រាប់ធញ្ញជាតិ lbay-krob-rok-khcheat *n.* mixed nuts
ល្បាយថ្នាំ lbay-thnam *n.* elixer
ល្បាយរុក្ខជាតិឱសថ lbay-rok-khcheat *n.* mixed herbs
ល្បាយអង្ករ lbay-orng-kor *n.* mixed rice
ល្បិច lbech *n.* trick
ល្បិចអាក្រក់ lbech-akrok *n.* prank
ល្បីឈ្មោះ lbey-chhmous *adj.* renowned
ល្បីល្បាញ lbey-lbanh *adj.* famous
ល្បឿន lbern *n.* pace

ល្បែងកីឡា lbaeng-kei-la *n.* game
ល្បែងចត្រង្គ lbaeng chak-to-rung *n.* checkers
ល្បែងដាក់ទូ lbaeng dak tu *n.* arcade game
ល្បែងវាយបាល់ lbaeng veay bal *n.* billiards
ល្ពៅ lpov *n.* pumpkin
ល្មុត la-mut *n.* sapodilla *(tropical fruit)*
ល្វា la-vea *n.* fig
ល្វីង lving *adj.* bitter
ល្វៀង la-veang *n.* rhamnus tinctorius *(shrub / buckthorn)*
ល្ហុង lhong *n.* papaya
ល្អ laor *adj.* good; pretty
ល្អៗ laor laor *adj.* superior
ល្អជាង laor cheang *adj.* better
ល្អណាស់ laor-nas *phr.* very good
ល្អបំផុត laor borm-phot *adj.* best
ល្អលើសគេ laor-lers-ke *adj.* superlative
ល្អល្អះ laor-la-as *adj.* nice
ល្អសម្រាប់ laor-som-rab *phr.* good for
ល្អឥតខ្ចោះ laor-et-khchos *adj.* excellent
ល្អិតល្អន់ l-et l-orn *adj.* detailed
ល្អមធ្យម laor-ma-chum *adj.* medium well-done

វ

វគ្គបន្ទរ veak born-tor *n.* chorus
វគ្គផ្សាយពាណិជ្ជកម្ម veak-psay-pea-nich-kam *n.* trailer
វង់ក្រចក vong-kro-chork *n.* parenthesis
វង់ភ្លេង vong-phleng *n.* orchestra
វង់តន្ត្រី vong-don-trei *n.* orchestra
វង្វេង vong-veng *v.* get lost
វចនានុក្រម wacha-na-nu-krom *n.* dictionary
វដ្តរដូវ wat-rodov *n.* menstruation
វណ្ណយុត្ត vann yuth *n.* apostrophe
វណ្ណៈអភិជន vanak ak-phik-chun *n.* aristocracy
វត្ត vot *n.* monastery
វត្តសាសនាគ្រឹស្ត vot sas-na kroes *n.* abbey
វត្ថុ vat-thu *n.* item
វត្ថុចម្លង votho-chom-long *n.* replica
វត្ថុចម្លងអគ្គិសនី vothuk-chom-lorng-ah-kis-sni *n.* electrolytes
វត្ថុជាក់ស្តែង vothuk-cheak-sdeng *n.* substance
វត្ថុដែលចោល wat-tho-del-chorl *n.* projectile
វត្ថុធាតុ vat-tuk-theat *n.* material
វត្ថុធ្វើដោយដៃ wat-tho thver doay dai *n.* crafts
វត្ថុបុរាណ vot-tho bo-ran *n.* antique
វត្ថុមានតម្លៃ votho-mean-dom-lai *n.* valuables
វត្ថុរម្រូវការ vot-thok-dom-rov-ka *n.* requisite
វត្ថុរាវ vothuk-reav *n.* fluid
វត្ថុអនុស្សាវរីយ៍ vothok-ak-nu-sa-very *n.* souvenir
វប្បធម៌ wapa-thor *n.* culture
វ័យកំពុងពេញ vey kom-pong-penh *n.* prime
វា vea *pron.* it
វាក្យស័ព្ទ veak-sap *n.* vocabulary
វ៉ាន់ស៊ុយបារាំង van-suy baraing *n.* parsley
វាយ veay *v.* fight
វាយច្រានទៅវិញ veay-chran-touw-vinh *v.* repulse
វាយឆ្មក់ veay chmok *v.* ambush
វាយតម្លៃ veay tom-dai *v.* appraise

វាយនភណ្ឌ veay-nak-phorn *n.* textile
វាយនភាព veay-nak-pheap *n.* texture
វាយប្រហារ veay-pro-ha *v.* strike
វាយពន្ធ veay-pun *v.* impose
វាលខ្សាច់ weal ksach *n.* desert
វាល់ភក់ veal-phouk *n.* swamp
វាលស្មៅ veal-smao *n.* meadow
វ៉ាលី vali *n.* luggage
វាស់វែង voas-vaeang *v.* measure
វ៉ាស៊ីនតោន ឌីស៊ី wa-sin-ton-d-c *n.* Washington, D.C.
វ៉ាហ្វ៊ែរ va-pher *n.* wafer
វ៉ានីឡា vannila *n.* vanilla
វ៉ាសាប៊ិ va-sabi *n.* wasabi
វិក័យប័ត្រ vikai-bat *n.* invoice
វិក្កយប័ត្រលក់ vi-kai-bat-luk *n.* sales receipt
វ៉ិចទ័រ vich-tor *n.* vector
វិចិត្រករ vi-chet-kor *n.* artist
វិជ្ជមាន vicha-mean *adj.* positive
វិជ្ជាជីវៈ vichea-chi-veak *n.* profession
វិជ្ជាធ្វើម្ហូប wi-chea thver mhob *n.* culinary
វិញ្ញាបនប័ត្រ wi-nhea-ban-na-bat *n.* certificate
វិទ្យាគារ vi thyea kea *n.* academy
វិទ្យាល័យ vi-thyea-lai *n.* high school
វិទ្យាសាស្ត្រ vi-thyea-sas *n.* science
វិទ្យាស្ថាន vi-thyea-sthan *n.* institute
វិធី vi-thi *n.* mode
វិធីប្រើវណ្ណយុត្ត vithi-prer-van-yut *n.* punctuation
វិធីព្យាបាលរោគ vi-thi-pyea-bal-rok *n.* therapeutic
វិធីយកសក្ខីកម្ម vithi-york-sak-khei-kam *n.* deposition
វិធីសាស្ត្រ vithi-sas *n.* method
វិន័យ vi-nay *n.* discipline
វិនាដកម្ម vi-neat-kam *n.* drama
វិនាទី vi-nea-ti *n.* second
វិនិច្ឆ័យ wi-ni-chai *v.* diagnose
វិនិយោគ vi-ni-yoak *v.* invest
វិបត្តិ wi-bat *n.* crisis
វិបត្តិគេងខុសម៉ោង vibat-keng-khus-moang *n.* jet lag

វិបរិណាម vi-pak-ri-nam *n.* alteration
វិភាគ vi-pheak *v.* analyze
វិភេទរស vi-phet-ruos *n.* enzymes
វិមតិសង្ស័យ vi-mat-teh sorng sai *n.* reasonable doubt *(legal)*
វិមាន vi-mean *n.* mansion
វិរុទ្ធនិទស្សន៍ vi-ruth-ni-tuos *n.* fallacy
វិល vil *v.* turn
វិលចុះវិលឡើង vil-chos-vil-lerng *v.* recycle
វិលជុំវិញគន្លង vil-chom-vinh-kon-long *v.* orbit
វិលមុខ vil-muk *adj.* dizzy
វិវត្ត vi-vot *v.* evolve
វិវាទ vi-veat *n.* litigation
វិសមភាព vi-som-ma-pheap *n.* inequality
វិសាខ vi-sak *n.* vaisakha *(month on the Hindu calendar)*
វិសាលគម vi-sal-kom *n.* spectrum
វិសេសវិសាល vi-ses vi-sal *adj.* auspicious
វិស្វកម្ម vis-svak-kam *n.* engineering
វិស្វករ vis-svak-kor *n.* engineer
វិហារតូច wi-hea-toch *n.* chapel
វិហារហ្សីហ្វ vihea-shis *n.* synagogue
វិហារឥស្លាម vi-hea-ey-slam *n.* mosque
វីដេអូ video *n.* video
វីតាមីន vi-ta-min *n.* vitamin
វិធីសាស្ត្រ vithy-sas *n.* strategy
វីនដូ vin-do *n.* window
វីយ៉ូឡុង vi-yu-long *n.* violin
វីរនារី vi-reak-nea-ri *n.* heroine
វីរបុរស vi-reak-bo-rors *n.* hero
វីវក់ vi-vuok *adj.* frantic
វីហ្សា vi-sa *n.* visa
វើពិរុទ្ធកម្ម ver-pi-rut-kam *v.* incriminate
វើអន្តរាគមន៍ ver-orn-ta-ra-kum *v.* intervene
វើអោយអស់កម្លាំង ver-oay-os-kom-lang *v.* exhaust
វេចខ្ចប់ vech-khchop *v.* pack
វេជ្ជបណ្ឌិត vech-cheak-bon-det *n.* doctor
វេទមន្ត vet-tamun *n.* magic
វេទិកា vet-ti-ka *n.* forum

វេយ្យាករណ៍

វេយ្យាករណ៍ ve-ya-kor *n.* grammar
វែក vek *n.* ladle
វែកក្តូរ vek-ko *n.* spatula
វែង veng *adj.* long
វែងជាង veng cheang *adj.* longer
វ៉ែនតា vaen-ta *n.* eyeglasses
វ៉ែនតាការពារកំដៅថ្ងៃ vaen-ta-ka-pea-kom-dav-tngi *n.* sunglasses
វ៉ែនតាការពារភ្នែក vaen-ta-ka-pea-phnek *n.* goggle
វៃ vey *adj.* nimble
វោហាសព្ទ voo-ha-sap *n.* eloquence
វោហាសាស្ត្រ vo-ha-sas *n.* rhetoric
វាំងនន weang-norn *n.* curtain
វះ veah *v.* incise

ស

ស sor *adj.* white
សក់ sork *n.* hair
សក់ប្រេង sork-breng *n.* greasy hair
សកម្មជន sak-kam chun *n.* activist
សកម្មភាព sak kam-pheap *n.* action
សកម្មភាពក្រុម sak-kam-pheap-krom *n.* group activity
សកល sakol *n.* universe
សកលភាវូបនីយកម្ម sak-korl-phea-vub-nei-kam *n.* globalization
សក់ទ្បើងរមួរ sok-lerng-ro-mour *n.* ringlet
សក្ការះ sak-ka-rak *n.* worship
សក្ខីភាព sak-kei-pheap *n.* testimony
សក្តិសិទ្ធិ sak-seth *adj.* sacred
សង song *v.* remunerate
សង់ខ្យា sorng-kya *n.* custard
សង់ទីក្រាត sorng-ti-krat *n.* centigrade
សង់ទីម៉ែត្រ sorng-ti-maet *n.* centimeter
សង្កត់ធ្ងន់ sorng-kort-thngon *v.* emphasize
សង្កាត់ sorng-kort *n.* district
សង្កេត sorng-ket *v.* observe
សង្ខេប sorng-kheb *n.* summary
សង្កត់ sorng-kot *v.* suppress
សង្គម sorng-kom *n.* society
សង្គ្រាម sorng-kream *n.* battle
សង្ឃឹម sorng-khoem *v.* hope
សង្ស័យ sorng-sai *v.* suspect
សង្ហារ sorng-ha *adj.* handsome
សច្ចៈភាព sa-chak pheap *n.* allegiance
សញ្ជាតិ sonh-cheat *n.* nationality
សញ្ញសរាសី sanh-sak-rea-sey *n.* Virgo
សញ្ញា sanh-nha *n.* mark
សញ្ញាចុច sanh-nha-choch *n.* full stop
សញ្ញាទី៨នៃចក្ររាសី sanh-nha-ti-pram-bey-nei-chak-rea-sey *n.* Scorpio *(Zodiac)*

សញ្ញាផ្កាយ sanha phkay *n.* asterisk
សណ្ដាន់ sorn-dan *n.* garcinia loureiri *(medicinal tropical plant)*
សណ្ដែក sorn-daek *n.* lentils
សណ្ដែកសៀង sorn-dek-seang *n.* soy
សណ្ដោង sorn-dorng *v.* tow
សណ្ឋាគារ sorn-tha-kea *n.* hotel
សណ្ដែក sorn-daek *n.* bean
សណ្ដែកខៀវ sorn-daek-khieu *n.* praline
សណ្ដែកខៀវ sorn-daek khieu *n.* green beans
សណ្ដែកដី sorn-daek-dey *n.* peanut
សណ្ដែកបារាំង sorn-daek-barang *n.* green beans
សណ្ដែកបារាំងស្ងោរ sorn-daek-barang-sngor *n.* edamame
សណ្ដែកសៀង sorn-daek seang *n.* kidney bean
សណ្ដំចិត្ត sorn-dorm *v.* hypnotize
សណ្ដែកព្រួចសែល sorn-daek pruch sael *n.* brussels sprouts
សតវត្សរ៍ sata-wort *n.* century
សតិ sak-tek *n.* mind
សតិមនុស្ស satik-mnus *n.* psyche
សតិសម្បជញ្ញៈ sak-tek-sam-panh-cheak-nheaek *n.* consciousness
សត្រូវ set-trouw *n.* adversary
សត្វ sat *n.* animal
សត្វករវែង sat-kor-veng *n.* giraffe
សត្វក្ដាន់មួយប្រភេទ sat-kdan-muoy-bro-phet *n.* moose
សត្វក្រសា sat-kro-sa *n.* stork
សត្វក្រួច sat-krouch *n.* quail
សត្វខ្មុត sat-khmot *n.* moth
សត្វខ្យងស្លាបព្រា sat-khyong-slab-prea *n.* mussel
សត្វគីវី sat kivi *n.* kiwi
សត្វចង្រៃ sat-chong-rai *n.* pest
សត្វចិញ្ចឹម sat-chenh-cherm *n.* pet
សត្វចៀម sat-cheam *n. pl.* sheep
សត្វដែលគេបរបាញ់ sat-dael-ke-bor-banh *n.* quarry *(in hunting)*
សត្វតោ sat toa *n.* lion
សត្វទទា sat-tor-tea *n.* partridge
សត្វទីទុយ sat-ti-tuy *n.* owl
សត្វធំសម្បើម sat thom-sorm-beurm *n.* mammoth
សត្វបង្កួយ sat borng-kuoy *n.* lizard

សត្វព្រាប sat-preap *n.* pigeon
សត្វព្រៃ sat-prey *n.* wildlife
សត្វមូស sat-mus *n.* mosquito
សត្វលា sat-lea *n.* donkey
សត្វល្មូន sat-lmon *n.* reptile
សត្វល្មាំងប្រើស sat lmang brers *n.* antelope
សត្វល្វាចេក sat lvea-chek *n.* magpie
សត្វល្អិត sat la-ert *n.* bug, insect
សត្វល្អិតខាំ sat-la-ert-kham *n.* insect bite
សត្វវន្តជាតិ sat-worn-cheat *n.* crustacean
សត្វសព្វាសី sat-sap-sei *n.* omnivore
សត្វស៊ីស្មៅ sat-si-smao *n.* herbivore
សត្វសេក sat-sek *n.* parrot
សត្វស្វា sat-sva *n.* monkey
សត្វអណ្ដើកមាស sat orn-derk meas *n.* beetle
សត្វអូទ្រីស sat-oh-tris *n.* ostrich
សទិសភាព sak tis-pheap *n.* analogy
សនិដ្ឋាន sorn-ni-than *v.* conclude
សនិទានភាព sak-ni-tean-pheap *n.* rationale
សន្ត sont *n.* saint
សន្តិភាព son-ti-pheap *n.* peace
សន្តិសុខ son-ti-sok *n.* security
សន្ទនា sorn-ta-nea *n.* conversation
សន្ទភាព sorn-pheap *n.* density
សន្ទសាទរ son-ta-sator *n.* ovation
សន្ទស្សន៍ sorn-tous *n.* index
សន្ទានុក្រម son-tnea-nu-krom *n.* glossary
សន្ទះខ្យល់ sorn-teas kyorl *n.* choke *(mech.)*
សន្ទះពន្យារកំណើត sorn-teas pun-yea korm-nert *n.* diaphragm
សន្ធានសព្ទ sak-thean-sap *n.* conjunction
សន្និច្ច័យ son-ni-chai *adj.* far-sighted • *n.* foresight
សន្និសិទ sorn-ni-set *n.* conference
សន្មត sorn-mot *v.* assume
សន្មតទុកជាមុន son-mot tok-chea-mun *v.* presume
សន្លាក់ sorn-lak *n.* joint
សន្លឹក son-lerk *n.* sheet
សន្សំ son-som *v.* save

សប្ដាហ៍ sab-bda *n.* week
សប្ដាហ៍បន្ទាប់ sab-bda-bon-torp *adv.* next week
សប្ដាហ៍មុន sab-bda mun *adv.* last week
សប្បាយចិត្ត sabay-chet *adj.* thrilled
សប្បាយរីករាយ sab-bay-rik-reay *adj.* happy
សប្បុរសជន sob-bros-chon *n.* philanthropist
សប្បុរសធម៌ sob-ros thor *n.* benevolence
សព្ទដើម sab-derm *n.* infinitive
សព្ទសាស្ត្រ sap-sas *n.* phonetics
សព្វនាម sop-neam *n.* pronoun
សព្វាវុធ saphea-vut *n.* armor
សភា sak-phea *n.* chamber
សភាពញាប់ញ័រ sak-pheap-nhorb-nhor *n.* palpitations
សភាវគតិ sa-phea-vaek-kh-ti *n.* instinct
សម sorm *n.* fork
សម៉ sa-mor *n.* terminalia chebula *(herb)*
សមគ្នាហើយ som-knea-hey *adj.* suited
សមណី som-ny *n.* nun
សមត្ថភាព sak-mat-thak-pheap *n.* capability
សមត្ថភាព sak matha-pheap *n.* ability
សមធម៌ som-ma-thuour *n.* equity
សមនឹងទទួលបាន sorm neng tor-tuol ban *v.* deserve
សមរម្យ som-rom *adj.* suitable
សមភាព sak-mak-pheap *n.* equity
សមមូល្យ sak-mak-moul *adj.* equivalent
សម័យប្រជុំ sak-mai-pro-chom *n.* session
សមសម្ដី sorm-somdey *v.* retort
សមស្រប som-srob *adj.* rational
សមហេតុផល sorm haet-phol *adj.* logical
សមាគម sak-ma-kum *n.* association
សមាជ sak-mach *n.* congress
សមាជិក sak-ma-chek *n.* fellow
សមាជិកព្រឹទ្ធសភា sak-ma-cherk-pret-sa-phea *n.* senator
សមាជិកភាព sa-ma-chik-pheap *n.* membership
សមានទុក្ខ sa-man-tuk *n.* condolence
សមាសធាតុ sa-mas-theat *n.* compound
សមាសភាព sak-mas-pheap *n.* element

សមិទ្ធផល sak-mithi phorl *n.* accomplishment
សមីការ sak-mei-ka *n.* equation
សមុទ្រ sak-mut *n.* sea
សម្គាល់ som-korl *v.* identify
សម្គាល់អ្វីមួយ som-keal-avey-muoy *art.* the
សម្ងាត់ som-ngat *adj.* secret
សម្ងួតបង្កក som-nguot-bong-kork *adj.* freeze-dried
សម្ងំ som-ngom *v.* hibernate
សម្តែងចេញ som-daeng-chenh *v.* formulate
សម្តែងដោយមនុស្សម្នាក់ som-deng-doy *adj.* solo
សម្តេចប៉ាប samdach-parp *n.* pope
សម្តែង som-daeng *v.* perform
សម្តែងមុខភាសា som-daeng-mok-phea-ssa *n.* pantomime
សម្តែងអារម្មណ៍ som-daeng-ah-rorm *v.* express
សម្តែងឲ្យឃើញ som-daeng-ory-khernh *v.* display
សម្បត្តិ sombat *n.* property
សម្បថ som-bot *n.* oath
សម្បទាន sam-pa-tien *n.* concession
សម្បុរ sorm-bol *n.* complexion
សម្បូរ sombo *adj.* rich, replete
សម្បើម som-berm *adj.* phenomenal
សម្ព័ន្ធមិត្ត sorm-poin mit *n.* ally
សម្ភារៈកីឡា som-phea-rak-key-la *n.* sporting goods
សម្ភារផ្ទះបាយ sorm-pheareak pteah bai *n.* utensil
សម្មតិកម្ម sak-mat-tak-kam *n.* hypothesis
សម្រង់ sorm-rorng *n.* extract
សម្រងក sorm-rong kor *n.* bib
សម្រង់អត្ថបទ som-rong-art-ta-bot *n.* word processing
សម្រប sorm-rorb *v.* adapt
សម្របសម្រួល sorm-rorb sorm-ruol *v.* coordinate
សម្រស់ sorm-ros *n.* beauty
សម្រាក sorm-rak *v.* chill
សម្រាប់ som-rab *prep.* for
សម្រាប់ជួល som-rab-chuol *phr.* for rent
សម្រាប់បម្រុងការ som-rab-bom-rong-ka *adj.* spare
សម្រាប់អនាគត som-rab-anakot *adj.* prospective
សម្រាម sorm-ram *n.* litter, trash

សម្រុះសម្រួល sorm-roh sorm-ruol *v.* compromise
សម្រេច sorm-rach *v.* accomplish
សម្រេចបាន sorm-rach ban *v.* achieve
សម្រែ som-re *adj.* rustic
សម្រែកក្ងាន somraek-kngan *v.* honk
សម្លាក som-lak *n.* scar
សម្លាប់ som-lab *v.* kill
សម្លាប់មេរោគ som-lab-mee-rook *v.* disinfect
សម្លឹងមិនដាក់ភ្នែក som-lerng-min-dak-pnek *v.* stare
សម្លៀកបំពាក់ sorm-leak-borm-peak *n.* clothing
សម្លៀកបំពាក់ក្មេង sorm-leak borm-peak kmeng *n.* childrenswear
សម្លៀកបំពាក់ផ្លូវការ som-leak-bom-peak-phlouw-ka *n.* formal wear
សម្លៀកបំពាក់ហែលទឹក som-leak-bom-peak-hel-toek *n.* swimsuit
សម្លេង som-leng *n.* sound
សម្លេងដកដង្ហើមថប់ៗ som-leng-dork-dong-herm-thorb-thorb *n.* wheezing
សម្លេងដែលថតហើយ som-leng-del-thot-hey *n.* recording
សម្លេងបង្ហាញអាសន្ន som-leng borng-hanh a-son *n.* alarm
សម្លេងរំពង som-leng roum-porng *n.* clamor
សម្លេងហៅទូរសព្ទ som-leng haow tu-ra-sab *n.* dial tone
សម្អាត sorm-at *v.* clean
សយនដ្ឋាន soy-nak-than *n.* dormitory
សរសរគោល sor-sor kool *n.* cornerstone
សរសើរ sor-ser *v.* admire
សរសើរហួសហេតុ sorser-hous-het *v.* rave
សរសេរ sor-seh *v.* write
សរសៃ sor-sai *n.* fiber
សរសៃៗ sor-sai sor-sai *adj.* stringy
សរសៃឈាមក្រហម sor-sai chheam kro-horm *n.* artery
សរសៃឈាមខ្មៅ sor-sai-chheam-kmao *n.* vein
សរសៃប្រសាទ sor-sai-bro-sat *n.* nerve
សរសៃពួរ sor-sai-pou *n.* tendon
សរីរៈ sarey-reak *n.* organism
សរីរាង្គ sarey-reang *n.* organ *(anat.)*
សរុប sak-rop *adj.* gross
សល្យកម្ម sol-kam *n.* surgery
សវនកម្ម savanak-kam *n.* audit
សវនករ savanak kor *n.* auditor

សវនាការ sa-vo-nak-ka *n.* hearing
សសរ sor-sor *n.* pillar
សហគម sak-hak-koum *n.* community
សហគ្រាស sak-hak-kreas *n.* enterprise
សហនិមិត្តហេតុ sahak-nimit-het *n.* syndrome
សហព័ន្ធរុស្ស៊ី sak-hak-porn-russi *n.* Russian Federation
សហភាពអឺរ៉ុប sak-hak-pheap-oe-rop European Union (*abbr.* EU)
សហរដ្ឋអាមេរិក sa-ha-roth-a-me-ric *n.* United States of America (*abbr.* U.S.A.)
សហសញ្ញា s-ha-sanha *n.* hyphen
សាកលមហាវិទ្យាល័យ sark-kol-vithea-lai *n.* university
សាកេ sa-ke *n.* breadfruit
សាក្សី sak-sei *n.* witness
សាខា sa-kha *n.* branch
សាងជាថ្មី sang-chea-tmey *v.* rebuild
សាងសង់ sang-song *v.* build
សាច់ sach *n.* flesh
សាច់កិន sach koen *n.* ground meat
សាច់កូនគោ sach-koun-kou *n.* veal
សាច់កូនចៀម sach kon-cheam *n.* lamb *(meat)*
សាច់ក្រក sach-krork *n.* chorizo
សាច់ក្រកឆ្អើរ sach-krork cha-a-uh *n.* smoked sausage
សាច់ក្រកជ្រូក sach-krork-chrouk *n.* pork sausage
សាច់ក្រកសាឡាមី sach-krork salami *n.* salami
សាច់ក្រកអាមេរិក sach-krork-ah-me-ric *n.* hot dog
សាច់ក្រកអាំង sach-krork-arng *n.* grilled sausage
សាច់ក្រណាត់ sach-kro-nat *n.* fabric
សាច់គោ sach-kooh *n.* beef
សាច់គោកិន sach-kooh koet *n.* ground beef
សាច់គោងៀត sach-kooh ngeat *n.* pastrami
សាច់គោស្ងោរ sach kooh sa-ngoar *n.* corned beef
សាច់គោអាំង sach kooh ang *n.* roast beef
សាច់គ្រាប់ sach kroab *n.* kernel
សាច់ចម្លក sach-chom-lork *n.* tenderloin
សាច់ចិញ្ច្រាំ sach choenh chram *n.* chopped meat
សាច់ចិញ្ច្រាំ sach-chanh-chram *n.* minced meat
សាច់ចៀម sach-cheam *n.* mutton

សាច់ចំលក sach-chom-lork *n.* filet
សាច់ជ្រូក sach-chrouk *n.* pork
សាច់ជ្រូកដុត sach-chrouk-dot *n.* pork roast
សាច់ញាតិ sach-nheat *n.* relative
សាច់ដុត sach-dot *n.* barbecued meat
សាច់ដុំ sach-dom *n.* muscle
សាច់ត្រគាកខាងលើ sach-tro-keak-khang-ler *n.* sirloin
សាច់ទ្រូង sach troung *n.* brisket
សាច់បន្ទះឆ្អឹងជំនី sach-bon-tes-cha-oeng-chum-ni *n.* rib-eye steak
សាច់បីជាន់ sach bei chorn *n.* bacon
សាច់ប៉ាតេ sach-pa-te *n.* paté
សាច់ផ្លែឈើ sach-ple-chher *n.* pulp
សាច់ភ្លេង sach-pleng *n.* rhythm
សាច់មាន់ sach moan *n.* chicken *(meat)*
សាច់រមាំង sach-ro-meng *n.* venison
សាច់រលើបដោយខ្លាញ់ sach-ro-lerb-doy-khlanh *n.* oily skin
សាច់សុទ្ធ sach-soth *n.* fillet
សាច់ហែម sach-haem *n.* ham
សាច់អំបោះ sach orm-baoh *n.* cotton
សាច់អាំង sach ang *n.* roasted meat
សាជីក្រុង sachi-krong *n.* pyramid
សាជីវកម្ម sa-chivak-kam *n.* corporation
សាតាំង sa-tang *n.* satin
សាធារណៈ sa-thea-ronak *adj.* public
សាធារណរដ្ឋ sathea-nak-roth *n.* republic
សាប sab *adj.* bland
សាបព្រួស sab-prous *v.* sow
សាប៊ូកក់សក់ sa-bu-kok-sok *n.* shampoo
សាប៊ូបន្ទន់សក់ sa-bu-bon-ton-sork *n.* hair conditioner
សាមញ្ញ sarm-marnh *adj.* basic
សាមសិប sam-seb *num.* thirty
សាយ័ន្តសួស្តី sa-yaon-suo-sdei *phr.* good evening
សារ sar *n.* mail
សារការី sar-ka-rey *n.* notary
សារជាតិទាស់ sa-cheat tuoh *n.* allergen
សារជាតិភ្ជាប់ sa-cheat-phchop *n.* fixative
សារធាតុជ័រ sa-theat chour *adj.* acrylic

សារធាតុនីកូទីន sa-ro-theat-ni-ko-tin *n.* nicotine
សារធាតុបង្កមហារីក sara-theat borng-kor morha-rik *n.* carcinogen
សារធាតុមែនតូល sa-ro-theat-man-thol *n.* menthol
សារធាតុរក្សាទុក sar-ror-teat rek-sa-tuk *n.* preserves
សារធាតុរ៉ែ sar-theat-rea *n.* mineral
សារធាតុស្អិត sa-theat-sert *n.* gluten
សារព័ត៌មាន sa-por-mean *n.* journalism
សារពើរុក្ខជាតិ sa-per-rok-cheat *n.* vegetation
សារភាព sa-ra-pheap *v.* confess
សារមន្ទីរ sa-rak-monti *n.* museum
សារ:សំខាន់ sa-rak-som-khan *n.* essence
សារអេឡិចត្រូនិច sa-eh-lech-tro-nech *n.* e-mail
សារី sari *n.* pear
សារីរិកធាតុ sa-ri-rik-theat *n.* relic
សារៈសំខាន់ sarak-som-khan *n.* significance
សាល sal *n.* hall
សាលក្រម sarl-krom *n.* sentence *(legal)*
សាលាបង្រៀនជិះសេះ sala-bong-rean-chis-sesh *n.* horse-riding school
សាលារៀន sala-rean *n.* school
សាវម៉ាវ sav-mao *n.* rambutan *(tropical tree)*
សាវ៉ា sava *adj.* capricious
សាសន៍និយម sas-niyom *n.* racialism
សាសនា sas-na *n.* religion
សាស្ត្រាចារ្យ sas-strar-cha *n.* lecturer, professor
សាហាយ sa-hai *n.* lover
សាឡាង sa-lang *n.* ferry
សាឡាដលាយ sa-lad-leay *n.* house salad
សាឡាដស sa-lad sor *n.* alfalfa sprouts
សាឡាដសេសា sa-lad-se-sa *n.* Caesar salad
សាឡាត់ sa-lad *n.* salad
សាឡាត់តួកគី salad tou-key *n.* Turkish salad
សាឡាត់របស់អ៊ីស្រាអែល salad rorbos e-sra-el *n.* Israeli salad
សិក្ខាបទ sek-kha-bot *n.* precept
សិក្ខាបទព្រះយេស៊ូ se-kha-bot-preah-ye-su *n.* gospel
សិក្ខាបទ sikha-bot *n.* principle
សិក្ខាសាលា se-kha-sela *n.* seminar
សិទ្ធិឃាត់ទុក soet khoat-tuk *n.* lien

សិទ្ធិប្រើយីហោ seth-brer-yi-hor *n.* franchise
សិទ្ធិពលរដ្ឋ seth pul-rort *n.* civil rights
សិទ្ធិមនុស្ស seth-mnus *n.* human rights
សិទ្ធិមើលថែ seth meuh thae *n.* custody
សិទ្ធិស្មើគ្នា seth-smer-knea *n.* equal rights
សិទ្ធិអ្នកនិពន្ធ seth neak ni-pun *n.* copyright
សិប្បករ sip-pkor *n.* artisan
សិរមាន់ se-moan *n.* cockscomb
សិល្បៈកម្ម sel-la-pak kam *n.* artwork
សិល្បៈបុរេប្រវត្តិ sel-la-pak-bo-ree-bror-voat *n.* prehistoric art
សិល្បៈប្រជាប្រិយ sel-la-pak-bro-chea-prei *n.* folk art
សិល្បៈសេរី sel-la-pak-se-rei *n.* liberal arts
សិល្បៈស្មូនឆ្នាំង sel-la-pak-smoan-chnang *n.* pottery
សិស្ស sers *n.* student
សិស្សពេទ្យ soes-phet *n.* medic
ស៊ីច្បិចៗ si-chbich-chbich *n.* nibble
សីតកម្ម sey-tak-kam *n.* refrigeration
ស៊ីភីយូ si-phi-you *n. (tech.)* CPU (central processing unit)
ស៊ីរ៉ូទឹកឃ្មុំ siro-toek kmum *n.* honey syrup
ស៊ីរ៉ែន shi-ren *n.* siren
សីលធម៌ sel-thor *n.* ethics
សឺឃីត seu-khit *n.* circuits
សឺមី seou-mi *n.* portfolio
សុក្រិត so-kret *adj.* accurate
សុខដុម sok-kdom *n.* harmony
សុខភាព sok-kha-pheap *n.* health
សុជីវធម៌ so-chi-veak-thor *n.* courtesy
ស៊ុត sut *n.* egg
ស៊ុតក្រហម sut-kror-horm *n.* egg yolk
ស៊ុតចៀន sut-chean *n.* omelette
ស៊ុតជាប់ភ្នៅ sut choab phnov *n.* poached egg
ស៊ុតលឿង sut-lueng *n.* yolk
ស៊ុតស sut-sor *n.* egg white
ស៊ុតស្ងោរឆ្អិន suth-sngor-chh-en *n.* hard-boiled egg
សុទ្ធ soth *adj.* pure
សុន្ទរកថា sorn-trak-kak-tha *n.* discourse
ស៊ុប soup *n.* soup

ស៊ុបខាបៗ soup-khab-khab *n.* puree
ស៊ុបប្រចាំថ្ងៃ soup-pror-cham-tngai *n.* soup of the day
ស៊ុបមាន់ soup moan *n.* chicken soup
ស៊ុបសណ្តែក soup sorn-daek *n.* lentil soup
ស៊ុបអាល់ម៉ុង soup al-mon *n.* almond soup
សុបិនអាក្រក់ so-ben-ah-krok *n.* nightmare
សុបិន្ត so-ben *n.* dream
សុភមង្គល so-pheak-meang-kol *n.* happiness
សុភាពបុរស so-pheap-bo-ros *n.* gentleman
សុភាពរាបសារ so-pheap-reab-sa *adj.* gentle
សុភាសិត so-phea-soet *n.* maxim
ស៊ុម soum *n.* frame
សុរិយរោគ so-rey-rok *n.* sunstroke
សុវត្ថិភាព sovat-pheap *n.* safety
ស៊ីម៉ងត៍ si-morng *n.* cement
ស៊ីរ៉ូរសជាតិសូកូឡា si-ro ruos cheat so-ko-la *n.* chocolate syrup
ស៊ីរ៉ូអំពៅ skor orm-pouw *n.* cane syrup
សូកប៉ាន់ souk parn *v.* bribe
សូកូឡា so-ko-la *n.* chocolate
សូកូឡាក្តៅ so-ko-la-kdao *n.* hot chocolate
សូដា soda *n.* soda
សូដ្យូម so-di-youm *n.* sodium
សូត្រ soth *n.* silk
សូន្យ soon *num.* zero
សូម som *excl.* please
សូមញ៉ាំដោយរីករាយ som nham doay rik-reay *phr.* bon appetit!
សូមមានសុខភាពល្អ! som-mean-sok-khak-pheap-laor *phr.* good health!
សូមអបអរសាទរ som orb-or sa-tor *phr.* congratulations!
សូមអភ័យទោស som-ark-phei-tos *phr.* excuse me
សូរ so *n.* noise
សូរជួង so-choung *n.* toll
ស៊ូស៊ី sou-shi *n.* sushi
សូហ្វវែរ sof-waear *n.* software
សួត suot *n.* lungs
សួនកុមារ soun-ko-ma *n.* playground
សួនច្បារ suon-chba *n.* garden
សួនរុក្ខជាតិ suon rukhak-cheat *n.* botanical garden

សួនសត្វ soun-sat *n.* zoo
សួនឧទ្យាន soun-ou-syean *n.* park
សួរ suor *v.* ask
សួស្តី suo-sdei *phr.* good afternoon
សួស្តីឆ្នាំថ្មី suo-sdei-chhnam-thmei *phr.* Happy New Year!
សើច sauch *v.* laugh
សើបអង្កេត serb-ang-ket *v.* investigate
សើម serm *adj.* damp
សើវើ seu-veu *n.* server
សៀវភៅ siev phouw *n.* book
សៀវភៅកត់ត្រា siev phouw-kot-tra *n.* notebook
សៀវភៅកំណត់ហេតុ siev phouw korm-not-haet *n.* diary
សៀវភៅតូច siev phouw toch *n.* booklet
សៀវភៅទូរស័ព្ទ siev phouw-tu-ro-sap *n.* phone book
សៀវភៅនិយាយជាឃ្លា siev phouw-niyeay-chea-khlea *n.* phrase book
សៀវភៅមគ្គុទេសក៍ siev phouw-meak-ktes *n.* guidebook
សៀវភៅមុខម្ហូប siev phouw muk mhob *n.* cookbook
សេខក្តីសន្និដ្ឋាន sech-kdei sorn-ni-than *n.* conclusion
សេចក្តីទុកចិត្ត sech-kdei-tok-chet *n.* trust
សេចក្តីប្រកាស sech-kdei-pro-kas *n.* proclamation
សេចក្តីរន្ធត់ sech-kdei-run-thut *n.* horror
សេចក្តីសង្កេត sech-kdei-orng-ket *n.* remark
សេចក្តីសម្រេចចិត្ត sech-kdei-som-rach-chet *n.* resolution
សេចក្តីសំរេច sech-kdei-som-rach *n.* verdict
សេចក្តីអង់អាច sech-kdei-orng-ach *n.* finality
សេចក្តីអណ្តែតអណ្តូង sech-kdei-orn-det-orn-dong *n.* rapture
សេចក្តីអត់ឱន sech-kdei ort-oan *n.* leniency
សេចក្តីកែតម្រូវ sech-kdei-kae-dom-rov *n.* edition
សេចក្តីក្លាហាន sech-kdei kla-han *n.* courage
សេចក្តីចម្លង sech-kdei chorm-lorng *n.* copy
សេចក្តីឈឺចាប់ sech-kdei chhue chab *n.* agony
សេចក្តីណែនាំ sech-kdei-nae-norm *n.* guidelines
សេចក្តីណែនាំជាសម្លេង sech-kdei nae-noim chea sorm-leng *n.* audio-guide
សេចក្តីទុកចិត្ត sech-kdei tuk chet *n.* trust
សេចក្តីទុក្ខព្រួយ sech-kdei tuk pruoy *n.* depression
សេចក្តីបង្គាប់ sech-kdei-bong-kob *n.* directive
សេចក្តីបញ្ជាក់ sech-kdei banh-cheak *n.* affirmation

សេចក្តីបន្ថែម sech-kdei bon-thaem *n.* appendix *(in book)*
សេចក្តីប្រមាទ sech-kdei pror-mat *n.* negligence
សេចក្តីផ្តើម sech-kdei-pderm *n.* introduction
សេចក្តីផ្តើម sech-kdei-pderm *n.* prelude
សេចក្តីរំភើប sech-kdei-rorm-pherb *n.* enthusiasm
សេចក្តីវិនិច្ឆយសង្ខេប sech-kdei vini-chai sorng-khaeb *n.* summary judgment *(legal)*
សេចក្តីវិភាគ sech-kdei vi-pheak *n.* analysis
សេចក្តីសន្មត sech-kdei sorn-mot *n.* assumption
សេចក្តីសម្រេចចិត្ត sech-kdei sorm-rach-chet *n.* resolution
សេចក្តីស្រលាញ់ sech-kdei sror-lanh *n.* affection
សេចក្តីស្អប់ខ្ពើម sech-kdei sa-ob khperm *n.* antipathy
សេចក្តីអនុញ្ញាត sech-kdei ak-nuk-nhat *n.* approval
សេដា seda *n.* egg-fruit
សេដ្ឋកិច្ច seet-kech *n.* economy
សេដ្ឋកិច្ចវិទូ seet-kech-vi-tou *n.* economist
សេដ្ឋី se-thei *n.* millionaire
សេន sen *n.* cent
សេនាសនភណ្ឌ se-na-son-phoan *n.* home furnishings
សេពកាមដោយខ្លួនឯង saeb-karm-doay-khluon-aeng *v.* masturbate
ស៊េរី seri *n.* series
សេរីភាព se-rei-pheap *n.* freedom
សេរ៉ូម se-rome *n.* serum
សេវាកម្ម seva-kam *n.* service
សេវាបោកគក់ seva boak kuok *n.* laundry service
សេវាសុខភាពជាតិ se-va-sok-pheap-cheat *n.* National Health Service
សេះ ses *n.* horse
សេះតូច ses-tor-ouch *n.* pony
សេះទេស ses-tes *n.* mule
សេះបង្កង់ ses-bong-kong *n.* zebra
សែល sel *n.* cells
សែលុយឡូស sae-luy-los *n.* cellulose
សែសិប sae-seb *num.* forty
សោកសៅ sork-sao *adj.* sad
សោត្រដោក sor-tro-dork *n.* padlock
សោរ soa *n.* key
សោរចាក់វ៉ាលី soa-chark-vali *n.* locker for baggage

សុំនុំរឿង som-nom reung *n.* case *(legal)*
សុំអធ្យាស្រ័យបាទ som-ak-tyear-srai-bat *phr.* pardon me?
សំខាន់ sorm khan *adj.* chief
សំខាន់ណាស់ sorm-khan-nas *adj.* vital
សំខាន់បំផុត sorm-khan-bom-phot *adj.* supreme
សំដៅទៅលើ sorm-dav-touw-ler *v.* refer to
សំណ sorm-nor *n.* tin
សំណប៉ាហាំង sorm-nor-pa-hang *n.* pewter
សំណង sorm-norng *n.* reimbursement
សំណង់ sormnong *n.* building
សំណងការខូចខាត sorm-norng kar-kouch-kat *n.* redress
សំណងទូទាត់ sorm-norng tou-tort *n.* compensation
សំណល់ sorm-nol *n.* remains
សំណាង sorm-nang *n.* luck
សំណាងល្អ sorm-nang la-or *adj.* lucky
សំណាងល្អ! sorm-nang-laor *phr.* good luck!
សំណាងអាក្រក់ sorm-nang-akrok *adj.* unlucky
សំណាញ់ sorm-nanh *n.* net
សំណូមពរ sorm-nom-por *n.* request
សំណួរ sorm-nuor *n.* inquiry
សំណើច sorm na-uch *n.* laughter
សំណើ sorm-ner *n.* proposition
សំណេរក្បាលទំព័រ sorm-nee-kbal-tom-por *n.* header
សំណេរបាតទំព័រ sorm-nee-bat-tom-por *n.* footer
សំណុំ sorm-nom *n.* reel
សំណុំតូច sorm-nom-toch *n.* packet
សំណុំរឿង sorm-noum-roeurng *n.* docket
សំណុំរឿងទាំងមូល sorm-nom reung taing moul *n.* record
សំនួរ sorm-nour *n.* query
សំនួរភាសានៃមូលដ្ឋាន sorm-nour-phea-sa-ney-moul-than *n.* provincialism
សំនួរ sorm-nour *n.* questionnaire
សំនុំ sorm-num *n.* array
សំបក sorm-bork *n.* rind
សំបកក្រូច sorm-bork-kroch *n.* orange peel
សំបកក្រៀម sorm-bork kriem *n.* crust
សំបកគ្រាប់ធញ្ញជាតិ sorm-bork-krorb-thunh-cheat *n.* husk
សំបកឈើ sorm-bok chheu *n.* bark

សំបកណែម sorm-bok-nem *n.* ricepaper
សំបកនំប៉័ង sorm-bork num-paing *n.* crust
សំបករឹង sorm-bork-rerng *n.* scab
សំបកស៊ុត sorm-bork-suth *n.* egg shell
សំបុក sorm-bok *n.* hay
សំបុកឃ្មុំ sorm-bok kmum *n.* apiary
សំបុត្រ sorm-bot *n.* ticket
សំបុត្រជិះស្គី sorm-bot chis ski *n.* lift pass
សំបុត្រទៅមក sorm-bot-touw-mok *n.* round-trip ticket
សំបុត្រនឹករលឹក sorm-bot-nek-rolerk *n.* reminder
សំបុត្របញ្ជាក់ sorm-bot banh-cheak *n.* affidavit
សំបុត្របណ្តាំ sorm-bot born-dam *n.* will
សំបុត្រឥតគិតថ្លៃ sorm-bot-et-kit-thlai *n.* free ticket
សំបើម sorm-beurm *adj.* massive
សំពត់ទ្រនាប់ sorm-pot-tro-nop *n.* petticoat
សំពត់ហ្សីប sorm-pot-ship *n.* skirt
សំពត់អំបោះម្យ៉ាង sorm-pot-om-bos-myang *n.* muslin
សំភារៈ sorm-phea-reak *n.* thing
សំយោគ sorm-yok *n.* synthesis
សំយោល sorm-yol *n.* oscillation
សំរង sorm-rorng *n.* sterculia lychnophora *(tree species)*
សំរាម sorm-ram *n.* garbage
សំរឹត sorm-roet *n.* bronze
សំរែកសត្វទា sorm-rek-sat-tea *n.* quack *(of a duck)*
សំលាលែង sorm-lea-leng *v.* resign
សំលៀកបំពាក់បុរស sorm-leak-bom-peak-boros *n.* menswear
សំលៀកបំពាក់មួយសំរាប់ sorm-leak-bom-peak-muoy-som-rab *n.* suit
សំលេងលាន់ខ្ទរ sorm-leng-lon-ktor *n.* racket *(noise)*
សំលេងលឺ sorm-leng leu *n.* loudness
សំឡេងភាគច្រើន sorm-laeng pheak chreun *n.* majority
សំឡេងរំពឹង sorm-leng-roum-poeng *n.* echo
សំអាត sorm-art *v.* refine
សាំងមានជាតិសំណ saing mean cheat sorm-nor *n.* leaded gasoline
សុំអភ័យទោស som ak-phey toos *v.* apologize
សាំងគុណភាពខ្ពស់ sang-kun-pheap-kpous *n.* premium gas
សាំងតេទិក sang-te-tic *adj.* synthetic
ស្ករ skor *n.* sugar

ស្ករកៅស៊ូ skor kaow-sou *n.* chewing gum
ស្ករក្នុងផ្លែឈើ skor-knong-phlee-chher *n.* fructose
ស្ករក្លាយ skor klay *n.* aspartame
ស្ករគ្រាប់ឡាលីប៉ប់ skor-kroab-la-li-porp *n.* lollipop
ស្ករតាំងម៉ែ skor tang mae *n.* caramel
ស្ករពណ៌ skor puour *n.* sprinkles
ស្ករអេប៉ុង skor-ee-pong *n.* marshmallow
ស្កៀប skeap *v.* prick
ស្គម skoom *adj.* meager
ស្គរ skoor *n.* drum
ស្គីទឹក skee-toek *n.* jet-ski
ស្ងប់ស្ងៀម sngop-sngeam *adj.* placid
ស្ងាត់ sngat *adj.* silent
ស្ងាប sngab *v.* yawn
ស្ងួត snguot *adj.* dry
ស្ងៀមស្ងាត់ sngeam-sngat *adj.* quiet
ស្ដាយក្រោយ sday-kroy *v.* regret
ស្ដីបន្ទោស sdey-bontos *v.* rebuke
ស្ដើង sderng *adj.* thin
ស្ដេចស្រី sdach-srey *n.* queen
ស្ដៅ sdao *n.* sorghum
ស្ដង់ដា stong-da *n.* standard
ស្ដាប់ sdab *v.* listen
ស្ដីបន្ទោស sdei bon-toas *v.* blame, reproach
ស្ដើងស្រាល sderng-sral *adj.* flimsy
ស្ដេច sdach *n.* king
ស្ត្រប៊ែរី stor-berri *n.* strawberry
ស្ត្រីចោលម្សៀត satrei-chorl-msaeat *n.* picarel *(fish)*
ស្ត្រីនិយម sa-trei-ni-yom *n.* feminism
ស្ថានការណ៍ sthan-ka *n.* situation
ស្ថានការណ៍ដ៏លំបាក sthan-ka-dor-lom-bak *n.* predicament
ស្ថានទូត sthan-tout *n.* embassy
ស្ថានភាពគ្រួសារ sa-than-pheap kruosar *n.* marital status
ស្ថានភាពបេះដូង sthan-pheap-bes-dong *n.* heart condition
ស្ថានភាពអាក្រក់ sthan-pheap-akrok *n.* plight
ស្ថានីយ s-than-ni *n.* station
ស្ថានីយប្រេងឥន្ធនៈ sthan-ni-breng-en-tneak *n.* gas station

ស្ថានីយ៍ផ្លូវក្រោមដី sa-than-ny-phlouw-kroam-dei *n.* subway station
ស្ថានីយរថភ្លើង sa-than-ny-rut-phlerng *n.* train station
ស្ថាបត្យកម្ម stha-pat-yeak-kam *n.* architecture
ស្ថាប័ន stha-ban *n.* institution
ស្ថាបនា stha-pna *v.* baste
ស្ថិតនៅ sthet-nov *v.* exist
ស្ថិតិ s-thek-tek *n.* statistic
ស្ទាក់ស្ទើរ ster-steak *v.* hesitate
ស្ទាត់ stort *adj.* fluent
ស្ទាប steap *v.* touch
ស្ទាប ម្តងទៀត steap-mdong-teat *v.* retouch
ស្ទុះទៅ stous touw *v.* dash
ស្ទើឆៅស្ទើឆ្អិន ster-chhav-ster-chh-en *adj.* underdone
ស្ទើរតែ ster-tae *adv.* practically
ស្ទើរតែមិន ster-tae-men *adv.* hardly
ស្ទើស្ទាក់ ster-steak *adj.* reluctant
ស្ទេក stek *n.* steak
ស្ទាំង steang *n.* falcon
ស្នាក់នៅ snak-nov *v.* stay
ស្នាដៃឯក sna-day aek *n.* masterpiece
ស្នាមកាត់ snam kat *n.* slash
ស្នាមខាំរបស់សត្វមូស snam-kham-ro-bos-sat-mus *n.* mosquito bite
ស្នាមជាំ snam chouam *n.* contusion
ស្នាមប្រេះ snam pres *n.* crack
ស្នាមភ្លួរ snam-pchour *n.* rut
ស្និទ្ធស្នាល snet-snal *adj.* intimate
ស្នូល snuol *n.* core
ស្នូល (ដែលមានជុំវិញ) snol (del-mean-chom-vinh) *n.* pivot
ស្នេហា snae-ha *n.* love
ស្នែង snaeng *n.* horn *(of an animal)*
ស្នែងប្រើស snaeng brers *n.* antler
ស្បថ sbot *v.* swear
ស្បែក sbaek *n.* leather
ស្បែកជើង sbaek-cherng *n.* shoe
ស្បែកជើងកវែង sbaek cherng kor vaeng *n.* boot
ស្បែកជើងជិះលើទឹកកក sbaek-cherng-chis-ler-toek-kok *v.* ice skate
ស្បែកជើងបិទមុខ sbaek cherng bet muk *n.* clog

ស្បែកជើងផ្ទាត់ sbaek-cherng-phtot *n.* flip-flops
ស្បែកជើងសង្រែក sbaek-cherng-song-rek *n.* sandal
ស្បែកជើងឡើងភ្នំ sbaek-cherng-lerng-phnom *n.* hiking boots
ស្បៃ sbai *n.* gauze
ស្បោងប្រាក់ sborng-prak *n.* purse
ស្ពាន spean *n.* bridge
ស្ពានបើកបិទ spean-berk-bet *n.* drawbridge
ស្ពឺ speu *n.* carambola
ស្ពៃហ្កាធី spa-getti *n.* spaghetti
ស្ពៃ spei *n.* kale
ស្ពៃក្តោប spei ka-doab *n.* cabbage
ស្ពៃក្តោបចិញ្ច្រាំ spei kdop chonh-chram *n.* slaw
ស្ពៃក្តោប spei kdoab *n.* cabbage
ស្ពៃជូរ spei chou *n.* sour cabbage
ស្ពៃជ្រក់ spei chruok *n.* collard greens
ស្ពៃញាត់សាច់ចូល spei nhoat sach chol *n.* stuffed cabbage
ស្ពៃមើម spei-merm *n.* turnip
ស្ពៃស spei sor *n.* chard
ស្ពៃស្វីស spei-swiss *n.* swiss chard
ស្មា sma *n.* shoulder
ស្មារតីលះបង់ sma-ro-dey-leas-bong *n.* perseverance
ស្មុគស្មាញ smok-smanh *adj.* complex, onerous
ស្មៀន smien *n.* clerk
ស្មោកគ្រោក smoak-krok *adj.* filthy
ស្មោះត្រង់ smos-trong *adj.* honest
ស្មៅ smaow *n.* grass
ស្រក់ srork *v.* drip
ស្រកា sro-ka *v.* scale
ស្រកានាគ sror-ka-neak *n.* dragon fruit
ស្រគត់ស្រគំ sror-kut sror-koum *adj.* composed
ស្រង់ក្លិន srong-klen *v.* smell
ស្រដៀងគ្នា sro-deang-knea *adj.* similar
ស្រទាប់ sror-toab *n.* layer
ស្រទាប់ថ្នាំ sror-toab thnam *n.* coating
ស្រទាប់អូហ្សូន sro-toab-oh-zone *n.* ozone layer
ស្របច្បាប់ srorb chbab *adj.* legal
ស្រពោន sror-poon *v.* languish

ស្រម៉ៃ sro-mai *v.* imagine
ស្រមោច sro-moach *n.* ant
ស្រមោល sro-morl *n.* shadow
ស្រលាញ់ sror-lanh *v.* adore
ស្រវឹង sro-voeng *adj.* drunk
ស្រស់ srors *adj.* fresh
ស្រស់ស្អាត sros sa-art *adj.* beautiful
ស្រអាប់ sro-ab *adj.* opaque
ស្រា sra *n.* liquor
ស្រាក្រហម sra-kror-horm *n.* red wine
ស្រាក្រឡុក sra kror-lok *n.* cocktail
ស្រាខ្លាំង sra-khlang *n.* hard liquor
ស្រាតាមហាង sra-tam-hang *n.* house wine
ស្រាទឹកឃ្មុំ sra-toek-khmum *n.* mead
ស្រាទំពាំងបាយជូរ sra-tom-peang-bay-chu *n.* wine
ស្រាប់តែ srab-tae *v.* happen to (do)
ស្រាបៀរ sra-bear *n.* beer
ស្រាបៀរអង់គ្លេស sra-bear orng-kles *n.* ale
ស្រាផ្លែឈើ sra-phlee-chher *n.* fruit brandy
ស្រាផ្អែម sra pha-aem *n.* liqueur
ស្រាពណ៍ srab *n.* sravan *(month on Khmer calendar)*
ស្រាមុនបាយ sra mun bay *n.* aperitif
ស្រារោម srar-rorm *n.* rum
ស្រាល srarl *adj.* light
ស្រាវជ្រាវ srav-chreav *v.* browse
ស្រាវីស្គី sra-visky *n.* whiskey
ស្រាវីស្គីម៉្យាង sra-visky-myang *n.* rye
ស្រាស sra-sor *n.* gin
ស្រាសំប៉ាញ sra sam-panh *n.* champagne
ស្រាអាប់ស៊ីន sra ab-sinthe *n.* absinthe
ស្រាស srar-sor *n.* white wine
ស្រី srey *n.* woman
ស្រីកំណាន់ srey-kom-nan *n.* mistress
ស្រីខូច srey-khoch *n.* prostitute
ស្រុក srok *n.* county
ស្រុកកំណើត srok-kom-nert *n.* homeland
ស្រុស sros *v.* scald

ស្រូប srob *v.* engross
ស្រូបយក sroub york *v.* absorb
ស្រូវ srov *n.* rice
ស្រូវបាឡេ srov ba-le *n.* barley
ស្រូវសាឡី srouw-salei *n.* wheat
ស្រូវសាឡីសុទ្ធ srouw-salei-sot *n.* whole wheat
ស្រួយ sruoy *adj.* crisp
ស្រួល sruol *adj.* easy
ស្រេកទឹក srek-toek *adj.* thirsty
ស្រែ sre *n.* paddy
ស្រែក srek *v.* scream
ស្រោបពីក្រៅ sroab pi kraow *v.* coat
ស្រោបមាស sorb-meas *adj.* gilded
ស្រោមខ្នើយ sroam-khnery *n.* pillowcase
ស្រោមជើង sroam-cherng *n.* sock
ស្រោមជើងវែង sraom-cherng-veng *n.* stockings
ស្រោមដៃ sroam-dai *n.* glove
ស្រោមបារ sroam bar *n.* leggings
ស្រោមសំបុត្រ sroam-som-bot *n.* envelope
ស្រោមអនាម័យ sroam ak-na-mai *n.* condom
ស្រះ sras *n.* pond
ស្លា sla *n.* areca palm
ស្លាក slark *n.* label
ស្លាកលេខ slak-leek *n.* license plate
ស្លាប slab *n.* wing
ស្លាប់ slab *adj.* dead • *v.* perish
ស្លាបព្រា slab-prea *n.* spoon
ស្លាបព្រាកាហ្វេ slab-prea-kah-ve *n.* teaspoon
ស្លាបព្រាបាយ slab-prea-bay *n.* tablespoon
ស្លាបព្រាសម slab-prea-som *n.* spork
ស្លាបមាន់ slab moan *n.* chicken wing
ស្លឹក sloek *n.* leaf
ស្លឹកខ្ទឹម sloek ktoem *n.* scallion
ស្លឹកគ្រៃ sloek kray *n.* lemongrass
ស្លឹកឈើ sloek-chher *n.* foliage
ស្លៀកពាក់ sleak-peak *v.* wear
ស្លៀកពាក់យ៉ាងក្រាស sleak-peak-yang-kras *v.* wrap

ស្លេស្ម sles *n.* mucus
ស្លែ slea *n.* moss
ស្វ័យការពារ svay kar-pea *n.* self-defense
ស្វាគមន៍ sva-kom *v.* greet
ស្វាយ svay *n.* mango
ស្វាយចន្ទី sway chan-ti *n.* cashew
ស្វឹត svert *adj.* tough
ស្វែងរក svaeng-rork *v.* find
ស្សីហ្វ shift *n.* sif
ស្អក sa-ork *adj.* coarse
ស្អកក sa-ork kor *n.* laryngitis
ស្អប់ sa-ob *v.* hate
ស្អាត saart *adv.* pretty
ស្អែបូកគោ spei-bok-ko *n.* endive

ហ

ហត្ថលេខា hat-le-kha *n.* signature
ហាក់ដូចជា hak-doch-chea *v.* seem
ហាង hang *n.* shop
ហាងកាដូ hang-ka-do *n.* gift shop
ហាងកាត់សក់ hang-kat-sork *n.* salon
ហាងការ៉េម hang-karem *n.* ice cream parlor
ហាងកាហ្វេ hang ka-fe *n.* café
ហាងទំនិញគ្រប់មុខ hang-tom-ninh-krob-muk *n.* general store
ហាងធ្វើនំប៉័ង hang thver noum pang *n.* bakery
ហាងនំធ្វើពីម្សៅ hang-nom-thver-pi-msao *n.* pastry shop
ហាងបាយ hang-bay *n.* restaurant
ហាងលក់គ្រឿងទេស hang-luok-kroeurng-tes *n.* grocery store
ហាងលក់ដូរ hang-luok-do *n.* store
ហាងលក់ត្រី hang-luok-trei *n.* fish store
ហាងលក់នំភីហ្សា hang-luok-nom-piza *n.* pizzeria
ហាងលក់វត្ថុធ្វើដោយដៃ hang luok wat-tho thver doay dai *n.* craft store
ហាងលក់សៀវភៅ hang luok siev phouw *n.* bookstore
ហាងលក់អាវុធ hang luok a-vut *n.* armory
ហាងលក់អាហារសុខភាព hang-luok-ah-ha-sok-pheap *n.* health food store
ហាងលក់ឱសថ hang-luok-oa-soth *n.* drugstore
ហាងស្រា hang-sra *n.* liquor store
ហាងអ៊ុតសក់ hang-out-sork *n.* parlor
ហាង hang *adj.* pungent
ហាតឌីស hard-dis *n.* hard disc
ហ៊ាន hean *v.* dare
ហាប់ hab *n.* hub
ហាម ham *v.* ban
ហាមឃាត់ ham-khot *v.* prohibit
ហានិភ័យ ha-ni-phey *n.* peril
ហាសិប ha-seb *num.* fifty
ហិប heb *n.* ark
ហិរ hil *adj.* hot

ហិរញ្ញវត្ថុ hee-ranh-vothok *n.* finance
ហ៊ីត hit *n.* hits
ហីនយាន hoen-yean *n.* lesser vehicle, Hinayana *(Buddhist)*
ហុកសិប hok-seb *num.* sixty
ហ៊ុន hun *n.* holding
ហូតចេញ hot-chenh *v.* retrench
ហូតពន្ធ hout-pun *v.* levy
ហួសកំណត់ huos-kom-not *adj.* overdue
ហួសពី huos pi *prep.* beyond
ហើម herm *adj.* swollen
ហើមប៉ោង herm poang *adj.* bloated
ហៀបនឹង heab noeng *adv.* almost
ហៀរសំបោរ hea-som-bor *n.* runny nose
ហេដ្ឋារចនាសម្ព័ន្ធ hetha-rachana-somporn *n.* infrastructure
ហេតុការណ៍ het-ka *n.* incidence
ហេតុការណ៍និយម haet-ka-niyum *n.* pragmatism
ហេតុការណ៍បច្ចុប្បន្ន haet ka pach-cho-born *n.* current affairs
ហេតុផល haet-phol *n.* logic
ហេតុអ្វី het-avey *adv.* why
ហែក hek *v.* rip
ហែលទឹក hel-toek *n.* swim
ហោណ៉ាង hor-nang *n.* porch
ហោប៉ៅ hor-pao *n.* pocket
ហោរាសាស្ត្រ hoa-ra sas *n.* astrology
ហោះហើរ hors-her *v.* fly
ហៅ haow *v.* call
ហៅទូរសព្ទ haow tu-ra-sab *v.* dial
ហ្គីតា gi-ta *n.* guitar
ហ្វាយអឺវ៉ល fai-er-vorl *n.* firewall
ហ្វាល farl *n.* files
ហ្វឺត feurt *n.* marker
ហ្វុយហ្ស៊ីប fhuy-ship *n.* fuse
ហ្វូងមនុស្ស fong mnus *n.* crowd
ហ្វូមចាប់ម៉ូដសក់ foam-chab-mod-sork *n.* hair mousse
ហ្វ័លដ័រ foul-der *n.* folder
ហ្វូស៊ីល fu-sil *n.* fossil
ហ្វៀល feal *n.* field

ហ្វ្រូម៉ាស់ fro-mas *n.* cheese
ហ្វ្រូម៉ាស់ស្រស់ fro-mas sros *n.* cottage cheese
ហ្វ្រូម៉ាស់អាំង fro-mas-arng *n.* grilled cheese
ហ្វ្រាំង frarng *n.* brake
ហ្វ្រាំងដៃ frang-dai *n.* handbrake
ហ្វ្លាស flas *n.* flash memory
ហ្ស៊ីប zip *n.* zip
ហ្សែន shen *n.* gene

ឡ

ឡ lor *n.* oven
ឡដុត lor-dot *n.* furnace
ឡប់ប៊ី lorb-bi *n.* lobby
ឡានក្រុង lan krong *n.* bus
ឡានក្រុងចម្ងាយឆ្ងាយ lan-krong chorm-ngai chha-ngai *n.* long-distance bus
ឡានខ្សែកាប lan ksae kab *n.* cable car
ឡានដឹកទំនិញ lan-doek-tum-ninh *n.* lorry
ឡានដឹកទំនិញមានដំបូល lan-derk-tom-ninh-mean-dom-bol *n.* van
ឡានតាក់ស៊ី lan tak-si *n.* cab
ឡានទ្វារបួន lan-thvea-buon *n.* four-door car
ឡានលីមូហ្ស៊ីន lan-li-mo-zin *n.* limousine
ឡានសង្គ្រោះបន្ទាន់ lan sorng-kruoh bon-torn *n.* ambulance
ឡានសំរាម lan-som-ram *n.* garbage truck
ឡាវ៉ាបូ lavabo *n.* lavatory
ឡាហ្សាញ៉ា la-za-nha *n.* lasagna
ឡាហ្ស៊ែរ la-zeae *n.* laser
ឡូស្យិន lo-sen *n.* lotion
ឡើង lerng *v.* get on
ឡើងជូរ lerng-chuo *v.* ferment
ឡើងថ្លៃ lerng-tlai *v.* rise
ឡើងភ្នំ lerng-phnom *v.* hike
ឡេការពារកំដៅថ្ងៃ le-ka-pea-preas-ah-tet *n.* sunblock
ឡេការពារស្បែក le-ka-pea-sbek *n.* suntan lotion
ឡេលាបក្រោយកោរពុកមាត់ le leab kroay koar puk mort *n.* aftershave lotion
ឡេវ lev *n.* button
ឡោមព័ទ្ធ lorm-pot *v.* surround

អ

NOTE: When standing alone, this letter can be pronounced as "aw" or "ak" depending on different words. With any combination of vowel after it, it becomes soundless, but then follows the vowel sound. Thus, it has many varieties of pronunciation.

អកម្ម ak-kam *adj.* passive
អកហ្ស៊ី ork-zeu *adj.* offside *(football/soccer)*
អការៈរលាកមាត់ ah-ka-rak-ro-leak-mot *n.* mouth ulcer
អកុសល ak-ko-sol *n.* adversity
អក្ខរកម្ម ak-krak-kam *n.* illiteracy
អក្ខរក្រម ak-krak-krorm *n.* alphabet
អ័ក្ស ak *n.* axis
អក្សរតូច ak-sor-toch *n.* minuscule
អក្សរផ្ចង់ ak-sor-pchorng *n.* calligraphy
អក្សរសរសេរដៃ ak-sor sor-se-day *n.* manuscript
អក្សរសាស្ត្រ ak-sor-sas *n.* literature
អក្សរអក្ខរក្រម ark-sor-ark-rak krom *n.* script
អគ្គរដ្ឋទូត a-keak rot-tut *n.* ambassador
អគ្គិសនី ah-kis-sni *n.* electricity
អង់តែន ang-taen *n.* antenna
អង្ករ orng-kor *n.* rice
អង្ករគ្រាប់វែង orng-kor kroab veng *n.* long-grain rice
អង្ករសំរូប orng-kor som-roub *n.* brown rice
អង្ករឥណ្ឌា orng-kor in-dea *n.* basmati rice
អង្កាញ់ orng-kanh *n.* kassod tree
អង្កេត orng-ket *v.* detect
អង្គចៅក្រម ang-chao-kroim *n.* judiciary
អង្គនីតិបញ្ញត្តិ orng-ni-te-panh-nhat *n.* legislature
អង្គបដិបក្ខ orng-pak de-pak *n.* antibody
អង្គប្រជុំ orng-prochom *n.* quorum
អង្គាដី orng-kea dei *n.* agati *(tree)*
អង្គាបុស្ប orng-kea bos *n.* tree jasmine
អង្គុយ orng-kuy *v.* sit
អង្រឹង orng-roeng *n.* hammock

អង្វរក orng-vor-kor *v.* plead
អង្សាហ្វារិនហាយ orng-sa-fha-ven-hai *n.* fahrenheit
អចលនទ្រព្យ ark-chol-nak-troab *n.* real estate
អចលនទ្រព្យឯកជន ak-chol-nak-trob ek-chun *n.* private property
អចិន្ត្រៃយ៍ ak-chen-trai *adj.* permanent
អជ្ញាធរ ak-nha thor *n.* authority
អញ្ចាញ anh-chanh *n.* Asian bushbeech *(flowering plant)*
អញ្ចាញធ្មេញ ornh-chanh-thmenh *n.* gum *(anat.)*
អញ្ចឹង onh-cheng *pron.* such
អញ្ចន់ anh-choan *n.* blue butterfly pea
អញ្ជើញ anh-chernh *v.* invite
អញ្ជើញមក anh-chernh-mok *v.* invite for
អដ្ឋកោន athak-korn *n.* octagon
អណ្ដាត orn-dat *n.* tongue
អណ្ដើក orn-derk *n.* turtle
អណ្ដាតភ្លើង orn-dat-phlerng *n.* flame
អណ្ដែត orn-daet *v.* float
អត់ធ្មត់ ort-tmot *v.* restrain
អត់ឱន ot orn *v.* pardon
អតិថិជន ah-te-the-chun *n.* customer
អតិថិវិន័យ art-ti-thi-vi-nei *n.* etiquette
អតិបរមា a-ti-pak-rama *adj.* maximum
អតិផរណា ak-ti-phor-na *n.* inflation
អតីត ark-det *prefix* ex-
អតីត ah-dit *adj.* old
អត្តខាត់ art-tkat *adj.* frugal
អត្តចរិក ak-tak-cha-rek *n.* character
អត្តពលិក a-tak pul-lik *n.* athletics
អត្តសញ្ញាណចូល ar-tak-sanh-nhan chol *n.* login ID
អត្តស្នេហានិយម atak-sneha-niyom *n.* narcissism
អត្ថបទ at-thak-bot *n.* article
អត្ថបទនិពន្ធ at-thak-bot-ni-pon *n.* essay
អត្មា ath-thma *n.* ego
អត្រាប្ដូរប្រាក់ art-tra-pdo-prak *n.* exchange rate
អត្រា atra *n.* rate
អធិការបតី ak-thi-ka-pak-dei *n.* chancellor
អធិបញ្ញា ak-thi-banh-chea *n.* injunction

អធិរាជនី ark-thi-reah *n.* empress
អនឡាញ orn-lainh *adj.* online
អនាគត ah-na-kot *n.* future
អនាម័យ ak-na-mai *adj.* sanitary
អនីតិជន ak-ni-te-chon *n.* minor
អនុញ្ញាត ak-nuk-nhat *v.* allow
អនុញ្ញាតអោយរួច ark-nu-nhat-oay-chenh *v.* exonerate
អនុញ្ញាតឲ្យ ak-nuk-nhat oay *v.* approve (of)
អនុញ្ញាតឲ្យស្ទូចត្រី ark-nuk-nhat-oay-stouch-trei *phr.* fishing permitted
អនុបាត ark-nubat *n.* ratio
អនុផលិតផល ak-nuk-pholet-phol *n.* by-product
អនុម័ត ak-nu-mat *v.* constitute
អនុវត្ត ak-nu-wat *v.* implement
អនុវត្តតាម ak-nu-wat-tam *v.* comply
អនុវិទ្យាល័យ ak-nuh vi-thyia-lai *n.* junior high school
អនុសេនីយ៍ទោ ak-nuh se-nei-tor *n.* lieutenant
អនុស្សារណៈ ah-nu-sa-ro-nak *n.* memo, memorandum
អន្តរជាតិ orn-ta-rak-cheat *adj.* international
អន្ទង់ orn-tong *n.* eel
អន្ទាក់ orn-teak *n.* trap
អន្លូងក្បាលស្វា orn-loung kbal sva *n.* mallet
អន្សែ orn-sae *n.* caryota urens *(flowering plant)*
អប់រំ orb-roum *v.* educate
អបអរ orb-or *v.* cheer
អបអរសាទរ orb-or sa-tor *n.* congratulate
អប្បជនាធិបតេយ្យ arb-pak-chun-nea-thoeb-pa-tai *n.* oligarchy
អប្បបរមា ah-pak-pak-ma *adj.* minimum
អព្ទ arb *n.* fog
អព្យាក្រឹត្យ ark-pyea-kret *adj.* neutral
អភ័ព្វ ak-phop *adj.* unfortunate
អភ័យទោស ark-phei-tos *v.* excuse
អភ័យឯកសិទ្ធិ ak-phei aek-ka-soet *n.* immunity
អភិជន ak-phik-chun *n.* aristocrat
អភិជនភាព ark-phi-chon-pheap *adj.* noble
អភិបាល ark-phi-bal *n.* fiduciary
អភិរក្ស ak-phi-reak *v.* conserve
អភិវឌ្ឍ ak-phi-wort *v.* develop

អម្ពិល orm-pil *n.* tamarind
អម្ពិលទឹក orm-pil toek *n.* monkeypod *(tree)*
អរគុណ or-kun *v.* thank
អរហត្ត ak-ra-hat *n.* Arahatship *(Buddhist)*
អរិយសច្ច ak-rei-sach-chak *n.* noble truth *(Buddhist)*
អរុណសួស្តី ah-run-sur-sdei *phr.* good morning
អរូបី ak ru-pei *adj.* abstract
អលង្កា ak-lang-ka *n.* jewel
អលិង្គ ark-lerng *n.* neuter
អវកាសចរ a-va-kas-chor *n.* astronaut
អវត្តមាន ak vorta-mean *n.* absence
អវិជ្ជមាន ark-vich-mean *adj.* negative
អស់ ors *v.* give sth. out
អស់កំលាំង os-kom-lang *adj.* tired
អសមត្ថភាព ak-samat-ta-pheap *n.* inability
អស់សង្ឃឹម ors sorng-kheum *adj.* desperate
អស្ចារ្យ ors-cha *adj.* fantastic, phenomenal
អស្ចារ្យ មែន! os-cha-men *excl.* great!
អស្សុជ ak-soch *n.* Asvina *(month of Hindu calendar)*
អហង្ការនិយម ark-hang-ka-ni-yom *n.* egotism
អាកប្បកិរិយា a-kab-pak-ke-ri-ya *n.* behavior
អាការៈឈឺក្បាល ah-ka-rak-cheu-kbal *n.* migraine
អាការៈមុនមករដូវ are-ka-rak mun mor ror-dov *n.* premenstrual syndrome (*abbr.* pms)
អាកាសចរណ៍ a-kas-chor *n.* airline
អាកាសធាតុ a-kas-theat *n.* climate
អាកាសយាន a-kas-yean *n.* airplane
អាកាសយានដ្ឋាន a-kas-yean than *n.* airport
អាក្រក់ ah-krok *adj.* bad
អាក្រក់ជាង akrok-cheang *adj.* worse
អាក្រក់ណាស់ ah-krok-nas *adv.* terribly
អាក្រក់បំផុត akrok-bom-phot *adj.* worst
អាគារច្រើនជាន់ ah-kea-chhern-chorn *n.* high-rise
អាគារប្រវត្តិសាស្ត្រ ah-kea-bro-vot-sas *n.* historic building
អាង ang *n.* tank
អាងទឹក ang-toek *n.* aquarium
អាងទឹកក្នុងផ្ទះ ang-toek-knung-pteah *n.* indoor pool

អាងទឹកលុបមុខ ang-toek-lub-muk *n.* washbasin
អាងស្តុកទឹក ang-stok-toek *n.* reservoir
អាងហែលទឹក ang-hel-toek *n.* swimming pool
អាងហែលទឹករបស់ក្មេង ang hael-toek ror-bors kmeng *n.* kiddie pool
អាច ach *adj.* able
អាចដកហូតវិញបាន ach-dok-hot-vinh-ban *adj.* revocable
អាចទៅកើតបាន arch-touw-kert-ban *adv.* possibly
អាចបោកដោយម៉ាស៊ីន arch-boak-doay-masin *adj.* machine washable
អាចពឹងពាក់បាន ach-pueng-peak-ban *adj.* reliable
អាចម៍ផ្កាយ ach-phkay *n.* asteroid
អាចារ្យ a-char *n.* bishop
អាជីព a-chib *n.* career
អាជីវកម្ម ah-chi-vkam *n.* business
អាជ្ញាកណ្តាល reach-anha *n.* referee
អាជ្ញាប័ណ្ណ ak-nha-ban *n.* license
អាជ្ញាប័ណ្ណនេសាទត្រី ah-nha-bann-ne-sat-trei *n.* fishing license
អាជ្ញាសាលា ach-nha sala *n.* bailiff
អាណត្តិប្រៃសណីយ៍ ah-nat-prey-snei *n.* money order
អាណត្តិសញ្ញា ah-sat-sanh-nha *n.* fire alarm
អាណាព្យាបាល ah-na-pyia-bal *n.* guardian
អាណាព្យាបាលភាព ah-na-pyia-bal-pheap *n.* guardianship
អាណាព្យាបាលស្របច្បាប់ ah-na-pyia-bal srorb chbab *n.* guardian
អាតូម a-toum *n.* atom
អាថ៌កំបាំង art-kom-bang *n.* mystery
អាទិទេព ak-ti-tep *n.* deity
អាទីសូ ar-ti-so *n.* artichoke
អាន arn *v.* read
អាពាហ៍ពិពាហ៍ ak-pea-pi-pea *n.* marriage
អាភៀន ah-phean *n.* opium
អាម៉ាស់មុខ ah-mas-muk *n.* toad
អាមីដាល់ ah-mi-dal *n.* tonsil
អាយុ a-yuk *n.* age
អាយុប៉ុន្មាន? a-yu-pun-marn *phr.* how old?
អាយុវែង ak-yoh veng *n.* longevity
អារម្ភកថា arom kak-tha *n.* preface
អារម្មណ៍ ah-rorm *n.* emotion
អាហារពេលល្ងាច ah-ha-pel-lngeach *n.* supper

អាល់កុល al-kol *n.* alcohol
អាលុយមីញ៉ូម ah-luy mi-nhoum *n.* aluminum
អាវ av *n.* shirt
អាវក្នុងស្រី aow knong srei *n.* lingerie
អាវក្រៅ av-krao *n.* jacket
អាវទប់ខ្យល់ av-top-kchol *n.* windbreaker
អាវទ្រនាប់ av tro-noib *n.* brassiere, bra
អាវធំគ្របក្បាល av thom krob-kbal *n.* anorak
អាវធំគ្របពីក្រៅ av-thom-krop-pi-krav *n.* overcoat
អាវពោង av poong *n.* life jacket
អាវភ្លៀង av-pleang *n.* raincoat
អាវមនុស្សស្រី av monus srei *n.* blouse
អាវយឺត av-yert *n.* sweater
អាវយឺតចាក់ av-yert-chak *n.* pullover
អាវរងារ av ror-ngea *n.* jumper
អាវរោមសត្វ av-roam-sat *n.* fur coat
អាវវែង av-veng *n.* robe
អាវអៀមសម្រាប់ការពារ av eaem sorm-rab ka-pea *n.* apron
អាវាសដូនជី a-vas-don-chi *n.* convent
អាវុធ ah-vuth *n.* arms *(weapons)*
អាវុធនុយក្លេអ៊ែរ ah-vuth-nuy-kle-ear *n.* nuclear weapons
អាវ៉ូកាដូ avo-ka-do *n.* avocado
អាសនៈ a-son *n.* altar
អាសយដ្ឋាន a-sai-than *n.* address
អាសយដ្ឋានចូលវេបសាយ a-soy-than-chol-web-site *n. (tech.)* Uniform Resource Locator (URL)
អាសាធ ar-sad *n.* Ashadha *(month on the Hindu calendar)*
អាស៊ីត ah-sit *n.* acid
អាស៊ីតអាមីណូ ah-sit ah-mi-no *n.* amino acid
អាស្បាករណ៍ ah-sa-kor *n.* harness
អាហារ ah-ha *n.* food
អាហារកិច្ច a-har-kech *n.* alimony
អាហារចំបង aha-chorm-borng *n.* main course
អាហារដែលបានកែប្រែ ah-ha-deael-ban-kae-brae *n.* genetically modified food (GMO)
អាហារដំបូង ah-ha-dom-bong *n.* first course
អាហារដ្ឋាន a-ha-ra-than *n.* cafeteria

អាហារថ្ងៃត្រង់ ar-ha tngai-trorng *n.* lunch
អាហារថ្ងៃត្រង់ប្រអប់ ar-ha tngai-trorng pror-orb *n.* lunch box
អាហារធញ្ញជាតិ ah-ha-thonh-cheat *n.* granola
អាហារបំប៉ុន ah-ha-bom-pon *n.* nutrition
អាហារពេលព្រឹក ah-ha pel proek *n.* breakfast
អាហារពេលល្ងាច a-ha pel lngeach *n.* dinner
អាហារសម្រន់ aha sorm-rorn *n.* snack
អាហារសុខភាព ah-ha-sok-pheap *n.* health food
អាហារសំរន់ ah-ha som-ron *n.* snack
អាហារឥតគិតថ្លៃ ah-ha-et-kit-thlai *n.* free food
អិកស្ពត ek-sport *v.* export
អិលស៊ីឌី el-si-di *n.* LCD (liquid crystal display)
អិន្ឈ៍ inch *n.* inch
អ៊ីនធឺណេត internet *n.* internet
អ៊ីនធឺហ្វេស in-ter-fes *n.* interface
អ៊ីនធឺអាកធីវ in-ter-ak-tiv *adj.* interactive
អ៊ីមផត im-port *v.* import
អ៊ីមែល ee-mel *n.* e-mail
អ៊ីយ៉ុង e-yung *n.* ion
អ៊ីយ៉ូដ e-youd *n.* iodine
អុកស៊ីសែន ok-si-sen *n.* oxygen
អ៊ុតសក់ out-sork *n.* perm
អុស ors *n.* firewood
អុហ្វឡាន of-lainh *adj.* offline
អ៊ីដ្រូសែន ei-dro-sen *n.* hydrogen
អ៊ីនធឺណិត in-ter-net *n.* internet
អូ! oh *excl.* oh!
អូខេ! oh khe *excl.* okay, OK
អូប៉េរ៉ា oh-pe-ra *n.* opera
អូម៉ាឡែត oh-ma-let *n.* omelet
អូរ oh *n.* rivulet
អូវែរ oh-vea *n.* ovary
អូហ្វឡាញ oof-lainh *adj.* offline
អូហ្សូន oh-zone *n.* ozone
អើតទៅក្រៅ eut touw krao *v.* lean out
អៀន earn *adj.* shy
អេកូ eh-ko *adj.* ultrasound

អេក្រង់ eh-krong *n.* screen
អេឡិចត្រុង eh-lech-trorng *n.* electron
អេឡិចត្រូនិច eh-lek-tro-nech *adj.* electronic
អោបក្រសោប oab-kro-soab *v.* embrace
អោយខ្ចី oay khchei *v.* lend
អោយតែ oy-tea *conj.* provided
អោយថ្នាំ oy tnam *v.* prescribe
អោយប្រាក់វិញ oy-prak-vinh *v.* reimburse
អ៊ុំប្រុស om-bros *n.* uncle
អំណាច am-narch *n.* potency
អំណាចច្បាប់ orm-nach chbab *n.* jurisdiction
អំណាចមើល om-nach-merl *n.* sight
អំណោយ orm-noay *n.* gift
អំបិល om-bel *n.* salt
អំបិលគ្រួស om-bel kruos *n.* coarse salt
អំបោស om-bos *n.* swab
អំបោះ orm-bos *n.* denim
អំបោះដេរ om-bos-de *n.* thread
អំពី orm pi *adv.* about
អំពូល orm-pul *n.* lamp
អំពូលភ្លើង orm-pul pleung *n.* lightbulb
អំពើ orm peuh *n.* act *(something done)*
អំពើក្លាហាន omper-kla-harn *n.* prowess
អំពើឃោរឃៅ om-per-kho-khov *n.* violence
អំពើបាប om-per-bab *n.* sin
អំពើផ្ដេសផ្ដាស orm-peuh pdes-pdas *n.* caper *(illicit activity)*
អំពើពុករលួយ orm-peuh puk ror-luoy *n.* corruption
អំពើរបិលរប៉ូច orm-per-ro-pel-ro-poch *n.* mischief
អំពៅ orm-pouw *n.* sugar cane
អំឡុងពេល om-long-pel *n.* period *(of time)*
អាំង ang *v.* braise, roast
អាំងធ្យូង ang thyoung *v.* char-broiled
អាំងភ្លើង ang plerng *v.* broil
អាំងស៊ុយលីន ang-suy-lin *n.* insulin
អាំពែរ orm-peaer *n.* ampere
អះអាង as-ang *v.* purport
អ្នក neak *pron.* you

អ្នកកត់ម៉ោង neak-kot-morng *n.* timer
អ្នកកាន់តំណែង neak-kan-dom-naeng *n.* incumbent
អ្នកកាន់ទុក្ខ neak-kan-tok *n.* mourner
អ្នកការទូត neak ka tout *n.* diplomat
អ្នកការពារ neak ka-pea *n.* defendant
អ្នកកើតហឺត neak kert heut *n.* asthmatic
អ្នកកែប្រែភាពការណ៍ neak-kea-pre-pheap-ka *n.* reformer
អ្នកកំដរ neak kom-dor *n.* bridesmaid
អ្នកកំប្លែង neak korm-phlaeng *n.* comics
អ្នកខាងក្រៅ neak-khang-krav *n.* outsider
អ្នកខ្ចី neak khchei *n.* borrower
អ្នកគិតលុយ neak kit luy *n.* cashier
អ្នកគាំទ្រ neak-kouam-tror *n.* fan; sponsor
អ្នកគ្រប់គ្រង neak krub-krong *n.* manager
អ្នកឃោសនា neak-khos-sna *n.* propagandist
អ្នកចង neak-chong *n.* tier
អ្នកចម្រៀង neak-chom-reang *n.* singer
អ្នកចាញ់ neak-chanh *n.* loser
អ្នកចាត់ការ neak-chat-ka *n.* executive
អ្នកចូលនិវត្តន៍ neak-chol-ni-wat *n.* pensioner
អ្នកចូលរួម neak-chol-roum *n.* participant
អ្នកចូលរួមបោះឆ្នោត neak-chol-ruom-buoh-chhnoat *n.* electorate
អ្នកចូលហ៊ុន neak-chol-hun *n.* holder
អ្នកចេះច្បាប់ neak-ches-chbab *n.* rabbi
អ្នកចែកចាយ neak-chaek-chay *n.* distributor
អ្នកចោល neak-chorl *n.* pitcher
អ្នកចាំទី neak-cham-ti *n.* goalkeeper
អ្នកផ្ចិនភ្នែក neak chhpoen phneaek *n.* magician
អ្នកឆ្លើយតប neak-chhlery-top *n.* respondent
អ្នកឆ្លៀតរកកម្រៃធំ neak-chhleat-rok-kom-rai-thom *n.* profiteer
អ្នកជក់បារី neak-chouk-barey *n.* smoker
អ្នកជាដើមរឿង neak-chea-derm-rerng *n.* originator
អ្នកជិតខាង neak-chet-khang *n.* neighbor
អ្នកជិះ neak-chis *n.* rider
អ្នកជិះកង់ neak chis korng *n.* bicyclist
អ្នកជិះទូករ៉អិលលើទឹក neak-chis-tuk-ro-el-ler-toek *n.* surfer
អ្នកជិះសេះប្រណាំង neak-chis-seah-bro-nang *n.* jockey

អ្នកជួញដូរ neak chuonh-do *n.* dealer
អ្នកជួញដូរគ្រឿងញៀន neak-chuonh-do-krerng-nhean *n.* drug dealer
អ្នកជួយ neak chuoy *n.* assistant
អ្នកជួយសង្គ្រោះ neak-chouy-song-krous *n.* savior
អ្នកជួលដី neak-choul-dey *n.* tenant
អ្នកជំងឺ neak-chom-ngeu *n.* patient
អ្នកជំនាញ neak-chom-neanh *n.* expert
អ្នកជំនាញខាងអនាម័យ neak-chom-neanh-khang-ah-na-mai *n.* hygienist
អ្នកជំនាញភាសាសាស្ត្រ neak-chom-neanh-phea-sa-sas *n.* philologist
អ្នកជំនាញរោគស្ត្រី neak-chom-neanh-rok-strei *n.* gynecologist
អ្នកជំនួយមេធាវី neak-chom-nouy-me-thea-vy *n.* paralegal
អ្នកជំនួស neak-chom-nous *n.* substitute
អ្នកជំនួញ neak-chum-nouch *n.* merchant
អ្នកឈ្នះ neak-chhneas *n.* winner
អ្នកឈ្លានពាន neak-chhlean-pean *n.* intruder
អ្នកដឹកជញ្ជូន neak dek chunh-choun *n.* carrier
អ្នកដឹកនាំ naeak doek-noam *n.* leader
អ្នកដុត neak dot *n.* baker
អ្នកដេក neak-dek *n.* sleeper
អ្នកដែលបង់ពន្ធ neak-del-york-pon *n.* taxpayer
អ្នកដំណាង neak-dom-nang *n.* representative
អ្នកដំណើរ neak-dom-ner *n.* passenger
អ្នកណា neak-na *pron.* who
អ្នកណាក៏ដោយ neak-na-kor-doy *pron.* whoever
អ្នកណាមួយ neak na muoy *pron.* anybody
អ្នកណាម្នាក់ neak-na-mneak *pron.* somebody
អ្នកណែនាំ neak-nae-noim *n.* instructor
អ្នកតមអាហារ neak torm a-ha *n.* dieter
អ្នកតា neak-ta *n.* spirit
អ្នកតាក់តែងច្បាប់ naeak tak-taek chbab *n.* legislator
អ្នកតែងកំណាព្យ neak-taeng-kom-narb *n.* poet
អ្នកតំណាង neak dorm-nang *n.* trustee
អ្នកត្រេកអាហារឆ្ងាញ់ neak-treek-ah-ha-chhnganh *n.* epicure
អ្នកថតរូប neak-thort-rub *n.* photographer
អ្នកថ្មើរជើង neak-thmer-cherng *n.* pedestrian
អ្នកទទួលភ្ញៀវ neak-tor-toul-pnheav *n.* receptionist
អ្នកទទួល neak tor tuol *n.* addressee

អ្នកទស្សនា neak-tous-na *n.* spectator
អ្នកទាល់ក្រ neak-tol-kro *n.* pauper
អ្នកទិញ neak tenh *n.* buyer
អ្នកទុកចិត្តបាន neak-tuk-chet-ban *n.* trustee
អ្នកទេសចរ neak-tes-chor *n.* tourist
អ្នកទោស neak toos *n.* captive
អ្នកធម្មយាត្រា neak-thom-yeat-tra *n.* pilgrim
អ្នកធ្វើការ neak thver-ka *n.* crew
អ្នកធ្វើការធនាគារ neak thver ka thor-nea-kea *n.* banker
អ្នកធ្វើដំណើរ neak-thver-dom-ner *n.* traveler
អ្នកធ្វើ neak-thver roue prer *n.* processor
អ្នកធ្វើសរសៃរ neak thver sor-say *n.* masseur
អ្នកនយោបាយ neak-nor-yo-bye *n.* politician
អ្នកនិទាន neak-ni-tean *n.* narrator
អ្នកនិយាយ neak-niyeay *n.* speaker
អ្នកនេសាទត្រី neak-ne-sat-trei *n.* fisherman
អ្នកនាំកំសាន្ត neak-nouam-kom-san *n.* entertainer
អ្នកនាំមុខ neak-noam-muk *n.* forerunner
អ្នកនាំសារ neak-noim-sa *n.* messenger
អ្នកបកប្រែផ្ទាល់មាត់ neak-bork-brae-ptoil-moit *n.* interpreter
អ្នកបកប្រែឯកសារ neak-bork-brae-eka-sa *n.* translator
អ្នកបង្កើត neak borng-keurt *n.* maker
អ្នកបង្រៀនខាងចរិយា neak-bong-rean-khang-chak-riya *n.* moralist
អ្នកបង្រៀនផ្នែកសាសនា neak-bong-rean-pneak-sas-sna *n.* prophet
អ្នកបង្ហាត់ neak-bong-hat *n.* trainer
អ្នកបង្ហាត់រាំ neak borng-hat rouam *n.* choreographer
អ្នកបន្លំ neak-born-lom *n.* impostor
អ្នកបម្រើតាមផ្ទះ neak borm-reur tam pteah *n.* maid
អ្នកបម្រើ neak-bom-rer *n.* servant
អ្នកបរិច្ចាគ neak-bor-ri-chak *n.* donor
អ្នកបរិភោគ neak bor-ri-phook *n.* diner
អ្នកបរិសុទ្ធ neak-bor-sot *n.* puritan
អ្នកបួស neak-bous *n.* parson
អ្នកបើកបរ neak-berk-bor *n.* driver
អ្នកបើកយន្តហោះ neak-ber-yon-hos *n.* pilot
អ្នកបើកឡានឲ្យគេ neak berk lan oay ke *n.* chauffeur
អ្នកបោកប្រាស់ neak-bok-pras *n.* swindler

អ្នកបោះជំរុំ neak baoh chum-rum *n.* camper
អ្នកបំរើ neak-bom-rer *n.* valet
អ្នកបំរើស្រី neak-bom-rer-srey *n.* waitress
អ្នកប្តឹងតវ៉ា neak pdeung tor-wa *n.* complainant
អ្នកប្រកាស neak bro-kas *n.* announcer
អ្នកប្រដៅ neak-bro-dav roue ris-kon-ke *n.* pedant
អ្នកប្រតិកិរិយា neak-bro-ti-kam *n.* reactionary
អ្នកប្រមាញ់ neak-bro-manh *n.* hunter
អ្នកប្រមូល neak pror-mol *n.* collector
អ្នកប្រាកដនិយម neak-brakot-niyom *n.* realist
អ្នកប្រាជ្ញ neak-brach *n.* genius
អ្នកប្រឹក្សាយោបល់ neak preuk-sa yor-bol *n.* consultant
អ្នកប្រើប្រាស់ neak prer-pras *n.* consumer
អ្នកផលិត neak-pholit *n.* producer
អ្នកផ្គត់ផ្គង់ neak p-kot p-knog *n.* supplier
អ្នកផ្ញើ neak-pnher *n.* sender
អ្នកផ្តល់យោបល់ neak pdol yoo-bol *n.* counselor
អ្នកផ្ទៀងផ្ទាត់ neak-phteang-phtot *n.* editor
អ្នកផ្សព្វផ្សាយសាសនា neak-phsay-sas-sna *n.* missionary
អ្នកពន្លត់អគ្គីភ័យ neak-pon-lot-ah-ki-phei *n.* firefighter
អ្នកភ្ជួរស្រែ neak-pure-sre *n.* plowman
អ្នកមកធ្វើការសាកល្បង neak-mok-thver-ka-sak-lbong *n.* probationer
អ្នកមិនជឿលើព្រះ neak men choeur ler preah *n.* atheist
អ្នកមើល neak-merl *n.* viewer
អ្នកមើលថែទារក neak merl thae tea-ruok *n.* babysitter
អ្នកម៉ៅការ neak maow ka *n.* contractor
អ្នកយកព័ត៌មាន neak-yok-por-mean *n.* reporter
អ្នកយាម neak-yeam *n.* guard
អ្នកយាមទ្វារ neak-yeam-thvea *n.* gate keeper
អ្នករងកំហុសអ្នកឯទៀត neak-rong-kom-hos-neak-dor-tey *n.* scapegoat
អ្នករងគ្រោះ neak-rong-krous *n.* victim
អ្នករចនាម៉ូដ neak racha-na mot *n.* designer
អ្នករត់ neak-rot *n.* runner
អ្នករត់សំបុត្រ neak-rot-som-bot *n.* postman
អ្នករបាំ neak ror-bam *n.* dancer
អ្នករាល់គ្នា neak-rorl-knea *pron.* everyone
អ្នករិះគន់ neak ris-kun *n.* critic

អ្នករូបនិយម neak-rub-ni-yom *n.* physicist
អ្នករៀនចប់ neak-rean-chob *n.* graduate
អ្នកលក់ neak-louk *n.* seller
អ្នកលក់គ្រឿងទេស neak-luok-kroeurng-tes *n.* grocer
អ្នកលក់ត្រី neak-luok-trei *n.* fishmonger
អ្នកលក់រាយ neak-louk-reay *n.* retailer
អ្នកលទ្ធិស្ត្រីនិយម neak-lethy-sa-trei-ni-yom *n.* feminist
អ្នកលេង neak-leng *n.* player
អ្នកលេងល្បិច neak-leng-lbech *n.* rascal
អ្នកលេងហ្គីតា neak-leng-ngei-ta *n.* guitarist
អ្នកវិកលចរិត neak-vikol-charek *n.* psychopath
អ្នកវិនិយោគ neak-vi-ni-yoak *n.* investor
អ្នកវិភាគ neak vi-pheak *n.* analyst
អ្នកសង្កេត neak-song-ket *n.* observer
អ្នកសង្គមនិយម neak-song-kom-niyom *adj.* socialist
អ្នកសម្តែង neak-som-deng *n.* performer
អ្នកសម្តែងប្រុស neak sorm-daeng bros *n.* actor
អ្នកសម្តែងស្រី neak sorm-daeng srei *n.* actress
អ្នកសម្រុះសម្រួល neak sorm-ros sorm-ruol *n.* mediator
អ្នកសរសេរ neak-sor-seh *n.* writer
អ្នកសរសេរបទចម្រៀង neak-sor-se-chom-reang *n.* songwriter
អ្នកសាងសង់ neak sang-song *n.* builder
អ្នកសារព័ត៌មាន neak-sa-por-mean *n.* journalist
អ្នកសុំទាន neak sum tean *n.* beggar
អ្នកស្តាប់ neak sdab *n.* listener
អ្នកស្រី neak-srey *n.* Mrs.
អ្នកស្រាវជ្រាវ neak-srav-chreav *n.* researcher
អ្នកស្រុក neak-srok *n.* resident
អ្នកស្រុកស្រែ neak-srok-srae *n.* folk
អ្នកស្រែក neak-srek *n.* soloist
អ្នកហែហម neak-hea-horm *n.* retinue
អ្នកអង្កេត neak orng-ket *n.* detective
អ្នកអង្វរករ neak-orng-vor-kor *n.* pleader
អ្នកអនុវត្ត neak-ah-nouk-wat *n.* practitioner
អ្នកអាន neak-arn *n.* reader
អ្នកឧត្តមគតិនិយម neak-ou-dom-kh-ti-ni-yum *n.* idealist
អ្នកឧបត្ថម្ភលុយ neak-op-pthom-luy *n.* subscriber

អ្នកឯកទេស neak-ek-tes *n.* specialist
អ្នកអោយខ្ចី neak oay khchei *n.* lender
អ្នកឲ្យដំបូន្មាន neak oay dorm-bo-mean *n.* adviser (*also* advisor)
អ្នលទទួល neak-tor-toul *n.* recipient
អ្នកឡើងភ្នំ neak-lerng-phnom *n.* mountaineer
អ្វី avey *pron.* what
អ្វីក៏បាន avey-kor-ban *det.* whatever
អ្វីគ្រប់យ៉ាង avei-kroub-yang *pron.* everything
អ្វីដែលតម្រូវអោយមាន avey-del-dom-rov-oy-mean *n.* requirement
អ្វីដែលធ្វើអោយភ្ញាក់ avey-del-thver-oy p-nheak *n.* surprise
អ្វីៗដែលនៅជុំវិញ avey avey-del-nov-chom-vinh *n.* surroundings
អ្វីៗដែលនៅសល់ avey-avey-del-nov-sol *n.* remainder
អ្វីៗដែលនាំមុខ avey-avey-del-noam-muk *n.* precursor
អ្វីៗដែលបំពេញចិត្ត avey-avey del-bom-penh-chet *n.* treat
អ្វីៗដែលរាបចំបាន avey avey del reap-chom ban *n.* preparation
អ្វីៗដែលឥតខ្លឹមសារ avey-avey del-et-klem-sa *n.* tripe
អ្វីៗមិនត្រូវការ avey-avey-min-trouw-ka *v.* refuse
អ្វីមួយ avei muoy *pron.* anything
អ្វីៗដែលគេសង avey-avey-del-ke-song *n.* recompense
អ្វីៗសម្រាប់គ្រប avey avey sorm-rab krorb *n.* covering

INDEPENDENT VOWELS

ឥ

ឥដ្ឋ et *n.* floor
ឥណទានកំណត់ en-tean-kom-not *n.* overdraft
ឥណទាយក en-tean-york *n.* creditor
ឥតខាន់ស្លា et-khan-sla *adj.* illegitimate
ឥតគិតថ្លៃ et-kit-thlai *adj.* free
ឥតគួរសម ett-kou-som *adj.* rude
ឥតឈប់ឈរ et chhub chhor *adj.* continuous
ឥតដឹងខ្លួន et-deng-kloun *adj.* unconscious
ឥតទៅណាទេ et-touw-na-te *adv.* nowhere
ឥតប្រណី et-bro-ney *adj.* pitiless
ឥតប្រយោជន៍ et-bro-youch *adj.* useless
ឥទ្ធិពល et-thi-pol *n.* effect
ឥន្ទនេល in-tak-nel *n.* bungor *(flowering plant)*
ឥវ៉ាន់ ei-van *n.* baggage
ឥស្លាម e-slam *n.* Islam
ឥស្សរជន ey-sa-rak-chon *n.* personage
ឥឡូវនេះ ei-louw nis *adj.* current

ឧ

ឧក្រិដ្ឋកម្ម ou-kret-kam *n.* crime
ឧត្តមគតិនិយម ou-dom-kh-ti-ni-yum *n.* idealism
ឧត្តមសេនីយ៍ ot-dorm-se-nei *n.* marshal
ឧត្តមភាព udom-pheap *n.* preeminence
ឧត្តុងឧត្តម ou-dong-ou-dom *adj.* paramount
ឧទានសញ្ញា ou-tean-sanh-nha *n.* exclamation point
ឧទាហរណ៍ ou-tea-hor *phr.* for example (*abbr.* e.g.)
ឧទ្ធម្ភាគចក្រ ou-thorm-phes-chak *n.* helicopter

ឧបករណ៍ opak-kor *n.* device
ឧបករណ៍ឆ្លុះពោះ ob-pakor chloh puos *n.* laparoscope
ឧបករណ៍បោកគក់ ob-pakor boak kuok *n.* laundry facilities
ឧបករណ៍ភ្លេង ob-kor-phleng *n.* musical instrument
ឧបករណ៍វាស់ចម្ងាយ op-pakor-vos-chom-ngay *n.* odometer
ឧបករណ៍វាស់ភ្លើង orb-pak-kor voas pleung *n.* light meter
ឧបករណ៍វាស់រយៈកម្ពស់ oup-pak kor vos ro-yeak kom-puos *n.* altimeter
ឧបករណ៍សម្រួល oup-pak kor sormruol *n.* adapter
ឧបករណ៍ស្វែងរក ob-pak-kor svaek-rork *n.* search engine
ឧបករណ៍ឡើងភ្នំ ou-pakor-lerng-phnom *n.* hiking gear
ឧបទ្ទវហេតុ oupak teak-veak haet *n.* accident
ឧបទ្វីប ob-pa-thvib *n.* peninsula
ឧបសគ្គ op-basak *n.* obstacle
ឧបាយកល ou-bay-kol *n.* ruse
ឧសភារាសី ou-sa-phea-rea-sei *n.* Taurus
ឧស្ម័ន ou-sman *n.* gas
ឧស្ម័ននីត្រូសែន ou-sman-ni-dro-sen *n.* nitrogen
ឧស្មន័ប្រេងកាត ou-sman breng-kat *n.* butane gas
ឧស្សាហកម្ម ou-sa-ha-kam *n.* industry
ឧត្តុនិយម ou-tu-niyum *n.* meteor
ឧត្តុនិយមវិទ្យា ou-tu-niyum-vithyea *n.* meteorology
ឧទ្យានរមណីយ៍ ou-yean-rom-ni-than *n.* oasis

ឪ

ឪពុក ouw-puk *n.* father, dad
ឪពុកក្មេក ouw-puk-kmek *n.* father-in-law
ឪពុកម្តាយ ov-pok-mday *n.* parent
ឪម៉ាល់ or-mal *n.* wasp
ឪឡឹក ov-lerk *n.* watermelon

ឱកាស oa-kas *n.* chance
ឱកាសនិយម oa-kas-ni-yom *n.* opportunism

ឱនភាព oan-pheap *n.* deficit
ឱវាទ oa-vat *n.* counsel
ឱសថរុក្ខជាតិ oay-soth-rok-cheat *n.* herb
ឱសថស្ថាន oy-soth-than *n.* pharmacy

ឫ

ឫសដូងបាត rers-dong-bat *n.* hemorrhoid
ឫសនៅលើស្បែក rers-nov-ler-sbek *n.* wart
ឫស្សី rers-sey *n.* bamboo

ឮ

ឮ loeu *v.* hear
ឮអំពី loeu-orm-pi *v.* hear about/of

ឯ

ឯកជន ek-chun *adj.* private
ឯកជនភាពូបនីយកម្ម ek-chun pheap-vup-ni-kam *n.* privatization
ឯកទិស ek-ters *adj.* one-way
ឯកពន្ធភាព ek-pon-pheap *n.* monogamy
ឯករាជ្យ ek-reach *adj.* independent
ឯករាជ្យភាព ek-reach-pheap *n.* independence
ឯកវចនៈ ek-vach-nak *adj.* singular
ឯកវាទ ek-veat *n.* monologue
ឯកសណ្ឋាន ek-son-than *n.* uniform
ឯកសារ aek-sa *n.* document
ឯកសារទុកនៅតតិយជន aek-sa-tok-nov-tak-tei-chun *n.* escrow
ឯកសារប្រទានសិទ្ធិ aek-kasa pror-tean soet *n.* proxy
ឯកសារយោង ek-sa-yong *n.* reference
ឯកសារសម្គាល់ខ្លួន ek-ka-sa-som-korl-kloum *n.* identity document
ឯកសារសំណុំរឿង aeng-kasa som-nom reung *n.* discovery

ឯកសិទ្ធិ aek-seth *n.* entree
ឯណាក៏ដោយ eh-na-kor-doy *conj.* wherever

ឲ្យ oay *v.* give
ឲ្យដំបូន្មាន oay dorm-bo-mean *v.* advise
ឲ្យថ្លៃច្រើនជាង oy-thlai-chrern-cheang *v.* outbid
ឲ្យនិយមន័យ oay ni-yum-nay *v.* define
ឲ្យប្រផ្នូល ouy-pror-pnol *v.* portend
ឲ្យរួចខ្លួន oay-ruoch-khluon *v.* exempt

ENGLISH–KHMER
Dictionary

A

a *art.* មួយ muoy
a.m. *adv.* ពេលព្រឹក pel proek
abalone *n.* ខ្យងសមុទ្រ khchorng sak-mut
abandon *v.* បោះបង់ ba-oh borng
abandoned *adj.* ត្រូវបានបោះបង់ trouw ban ba-oh borng
abbey *n.* វត្តសាសនាគ្រឹស្ត vot sas-na kroes
abbreviation *n.* ពាក្យកាត់ peak kat
abdomen *n.* ពោះ puos; **lower ~** ក្រោមពោះ kroam-puos
abduction *n.* ការចាប់ជំរិត ka chab chum rith
ability *n.* សមត្ថភាព sak matha-pheap
able *adj.* អាច ach; **~ to** អាចធ្វើ ach tweuh
aboard *adv.* នៅលើ nov ler
aboriginal *adj.* នៃអ្នកស្រុកដើម ney nak srok derm
abort *v.* រលូតកូន ror-lout kon
abortion *n.* ការរលូតកូន ka ror-lout kon
about *adv.* អំពី orm pi
above *adv.* ខាងលើ khang ler
abroad *adv.* ក្រៅប្រទេស krav bror tes
abrupt *adj.* បន្ទាន់ born-toan
abscess *n.* បូស buos
abscond *v.* គេច kech
absence *n.* អវត្តមាន ak vorta-mean
absent *adj.* ដែលអវត្តមាន dael ak vorta-mean
absinthe *n.* ស្រាអាប់ស៊ីន sra ab-sinthe
absolute *adj.* ដាច់ខាត dach khat
absolutely *adv.* យ៉ាងប្រាកដ yang pra-kord
absorb *v.* ស្របយក sroub york
abstract *adj.* អរូបី ak ru-pei
absurd *adj.* ចំលែក chorm laek
abuse *n.* រំលោភបំពាន roum looph borm pien
academic *adj.* នៃការសិក្សា nay ka sek sa
academy *n.* វិទ្យាគារ vi thyea kea
accelerator *n.* ឈ្នាន់ល្បឿន chhnorn lboeurn

accent *n.* ការបញ្ចេញសម្លេង ka banh chenh sormleng
accept *v.* ទទួលយក tor tuol york
acceptable *adj.* ដែលអាចទទួលយកបាន dael ach tor tuol york ban
access *n.* ការចូល ka chol; *v.* ចូល chol
access computer file *v.* ចូលទៅកាន់ឯកសារក្នុងកំព្យូទ័រ chol touw kan aek-sa knong kom-phyu-tor
access time *n.* ម៉ោងចូល moang-chol
accident *n.* ឧបទ្ទវហេតុ oupak teak-veak haet
accidental *adj.* ដែលប្រកបដោយឧបទ្ទវហេតុ dael bror-korb doay oupak teak-veak haet
accidentally *adv.* ដោយមានឧបទ្ទវហេតុ doay mean oupak teak-veak haet
accommodations *n.* ការស្នាក់នៅ ka snak nov
accompany *v.* កំដរ korm dor
accompanying *adj.* ដែលកំដរ dael korm dor
accomplish *v.* សម្រេច sorm-rach
accomplished *adj.* ដែលបានសម្រេច dael ban sorm-rach
accomplishment *n.* សមិទ្ធផល sak-mithi phorl
accordance *n.* កិច្ចព្រមព្រៀង kech prorm preang
according to *prep.* យោងទៅតាម yoong touw tam
account *n.* រឿងរ៉ាវ roeurng rav; *phr.* **on ~ of** តាមរឿងរ៉ាវនៃ tam roeung raw nay
accountant *n.* គណនេយ្យករ keak neak ney kor
accumulate *v.* កើនឡើងបន្តបន្ទាប់ kern lerng bontor bontorb
accumulation *n.* ការកើនឡើងបន្តបន្ទាប់គ្នា ka kern lerng bontor bontorb
accurate *adj.* សុក្រិត so-kret
accurately *adv.* ដោយសុក្រិត doay so-kret
accuse *v.* ចោទប្រកាន់ choat bror kan; **~(d) of** ត្រូវបានចោទប្រកាន់អំពី trouw ban choat prokan om-pi
ache *n.* ភាពឈឺចាប់ pheap cheu chab
achieve *v.* សម្រេចបាន sorm-rach ban
achievement *n.* ភាពសម្រេចបាន pheap sorm-rach ban
achiote *n.* ដកគាំ dork-koam
acid *n.* អាស៊ីត ah-sit
acidify *v.* បំលែងទៅជាអាស៊ីត bormlaeng taow chea a-sid
acidulated *adj.* ត្រូវបានធ្វើឲ្យមានជាតិអាស៊ីត traow ban thver ory mean cheat a-sid
acknowledge *v.* ទទួលស្គាល់ tor tuol skorl

acne *n.* មុន mon; ~ **cream** ក្រែមលាបសម្រាប់មុន kraem leab somrab mun
acorn *n.* ផ្លែសែន phlae saen
acquaintance *n.* មិត្តទើបនឹងស្គាល់គ្នា mit terb noeng skorl knea
acquainted *adj.* ដែលរាប់អានគ្នា dael rorb an knea; **become** ~ ចាប់ផ្តើមរាប់អានគ្នា chab pderm rorb an knea
acquire *v.* ទទួលបានដោយសមត្ថភាព tor tuol ban doay sak matha-pheap
acquisition *n.* ការទទួលបានដោយសមត្ថភាព ka tor tuol ban doay sak matha-pheap
acquit *v.* ដោះលែង daoh leaeng
acquittal *n.* ការដោះលែង ka daoh leaeng
acre *n.* រង្វាស់ដី rung vors dei
across *adv.* ឆ្លងកាត់ chhlorng kat
acrylic *adj.* សារធាតុជ័រ sa-theat chour
act *(something done) n.* អំពើ orm peuh
action *n.* សកម្មភាព sak kam-pheap
activate *v.* ធ្វើឲ្យដំណើរការ thver oay dorm nauh ka
active *adj.* សកម្ម sak-kam
actively *adv.* យ៉ាងសកម្ម yang sak-kam
activist *n.* សកម្មជន sak-kam chun
activity *n.* សកម្មភាព sak kam-pheap
actor *n.* អ្នកសម្តែងប្រុស neak sorm-daeng bros
actress *n.* អ្នកសម្តែងស្រី neak sorm-daeng srei
actual *adj.* ជាក់ស្តែង cheak sdaeng
actually *adv.* តាមភាពជាក់ស្តែង tam pheap cheak sdaeng
acupuncture *n.* ការចាក់ម្ជុលវិជ្ជាសាស្ត្រ ka chak mchul vicheasas
acute *adj.* ធ្ងន់ធ្ងរ tngun thngor
acute angle *n.* មុំស្រួច mum sruoch
acute pain *n.* ការឈឺចាប់ធ្ងន់ធ្ងរ ka chheu chab thngun thngor
adapt *v.* សម្រប sorm-rorb
adapter *n.* ឧបករណ៍សម្រួល oup-pak kor sormruol
add *v.* បន្ថែម bon-thaem
addicted *adj.* ញៀន nhean
addiction *n.* ភាពញៀន pheap nhean
addition *n.* ការបន្ថែម ka bon-thaem; **in** ~ **(to)** បន្ថែមទៅលើ bon-thaem-touw-ler
additional *adj.* ដែលជាការបន្ថែម dael chea ka bon-thaem
address *n.* អាសយដ្ឋាន a-sai-than; **home** ~ អាសយដ្ឋានផ្ទះ ah-sai-than pteah

addressee *n.* អ្នកទទួល neak tor tuol
adept *adj.* ដែលស្ទាត់ជំនាញ dael stort choum neanh
adequate *adj.* គ្រប់គ្រាន់ krub kron
adequately *adv.* ដែលគ្រប់គ្រាន់ dael krub kron
adhere *v.* ប្រកាន់ខ្ជាប់ bror karn khchorb
adherence *n.* ការគោរពតាម ka koo-rub tam
adhesion *n.* ការស៊ូទ្រាំ ka sou trouam
adhesive *adj.* ដែលស្អិតជាប់ dael sa-oet choab
adjacent *adj.* ដែលនៅជាប់គ្នា dael nov choabb knea
adjective *n.* គុណនាម kun-neam
adjoining *adj.* ដែលជាប់គ្នា dael chorb knea
adjust *v.* កែសម្រួល kae sorm-ruol
adjustment *n.* ការកែសម្រួល ka kae sorm-ruol
administration *n.* រដ្ឋបាល roat-bal
administrative *adj.* នៃរដ្ឋបាល nay rort-bal
administrative district *n.* តំបន់រដ្ឋបាល dom-born rort-bal
admiration *n.* ការកោតសរសើរ ka koat sor-ser
admire *v.* សរសើរ sor-ser
admission *n.* ការអនុញ្ញាតឲ្យចូល ka-ak-nuk-nhat-oay-chol
admission fee *n.* ថ្លៃអនុញ្ញាតឲ្យចូល thlai aknuk-nhat-oay-chol
admission of guilt *n.* ការទទួលស្គាល់កំហុស ka tor-tuol skorl komhos
admit *v.* សារភាព sara-pheap
admittance *n.* ការបើកសិទ្ធិឲ្យ ka berk sit oay
adopt *v.* អនុម័ត ak-nuh mat
adorable *adj.* ដែលគួរឲ្យស្រលាញ់ dael kuor oay sror-lanh
adore *v.* ស្រលាញ់ sror-lanh
adulation *n.* ការលើកដំកើង ka leuhk dom-kerng
adult *n.* មនុស្សពេញវ័យ mnus penh vey
advance *v.* ឈានទៅមុខ chhean touw muk; **in** ~ មុននឹង mun-neong
advance booking *n.* ការកក់ទុកមុន kar-kork-tuk mun
advance sale *n.* ការលក់ជាមុន ka lork chea mun
advanced *adj.* ដែលឈានទៅមមុខ dael chhean touw muk
advantage *n.* គុណសម្បត្តិ kun sorm-bat
adventure *n.* ការផ្សងព្រេង ka prom preang
adverb *n.* គុណកិរិយា kun ke-ri-ya
adversary *n.* សត្រូវ set-trouw
adversity *n.* អកុសល ak-ko-sol

advertise *v.* ផ្សព្វផ្សាយ phsorb psay
advertisement *n.* ការផ្សាយពាណិជ្ជកម្ម ka psay pea-nech-kam
advertising *n.* ការផ្សព្វផ្សាយ ka psop psay
advertising agency ទីភ្នាក់ងារផ្សព្វផ្សាយ ti phneak ngea psorb psay
advice *n.* ដំបូន្មាន dorm-bo-mean; **ask for** ~ សុំដំបូន្មាន som dorm bo mean
advise *v.* ឲ្យដំបូន្មាន oay dorm-bo-mean
adviser (*also* **advisor**) *n.* អ្នកឲ្យដំបូន្មាន neak oay dorm-bo-mean
advocacy *n.* ការគាំទ្រ ka-kouam-tror
advocate *v.* គាំទ្រ kouam tror
aerial *adj.* នៃខ្សែអាកាស nay ksae ah-kas
aerobics *n.* ការរាំហាត់ប្រាណ ka rouam hat bran
aesthetic *adj.* នៃភាពស្រស់ស្អាត nay pheap sros s-at
affair *n.* រឿងរ៉ាវ roeurng rav
affect *v.* ជះឥទ្ធិពល cheas eit-thi-pul
affectation *n.* ការធ្វើពុត ka thver put
affection *n.* សេចក្តីស្រលាញ់ sech-kdei sror-lanh
affidavit *n.* លិខិតថ្លែងសច្ចា li-khit thlaeng sach-cha, សំបុត្របញ្ជាក់ sorm-bot banh-cheak
affiliation *n.* ការទាក់ទងគ្នា ka teak-torng knea
affinity *n.* ញាតិវង្ស nheat-vong
affirm *v.* បញ្ជាក់ banh-cheak
affirmation *n.* សេចក្តីបញ្ជាក់ sech-kdei banh-cheak
afflict *v.* ធ្វើឲ្យឈឺចាប់ thver oay chheu chab
affliction *n.* ការឈឺចាប់ ka chheu chab
affluence *n.* ភាពសម្បូរទ្រព្យធន pheap sorm-bo trob-thun
afford *v.* មានលទ្ធភាពទិញ mean lata-pheap
afraid *adj.* ភ័យខ្លាច phay khlach; **be** ~ មានភាពភ័យខ្លាច mean pheap phay klach
Africa *n.* ទ្វីបអាហ្វ្រិច thvib ah-frech
African *adj.* ជនជាតិអាហ្វ្រិច chun cheat ah-frech
after *prep.* បន្ទាប់ពី bon-tob pi • *adv.* ក្រោយពី kroay pi
afternoon *n.* រសៀល ror seal; **in the** ~ ក្នុងពេលរសៀល knong pel ror-seal; **this** ~ នារសៀលនេះ nea pel ror-seal nis
aftershave lotion *n.* ឡេលាបក្រោយកោរពុកមាត់ le leab kroay koar puk mort
after-sun lotion *n.* ឡេលាបក្រោយពីត្រូវកម្តៅថ្ងៃ le leab kroay pi trouw korm-dav tngai

afterwards *adv.* តាមក្រោយ tam kroay
again *adv.* ម្តងទៀត mdong tiet
against *prep.* ប្រឆាំងនឹង bror-chang noeng
agati *(tree) n.* អង្គាដី orng-kea dei
agave *n.* ប្រទាលម្យ៉ាង bror-teal myang
age *n.* អាយុ a-yuk
aged *adj.* ដែលចាស់ dael chas
agency *n.* ទីភ្នាក់ងារ ti pneak-ngea
agenda *n.* របៀបវារៈ ro-beab vea-rak
agent *n.* ភ្នាក់ងារ phneak-ngea
aggravate *v.* ធ្វើឲ្យកាន់តែធ្ងន់ធ្ងរ thver oay kan tae tngun-tngor
aggravation *n.* ការធ្វើឲ្យកាន់តែធ្ងន់ធ្ងរ ka thver oay kan tae tngun-tngor
aggression *n.* ការឈ្លានពាន ka chhlean-pean
aggressive *adj.* ដែលខ្លាំងក្លា dael khlaing khla
agile *adj.* ដែលរហ័សរហួន dael ror-has ror-huon
aging *adj.* ដែលមានភាពចំណាស់ dael mean pheap choum-nas
agitate *v.* ក្រឡុក kror-lok
agitation *n.* ការរំភើប ka roum-pherb
ago *adv.* កន្លងទៅ korn-lorng touw
agonize *v.* ធ្វើឲ្យឈឺចាប់ thver oay chheu chab
agony *n.* សេចក្តីឈឺចាប់ sech-kdei chhue chab
agrarian *adj.* ដែលពឹងលើកសិកម្ម dael poeng leuh kak-se-kam
agree *v.* យល់ស្រប yul srob
agreement *n.* កិច្ចព្រមព្រៀង kech prom-preang
agricultural *adj.* នៃកសិកម្ម nay kak-se-kam
agriculture *n.* កសិកម្ម kak-se-kam
agronomy *n.* ក្សេត្រវិទ្យា kset-vithyia
ahead *adv.* ខាងមុខ khang mok
ahead of *prep.* ខាងមុខនៃ khang mok nay
aid *n.* ជំនួយ choum nuoy
aid and abet *(legal) n.* ជួយក្នុងការប្រព្រឹត្តឧក្រិដ្ឋកម្ម chuoy knong kar-pror-proet uh-kroet-kam
AIDS *n.* ជំងឺអេដស៍ choum ngeu ad
ailing *n.* ដែលមិនស្រួលខ្លួន dael men sruol kluon
ailment *n.* ការឈឺ ឬ ជម្ងឺ ka chheu reu choum ngeu
aim *n.* គោលដៅ koal dav
air *n.* ខ្យល់ khchol

air-conditioned *adj.* ដែលបំពាក់ដោយម៉ាស៊ីនត្រជាក់ dael borm-peak doay ma-sin-tror-cheak
air conditioning *n.* ដែលមានម៉ាស៊ីន ត្រជាក់ dael mean ma-sin-tror-cheak
air mattress *n.* ពូកខ្យល់ pouk kchorl
air potato *n.* ដំឡូងដឹស deus
air quality *n.* គុណភាពខ្យល់ kun-pheap kchorl
aircraft *n.* យន្តហោះ yon-hos
airline *n.* អាកាសចរណ៍ a-kas-chor
airmail *n.* ការផ្ញើតាមអាកាសយាន ka pnheuh tam a-kas-yean; **by ~** តាមអាកាសយាន tam-a-kas-yean
airplane *n.* អាកាសយាន a-kas-yean
airport *n.* អាកាសយានដ្ឋាន a-kas-yean than
airport security *n.* សន្តិសុខព្រលានយន្តហោះ sorn-te-sok pror-lean yun-ha-oh
airport tax *n.* ពន្ធព្រលានយន្តហោះ pun pror-lean yun-ha-oh
airport terminal *n.* ច្រកអាកាសយានដ្ឋាន chrork-nort a-kas-yean
aisle *n.* ច្រកដើរ chrork deuh
aisle seat *n.* កន្លែងអង្គុយក្បែរច្រកដើរ korn-laeng orng-kuy kbae chrork-deur
alarm *n.* សម្លេងបង្ហាញអាសន្ន sorm-leng borng-hanh a-son; **fire ~** កណ្ដឹងរោទិ៍ភ្លើងឆេះ korn-doeng ror-phleung-ches
alarm clock *n.* នាឡិការោទិ៍ nea-le-ka roo
alarmed *adj.* ដែលមានភាពភ័យស្លន់ស្លោ dael mean pheap phay slon-sloar
alarming *adj.* ដែលធ្វើឲ្យមានភាពភ័យស្លន់ស្លោ dael thver oay mean pheap phay slon-sloar
albeit *conj* ថ្វីបើ thvei ber
album *n.* អាល់ប៊ុម arl-bum; **photo ~** សៀវភៅអាល់ប៊ុម siew-paow arl-bum
alchemy *n.* ការបំលែងលោហៈជាមាស ka borm-laeng lo-hak chea meas
alcohol *n.* អាល់កុល al-kol
alcoholic *adj.* ដែលមានជាតិអាល់កុល dael mean cheat al-kol
alcoholic beverage *n.* ភេសជ្ជៈដែលមានជាតិអាល់កុល phesa-cheak dael mean cheat al-kol
alcove *n.* ញកបន្ទប់ nhok-born-tub
ale *n.* ស្រាបៀរអង់គ្លេស sra-bear orng-kles
alfalfa sprouts *n.* សាឡាដស sa-lad sor
algebra *n.* ពិជគណិត peich k-nit
alias *n.* ឈ្មោះហៅក្រៅ chhmuoshao kraow

alibi *n.* ការសំអាង ka sorm-ang
alien *adj.* ចំឡែក chorm-laek
align *v.* តម្រៀបជាជួរ torm-reab chea chuor
alignment *n.* ការតម្រង់ kar-dorm-rorng, ការតម្រៀបជាជួរ ka dorm-reab chea chuor; **margin** ~ ការតម្រង់គែមឲ្យត្រូវជាជួរ kar dorm-rorng kem oay trouw chea chuor; **tire** ~ ការតម្រង់កង់ឲ្យត្រង់ kar-dorm-rorng korng oay trorng
alimony *n.* អាហារកិច្ច a-har-kech
alive *adj.* នៅរស់ nov ruos
all *pron.* ទាំងអស់ taing ors • *adj.* ទាំងអស់ taing ors
all day *adv.* ពេញមួយថ្ងៃ penh muoy thngai
all night *adv./adj.* ពេញមួយយប់ penh muoy yub; ~ **pharmacy** ឱសថស្ថានបើកមួយយប់ oa-sot-than berk muoy yub
all right *adj.* ត្រូវហើយ trouw hery • *excl.* មិនអីទេ min ei te
allegation *n.* ការចោទប្រកាន់ kar choat-pror-kan
allegiance *n.* សច្ចៈភាព sa-chak pheap
allergen *n.* សារជាតិទាស់ sa-cheat tuoh
allergic *adj.* មានប្រតិកម្ម mean bror-t-kam; **I'm ~ to ...** ខ្ញុំមានប្រតិកម្មជាមួយ khnom mean pror-te-kam chea muoy
allergy *n.* ប្រតិកម្ម bror-t-kam; **food** ~ ប្រតិកម្មអាហារ pror-te-kam aha; **medicine** ~ ប្រតិកម្មថ្នាំ pror--te-kam thnam
alleviation *n.* ការសម្រាល ka sorm-ral
alley *n.* ផ្លូវតូច phlouw touch
allied *adj.* ដែលរួមសម្ព័ន្ធ dael ruom sorm-poin
allocate *v.* លៃលក ley-lork
allocation *n.* ការលៃលក ka ley-lork
allow *v.* អនុញ្ញាត ak-nuk-nhat
allowance *n.* ប្រាក់ឧបត្ថម្ភ prak oub-thom
allowed *adj.* ត្រូវបានអនុញ្ញាត trouw ban ak-nuk-nhat; **be ~ to** ត្រូវបានអនុញ្ញាតឲ្យ trouw ban ak-nuh-nhat oay; **not** ~ មិនត្រូវបានអនុញ្ញាត min trouw ban ak-nu-nhat
all-purpose flour *n.* ម្សៅគ្រប់មុខ msao krub muk
allure *v.* ទាក់ទាញ teak-teanh
allurement *n.* ការទាក់ទាញ ka teak-teanh
allusion *n.* ការនិយាយផ្លែផ្កា ka ni-yey phlae-pka
allusive *adj.* ដែលនិយាយផ្លែផ្កា dael ni-yey phlae-pka
ally *n.* សម្ព័ន្ធមិត្ត sorm-poin mit

almond *n.* ផ្លែអាម៉ង់ phlae-al-mon, រុក្ខជាតិអាល់ម៉ុន ruk-cheat al-mon; **crushed ~s** កម្ទេចគ្រាប់អាល់ម៉ុន kom-tech kroab al-mon
almond butter *n.* ប័រអាល់ម៉ុន beur al-mon
almond soup *n.* ស៊ុបអាល់ម៉ុង soup al-mon
almost *adv.* ហៀបនឹង heab noeng
alms *n.* ទានអំណោយ tean om-noay
almsround *n.* ការដើរបិណ្ឌបាត kar da-uh ben-bart
aloe *n.* ដើមប្រទាលកន្ទុយក្រពើ derm bror-teal kon-tuy kro-peuh
aloe cream *n.* ក្រែមប្រទាលកន្ទុយក្រពើ kraem pror-teal kon-tuy kror-peur
alone *adj.* ម្នាក់ឯង mneak aeng; *phr.* **leave me ~** ទុកឲ្យខ្ញុំនៅម្នាក់ឯង tuk oay khnhom nov mnak aeng
along *prep.* តាមបណ្តោយ tam bon-doy; **get ~ with** ចុះសម្រុងជាមួយ chos sorm-rong chea muoy
alongside *prep.* ទៅតាម touw tam
aloud *adv.* យ៉ាងលាន់សូរ yang loin-so
alphabet *n.* អក្ខរក្រម ak-krak-krorm
alphabetical *adj.* នៃអក្ខរក្រម nay ak-krak-krorm
alphabetically *adv.* ទៅតាមអក្ខរក្រម touw tam ak-krak-krorm
already *adv.* រួចហើយ ruoch hery
also *adv.* ផងដែរ phong dae
altar *n.* អាសនៈ a-son
alter *v.* ផ្លាស់ប្តូរ plas-pdo
alteration *n.* ការកែប្រែ ka kae-brae, វិបរិណាម vi-pak-ri-nam
alternate *adj.* ដែលអាចផ្លាស់គ្នាបាន dael ach chlas knea ban
alternate route *n.* ផ្លូវមួយទៀត phlouw muoy teat
alternative *n.* ជម្រើសមួយទៀត ឬ ជម្រើសផ្សេងៗ chum-rers muoy tiet reu chum-rers pseng pseng
alternative lifestyle *n.* ជម្រើសបែបផែនជីវិតផ្សេងៗ chum-rers baeb paen chivit phseng phseng
alternative treatment *n.* ជម្រើសព្យាបាលផ្សេងៗ chum-rers pyea-bal pseng pseng
alternatively *adv.* ដោយមានជម្រើស doay mean chum-rers
alternator *n.* ម៉ាស៊ីនចរន្តឆ្លាស់ ma-sin cha-ron chlas
although *con. j* ទោះបីជា tuoh bei chea
altimeter *n.* ឧបករណ៍វាស់រយៈកម្ពស់ oup-pak kor vos ro-yeak kom-puos
altitude *n.* រយៈកំពស់ ror-yak kom-puos
altogether *adv.* ទាំងអស់គ្នា touang ors knea

aluminum *n.* អាលុយមីញ៉ូម ah-luy-mi-nhom
aluminum foil *n.* បន្ទះអាលុយមីញ៉ូម born-tea-ah ah-luy-mi-nhom
aluminum pan *n.* ខ្ទះអាលុយមីញ៉ូម khtea-ah ah-luy-mi-nhom
always *adv.* តែងតែ taeng tae
amaranth *n.* ដើមផ្កាសិរមាន់ derm phka se-moin
amateur *n.* អ្នកកំសាន្ត ឬ អ្នកគ្មានទេព្យកោសល្យ neak kom-san reu neak kmean tep-koar-sol
amaze *v.* ធ្វើឲ្យភ្ញាក់ផ្អើល thver oay pnheak pa-erl
amazed *adj.* ដែលភ្ញាក់ផ្អើល dael pnheak pa-erl
amazing *adj.* ដែលគួរឲ្យភ្ញាក់ផ្អើល dael thver oay pnheak pa-erl
ambassador *n.* អគ្គរដ្ឋទូត a-keak rot-tut
ambiguity *n.* ភាពមិនច្បាស់លាស់ pheap min chbas lors
ambiguous *adj.* ដែលមិនអាចចែកដាច់បាន dael men ach chaek dach ban
ambition *n.* មហិច្ឆតា mhach-ta
amble *v.* ដើរត្រេតត្រត der tret-trot
ambrosia *n.* ម្ហូបឆ្ងាញ់ៗ mhob chnganh chnganh
ambulance *n.* ឡានសង្គ្រោះបន្ទាន់ lan sorng-kruoh bon-torn
ambush *v.* វាយឆ្មក់ veay chmok
amenable *adj.* ដែលស្តាប់បង្គាប់ dael sdab borng-korb
amenity *n.* ការស្តាប់បង្គាប់ ka sdab borng-korb
American *adj.* ជនជាតិអាមេរិក chun cheat ah-me-rich
amiable *adj.* ដែលគួរឲ្យស្រលាញ់ dael kuor oay sror-lanh
amicable *adj.* ដែលរួសរាយ dael ruos reay
amino acid *n.* អាស៊ីតអាមីណូ ah-sit ah-mi-no
amity *n.* មេត្រីភាព me-trei pheap
Amleang *(town in Cambodia) n.* អមលាំង orm-laing
amnesia *n.* ការបាត់បង់ការចងចាំ ka bat borng ka chong-cham
amnesty *n.* ការលើកលែងទោស ka lerk-laeng toas
among *prep.* ក្នុងចំណោម knong choum-noam
amoora montana *n.* បង្គៅ borng-kouw *(medicinal tropical plant/fruit)*
amount *n.* បរិមាណ pak-rik-marn
ampere *n.* អាំពែរ orm-peaer
ample *adj.* គ្រប់គ្រាន់ krub kron
amplification *n.* ការពង្រីក ka pung-rik
amplifier *n.* ម៉ាស៊ីនបំពងសំលេង ma-sin bom-porng sorm-leng
amplify *v.* ពង្រីក pung-rik
ampule *n.* ថ្នាំអំពូល thnam om-pul

amulet *n.* ខ្សែកថា khsae kak-tha
amuse *v.* ធ្វើឲ្យសើច thver oay serch
amused *adj.* ដែលគួរឲ្យចង់សើច dael kuor oay chong serch
amusement *n.* ភាពសប្បាយរីករាយ pheap sa-bay rik-reay
amusement park *n.* កន្លែងកំសាន្ត korn-laeng korm-san
amusing *adj.* ដែលគួរឲ្យសើចសប្បាយ dael kuor oay serch sa-bay
an *art.* មួយ muoy
analogy *n.* សទិសភាព sak tis-pheap
analysis *n.* សេចក្តីវិភាគ sech-kdei vi-pheak
analyst *n.* អ្នកវិភាគ neak vi-pheak
analyze *v.* វិភាគ vi-pheak
anarchist *n.* ជនអនាធិបតេយ្យ chun ah-na-thib-tay
anatomy *n.* កាយវិភាគវិទ្យា kay vi-pheak vi-tchea
ancestor *n.* បុព្វបុរស bup-peak boros
anchor *n.* យុថ្កា yuth-thka
anchorage *n.* កន្លែងបោះយុថ្កា kon-laeng boah yuth-thka; **no** ~ *phr.* គ្មានកន្លែងបោះយុថ្កា kmean kon-laeng boah yuth-thka
anchovy *n.* ត្រីពុកមាត់ឆ្មា trei puk moit chma
ancient *adj.* បុរាណ bo-ran
and *conj* និង noeng
anemia *n.* រោគខ្វះឈាមក្រហម rook kvas chheam kror-horm
anemic *adj.* ដែលមានរោគខ្វះឈាមក្រហម dael mean rook kvas chheam kror-horm
anesthesia *n.* ថ្នាំសន្លប់ ឬ ការដាក់ថ្នាំសន្លប់ thnam sorn-lob reu ka dak thnam sorn-lob
anesthetic *adj.* ដែលត្រូវបានដាក់ថ្នាំសន្លប់ dael trouw ban dak thnam sorn-lob
angel *n.* ទេពអប្សរ tep ab-sor
anger *n.* កំហឹង korm-herng
angina *n.* ជំងឺខ្វះឈាម chum-ngeukvas chheam
angle *n.* ជ្រុង chhrung; **acute** ~ មុំស្រួច mum-srouch
angler fish *n.* ត្រីម្យ៉ាង trei myang
angrily *adv.* យ៉ាងមានកំហឹង yang mean korm-hoeng
angry *adj.* ខឹង khoeng
angular *adj.* ដែលមានជ្រុង dael mean chrung
animal *n.* សត្វ sat; **wild** ~ សត្វព្រៃ sat-prey
animal feed *n.* ចំណីសត្វ chorm-nei sat

animal rights *n.* សិទ្ធិសត្វ soet-sat
animated *adj.* នៃគំនូរជីវចល nei kum-nou chi-vak-chorl
animated film *n.* ភាពយន្តគំនូរជីវចល pheap-yun kum-nou chi-vak-chorl
animation *n.* ការធ្វើឲ្យរស់រវើក ka thver oay ros ro-verk
animosity *n.* គំនុំពិរោធន៍ koum-num pi-rooth
anise *n.* រៀងទេសម្យ៉ាង roeurng tes myang
ankle *n.* កែងជើង kaeng cherng; **sprained** ~ ជើងគ្រេច cherng-krech
annihilate *v.* បំផ្លាញ borm-phlanh
annihilation *n.* ការបំផ្លាញ ka borm-phlanh
anniversary *n.* បុណ្យគម្រប់ខួប bon kum-rub khuob; **wedding** ~ ខួបអាពាហ៍ពិពាហ៍ khuob-ah-pea-pi-pea; *phr.* **happy** ~ រីករាយបុណ្យគម្រប់ខួប rik-reay bon kum-rub khuob
announce *v.* ប្រកាស bro-kas
announcement *n.* ការប្រកាស ka bro-kas
announcer *n.* អ្នកប្រកាស neak bro-kas
annoy *v.* ធ្វើឲ្យមួរម៉ៅ thver oay muor-maow
annoyed *adj.* ដែលមួរម៉ៅ dael muor-maow
annoying *adj.* ដែលគួរឲ្យមួរម៉ៅ dael kuor oay muor-maow
annual *adj.* ប្រចាំឆ្នាំ bro-cham chhnam
annually *adv.* រៀងរាល់ឆ្នាំ rieng rol chhnam
anonymity *n.* ភាពអនាមិក pheap a-na-mek
anonymous *adj.* ដែលមិនបញ្ចេញឈ្មោះ dael men banh-chenh chhmuoh
anorak *n.* អាវធំគ្របក្បាល av thom krob-kbal
another *adj.* មួយទៀត muoy tiet
answer *n.* ចម្លើយ chom-la-uhy
ant *n.* ស្រមោច sro-moach
antelope *n.* សត្វល្មាំងប្រើស sat lmang brers
antenna *n.* អង់តែន ang-taen
anthem *n.* ភ្លេងជាតិ phleng cheat
anthocephalus cadamba *n.* ថ្កូវ thkouw *(tree with medicinal uses)*
anthology *n.* កម្រងកវីនិពន្ធន៍ korm-rorng kak-vei ni-pun
anti- *prefix* ប្រឆាំង bro-chhang
antibiotic *n.* ថ្នាំអង់ទីប៊ីយោតិច thnam orng-ti bi-yo-tech; **prescribe ~s** ចេញថ្នាំអង់ទីប៊ីយោតិច chenh thnam orng-ti bi-yo-tech
antibody *n.* អង្គបដិបក្ខ orng-pak de-pak
anticipate *v.* ត្រៀមខ្លួន triem kluon
antidote *n.* ថ្នាំបន្សាប thnam bon-sab

antifreeze *n.* ប្រឆាំងទឹកកក bro-chhang toek kok
anti-government *adj.* ប្រឆាំងរដ្ឋាភិបាល bro-chhang rotha-phi-bal
antinuclear *adj.* ប្រឆាំងនុយក្លេអ៊ែ bro-chhang noy-kle-aer
antipathy *n.* សេចក្តីស្អប់ខ្ពើម sech-kdei sa-ob khperm
antique *n.* វត្ថុបុរាណ vot-tho bo-ran
antique store *n.* ហាងលក់វត្ថុបុរាណ hang luok wat-thoh bo-ran
antiseptic *adj.* ថ្នាំសម្លាប់មេរោគ thnam sorm-lab me-rook
antiseptic cream *n.* ក្រែមសម្លាប់មេរោគ kraem sorm-lab me-rook
antler *n.* ស្នែងប្រើស snaeng brers
anxiety *n.* ការព្រួយបារម្ភ ka pruoy ba-rom
anxious *adj.* ដែលព្រួយបារម្ភ dael pruoy ba-rom
anxiously *adv.* យ៉ាងព្រួយបារម្ភ yang pruoy ba-rom
any *adj.* ណាមួយ na muoy • *adv.* ខ្លះ khlas
anybody *pron.* អ្នកណាមួយ neak na muoy
anyone *pron.* អ្នកណាមួយ neak na muoy; **does ~ speak English?** តើមានអ្នកណានិយាយភាសាអង់គ្លេសទេ? ta-uh mean nak na ni-yeay pheasa orng-les te?
anything *pron.* អ្វីមួយ avei muoy
anything else? *phr.* មានអ្វីទៀតទេ? mean ei teat te?
anyway *adv.* ទោះជាយ៉ាងណាក៏ដោយ tuoh bei chea yang na kor doay
anywhere *adv.* ទីកន្លែងណាក៏ដោយ ti kon-laeng na kor doay
apart *adv.* ឃ្លាតឆ្ងាយ khleat chhngay
apart from *prep.* ឃ្លាតឆ្ងាយពី khleat chhngay pi
apartment *n.* ផ្ទះល្វែង phteah lvaeng
apartment building *n.* អាគារផ្ទះល្វែង ar-kea phteah lvaeng
aperitif *n.* ស្រាមុនបាយ sra mun bay
apiary *n.* សំបុកឃ្មុំ sorm-bok kmum
apollo sharkminnow *(fish) n.* ត្រីជងដាវ trei dorng-doaw
apologize *v.* សុំអភ័យទោស som ak-phey toos; **I ~** ខ្ញុំសុំអភ័យទោស khnom som ak-phei-tous
aporosa aurita *(tropical fruit) n.* កំភ្លៀង kom-phneang
apostrophe *n.* វណ្ណយុត្ត vann yuth
apparent *adj.* ជាក់ស្តែង cheak sdaeng
apparently *adv.* តាមជាក់ស្តែង tam cheak sdaeng
appeal *n.* បណ្តឹងឧទ្ធរណ៍ born-doeng uh-tooh
appear *v.* លេចឡើង lech lerng
appearance *n.* រូបសម្បត្តិ ឬ អាការៈខាងក្រៅ roub som-bat reu ah-ka-rak khang kraow

appendicitis *n.* រោគរលាកខ្នែងពោះវៀន rook ro-leak knaeng puoh vien
appendix *(in a book) n.* សេចក្តីបន្ថែម sech-kdei bon-thaem
appetite *n.* ចំណី chom-nei
appetizer *n.* ចំណីបន្ទាប់បន្សំ chom-nei bon-torb bon-som
appetizing *adj.* ដែលគួរឲ្យមានរសជាតិឆ្ងាញ់ dael kuor oay mean ruos cheat chnganh
apple *n.* ផ្លែប៉ោម phlae poam; **gold ~** ច័ន chan, មាក់ប៉ែន mak-paen
apple butter *n.* ប័រផ្លែប៉ោម beur-phlae-poam
apple juice *n.* ទឹកផ្លែប៉ោម toek phlae poam
applesauce *n.* ទឹកជ្រលក់ផ្លែប៉ោម toek chror-louk phlae poam
application *n.* ការដាក់ពាក្យ ឬ ការអនុវត្ត ka dak peak reu ka ak-nu-vat
apply *v.* ដាក់ពាក្យ ឬ អនុវត្ត dak peak reu ak-nu-vat
appoint *v.* ចាត់តាំង chat tang
appointment *n.* ការចាត់តាំង ឬ ការណាត់ជួប ka chat tang reu kar nat choub; **make an ~** ធ្វើការណាត់ជួប kar-nat-choub; **have an ~** មានការណាត់ជួប mean kar-nat-choub
appraisal *n.* ការវាយតម្លៃ ka veay dom-lai
appraise *v.* វាយតម្លៃ veay tom-dai
appreciate *v.* កើនឡើង kern lerng
appreciate in value កើនឡើងតម្លៃ kern-lerng dorm-lei
apprentice *n.* កូនជាង ឬ អ្នកហាត់ការងារ kon cheang reu neak hat ka-ngea
approach *v.* ទៅរក ឬ ទៅដល់ touw rok reu touw dol
appropriate *adj.* ត្រឹមត្រូវ សមរម្យ trem trouw som-rum
approval *n.* សេចក្តីអនុញ្ញាត sech-kdei ak-nuk-nhat
approve (of) *v.* អនុញ្ញាតឲ្យ ak-nuk-nhat oay
approving *adj.* ដែលអនុញ្ញាតឲ្យ dael ak-nuk-nhat oay
approximate *adj.* ប្រហាក់ប្រហែល bro-hak bro-hael
approximately *adv.* ប្រហែលនឹង bro-hael neng
apricot *n.* ផ្លែអាព្រីខត phlae a-pri-khot
apricot jam *n.* ដំណាប់អាព្រីខត dorm-nab a-pri-khot
April *(abbr:* **Apr.***)* *n.* ខែមេសា khae-me-sa
apron *n.* អាវអៀមសម្រាប់ការពារ av eaem sorm-rab ka-pea
apse *n.* កន្លែងមួយក្នុងព្រះវិហារ korn-laeng muoy knong preah vi-hea
aquarium *n.* អាងទឹក ang-toek
Aquarius *(Zodiac) n.* តារានិករសម្រាប់អ្នកកើតក្នុងថ្ងៃ ១៩ មករា ដល់ ១៨ កុម្ភៈ da-ra ni-kor sorm-rab neak kert knong tngai 19 mak-ra dol 18 kum-pheak

aqueduct *n.* ប្រឡាយទឹក bro-lay toek
Arab *adj.* ជនជាតិអារ៉ាប់ chun cheat ah-rab
Arabic *n.* ភាសាអារ៉ាប់ phea-sa ah-rab
arable *adj.* ដែលអាចដាំដំណាំបាន dael ach dam dorm-nam ban
arable land *n.* ដីដែលអាចដាំដំណាំបាន dei dael ach dam-dorm-nam ban
arahant *(Buddhist) n.* ព្រះអរហន្ត preah ak-ra-horn
arahatship *(Buddhist) n.* អរហត្ត ak-ra-hat
arbitration *n.* មជ្ឈិត្តកម្ម mach-choet-takam
arcade game *n.* ល្បែងដាក់ទូ lbaeng dak tu
arch *n.* ផ្នែកកោង phnaek koang
archbishop *n.* មហាសង្ឃ mo-ha song
archeological *adj.* នៃបុរាណវិទ្យា nay bo-ran vi-chea
archeology *n.* បុរាណវិទ្យា bo-ran vi-chea
architect *n.* អ្នកគូរប្លង់ ឬ ស្ថាបត្យករ neak ku plong reu stha-pat-yeak-kor
architectural *adj.* នៃស្ថាបត្យកម្ម nay stha-pat-yeak-kam
architecture *n.* ស្ថាបត្យកម្ម stha-pat-yeak-kam
archive *n.* កន្លែងទុកឯកសារដោយឡែក korn-laeng tuk aek-sa doay laek
Arctic *n.* តំបន់អាកទិក dom-bon ak-tik
area *n.* តំបន់ dorm-born
area code *n.* លេខកូដតំបន់ lek kot dorm-born
areca palm *n.* ស្លា sla
argue *v.* ឈ្លោះ chhlouh
argument *n.* ជម្លោះ chum-louh
Aries *(Zodiac) n.* តារានិករសម្រាប់អ្នកកើតក្នុងថ្ងៃ ២១ មីនា ដល់ ១៩ មេសា da-ra ni-kor sorm-rab neak kert knong tngai 21 mi-nea dol 19 me-sa
arise *v.* កើតមានឡើង kert mean lerng
aristocracy *n.* វណ្ណៈអភិជន vanak ak-phik-chun
aristocrat *n.* អភិជន ak-phik-chun
ark *n.* ហិប heb
arm *n.* ដើមដៃ derm dai
armed *adj.* ដែលមានជាប់ដោយអាវុធ dael mean chob doay a-vut
armor *n.* សញ្ញាវុធ saphea-vut
armory *n.* ហាងលក់អាវុធ hang luok a-vut
arms *(weapons) n.* អាវុធ ah-vuth
army *n.* កងទ័ព korng torb
aroma *n.* ក្លិនក្រអូប klen kro-oub
around *adv.* នៅជុំវិញ nov chum vinh

arrange *v.* រៀបចំ rieb chorm
arrangement *n.* ការរៀបចំ ka rieb chorm
array *n.* សំនុំ sorm-num
arrest *v.* ចាប់ខ្លួន chab kluon
arrested *adj.* ដែលត្រូវបានចាប់ខ្លួន dael trouw ban chab kluon
arrival *n.* ការមកដល់ ka mok dol
arrive *v.* មកដល់ mok dol
arrow *n.* ព្រួញ pruonh
arrowroot *n.* ផ្លែសាគូ phlae sa-ku
arsenal *n.* ឃ្លាំងអាវុធ khleang a-vut
arsenic *n.* ថ្នាំពុលអាសេនិច thnam pul a-se-nich
arson *n.* ការបង្កអគ្គីភ័យ ka borng-kor ak-ki-phei
art *n.* សិល្បៈ sil-pak; **the ~s** សិល្បសាស្ត្រ sila-pak sas
art gallery *n.* វិចិត្រសាល vi-chet-sal
artery *n.* សរសៃឈាមក្រហម sor-sai chheam kro-horm
arthritis *n.* ជម្ងឺខះទឹកសន្លាក់ chum ngeu toek son-lak; **have ~** មានជម្ងឺខះទឹកសន្លាក់ mean chum-ngeur khas toek sorn-lak
artichoke *n.* អាទីសូ ar-ti-so
artichoke heart *n.* ស្នូលអាទីសូ snoul ar-ti-so
article *n.* អត្ថបទ at-thak-bot
artificial *adj.* ក្លែងក្លាយ klaeng-klay
artificial coloring *n.* ការដាក់ពណ៌ kar-dak pou-or
artificial flavoring *n.* ការដាក់ឲ្យមានរសជាតិ kar-dak oay mean rous cheat
artificial intelligence *n.* ប្រព័ន្ធដែលដំណើរការដូចបញ្ញាមនុស្ស pror-poan dael dorm-na-uh kar douch panha mnus
artificial sweetener *n.* គ្រឿងធ្វើឲ្យផ្អែម kreung thver oay pa-aem
artificially *adv.* ដោយក្លែងក្លាយ doay klaeng klay
artificially flavored *adj.* ត្រូវបានដាក់ឲ្យមានរសជាតិដោយក្លែងក្លាយ trouw ban dak oay mean rous-cheat klaeng klay
artillery *n.* កាំភ្លើងធំ kam-phlerng thoum
artisan *n.* សិប្បករ sip-pkor
artist *n.* វិចិត្រករ vi-chet-kor
artistic *adj.* ដែលប្រកបដោយសិល្បៈ dael bro-korb doay sil-pak
artwork *n.* សិល្បៈកម្ម sel-la-pak kam
arugula *n.* ជីម្យ៉ាង chi myang
as *prep.* ជា chea • *conj.* ពីព្រោះ pi pruos • *adv.* **as soon as** យ៉ាងឆាប់ yang-chab; **as well as** ក៏ដូចជា kor-douch-chea

ascetic *n.* ដូចតាបស doch ta bos
ash *n.* ផេះ phesh
Ashadha *(month on the Hindu calendar) n.* អាសាធ ar-sad
ashamed *adj.* ខ្មាស khmas
ashtray *n.* ចានគោះបារី charn kuoh ba-rei
Asia *n.* ទ្វីបអាស៊ី thvib ah-zi
Asian *adj.* ជនជាតិអាស៊ី chun cheat ah-zi
Asian bonytongue fish *n.* ត្រីតាពត trei ta-port
Asian bushbeech *n.* អញ្ចាញ anh-chanh *(flowering plant)*
Asian bumblebee catfish *n.* ត្រីកញ្ចុះថ្ម trei kanh-choh thmor
aside *adv.* ដោយឡែក doay laek
aside from *adv.* ដោយឡែកពី doay laek pi
ask *v.* សួរ suor; ~ **a question** សួរសំណួរ suor som-nuo; ~ **about** សួរអំពី sour orm-pi; ~ **for** សុំ som
asleep *adj.* គេងលក់ keng louk
asparagus *n.* ទំពាំងបារាំង tum-paing ba-rang
aspartame *n.* ស្ករក្លាយ skor klay
aspect *n.* ផ្នែក phnaek
aspic *n.* ពស់វែក puos vaek
aspirin *n.* ថ្នាំអាស្ពីរីន thnam a-spi-rin
assassin *n.* ឃាតករ kheat-kor
assassinate *v.* ធ្វើឃាតកម្ម thver kheat-kam
assassination *n.* ឃាតកម្ម kheat-kam
assault *n.* ការបំពារបំពាន kar-borm-pear-borm-pean; ការវាយប្រហារ ka veay bro-ha
assaulted *adj.* ដែលត្រូវបានវាយប្រហារ dael trouw ban veay bro-ha
assess *v.* វាយតម្លៃ ឬ ត្រួតពិនិត្យ veay dom-lao reu truot pi-nit
assessment *n.* ការវាយតម្លៃ ត្រួតពិនិត្យ ka veay dom-lai truot pi-nit
asset *n.* ទ្រព្យសម្បត្តិ trob sorm-bat
assist *v.* ជួយ chuoy
assistance *n.* ជំនួយ chum-nuoy
assistant *n.* អ្នកជួយ neak chuoy
associate *v.* ពាក់ពន្ធ័ peak poin
associated with *adj.* ពាក់ពន្ធ័ជាមួយ peak-poin cha muoy
association *n.* សមាគម sak-ma-kum
assorted *adj.* ដែលបានចាត់ជាក្រុម dael ban chat chea krum
assume *v.* សន្មត sorn-mot

assumption *n.* សេចក្តីសន្មត sech-kdei sorn-mot
assure *v.* ធានា thea-nea
asterisk *n.* សញ្ញាផ្កាយ sanha phkay
asteroid *n.* អាចម៍ផ្កាយ ach-phkay
asthma *n.* ជំងឺហឺត chum ngeu heut; **have** ~ មានជំងឺហឺត mean chum-ngeu heut
asthma attack *n.* កើតជំងឺហឺត kert chum-ngeu heut
asthmatic *n.* អ្នកកើតហឺត neak kert heut
astonish *v.* ធ្វើឲ្យភ្ញាក់ផ្អើល thver oay pnheak p-erl
astonishment *n.* ការភ្ញាក់ផ្អើល ka pnheak p-erl
astray *adv.* ខុសគន្លងធម៌ khos kon-long thor; **go** ~ ដើរខុសគន្លងធម៌ der-khos kon-long-thor
astrology *n.* ហោរាសាស្ត្រ hoa-ra sas
astronaut *n.* អវកាសចរ a-va-kas-chor
astronomer *n.* តារាវិទូ da-ra vi-tou
astronomy *n.* តារាសាស្ត្រ da-ra sas
Asvina *n.* អស្សុជ ak-soch *(month of Hindu calendar)*
asylum *n.* ទីជ្រកកោន ti chrok koan
asynchrinous *adj.* ដែលបន្តដំណើរការដរាបណាដំណើរការមួយទៀតបញ្ចប់ dael born-tor dorm-na-uh kar dor-rab-na dorm naeau-kar muoy teat banh-chorb
at *prep.* នៅឯ nov ae
at first *adv.* ពីដំបូង pi-dorm-boung
at last *adv.* ជាចុងក្រោយ chea chong kroay
at least *adv.* យ៉ាងហោចណាស់ yang-hoach nas
atheist *n.* អ្នកមិនជឿលើព្រះ neak men choeur ler preah
athletics *n.* អត្តពលិក a-tak pul-lik
ATM (automated teller machine) *n.* ម៉ាស៊ីនatm ma-sin atm
atmosphere *n.* បរិយាកាស pak-ri-ya-kas
atom *n.* អាតូម a-toum
atomic *adj.* នៃគ្រាប់បរមាណូ nay krorb pa-ra-marn-no
atonement *n.* ការកែខ្លួន ka kae kluon
attach *v.* ផ្សារភ្ជាប់ phsa pchorb
attached *adj.* ដែលផ្សារភ្ជាប់គ្នា dael phsa pchorb knea
attack *n.* ការវាយប្រហារ ka veay bro-ha; **heart** ~ ជម្ងឺគាំងបេះដូង chum-ngeu kaing bes-doung
attempt *n.* ការព្យាយាម សាកល្បង ka pchea-yeam sark lborng

attempted *adj.* ដែលព្យាយាមសាកល្បង dael pchea-yeam sark-lborng
attend *v.* ចូលរួម chol ruom
attention *n.* ការយកចិត្តទុកដាក់ ka york chit tuk dak, មនសិការ ma-naes-se-kar
attitude *n.* ផ្នត់គំនិត phnot kumnit
attorney *n.* មេធាវី me thea vy
attract *v.* ទាក់ទាញ teak teanh
attraction *n.* ភាពទាក់ទាញ pheap teak teanh
attractive *adj.* ដែលមានភាពទាក់ទាញ dael mean pheap teak teanh
attribute *n.* កេតណាភណ្ឌ ket-nak-phorn
aubergine *n.* ផ្លែត្រប់ phlae trob
auction *n.* ការលក់ដេញថ្លៃ ka louk denh thlai
audience *n.* ទស្សនិកជន tus-nich-chun
audio-guide *n.* សេចក្តីណែនាំជាសម្លេង sech-kdei nae-noim chea sorm-leng
audit *n.* សវនកម្ម savanak-kam
auditor *n.* សវនករ savanak kor
auditory *adj.* នៃសោតវិញ្ញាណ nay soat-tak vi-nhean
August (*abbr.:* **Aug.**) *n.* ខែសីហា khae-sei-ha
aunt *n.* មីង ming
aurora *n.* ពន្លឺរស្មីម្យ៉ាង pun-leu reak-smei myang
auspice *n.* ជោគសំណាង chook sorm-nang
auspicious *adj.* វិសេសវិសាល vi-ses vi-sal
austere *adj.* ដែលម៉ឺងម៉ាត់ dael meung mat
Australia *n.* ប្រទេសអូស្ត្រាលី pror-tes o-stra-ly
Australian *adj.* ជនជាតិអូស្ត្រាលី chun cheat o-stra-ly
authentic *adj.* ដែលពិតឥតក្លែងក្លាយ dael pit et klaeng-klay
authenticity *n.* ភាពពិតឥតក្លែងក្លាយ pheap pit et klaeng-klay
author *n.* កវីនិពន្ធ kak-vei ni-pun
authority *n.* អជ្ញាធរ ak-nha thor
authorization code *n.* លេខកូដអនុញ្ញាត lek-kot ak-nu-nhat
authorize *v.* ដែលផ្តល់សិទ្ធិ dael phdol sit
authorized *adj.* ដែលត្រូវបានផ្តល់សិទ្ធិ dael trouw ban phdol sit
autocracy *n.* លទ្ធិផ្តាច់ការ lit-thik phdach ka
autocrat *n.* អ្នកកាន់លិទ្ធិផ្តាច់ការ neak karn lit-thik phdach ka
automated teller machine (ATM) ម៉ាស៊ីនបេឡាស្វ័យប្រវត្តិ masin be-la svai-pror-voat
automatic *adj.* ដោយស្វ័យប្រវត្តិ doay svai bro-vat
automatic transmission *n.* ការបញ្ជូនដោយស្វ័យប្រវត្តិ ka banh-choun doay

svai bro-vat
automatically *adv.* ដោយស្វ័យប្រវត្តិ doay svai bro-vat
automobile *n.* រថយន្ត rut-yun
automobile ferry *n.* នាវាចម្លងទំនើប nea-vea chorm-lorng tum-neub
automobile insurance card *n.* កាតធានារ៉ាប់រងរថយន្ត kat-theanea rab-rorng rot-yun
autumn *n.* រដូវស្លឹកឈើជ្រុះ ro-dov sloek chher chrouh
auxiliary *n.* កិរិយាសព្ទជំនួយ ke-ri-ya-sap choum nuoy
availability *n.* ភាពដែលអាចប្រើប្រាស់បាន pheap dael ach brer-bras ban; ភាពទំនេរ pheap tum-ne
available *adj.* ដែលទំនេរ dael toum-ne
avalanche *n.* ផ្ទាំងទឹកកកដែលរអិលចុះពីលើភ្នំ phtaing toek kok dael ro-erl choh pi ler phnom
avenue *n.* រុក្ខវិថី ruk-khak vi-thei
average *adj.* មធ្យម ma-tyum
aviation *n.* អាកាសចរណ៍ a-kas-chor
avocado *n.* ផ្លែប័រ phlae bur, អាវ៉ូកាដូ avo-ka-do
avoid *v.* ចៀសវាង chies veang
awake *adj.* ដែលភ្ញាក់ឡើង dael pnheak lerng
award *n.* ពានរង្វាន់ pean rung-vorn
aware *adj.* ដែលដឹងខ្លួន dael deng kluon
awareness *n.* ការយល់ដឹង ka yol deng; **raise** ~ លើកកម្ពស់ការយល់ដឹង leurk korm-pous kar-yol-doeng
away *adv.* នៅឆ្ងាយ nov chngay
awe *n.* ភាពភ្ញាក់ផ្អើល pheap pnheak pa-erl
awful *adj.* ដែលមិនល្អ dael men l-or
awfully *adv.* ដោយគ្មានបានការ doay kmean ban ka
awkward *adj.* ចម្លែក chorm-laek
awkwardly *adv.* ដោយចម្លែក doay chorm-laek
axe *n.* ពូថៅ pu-thaow
axis *n.* អ័ក្ស ak
axle *n.* ពន្លួញ pun luon

B

babble *v.* និយាយត្រហេបត្រហប ni-yeay tro-heb tro-horb
baby *n.* ទារក tea-ruok
baby stroller *n.* រទេះទារក ror-tes tea-ruok
baby food *n.* អាហារទារក aha-tea-ruok
baby clothes *n.* ខោអាវទារក khoa-aw tea-ruok
baby wipe *n.* ក្រណាត់ជូតទារក kror-nat chout tea-ruok
babysitter *n.* អ្នកមើលថែទារក neak merl thae tea-ruok
bachelor *n.* បុរសនៅលីវ boros nov liv
bachelor button *(flower) n.* ទុំហូ tum-hou
bachelor party *n.* ពិធីជប់លៀងបុរសនៅលីវ pithi-chub-leang boros nov liv
bachelorette *n.* នារីនៅលីវ neary nov liv
bachelorette party *n.* ពិធីជប់លៀងនារីនៅលីវ pithi-chub-leang neary nov liv
back *n.* ខ្នង khnorng • *adv.* មកវិញ mork vinh; **go ~** ត្រឡប់ទៅវិញ tror lorb touw vinh
back door *n.* ទ្វារក្រោយ tvear-kroay
back wheel *n.* កង់ក្រោយ korng-kroay
background *n.* ប្រវត្តិរូប bro-vat roub
backhand *n.* ការវាយផ្ងាដៃ ka veay phnga dai
backpack *n.* កាបូបស្ពាយក្រោយ ka-boub speay kroay
backspace *(tech.) n.* ការលុប ka lub, ប៊ូតុងលុប boutong loub
backspace key *(tech.) n.* ប៊ូតុងសម្រាប់លុបចោល botong sorm-rab lub-choal
backup *(tech.) n.* ការចម្លងទុក kar chom-lorng tuk
backward *adj.* ថយក្រោយ thoy kroay
bacon *n.* សាច់បីជាន់ sach bei chorn; **~ and eggs** សាច់បីជាន់ និង ស៊ុត sach bei-choan noeng sot
bacteria *n.* បាក់តេរី bak-te-ri
bacterial *adj.* នៃបាក់តេរី nay bak-te-ri
bad *adj.* អាក្រក់ ah-krok
badly *adv.* យ៉ាងអាក្រក់ yang ah-krok
badminton *n.* កីឡាវាយសី kei-la veay si

bad-tempered *adj.* ដែលឆាប់ខឹង dael chhab khoeng
bael fruit *n.* ព្នៅ phnov
bag *n.* កាបូប ka-boub; **plastic** ~ ថង់ប្លាស្ទិច torng plas-tech; **paper** ~ ថង់ក្រដាស torng kror-das; **tote** ~ ថង់យួរ torng you
baggage *n.* ឥវ៉ាន់ ei-van
baggage cart *n.* រទេះរុញឥវ៉ាន់ ror-tes runh ei-van
baggage check *n.* ការត្រួតពិនិត្យឥវ៉ាន់ ka truot-pi-nit ei-van
bail *n.* ប្រាក់ធានា prak thea-nea
bail bond *(legal) n.* លិខិតធានា li-khet thea-nea
bailiff *n.* អាជ្ញាសាលា ach-nha sala
bake *v.* ដុត dot
baked *adj.* ដែលដុត dael dot
baked potato *n.* ដំឡូងដុត dorm-loung dot
baker *n.* អ្នកដុត neak dot
bakery *n.* ហាងធ្វើនំប៉័ង hang thver noum pang
baking pan *n.* ខ្ទះដុត khteah dot
baking powder *n.* ម្សៅដុត msao dot
baking sheet *n.* ថាសដុត thas dot
baking soda *n.* ម្សៅដំបែ msao dorm-bae
bala sharkminnow *(fish) n.* ត្រីកៀតស្រង trei kiat-srorng
balance *n.* លំនឹង lum noeng
balcony *n.* រានហាល rean hal
balding *adj.* នៃការទំពែក nay ka toum-paek
ball *n.* បាល់ bal
ball game *n.* ល្បែងបាល់ lbaeng bal
ballet *n.* របាំបាឡេ ror-bam ba-le
ballnut *(mech.) n.* ខ្ចឹង khtoeng
ballon *n.* ការលោតរបាំបាឡេ ka loot ror-bam ba-le
ballot *n.* ឆ្នោតសរុប chhnoat sa-rub
ballot box *n.* ធុងឆ្នោត thong chnoat
ballot paper *n.* សន្លឹកឆ្នោត sorn-loek chnoat
balm *n.* ប្រេង breng
bamboo *n.* ឫស្សី rers-sey
bamboo shoots *n.* ទំពាំង tum-paing
ban *v.* ហាម ham
banana *n.* ចេក chek; **green** ~ ចេកខ្ចី chek-khchei
banana leaf *n.* ស្លឹកចេក sloek chek

band *n.* ក្រុម krom
bandage *n.* បង់រុំរបួស borng rum ror-buos
band-aid *n.* បង់បិតដំបៅ borng bet dom-baow
bandit *n.* ចោរព្រៃ choar-prei
bandwidth *n.* បេនវីត ben-vit
banishment *n.* បញ្ជាជនីយកម្ម bupa-chak-nei-yakam
bank *n.* ធនាគារ thor-nea-kea
bank account *n.* គណនីធនាគារ keak-ni thor-nea-kea
bank card *n.* កាតធនាគារ kart-theanea-kea
bank charges *n.* តម្លៃសេវាធនាគារ dorm-lei theanea-kea
banker *n.* អ្នកធ្វើការធនាគារ neak thver ka thor-nea-kea
bankrupt *v.* ក្ស័យធន ksai-thun
bankruptcy *n.* ការក្ស័យធន kar ksai-thun
Banlung *(Cambodian city) n.* បានលុង ban-lung
baptism *n.* ការលាងបាប ka leang bab
bar *n. (legal)* ចៅក្រម chouw-krom; *(metal)* ដំរែង dom-raeng; *(tavern)* តៀមស្រា team-sra; **wine** ~ បារលក់ស្រា bar-louk sra
bar exam *(legal) n.* ការប្រលងចៅក្រម kar-bror-lorng chouw-krom
bar of soap សាប៊ូមួយដុំ sabou muoy dom
barbary fig *n.* ដំបងយក្ស dorm-borng yeak
barbecued meat *n.* សាច់ដុត sach-dot
barber *n.* ជាងកាត់សក់ cheang kat-sork
bargain *n.* ការតថ្លៃ ka tor-thlai
bark *n.* សំបកឈើ sorm-bok chheu
barley *n.* ស្រូវបាឡេ srov ba-le
barometer *n.* ឧបករណ៍វាស់សម្ពាធបរិយាកាស oub-pak-kor vors sorm-peath pak-ri-ya-kas
barramundi *(fish) n.* ត្រីស្ពង trei chpung
barrel *n.* បារ៉ែល bar-rel
barrier *n.* របាំង ro-bang
bartender *n.* អ្នកក្រឡុកស្រា neak kro-lok sra
base *n.* មូលដ្ឋាន mul-than; ~d **on** ពឹងផ្អែកលើ poeng-pa-aek leu
basement *n.* បន្ទប់ក្រោមដី bon-tub kroam dei
basic *adj.* សាមញ្ញ sarm-marnh
basically *adv.* ជាធម្មតា chea thorm-da
basil *n.* ជី chi
basin *n.* អាងទឹក ang-toek

basis *n.* មូលដ្ឋាន mul-than
basket *n.* កន្ត្រក korn-trok
basketball *n.* កីឡាវាយបាល់ចូលកន្ត្រក kei-la veay bal chol korn-trok
basmati rice *n.* អង្ករឥណ្ឌា orng-kor in-dea
bass *(in music) n.* ផ្នែកគ្រលរ phnaek kro-lor; **electric** ~ សំឡេងគ្រលរអេឡិចត្រូនិច sorm-leng kro-lor elek-tro-nech
bass guitar *n.* ហ្គីតាបាស gi-ta-bas
bastard *n.* មនុស្សចង្រៃ mnus chong-rai
baste *v.* ស្ដាបនា stha-pna
baster *n.* បំពង់បឺតខ្លាញ់ borm-pung beut klanh
bat *(sports) n.* ព្រនង់ pror-nung
bath *n.* ការងូតទឹក ka ngout toek
bath towel *n.* កន្សែងងូតទឹក korn-saeng ngout-toek
bathe *v.* ងូតទឹក ngout toek
bathing suit *n.* ឈុតងូតទឹក chhut ngout toek
bathroom *n.* បន្ទប់ទឹក bon-tub toek
Battambang *(Cambodian city) n.* បាត់ដំបង bat-dorm-borng
batter *n.* ម្សៅលាយ msao leay; **pancake** ~ ម្សៅលាយនំ msao-leay-num
battery *n.* ថ្ម thmor; **dead** ~ ថ្មដែលអស់ថាមពល thmor dael ors tham-pol
battle *n.* សង្គ្រាម sorng-kream; **historic** ~ សង្គ្រាមប្រវត្តិសាស្ត្រ sorng-kream pror-vat-te-sas
battle site *n.* ទីតាំងប្រវត្តិសាស្ត្រ ti-taing pror-vat-te-sas
battlement *n.* ជញ្ជាំងពួនបាញ់ chunh-chaing puon banh
Bavet *(Cambodian city) n.* បាវិត bar-voet
bay *n.* ឆកសមុទ្រ chhok-sa-mot; **to keep at** ~ *phr.* បង្ការ borng-kar
bay leaf *n.* ស្លឹកម្យ៉ាង sloek myang
be *v.* ជា chea
beach *n.* ឆ្នេរខ្សាច់ chhne-khsach
beacon *n.* ភ្លើងសញ្ញា phlerng sa-nha
beak *n.* ចំពុះ chorm-pouh
beam *n.* ធ្នឹម thnoem; **wood** ~ ធ្នឹមឈើ thnoem chheur; **high** ~ ធ្នឹមខ្ពស់ thnoem khpuos
bean *n.* សណ្ដែក sorn-daek
bean bag *n.* កៅអីម្យ៉ាង kaow-ei myang
bean curd *n.* តៅហ៊ូ taow-hou
bean sprouts *n.* សណ្ដែកបណ្ដុះ sorn-daek born-du-oh
bear *v. (carry)* ទ្រាំ trouam • *n. (animal)* ខ្លាឃ្មុំ khla khmum

beard *n.* ពុកមាត់ puk moit
beardless barb *(fish) n.* ត្រីក្រុស trei kos
beat *n.* ការវាយ ka-veay
beautiful *adj.* ស្រស់ស្អាត sros sa-art
beautifully *adv.* យ៉ាងស្រស់ស្អាត yang sros sa-art
beauty *n.* សម្រស់ sorm-ros
because *conj.* ពីព្រោះ pi pruoh
become *v.* ក្លាយទៅជា klay touw chea
bed *n.* គ្រែ kreae; **double** ~ គ្រែសម្រាប់មនុស្សពីរនាក់ kreae-som-rab-mnus-pi-neak; **twin** ~ គ្រែមួយដេកពីរនាក់ kreae-muoy-dek-pi-nak
bed and breakfast *n.* សំនាក់នៅនិងអាហារពេលព្រឹក sorm-nak nov noeng aha-pel-proek
bed sheet *n.* កម្រាលពូក korm-ral pook
bedding *n.* ប្រដាប់ប្រដាគ្រែ bro-dab bro-da kreae
bedroom *n.* បន្ទប់គេង bon-tub keng
bee *n.* ឃ្មុំ khmum
beef *n.* សាច់គោ sach kooh; **ground** ~ សាច់គោកិន sach-kooh koet; **roast** ~ សាច់គោអាំង sach kooh ang, គោដុត koo-dot
beef jerky *n.* សាច់គោប្រឡាក់ sach-koo pror-lak
beef tenderloin *n.* សាច់ចម្លកគោ sach-chom-lork-kooh
beehive *n.* សំបុកឃ្មុំ som-bok khmum
beer *n.* ស្រាបៀរ sra-bia; **canned** ~ ស្រាបៀរកំប៉ុង sra-bia korm-pong; **bottled** ~ ស្រាបៀរដប sra-bia dorb; **draft** ~ ស្រាធុង sra-thung; ~ **on tap** ស្រាបៀរធុង sra-bia thung
beet *n.* ឆៃថាវ chhai thav
beetle *n.* សត្វអណ្ដើកមាស sat orn-derk meas
beetroot *n.* មើមឆៃថាវ merm chhai thav
before *prep.* មុននឹង mun neng • *adv.* ពីមុន pi mun
beforehand *n.* ជាមុន chea mun
beggar *n.* អ្នកសុំទាន neak sum tean
begin *v.* ចាប់ផ្ដើម chab pderm
beginner *n.* អ្នកចាប់ផ្ដើមដំបូង nak chab pderm dom-boung
beginning *n.* ការចាប់ផ្ដើម ka chab pderm
behalf *n.* ការតាំងនាម ka taing neam; **on ~ of** តាំងនាមឲ្យ taing neam oay
behave *v.* មានអាកប្បកិរិយា mean a-kab-pak-ke-ri-ya
behavior *n.* អាកប្បកិរិយា a-kab-pak-ke-ri-ya
behind *prep.* ពីក្រោយ pi kroay

beige *n.* ពណ៌ត្នោតខ្ចី por tnoat kchei
belief *n.* ជំនឿ chum noeur
believe *v.* ជឿ choeur
bell *n.* កណ្ដឹង korn-deng
bell pepper *n.* ម្ទេសផ្លោក mtes phloak; **red** ~ ម្ទេសផ្លោកក្រហម mtes phloak-kror-horm, ម្រេចក្រហម mrech kror-horm
belly *n.* ពោះ ឬ ក្បាលពោះ puoh reu kbal puoh
bellybarred pipefish *n.* ត្រីក្រពើ trei kror pa-uh
belong *v.* ជាកម្មសិទ្ធិ chea kam-sit
belong to *v.* ជាកម្មសិទ្ធិរបស់ chea kam-ma-soet ror-bos
below *prep.* ពីក្រោម pi kroay
belt *n.* ខ្សែក្រវ៉ាត់ khsae kro-vart
bench *n.* បង់ borng
bench warrant *(legal) n.* ដីកាចៅក្រម dei-ka chaow kroam
bend *v.* កាច់បត់បែន kach bot-baen
beneath *prep.* ពីក្រោម pi kroam
benefit *n.* ផលប្រយោជន៍ phol bro-yoach
benevolence *n.* សប្បុរសធម៌ sob-ros thor
benevolent *adj.* ដែលសប្បុរស dael sob-ros thor
benign *adj.* គ្មានគ្រោះថ្នាក់ kmean kruoh tnak
bent *adj.* កោង koang
berry *n.* ផ្លែប៊ឺរី phlae beu-ri
berth *n.* ចំណតនាវា chom-not nea-vea; **lower** ~ គ្រែក្រោម kree-kroam; **upper** ~ គ្រែម្យ៉ាងក្នុងនាវា kre-myang-knong-nea-vea
beside *prep.* នៅក្បែរ nov kbae
best *adj.* ល្អបំផុត laor borm-phot
best wishes! *phr.* ជូនពរសំណាងល្អ! chun-por sorm-nang la-or
bet *v.* ភ្នាល់ phnorl
better *adj.* ល្អជាង laor cheang
betting *n.* ការភ្នាល់ ka phnorl
between *prep.* នៅចន្លោះ nov chon-laoh
beverage *n.* ភេសជ្ជៈ phesa-cheak
beware *v.* ភ្ញាក់រលឹក ឬ ប្រុងប្រយត្ន័ phnheak ro-leuk reu brung bro-yat
beware of dog *phr.* ប្រយ័ត្ន័សត្វឆ្កែ pror-yat sat-chkae
beyond *prep.*ហួសពី huos pi
Bhadrapada *(month on Hindu calendar) n.* ភទ្របទ phak-tra-bot
bias *n.* ភាពលម្អៀង pheap lum-eang

bib *n.* សម្រងក sorm-rong kor
bible *n.* គម្ពីសាសនាគ្រិស្ត kum-pi sas-na krirs
bicycle *n.* កង់ korng
bicycle lane *n.* គន្លងផ្លូវសម្រាប់កង់ kun-long phlouw sorm-rab korng
bicyclist *n.* អ្នកជិះកង់ neak chis korng
bid *v.* ដេញថ្លៃ denh thlai
bidet *n.* បង្គន់ borng kun
big *adj.* ធំ thoum
bigeye illisha *(fish) n.* ត្រីភ្នែកធំ trei phnaeak thom
bigger *adj.* ធំជាង thoum cheang
biking path *n.* ផ្លូវសម្រាប់ជិះកង់ phlouw sorm-rab chis korng
bikini *n.* ប៊ីឃីននី bi-kin-ni
bilimbi *(tree) n.* ទ្រលឹងទឹង tro-loeng-toeng
bilingual *adj.* ដែលចេះពីរភាសា dael ches pi phea-sa
bill *n.* ក្រដាសប្រាក់ kro-das prak; **dollar ~s** ក្រដាសប្រាក់ដុល្លា kror-das prak-dolla; **to pay the ~s** បង់លុយ borng-luy
billiards *n.* ល្បែងវាយបាល់ lbaeng veay bal
billion *n.* ពាន់លាន poin lean
bin *n.* ធុងសម្រាម thung sorm-ram
binary *adj.* ទ្វេភាគ tve-pheak • *n.* ប្រព័ន្ធប្រើលេខមានតែពីរតួគត់ pror-poan pra-uh lek mean tae pi tuo kot
bind *v.* ភ្ជាប់គ្នា phchob knea
binoculars *n.* កែវយឹត kaew yoet
biodegradable *adj.* រលួយ ro-luoy
biodiversity *n.* ជីវចម្រុះ chi-veak chom-rouh
biography *n.* ប្រវត្តិរូប bro-vat roub
biological *adj.* ពីកំណើត pi korm-nert
biology *n.* ជីវវិទ្យា chi-veak vi-chea
biopsy *n.* ការកាត់សាច់ពិនិត្យ kar kat sach pi-nit; **skin ~** ការកាត់ស្បែកពិនិត្យ kar-kat sbaek pinit; **bone ~** ការកាត់យកឆ្អឹងពិនិត្យ kar-kat york cha-oeng pinit
biotechnology *n.* ជីវបច្ចេកវិទ្យា chi-veak pach-chaek vi-chea
bird *n.* បក្សី bak-sei
birth *n.* កំណើត korm-nert; **place of ~** ទីកន្លែងកំណើត ti-kon-laeng-korm-nert • *v.* **give ~ (to)** ផ្តល់កំណើត phdol-korm-nert
birth certificate *n.* សំបុត្រកំណើត som-bot korm-nert
birthday *n.* ថ្ងៃកំណើត thngai korm-nert

birthday party *n.* ពិធីខួបកំណើត pi-thy khuob korm-nert
biscuit *n.* នំប្រអប់ num bror-orb
bishop *n.* អាចារ្យ a-char
bison *n.* គោព្រៃ ko prei
bit *n.* ចំណែក chorm-naek; *phr.* **in a ~** នៅពេលបន្តិចទៀត nov pel bon-tech teat; *phr.* **a little ~** បន្តិច born-tech
bite *v.* ខាំ kham; **bug ~** ការខាំរបស់សត្វល្អិត kar-kham ror-bos sat la-it
bitter *adj.* ល្វីង lving
bitterly *adv.* យ៉ាងល្វីង yang lving
bizarre *adj.* ចម្លែក chorm-laek
black *adj.* ខ្មៅ khmao
black and white *adj.* ស និង ខ្មៅ sor noeng khmao
black coffee *n.* កាហ្វេខ្មៅ kafe-khmao
black currant *n.* ផ្លែឃើរែនខ្មៅ phlae kher-raen khmao
black currant-tree *n.* តង្កៀបក្ដាម dorng-keab-kdam
black lancer catfish *n.* ត្រីចេកទុំ trei chek tum
black pepper *n.* ម្រេច mrech, ម្រេចខ្មៅ mrech-khmao
black sapote *n.* ទ្រយឹង tro-yoeng
black sharkminnow *(fish) n.* ត្រីក្អែក trei ka-aek
black tea *n.* តែខ្មៅ tae-khmao
blackberry *n.* ផ្លែប៊ឺរីខ្មៅ phlae bur-ri khmao
blackmail *v.* គម្រាមបរិហារកិត្តិយស kum-ream bak-vi-hea ke-te-yuos
bladder *n.* ប្លោកនោម ploak noom
blade *n.* ផ្លែកាំបិត phlae kam-bet
blame *v.* ស្ដីបន្ទោស sdei bon-toas
blanched *v.* ធ្វើឲ្យឡើងស្លេក thver oay lerng slek
bland *adj.* សាប sab
blank *adj.* ទទេរ tor te
blanket *n.* ភួយ phuoy
blankly *adv.* យ៉ាងទទេរ yang tor-te
blaze *n.* ភ្លើង phlerng
bleach *n.* ថ្នាំធ្វើឲ្យស thnam thver oay sor
bleed *v.* ចេញឈាម chenh chheam
blend *v.* លាយ leay
blended *adj.* ដែលបានលាយ dael ban leay
blender *n.* អ្នកក្រឡុក ឬ ម៉ាស៊ីនក្រឡុក neak kro-lok reu ma-sin kro-lok
bless *v.* ជូនពរ choun por; *phr.* **God ~ you**! សូមព្រះថែរក្សាអ្នក! som preah thea-rak-sa nak

blind *adj.* ខ្វាក់ khvak
blink *v.* ធ្មេចភ្នែក thmech pnaek
blister *n.* ពងស្បែក porng sbaek
blizzard *n.* ព្យុះទឹកកក pchouh toek kok
bloated *adj.* ហើមប៉ោង herm poang
block *n.* ដុំ dom; **toy ~s** ដុំបាយឡុកបាយឡ dom-bay-lok-bay-lor
blockage *n.* ការទប់ ឬ ហាមឃាត់ ka tub reu ham khort
blocked *adj.* ដែលស្ទះ ឬ ដែលបានរាំង dael steah reu dael ban rea raing; **be ~** ត្រូវបានរាំង trouw ban rea-raing
blonde *adj.* ដែលមានសក់ពណ៌ទង់ដែង dael mean sork por tung daeng
blood *n.* ឈាម chheam; **lose ~** បាត់បង់ឈាម bat-borng chheam; **donate ~** បរិច្ចាគឈាម bor-ri-chak-chheam
blood clot *n.* ការកកឈាម kar-kork-chheam
blood orange *n.* ក្រូចសាច់ក្រហម krouch sach kro-horm
blood pressure *n.* សម្ពាធឈាម sorm-peat chheam
blood test *n.* តេសឈាម tes-chheam
blood type *n.* ប្រភេទឈាម bro-phet chheam
blouse *n.* អាវមនុស្សស្រី av monus srei
blow *v.* ផ្លុំ phlom
blow-dry *v.* ផ្លុំស្ងួត phlom snguot
blow-dryer *n.* ម៉ាស៊ីនផ្លុំស្ងួត ma-sin phlom snguot
blue *adj.* ពណ៌ខៀវ por khiev
blue cheese *n.* ហ្វ្រូម៉ាស់ដែលមានគ្រាប់ៗពណ៌ខៀវ fro-mas dael mean kroab puo-or khieu
blue panchax *(fish)* *n.* ត្រីចង្វាររនោង trei chorng-va ror-noang
blueberry *n.* ផ្លែប្លូបឺរី phlae blu bur ri
bluetooth *(tech.)* *n.* ប្លូធូស bloo-toos
bluff *v.* និយាយបោកប្រាស់ ni yeay boak bras
blurred *adj.* ព្រិល pril
blurred vision *n.* ការមើលព្រិល kar-merl pril
blush *n.* ការឡើងមុខក្រហមដោយសារខ្មាសអៀន ka lerng muk kro-horm doay-sa khmas ean
boar: wild boar *n.* ជ្រូកព្រៃ chrouk-prey
board *n.* ក្តារ kda • *phr.* **on ~** នៅលើ nov-ler
boarding *n.* ការឡើងយន្តហោះ ឬ កប៉ាល់ ka lerng yun haoh reu ka-pal
boarding pass *n.* សំបុត្រសម្រាប់ឡើងយន្តហោះ som-bot sorm-rab lerng yun-haoh

boat *n.* ទូក touk
body *n.* ខ្លួន khluon; **upper ~** ខ្លួនផ្នែកខាងលើ khloun phnaek khang leur
boil *n.* ចំណុចពុះ chorm-noch pouh • *v.* ដាំ dam
boiled *adj.* ដែលពុះ dael pouh
boiler *n.* ឆ្នាំងដាំពុះ chhnang dam pouh
bomb *n.* គ្រាប់បែក kroab-baek
bomb threat *n.* ការគម្រាមបំផ្ទុះគ្រាប់បែក kar kum-ream borm-ptuh kroab-baek
bombard *v.* បំផ្លាញដោយគ្រាប់បែក bom planh doay kroab-baek
bombardment *n.* ការបំផ្លាញដោយគ្រាប់បែក ka bom planh doay kroab-baek
bon appetit! *phr.* សូមញ៉ាំដោយរីករាយ som nham doay rik-reay
bon voyage! *phr.* សូមធ្វើដំណើរដោយសុវត្ថិភាព soum thver dorm-ner doay so-vathe-pheap
bond *n. (connection)* ចំណង chorm-norng; *(monetary)* ប័ណ្ណ barn
bone *n.* ឆ្អឹង chha-oeng
boneless *adj.* ដែលគ្មានឆ្អឹង dael kmean chha-oeng; ~ **chicken** សាច់មាន់គ្មានឆ្អឹង sach moan kmean chha-oeng
bonus *n.* រង្វាន់ rung-vorn ak-te-rekborn thaem
book *n.* សៀវភៅ siev phouw
booking *n.* ការកក់ ka kok
booklet *n.* សៀវភៅតូច siev phouw toch
bookmark *n.* ប្រដាប់ដាក់ចំណាំទំព័រក្នុងសៀវភៅ bro-dab dak chorm-nam tum-por knong siev phouw; កំណត់ចំណាំ korm-nort chom-nam
bookmark a website *v.* កំណត់ចំណាំគេហទំព័រមួយ korm-not chorm-nam ke-hak tum-puo-or
bookstore *n.* ហាងលក់សៀវភៅ hang luok siev phouw
boom *n.* ការរីកចម្រើន ka rik chorm-rern
boost *n.* ការរីកលូតលាស់ ka rik lut-lors
boot *n.* ស្បែកជើងកវែង sbaek cherng kor vaeng • *v.* ប៊ូត boot
border *n.* ព្រំដែន proum daen
bore *v.* ធ្វើឲ្យធុញ thver oay thunh
bored *adj.* ធុញ thunh
boring *adj.* ដែលគួរឲ្យធុញ dael kuor oay thunh
born *adj.* ដែលកើតមក dael kert mok
borneo river sprat *(fish) n.* ត្រីបណ្ដូលអំពៅ trei borndol-orm-pouw
borneo threadfin *(fish) n.* ត្រីព្រាមលឿង trei pream-leung
borrow *v.* ខ្ចី khchei

borrower *n.* អ្នកខ្ចី neak khchei
bosom *n.* ទ្រូង trung
boss *n.* ចៅហ្វាយ ឬ ប្រធាន cha-hvay reu bro-thean
botanical *adj.* នៃរុក្ខជាតិ nay rukhak-cheat
botanical garden *n.* សួនរុក្ខជាតិ suon rukhak-cheat
both *adj.* ទាំងពីរ taing pi
bother *v.* រំខាន rum khan
bottle *n.* ដប dorb; ~ **of wine** ស្រាមួយដប sra-muoy dorb
bottle opener *n.* ប្រដាប់បើកគំរបដប pror-dab ba-uhk kum-rob-dorb
bottled *adj.* ដែលដាក់ដប dael dak dorb
bottled water ទឹកដប toek dorb
bottom *n.* ខាងក្រោម khang kroam
bougainvillea *n.* ក្រដាស kror-das
bouillon *n.* គ្រឿងស៊ុប kroeurng sup
bound *adj.* ដែលជាប់ dael choab
bound to *adj.* ដែលជាប់ទៅនឹង dael choab touw noeng
boundary *n.* ព្រំដែន prum-daen
bourgeois *adj.* នៃគហបតី nay keak-hap-pak-dey
bowel *n.* ពោះវៀន puoh vean; **obstructed** ~ ស្ទះពោះវៀន ste-ah puoh vean
bowl *n.* ចានសម្ល chan som-lor
bowling *n.* បូលីង bo-ling; **go** ~ *v.* លេងបូលីង leng bo-ling
bowling ball *n.* បាល់លេងរំលំដប bal leng roum lum dob
bowling shoes *n.* ស្បែកជើងបូលីង sbaek-cherng bo-ling
box *n.* ប្រអប់ bro-orb
box office *n.* កន្លែងលក់សំបុត្រ kon-laeng louk som-bot
boxing *n.* កីឡាប្រដាល់ kei-la bro-dal
boxing ring *n.* សង្វៀនប្រដាល់ sorng-vean bro-dal
boy *n.* ក្មេងប្រុស kmeng bros
boycott *v.* ពហិកា peak-hi-ka
boyfriend *n.* មិត្តប្រុស moet bros
boysenberry *n.* ផ្លែស្រដៀងបឺរី phlae sro-dieng bur-ri
bra *n.* អាវទ្រនាប់នារី av tro-noib neary
bracelet *n.* ខ្សែដៃ khsae dai
braces *n.* ខ្សែទប់ឲ្យមានលំនឹង khsae tub oay mean lum neng; *(dental)* ដែកតៀបធ្មេញ dael keab thmenh
bracket *n.* ឃ្នាប khneab

braille *n.* អក្សរសម្រាប់អ្នកពិការភ្នែក a-sor somrab neak pi-ka pnaek
brain *n.* ខួរក្បាល khuor kbal
brainstorm *v.* រិះរកគំនិត ris-rork kom-nit
braise *v.* អាំង ang
braised *adj.* ដែលបានអាំង dael ban ang
brake *n.* ហ្វ្រាំង frarng
brake pads *n.* ទ្រនាប់ហ្វ្រាំង tro-noab frarng
brake light *n.* ភ្លើងសញ្ញាហ្វ្រាំង plerng-sanha-frarng
bran *n.* កន្ទក់ kon-touk
branch *n.* សាខា sa-kha
brand *n.* ម៉ាក mark
brandnew *adj.* ម៉ាកចេញថ្មី mark chenh thmei
brass *n.* លង្ហិន lung hoen
brassiere *n.* អាវទ្រនាប់ av tro-noib
brave *adj.* ក្លាហាន kla-han
brazil nut *n.* គ្រាប់ផ្លែឈើប្រេស៊ីល kroab phlae cher bre-sil
breach *v.* ប្រព្រឹត្តបទល្មើស bro-proet bot lmers
bread *n.* នំប៉័ង num-pang; **dark** ~ នំប៉័ងខ្មៅ num-pang kmao; **unleavened** ~ នំប៉័ងមិនឡើង num-pang-min-lerng; **white** ~ នំប៉័ងស num-pang sor, នំប៉័ងស្រូវសាឡី num-pang-srov-salie; **whole wheat** ~ នំប៉័ងស្រូវសាឡីសុទ្ធ num-pang srouw salei sot
bread stick *n.* ដើមនំប៉័ង derm num pang
breadcrumbs *n.* កំទេចនំប៉័ង korm-tech num pang
breaded *adj.* ដែលជ្រលក់នំប៉័ង dael chro-louk num pang
breadfruit *n.* សាកេ sa-ke
breading *n.* ម្សៅនំប៉័ង msao num pang
break *v.* ឈប់សម្រាក chhub sorm-rak
break down *v.* យំ yum
breakdown *n.* ការវង្វេងស្មារតី ka vong-veng sma-dei; **nervous** ~ ភាពអស់សង្ឃឹម pheap ors sorng-khoem
breakfast *n.* អាហារពេលព្រឹក ah-ha pel proek
breakfast cereal *n.* សឺរៀលពេលព្រឹក seu-real pel-proek
breast *n.* ដើមទ្រូង derm troung
breastfeeding *n.* ការបំបៅដោះ ka bom baow doh
breath *n.* ដង្ហើម dorng-herm
breathe *v.* ដកដង្ហើម dork dorng-herm
breathing *n.* ការដកដង្ហើម ka dork dorng-herm

breed *v.* បង្កាត់ពូជ borng-kat pouch
breeze *n.* ខ្យល់រំភើយ khchol roum-phery
brewery *n.* រោងចក្រផលិតស្រាបៀរ roong chak phor-lit sra bier
bribe *v.* សូកប៉ាន់ souk parn
brick *n.* ដុំឥដ្ឋ doum et
bridal *adj.* នៃកូនក្រមុំ nay kon kro-mom
bridal party *n.* ពិធីជប់លៀងកូនក្រមុំ pithi-chub-leang kon-kror-mom
bridal store *n.* ហាងលក់សំភារៈកូនក្រមុំ hang louk som-phearak kon kror-mom
bride *n.* កូនក្រមុំ kon kro-mom
bridegroom *n.* កូនកម្លោះ kon kom-loh
bridesmaid *n.* អ្នកកំដរ neak kom-dor
bridge *n.* ស្ពាន spean
brief *adj.* ខ្លីៗ khlei khlei
briefly *adv.* យ៉ាងខ្លី yang khlei
briefs *n.* ការសង្ខេប ka sorng-khaeb
bright *adj.* ភ្លឺ phleu
brightly *adv.* យ៉ាងភ្លឺ yang phleu
brightness *n.* ភាពភ្លឺច្បាស់ pheap phleu-chbas
brilliant *adj.* ដែលអស្ចារ្យ dael os-char
brine *n.* ទឹកសមុទ្រ toek sak-mut
bring *v.* យកមក yok mok; **to ~** យកទៅ york touw
brisket *n.* សាច់ទ្រូង sach troung
Britain *n.* ប្រទេសអង់គ្លេស pror-tes ong-kles
British *adj.* ជនជាតិអង់គ្លេស chun cheat ong-kles
broad *adj.* ទូលំទូលាយ tou-loum tou-leay
broadband *(tech.) n.* រលកអាកាស ro-lok ah-kas
broadband connection *(tech.) n.* បណ្ដាញរលកអាកាស born-danh ror-lork akas
broadband Internet *n.* ប្រពន្ធ័អ៊ីនធឺណិតរលកអាកាស pror-poan in-teu-net
broadcast *v.* ប្រកាសផ្សព្វផ្សាយ bro-kas psob psay
broadhead catfish *n.* ត្រីអណ្ដែងទន់ trei orn-daeng tun
broadly *adv.* យ៉ាងទូលំទូលាយ yang tou-loum tou-leay
broccoli *n.* ផ្កាស្ពៃខៀវ phka spei khiev
brochure *n.* កូនសៀវភៅឃោសនា kon siev phouw khoas sna
broil *v.* អាំងភ្លើង ang plerng
broken *adj.* ខ្ទេចខ្ទាំ ឬ បែកបាក់ khtech-khtoim reu baek-bak

broken bone *n.* ឆ្អឹងបែកបាក់ cha-oeng baek bak
broker *n.* ឈ្មួញកណ្ដាល chhmuonh kondal
bronchitis *n.* រោគរលាកទងសួត rook ro-leak torng suot
bronze *n.* សំរឹត sorm-roet
bronze featherback *(fish) n.* ត្រីស្លាត trei slat
brooch *n.* កន្លាស់កអាវ kon-las kor av
broth *n.* ទឹកស៊ុប toek soup, ទឹកសាច់ស្ងោរ toek sach-sa-ngoa; **chicken ~** ទឹកស៊ុបមាន់ toek soup moan; **cooking ~** ស្ងោរស៊ុប sa-ngoa soup; **fish ~** ស៊ុបត្រី soup trei
brother *n.* បងប្អូនប្រុស bong paoun bros
brotherhood *n.* ភាពជាបងប្អូនប្រុស pheap chea bong paoun bros
brown *adj.* ពត៌ត្នោត por tnoat
brown rice *n.* អង្ករសំរូប orng-kor som-roub
brown sleeper *(fish) n.* ត្រីដំរីខ្មៅ trei dorm-rei khchao
browned *adj.* ដែលធ្វើឲ្យឡើងពណ៌ត្នោត dael thver oay lerng por tnoat
brownie *n.* នំធ្វើពីសូកូឡា num thver pi so-ko-la
browse *v.* ស្រាវជ្រាវ srav-chreav
browser *(tech.) n.* កម្មវិធីអ៊ីនធឺណេត kam-vithi internet, ប្រដាប់ស្រាវជ្រាវ bro-dab srav-chreav; **Internet ~** ប្រដាប់ស្រាវជ្រាវអ៊ីនធឺណិត pror-dab srav-chreav
bruise *v.* ជាំ choim • *n.* ស្នាមជាំ snam choam
brunch *n.* អាហារពាក់កណ្ដាលពេលព្រឹកនិងថ្ងៃត្រង់ ah-ha peak kondal pel proek neng tngai trong
brunette *n.* ស្ត្រីសក់ពណ៌ត្នោត sa-trei sork por tnoat
brush *v.* ដុស dus
brussels sprouts *n.* សណ្ដែកព្រុចសែល sorn-daek pruch sael
bubble *n.* ពពុះ por-pouh
bucket *n.* ធុងទឹក thung toek
buckwheat *n.* គ្រាប់ធញ្ញជាតិម្យ៉ាង kroib thunh-cheat myang
Buddha *n.* ព្រះពុទ្ធ preah put
Buddhism *n.* ព្រះពុទ្ធសាសនា preah put-ta-sas-na
budget *n.* ថវិកា thak-vi-ka
buffer *n.* បាហ្វ័រ baf-fer
bug *n.* សត្វល្អិត sat la-ert
build *v.* សាងសង់ sang-song
builder *n.* អ្នកសាងសង់ neak sang-song
building *n.* សំណង់ sormnong

built *adj.* ត្រូវបានសាងសង់ trouw ban sang-song
bull *n.* គោជល់ ko-chul
bull shark *n.* ត្រីឆ្លាម trei chlam
bullet *n.* គ្រាប់កាំភ្លើង kroab kam-plerng
bulletin board *n.* ក្តារបិទប្រកាស kda bet bro-kas
bullet-proof *adj.* ដែលការពារគ្រាប់កាំភ្លើង dael ka pea kroib kam plerng
bumper *n.* របាំងការពារ ro-bang ka-pea
bun *n.* នំប៉ាវ num pav
bunch *n.* បាច់ bach
bungalow *n.* ផ្ទះលំហែកាយ phteah loum-hae kay
bungee-jumping *n.* ការលោតខ្សែរ៉ក ka loat ksae hrok
bungor *(flowering plant) n.* ឥន្ទនេល in-tak-nel
burden *n.* បន្ទុក born-tuk
burden of proof *n.* បន្ទុកភស្តុតាង born-tuk phoas-tang
bureaucracy *n.* ការិយាធិបតេយ្យ ka-ri-ya-thi-pa-tay
bureaucrat *n.* ជនការិយាល័យនិយម chun ka-ri-ya-lay ni-yum
burger *n.* នំប៊ឺហ្គឺរ num beur-geur; **veggie** ~ ប៊ឺហ្គឺបន្លែ beur-geur born-lae; **cheese**~ ប៊ឺហ្គឺឈីស beur-geur chiz
Burmese grape *n.* ផ្អៀវ phnheaw
burn *n.* ការរលាក ka ro-leak
burned *adj.* រលាក ro-leak
burnt *adj.* ខ្លោច khloach; ~ **toast** នំប៉័ងខ្លោច num-paing khloach
burrito *n.* នំរុំមិចសិក num rum mich-sich; **bean and cheese** ~ នំរុំសណ្តែកនិងហ្វ្រូម៉ាស់ num rum sorn-daek noeng fro-mas
burst *v.* ធ្លាយចេញមក thleay chanh mok
bury *v.* កប់ kob
bus *n.* ឡានក្រុង lan krong; **city** ~ ឡានក្រុងក្នុងក្រុង lan-krong knong krung; **tourist** ~ ឡានក្រុងទេសចរណ៍ lan-krong tes-chor; **long-distance** ~ ឡានក្រុងចម្ងាយឆ្ងាយ lan-krong chorm-ngai chha-ngai; **where does this** ~ **go?** *phr.* តើឡាននេះទៅដល់ណា? ta-uh lan-nis touw dorl na?
bus lane *n.* ផ្លូវឡានក្រុង phlouw lan-krong
bus stop *n.* ចំណតឡានក្រុង chom-nort-lan-krong
bus terminal *n.* ចំណតឡានក្រុង chom-not lan krong
bush *n.* គុម្ពោត kum-poot
business *n.* អាជីវកម្ម ah-chi-vkam
business card *n.* នាមបណ្ណ័ neam-ban
business class *n.* ថ្នាក់ខ្ពស់ thnak-kpous

business hours *n.* ម៉ោងធ្វើការ moang-thver-ka
business person *n.* អ្នកជំនួញ ឬ អ្នកធ្វើអាជីវកម្ម neak chum-nuonh reu neak thver ah-chi-vkam
busy *adj.* រវល់ ro-vol
but *conj* ប៉ុន្តែ pon-tae
butane gas *n.* ឧស្មន័ប្រេងកាត ou-sman breng-kat
butcher *n.* ឈ្មួញលក់សាច់ chhmuonh louk sach
butter *n.* ប៊ឺរ beur
buttered *adj.* ដែលលាបប័រ dael leab beur
butterfly *n.* មេអំបៅ me om-baow
buttermilk *n.* ទឹកដោះគោជូរ toek da-oh koo chou, ទឹកដោះគោធ្វើពីប័រ toek doh ko thver pi bur
butterscotch *n.* ស្ករគ្រាប់ធ្វើពីប័រនិងស្ករ skor kroib thver pi bur neng skor
button *n.* ឡេវ lev
button mushroom *n.* ផ្សិត phset
buttress *n.* ចន្ទល់ chun-tul
buy *v.* ទិញ tenh
buyer *n.* អ្នកទិញ neak tenh
by *prep.* ដោយ doay
bye! *phr.* លាហើយ! lea-hery
bypass *n.* ផ្លូវវាង phlouw veang
by-product *n.* អនុផលិតផល ak-nuk-pholet-phol

C

cab *n.* ឡានតាក់ស៊ី lan tak-si
cabaret *n.* តៀមស្រា team sra
cabbage *n.* ស្ពៃក្តោប spei kdoab; **red** ~ ស្ពៃក្តោបក្រហម spei-kdoab-kror-horm; **green** ~ ស្ពៃក្តោបបៃតង spei-kdoab bai-torng; **sour** ~ ស្ពៃជូរ spei chou; **stuffed** ~ ស្ពៃញាត់សាច់ចូល spei nhoat sach chol
cabbage soup *n.* ស៊ុបស្ពៃក្តោប soup spei-kdoab
cabin *n.* បន្ទប់បើកយន្តហោះ bon-tub berk yun hors
cabin deck *n.* បន្ទប់ក្នុងកប៉ាល់ bon-tub knong kapal
cabinet *n.* ទូរដាក់ឥវ៉ាន tu dak ei-wan
cable *n.* ខ្សែកាប khsae kab
cable car *n.* ឡានខ្សែកាប lan khsae kab
cable TV *n.* ខ្សែកាបទូរទស្សន៍ khsae kab toureak-tuos
cache *n.* ខាច់ khach
cactus *n.* ដំបងយក្ស dorm-borng yeak
caesar salad *n.* សាឡាដសេសា sa-lad-se-sa
café *n.* ហាងកាហ្វេ hang ka-fe
cafeteria *n.* អាហារដ្ឋាន a-ha-ra-than
caffeine *n.* ជាតិកាហ្វេអ៊ីន cheat ka-fe-in
caffeine-free *adj.* គ្មានជាតិកាហ្វេអ៊ីន kmean cheat ka-fe-in
cage *n.* ទ្រុង trung
cage-free *adj.* គ្មានទ្រុង kmean trong; ~ **chicken** មាន់ដែលមិនដាក់ទ្រុង moan dael min dak trong; ~ **eggs** ស៊ុតមិននៅក្នុងទ្រុង sot min nov knong trong
cajole *v.* លួងលោម luong loom
cake *n.* នំបាកាំង num barang; **sponge** ~ សាច់នំបាកាំង sach num barang; **carrot** ~ នំការ៉ុត num karot; **honey** ~ នំទឹកឃ្មុំ num toek kmum; **semolina** ~ នំសេម៉ូលីណា num se-mo-li-na; **wedding** ~ នំអាពាហ៍ពិពាហ៍ num-ah-pea-pi-pea
calamity *n.* ភាពវឹកវរ pheap weuk-wor
calcium *n.* កាល់ស្យូម kal-syom
calculate *v.* គណនា keak-neak-nea
calculating *adj.* ដែលកំពុងគណនា dael korm-pung keak-neak-nea
calculation *n.* ការគណនា ka keak-neak-nea

calculator *n.* ប្រដាប់គណនា pror-dab keak-neak-nea; **graphing ~** ប្រដាប់គូសក្រាហ្វិច pror-dab kous kra-fik
calendar *n.* ប្រតិទិន prote-tin
call *v.* ហៅ haow
call center *n.* ភ្នាក់ងារអតិថិជន phnak-ngea ak-ti-the-chun
call collect *v.* ហៅតាមទូរស័ព្ទ hao tam tou-ra-sap
call for *v.* អំពាវនាវសុំ orm-peava-neav som
calligraphy *n.* អក្សរផ្ចង់ ak-sor-pchorng
calm *adj.* ដែលនឹងនរ dael neung-nor
calm one *n.* ព្រះមុនី preah mu-ni
calmly *adv.* ដោយនឹងនរ doay neung-nor
calorie *n.* កាឡូរី ka-lo-ri
camera *n.* ម៉ាស៊ីនថតរូប ma-sin thort roub
camera case *n.* ប្រអប់ដាក់ម៉ាស៊ីនថតរូប pror-orb dak ma-sin thort-roub
camera shop *n.* ហាងលក់ម៉ាស៊ីនថតរូប hang louk ma-sin thort-roub
camomile *n.* ផ្កាម្យ៉ាង pka myang
camp *n.* ជំរុំ chum-rum
campaign *n.* យុទ្ធនាការ yutak-nea-ka
camper *n.* អ្នកបោះជំរុំ neak baoh chum-rum
campground *n.* បរិវេណជំរុំ pak-ri-wen chum-rum
campsite *n.* កន្លែងបោះជំរុំ korn-laeng bos chum-rum
can *n.* កំប៉ុង korm-pong
can opener *n.* ប្រដាប់គាស់កំប៉ុង pror-dab koas korm-pong
Canada *n.* ប្រទេសកាណាដា bror-tes ka-na-da
Canadian *adj.* ជនជាតិកាណាដា chun cheat ka-na-da
canal *n.* ព្រែកជីក preaek chik
cancel *v.* រំសាយចោល rum-say choal
canceled *adj.* ត្រូវបានរំសាយ trouw ban rum-say
cancer *n.* ជំងឺមហារីក chum-ngeu morha-rik
cancerous *adj.* ដែលកើតមហារីក dael kert morha-rik
candidate *n.* បេក្ខជន paek-khak-chun
candied *adj.* ដែលលាយស្ករ dael leay skor
candied fruit *n.* ផ្លែឈើលាយស្ករ phlae cheur leay sa-kor
candle *n.* ទៀន tien
candlestick *n.* ជើងទៀន derm tien
candy *n.* ស្ករគ្រាប់ skor kroab; **hard ~** ស្ករគ្រាប់រឹង skor kroab roeng; **gummy ~** ស្ករគ្រាប់ស្អិត skor kroab sa-oet

cane syrup *n.* ស៊ីរ៉ូអំពៅ skor orm-pouw
canna lily *n.* ចេកទេស chek-tes
canned *adj.* ដែលដាក់កំប៉ុង dael dak korm-pong
canned goods *n.* ផលិតផលកំប៉ុង phorl-loet-phorl korm-pong
canned vegetables បន្លែកំប៉ុង bon-lae kom-pong
cannonball tree *n.* រាំង raing
canoe *n.* ទូកចែវ touk chaew
canon *n.* បិដក bei-dork
cantaloupe *n.* ត្រសក់ស្រូវម៉្យាង tror-sork srouw myang
canvas *n.* ផ្ទាំងក្រណាត់សម្រាប់គំនូរ pteang kror-nat sorm-rab koum-nou
cap *n.* មួកកាតិប muok ka-teb
capability *n.* សមត្ថភាព sak-mat-thak-pheap
capable (of) *adj.* ដែលមានសមត្ថភាព dael mean sak-mat-thak-pheap
capacity *n.* ចំណុះ chorm-noh
caper *(illicit activity) n.* អំពើផ្តេសផ្តាស orm-peuh pdes-pdas
capital *n.* រដ្ឋធានី roat-thea-ni
capital crime *n.* បទព្រហ្មទណ្ឌ bort-prum-toan
capricious *adj.* សាវ៉ា sava
Capricorn *(Zodiac) n.* តារានិករសម្រាប់អ្នកកើតក្នុងថ្ងៃ ២១ ធ្នូ ដល់ ១៩ មករា dara-ni-kor sorm-rab neak kert knong thngai 21 thnou dorl thngai 19 makara
caps lock *(tech.) n.* ខេបលក kheb-lork, ប៊ូតុងអក្សរធំ boutong ak-sor thom
caps lock key *(tech.) n.* ប៊ូតុងខេបលក boutong kheb-lork
capsicum *n.* ម្ទេសប្លោក mtes ploak
capsule *n.* គ្រាប់មូលទ្រវែង kroab moul tror-veaeng
captain *n.* ប្រធាន bror-thean
captive *n.* អ្នកទោស neak toos
captivity *n.* ការជាប់ឃុំ ka chorb khoum
capture *v.* ចាប់បាន chab ban
car *n.* ឡាន lan; **by ~** ដោយជិះឡាន doay chis lan; **two-door ~** ឡានមានទ្វារពីរ lan-mean-tvea-pi
car ferry *n.* នាវាចម្លងទំនើប nea-vea chorm-lorng tum-neub
carafe *n.* ថូ tho; **water ~** ថូទឹក thou-toek
carambola *(starfruit) n.* ស្ពឺ speu
caramel *n.* ខារ៉ាមេល kha-ra-mel
caramelized *adj.* ដែលធ្វើឲ្យទៅជាខារ៉ាមេល dael thver oay touw chea kha-ra-mel

caramelized onion ខ្ទឹមបារាំងដាក់ខារ៉ាមែល khtoem baraing dak kha-ra-mel
caraway *n.* ម្អម ma-orm
caraway seed *n.* គ្រាប់ពូជម្អម kroab pouch ma-orm
carbohydrate *n.* កាបូអ៊ីដ្រាត kabo-i-drat; **complex** ~ កាបូអ៊ីដ្រាតសាំញ៉ាំ kabo-i-drat sam-nham; **simple** ~ កាបូអ៊ីដ្រាតសាមញ្ញ kabo-i-drat sam-manh
carbon *n.* កាបូន ka-bon
carbon copy *n.* ក្រដាសកាបូន kror-das ka-bon
carbonated *adj.* ដែលផ្ទុកជាតិកាបូន dael ptuk cheat ka-bon
carbonated water *n.* ទឹកកាបូណាត toek kabonat
carburetor *n.* ការប៊ុយរ៉ាទ័រ ka-boouy-ra-tor
carcinogen *n.* សារធាតុបង្កមហារីក sara-theat borng-kor morha-rik
card *n.* បៀ bear; **play ~s** លេងបៀ leng bear
cardboard *n.* កាតុង ka-tong
care *n.* ការថែទាំ ka-thae-touam; **take ~ of** មើលថែទាំ merl thae-touam; **don't ~ for** មិនខ្វល់ខ្វាយចំពោះ min kvorl-kvay chom-pous
career *n.* អាជីព a-chib
careful *adj.* ប្រុងប្រយ័ត្ន prong pror-yat
carefully *adv.* ដោយប្រុងប្រយ័ត្ន doay prong pror-yat
careless *adj.* ដែលមិនប្រុងប្រយ័ត្ន dael min prong pror-yat
carelessly *adv.* ដោយគ្មានការប្រុងប្រយ័ត្ន doay kmean ka prong pror-yat
caricature *n.* រូបត្លុក roub thlok
caring *adj.* ដែលខ្វល់ខ្វាយ dael kworl kway
carnival *n.* បុណ្យកំសាន្ត bon korm-san
carp *(fish)* *n.* ត្រីគល់រាំង trei kul-raing, ត្រីទឹកសាប trei toek sab
carpet *n.* កម្រាលព្រំ korm-ral proum
carrier *n.* អ្នកដឹកជញ្ជូន neak dek chunh-choun
carrier bag *n.* កាបូបដឹកជញ្ជូន ka-boub doek-chunh-choun
carrot *n.* ការ៉ុត karot; **grated** ~ ការ៉ុតឈូស karot-chous
carrot cake *n.* នំការ៉ុត num karot
carry *v.* យួរ yuo
carry-on *n.* របស់យួរដៃ ror-bors yuo dai; *(luggage)* ឥវ៉ាន់យួរដៃ ei-van yuo-dai
cart *n.* រទេះ ror tes
cartilage *n.* ឆ្អឹងខ្ចី ch-eung khchei
carton *n.* កំប៉ុងក្រដាស korm-pong kror-das; **milk** ~ កំប៉ុងក្រដាសទឹកដោះគោ korm-pong kror-das toek da-oh koo
cartoon *n.* តុក្កតា tok-ka-ta

carve *v.* ឆ្លាក់ chhlak
carving *n.* ការឆ្លាក់ ka chhlak
carving knife *n.* កាំបិតឆ្លាក់ kam-boet chhlak
caryota mitis *(palm tree species) n.* ទន្សែ ton-sae
caryota urens *(flowering plm plant) n.* អន្សែ orn-sae
case *n.* ករណី kak-ror-nei; *(legal)* សុំនុំរឿង som-nom reung; **in ~ (of)** ក្នុងករណី knong-kor-nei
case law *n.* ការវិនិច្ឆ័យតាមច្បាប់ ka vi-ni-chhai, ច្បាប់យុត្តិសាស្ត្រ chbab yuth-te-sas
cased *v.* ដាក់ឡាំង dak lang
cash *n.* លុយសុទ្ធ luy sot
cash deposit *n.* ការដាក់លុយ kar-dak-luy
cash register *n.* ម៉ាស៊ីនគិតលុយ ma-sin kit luy
cashew *n.* ស្វាយចន្ទី svai-chan-ti
cashier *n.* អ្នកគិតលុយ neak kit luy
casing *n.* ការដាក់ហិប ka dak heb
casino *n.* កាស៊ីណូ ka-si-no
casserole *n.* ឆ្នាំងសម្រាប់ដុតក្នុងឡ chnang sorm-rab dot knong lor
cassette *n.* កាសែត ka-saet
cast *v.* បោះ bos
cast iron *n.* លោហៈផ្សំពីដែកនិងកាបូន lor-hak psorm daek neung ka-bon
cast-iron stove *n.* ចង្ក្រានលោហៈ chorng-kran loo-hak
castle *n.* ប្រាសាទ pra-sat
casual *adj.* សាមញ្ញ sa-manh
cat *n.* ឆ្មា chhma
catalog *n.* កាតាឡុក ka-ta-lok
catch *v.* ចាប់ chab
category *n.* ផ្នែក pnaek
cater *v.* ផ្តល់ phdorl
catering *n.* ការរៀបចំម្ហូប kar-reab-chom ma-hob
catering service *n.* សេវាកម្មរៀបចំម្ហូប seva-kam reab-chom-ma-hob
cathedral *n.* មហាវិហារ mor-ha wi-hea
Catholic *adj.* នៃសាសនាកាតូលិក nay sas-na kato-lik
cat's tail *n.* កន្ទុយចចក korn-tuy chor-chork
cattle *n.* ក្របី kror-bei
cauliflower *n.* ផ្កាខាត់ណា phkar-kat-na
cause *n.* មូលហេតុ moul-haet

caution *n.* ការប្រយត្ន័ប្រយែង ka pror-yat pror-yaeng
cavalry *n.* ទ័ពសេះ toab sesh
cave *n.* រូងភ្នំ roung phnoum
caviar *n.* ពងត្រីប្រឡាក់ porng trei pror-lak
cavity *n.* ការពុក ka puk
cayenne pepper *n.* គ្រឿងហិរម៉ត់ kroeung heul mot
CD *n.* ថាសស៊ីឌី thas si-di; **rewritable** ~ ស៊ីឌីដែលអាចចម្លងឡើងវិញបាន si-di dael ach chom-lorng lerng vinh ban
CD burner ប្រដាប់ចម្លងស៊ីឌី pror-dab chom-lorng si-di
CD player *n.* ប្រដាប់ចាក់ថាសស៊ីឌី pror-dab chak thas si-di
cease *v.* បញ្ឈប់ banh-chhub
ceiling *n.* ពិតាន pi-dan
celebrate *v.* ប្រារព្ធពិធី pra-rob pi-thi
celebration *n.* ការប្រារព្ធពិធី ka pra-rob pi-thi
celery *n.* បន្លែម្យ៉ាង bon-lae myang
cell *n.* បន្ទប់តូច bon-tub toch; **spreadsheet** ~ សេល sel
cello *n.* ឧបករណ៍តន្ត្រីស្រដៀងវីយូឡុង opak-kor don-trei sror-deang wi-you-long
cellphone *n.* ទូរសព្ទ័ដៃ tu-ro-sap dai
cellulose *n.* សែលុយឡូស sae-luy-los
celsius *n.* រង្វាស់កម្រិតអង្សារ rung-wors korm-ret orng-sa
cement *n.* ស៊ីម៉ងត៍ si-morng
cemetery *n.* ឈាបនដ្ឋាន chheapa-nak-than
censorship *n.* ការចាប់ពិរុទ្ធ ka chab pi-rut
census *n.* ជំរឿន choum-roeun
cent *n.* សេន sen
centenary *n.* មួយរយឆ្នាំ muoy rory chhnam
center *n.* ចំណុចកណ្តាល chorm-noch korn-dal
center of town *n.* ចំណុចកណ្តាលទីក្រុង chorm-noch korn-dal ti krong
centigrade *n.* សង់ទីក្រាត sorng-ti-krat
centimeter *n.* សង់ទីម៉ែត្រ sorng-ti-maet
centipede *n.* ក្អែប k-aeb
central *adj.* ភាគកណ្តាល pheak korn-dal
central heating *n.* ម៉ាស៊ីនកំដៅ ma-sin korm-daow
century *n.* សតវត្ស sata-wort
ceramic *adj.* នៃកុលាលភាជន៍ nay ko-la-lor-pheach
ceramics *n.* គ្រឿងកុលាលភាជន៍ kroeung ko-la-lor-pheach

cereal *n.* ធញ្ញជាតិ thunh-cheat; **whole grain** ~ គ្រាប់ធញ្ញជាតិ kroab thunh-cheat; **oat** ~ ធញ្ញជាតិធ្វើពីស្រូវសាលី thunh-cheat thver pi srouw-sa-lei
ceremony *n.* ពិធីបុណ្យ pithi-bon; **wedding** ~ ពិធីរៀបអាពាហ៍ពិពាហ៍ pithi reab ah-pea-pi-pea; **graduation** ~ ពិធីទទួលសញ្ញាបត្រ pithi tor-toul sanha-bat
certain *adj.* ជាក់លាក់ cheak-leak
certainly *adv.* ជាក់លាក់ cheak-leak
certificate *n.* វិញ្ញាបនប័ត្រ wi-nhea-ban-na-bat; **birth** ~ សំបុត្រកំណើត sombort banh-chak kom-neut
certificate of deposit *n.* លិខិតបញ្ជាក់ការដាក់ប្រាក់ likhit banh-chak kar dork-prak
Ceylon ironwood *(tree) n.* បុសនាគ bos-neak
chacunda gizzard shad *(fish) n.* ត្រីកាមួយ trei ka-muoy
chain *n.* ច្រវ៉ាក់ chror-wak
chain guard *n.* គម្របកាំកង់ koum-rorb kam korng
chair *n.* កៅអី kaow ei
chair lift *n.* ទោងខ្សែកាប toong khsae kab
chairman *n.* ប្រធាន pror-thean
chairwoman *n.* ប្រធានស្រី pror-thean srei
Chaitra *(month on Hindu calendar) n.* ចេត្រ chaet
chalet *n.* ផ្ទះឈើ phteah cheuh
challenge *n.* ការប្រកួត ka pror-kuot
chamber *n.* សភា sak-phea; **judges ~s** សភាចៅក្រម sak-phea chao-krorm
chambers *n.* ខុទ្ទកាល័យ khut-taka-lai
chameleon botia *(fish) n.* ត្រីកញ្ជ្រូក trei korn-chrouk
chameli *(flower) n.* ពុទ្ធជាត puth-cheat
champagne *n.* ស្រាសំប៉ាញ sra sam-panh
championship *n.* ភាពជាជើងឯក pheap chea cheuhng aek
chance *n.* ឱកាស oa-kas
chancellor *n.* អធិការបតី ak-thi-ka-pak-dei
change *v.* ផ្លាស់ប្តូរ phlas-pdo; ~ **trains** ប្តូរជើងរថភ្លើង pdou cheung rut-phlerng; ~ **the baby** ដូរកន្ទបកូនង៉ែត dou korn-tob kon-ngaet
changing room *n.* បន្ទប់ប្តូរខោអាវ bon-tub pdo khoa-aw
channel *n.* ប៉ុស្តិ៍ pos
chapel *n.* វិហារតូច wi-hea-toch
chapter *n.* ជំពូក choum-pouk
char *v.* ដុតពោល dot rool

character *n.* អត្តចរិក ak-tak-cha-rek
characteristic *adj.* នៃលក្ខណៈ nay leak-kak-nak
char-broiled *v.* អាំងធ្យូង ang thyoung
charcoal *n.* ធ្យូង thyoung
charcoal-grilled *adj.* ដែលអាំងដោយភ្លើងធ្យូង dael arng doay pleuhng thyoung
charcuterie *n.* ការចម្អិនសាច់ ka chorm en sach
chard *n.* ស្ពៃស spei sor
charge *n. (legal)* ការដាក់ទោស ka dak toos, **to bring ~s against** ដាក់ទោសអ្នកណាម្នាក់ dak toos nak na mnak; **in ~ of** ក្នុងការគ្រប់គ្រង knong-ka-krob-krorng
charity *n.* សប្បុរសធម៌ sorb-boros-thor
charm *v.* ទាក់ទាញ teak teanh
charming *adj.* ដែលទាក់ទាញ dael teak teanh
chart *n.* តារាង ta-rang
charter *n.* កត្តិកាសញ្ញា kat-te-ka-sanha
charter flight *n.* ជើងហោះហើរដោយឡែក cherng hos her doay laek
chase *v.* តាមចាប់ tam chab
chat *v.* ជជែកលេង chor cheaek leng
chauffeur *n.* អ្នកបើកឡានឲ្យគេ neak berk lan oay ke
Chbar mon *(Cambodian city) n.* ច្បារមន chbar-morn
cheap *adj.* ថោក thoak
cheaper *adj.* ថោកជាង thoak cheang
cheapest *adj.* ថោកជាងគេ thoak cheang ke
cheaply *adv.* យ៉ាងថោក yang thoak
cheat *v.* បោកប្រាស់ boak pras
check *v.* ពិនិត្យ pi-nit
check in *v.* ចុះឈ្មោះ chos chmu-oh
check out *v.* ចាកចេញ chak-chenh
checkers *n.* ល្បែងចត្តុរង្គ lbaeng chak-to-rung
checkpoint *n.* ចំណុចត្រួតពិនិត្យ chorm-noch truot pi-nit
cheek *n.* ថ្ពាល់ thporl
cheer *v.* អបអរ orb-or
cheerful *adj.* ដែលអបអរសាទរ dael orb-or sa-tor
cheerfully *adv.* យ៉ាងរីករាយ yang rik-reay
cheers! *excl.* ជល់មួយ! chol-muoy!
cheese *n.* ឈីស chhiz, ហ្វ្រូម៉ាស់ fro-mas; **grated ~** ហ្វ្រូម៉ាស់កោស fro-mas

koas; **goat** ~ ហ្វ្រូម៉ាស់ធ្វើពីទឹកដោះពពែ fro-mas thver pi toek da-oh poo-pe; **blue** ~ ហ្វ្រូម៉ាស់ដែលមានគ្រាប់ៗពណ៌ខៀវ fro-mas dael mean kroab puo-or khieu; **soft** ~ ឈីសទន់ chhiz-tun
cheese grater *n.* ប្រដាប់កោសហ្វ្រូម៉ាស់ bror-dab koas froma
cheese sauce *n.* ទឹកហ្វ្រូម៉ាស់ toek fro-mas
cheesecake *n.* នំឈីសខេក num chhiz khek
chef *n.* ចុងភៅ chong phouw
chemical *adj.* ដែលមានជាតិគីមី dael mean cheat ki-mi
chemist *n.* គីមីវិទូ ki-mi wi-tou
chemistry *n.* គីមីវិទ្យា ki-mi wi-tyea
cherry *n.* ផ្លែឆឺរី phlae cher-ri; **pitted cherries** ឈើរីឆ្អឹះគ្រាប់ cher-ri chka-oes kroab
cherry pie *n.* នំឆឺរី num cher-ri
cherry liqueur *n.* ស្រាឆឺរី sra-cher-ri
cherry tomatoes *n.* ប៉េងប៉ោះតូចៗ peng-pos toch toch
chess *n.* ចត្រង្គ chak-to-rung
chess set *n.* ឈុតល្បែងចត្រង្គ chhut lbaeng chak-to-rung
chessboard *n.* ក្ដារលេងចត្រង្គ kda lbaeng chak-to-rung
chest *n.* ដើមទ្រូង derm troung
chestnut *n.* ដើមកៅឡាក់ derm kaow-lak
chevron snakehead *(fish) n.* ត្រីរ៉ស់ trei ros
chew *v.* ទំពារ tum-pea
chewable *adj.* ដែលអាចទំពារបាន dael ach tum-pea ban
chewable tablet *n.* ថ្នាំគ្រាប់អាចទំពារបាន thnam kroab ach tum-pea ban
chewing gum *n.* ស្ករកៅស៊ូ skor kaow-sou
chicken *n. (animal)* មាន់ moan; *(meat)* សាច់មាន់ sach moan; **boneless** ~ សាច់មាន់គ្មានឆ្អឹង sach moan kmean chha-oeng; **roast** ~ មាន់អាំង moan ang
chicken breast *n.* ទ្រូងមាន់ troung moan
chicken cutlet *n.* ចំនិតសាច់មាន់ chom-net sach moan
chicken feet *n.* ជើងមាន់ cherng-moan
chicken soup *n.* ស៊ុបមាន់ soup moan
chicken thigh *n.* ភ្លៅមាន់ phlouw moan
chicken wing *n.* ស្លាបមាន់ slab moan
chickpea *n.* សណ្ដែកម្យ៉ាង sorn-daek myang
chicory *n.* ស្មៅម្យ៉ាង smaow myang
chief *adj.* សំខាន់ sorm khan

child *n.* កូនក្មេង kon kmeng
childcare *n.* ការថែទាំក្មេង ka thae-touam kmeng
childhood *n.* កុមារភាព ko-ma-ra-pheap
childproof cap *n.* គម្របក្មេងបើកមិនបាន kum-rorb kmeng berk min ban
children *n.* កូនៗ kon kon
children's discount *n.* ការបញ្ចុះតម្លៃសម្រាប់ក្មេង kar-banh-chos dorm-lei sorm-rab kmeng
children's menu *n.* មុខម្ហូបក្មេង muk ma-hob kmeng
children's pool *n.* អាងហែលទឹកក្មេង ang hael toek kmeng
children's portion *n.* ចំណែកក្មេង chorm-naek kmeng
childrenswear *n.* សម្លៀកបំពាក់ក្មេង sorm-leak borm-peak kmeng
child's bed *n.* គ្រែគេងក្មេង krae keng kmeng
child's seat *n.* កន្លែងអង្គុយរបស់ក្មេង korn-laeng orng-kuy rorbos kmeng
chili *n.* ម្ទេស mtes
chili pepper *n.* ម្ទេសផ្លោកតូច mtes phloak touch, ម្ទេសហឹរ mtes hoel
chili powder *n.* ម្ទេសម៉ត់ mtes mort
chili sauce *n.* ទឹកម្ទេស toek mtes
chill *v.* សម្រាក sorm-rak
chilled *adj.* ដែលមិនមានភាពតានតឹង dael min mean pheap tan teng
chills *n.* ភាពព្រឺសម្បុរ pheap preu sorm-bol
chilly *adj.* ដែលត្រជាក់តិចៗ dael tror-cheak tech tech
chimney *n.* បំពង់ផ្សែង borm-pong psaeng
chin *n.* ចង្កា chorng-ka
china *n.* ព័រសឺឡែន por-seu-laen
China *n.* ប្រទេសចិន pror-tes chen
Chinese *adj.* ជនជាតិចិន chun-cheat chen
Chinese food *n.* ម្ហូបចិន ma-hob chen
Chinese seerfish *n.* ត្រីបេកា trei pe-ka
chip *n.(small piece)* ចំណិត chorm-net; ឈីព chhip
chips *n.* ដំឡូងបំពង dorm-loung borm-porng; **potato ~** ចំណិតដំឡូងបារាំង chom-noet dorm-loung baraing
chiropractor *n.* គ្រូម៉ាស្សា krou mas-sa
chives *n.* ខ្ទឹម khtoem
chlorine *n.* ក្លរ klor
chocolate *n.* សូកូឡា so-ko-la; **box of ~s** សូកូឡាមួយប្រអប់ so-ko-la muoy pror-orb
chocolate bar *n.* បន្ទះសូកូឡា bon-teah so-ko-la

---

chocolate milk *n.* ទឹកដោះគោសូកូឡា toek da-oh koo so-ko-la
chocolate syrup *n.* ស៊ីរ៉ូរសជាតិសូកូឡា si-ro ruos cheat so-ko-la
choice *n.* ជម្រើស chum-reuhs
choir *n.* ក្រុមចម្រៀង krom chorm-reang
choke *(mech.) n.* សន្ទះខ្យល់ sorn-teas kyorl
choose *v.* ជ្រើសរើស chreuhs reuhs
chop *v.* ចិញ្ច្រាំ chenh-chram
chopped *adj.* ត្រូវបានចិញ្ច្រាំ trouw ban chenh-chram
chopped liver *n.* ថ្លើមចិញ្ច្រាំ ta-leurm choenh-chram
chopped meat *n.* សាច់ចិញ្ច្រាំ sach choenh chram
chopsticks *n.* ចង្កឹះ chorng-keus
choreographer *n.* អ្នកបង្ហាត់រាំ neak borng-hat rouam
choreography *n.* នាដសាស្ត្រ neat-sas
chorizo *n.* សាច់ក្រក sach-krork
chorus *n.* វគ្គបន្ទរ veak born-tor
Christian *adj.* នៃសាសនាគ្រិស្ត nay sas-na kreus
Christmas *n.* បុណ្យណូអែល bon no-ael; **Merry** ~ *phr.* រីករាយថ្ងៃបុណ្យណូអែល reek-reay-tngai-bon-no-ael
Christmas day *n.* ថ្ងៃបុណ្យណូអែល thngai bon no-ael
Christmas decorations *n.* គ្រឿងរចនាបុណ្យណូអែល kreung rachna bon-no-ael
Christmas eve *n.* យប់មុនថ្ងៃណូអែល yub mun thngai no-ael
chromosome *n.* ក្រូម៉ូសូម kro-mo-som
chronic *adj.* រ៉ាំរ៉ៃ ram-rai
chuck steak *n.* ផ្នែកនៃសាច់គោ phnaek nay sach ko
chunky *adj.* ជាដុំៗ chea dom dom
church *n.* ព្រះវិហារ preah vi-hea
church service *n.* ពិធីក្នុងព្រះវិហារ pithi knong preah vihea
chutney *n.* ទឹកជ្រលក់ឥណ្ឌា toek chror-lork en-dea
cider *n.* ភេសជ្ជៈធ្វើពីប៉ោម phesa-cheak thver pi poam; **apple** ~ ភេសជ្ជៈប៉ោម phesa-cheak poam
cigarette *n.* បារី ba-rei
cigarette paper *n.* ក្រដាសមូរបារី kror-das mou ba-rei
cigars *n.* បារីស៊ីហ្គា ba-rei si-gha
cilantro *n.* ជីវ៉ាន់ស៊ុយ chi-wan-suy
cinema *n.* រោងកុន roong kon
cinnamon *n.* ផ្កាចន្ទ៍ phka chan, ពណ៌លឿងភ្លាវ puour leurng phleaw

cinnamon stick *n.* ដើមផ្កាចន្ទ័ da-uhm phka chan
circle *n.* រង្វង់ rung-wung
circuit *n.* ចលនាជុំវិញ chorla-na choum winh; **short** ~ ចលនាខ្លី chol-na khlei
circuits *n.* សឺឃីត seu-khit
circulation *n.* ចលនា chorla-na
circulatory system *n.* ប្រពន្ធ័ចលនា pror-poan chorla-na
circumstance *n.* កាលៈទេសៈ ka-lak te-sak
circumstantial *adj.* ពិស្តារ peus-sda
circumstantial evidence *(legal) n.* ភស្តុតាងគ្រប់គ្រាន់ poas-tang krub-kroan, ភស្តុតាងប្រយោល phoas-tang pror-yoal
citizen *n.* ជន់រួមជាតិ chun ruom cheat
citizenship *n.* ពលរដ្ឋភាព pul-rort-pheap
citron *n.* ផ្លែក្រូចឆ្មារ phlae kroch-chhma
citrus *n.* ដើមក្រូចឆ្មារ derm kroch-chhma
citrus fruit *n.* ផ្លែក្រូចឆ្មារ phlae krouch chmar
citrus juice *n.* ទឹកក្រូចឆ្មារ toek krouch chmar
city *n.* ទីក្រុង ti krong
city center *n.* កណ្តាលក្រុង korn-darl krong
city limits *n.* ព្រំដែនទីក្រុង prum-daen krong
city wall *n.* ជញ្ជាំងក្រុង chhun-cheaeng krong
civil *adj.* តាមផ្លូវការ tam plow ka
civil rights *n.* សិទ្ធិពលរដ្ឋ seth pul-rort
civilian *n.* ពលរដ្ឋ pul-rort
claim *v.* ទាមទារ team tea; *n.* ការអះអាង kar-as-aing
claim check *n.* បណ្ណ័យកឥវ៉ាន់ ban york ei-wan
clam *n.* លៀសសមុទ្រ leas sak-mut
clamor *n.* សម្លេងរំពង sorm-leng roum-porng
clap *v.* ទះដៃ teas dai
clarified *adj.* ដែលបានបញ្ជាក់ dael ban banh-cheak
clarify *v.* បញ្ជាក់ banh-cheak
class *n.* ថ្នាក់ thnak
classic *adj.* សាមញ្ញ sa-manh
classical *adj.* បុរាណ bo-ran
classical music *n.* តន្ត្រីបុរាណ dorn-trei bo-ran
classicism *n.* បុរាណនិយម bo-ran ni-yum
classics *n.* អក្សរសាស្ត្របុរាណដែលមានតម្លៃ ak-sor-sas bo-ran dael mean dorm-lai

classification *n.* ការបែងចែក ka-baeng chaek
classify *v.* បែងចែក baeng-chaek
classroom *n.* ថ្នាក់រៀន thnak rean
classy *adj.* ដែលទាន់សម័យ dael torn sak-mai
clause *n.* ឃ្លា khlea
clay *n.* ដីឥដ្ឋ dei et
clean *v.* សម្អាត sorm-at
clean up *v.* សម្អាត sorm-art
cleaning *n.* ការសម្អាត ka sorm-at
clear *v.* ប្រមូលសម្អាត pror-moul sorm-at; ~ **the table** ប្រមូលនិងរៀបចំតុ pror-moul noeng reab-chom tok; ~ **through customs** ឆ្លងតាមគយ chlorng tam kooy
clearance sale *n.* ការលក់លាងឃ្លាំង ka louk leang khleaeng
clearly *adv.* យ៉ាងច្បាស់ yang chbas
clementine *n.* ក្រូច krouch
clerk *n.* ស្មៀន smien
clever *adj.* ឆ្លាត chhlat
click *v.* ចុច choch; *(tech.)* ~ **with mouse** ចុចដោយម៉ោស៍ choch doay mouse
client *n.* ភ្ញៀវ phnhiev
cliff *n.* ច្រាំងថ្មចោត chrang thmor choat
climate *n.* អាកាសធាតុ a-kas-theat
climax *n.* កំរិតកំពូល korm-ret korm-poul
climb *n.* កន្លែងឡើង korn-laeng lerng
climbing *n.* ការឡើង ka lerng
climbing perch *n.* ត្រីក្រាញស្រែ trei kranh-srae
clinic *n.* គ្លីនិក kli-nik
clinical *adj.* យ៉ាងល្អិតល្អន់ yang l-et l-orn
cloakroom *n.* បន្ទប់ដាក់វត្ថុបណ្ដោះអាសន្ន born tub dak wat-tho born-dos a-sorn
clock *n.* នាឡិកា nea-li-ka
clog *n.* ស្បែកជើងបិទមុខ sbaek cherng bet muk
clone *n.* រាងកាយចម្លង reang kay chorm-lorng
cloning *n.* ការចម្លងរាងកាយ ka chorm-lorng reang kay
close *v.* បិទ bet
close to *prep.* ក្បែរ kbae
closed *adj.* ដែលបានបិទ dael ban bet
closely *adv.* យ៉ាងជិតស្និទ្ធ yang chet snet

closet *n.* ទូរខោអាវ tou khoa aw
clot *n.* ការកក ka kork; **blood** ~ ការកកឈាម kar-kork-chheam
cloth *n.* ក្រណាត់ kror nat
clothes *n.* ខោអាវ khoa-aw
clothes pins *n.* ម្ជុលខ្ទាស់ខោអាវ ma-chol ktoas khoa-aw
clothing *n.* សម្លៀកបំពាក់ sorm-leak-borm-peak
clothing store *n.* ហាងលក់សម្លៀកបំពាក់ hang louk sorm-leak borm-peak
clotted *adj.* ខាប់ khab
clotted cream *n.* ក្រែមខាប់ធ្វើពីទឹកដោះគោ kraem khab thver pi toek da-oh koo
cloud *n.* ពពក por-pork
cloudy *adj.* ដែលមានពពកច្រើន dael mean por-pork chrern
clove *n.* កម្ពឹស korm-peus, ក្លាំពូ klaim-pou
clove of garlic ខ្ទឹមមួយកម្ពឹស ktoem muoy korm-poes
clover *n.* ដើមដូងចែម derm duong chaem
clown *n.* តួត្លុក tuo thlok
club *n.* ដំបង dorm-borng; **golf** ~ ដំបងវាយកូនហ្គោល dorm-borng vai kon-gol
clubhouse *n.* ផ្ទះបារនិងក្លឹប phteah ba neung kleb
cluster *n.* ក្រុម krom
clutch *v.* ក្តាប់ណែន kdab naen
clutch pedal *n.* ប្រដាប់ជាន់ក្នុងឡាន pror-dab chorn knong lan
coach *n.* គ្រូបង្វឹក kru bong-weuk
coal *n.* ធ្យូងថ្ម thyung thmor
coarse *adj.* ស្អក sa-ork
coarse salt *n.* អំបិលគ្រួស om-bel kruos
coast *n.* ឆ្នេរសមុទ្រ chhne sak-mut
coat *v.* ស្រោបពីក្រៅ sroab pi kraow • *n.* អាវក្រៅ oaw krao
coat check *n.* បន្ទប់ដាក់សម្លៀកបំពាក់ born-tub dak som-leak-bom-peak
coat hanger *n.* ប្រដាប់ព្យួរអាវក្រៅ pror-dab pchuo khoa-aow
coated *adj.* ដែលស្រោបពីក្រៅ dael sroab pi kraow
coating *n.* ស្រទាប់ថ្នាំ sror-toab thnam
cocaine *n.* កូកាអ៊ីន ko-ka-in
cockroach *n.* កន្លាត korn-lat
cockscomb *n.* សិរមាន់ se-moan
cocktail *n.* ស្រាក្រឡុក sra kror-lok
cocoa *n.* កាកាវ ka-kao

cocoa butter *n.* ប័រកាកាវ beur-ka-kao
cocoa powder *n.* ម្សៅកាកាវ msao ka-kao
coconut *n.* ផ្លែដូង phlae doung
coconut milk *n.* ខ្ទិះដូង kteh-doung
coconut palm *n.* ដូង doung
cod *n.* ត្រីម័រុយ trei mor-ruy
code *n.* លេខកូដ lek kot; **area** ~ លេខកូដតំបន់ lek kot dorm-born; **country** ~ លេខកូដប្រទេស lek kot pror-tes
coffee *n.* កាហ្វេ ka-fe; **black** ~ កាហ្វេខ្មៅ kafe-khmao; **ground** ~ កាហ្វេកិន ka-fe-ken; **instant** ~ កាហ្វេឆុងភ្លាម ka-fe-chung-pleam
coffee maker *n.* ម៉ាស៊ីនឆុងកាហ្វេ masin chong kafe
coffee mug *n.* កែវកាហ្វេ kaew ka-fe
coffee pot *n.* ថូកាហ្វេ to-ka-fe
coffee shop *n.* ហាងកាហ្វេ hang ka-fe
coin *n.* កាក់ kak
coin collection *n.* ការប្រមូលសន្សំកាក់ kar-bror-moul sorn-som kak
coincide *v.* ជួនគ្នា chuon knea
coke *(soda) n.* កូកាកូឡា ko-ka-ko-la
cold *adj. (temperature)* ត្រជាក់ tror cheak; **feel** ~ រងារ ror-ngea; *(medical)* **have a** ~ គ្រុនផ្ដាសាយ krun pda-say
cold cuts *n.* ការកាត់សាច់កក ka kat sach kork
cold drink *n.* ភេសជ្ជៈត្រជាក់ phesa-cheak tror-cheak
cold pack *n.* ទឹកកកស្អំ toek kork s-orm
coldly *adv.* យ៉ាងសោះកក្រោះ yang sos kor-kraoh
coleslaw *n.* ញាំស្ពៃក្តោបទឹកសាឡាដ nham spay kdorb toek sa-lad
collapse *v.* ដួលរលំ duol ror-loum
collard greens *n.* ស្ពៃជ្រក់ spei chruok
colleague *n.* មិត្តរួមការងារ moet ruom ka-ngea
collect *v.* ប្រមូល pror-mol
collect call *n.* ទទួលបង់ថ្លៃ tor-toul borng thlai
collection *n.* ការប្រមូលផ្ដុំ ka-bror-mol pdom
collector *n.* អ្នកប្រមូល neak pror-mol
college *n.* មហាវិទ្យាល័យ mor-ha vi-thyea-lai; **electoral** ~ ការបោះឆ្នោតដោយតំណាង kar bos-chnoat doay dorm-nang
colon *n.* ពោះវៀនធំ puoh-wean thoum
color *n.* ពណ៌ por
colored *adj.* ដែលត្រូវបានលាបពណ៌ dael trouw ban leab por

colorfast *adj.* ដែលមិនសាកពណ៌ dael min sak por
coloring *n.* ការដាក់លក្ខណ៍ ka dak leak; **food** ~ ការដាក់លក្ខណ៍ក្នុងម្ហូប kar-dak leak knong ma-hob
column *n.* ជួរ chuo; **spreadsheet** ~ ជួរឈរ chuor-chhor
coma *n.* ការសន្លប់បាត់ស្មារតី ka sorn-lob bat sma-ra-dei
comb *n.* ក្រាស់សិតសក់ kras set sork
combination *n.* ការរួមបញ្ចូលគ្នា ka ruom banh-chol knea
combine *v.* បញ្ចូលគ្នា banh-chol knea
come *v.* មក mork
come back *v.* មកវិញ mork winh
comedy *n.* រឿងកំប្លែង roeung korm-phlaeng
comfort *n.* ផាសុកភាព pha-sok-pheap
comfortable *adj.* ដែលមានផាសុកភាព dael mean pha-sok-pheap
comfortably *adv.* យ៉ាងមានផាសុកភាព yang mean pha-sok-pheap
comic *adj.* កំប្លែង korm-phlaeng; **stand-up** ~ តួកំប្លែង tuo-korm-phlaeng
comic book *n.* សៀវភៅរឿងកំប្លែង siev-phouw reung korm-phlaeng
comics *n.* អ្នកកំប្លែង neak korm-phlaeng
comma *n.* ក្បៀស kbies
command *v.* បញ្ជា banh-chea
commemoration *n.* ធ្វើពីធីរំលឹក thver pi-thi roum-leuk
comment *n.* មតិ mat-te
commentary *n.* ការនិយាយអត្ថាធិប្បាយ ka ni-yeay ak-tha-thi-bay
commercial *adj.* នៃពាណិជ្ជកម្ម nay pea-nicha-kam
commercial one *n.* តំបន់ពាណិជ្ជកម្ម dorm-bon pea-nicha-kam
commission *n.* កំរៃជើងសារ korm-rai cherng sa
commit *v.* ប្រព្រឹត្ត pror-prit
commitment *n.* ការប្តេជ្ញាចិត្ត ka pdach-nha chet
committee *n.* គណកម្មការ keak-neak kam-ka
commodity *n.* ទំនិញ toum-ninh
common *adj.* ធម្មតា thorma-da; **in** ~ ដូចគ្នា douch-knea
common ponyfish *n.* ត្រីសំបោរហៀរ trei sorm-boa-hea
commonly *adv.* យ៉ាងធម្មតា yang thorma-da
communicate *v.* ប្រាស្រ័យទាក់ទង prar-srai teak torng
communication *n.* ការប្រាស្រ័យទាក់ទង ka prar-srai teak torng
communion *n.* ការផ្តោះប្តូរចិត្តគំនិតគ្នាទៅវិញទៅមក ka pdos-pdo chet koum-nit knea
communism *n.* របបផ្តាច់ការ ror-borb pdach-ka

communist *adj.* ផ្តាច់ការ pdach-ka
community *n.* សហគម sak-hak-koum
commute *v.* ធ្វើដំណើរ thver dorm-ner
commuter train *n.* រថភ្លើងដឹកអ្នកដំណើរ rut-phlerng nak doek dorm-ner
compact *adj.* តូច toch
compact disc (CD) *n.* ឌីស dis
companion *n.* ដៃគូ dai kou
company *n.* ក្រុមហ៊ុន krom hun
comparative *adj.* ដែលអាចប្រៀបធៀបគ្នាបាន dael ach prieb thieb knea ban
compare *v.* ប្រៀបធៀប prieb thieb
comparison *n.* ការប្រៀបធៀប ka prieb thieb
compass *n.* ត្រីវិស័យ trei wi-sai; **moral** ~ គន្លងសីលធម៌ kun-loong soel-la-thuo-or
compensation *n.* សំណងទូទាត់ sorm-norng tou-tort
compete *v.* បំពេញ borm-penh
competition *n.* ការប្រកួត ka pror-kuot
competitive *adj.* ដែលមានការប្រកួតប្រជែងគ្នា dael mean ka pror-kuot pror-cheaeng
competitor *n.* គូប្រកួតប្រជែង kou pror-kuot pror-cheaeng
complain *v.* តវ៉ា tor-wa
complainant *n.* ដើមចោទ derm-choat, អ្នកប្តឹងតវ៉ា neak pdeung tor-wa
complaint *n.* បណ្តឹង born-doeng; **file a** ~ ដាក់ពាក្យបណ្តឹង dak peak born-doeng
complete *adj.* គ្រប់គ្រាន់ krob-kron • *v.* បង្គ្រប់ borng-krup
complete meal *n.* អាហារពេញលេញ aha-penh-lenh
completely *adv.* យ៉ាងពេញលេញ yang penh-lenh
completion *n.* ការបំពេញ ka borm-penh
complex *adj.* ស្មុគស្មាញ smok-smanh
complexion *n.* សម្បុរ sorm-bol
complexity *n.* ភាពស្មុគស្មាញ pheap smok-smanh
complicate *v.* ធ្វើឲ្យស្មុគស្មាញ thver oay smok-smanh; ~ **matters** បញ្ហាស្មុគស្មាញ panh-ha smok-smanh
complicated *adj.* ដែលស្មុគស្មាញ dael smok-smanh
comply *v.* អនុវត្តតាម ak-nu-wat-tam
component *n.* ដៃគូប្រកួតប្រជែង dai kou pror-kuot pror-cheaeng
compose *v.* និពន្ធ ni-pun
composed *adj.* ស្រគត់ស្រគំ sror-kut sror-koum

composer *n.* កវីនិពន្ធ kak-wei ni-pun
composition *n.* ការតែងនិពន្ធ ka taeng ni-pun
compost *n.* ជីធម្មជាតិ chi thoma-cheat
composure *n.* ភាពស្ងប់ស្ងាត់ pheap sgnob-sgnat
compote *n.* ដំណាប់ផ្លែឈើ dorm-nab phlae-cheur, ដំណាំ dorm-nam; **fruit** ~ ដំណាំផ្លែឈើ dorm-nam phlae cheur
compound *n.* សមាសធាតុ sa-mas-theat
comprise *v.* រួមមាន ruom mean
compromise *v.* សម្រុះសម្រួល sorm-roh sorm-ruol
compute *v.* គណនា keak-neak nea
computer *n.* កុំព្យូទ័រ kom-phyu-tor; **personal** ~ (*abbr:* **PC**) កុំព្យូទ័រផ្ទាល់ខ្លួន kom-phyu-tor-phtol-khloun; **laptop** ~ កុំព្យូទ័រលេបថប kom-phyu-tor leb-torb; **access ~ file** ចូលទៅកាន់ឯកសារក្នុងកុំព្យូទ័រ chol touw kan aek-sa knong kom-phyu-tor
computer art *n.* សិល្បៈតាមកុំព្យូទ័រ soel-la-pak tam kom-phyu-tor
computer database *n.* ទិន្នន័យផ្ទុកក្នុងកុំព្យូទ័រ tin-nei phtuk knong kom-phyu-tor
computer games *n.* ល្បែងកុំព្យូទ័រ lbaeng kom-phyu-tor
computer graphics *n.* រូបភាពក្រាហ្វិចកុំព្យូទ័រ rub-pheap-kra-phfich-kom-phyu-tor
computer monitor *n.* ម៉ាស៊ីនកុំព្យូទ័រ ma-sin kom-phyu-tor
computer network *n.* បណ្តាញកុំព្យូទ័រ born-danh kom-phyu-tor
computer screen *n.* ផ្ទាំងអេក្រង់កុំព្យូទ័រ pteng-eh-krong-kom-phyu-tor
computer virus *n.* មេរោគកុំព្យូទ័រ me-rok-kom-phyu-tor
computing *n.* ការគណនា ka keak-neak-nea
conceal *v.* លាក់បាំង leak bang
conceive *v.* ប្រឌិត pror-dit
concentrate *v.* ផ្តោតអារម្មណ៍ phdoat a-rorm
concentration *n.* ការយកចិត្តទុកដាក់ ka york chet tuk dak
concept *n.* គំនិត koum-nit
conception *n.* ការចាប់កំណើត ka chab korm-nert
conceptual *adj.* នៃគំនិត nay koum-nit
concern *v.* ធ្វើឲ្យបារម្ភ thver oay ba-rorm
concerned *adj.* ដែលបារម្ភ dael ba-rorm
concerning *prep.* ទាក់ទងនឹង teak torng neung
concert *n.* ការប្រគុំតន្ត្រី kar pror-kum dorn-trei; **live** ~ ការប្រគុំតន្ត្រីផ្សាយផ្ទាល់ kar pror-kum dorn-trei phsay ptoal

concert hall *n.* សាលប្រគុំតន្ត្រី sarl-pror-kum dorn-trei
concerto *n.* ការប្រគុំតន្ត្រីប្រើឧបករណ៍មួយ ka pror-kum dorn-trei prer opakor muoy
concession *n.* សម្បទាន sam-pa-tien
conclude *v.* សន្និដ្ឋាន sorn-ni-than
conclusion *n.* សេចក្តីសន្និដ្ឋាន sech-kdei sorn-ni-than
concrete *adj.* រូបី rub-pei
concussion *n.* ភាពទង្គិចក្បាល pheap tung-kech kbal; **he has a ~** គាត់មានការទង្គិចក្បាល koat mean kar tung-kech kbal
condensed *adj.* ខាប់ khab
condensed milk *n.* ទឹកដោះគោខាប់ toek da-oh koo khab
condiment *n.* គ្រឿងទេស kreung tes
condiments *n.* គ្រឿងផ្សំរសជាតិ kreung psorm rors cheat
condition *n.* លក្ខខណ្ឌ leak khan
conditional *adj.* ដែលមានលក្ខខណ្ឌ dael mean leak khan
conditioner *n.* គ្រឿងបន្ទន់ kroeung born-tun; **hair ~** សាប៊ូបន្ទន់សក់ saboo born-tun sork
condolence *n.* សមានទុក្ខ sa-man-tuk
condom *n.* ស្រោមអនាម័យ sroam ak-na-mai
conduct *v.* ប្រតិបត្តិ prort-te-bat
conductor *n.* វត្ថុចម្លងកំដៅអគ្គីសនី wort-chorm-lorng korm-daow a-kis-ni
confection *n.* បង្អែមស្ករ bong-aem skor
conference *n.* សន្និសីទ sorn-ni-set
conference call *n.* ការប្រជុំតាមទូរសព្ទ kar pror-chum tam tou-rasab
conference room *n.* បន្ទប់ប្រជុំ born-tub pror-chum
confess *v.* សារភាព sa-ra-pheap
confession *n.* ការសារភាព ka sa-ra-pheap
confidence *n.* ទំនុកចិត្ត toum-nuk chet
confident *adj.* មានទំនុកចិត្ត mean toum-nuk chet
confidential *adj.* ដែលលាក់ជាអាថិកំបាំង dael leak chea at-korm-bang
confidently *adv.* យ៉ាងមានទំនុកចិត្ត yang mean toum-nuk-chet
confine *v.* ឃុំ khoum
confined *adj.* ដែលត្រូវបានឃុំ dael trouw ban khoum
confirm *v.* បញ្ជាក់ banh-cheak
conflict *n.* ជម្លោះ choum-luos
confront *v.* ប្រឈមមុខ bror-chhorm muk
confuse *v.* ច្រឡំ chror-lom

confused *adj.* ដែលយល់ច្រឡំ dael yul chror-lom
confusing *adj.* ដែលគួរឲ្យយល់ច្រឡំ dael kuo oay yul chror-lom
confusion *n.* ការយល់ច្រឡំ ka yul chror-lom
congealed *adj.* ដែលធ្វើឲ្យស្ពឹក dael thver oay speuk
Congolese *adj.* នៃប្រទេសកុងហ្គោ nay pror-tes kong-ghoa
congratulate *n.* អបអរសាទរ orb-or sa-tor
congratulations *n.* ការអបអរសាទរ ka orb-or sa-tor • *excl.* សូមអបអរសាទរ som orb-or sa-tor
congress *n.* សមាជ sak-mach
conjunction *n.* សន្ធានសព្ទ sak-thean-sap
connect *v.* ផ្សាភ្ជាប់ phsa phchorb
connected *adj.* ដែលមានទំនាក់ទំនងជាមួយ dael mean toum-neak toum-norng chea-muoy
connection *n.* ទំនាក់ទំនង toum-neak toum-norng
conscious *adj.* ដែលនៅមានស្មារតី dael nov mean sma-ra-dei; **be ~** មានស្មារតី mean sma-ra-dei
consciousness *n.* សតិសម្បជញ្ញៈ sak-tek-sam-panh-chea-nheaek; **lose ~** បាត់បង់សតិសម្បជញ្ញៈ bat borng sa-the-sam-panh-chea-nheaek
consequence *n.* ផលវិបាក phol wi-bak
consequently *adv.* ជាលទ្ធផល chea let-ta-phol
conservation *n.* ការអភិរក្ស ka ak-phi-reak
conservation area *n.* តំបន់អភិរក្ស dorm-born ak-phi-reak
conservative *adj.* ដែលអភិរក្សនិយម dael ak-phi-reak
conserve *v.* អភិរក្ស ak-phi-reak
consider *v.* ពិចារណា pi-cha-ra-na
considerable *adj.* ដែលច្រើនលើសលុប dael chrern leuhs-lub
considerable odds *n.* ចំនួនគួរអោយកត់សំគាល់ chom-nuon kuor-oay kot sorm-koal
considerably *adv.* យ៉ាងច្រើនលើសលុប yang chrern leuhs-lub
consideration *n.* ការពិចារណា ka pi-cha-ra-na
consist *v.* រួមមាន ruom mean
consist of *v.* រួមមានដូចជា ruom mean douch-chea
consistent *adj.* ទៀងទាត់ tieng tort
consistently *adv.* យ៉ាងទៀងទាត់ yang tieng tort
consommé *n.* ស៊ុបម្យ៉ាង sup myang
consonant *n.* ព្យញ្ជនៈ pchunh-neak
constant *adj.* ឆាប់ chhab

constantly *adv.* យ៉ាងលឿន yang leuhn
constellation *n.* តារានិករ da-ra-ni-kor
constipated *adj.* ទល់លាមក tul lea-mork
constipation *n.* ការទល់លាមក ka tul lea-mork
constitute *v.* អនុម័ត ak-nu-mat
constitution *n.* ច្បាប់រដ្ឋធម្មនុញ្ញ chbab rort thorm-nunh, រដ្ឋធម្មនុញ្ញ roat thoam-ma-nunh
constitutional *adj.* នៃច្បាប់រដ្ឋធម្មនុញ្ញ nay chbab rort thorm-nunh
constitutional law *n.* ច្បាប់រដ្ឋធម្មនុញ្ញ chbab roat thoam-ma-nunh
constraint *n.* កម្រិត korm-ret
construct *v.* សាងសង់ sang song
construction *n.* ការសាងសង់ ka sang song; **under ~** ស្ថិតក្រោមការសាងសង់ sa-thoet kroam kar-sarng-sorng
consulate *n.* កុងស៊ុល kong sul
consult *v.* ពិគ្រោះ pi-kruoh
consultant *n.* អ្នកប្រឹក្សាយោបល់ neak preuk-sa yor-bol
consultation *n.* ការប្រឹក្សាយោបល់ ka preuk-sa yor-bol
consultation room *(doctor) n.* បន្ទប់ពិគ្រោះយោបល់ borntup pi-kruos yor-bol
consumer *n.* អ្នកប្រើប្រាស់ neak prer-pras
consumption *n.* ការប្រើប្រាស់ ka prer-pras
contact *n.* ទំនាក់ទំនង toum-neak toum-norng; **be in ~ with** មានទំនាក់ទំនងជាមួយ mean tum-nak tum-norng chea-muoy
contact lens *n.* កញ្ចក់ភ្នែកសិប្បនិម្មិត kanh-cheak pneaek sepak-nimit; **eye drops for ~** ថ្នាំបន្តក់សម្រាប់កញ្ចក់ភ្នែកសិប្បនិម្មិត thnam born-tork sorm-rab kanh-chork phnek sem-pak-ni-mit
contagious *adj.* ដែលឆ្លង dael chhlorng
contain *v.* ផ្ទុក phtuk
container *n.* ប្រអប់ pror-orb
contemporary *adj.* បច្ចុប្បន្ន pach-cho-born
contemporary art *n.* សិល្បៈបច្ចុប្បន្ន soel-la-pak pacha-born
contemporary style *n.* រចនាបថបច្ចុប្បន្ន rachana bort pacha-born
content *n.* មាតិកា meat-te-ka; **dietary ~** សារធាតុផ្ទុកក្នុងអាហារ sar-theat ptuk knong aha; **protein ~** សារធាតុប្រូតេអ៊ីន sar-theat pro-te-in; **fat ~** ជាតិខ្លាញ់ cheat klanh
contest *n.* ការប្រកួតប្រជែង ka pror-kuot pror-cheaeng
context *n.* បរិបទ pak-re-bot

continent *n.* ទ្វីប thvib
continental *adj.* នៃទ្វីប nay thvib
continuance *n.* ការបន្ត ka born-tor, ការលើកវាការ kar lerng vea-karl
continue *v.* បន្ត born-tor
continuous *adj.* ឥតឈប់ឈរ et chhub chhor
continuously *adv.* ជាបន្តបន្ទាប់ chea born-tor born-torb
contraception *n.* ការពន្យារកំណើត ka pun-yea korm-nert
contraceptive *adj.* នៃការពន្យារកំណើត nay ka pun-yea korm-nert
contraceptive pill *n.* ថ្នាំពន្យារកំណើត thnam pun-yea korm-nert
contract *n.* កិច្ចសន្យា kech sorn-ya
contraction *n.* ការចុះកិច្ចសន្យា ka chos kech sorn-ya
contractor *n.* អ្នកម៉ៅការ neak maow ka
contrast *n.* ភាពផ្ទុយគ្នា pheap phtuy knea
contrasting *adj.* ដែលផ្ទុយគ្នា dael phtuy knea
contribute *v.* រួមចំណែក ruom chorm-naek
contribution *n.* ការរួមចំណែក ka ruom chorm-naek
control *n.* ការត្រួតត្រា ka truot tra; **in ~ (of)** ក្រោមការគ្រប់គ្រង kroam-ka-krob-krorng
control panel *n.* ខនត្រូល ផេននេល khorn-trol-pen-nel
controlled *adj.* ដែលត្រូវបានត្រួតត្រា dael trouw ban truot tra
controlled substance *n.* សារធាតុផលិតដោយស្របច្បាប់ sar-theat pol-loet doay srorb-chbab
contusion *n.* ស្នាមជាំ snam chouam
convenience store *n.* ភាពងាយស្រួល pheap ngeay sruol
convenient *adj.* ដែលងាយស្រួល dael ngeay sruol
convent *n.* អាវាសដូនជី a-vas-don-chi
convention *n.* ការប្រជុំ ka pror-chum
convention hall *n.* សាលប្រជុំ sarl pror-chum
conventional *adj.* បុរាណ bo-ran
conversation *n.* សន្ទនា sorn-ta-nea
convert *v.* បំលែង borm-laeng
convey *v.* បង្ហាញឲ្យឃើញ borng-hanh oay-kheuhn
convince *v.* បញ្ចុះបញ្ចូល banh-chos banh-chol
cook *v.* ចម្អិន chorm-en
cookbook *n.* សៀវភៅមុខម្ហូប siev-phouw muk mhob
cooked *adj.* ដែលត្រូវបានចម្អិន dael trouw ban chorm-en
cooker *n.* ចង្ក្រាន chorng-kran

cookie *n. (food)* នំឃុកឃី num-khuk-khi, នំធ្វើពីម្សៅប័រ noum thver pi msaow beu; **baked ~** នំដុតធ្វើពីម្សៅប័រ num dot thver pi msaow-beu; *(tech.)* **Internet ~s** ឃុកឃីក្នុងអីនធឺណិត khook-khi knong in-ter-net
cooking *n.* ការចម្អិនម្ហូបអាហារ ka chorm-en mhob a-ha
cooking facilities *n.* ប្រដាប់ប្រដាចម្អិនអាហារ pror-dab pror-da chorm-oen aha
cooking instructions *n.* សេចក្តីណែនាំចម្អិនអាហារ sech-kdei nae noam chorm-oen aha
cool *adj.* ត្រជាក់ tror-cheak
cooperation *n.* ការសហការគ្នា ka sa-hak-ka knea
cooperative *adj.* ដែលសហការគ្នា dael sa-hak-ka knea
coordinate *v.* សម្របសម្រួល sorm-rorb sorm-ruol
cope *v.* ដោះស្រាយ daoh-sray
cope with *v.* ដោះស្រាយជាមួយនឹង da-oh sray chea muoy noeng
copper *n.* ទង់ដែង tung daeng
copy *n.* សេចក្តីចម្លង sech-kdei chorm-lorng • *v.* កូពី kopi, ចម្លង chorm-lorng; **make a ~** ធ្វើសេចក្តីចម្លង thver sech-kdei chorm-lorng
copyright *n.* កម្មសិទ្ធិបញ្ញា kam-soet-panha, សិទ្ធិអ្នកនិពន្ធ seth neak ni-pun
cord *n.* ខ្សែ khsae
core *n.* ស្នូល snuol
coriander *n.* ជីវ៉ាន់ស៊ុយ chi-wan-suy
cork *n.* ឆ្នុកដប chhnok dorb
corkscrew *n.* ប្រដាប់ខួងដកឆ្នុកដប pror-dab khuong dork chhnok dorb
corn *n.* ពោត poot
corn oil *n.* ប្រេងពោត preng poot
corn syrup *n.* ស៊ីរ៉ូធ្វើពីពោត siro thver pi poot
cornbread *n.* នំប៉័ងធ្វើពីពោត num-paing thver pi poot
corned beef *n.* សាច់គោស្ងោរ sach kooh sa-ngoar
corner *n.* ជ្រុង chrung
cornerstone *n.* សរសរគោល sor-sor kool
cornflakes *n.* ម្សៅពោត msao poot
cornmeal *n.* បាយពោត bay poot
cornstarch *n.* ម្សៅពោត msao poot
corporate *adj.* នៃសាជីវកម្ម nay sa-chivak-kam
corporation *n.* សាជីវកម្ម sa-chivak-kam
correct *adj.* ត្រឹមត្រូវ treum trouw
correctly *adv.* យ៉ាងត្រឹមត្រូវ yang treum trouw

correlation *n.* ការជាប់ទាក់ទងគ្នា ka chorb teak-torng knea
correspond *v.* ព្រមព្រៀងគ្នា prorm prieng knea
corresponding *adj.* ដែលព្រមព្រៀងគ្នា dael prorm prieng knea
corrupt *v.* ធ្វើឲ្យពុករលួយ thver oay puk ror-luoy
corrupted *adj.* ពុករលួយ puk ror-luoy
corruption *n.* អំពើពុករលួយ orm-peuh puk ror-luoy
cosmetics *n.* គ្រឿងសម្អាង kroeurng sorm-ang
cosmetics department *n.* ផ្នែកគ្រឿងសម្អាង pnaek kroeurng sorm-ang
cosmos *n.* លោកធាតុ look theat
cost *n.* តម្លៃ dorm-lai
costume *n.* សម្លៀកបំពាក់ sorm-leak borm-peak
cot *n.* កូនគ្រែ kon kreae
cottage *n.* ខ្ទម khtorm
cottage cheese *n.* ហ្វ្រូម៉ាស់ស្រស់ fro-mas sros
cotton *n.* សាច់អំបោះ sach orm-baoh
cotton plant *n.* ដើមកប្បាស da-uhm kabas
cottonseed oil *n.* ប្រេងគ្រាប់កប្បាស preng kroab kabas
cough *v.* ក្អក ka-ork
cough lozenge *n.* ថ្នាំបៀមបាត់ក្អក thnam beam bat ka-ork
cough syrup *n.* ស៊ីរ៉ូក្អក siro ka-ork
could *v.* អាច ach
coulis *n.* ទឹកខាប់ផ្លែឈើ toek khab phlae chheuh
council *n.* ក្រុមប្រឹក្សា krom preuk-sa
counsel *n.* ឱវាទ oa-vat; ការផ្តល់យោបល់ kar pdorl yoo-bol; **legal ~** ការផ្តល់យោបល់ផ្លូវច្បាប់ kar pdorl yoo-bol phlouw chbab
counselor *n.* អ្នកផ្តល់យោបល់ neak pdorl yoo-bol
count *v.* រាប់ rorb; **head ~** ចំនួនមនុស្ស chom-nuon mnus
countable *adj.* ដែលអាចរាប់បាន dael ach rorb ban
counter *n.* តុគិតលុយ tok kit luy
counteroffer *n.* ការផ្តល់ឲ្យវិញ kar pdorl oay vinh
counterstrike *n.* ការវាយបក kar-vay-bork
counting *n.* ការរាប់ ka rorb
country *n.* ប្រទេស pror-tes
country code *n.* លេខកូដប្រទេស lek kot pror-tes
country inn *n.* ផ្ទះសំណាក់ pteah sorm-nak
country music *n.* តន្ត្រីសម័យមុន dorn-trei samai mun
countryside *n.* ជនបទ chun-bot

county *n.* ស្រុក srok
couple *n.* គូស្វាមីភរិយា kou sorng-sa
coupon *n.* ខិតប័ណ្ណ khet-ban
courage *n.* សេចក្ដីក្លាហាន sech-kdei kla-han
course *n.* មុខវិជ្ជា muk wi-chea; **main** ~ អាហារចំបង aha-chorm-borng
court *n.* តុលាការ to-la-kar
courtesy *n.* សុជីវធម៌ so-chi-veak-thor
courthouse *n.* ទីអភិបាល ti ak-phi-bal
courtyard *n.* ទីធ្លា ti-thlea
couscous *n.* បាយអាហ្វ្រិច bay a-frich
cousin *n.* បងប្អូនជីដូនមួយ borng p-oun chi-don muoy
cover *v.* គ្របដណ្ដប់ krorb dorn-dob
cover charge *n.* ថ្លៃចូល thlai chol
covered *adj.* ដែលគ្របដណ្ដប់ dael krorb dorn-dob
covering *n.* អ្វីៗសម្រាប់គ្រប avey avey sorm-rab krorb
cow *n.* គោ ko
coward *n.* ជនកំសាក chun korm-sak
CPU *(tech.) n.* ស៊ីភីយូ si-phi-you
crab *n.* ក្ដាម kdarm; **artificial** ~ ក្ដាមក្លែងក្លាយ kdarm khlaeng khlay
crabmeat *n.* សាច់ក្ដាម sach-kdarm
crack *n.* ស្នាមប្រេះ snam pres
cracked *adj.* ដែលប្រេះ dael pres
crackers *n.* នំស្រួយបន្ទះតូចៗ num srouy born-teas toch toch; **graham** ~ នំស្រួយក្រាហាម num srouy kra-ham; **salted** ~ នំស្រួយប្រៃ num srouy prai
craft *n.* ភាពប៉ិនប្រសប់ pheap pen pror-sob
craft store *n.* ហាងលក់វត្ថុធ្វើដោយដៃ hang luok wat-tho thver doay dai
crafts *n.* វត្ថុធ្វើដោយដៃ wat-tho thver doay dai
cramp *n.* រមួលក្រពើ ror-muol kror-peuh
cranberry *n.* ផ្លែក្រែនប៊ឺរី phlae kraen-beu-ri
cranberry juice *n.* ទឹកក្រែនប៊ឺរី toek kraen-beu-ri
crash *v.* បុកឲ្យដួលរលំ bok oay ror-lum • *n.* ការដួលរលំ ka duol ror-loum; **car** ~ ការក្រឡាប់ឡាន kar kror-lab-lan
crash-test dummy *n.* ឧបករណ៍តេស្តការប៉ះទង្គិច ob-pakor tes kar-pas-tung-kech
crayfish *n.* កំពឹស korm peus
crazy *adj.* ឆ្កួត chhkuot
cream *n.* ក្រែម kraem; **heavy** ~ ក្រែមក្រាស់ kraem-kras; **whipped** ~ វាយ

veay, ក្រែមវាយនឹងរំពាត់ kraem vai noeng rum-poat
cream cheese *n.* ក្រែមឈីស kraem chhiz, ហ្វ្រូម៉ាស់ធ្វើពីក្រែម fro-mas thver pi kraem
cream puff *n.* នំធ្វើពីម្សៅក្រែម noum thver pi msaow kraem
cream sauce *n.* ទឹកជ្រលក់ធ្វើពីក្រែម toek chroo-louk thver pi kraem
cream soup *n.* ស៊ុបមានជាតិក្រែម soup mean cheat-kraem
create *v.* បង្កើត borng-kert
creation *n.* ការបង្កើត ka borng-kert
creative *adj.* ដែលមានការច្នៃប្រឌិត dael mean ka chnai pror-dit
creativity *n.* ការច្នៃប្រឌិត ka chnai pror-dit
creature *n.* សត្វ sat
credit *n.* *(monetary)* ឥណទាន en-tean; *(acknowledgment)* កិត្តិគុណ ket-te-kun
credit card *n.* បណ្ណឥណទាន ban en-tean
credit card number *n.* លេខឥណទាន lek en-na-tean
creditor *n.* ឥណទាយក en-tean-york
creep *v.* លូនលបៗ loun lorb lorb
crepe *n.* នំក្រែប noum kraeb; **french** ~ នំក្រែបបារាំង noum kraeb baraing
crepe flower *n.* ត្របែកព្រៃ tror-baek phrei
crew *n.* អ្នកធ្វើការ neak thver-ka
crib *n.* ជង្រុក chung-ruk
crime *n.* ឧក្រិដ្ឋកម្ម ou-kret-kam, បទល្មើសព្រហ្មទណ្ឌ born-lmers prum-toan
criminal *adj.* នៃបទឧក្រិដ្ឋ nay bot ou-kret
criminal investigation *n.* ការស៊ើបអង្កេតជនឧក្រិដ្ឋ kar-seurb orng-ket chun ou-kret
criminal law *n.* ច្បាប់ព្រហ្មទណ្ឌ chbab prum-toan
crimp *v.* ធ្វើឲ្យមានផ្នត់ thver oay mean phnot
crisis *n.* វិបត្តិ wi-bat
crisp *adj.* ស្រួយ sruoy
criterion *n.* លក្ខណៈវិនិច្ឆ័យ leak-ka-nak wi-chhai, លក្ខណ្ឌ leak-khan
critic *n.* អ្នករិះគន់ neak ris-kun; **film** ~ អ្នករិះគន់ភាពយន្ត neak ris-kun pheap-yun; **literary** ~ អ្នករិះគន់អក្សរសាស្ត្រ neak ris-kun ak-sor-sas
critical *adj.* ដុនដាប don-dab
criticism *n.* ការរិះគន់ ka ris-kun
criticize *v.* រិះគន់ ris-kun
critique *n.* ពាក្យទិទៀន peak ti-tien
crop *n.* ដំណាំ dorm-nam

croquettes *n.* ចាយ៉ cha-yor
cross *n.* ឈើឆ្កាង chheuh chhkang • *adj.* គ្រោតគ្រាត kroot kreat
cross-country *n.* ការប្រកួតឆ្លងប្រទេស kar pror-kuot chlorng pror-tes
cross-country running ការរត់ប្រណាំងឆ្លងប្រទេស kar rot-pror-naing chlorng pror-tes
cross-country skiing ការប្រកួតជិះស្គីឆ្លងប្រទេស kar pror-kuot chis-ski chlorng pror-tes
cross-country skis ស្គីជិះឆ្លងប្រទេស ski chis chlorng pror-tes
cross-examination *(legal) n.* ការសួរចម្លើយ ka suo chorm-lery, ការសួរសាក្សីរបស់ភាគីបដិបក្ខ kar suor sak-sei ror-bors pheak-ki pak-de-pak
crossing *n.* ការឆ្លងផ្លូវ ka chhlorng phlouw
crossing guard *n.* អ្នកនាំឆ្លងផ្លូវ nak noam chhlorng phlouw
croton joufra *(flowering plant) n.* ទំពុង tum-poung
crouton *n.* ដុំនំប៉័ងតូចៗ dom noum pang toch toch
crowd *n.* ហ្វូងមនុស្ស fong mnus
crowded *adj.* កុះករ koh-kor
crown *n.* មកុដ mkot
crown flower *n.* រាក់ raik
crucial *adj.* សំខាន់ sorm-khan
cruel *adj.* ឃោឃៅ khoo-khouw
cruelty *n.* ភាពឃោឃៅ pheap khoo-khouw; ~ **to animals** ភាពព្រៃផ្សៃលើសត្វ pheap prei-psai leu sat
cruise *n.* ការធ្វើដំណើរតាមនាវា ka thver dom-ner tam nea-vea
crumb *n.* កម្ទេច korm-tech; **bread~s** កម្ទេចនំប៉័ង korm tech num-pang
crumble *v.* ធ្វើឲ្យខ្ទេច thver oay ktich
crunch *v.* ធ្វើឲ្យមានសូរក្រុបៗ thver oay mean so kruob-kruob
crunchy *adj.* ស្រួយ sruoy
crush *v.* បំបែក borm-baek
crushed *adj.* ដែលត្រូវបានកម្ទេច dael trouw ban korm-tich
crust *n.* សំបកក្រៀម sorm-bork kriem, សំបកនំប៉័ង sorm-bork num-paing; **pie** ~ សំបកនំ sorm-bork num
crustacean *n.* សត្វវន្តជាតិ sat-worn-cheat
crusted *adj.* ដែលត្រូវបានធ្វើឲ្យក្រៀម dael trouw ban thver oay kriem
crutches *n.* ឈើច្រត់ chheuh chhrort
cry *v.* យំ yum
crypt *n.* បន្ទប់ក្រោមដី born-tub kroam dei
crystal *n.* គ្រីស្តាល់ kris-stal

crystallized *adj.* ដែលធ្វើឲ្យដូចត្បូងគ្រីស្តាល់ dael thver oay doch tbong kris-stal
cube *n.* ដុំរាងបួនជ្រុង dom reang buon chrung
cubed *adj.* ដែលមានរាងបួនជ្រុង dael mean reang buon chrung
cucumber *n.* ត្រសក់ tror-sork
cuisine *n.* ម្ហូប mhob
culinary *n.* វិជ្ជាធ្វើម្ហូប wi-chea thver mhob
cultivate *v.* ជ្រោយដី chrooy dei
cultivated *adj.* ដែលត្រូវបានបណ្តុះឡើង dael trouw ban born-doh lerng
cultural *adj.* នៃវប្បធម៌ nay wapa-thor
culture *n.* វប្បធម៌ wapa-thor
cultured milk products ផលិតផលទឹកដោះគោមានគុណភាពល្អ phorl-loet phorl toek da-oh koo mean kun-pheap la-or
cumin *n.* ជីវ៉ាន់ស៊ុយ chi-van-suy
cumin powder *n.* ម្សៅជីវ៉ាន់ស៊ុយ msao chi-van-suy
cumin seeds *n.* គ្រាប់ជីវ៉ាន់ស៊ុយ kroab chi-van-suy
cunning *adj.* ដែលមានល្បិចកល dael mean lbech kol
cup *n.* ពែង peaeng
cupboard *n.* ទូចាន tu-chan
cupcake *n.* នំរាងដូចពែង num reang doch peaeng
curator *n.* អភិរក្ស ak-phi-reak
curb *v.* ទប់ tub
curd *n.* ទឹកដោះកក toek dos kork
curdle *v.* បង្កក borng-kork; **~d milk** បង្កកទឹកដោះ borng-kork toek da-oh
cure *v.* ព្យាបាល phyea-bal
cured *adj.* ត្រូវបានធ្វើឲ្យជា trouw ban thver oay chea
cured meat *n.* សាច់ដែលត្រូវបានរក្សាទុក sach dael trouw ban reak-sa tuk
curfew *n.* បំរាមគោចរ borm-ram koo-chor
curious *adj.* ដែលចង់ដឹងចង់ឃើញ dael chorng deung chorng kheuhnh
curiously *adv.* ដោយការចង់ដឹងចង់ឃើញ doay ka chorng deung chorng kheuhnh
curl *v.* រមួល ror-muol
curly *adj.* រួញ ruonh
currants *n.* ផ្លែឃើរែន phlae kher-raen; **black** ~ ផ្លែឃើរែនខ្មៅ phlae kher-raen khmao
currency *n.* រូបិយវត្ថុ rupei-wat-tho; **foreign** ~ រូបិយប័ណ្ណបរទេស rupei-ban-bor-tes

currency exchange *n.* ការប្តូររូបិយវត្ថុ ka pdo rupei-wat-tho
currency exchange office *n.* កន្លែងប្តូររូបិយវត្ថុ korn-laeng pdo rupei-wat-tho
currency exchange rate *n.* អត្រាប្តូរប្រាក់ at-tra pdo prak
current *adj.* ឥឡូវនេះ ei-louw nis
current affairs *n.* ហេតុការណ៍បច្ចុប្បន្ន haet ka pach-cho-born
currently *adv.* បច្ចុប្បន្ននេះ pach-cho-born nis
curry *n.* ការី kar-ri; **Indian** ~ ការីឥណ្ឌា kar-ri in-dea; **chicken** ~ ការីសាច់មាន់ kar-ri sach-moan
curry powder *n.* ម្សៅការី msao kar-ri
cursor *(tech.) n.* ខឺស៊ើរ khoes-seur, ទស្សន៍ទ្រនិច tuos tror-nich
curtain *n.* វាំងនន veang-norn; **window** ~ វាំងននបង្អួច veang norn borng-uoch; **theater** ~ វាំងននរោងកុន veang norn roang kon
curve *n.* បន្ទាត់កោង bon-tort koang
curved *adj.* ដែលត្រូវបានពត់ឲ្យកោង dael trouw ban put oay koang
custard *n.* នំសង់ខ្យា num sorng-kya, សង់ខ្យា sorng-kya
custard apple *n.* មាក់បាត mak-bat
custody *n.* ការឃុំ kar khum
custom *n.* ទំនៀមទំលាប់ tu-chan
customer *n.* អតិថិជន ah-te-the-chun
customer parking *n.* ចំណតរថយន្តអតិថិជន chorm-not roat-yun ah-te-the-chun
customer service *n.* សេវាអតិថិជន seva-ah-te-the-chun
customize *n.* ការតម្រូវ kar-dorm-rouw • *v.* កែសម្រួលតាមចិត្ត kae sorm-ruol tam chet
customs *n.* ពន្ធគយ pun kory
customs declaration *n.* ការប្រកាសពន្ធគយ ka pror-kas pun kory, ប្រកាសពន្ធគយ pror-kas pun-kory
customs forms *n.* ទំរង់ពន្ធគយ tum-rung pun-kory
customs official *n.* មន្ត្រីពន្ធគយ mun-trei pun-kory
cut *v.* កាត់ kat
cut of meat *n.* សាច់ដែលកាត់តាមផ្នែក sach dael kat-tam-phnaek
cutlery *n.* សំភារៈសម្រាប់ទទួលទានអាហារ sorm-phea-reak sorm-rab tor-tuol tean a-ha
cutlet *n.* ចំណិតសាច់ chom-net sach; **chicken** ~ ចំនិតសាច់មាន់ chom-net sach moan
cyanodaphne cuneata *(plant) n.* ជើងចាប cheung-charb

cycle *n.* ខួប khuob
cycling *n.* ការជិះកង់ ka chis korng
cycling enthusiast *n.* អ្នកចូលចិត្តជិះកង់ nak chol-chet chis korng
cycling path *n.* ផ្លូវជិះកង់ phlouw chis korng
cylindrical *adj.* ជារាងបំពង់ chea reang borm-pung
cyst *n.* ប្លោកនោម ploak noom
cystitis *n.* ការរលាកប្លោកនោម ka ror-leak ploak noom

D

dad *n.* ឪពុក ouw-puk
dahlia *n.* ដាលីយ៉ា da-liya
daily *adj.* ប្រចាំថ្ងៃ pror-cham thngai
dairy *n.* កន្លែងធ្វើផលិតផលទឹកដោះគោ korn-laeng thver phol-let-phol toek dos ko; **non-~** ផលិតផលដែលមិនធ្វើពីទឹកដោះគោ phorl-loet-phorl dael min thver pi toek da-oh koo
dairy product *n.* ផលិតផលធ្វើពីទឹកដោះគោ phorl-loet-phorl thver pi toek da-oh koo
damage *n.* ការខូចខាត ka khoch khat
damaged *adj.* ដែលរងការខូចខាត dael rorng ka khoch-khat
damages *n.* ជម្ងឺចិត្ត chum-ngeu-choet
damp *adj.* សើម serm
dance *n.* របាំ ror-bam
dancer *n.* អ្នករបាំ neak ror-bam
dancing *n.* ការរាំ ka-rouam; **go** ~ ទៅរាំ touw rouam
dandelion *n.* ផ្កាព្រៃពណ៌លឿង phka pray por loeurng
dandelion greens *n.* វាលផ្កាព្រៃពណ៌លឿង veal-phka por loeurng
danger *n.* គ្រោះថ្នាក់ kruos thnak
dangerous *adj.* ដែលមានគ្រោះថ្នាក់ dael mean kruos thnak
dare *v.* ហ៊ាន hean
dark *adj.* ងងឹត ngoo-ngoet; **grow** ~ ងងឹត ngoo-ngoet
dark bread *n.* នំប៉័ងខ្មៅ num-paing kmao
darker *adj.* ងងឹតជាងមុន ngoo-ngoet cheang mun
dash *v.* ស្ទុះទៅ stous touw
dash of salt *n.* អំបិលមួយចឹប orm-boel muoy choeb
data *n.* ទិន្នន័យ tin-nay
database *n.* ឃ្លាំងផ្ទុកទិន្នន័យ khleang phtuk tin-nei; **computer** ~ ទិន្នន័យផ្ទុកក្នុងកុំព្យូទ័រ tin-nei phtuk knong kom-phyu-tor
databases *n.* បន្ទុកទិន្នន័យ bon-tuk tin-nai-neiy
date *n.* ថ្ងៃខែ thngai khae
date of birth *n.* ថ្ងៃខែឆ្នាំកំណើត thngai khae chnam korm-neurt
date palm *n.* លម៉ើ leu-ma-uh

daughter *n.* កូនស្រី kon srei
daughter-in-law *n.* កូនប្រសារស្រី kon pror-sa srei
dawn *n.* ទៀបភ្លឺ tieb phleu
day *n.* ថ្ងៃ thngai; ~ **after tomorrow** ខានស្អែក khan sa-aek; **every** ~ រៀងរាល់ថ្ងៃ reang-rorl-thngai
day pass *n.* សំបុត្រពេលថ្ងៃ sorm-bot pel-thngai
day trip *n.* ដំណើរពេលថ្ងៃ dorm-neur pel thngai
daycare *n.* កន្លែងមើលថែទាំកូនក្មេង kon-laeng meuhl thae touam kon kmeng
daytime *n.* ពេលថ្ងៃ pel thngai
dead *adj.* ស្លាប់ slab
dead battery *n.* ថ្មដែលអស់ថាមពល thmor dael ors tham-pol
dead end *n.* ផ្លូវទាល់ phlouw torl
deadline *n.* ថ្ងៃកំណត់ thngai korm-not
deaf *adj.* ថ្លង់ thlorng
deal *n.* កិច្ចព្រមព្រៀង kech proam preang • *v.* ដោះស្រាយ dos-sray; ~ **with something** ដោះស្រាយរឿងអ្វីមួយ da-oh sray rueng evei-muoy
dealer *n.* អ្នកជួញដូរ neak chuonh-do; **car** ~ ឈ្មួញឡាន chmuonh lan; **drug** ~ អ្នកជួញដូរគ្រឿងញៀន nak chuonh-do krueng nhean
dealings *n.* ទំនាក់ទំនងជំនួញ toum-neak tuom-norng choum-nuonh
dear *adj.* ថ្លៃ thlai
death *n.* មរណភាព mor-ror-nak-pheap
debate *n.* កិច្ចពិភាក្សាតទល់ kech pi-pheak-sa tor tul
debt *n.* បំណុល borm-nol
debtor *n.* កូនបំណុល kon borm-nol
debut *n.* ការចាប់ផ្តើមលើកដំបូង ka chab pderm leuhk dorm-bong
decade *n.* ទសវត្សរ៍ tuosa-wort
decaffeinated *adj.* ដែលយកជាតិកាហ្វេអ៊ីនចេញ dael york cheat ka-fe-in chenh
decant *v.* ច្រោះ chraoh
decanter *n.* ថូរចម្រោះស្រា tho chorm-raoh sra
decay *n.* ការពុក ka puk
December *n.* ខែធ្នូ khae-thnou
decide *v.* សម្រេច sorm-rach
decision *n.* ការសម្រេចចិត្ត ka sorm-rach choet
decision-making *n.* ការធ្វើការសម្រេចចិត្ត kar thver kar-sorm-rach-choet
deck *n.* ជាន់ថ្នាក់ chorn thnak; **ship** ~ ដំបូលនាវា dorm-bol nea-vea

deck of cards *n.* បៀរមួយហ៊ូ bea-muoy hou
declare *v.* ប្រកាស pror-kas
decline *n.* ការបដិសេដ ka-pak-de saet
decorate *v.* តុបតែង tob-taeng
decoration *n.* ការតុបតែង ka tob-taeng
decorative *adj.* ដែលមានការតុបតែងលម្អ dael mean ka tob-taeng l-or
decrease *v.* ថយចុះ thory chos
decree *n.* ក្រិត្យ kroet, ប្រកាស pror-kas
dedicate *v.* បូជា bo-chea
dedicated *adj.* ដែលឧទ្ទិសដល់ dael ou-teus
dedication *n.* ការបូជា ka bo-chea
deduct *v.* ដក dork
deep *adj.* ជ្រៅ chrouw; ~ **end of pool** បាតអាងទឹក bat-ang-toek
deep-fried *n.* បំពង borm-porng
deeply *adv.* យ៉ាងជ្រៅ yang chrouw
deer *n.* ក្តាន់ kdan
defeat *v.* ផ្ចាញ់ phchanh
defend *v.* ការពារ ka-pea
defendant *n.* ចុងចោទ chong-choat
defense *n.* ការការពារ ka ka-pea
deficiency *n.* កង្វះខាត korng-was-khat
deficit *n.* ឱនភាព oan-pheap
define *v.* ឲ្យនិយមន័យ oay ni-yum-nay
definite *adj.* ច្បាស់លាស់ chbas-lors
definitely *adv.* យ៉ាងប្រាកដ yang pra-kot
definition *n.* និយមន័យ ni-yum-nay
deforestation *n.* ការកាប់ព្រៃឈើ ka kab pray chheuh
defrost *v.* ធ្វើឲ្យរលាយទឹកកក thver oay ror-leay toek-kok
degrease *v.* ធ្វើឲ្យរលាយខ្លាញ់ thver oay ror-leay klanh
degree *n.* កំរិត korm-ret
deity *n.* អាទិទេព ak-ti-tep
delay *n.* ការពន្យារពេល ka pun-yea-pel
delayed *adj.* ដែលត្រូវបានពន្យារពេល dael trouw ban pun-yea pel
delegate *n.* ប្រតិភូ prort-te-phou
delete *v.* លុប lub, លុបចោល lub choal; *(tech.)* ~ **file** លុបឯកសារចោល lup aeng-kasar choal
delete key *(tech.) n.* ប៊ូតុងលុបចោល bo-ton lup-choal

deli *n.* ហាងលក់ម្ហូបចំអិនស្រាប់ hang lork mhob chorm-en srab
deliberate *adj.* ដែលមានចេតនា dael mean chet-ta-na
deliberately *adv.* ដោយចេតនា doay chet-ta-na
delicacy *n.* ភាពប្រណិត pheap pror-net
delicate *adj.* ដ៏ប្រណិត dor pror-net
delicatessen *n.* ហាងលក់ម្ហូបចំអិនស្រាប់ hang lork mhob chorm-en srab
delicious *adj.* ឆ្ងាញ់ chnganh
delight *n.* ភាពរីករាយ pheap rik-reay
delighted *adj.* ដែលសប្បាយរីករាយ dael sa-bay rik-reay
delirious *adj.* រវើរវាយ ror-weuh ror-weay
deliver *v.* ដឹកជញ្ជូន deuk chunh-choun
delivery *n.* ការដឹកជញ្ជូន ka deuk chunh-choun
delivery room *(med.) n.* បន្ទប់សម្រាលកូន born-tup sorm-ral kon
delusion *n.* ការភន្តអារម្មណ៍ ka phorn a-rorm
demand *n.* តម្រូវការ dorm-rouw ka
democracy *n.* ប្រជាធិបតេយ្យ pror-chea-thepa-tai
demonstrate *v.* បង្ហាញ borng-hanh
demonstration *n.* ការចង្អុលបង្ហាញ ka chorng-ol borng-hanh
denim *n.* អំបោះ orm-bos
density *n.* សន្ទភាព sorn-pheap
dental *adj.* នៃធ្មេញ nay thmenh
dental floss *n.* ខ្សែសម្អាតធ្មេញ khsae sorm-at thmenh
dentist *n.* ទន្តបណ្ឌិត torn born-dit
dentures *n.* ធ្មេញជំនួយ thmenh choum-nuoy
deny *v.* បដិសេដ pak-de-saet
deodorant *n.* ថ្នាំកំចាត់ក្លិនអាក្រក់ thnam korm-chat klen a-krork
depart *v.* ចាកចេញ chak chenh
department *n.* នាយកដ្ឋាន nea-york-than
department store *n.* ហាងលក់ទំនិញគ្រប់ប្រភេទ hang lork toum-ninh krub pror-phet
departure *n.* ការចេញដំណើរ ka chenh dorm-ner
depend *v.* ពឹងផ្អែក peng p-aek
depend on *v.* ពឹងផ្អែកលើ peng p-aek
dependence *n.* ការពឹងផ្អែក ka peng p-aek
dependent *adj.* ដែលពឹងផ្អែក dael peng p-aek
depending on *prep.* ដោយពឹងផ្អែកទៅលើ doay peng p-aek touw leuh
depict *v.* បរិយាយ bor-ri-yay

deposit *n.* ប្រាក់កក់ prak kork; ~ **money** ប្រាក់កក់ prak-kork
deposition *(legal) n.* ការទម្លាក់ចេញពីតំណែង ka toum-leak chenh pi dorm-naeng, វិធីយកសក្ខីកម្ម vithi-york-sak-khei-kam
depot *n.* ឃ្លាំងឥវ៉ាន់ khleang ei-wan
depreciation *n.* ការបញ្ចុះតម្លៃ ka banh-chos dorm-lai
depress *v.* ធ្វើឲ្យចុះខ្សោយ thver oay chos ksoay
depressed *adj.* កើតទុក្ខ kert tuk
depressing *adj.* ដែលធ្វើឲ្យមានទុក្ខ dael thver oay mean tuk
depression *n.* សេចក្ដីទុក្ខព្រួយ sech kdei tuk pruoy
depth *n.* ជម្រៅ choum rouw
derivative *n.* ពាក្យក្លាយ peak klay
derive *v.* បានមកពី ban mork pi
descale (a fish) *v.* ជម្រុះស្រកាត្រី chum-ros sror-kar trei
describe *v.* ពណ៌នា por-neak-nea
description *n.* ការពណ៌នា ka por-neak-nea
desert *n.* វាលខ្សាច់ weal ksach
deserted *adj.* ដែលត្រូវបានបោះបង់ចោល dael trouw ban bos borng choal
deserve *v.* សមនឹងទទួលបាន sorm neng tor-tuol ban
design *n.* ការរចនា ka racha-na
designed *adj.* ដែលត្រូវបានរចនា dael trouw ban racha-na
designer *n.* អ្នករចនាម៉ូដ neak racha-na mot
desire *n.* តម្រេក dorm rek
desk *n.* តុធ្វើការ tok thver ka
desperate *adj.* អស់សង្ឃឹម ors sorng-kheum
desperately *adv.* យ៉ាងអស់សង្ឃឹម yang ors sorng-kheum
despicable *adj.* គួរឲ្យស្អប់ kuo oay s-orb
despite *prep.* ទោះបីជា tuos bei chea
dessert *n.* បង្អែម borng-aem
destination *n.* គោលដៅ kool daoh
destroy *v.* បំផ្លាញ borm-phlanh
destroyed *adj.* ដែលត្រូវបានបំផ្លាញ dael trouw ban borm-phlanh
destruction *n.* ការបំផ្លិចបំផ្លាញ ka borm-phlech borm-phlanh
detach *v.* ផ្ដាច់ phdach
detail *n.* លម្អិត lum-et; **in** ~ ជាលម្អិត chea-lom-et
detailed *adj.* ល្អិតល្អន់ l-et l-orn
detect *v.* អង្កេត orng-ket
detective *n.* អ្នកអង្កេត neak orng-ket

detective novel *n.* ប្រលោមលោកស៊ើបអង្កេត pror-loam look seurb-orng-ket
detergent *n.* ម្សៅសាប៊ូ msao sa-bou
determination *n.* ការប្តេជ្ញាចិត្ត ka pdach-nha chet
determine *v.* ប្តេជ្ញា pdach-nha
determined *adj.* ដែលមានការប្តេជ្ញា dael mean ka pdach-nha chet
detour *n.* ផ្លូវវាង phlouw weang
develop *v.* អភិវឌ្ឍ ak-phi-wort
develop film *v.* លាងហ្វីល leang fil
development *n.* ការអភិវឌ្ឍ ka ak-phi-wort
device *n.* ឧបករណ៍ opak-kor
devil *n.* បិសាច bei-sach
devote *v.* លះបង់ leas borng
devoted *adj.* ដែលមានចិត្តស្មោះ dael mean chet smaoh
devour *v.* បរិភោគដោយឃ្លាន bor-ri-phook doay klean
dhamma *(Buddhist) n.* ព្រះធម៌ preah thuour
diabetes *n.* ជំងឺទឹកនោមផ្អែម chum ngeu toek noom p-aem
diabetic *adj.* នៃរោគទឹកនោមផ្អែម nay rook toek noom p-aem
diagnose *v.* វិនិច្ឆ័យ wi-ni-chai
diagnosis *n.* រោគវិនិច្ឆ័យ rook wi-ni-chai
diagram *n.* ដ្យាក្រាម dya-kram
dial *v.* ហៅទូរសព្ទ័ haow tu-ra-sab
dial tone *n.* សម្លេងហៅទូរសព្ទ័ sorm-leng haow tu-ra-sab
dialect *n.* ភាសាតាមស្រុក phea-sa tam srok
dialing code *n.* កូដសម្រាប់វាយ kot sorm-rab weay
dialogue *n.* សន្ទនា sorn-ta-nea
diameter *n.* អង្កត់ផ្ចិត orng kort phchet
diamond *n.* ពេជ្រ pich
diaper *n.* កន្ទប korn-tob; **change a ~** ប្តូរកន្ទប pdo korn-tob
diaper rash *n.* ការរលោកស្បែកដោយសារកន្ទប kar ror-leak sbaek doay sa korn-tob
diaphragm *n.* សន្ទះពន្យារកំណើត sorn-teas pun-yea korm-nert
diarrhea *n.* ការរាគរូស ka reak rus; **have ~** មានរោគរាគរូស mean rook reak-ruos
diary *n.* សៀវភៅកំណត់ហេតុ siev phouw korm-not-haet
dice *v. (chop)* ដែលត្រូវបានកាត់ជាដុំបួនជ្រុង dael ban kat chea dom buon chrung • *n. (game piece)* គ្រាប់ឡុកឡាក់ kroab lok-lak; **roll the ~** បោះគ្រាប់ឡុកឡាក់ ba-oh kroab lok-lak

dictate *v.* បញ្ជា banh-chea
dictation *n.* ការសរសេរតាមការសូត្រ ka sor-se tam ka sot
dictionary *n.* វចនានុក្រម wacha-na-nu-krom
die *v.* ស្លាប់ slab
diesel *n.* ប្រេងម៉ាស៊ូត preng ma-sout
diesel motor *n.* ម៉ាស៊ីនម៉ាស៊ូត ma-sin ma-sout
diet *n.* របបអាហារ ror-borb a-ha; **be on a** ~ មានរបបអាហារ mean ror-borb a-ha
diet menu *n.* មុខម្ហូបតាមរបបអាហារ muk-mhob tam ror-borb aha
dietary *adj.* ដែលតមអាហារ dael torm a-ha
dietary fiber *n.* សរសៃក្នុងរបបអាហារ sor-sai knong ror-borb aha
dietary restrictions *n.* ការកំរិតរបបអាហារ kar-kom-roet ror-borb-aha
dietary supplements *n.* សារជាតិបន្ថែមក្នុងរបបអាហារ ruos-cheat born-theam knong ror-borb aha
dieter *n.* អ្នកតមអាហារ neak torm a-ha
differ *v.* ខុសគ្នា khos knea
difference *n.* ភាពខុសគ្នា pheap khos knea
different *adj.* ដែលខុសគ្នា dael khos knea
differently *adv.* យ៉ាងខុសគ្នា yang khos knea
difficult *adj.* ពិបាក pi-bak
difficulty *n.* ភាពលំបាក pheap loum bak
dig *v.* ជីក chik
digest *v.* រំលាយអាហារ roum-leay a-ha
digestive system *n.* ប្រពន្ធ័រំលាយអាហារ pror-porn roum-leay a-ha
digital *adj.* ដែលបង្ហាញតួលេខ dael borng-hanh tuo lek
digoxin *n.* យីថោ yi-toa
dill *n.* រុក្ខជាតិម្យ៉ាង ruk-khak-cheat myang
dill pickle *n.* ត្រសក់ត្រាំ tor-sork tram
dillenia hookeri *(flowering plant) n.* ភ្លូ phlou
dilute *v.* ពង្រាវ pung-reaw
diluted *adj.* ត្រូវបានពង្រាង trouw ban pong-reang
dilution *n.* ការពង្រាវ ka pung reaw
dimension *n.* ទំហំទិដ្ឋភាព toum-houm tit-thak-pheap
dine *v.* ទទួលទានអាហារ tor-tuol tean a-ha
dine out *v.* ទទួលទានអាហារនៅក្រៅ tor-tuol tean aha nov krao
diner *n.* អ្នកបរិភោគ neak bor-ri-phook
dining *n.* ការទទួលទានអាហារ ka tor-tuol a-ha

dining car *n.* ឡានដែលខាងក្នុងមានហាងទទួលទានអាហារ lan dael khaing knong mean hang tor-tuol tean aha
dining room *n.* បន្ទប់ទទួលទានអាហារ bon-tub tor-tuol tean a-ha
dinner *n.* អាហារពេលល្ងាច a-ha pel lngeach
dinner plate *n.* ចានអាហារពេលល្ងាច chan aha pel la-ngeach
diospyros *(plant species) n.* ខ្លាស់ khchas
diospyros chevalieri *(plant) n.* ដង្កោ dorng-koa
dip *v.* ជ្រលក់ chror-lork
diplomacy *n.* ការទូត ka tout
diplomat *n.* អ្នកការទូត neak ka tout
direct *adj.* ត្រង់ៗ trong trong • *v.* បង្គាប់ bong-korp; ~ **a movie** ដឹកនាំរឿង doek noam reung; ~ **traffic** ចរាចរណ៍នៃការចូលគេហទំព័រតាមតំណភ្ជាប់ chor-ra-chor-nei-ka-chol-ke-hak-tom-por
direct flight *n.* ជើងយន្តហោះទៅដល់គោលដៅ cherng-yon-huoh-touw-doel-kol-daow
direction *n.* ទិសដៅ tes-daow; **in the ~ of** ទៅតាមផ្លូវនៃ nov-tam-phlouw-nei
directive *n.* សេចក្ដីបង្គាប់ sech-kdei-bong-kob
directly *adv.* យ៉ាងត្រង់ៗ yang-trong-trong
director *n.* នាយក nea-yuok; ~ **of a company** នាយកក្រុមហ៊ុន nea-yuok-krom-hun; ~ **of a film** អ្នកដឹកនាំភាពយន្ត neak-doek-noem-pheap-yon
directory *n.* បញ្ជីរាយនាម bonh-chi-reay-chhmuos; **telephone ~** បញ្ជីរាយលេខទូរសព្ទ bonh-chi-reay-lek-tu-ro-sap
directory assistance *n.* ជំនួយការរកលេខទូរសព្ទ choum-nuoy-ka-rork-lekh-tuo-ror-sap
dirt *n.* ធូលី thuo-ly
dirty *adj.* ដែលកខ្វក់ dael-kor-khvork
disability *n.* ពិការភាព pi-ka-roo-pheap
disable *v.* ធ្វើឲ្យលែងដំណើរការ thve-uh-ory-leeng-dorm-ner-ka
disabled *adj.* ដែលពិការ dael-pi-ka
disabled person *n.* ជនពិការ chun-pi-ka
disadvantage *n.* គុណវិបត្តិ kun-vi-bat
disagree *v.* មិនយល់ស្រប men-yol-srorb
disagreement *n.* ភាពមិនយល់ស្រប pheap-men-yol-srorb
disappear *v.* បាត់ទៅ bat-touw
disappearance *n.* ភាពបាត់មើលលែងឃើញ pheap-bat-meuhl-leaeng-khernh

disappoint *v.* ធ្វើឲ្យខកចិត្ត thver-ory-khork-chet
disappointed *adj.* ដែលខកចិត្ត dael-khork-chet
disappointing *adj.* ដែលធ្វើឲ្យខកចិត្ត dael-thver-ory-khork-chet
disappointment *n.* ការខកចិត្ត ka-khork-chet
disapprove *v.* ជំទាស់ choum-tors
disapprove of *v.* ជំទាស់នឹង choum-tors-noeng
disapproving *adj.* ដែលជំទាស់ dael-choum-tors
disaster *n.* គ្រោះមហន្តរាយ kruoh-mor-hon-tray
disbarment *(legal) n.* ការដកចេញពីវិជ្ជាជីវៈ kar dork chench pi vi-thyia-chi-vak, ការដកពីវិជ្ជាជីវៈ ka-dork-pei-vi-chea-chi-veak
disc *n.* ថាស thas; **hard** ~ ហាតឌីស hard-dis
discharge *n.* ការជម្រះ ka-choum-reah
discharged *adj.* ដែលត្រូវបានជម្រះ dael-trouw-ban-choum-reah
discipline *n.* វិន័យ vi-nay
disclose *v.* លាតត្រដាង leat-tror-dang
disclosure *n.* ការលាតត្រដាង ka-leat-tror-dang
discotheque *n.* កន្លែងរាំ kon-leaeng-rouam
discount *n.* ការបញ្ចុះតម្លៃ ka-bonh-chos-dom-lai; **children's** ~ ការបញ្ចុះតម្លៃសម្រាប់ក្មេង ka-bonh-chos-dom-lai-som-rab-kmeng; **senior** ~ ការបញ្ចុះតម្លៃសម្រាប់មនុស្សចាស់ ka-bonh-chos-dom-lai-som-rab-mnus-chas
discount store *n.* ហាងទំនិញបញ្ចុះតម្លៃ hang-tom-ninh-bonh-chos-dom-lai
discourse *n.* សុន្ទរកថា sorn-trak-kak-tha
discover *v.* រកឃើញ rork-khernh
discovered *adj.* ដែលត្រូវបានរកឃើញ dael-trouw-ban-rork-khernh
discovery *n.* របកគំហើញ ro-borb-koum-khernh, ឯកសារសំណុំរឿង aeng-kasa som-nom reung
discriminate *v.* ប្រកាន់ពូជសាសន៍ bro-kan-pouch-sas
discrimination *n.* ការប្រកាន់ពូជសាសន៍ ka-bro-kan-pouch-sas
discuss *v.* ពិភាក្សា pi-pheak-sa
discussion *n.* ការពិភាក្សា ka-pi-pheak-sa
disease *n.* ជំងឺ chum-ngeu
disgust *v.* ខ្ពើម khperm
disgusted *adj.* មានអារម្មណ៍ខ្ពើម mean-arorm-khperm
disgusting *adj.* គួរឲ្យខ្ពើម kuo-ory-khperm
dish *n.* ចាន chan
dish towel *n.* កន្សែងជូតចាន kon-saeng-chout-chan

dishonest *adj.* មិនស្មោះត្រង់ men-smors-trorng
dishonestly *adv.* យ៉ាងគ្មានភាពស្មោះត្រង់ yang-kmean-pheap-smors-trorng
dishwasher *n.* ម៉ាស៊ីនលាងចាន ma-sin-leang-chan
disinfect *v.* សម្លាប់មេរោគ som-lab-mee-rook
disk *n.* ឌីស dis; ថាស thas
dislike *v.* មិនចូលចិត្ត men-chol-chet
dislocated *adj.* មិនរៀបរយ men-reab-roy
dismiss *v.* បណ្ដេញ bon-denh
dismissal *n.* ការបណ្ដេញចេញ ka-bon-denh-chenh
disorder *(mess) n.* ភាពគ្មានរបៀបរៀបរយ pheap-kmean-ror-beab-reab-roy
display *v.* សម្ដែងឲ្យឃើញ som-daeng-ory-khernh
display case *n.* ទូតាំង tou-tang
disposable *adj.* ដែលអាចបោះចោលបាន dael-ach-buoh-chorl-ban
disposable camera *n.* កាម៉េរាដែលអាចបោះចោលបាន ka-mera-dael-ach-bouh-chorl-ban
disposable diapers *n.* កន្ទបកូនក្មេងដែលអាចបោះចោលបាន kon-torb-kon-kmeng-dael-ach-bouh-chorl-ban
disposal *n.* ការបោះចោល ka-buoh-choal
dispute *n.* ជម្លោះ chum-luos
dissolve *v.* រំលាយ roum-leay; ~ **in water** រំលាយក្នុងទឹក roum-leay-knong-toek
distance *n.* ចម្ងាយ chorm-ngay; **keep your** ~ នៅឲ្យឆ្ងាយបន្តិច nov-oay-chhngay-bon-tich
distant *adj.* ឆ្ងាយ chhngay
distill *v.* បិតស្រា bit-sra
distillation *n.* ការបិតស្រា ka-bet-sra
distilled *adj.* ដែលត្រូវបានសម្រក់ dael-trouw-ban-som-rork
distilled water *n.* ទឹកសម្រក់ toek-som-rork, ទឹកបន្សុទ្ធ toek-bon-soth
distilled vinegar *n.* ទឹកខ្មេះសម្រក់ toek-kmes-som-rork
distinct *adj.* ប្លែក blaek
distinction *n.* ភាពប្លែកគ្នា pheap-blaek-knea
distinctive *adj.* ដែលប្លែក dael-blaek
distinguish *v.* បែងចែក baeng-chaek
distribute *v.* ចែកចាយ chaek-chay
distribution *n.* ការចែកចាយ ka-chaek-chay
distributor *n.* អ្នកចែកចាយ neak-chaek-chay
district *n.* សង្កាត់ sorng-kort

disturb *v.* រំខាន roum-khan; **do not ~** សូមកុំរំខាន som-kom-roum-khan; **~ the peace** *(legal)* អុកឡុកសុខសន្តិភាព ork-lok-sok-son-ti-pheap
disturbing *adj.* ដែលរំខាន dael-roum-khan
diuretic *n.* ថ្នាំបញ្ចុះទឹកនោម thnam-bonh-chouh-toek-noom
dive *n.* ការលោតទឹក ka-loot-toek • *v.* លោតទឹក loot toek
divide *v.* ចែក chaek
dividend *n.* ភាគលាភ pheak-leap
diving board *n.* ក្ដារលោតទឹក kda-loot-toek
diving *n.* ការជ្រមុជទឹក ka-chror-much-toek; **no ~** ហាមជ្រមុជទឹក ham-chror-much-toek
diving equipment *n.* ឧបករណ៍សម្រាប់ជ្រមុជទឹក oub-pkor-som-rab-much-toek
diving mask *n.* ម៉ាសពាក់បើកបរ mas-paeak-beurk-bor
division *n.* ការបែងចែក ka-baeng-chaek
divorce *n.* ការលែងលះ ka-leaeng-leah
divorced *adj.* ដែលលែងលះ dael-leaeng-leah
dizzy *adj.* វិលមុខ vil-muk; **feel ~** មានអារម្មណ៍វិលមុខ mean-arorm-vil-muk
DNA *(med.) n.* ឌីអេនអេ dy-en-ee
do *v.* ធ្វើ thver
do-it-yourself *n.* ការធ្វើដោយខ្លួនឯង ka-thver-doay-khluon-aeng
.doc file *(tech.) n.* ឯកសារជាអក្សរក្នុងកម្មវិធីកុំព្យូទ័រ aek-sa-chea-ark-sor-knong-kam-vithi-kom-pyu-ter
dock *n.* កំពង់ផែ kom-pong-phae
docket *(legal) n.* តារាងបណ្ដឹងក្ដី tarang born-doeng kdei, សំណុំរឿង sorm-noum-roeurng
doctor *n.* វេជ្ជបណ្ឌិត vech-cheak-bon-det
doctor's office *n.* ការិយាល័យវេជ្ជបណ្ឌិត ka-ri-ya-lai-vech-cheak-bon-det
doctrine *n.* ព្រះធម៌ preah thuour
document *n.* ឯកសារ aek-sa; ឯកសារ aeng-ka-sar
documentary *n.* កម្មវិធីជាឯកសារ kam-vi-thi-chea-aek-sa
dog *n.* ឆ្កែ chhkae
doll *n.* តុក្កតា tok-ka-ta
dollar *n.* ប្រាក់ដុល្លារ brak-dul-la
domain *n.* កម្មសិទ្ធិ kam-seth
dome *n.* ផ្ទះដំបូលមូល phteah-dom-bol-moul
domestic *adj.* ដែលនៅក្នុងស្រុក dael-nov-knong-srork
dominant *adj.* ដែលត្រួតត្រា dael-truot-tra

dominate *v.* ត្រួតត្រា truot-tra
dominoes *n.* ដូមីណូ do-mi-no
donate *v.* បរិច្ចាគ bor-ri-chak; ~ **blood** បរិច្ចាគឈាម bor-ri-chak-chheam; ~ **bone marrow** បរិច្ចាគខួរឆ្អឹង bor-ri-chak-khuo-chherng
donated *adj.* ដែលត្រូវបានបរិច្ចាគ dael-trouw-ban-bor-ri-chak
donation *n.* ការបរិច្ចាគ ka-bor-ri-chak
donkey *n.* សត្វលា sat-lea
donor *n.* អ្នកបរិច្ចាគ neak-bor-ri-chak
door *n.* ទ្វារ thvea
doorway *n.* ច្រកទ្វារ chrork-thvea
dormitory *n.* សយនដ្ឋាន soy-nak-than
dosage *n.* កំរិតប្រើប្រាស់ថ្នាំ kom-ret-brer-bras-thnam
dose *n.* បរិមាណថ្នាំ pak-ri-man-thnam; **recommended** ~ បរិមាណថ្នាំដែលបានណែនាំ pak-ri-man-thnam-dael-ban-nae-norm
dot *n.* ចំណុច chom-noch
dot-com *(tech.) n.* ក្រុមហ៊ុនប្រើប្រាស់ប្រពន្ធ័អ៊ីនធឺណេត krom-hun-brer-bras-bro-poan-in-ter-net
double *adj.* ដែលទ្វេរដង dael-thvee-dorng • *n.* ទ្វេរដង tve dorng
double bed *n.* គ្រែសម្រាប់មនុស្សពីរនាក់ kreae-som-rab-mnus-pi-neak
double room *n.* បន្ទប់ពីរ bon-top-pi
doubt *n.* មន្ទិល mon-tel
dough *n.* ម្សៅលាយទឹក msao-leay-toek; **cookie** ~ ម្សៅនំធ្វើពីស្ករនិងប័រ msaow-nom-thver-pi-skor-noeng-ber
doughnut *n.* ដូណាត់ do-nat, នំដូណាត់ noum-do-nat; **glazed** ~ នំដូណាត់មានស្ករ noum donat mean skor; **chocolate** ~ នំដូណាត់សុក្កូឡា noum donat so-kola
dove *n.* ព្រាប preab
down *adv.* នៅខាងក្រោម nov-khang-kroam
downhill skiing *n.* ការជិះស្គីចុះភ្នំ ka-chis-ski-chos-phnom
download *(tech.) v.* ដោនឡូត doan-load, ទាញយក teanh-york; ~ **a file** ទាញយកឯកសារមួយ teanh-york-aek-sa-muoy; **free** ~ ការទាញយកដោយឥតគិតថ្លៃ ka-teanh-york-doay-et-kit-thlai
downloadable *(tech.) adj.* ដែលអាចទាញយកបាន dael-ach-teanh-york
downloadable content *(tech.) n.* ឯកសារដែលអាចទាញយកបាន aek-sa-dael-teanh-york-ban
downstairs *adv.* នៅជាន់ក្រោម nov-chorn-kroam • *n.* ជាន់ក្រោម chorn-kroam

downtown *n.* ទីប្រជុំជន ti-bro-chom-chon
downward *adj.* ដែលសំដៅទៅក្រោម dael-som-daow-touw-kroam
dowry *n.* ចំណងដៃ chom-norng-dai
doze *v.* ដេករលីវៗ deek-ro-liv-ro-liv
dozen *n.* មួយឡូ muoy-lo
draft *n.* ពង្រាង pong-reang • *v.* ព្រាង preang; **get ~ed** ចូលបម្រើកងទ័ព chol-bom-rer-kong-top
draft beer *n.* ស្រាធុង sra-thung
drag *v.* ទាញ teanh
drag queen *n.* បុរសតែងតួជាស្ត្រី boros-taeng-tuo-chea-sray
dragon fruit *n.* ស្រការនាគ sror-ka-neak
drain *v.* បង្ហូរ boeng-ho • *n.* បង្ហូរទឹក borng-hou toek
drama *n.* វិនាដកម្ម vi-neat-kam
drama class *n.* ថ្នាក់បង្រៀនវិនាដសាស្ត្រ thnak-bong-rean-vi-neath-sas
dramatic *adj.* ដែលពោរពេញដោយសេចក្តីរំភើប dael-po-penh-doay-sech-kdei-rom-pherb
dramatically *adv.* ដោយសេចក្តីរំភើប doay-sech-kdei-rom-pherb
draw *v.* គូរ kou; **~ an object** គូរវត្ថុមួយ kou-vothu-muoy; **~ a crowd** ទាក់ទាញមនុស្សកុះករ teak-teanh-mnus-kuoh-kor
drawbridge *n.* ស្ពានបើកបិទ spean-berk-bet
drawer *n.* ថតតុ thort-tok
drawing *n.* គំនូរ koum-nou
dream *n.* សុបិន្ត so-ben
dredge *v.* បូមភក់ bom-phuok
dredging *n.* ការបូមភក់ ka-boom-phuok
dress *n.* សម្លៀកបំពាក់ som-leak-bom-peak
dress code *n.* ប្រភេទសម្លៀកបំពាក់ bro-phet-som-leak-bom-peak
dressed *adj.* ដែលស្លៀកពាក់ dael-sleak-peak; **~ in formal attire** ដែលស្លៀកពាក់ជាផ្លូវការ dael-sleak-peak-chea-phlouw-ka
dressing *n.* ទឹកសាឡាត់ toek-sa-lat; **Italian ~** ទឹកសាឡាត់អ៊ីតាលី toek-salat-it-ta-ly; **honey mustard ~** ទឹកសាឡាត់មូតាកទឹកឃ្មុំ toek-salat-muo-tak-toek-khmom
dried *adj.* ក្រៀម kream
dried fruit *n.* ផ្លែឈើក្រៀម phlee-chher-kream, ផ្លែឈើស្ងួត phlae-cheur snguot
dried meat *n.* សាច់ងៀត sach-ngeat
dried sausage *n.* សាច់ក្រកស្ងួត sach-krork-snguot

drink *v.* ផឹក pherk • *n.* ភេសជ្ជៈ phes-scheak; **cold ~** ភេសជ្ជៈត្រជាក់ phes-scheak tror-cheak
drinkable water *n.* ទឹកដែលអាចផឹកបាន toek-dael-ach-pherk-ban
drip *v.* ស្រក់ srork
drip pan *n.* ថាសត្រងទឹក thas-trong-toek
drippings *n.* ខ្លាញ់កក khlanh-kork
drive *v.* បើកបរ berk-bor
driver *n.* អ្នកបើកបរ neak-berk-bor
driver's license *n.* បណ្ណបើកបរ ban-berk-bor
driving *n.* ការបើកបរ ka-berk-nor
drizzle *v.* ភ្លៀងរលឹម phleang-ro-loem
drop *v.* ធ្លាក់ thleak
drop someone off *v.* ដាក់អ្នកណាម្នាក់នៅកន្លែងមួយ dak-neak-na-mneak-nov-kon-laeng-muoy
drought *n.* គ្រោះរាំងស្ងួត kruoh-reang-snguot
drown *v.* លង់ទឹក lung-toek; **be ~ing** កំពុងលង់ទឹក kom-pong-long-toek
drowsy *adj.* ងងុយដេក ngor-nguy-dek
drug *n.* ថ្នាំ thnam; **take ~s** លេបថ្នាំ lep-thnam; **pharmaceutical ~** ថ្នាំពីឱសថស្ថាន thnam-pi-oay-soth-than
drug dealer *n.* អ្នកជួញដូរគ្រឿងញៀន neak-chuonh-do-krerng-nhean
drugstore *n.* ហាងលក់ឱសថ hang-luok-oa-soth
drum *n.* ស្គរ skoor; **play the ~s** វាយស្គរ veay-skoor
drunk *adj.* ស្រវឹង sro-voeng
dry *adj.* ស្ងួត snguot
dry cleaner *n.* ការបោកស្ងួត ka-boak-snguot
dry cleaning *n.* ការបោកស្ងួត kar boak-snguot
dryer *n.* ម៉ាស៊ីនសម្ងួត ma-sin-som-nguot
dub *v.* បញ្ចូលសំឡេង bonh-chol-som-leng
dubbed *adj.* ដែលបានបញ្ចូលសំឡេង dael-ban-bonh-chol-som-leng
duck *n.* ទា tea
duckling *n.* កូនទា kon-tea
due *adj.* ដល់កាលកំណត់ dorl-kal-kom-not
due process *(legal) n.* នីតិវិធីត្រឹមត្រូវ ni-te-vi-thi-troem-trouw
dull *adj.* ដែលស្រអាប់ dael-sro-ab
dumb *(not intelligent) adj.* ល្ងង់ lngong, ល្ងីល្ងើ lngi-lnger
dump *v.* បោះចោល ba-oh choal
dumpling *n.* គាវ kieu; **Chinese ~** គាវចិន kieu-chen; **meat ~** គាវសាច់

kieu-sach; **vegetable** ~ គាវបន្លែ kieu-bon-lae
durian *(fruit) n.* ទុរេន phlae-thou-reen
during *prep.* ក្នុងអំឡុងពេល knong-orm-long-pel
dusky hairfin anchovy *(fish) n.* ត្រីឆ្មា trei chmar
duskyfin glassy perchlet *(fish) n.* ត្រីកន្ទ្រង់ប្រេង trei korn-trorng preng
dust *v.* បោសធូលី boos-thu-ly
dusting *n.* ការរោយម្សៅ ka-roay-msaow
dusted *adj.* បានបោសធូលី ban-boos-thu-ly
duty *n.* ភារកិច្ច phea-reak-kech
duty-free *adj.* ដែលរួចពន្ធ dael-ruoch-pon
duty-free goods *n.* ទំនិញរួចពន្ធ tom-ninh-ruoch-pon
duty-free shop *n.* ហាងទំនិញរួចពន្ធ hang-tom-ninh-ruoch-pon
duvet *n.* ភួយ phuoy
DVD *n.* ឌីវីឌី dy-vi-dy
dwarf goonch *(fish) n.* ត្រីក្របី trei kror-bei
dwarf scissortail rasbora *(fish) n.* ត្រីចង្វាពោត trei chorng-va poat
dye *v.* លាបពណ៌ leap-por
dying *adj.* ជិតស្លាប់ chet-slab
dynamic *adj.* ប្រកបដោយថាមពល bro-korb-doay-tham-pol
dynamite *n.* រំសេវ rom-seev
dynasty *n.* រាជវង្ស reach-chvong

E

e.g. *abbr* ឧទាហរណ៍ ou-tea-hor
each *pron.* នីមួយៗ ni-muoy-ni-muoy
each other *pron.* ទៅវិញទៅមក touw-vinh-touw-mork
ear *n.* ត្រចៀក tror-chiek
ear drops *n.* ថ្នាំដាក់ត្រចៀក thnam-dak-tror-chiek
earache *n.* ការឈឺត្រចៀក ka-chheu-tror-chiek; **have an ~** ឈឺត្រចៀក chheu-tror-chiek
earlier *adj.* ឆាប់ជាងនេះ chhab-cheang-nis
early *adj.* លឿន loeurn; **too ~** លឿនពេក loeurn-pek
earn *v.* រកចំណូល rork-chom-nol
earnings *n.* ប្រាក់ចំណូល brak-chom-nol; **ytd (year-to-date) ~** ប្រាក់ចំណូលប្រចាំឆ្នាំ brak-chom-nol-bro-cham-chhnam; **quarterly ~** ប្រាក់ចំណូលប្រចាំត្រីមាស prak chom noul pror-cham trei meas
earring *n.* ក្រវិល kror-vel
earth *n.* ដី dei
Earth *n.* ផែនដី phaen-dei
earthenware pot *n.* ក្អមដី kha-orm dei
earthquake *n.* ការរញ្ជួយដី ka-runh-chuoy-dei
earthworm *n.* ជន្លេន chun-leen
ease *n.* ភាពងាយស្រួល pheap-ngeay-sruol
easily *adv.* យ៉ាងស្រួល yang-sruol
east *n.* ទិសខាងកើត ters-khang-kert • *adv.* នៅខាងកើត nov-khang-kert
Easter *n.* បុណ្យរំលឹកថ្ងៃព្រះយេស៊ូរស់ឡើងវិញ bon-rom-loek-tngai-preah-ye-su-ruoh-lerng-vinh • *phr.* **Happy ~** រីករាយថ្ងៃបុណ្យរំលឹកព្រះយេស៊ូ rik-reay-thngi-bon-rom-loek-phreah-ye-su
eastern *adj.* នៃភាគខាងកើត nay-pheak-khang-kert
easy *adj.* ស្រួល sruol
eat *v.* ញ៉ាំ nham; **~ out** ញ៉ាំអាហារក្រៅផ្ទះ nham-aha-krao-ptes
eatery *n.* អាហារដ្ឋាន ah-ha-ro-than
echo *n.* សំឡេងរំពឹង sorm-leng-roum-poeng
éclair *n.* នំដែលផ្ទុកក្រែម noum-dael-phtok-kreaem
eclipse *n.* ចន្ទគ្រាស chan-kreas

economic *adj.* នៃសេដ្ឋកិច្ច nei-seet-kech
economics *n.* វិទ្យាសាស្ត្រសេដ្ឋកិច្ច vit-chea-sas-seet-kech
economist *n.* សេដ្ឋកិច្ចវិទូ seet-kech-vi-tou
economy *n.* សេដ្ឋកិច្ច seet-kech
economy class *n.* ថ្នាក់ធម្មតានៅក្នុងយន្តហោះ thnak-thom-mda-nov-knong-yon-huoh
ecosystem *n.* ប្រពន្ធ័បរិស្ថាន pror-poan-pak-ri-than
edamame *n.* សណ្តែកបារាំងស្ងោរ sorn-daek-barang-sngor
edge *n.* ជាយ cheay
edible *adj.* ដែលអាចញ៉ាំបាន dael-ach-nham-ban; **non-~** ដែលមិនអាចញ៉ាំបាន dael-men-ach-nham-ban
edit *v.* កែតម្រូវ kae-dom-rov
edition *n.* សេចក្តីកែតម្រូវ sech-kdei-kae-dom-rov
editor *n.* អ្នកផ្ទៀងផ្ទាត់ neak-phteang-phtot
educate *v.* អប់រំ orb-roum
educated *adj.* ដែលមានការអប់រំ dael-mean-ka-orb-roum
education *n.* ការអប់រំ ka-orb-roum
eel *n.* អន្ទង់ orn-tong
effect *n.* ឥទ្ធិពល et-thi-pol
effective *adj.* មានប្រសិទ្ធិភាព mean-bro-seth-pheap
effectively *adv.* យ៉ាងមានប្រសិទ្ធិភាព yang-mean-bro-seth-pheap
effectiveness *n.* ប្រសិទ្ធិភាព bro-seth-pheap
efficiency *n.* ប្រសិទ្ធិភាព bro-seth-pheap
efficient *adj.* មានប្រសិទ្ធិភាព mean-bro-seth-pheap
efficiently *adv.* យ៉ាងមានប្រសិទ្ធិភាព yang-mean-bro-seth-pheap
effort *n.* កិច្ចខិតខំ kech-khet-khorm
egg *n.* ស៊ុត suth; **poached ~** ស៊ុតជាប់ភ្នៅ suth choab phnov, ពងមាន់ជ័រញ្ញៅ porng-moin-chhor-pnov; **scrambled ~s** ស៊ុតក្រឡុក suth-kro-luk
egg beater *n.* ប្រដាប់វាយស៊ុត bro-dab-veay-suth
egg shell *n.* សំបកស៊ុត sorm-bork-suth
egg white *n.* ស៊ុតស suth-sor
egg yolk *n.* ស៊ុតក្រហម suth-kror-horm
egg-fruit *n.* សេដា seda
eggplant *n.* ត្រប់វែង trorb-vaeng, ផ្លែត្រប់ phlae trob; **roasted ~** ត្រប់អាំង trorb ang
ego *n.* អត្មា ath-thma
egotism *n.* អហង្ការនិយម ark-hang-ka-ni-yom

eight *num.* ប្រាំបី bram-bei
eighteen *num.* ដប់ប្រាំបី dob-bram-bei
eighteenth *adj.* ទីដប់ប្រាំបី ti-dob-bram-bei
eighth *adj.* ទីប្រាំបី ti-bram-bei
eightieth *adj.* ទីប៉ែតសិប ti-paet-sib
eighty *num.* ប៉ែតសិប paet-sib
either *pron.* ដទៃទៀត dor-tei-teat
elaborate *adj.* ដែលល្អិតល្អន់ dael-la-eit-la-orn
elastic *adj.* យឺត yeut
elbow *n.* កែងដៃ kaeng-dai
elderly *adj.* ដែលចាស់ dael-chas
elect *v.* ជ្រើសតាំង chrers-tang
election *n.* ការបោះឆ្នោត ka-buoh-chhnoat
elective *adj.* ដែលជាជម្រើស dael-chea-choum-rers
electoral college *n.* ការបោះឆ្នោតដោយតំណាង kar bos-chnoat doay dorm-nang
electorate *n.* អ្នកចូលរួមបោះឆ្នោត neak-chol-ruom-buoh-chhnoat
electric *adj.* ដោយប្រើអគ្គិសនី doay-brer-ah-kis-sni
electric razor *n.* ឡាមកោរពុកមាត់អគ្គិសនី lam-koa-puk-mort-ah-kis-sni
electrical *adj.* នៃអគ្គិសនី nei-as-kis-sni
electrical outlet *n.* កន្លែងបញ្ចេញអគ្គិសនី kon-laeng-bonh-chenh-ah-kis-sni
electricity *n.* អគ្គិសនី ah-kis-sni
electrolytes *n.* វត្ថុចម្លងអគ្គិសនី vothuk-chom-lorng-ah-kis-sni
electron *n.* អេឡិចត្រុង eh-lech-trorng
electronic *adj.* នៃអេឡិចត្រូនិច nei-eh-lech-trorng, អេឡិចត្រូនិច eh-lek-tro-nech
electronics *n.* គ្រឿងអេឡិចត្រូនិច kroeurng-eh-lek-tro-nech
elegancy *n.* ភាពប្រណិត pheap-bror-net
elegant *adj.* ប្រណិត bror-net
element *n.* សមាសភាព sak-mas-pheap
elephant ear gourami *(fish) n.* ត្រីរមាស trei ror-meas
elevator *n.* ជណ្ដើរយន្ត choun-der-yon
eleven *num.* ដប់មួយ dob-muoy
eleventh *adj.* ទីដប់មួយ ti-dob-muoy
elf *n.* ម្រេញគង្វាល mrenh-kung-veal
eliminate *v.* លុបបំបាត់ lub-borm-bat
elimination *n.* ការលុបបំបាត់ ka-lub-borm-bat

elixer *n.* ល្បាយថ្នាំ lbay-thnam
elk *n.* ប្រើស brers
eloquence *n.* វោហាសព្ទ័ voo-ha-sap
eloquent *adj.* ដែលមានវោហាសព្ទ័ dael-mean-voo-ha-sap
else *adv.* ផ្សេងទៀត phseng-teat; **something ~** អ្វីផ្សេងទៀត ah-vei-phseng-teat
elsewhere *adv.* កន្លែងផ្សេងទៀត kon-laeng-phseng-teat
e-mail *n.* សារអេឡិចត្រូនិច sa-eh-lech-tro-nech
e-mail address *n.* អាស័យដ្ឋានសារអេឡិចត្រូនិច ah-sai-than-eh-lech-tro-nech
emancipate *v.* ដោះលែង duoh-laeng
emancipation *n.* ការដោះលែង ka-duoh-laeng
embarrass *v.* ធ្វើឲ្យខ្មាស thver-oay-khmas
embarrassed *adj.* ដែលខ្មាស dael-khmas
embarrassing *adj.* គួរឲ្យខ្មាស kuo-oay-khmas
embarrassment *n.* ភាពខ្មាស pheap-khmas
embassy *n.* ស្ថានទូត sthan-tout
embedded *v.* បង្កប់ bong-korb
embrace *v.* អោបក្រសោប oab-kro-soab
embroidery *n.* ការប៉ាក់ ka-pak
embryo *n.* ទារកក្នុងស្បូន tea-ruok-knong-sbon
emerald *n.* ត្បូងមរកត tbong-mor-kort
emerge *v.* ផុសឡើង phos-lerng
emergency *n.* ការសង្គ្រោះបន្ទាន់ ka-song-kruoh-bon-toan
emergency brake *n.* ប្រាំងអាសន្ន brang-ah-sorn
emergency exit *n.* ផ្លូវចេញបន្ទាន់ phlouw-chenh-bon-toan
emergency medical services *n.* សេវាពេទ្យសង្គ្រោះបន្ទាន់ se-va-pet-sorng-kruoh-bon-toan
emergency room *n.* បន្ទប់សង្គ្រោះបន្ទាន់ bon-tob-song-kruoh-bon-toan
emergent *adj.* ទើបនឹងលិចឡើង terb-noeng-lech-lerng
emigrate *v.* ធ្វើនិរប្រវេសន៍ thver-ni-bro-ves
emigration *n.* និរប្រវេសន៍ ni-bro-ves
emissary *n.* បេសកជន pes-skak-chun
emission *n.* ការបញ្ចេញទៅ ka-bonh-chenh-touw
emotion *n.* អារម្មណ៍ ah-rorm
emotional *adj.* ដែលរំជួលចិត្ត dael-rom-chuol-chet
emotionally *adv.* យ៉ាងរំជួលចិត្ត yang-rom-chuol-chet

emphasis *n.* ការសង្កត់ធ្ងន់ ka-song-kort-thngon
emphasize *v.* សង្កត់ធ្ងន់ sorng-kort-thngon
empire *n.* ចក្រភព chak-phop
employ *v.* ប្រកបរបរ bro-korb-ror-bor
employee *n.* បុគ្គលិក buk-klerk
employer *n.* នយោជក nor-yoo-chuok; **equal opportunity ~** នយោជកដែលប្រកាន់សិទ្ធិស្មើគ្នា nor-yoo-chuok-dael-bro-kan-seth-smer-knea
employment *n.* ការជួលឲ្យធ្វើការ ka-chuol-oay-thver-ka
employment office *n.* ការិយាល័យជួល ka-ri-ya-lai-chuol
empress *n.* អធិរាជនី ark-thi-reah
empty *adj.* ទទេ tor-te
emptying *n.* ការហូរចាក់ទៅ ka-hoo-chak-touw
emulsion *n.* តេលូទកា te-lu-tka
enable *v.* ជួយឲ្យធ្វើបាន chuoy-oay-thver-ban
enamel *n.* កចា kak-cha
encased *v.* ឃុំឃាំង khoum-khouang
encounter *v.* ជួបប្រទះ chuob-bro-teah
encourage *v.* លើកទឹកចិត្ត lerk-toek-chet
encouragement *n.* ការលើកទឹកចិត្ត ka-lerk-toek-chet
encrusted *adj.* ដែលជាប់ស្អិត dael-choib-saet
end *n.* ចុងក្រោយ chong-kroay; **at the ~** ជាចុងក្រោយ chea-chong-kroay; **in the ~** ទីបញ្ចប់ te-banh-chob
endangered species *n.* ពូជសត្វរងគ្រោះ pouch-sat-rong-kruoh
endangered species list *n.* បញ្ជីពូជសត្វរងគ្រោះ bonh-chi-pouch-sat-rong-kruoh
ending *n.* ចុងបញ្ចប់ chong-bonh-chob
endive *n.* ស្ពៃបូកគោ spei-bok-ko
enemy *n.* សត្រូវ sat-trouw
energy *n.* ថាមពល tham-pol
engage *v.* ចូលរួម chol-ruom
engaged *adj.* ភ្ជាប់ពាក្យ phchop-peak; **~ to marry** ភ្ជាប់ពាក្យរង់ចាំថ្ងៃរៀបការ phchop-peak-roeng-cham-thngi-reab-ka
engagement *n.* ពិធីភ្ជាប់ពាក្យ pi-thi-phchop-peak
engine *n.* ម៉ាស៊ីន ma-sin
engineer *n.* វិស្វករ vis-svak-kor
engineering *n.* វិស្វកម្ម vis-svak-kam

England *n.* ប្រទេសអង់គ្លេស pror-tes-orng-kles
English *adj.* នៃអង់គ្លេស nei-orng-kles • *n.* ភាសាអង់គ្លេស phea-sa-orng-kles
English-speaking *adj.* ដែលនិយាយភាសាអង់គ្លេស dael-ni-yeay-phea-sa-orng-kles
engraved sea catfish *n.* ត្រីក្អក trei ka-ohk
engraving *n.* ការឆ្លាក់ ka-chhlak
engross *v.* ស្រូប srob
engulf *v.* ពទ្ធ័ជុំវិញ pot-chom-vinh
enhance *v.* ពង្រឹង ping-roeng
enhanced *adj.* ដែលត្រូវបានពង្រឹង dael-trouw-ban-pong-roeng
enjoy *v.* មានភាពសប្បាយរីករាយ mean-pheap-sabay-rik-reay; ~ **oneself** សប្បាយជាមួយខ្លួនឯង sabay-chea-muoy-kluon-aeng; ~ **your meal**! *phr.* សូមញ៉ាំដោយសប្បាយរីករាយ som-nham-doay-sabay-rik-reay
enjoyable *adj.* ដែលគួរឲ្យសប្បាយ dael-kuo-oay-sabay-rik-reay
enjoyment *n.* ភាពសប្បាយរីករាយ phap-sabay-rik-reay
enlarge *v.* ពង្រីក pong-rik
enlightenment *n.* ព្រះពុទ្ធ preah put
enmity *n.* ភាពអមិត្ត pheap-ark-met
enormous *adj.* ធំសម្បើម thom-som-berm
enough *pron.* គ្រប់គ្រាន់ krob-kron
enough of *adj.* គ្រប់គ្រាន់នឹង krob-kron-noeng
ensure *v.* ធានា thea-nea
enter *v.* ចុះបន្ទាត់ chos-born-toat; ចូល chol; *(tech.)* **hit ~ (key)** ចុចប៊ូតុង choch-bu-tong-enter
enterprise *n.* សហគ្រាស sak-hak-kreas
entertain *v.* កំសាន្ត kom-san
entertainer *n.* អ្នកនាំកំសាន្ត neak-nouam-kom-san
entertaining *adj.* គួរឲ្យកំសាន្តសប្បាយ kuo-oay-kom-san-sabay
entertainment *n.* ការកំសាន្ត ka-kom-san
enthusiasm *n.* សេចក្តីរំភើប sech-kdei-rorm-pherb
enthusiastic *adj.* ដែលរំភើបចិត្ត dael-rorm-pherb-chet
enticing *adj.* ដែលទាក់ទាញ dael-teak-teanh
entire *adj.* ទាំងមូល teang-moul
entirely *adv.* ទាំងមូល teang-moul
entitle *v.* ផ្តល់សិទ្ធិ phdol-seth
entomology *n.* បាណកសាស្ត្រ ban-nak-sas

entrance *n.* ផ្លូវចូល phlouw-chol
entrapment *n.* ការល្បួងអោយប្រព្រឹត្តិល្មើសព្រហ្មទណ្ឌ kar lbuong oay pror-proet la-mers, ការល្បួងបោកប្រាស់ ka-lbuong-bork-bras
entree *n.* ឯកសិទ្ធិ aek-seth
entry *n.* កន្លែងចូល kon-laeng-chol
entry visa *n.* ទិដ្ឋការចូលប្រទេសមួយ teth-ka-chol-pror-tes-muoy
envelope *n.* ស្រោមសំបុត្រ sroam-som-bot
environment *n.* បរិស្ថាន pak-ri-than
environmental *adj.* នៃបរិស្ថាន nei-pak-ri-than
environs *n.* តំបន់ជុំវិញ dom-bon-chom-vinh
enzymes *n.* វិភេទរស vi-phet-ruos
epicure *n.* អ្នកត្រេកអាហារឆ្ងាញ់ neak-treek-ah-ha-chhnganh
epidemic *n.* ការរីករាលដាល ka-rik-real-dal
epileptic *adj.* នៃជំងឺឆ្កួតជ្រូក nei-chom-ngeu-chhkuot-chruk
episode *n.* ភាគ pheak
epoch *n.* ជំនាន់ chom-norn
equal *adj.* ដែលស្មើគ្នា dael-smer-knea • *v.* ស្មើគ្នា smer-knea
equal rights *n.* សិទ្ធិស្មើគ្នា seth-smer-knea
equality *n.* ភាពស្មើគ្នា pheap-smer-knea
equally *adv.* យ៉ាងស្មើភាព yang-smer-knea
equation *n.* សមីការ sak-mei-ka
equilibrium *n.* តុល្យភាព tol-yeak-pheap
equipment *n.* ឧបករណ៍ ob-pkor
equity *n.* សមធម៌ som-ma-thuour, សមភាព sak-mak-pheap
equivalent *adj.* សមមូល្យ sak-mak-moul
era *n.* យុគសម័យ yuk-keak-sak-mai
eradicate *v.* លុបចោល lub-choal
erect *v.* សាងសង់ sang-sorng
erected *adj.* ដែលសង់ឡើង dael-sorng-lerng
erotic *adj.* ដែលស្រើបស្រាល dael-srerb-sral
error *n.* កំហុស kom-hos
escalate *v.* ធ្វើឲ្យកាន់តែខ្លាំងឡើង thver-oay-kan-tae-khlang-lerng
escalator *n.* ជណ្ដើរយន្ត chun-der-yon
escape *v.* គេចវេស kech-ves, ចេញ chenh
escape key *(tech.)* សោរគេចខ្លួន soa-kech-khluon
escrow *n.* បញ្ញើទុកក្នុងដៃគតិជន panh-nheu tuk knong dai ka-te-chun, ឯកសារទុកនៅតតិយជន aek-sa-tok-nov-tak-tei-chun

---

especially *adv.* ជាពិសេស chea-pi-ses
espresso *n.* កាហ្វេអេសប្រេសូ ka-fe-ess-pres-so
essay *n.* អត្ថបទនិពន្ធ at-thak-bot-ni-pon
essence *n.* សារៈសំខាន់ sa-rak-som-khan
essential *adj.* សំខាន់ som-khan
essentially *adv.* យ៉ាងសំខាន់ yang-som-khan
establish *v.* បង្កើតឡើង bong-kert-lerng
establishment *n.* ការបង្កើតឡើង ka-bong-kert-lerng
estate *n.* ភោគទ្រព្យ phoak-troab
estimate *n.* ការប៉ាន់ស្មាន ka-pan-sman
et al. *abbr.* និងអ្នកដទៃទៀត noeng-neak-dor-tei-teat
etcetera (*abbr.* **etc.**) *adv.* ។ល។ lak-noeng-lak
etching *n.* រូបផ្ដិតពីចម្លាក់ roub-phdet-pi-chom-lak
ethical *adj.* ដែលមានសីលធម៌ dael-mean-sel-thor
ethical practices *n.* ការប្រព្រឹត្តិតាមក្រមសីលធម៌ ka-bro-pret-krorm-sel-thor
ethical treatment *n.* ទង្វើមានក្រមសីលធម៌ tong-ver-krorm-sel-thor
ethics *n.* ក្រមសីលធម៌ krorm-sel-thor, សីលធម៌ sel-thor
ethnic *adj.* នៃជាតិពន្ធ nei-cheat-pon
etiquette *n.* អតិថិវិន័យ art-ti-thi-vi-nei
eunuch *n.* មនុស្សប្រុសក្រៀវ mnus-bros-kreav
euro *n.* ប្រាក់អឺរ៉ូ brak-eu-ro
Europe *n.* ទ្វីបអឺរ៉ុប thvib-oe-rop
European *adj.* ជនជាតិអឺរ៉ុប chun-cheat-oe-rop
European Union (*abbr.*: **EU**) *n.* សហភាពអឺរ៉ុប sak-hak-pheap-oe-rop; ~ **country** ប្រទេសក្នុងសហភាពអឺរ៉ុប pror-tes-knong-sak-hak-pheap-oe-rop; ~ **citizen** ប្រជាជាតិអឺរ៉ុប bro-chea-chun-oe-rop
evacuate *v.* ភៀសខ្លួន pheas-khluon
evacuation *n.* ការភៀសខ្លួន ka-pheas-kluon
evaluate *v.* វាយតម្លៃ veay-dom-lai
evaluation *n.* ការវាយតម្លៃ ka-veay-dom-lai
evaporated *adj.* បង្ហួត bong-huot
evaporated milk *n.* ទឹកដោះគោខាប់គ្មានជាតិផ្អែម toek-da-oh-koo-khab-kmean-cheat-phaem
even *adv.* ទោះបី tuoh-bei
evening *n.* ល្ងាច lngeach; *phr.* **good** ~ សាយ័ន្តសួស្ដី sa-yoan-suo-sdei; **this** ~ ល្ងាចនេះ lngeach-nis
evening service សេវាពេលល្ងាច seva pel la-ngeach

event *n.* ពិធី pi-thi
eventually *adv.* ជាចុងក្រោយ chea-chong-kroay
ever *adv.* ធ្លាប់ thlorp
evergreen *n.* ដើមឈើមានស្លឹកបៃតងជានិច្ច derm-chher-mean-sloek-bei-torng-chea-nich
everlasting *adj.* ជានិរន្តរ៍ chea-ni-ron
every *adj.* រាល់ rorl; ~ **day** រៀងរាល់ថ្ងៃ reang-rorl-tngai; ~ **week** រាល់សប្តាហ៍ rorl sab-bda
everyday *adj.* រាល់ថ្ងៃ rorl-thngi
everyone *pron.* អ្នករាល់គ្នា neak-rorl-knea
everything *pron.* អ្វីគ្រប់យ៉ាង avei-kroub-yang
everywhere *adv.* គ្រប់ទីកន្លែង krob-ti-kon-laeng
evict *v.* បណ្តេញចេញ bon-denh-chenh
eviction *n.* ការបណ្តេញចេញ ka-bon-denh-chenh
evidence *n.* ភស្តុតាង phoas-tang
evident *adj.* ជាក់ស្តែង cheak-sdaeng
evil *adj.* កំណាច kom-nach
evolution *n.* ការវិវត្ត ka-vi-vot
evolutionary *adj.* នៃការវិវត្ត nei-ka-vi-vot
evolve *v.* វិវត្ត vi-vot
ex- *prefix* អតីត ark-det
exact *adj.* ជាក់លាក់ cheak-leak
exact amount *n.* បរិមាណជាក់លាក់ pak-ri-man-cheak-leak
exact change *n.* ការផ្លាស់ប្តូរជាក់លាក់ ka-phlas-pdo-cheak-leak
exactly *adv.* យ៉ាងជាក់លាក់ yang-cheak-leak
exaggerate *v.* ពន្លើស pon-lers
exaggerated *adj.* ដែលពន្លើស dael-pon-lers
exaggeration *n.* ការពន្លើស ka-pon-lers
exalted one *n.* ភគវា phak-ka-vea
exam *n.* ការប្រលង ka-bro-lorng
examination *n.* ការត្រួតពិនិត្យ kar truot-pi-nit, ការពិនិត្យពិច័យ ka-pi-nit-pi-chai
examine *v.* ពិនិត្យ pi-nit
example *n.* ឧទាហរណ៍ ou-tea-hor; **for** ~ ជាឧទាហរណ៍ chea-ou-tea-hor
exceed *v.* លើសចំណុះ lers-chom-nos
excellent *adj.* ល្អឥតខ្ចោះ laor-et-khchos
except *prep.* លើលលែងតែ lerk-laeng-tea

exception *n.* ការលើកលែង ka-lerk-laeng
excess *n.* បរិមាណលើស pak-ri-man-lers; **in ~ of** លើស lers
excess baggage *n.* ឥវ៉ាន់លើសចំណុះ ei-van-lers-chom-nouh
excessive *adj.* ដែលលើសចំណុះ dael-lers-chom-nouh
exchange *v.* ដោះដូរ duoh-do; **~ a purchase** ដោះដូរទំនិញ duoh-do-tom-ninh; **in ~ (for)** ជាការផ្លាស់ប្តូរនឹង chea-ka-phlas-pdo-noeng
exchange office *n.* ប្រៃសណីយ៏ prei-sa-ni
exchange rate *n.* អត្រាប្តូរប្រាក់ art-tra-pdo-prak
excite *v.* ធ្វើឲ្យរំភើប thver-oay-roum-pherb
excited *adj.* រំភើប roum-pherb
excitement *n.* សេចក្តីរំភើប sech-kdei-roum-pherb
exciting *adj.* គួរឲ្យរំភើប kuo-oay-roum-pherb
exclamation *n.* ការលាន់មាត់ ka-lorn-mot
exclamation point *n.* ឧទានសញ្ញា ou-tean-sanh-nha
exclude *v.* មិនរាប់បញ្ចូល men-rob-bonh-chol
excluding *prep.* លើកលែងចេញ lerk-laeng-chenh
exclusion *n.* ការមិនរាប់បញ្ចូល ka-men-rorb-bonh-chol
exclusive *adj.* ដែលមិនរាប់បញ្ចូល dael-men-rorb-bonh-chol
exclusively *adv.* យ៉ាងផ្តាច់មុខ yang-pdach-muk
excursion *n.* ដំណើរកំសាន្ត dom-ner-kom-san
excuse *v.* អភ័យទោស ark-phei-tos
excuse me *phr.* សូមអភ័យទោស som-ark-phei-tos
execution *n.* ប្រតិបត្តិការ bro-ti-bat-ka
executive *n.* អ្នកចាត់ការ neak-chat-ka
exempt *v.* ឲ្យរួចខ្លួន oay-ruoch-khluon
exemption *n.* ការឲ្យរួច ka-oay-ruoch
exercise *n.* លំហាត់ lom-hat
exhaust *v.* ធើអោយអស់កម្លាំង rer-oay-os-kom-lang
exhaust pipe *n.* បំពង់បញ្ចេញផ្សែង bom-pong-bonh-chenh-phsaeng
exhausted *adj.* នឿយហត់ nery-hot
exhibit *v.* តាំងពិព័រណ៍ tang-pi-por
exhibition *n.* ការតាំងពិព័រណ៍ ka-tang-pi-por
exist *v.* ស្ថិតនៅ sthet-nov
existence *n.* អត្ថិភាព ak-the-pheap
exit *n.* ផ្លូវចេញ phlouw-chenh; **highway ~** ផ្លូវចេញពីមហាវិថី phlouw-chenh-pi-mor-ha-vi-thei
exonerate *v.* រួចទោស ruoch toas, អនុញ្ញាតអោយរួច ark-nu-nhat-oay-ruoch

exotic *adj.* ចម្លែក chom-laek
expand *v.* ពង្រីក pong-rik
expansion *n.* ការពង្រីក ka-pong-rik
expect *v.* រំពឹង roum-poeng
expectation *n.* ការរំពឹង ka-roum-poeng
expected *adj.* ដែលរំពឹងទុក dael-roum-poeng-tuk
expenditure *n.* ការចំណាយ ka-chom-nay
expense *n.* ចំណាយ chom-nay
expensive *adj.* ថ្លៃ thlai; **too ~** ថ្លៃណាស់ thlai-nas
experience *n.* បទពិសោធន៍ bot-pi-soat
experienced *adj.* ដែលមានបទពិសោធន៍ dael-mean-bot-pi-soat
experiment *n.* ការពិសោធន៍ ka-pi-soat
experimental *adj.* នៃការពិសោធន៍ nei-ka-pi-soat
expert *n.* អ្នកជំនាញ neak-chom-neanh
expertise *n.* ជំនាញ chom-neanh
expiration *n.* ការផុតកំណត់ ka-phot-kom-nort
expiration date *n.* ថ្ងៃផុតកំណត់ thngai-phot-kom-nort
expire *v.* ផុតកំណត់ phot-kom-nort
explain *v.* ពន្យល់ pon-yol
explanation *n.* ការពន្យល់ ka-pon-yol
explode *v.* ផ្ទុះ phtus
exploit *n.* កេងប្រវ័ញ្ច keng-bro-vanh
exploitation *n.* ការកេងប្រវ័ញ្ច ka-keng-bro-vanh
exploration *n.* ការរុករក ka-ruk-rork
explore *v.* រុករក rouk-rork
explosion *n.* ការផ្ទុះ ka-phtus
export *v.* នាំចេញ nouam-chenh, អិកស្ពត ek-sport
export file *(tech.) v.* យកឯកសារចេញ york-aek-sa-chenh
expose *v.* បង្ហាញអោយឃើញ bong-hanh-oay-khernh
exposure *n.* ការបង្ហាញ ka-bong-hanh
express *v.* សម្តែងអារម្មណ៍ som-daeng-ah-rorm
express mail *n.* សេវាផ្ញើសាររហ័ស se-va-phnher-sa-loeurn
express train *n.* រថភ្លើងលឿន rut-phlerng leurn, រទេះភ្លើងលឿន ro-tes-phlerng-loeurn
expression *n.* ការបញ្ចេញមតិ ka-bonh-chenh-ma-ti
expunge *v.* លុបចោល lub-choal
extend *v.* ពន្យារ pon-yeal

extension *n.* ការពន្យារ ka-pon-year
extension cord *n.* ខ្សែបន្តចរន្តភ្លើង khsae-bon-tor-cha-rorn
extensive *adj.* ទូលំទូលាយ tou-lom-tou-leay
extent *n.* កំរិត kom-ret
external *adj.* នៃផ្នែកខាងក្រៅ nei-phnaek-khang-krouw
extra *adj.* បន្ថែម bon-thaem • *adv.* លើសធម្មតា lers-thorm-mda
extract *n.* សម្រង់ som-rorng; **vanilla** ~ សារធាតុចម្រាញ់ពីវ៉ានីឡា sa-ro-theat-chom-ranh-pi-van-ni-la • *v.* ដកស្រង់ dork-srong; *(legal)* ~ **a confession** បង្ខំឲ្យសារភាព bong-khom-oy-sa-ro-phearb
extraordinary *adj.* ពិសេស pi-ses
extreme *adj.* លើសលុប lers-lub
extremely *adv.* យ៉ាងខ្លាំង yang-khlang
eye *n.* ភ្នែក phnek
eye test *n.* ការពិនិត្យភ្នែក ka-pi-nith-phnek
eyeball *n.* គ្រាប់ភ្នែក kroab-phnek
eyebrow *n.* ចិញ្ចើម chenh-cherm
eyeglasses *n.* វ៉ែនតា vaen-ta
eyelash *n.* រោមភ្នែក room-phnek
eyelet *n.* រន្ធចងខ្សែ run-chorng khsae
eyewash *n.* ទឹកលាងភ្នែក toek-leang-phnek

F

fabric *n.* សាច់ក្រណាត់ sach-kro-nat
fabricate *v.* បង្កើតថ្មី bong-kert-thmey
fabrication *n.* ការបង្កើតថ្មី ka-bong-kert-thmey
face *n.* មុខ muk
facial *n.* ការម៉ាស្សាមុខ ka-mas-sa-muk
facial features *n.* សណ្ឋានផ្ទៃមុខ son-than-phtei-muk
facilities *n.* គ្រឿងបរិក្ខារ kroeurng-pak-ri-kha
facility *n.* ឧបករណ៍សម្រួល oub-pak-kor-som-ruol
fact *n.* ការពិត ka-pit
factor *n.* កត្តា kak-ta
factory *n.* រោងចក្រ roong-chak
fahrenheit *n.* អង្សាហ្វារិនហាយ orng-sa-fha-ven-hai
fail *v.* បរាជ័យ pak-ra-chey
failure *n.* ការបរាជ័យ ka-pak-ra-chey
faint *adj.* ខ្សោយ khsoay; **feel** ~ ចង់ខ្យល់គរ chong-kchorl-kor
faintly *adv.* យ៉ាងស្រាល yang-sruol
faith *n.* ជំនឿចិត្ត chum-noeur-chet
faithful *adj.* ទៀងត្រង់ teang-trorng
faithfully *adv.* យ៉ាងទៀងត្រង់ yang-teang-trorng
falafel *n.* ប្រហិតចៀនមជ្ឈឹមបូពា bro-het-chean-mach-chherm-bo-pea
falcon *n.* ស្ទាំង steang
fall *v.* ធ្លាក់ thleak
fall apart *v.* បែកបាក់ baek-bak
fall down *v.* ធ្លាក់ចុះ thleak-chos
fallacy *n.* វិរុទ្ធនិទស្សន៍ vi-ruth-ni-tuos
false *adj.* ខុស khos
fame *n.* កិត្តិនាម ket-tneam
familiar *adj.* ប្រហាក់ប្រហែល bro-hak-bro-hael
family *n.* គ្រួសារ kruor-sa
family law *n.* នីតិគ្រួសារ ni-te kruosa
famous *adj.* ល្បីល្បាញ lbey-lbanh
fan *(mech.)* *n.* កង្ហារ korng-ha

fan belt *(mech.) n.* ខ្សែពានកង្ហារ khsae-pean-korng-ha
fancy *v.* ចូលចិត្ត chol-chet
fantastic *adj.* អស្ចារ្យ ors-scha
fantasy *n.* ការស្រមើស្រមៃ ka-sro-mer-sro-mai
far *adj.* ដែលឆ្ងាយ dael-chhngay • *adv.* ឆ្ងាយ chhngay; **how ~?** ឆ្ងាយប៉ុណ្ណា chhngay-pon-na
fare *n.* ថ្លៃឈ្នួល thlai-chhnuol
farm *n.* កសិដ្ឋាន kak-se-than
farmer *n.* កសិករ kak-se-kor
farming *n.* កសិកម្ម kak-se-kam
far-sighted *adj.* ម្នបជិត ma-nhoub choet
farther *adj.* ឆ្ងាយជាង chhngay-cheang
farthest *adj.* ឆ្ងាយបំផុត chhngay-bom-phot
fascinate *v.* ចាប់ចិត្ត chab-chet
fascinated *adj.* ដែលចាប់ចិត្ត dael-chab-chet
fascinating *adj.* ដែលគួរឲ្យចាប់ចិត្ត dael-kuor-oay-chab-chet
fascination *n.* ការចាប់ចិត្ត ka-chab-chet
fashion *n.* ម៉ូតពេញនិយម mot-penh-ni-yom
fashionable *adj.* ដែលពេញកំពុងនិយម dael-kom-pong-penh-ni-yom
fast *adj.* លឿន loeurn; **to be ~** លឿន loeurn
fast food *n.* អាហារសម្រន់ ah-ha-som-rorn
fasten *v.* ពន្លឿន pon-lorurn
fat *adj.* ធាត់ thort; **non-~** គ្មានជាតិខ្លាញ់ kmean cheat khlanh; **percent body ~** ជាតិខ្លាញ់ក្នុងខ្លួន cheat khlanh knong khloun
fat content *n.* សារជាតិខ្លាញ់ sar-cheat khlanh
fate *n.* ព្រហ្មលិខិត prom-li-khet
fat-free *n.* ភាពគ្មានជាតិធាត់ pheap-kmean-cheat-thort
father *n.* ឪពុក ouw-puk
father-in-law *n.* ឪពុកក្មេក ouw-puk-kmek
fattened *adj.* ធ្វើឲ្យធាត់ thver-oay-thort
fatty *adj.* មានជាតិខ្លាញ់ច្រើន mean-cheat-khlanh-chrern
faucet *n.* ក្បាលម៉ាស៊ីនទឹក kbal-ma-sin-toek
fault *n.* កំហុស kom-hos
faulty *adj.* ដែលមានកំហុស dael-mean-kom-hos
favor *n.* ជំនួយ choum-nuoy; **in ~ (of)** នៃចំណូលចិត្តរបស់ nei-chom-noul-chet-robors
favorite *adj.* ដែលចូលចិត្តជាងគេ dael-chol-chet-cheang-ke,

ដែលជាចំណង់ចំណូលចិត្ត dael chea chorm-norng-chorm-noul-chet; **add to ~s** *(tech.)* បញ្ចូលក្នុងបញ្ជីពិសេស bonh-chol-knong-bonh-chi-pi-ses

fax *n.* ទូរសារ tou-sa • *v.* **send a ~** ផ្ញើទូរសារ phnher-tou-sa

fax machine *n.* ម៉ាស៊ីនទូរសារ ma-sin-tou-sa

fear *n.* ភាពភ័យខ្លាច pheap-phei-khlach

feasible *adj.* ដែលអាចធ្វើបាន dael-ach-thver-ban

feast *n.* ការជប់លៀង ka-chuob-leang

feather *n.* រោម room

feature *n.* ទ្រង់ទ្រាយ trong-treay

February *n.* ខែកុម្ភៈ khae-koum-pheak

federal *adj.* នៃសហពន្ធ័ nei-sa-hak-paon

fee *n.* តម្លៃឈ្នួល dorm-lai-chhnuol

feed *n.* ចំណីសត្វ chom-nei-sat; **chicken ~** ចំណីមាន់ chom nei moan • *v.* ដាក់ចំណី dak chom-nei

feeding bottle *n.* ដបទឹកដោះគោក្មេង dorb-toek-dos-ko-kmeng

feel *v.* មានអារម្មណ៍ mean-ah-rom

feel cold *v.* រងារ ror-ngea

feel hot *v.* មានអារម្មណ៍ក្តៅ mean-ah-rom-kdaow

feel sick *v.* មិនស្រួលខ្លួន men-sruol-khluon

feeling *n.* អារម្មណ៍ ah-rom

feet *n.* ជើង cherng; **chicken ~** ជើងមាន់ cherng-moan

fellow *n.* សមាជិក sak-ma-chek

felony *n.* បទឧក្រិដ្ឋ bort uh-kroet

female *adj.* ភេទស្រី phet-srey

feminine *adj.* នៃស្ត្រី nei-srey

feminism *n.* ស្ត្រីនិយម sa-trei-ni-yom

feminist *n.* អ្នកលទ្ធិស្ត្រីនិយម neak-lethy-sa-trei-ni-yom

fence *n.* របង ror-borng

fencing *n.* *(barrier)* របង ror-borng; *(sport)* ការប្រកួតដាវ ka-bro-kuot-dav

fender *n.* គ្រឿងការពារ kroeurng-ka-pea

fennel *n.* ជីរអង្កាម chi-orng-karm

ferment *v.* ឡើងជូរ lerng-chuo

ferroniella lucida *(tropical fruit) n.* ក្រសាំង kror-saing

ferry *n.* សាឡាង sa-lang; **car ~** នាវាចម្លងទំនើប nea-vea chorm-lorng tum-neub

fervent *adj.* ដែលរស់រវើក dael-ruos-ro-verk

fervor *n.* ភាពរំជើបរំជួល pheap-roum-cherb-roum-chuol

---

festival *n.* ពិធីបុណ្យ pi-thy-bon
fetch *v.* ទៅយក touw-york
feud *n.* ជម្លោះ choum-luos
feudal *adj.* នៃសក្តិភូមិ nei-sak-kde-phoum
fever *n.* គ្រុនក្តៅ krun-kdaow
few *adj.* ពីរបី pi-bei
fiancé *n.* គូដណ្តឹងប្រុស kou-don-doeng-bros
fiancée *n.* គូដណ្តឹងស្រី kou-don-doeng-srey
fiasco *n.* បរាជ័យទាំងស្រុង pak-ra-chey-teang-srong
fiber *n.* សរសៃ sor-sai; **dietary** ~ សរសៃក្នុងរបបអាហារ sor-sai-knpng-ro-borb-ah-ha
fiction *n.* រឿងប្រឌិត roeurng-bro-det
fictional *adj.* នៃរឿងប្រឌិត nei-roeurng-bro-det
fiduciary *n.* ទំនុកចិត្ត tum-nuk choet, អភិបាល ark-phi-bal
field *n.* ហ្វៀល feal, ទីលាន ti-lean; **soccer** ~ ទីលានបាល់ទាត់ ti-lean-bal-tot
field hockey *n.* ទីលានវាយកូនគោលទឹកកក ti-lean-veay-kon-kol-toek-kok
fiery *adj.* ដែលចិត្តស្រាល dael-chet-sral
fifteen *num.* ដប់ប្រាំ dorb-bram-bei
fifteenth *adj.* ទីដប់ប្រាំ ti-dorb-bram
fifth *adj.* ទីប្រាំ ti-bram
fiftieth *adj.* ទីហាសិប ti-ha-seb
fifty *n. um* ហាសិប ha-seb
fig *n.* ផ្លែល្វា phlae la-vea, ល្វា la-vea
fight *v.* វាយ veay
fighting *n.* ការវាយតប់ ka-veay-tob
figment *n.* ការស្រមៃ ka-sror-mai
figurative *adj.* ដែលជានិមិត្តរូប dael-chea-ni-met-truk
figure *n.* តួលេខ tuor-lek
figurine *n.* រូបចម្លាក់តូច roub-chom-lak-toch
file *n.* បញ្ជី bonh-chi • *v.* តម្កល់ dorm-korl
files *n.* ហ្វាល farl
filet *n.* សាច់ចំលក sach-chom-lork
fill *v.* បំពេញ bom-penh
fill up *v.* បំពេញ bom-penh
fillet *n.* សាច់សុទ្ធ sach-soth; **fish** ~ សាច់ត្រីសុទ្ធ sach-trei-soth
filling *n.* ការបំពេញ ka-bom-penh; **fruit** ~ ញាត់ផ្លែឈើ nhort-phlee-chher; **meat** ~ ញាត់សាច់ nhoat-sach

film *n.* ភាពយន្ត pheap-yun
film speed *n.* ល្បឿនហ្វីល lbern-fhil
filter *v.* ត្រង trong; **coffee** ~ តម្រងកាហ្វេ dom-rorng-ka-phve; **without** ~ គ្មានការកែច្នៃ kmean kar-kae chnai
filtered *adj.* ត្រូវបានច្រោះ touw-ban-chhrors
filtered water *n.* ទឹកច្រោះ toek-chrors
filth *n.* ភាពស្មោកគ្រោក pheap-smoak-krok
filthy *adj.* ស្មោកគ្រោក smoak-krok
final *adj.* ចុងក្រោយ chong-kroay
finality *n.* សេចក្តីអង់អាច sech-kdei-orng-ach
finally *adv.* ជាចុងក្រោយ chea-chong-kroay
finance *n.* ហិរញ្ញវត្ថុ hee-ranh-vothok
financial *adj.* នៃហិរញ្ញវត្ថុ nei-hee-ranh-vothok
find *v.* ស្វែងរក svaeng-rork; ~ **out something** ស្វែងរកអ្វីមួយ svaeng-rork-avey-muoy • *n.* **a real** ~ មនុស្សគួរឲ្យចាប់អារម្មណ៍ mnus-kuor-oay-chab-ah-rom
finding *n.* ការរកឃើញ ka-rork-khernh
fine *adj.* ប្រពៃ bro-pei • *n.* ថ្លៃពិន័យ thlai pi-nay; **pay a** ~ បង់ថ្លៃពិន័យ bong-thlai-pi-nay
fine arts *n.* វិចិត្រសិល្បៈ vi-chet-sel-lpak
finely *adv.* យ៉ាងប្រពៃ yang-prey-phsai
finescale tigerfish *n.* ត្រីខ្លា trei khla
finger *n.* ម្រាមដៃ mream-dai
fingernail *n.* ក្រចកដៃ kror-chork-dai
fingertip *n.* ចុងដៃ chong-dai
finish *v.* បញ្ចប់ bonh-chob
finished *adj.* ត្រូវបានបញ្ចប់ trouw-ban-bonh-chob
fir *n.* ដើមស្រល់ derm-srorl
fire *n.* ភ្លើង phlerng
fire alarm *n.* សញ្ញាអគ្គីភ័យ sanh-nha ah-ki-phei
fire department *n.* នាយកដ្ឋានអគ្គីភ័យ nea-yuok-than-ah-ki-phei
fire eel *n.* ត្រីខ្ចឹងផ្កា trei khchoeng-pkar
fire escape *n.* ទ្វារចេញពេលមានភ្លើងឆេះ thvea-cenh-pel-mean-phlerng
fire extinguisher *n.* ប្រដាប់ពន្លត់អគ្គីភ័យ bro-dab-pon-lot-ah-ki-phei
fire truck *n.* ឡានទឹក lan toek
firecracker *n.* ផាវ phav
firefighter *n.* អ្នកពន្លត់អគ្គីភ័យ neak-pon-lot-ah-ki-phei

firepit *n.* ភ្នក់ភ្លើង phnuok-phleurng
fireplace *n.* កន្លែងអគ្គីភ័យ kon-laeng-ah-ki-phei
firewall *n.* ហ្វាយអឺវ៉ល fai-er-vorl
firewood *n.* អុស ors
fireworks *n.* កាំជ្រួច kam-chruoch
firm *n.* ក្រុមហ៊ុន krom-hun • *adv.* យ៉ាងជាប់ yang-chorb
firmly *adv.* យ៉ាងជាប់ yang-chorb
first *ord. num.* ទីមួយ ti-muoy • *adj.* នៃទីមួយ nei ti muoy
first aid *n.* ការជួយសង្គ្រោះជាបន្ទាន់ ka-chuoy-sorng-kruos-chea-bon-ton
first-aid kit *n.* ប្រដាប់ប្រដាសង្គ្រោះបន្ទាន់ pror-dab sorng-kruos born-toan
first class *n.* កន្លែងពិសេសក្នុងរថភ្លើងឬយន្តហោះ kon-laeng-pi-ses-knong-rot-plerng-reu-yon-hos
first course *n.* អាហារដំបូង ah-ha-dom-bong
first floor *n.* ជាន់ទីមួយ chorn-ti-muoy
first lady *n.* ភរិយាប្រធានាធិបតីអាមេរិក pheak-yea-bro-thea-nea-theb-pdey-ah-me-rech
first place *n.* លេខមួយ lek-muoy
fiscal *adj.* នៃសារពើពន្ធ nei-sa-ror-per-poan
fish *n.* ត្រី trei; **fresh** ~ ត្រីស្រស់ trei-srors; **grilled** ~ ត្រីអាំង trei-arng
fish allergy *n.* ប្រតិកម្មជាមួយត្រី bro-te-kam-chea-muoy-toek-trei
fish fillet *n.* សាច់ត្រីសុទ្ធ sach-trei-soth
fish jelly *n.* ចាហួយត្រី cha-huoy trei
fish sauce *n.* ទឹកត្រី toek-trei
fish stall *n.* ហាងត្រី hang trei
fish stock *n.* ពូជត្រី puch-trei
fish store *n.* ហាងលក់ត្រី hang-luok-trei
fisherman *n.* អ្នកនេសាទត្រី neak-ne-sat-trei
fishing *n.* ការស្ទូចត្រី ka-stouch-trei; *phr.* **no** ~ ហាមស្ទូចត្រី ham-stouch-trei
fishing license *n.* អាជ្ញាប័ណ្ណនេសាទត្រី ah-nha-bann-ne-sat-trei
fishing net *n.* មង morng
fishing permitted *phr.* អនុញ្ញាតឲ្យស្ទូចត្រី ark-nuk-nhat-oay-stouch-trei
fishing rod *n.* ដងសន្ទូច dorng-sorn-touch
fishmonger *n.* អ្នកលក់ត្រី neak-luok-trei
fist *n.* កណ្ដាប់ដៃ kon-dab-dai
fit *v.* ត្រូវ trouw
fitness *n.* ភាពមាំទាំ pheap-morm-torm

fitness room *n.* បន្ទប់ហាត់កីឡា bon-tob-hat-kei-la
fitness test *n.* ការសាកល្បងភាពមាំទាំ ka-sak-lborng-pheap-morm-torm
fitting *n.* ការលៃ ka-lor
fitting room *n.* បន្ទប់លខោអាវ bon-tub-lor-khoa-av
five *num.* ប្រាំ bram
five precepts *(in Buddhism) n.* បញ្ចសីល panh-cha soel
fix *v.* ជួសជុល chuos-chol
fixative *n.* សារជាតិភ្ជាប់ sa-cheat-phchop; **spray with ~** បាញ់ថ្នាំភ្ជាប់ banh thnam phchop
fixed *adj.* មិនប្រែប្រួល men-brae-bruol
fixed price *n.* តម្លៃមិនចុះ dorm-lai-men-chos
flag *n.* ទង់ជាតិ tong-cheat
flakes *n.* ចំណិតស្តើងតូច chom-net-sderng-toch
flaky *adj.* ដែលបែកជាចំណិតស្តើងតូច dael-baek-chea-chom-net-sderng-touch
flambé *n.* ម្ហូបចំអិនចេញភ្លើង mhop-chom-en-chenh-phlerng
flame *n.* អណ្តាតភ្លើង orn-dat-phlerng
flame of the forest *(plant) n.* ចារ cha
flan *n.* បង្អែមម្យ៉ាង bong-aem-myang
flank *n.* ត្រគាក tror-keak
flank steak *n.* បន្ទះសាច់ត្រគាក bon-teah-sach-tror-keak
flare *v.* ឆាបឡើង chhab-lerng
flash *v.* បញ្ចេញពន្លឺភ្លែតៗ bonh-chenh-pon-leu-phlet-phlet
flash memory *n.* ហ្វ្លាស flas
flash photography *n.* ការថតរូបភ្លែតៗ ka-thort-rub-phlet-phlet
flashlight *n.* ពិល pil
flat *adj.* រាបស្មើ reab-smer
flat tire *n.* បែកកង់ baek-kong
flatter *v.* បញ្ជោរ bonh-cho
flattery *n.* ការបញ្ជោរ ka-bonh-cho
flavor *n.* រសជាតិ ruos-cheat
flavored *v.* មានរសជាតិម្យ៉ាង mean-ruos-cheat-myang
flavoring *n.* គ្រឿងដាក់ឲ្យមានរសជាតិ krerng-dak-oay-mean-ruos-cheat
flax *n.* ធ្មៃ thmai
flaxseed *n.* គ្រាប់ធ្មៃ krorb-thmai
flea *n.* ចៃ chai
flea market *n.* ផ្សារជជុះ phsa-chor-chus

flesh *n.* សាច់ sach
flexibility *n.* ភាពប្រែប្រួល pheap-bre-bruol
flexible *adj.* ដែលប្រែប្រួល dael-bre-bruol
flicker *v.* ភ្លឺភ្លិបភ្លែត phleu-phlerb-phlet
flight *n.* ជើងយន្តហោះ cherng-yon-hos
flight attendant *n.* អ្នកបំរើការយន្តហោះ neak-bom-rer-ka-ler-yon-hos
flight number *n.* លេខជើងយន្តហោះ lek-cherng-yon-hos
flight of stairs *n.* ជណ្ដើរជាប់គ្នា chon-da-uh choab knea
flimsy *adj.* ស្ដើងស្រាល sderng-sral
flip *v.* ក្រឡាប់ kro-lab
flip-flops *n.* ស្បែកជើងផ្ទាត់ sbaek-cherng-phtot
float *v.* អណ្ដែត orn-daet
flood *n.* ទឹកជំនន់ toek-chom-non
floor *n.* ឥដ្ឋ et
florist *n.* កន្លែងលក់ផ្កា kon-laeng-luok-phka
flounder *(fish) n.* ត្រីអណ្ដាតឆ្កែ trei-orn-dat-chhkae
flour *n.* ម្សៅ msao; **all-purpose** ~ ម្សៅគ្រប់មុខ msao krub muk; **wheat** ~ ម្សៅស្រូវសាឡី msao srouw salei; **whole wheat** ~ ម្សៅស្រូវសាឡីសុទ្ធ msao-srouw-salei-sot; **potato** ~ ម្សៅដំឡូង msao dorm-loung; **spelt** ~ ម៉្សៅធ្វើនំប៉័ង masao-thver-num-pang
floured *v.* ដែលប្រឡាក់ម្សៅ dael-bro-lak-msaow
flourish *v.* រីកដុះដាល rik-dos-dal
flow *n.* លំហូរ lom-ho
flower *n.* ផ្កា phka
flu *n.* គ្រុនក្ដៅ krun-kdaow
fluency *n.* ភាពស្ទាត់ pheap-sngat
fluent *adj.* ស្ទាត់ stort
fluid *n.* វត្ថុរាវ vothuk-reav
flush *v.* បង្ហូរលាង bong-ho-leang
flute *n.* ខ្លុយ khloy
fly *v.* ហោះហើរ hors-her • *n. (insect)* រុយ ruy
flying *adj.* ដែលចេះហោះ dael-ches-hos
focus *v.* ផ្ដោត phdot
fog *n.* អព្ទ arb
fog light *n.* ភ្លើងហ្វា phlerng-fha
foggy *adj.* ចុះអព្ទ chos-arb
foie gras *n.* ថ្លើមទា thlerm-tea

fold *v.* បត់ bot
folder *n.* ហ្វូលដ័រ foul-der
foliage *n.* ស្លឹកឈើ sloek-chher
folk *n.* អ្នកស្រុកស្រែ neak-srok-srae
folk art *n.* សិល្បៈប្រជាប្រិយ sel-la-pak-bro-chea-prei
folk music *n.* តន្ត្រីប្រជាប្រិយ dorn-trei-bro-chea-prei
follow *v.* ទៅតាម touw-tam
following *adj.* យោងតាម young-tam
font *n.* ពុម្ពអក្សរ pum-ak-sor, ម៉ូដអក្សរ mod-ark-sor; **large ~** អក្សរទំហំធំ ark-sor-tom-hom-thom
food *n.* អាហារ ah-ha; **free ~** អាហារឥតគិតថ្លៃ ah-ha-et-kit-thlai
food additives *n.* គ្រឿងបន្ថែមក្នុងម្ហូប kroeurng-bon-them-knong-mhob
food coloring *n.* លក្ខណ៍ដាក់ម្ហូប leak-khan-dak-mhob
food festival *n.* ពិធីបុណ្យម្ហូប pi-thy-bon-mhob
food poisoning *n.* ការពុលអាហារ ka-pil-ah-ha
food preservatives *n.* គ្រឿងដាក់ម្ហូបឲ្យទុកបានយូរ kroeurng-dak-mhob-oay-tok-ban-yu
food pyramid *n.* ពីរ៉ាមីតអាហារ pi-ra-mid-ah-ha
fool *n.* មនុស្សឆ្កួត mnus-chhkuot
foot *n.* ជើង cherng; **on ~** ថ្មើរជើង thmer-cherng
football (soccer) *n.* កីឡាបាល់ទាត់ kei-la-bal-tot
footer *n.* ជើងទំព័រ cheung-tum-puour, សំណេរបាតទំព័រ som-nee-bat-tom-por; **add ~ to document** បន្ថែមសំណេរបាតទំព័រ bon-them-som-nee-chak-tom-por
footpath *n.* ផ្លូវតូចសម្រាប់ដើរ phlouw-toch-som-rab-der
for *prep.* សម្រាប់ som-rab
for example *phr.* ជាឧទាហរណ៍ chea-ou-tea-hor
for good *phr.* ជារៀងរហូត chea-reang-ro-hot
for instance *phr.* ជាឧទាហរណ៍ chea-ou-tea-hor
for now *phr.* ឥឡូវនេះ ey-louw-nis
for rent *phr.* សម្រាប់ជួល som-rab-chuol
for the sake of *phr.* ដើម្បី derm-bei
forbidden *adj.* ត្រូវបានហាមឃាត់ trouw-ban-ham-khuot
force *n.* កងកម្លាំង korng-kom-lang
forceful *adj.* ដែលបង្ខំ dael-bong-khom
forearm *n.* ដើមដៃ derm-dai
forecast *n.* ការព្យាករណ៍ ka-pchea-kor

forefinger *n.* ចង្អុលដៃ chong-ol-dai
forehead *n.* ថ្ងាស thngas
foreign *adj.* បរទេស bor-tes
foreign currency *n.* រូបិយបណ្ណបរទេស rupei-ban-bor-tes
foreign language *n.* ភាសាបរទេស phea-sa-bor-tes
foreigner *n.* ជនបរទេស chun-bor-tes
foreleg *n.* ជើងមុខ cherng-muk
foreman *n.* មេការ me-ka
foremost *adj.* មុនគេ mun-ke
forerunner *n.* អ្នកនាំមុខ neak-noam-muk
foresight *n.* សន្និច្ឆ័យ son-ni-chai
forest *n.* ព្រៃ prei
forestry *n.* ព្រៃឈើ prei-chher
forever *adv.* ជាអមតៈ chea-arm-mtak
forge *v.* ក្លែងបន្លំ klaeng-bon-lom
forgery *n.* ការក្លែងបន្លំ ka-klaeng-bon-lom
forget *v.* ភ្លេច phlech; **don't ~ to** កុំភ្លេច kom-phlech; **~ it** បំភ្លេចចោលទៅ bom-phlech-choal-touw
forgetful *adj.* ភ្លេចភ្លាំង phlech-phleang
forgive *v.* លើកលែងទោស lerk-laeng-tos
fork *n.* សម sorm
form *n.* ទម្រង់ tom-rong
formal *adj.* ផ្លូវការ phlouw-ka
formal dress *n.* រ៉ូបផ្លូវការ roop-phlouw-ka
formal wear *n.* សម្លៀកបំពាក់ផ្លូវការ som-leak-bom-peak-phlouw-ka
formally *adv.* ដោយផ្លូវការ doay-phlouw-ka
format *n.* ទ្រង់ទ្រាយ troung-treay, ទំរង់បែបបទ tum-rung baeb-bort • *v.* **~ a document** រៀបចំឯកសារ reap-chom-aek-sa
formation *n.* និម្មិតកម្ម ni-met-kam
former *adj.* អតីត ah-det
formerly *adv.* ពីអតីត pi-ah-det
formula *n.* រូបមន្ត roub-pa-mun, រូបមន្ត rub-mon; **spreadsheet ~** រូបមន្តក្នុងកុំព្យូទ័រ rub-mon-knong-kom-pyou-ter
formulate *v.* សម្តែងចេញ som-daeng-chenh
forsake *v.* បោះបង់ចោល bos-bong-choal
fortieth *adj.* ទីសែសិប ti-sae-seb
fortified *adj.* ធ្វើឲ្យមាំ thver-oay-moam

fortnight *n.* ពីរសប្ដាហ៍ pi-sab-pda
fortress *n.* បន្ទាយ bon-teay
fortunately *adv.* ដោយសំណាង doay-som-narng
fortune *n.* ភព្វសំណាង phorb-som-narng
fortuneteller *n.* គ្រូទាយ krou-teay
forty *num.* សែសិប sae-seb
forum *n.* វេទិកា vet-ti-ka
forward *adj.* ដែលទៅមុខ dael-touw-muk • *adv.* ទៅមុខ touw-muk
fossil *n.* ហ្វូស៊ីល phu-sil
foster *v.* ជំរុញ choum-rounh
foul *n.* កំហុស kom-hos; *(sports)* ក្រៅខ្សែ krao-ksae • *adj.* មិនល្អ men-laor
found *v.* កសាង kor-sang
foundation *n.* មូលដ្ឋាន moul-than
fountain *n.* ទឹកផុស toek-phos
four *num.* បួន buon
four-door car *n.* ឡានទ្វារបួន lan-thvea-buon
fourfinger threadfin *(fish) n.* ត្រីព្រាម trei preap
fourteen *num.* ដប់បួន dob-buon
fourteenth *adj.* ទីដប់បួន ti-dob-buon
fourth *adj.* ទីបួន ti-buon
four-wheel drive *n.* ម៉ាស៊ីនឡានសម្រាប់បើកបរផ្លូវពិបាក ma-sin-lan-som-rab-berk-bor-phlouw-pi-bak
fowl *n.* បក្សី bak-sei
foyer *n.* កន្លែងទទួលភ្ញៀវ kn-laeng-tor-tuol-phnheav
fraction *n.* ភាគ pheak
fracture *n.* ការបែកបាក់ ka-baek-bak
fragment *n.* បំណែក bom-naek
fragrant *n.* គ្រឿងក្រអូប kroeurng-kro-ob
fragrant cell *(Buddhist) n.* ព្រះគន្ធកុដិ preah kun-kot
frame *n.* ស៊ុម soum
framework *n.* គ្រោង kroong
France *n.* ប្រទេសបារាំង pror-tes-barang
franchise *n.* សិទ្ធិប្រើយីហោ seth-brer-yi-hor
frantic *adj.* វិវក់ vi-vuok
fraud *n.* ការក្លែងបន្លំ kar klaeng born-lom, ការបោកប្រាស់ ka-boak-bras
fraudulent *adj.* ទុច្ចរិត tuch-chrek
frecklefin eel *n.* ត្រីខ្ជឹង trei khchoeng

free *adj.* ឥតគិតថ្លៃ et-kit-thlai
free admission *n.* ការចូលដោយឥតគិតថ្លៃ ka-chol-doay-et-kit-thlai
free gift *n.* កាដូឥតគិតថ្លៃ ka-do-et-kit-thlai
free of charge *adj.* ដោយឥតគិតថ្លៃ doay-et-kit-thlai
free ride *n.* ការជិះដោយឥតគិតថ្លៃ ka-chis-doay-et-kit-thlai
free ticket *n.* សំបុត្រឥតគិតថ្លៃ sorm-bot-et-kit-thlai
free time *n.* ពេលទំនេរ pel-tom-ne
freedom *n.* សេរីភាព se-rei-pheap
freely *adv.* ដោយសេរី doay-se-rei-pheap
freeze *v.* កក kork
freeze-dried *adj.* សម្ងួតបង្កក som-nguot-bong-kork
freezer *n.* កន្លែងបង្កក kon-laeng-bong-kork
freezing *adj.* ធ្វើឲ្យកក thver-oay-kork
French *adj.* នៃភាសាបារាំង nei-phea-sa-barang
French bread *n.* នំប័ងបារាំង num-paing baraing
french fries *n.* ដំឡូងចៀន dorm-loung chean, ដំឡូងបារាំងបំពង dorm-loung-barang-bom-pong
french toast *n.* នំប៉័ងលាយស៊ុត num-paing-leay-sot
frequency *n.* ភាពញឹកញាប់ pheap-nhoek-nhorb
frequent *adj.* ញឹកញាប់ nhoek-nhorb; **how ~?** ញឹកញាប់ប៉ុណ្ណា nhoek-nhorb-pon-na
frequently *adv.* យ៉ាងញឹកញាប់ yang-nhoek-nhorb
fresco *n.* គំនូរលើជញ្ជាំង koum-nou-ler-chonh-cheang
fresh *adj.* ស្រស់ srors
fresh fish *n.* ត្រីស្រស់ trei-srors
fresh fruit *n.* ផ្លែឈើស្រស់ phlae-chher-srors
fresh produce *n.* ផលិតផលស្រស់ phor-let-phorl-srors
fresh water *n.* ទឹកបរិសុទ្ធ toek-bor-ri-soth
freshly *adv.* យ៉ាងស្រស់ៗ yang-srors-srors
Friday *n.* ថ្ងៃសុក្រ thngai-sok
fridge *n.* ទូរទឹកកក tou-toek-kok
fried *adj.* ដែលចៀន dael-chean
friend *n.* មិត្តភក្តិ moet-pheak; **make ~s (with)** ធ្វើជាមិត្តភ័ក្តិ (ជាមួយ) thver chea moet-pheaek (chea-muoy)
friendly *adj.* រួសរាយ ruos-reay
friendship *n.* មិត្តភាព moet-pheap
fries *n.* ដំឡូងបារាំងបំពង dom-long-barang-bom-pong

frighten *v.* បំភ័យ bom-phei
frightened *adj.* ភិតភ័យ phet-phei; **be** ~ ភិតភ័យ phet-phei
frightening *adj.* ដែលគួរឲ្យខ្លាច dael-kuo-oay-khlach
fringed threadfin *(fish) n.* ត្រីកំប្រាម trei kom-pream
fritter *n.* នំបំពង num-bom-pong
frog *n.* កង្កែប kong-kep
front *n.* ខាងមុខ khang-muk; **in ~ of** នៅខាងមុខ nov-khang-muk, នៅពីមុខ nov-pe-muk
front desk *n.* តុមុខ tok-muk
front door *n.* ទ្វារមុខ thvea-muk
front light *n.* ភ្លើងមុខ phlerng-muk
front seat *n.* កន្លែងអង្គុយខាងមុខ kon-laeng-orng-kuy-khang-muk
front wheel *n.* កង់មុខ kong-muk
frost *v.* ធ្វើឲ្យសើមកក thver-oay-serm-kork
frosted *adj.* ដែលមានសន្សើមកក dael-mean-sorn-serm-kork
frosting *n.* ការធ្វើឲ្យកក ka-thver-oay-kork
frozen *adj.* ដែលកក dael-kork;
frozen food *n.* ម្ហូបកក mhob-kork
fructose *n.* ស្ករក្នុងផ្លែឈើ skor-knong-phlee-chher
frugal *adj.* អត្តខាត់ art-tkat
fruit *n.* ផ្លែឈើ phlae-chher; **fresh** ~ ផ្លែឈើស្រស់ phlae-chher-srors; **ripe** ~ ផ្លែឈើទុំ phlae-chher-tum; **unripe** ~ ផ្លែឈើខ្ចី phlae-chher-kchei
fruit brandy *n.* ស្រាផ្លែឈើ sra-phlae-chher
fruit juice *n.* ទឹកផ្លែឈើ toek phlae chher
fruit preserves *n.* ដំណាំផ្លែឈើ dorm-nam-phlae-chher
fry *v.* ចៀន chean
frying pan *n.* ខ្ទះ khteah
fudge *n.* នំផ្អែម nom-phaem
fuel *n.* ប្រេងសាំង breng-sang
fuel gauge *n.* ប្រដាប់វាស់ប្រេង bro-dab-vors-breng
fuel tank *n.* ធុងសាំង thong-sang
full *adj.* ពេញ penh; **be** ~ ឆ្អែត chh-aet
full amount *n.* ចំនួនពេញ chom-nuon penh
full board *adv.* ដោយផ្តល់ការហូបចុកស្នាក់នៅ doay-phdol-ka-snak-nov-hob-chok
full-fat *adj.* អាហារពោរពេញដោយជាតិខ្លាញ់ ah-ha-po-penh-doay-cheat-khlanh

full stop *n.* សញ្ញាចុច sanh-nha-choch
full-time work *n.* ការងារពេញម៉ោង ka-ngea-penh-morng
fully *adv.* ពេញលេញ penh-lenh
fully booked *adj.* កក់ពេញ kork-penh
fumble *v.* របូត ror-bot
fumes *n.* ផ្សែង phsaeng
fun *n.* ភាពសប្បាយ pheap-sabbay; **for** ~ ជាការលេងសើច chea-ka-leng-serch; **have** ~ សប្បាយ sab-bay
function *n.* មុខងារ muk-ngea
functional *adj.* នៃមុខងារ nei-muk-ngea
functionality *n.* ភាពប្រក្រតី pheap-bro-kro-dey
functions *n.* មុខងារ muk-ngea
fund *n.* មូលនិធិ moul-ni-thi
fundamental *adj.* ជាមូលដ្ឋាន chea-moul-than
funding *n.* ការផ្តល់មូលនិធិ ka-phdol-moul-ni-thi
fundraiser *n.* ការប្រមូលថវិកា ka-bro-mol-thak-vi-ka
funeral *n.* បុណ្យសព bon-sorp
fungus *n.* ផ្សិត phset
funny *adj.* កំប្លែង kom-phleaeng
fur *n.* រោម roam
fur coat *n.* អាវរោមសត្វ av-roam-sat
furnace *n.* ឡដុត lor-dot
furnish *v.* ផ្គត់ផ្គង់ phkut-phkong
furnished *adj.* ដែលផ្គត់ផ្គង់ dael-phkut-phkong
furniture *n.* គ្រឿងសង្ហារឹម kroeurng-phkut-phkong
further *adj.* ដែលឆ្ងាយជាង dael-chhngay-cheang
furthermore *adv.* លើសពីនេះ lers-pi-nis
furthest *adj.* ដែលឆ្ងាយជាងគេ dael-chhngay-cheang-ke
fuse *n.* ហ្វុយហ្ស៊ីប fhuy-ship
fuse box *n.* ប្រអប់ហ្វុយហ្ស៊ីប bro-orp-fhuy-ship
fusion *n.* ការបញ្ចូលគ្នា ka-bonh-chol-knea
fusion cuisine *n.* មុខម្ហូបលាយរូបមន្តលោកខាងកើតនិងខាងលិច muk-mhob-leay-rub-mon-lok-khang-lech-nerng-khang-kert
fuss *n.* ជម្លោះ chom-luos
future *n.* អនាគត ah-na-kot

G

gain *v.* កើន kern
galaxy *n.* គន្លងផ្កាយ kun-lorng-phkay
gale *n.* ព្យុះសង្ឃរា pchus-song-krea
gale warning *n.* ការព្រមានពីព្យុះ ka-pro-mean-pi-pchus
gallery *n.* កន្លែងសម្រាប់សាធារណជន kon-laeng-som-rab-sa-thea-nak-choun; **art** ~ វិចិត្រសាល vi-chet-sal
gallon *n.* ចំណុះវត្ថុរាវ chom-cos-vothuk-reav
gambit *n.* ការកេងចំណេញ ka-kenh-chom-nenh
gamble *v.* លេងល្បែង leng-lbaeng
gambling *n.* ការលេងល្បែង ka-leng-lbaeng
game *n.* ល្បែងកីឡា lbaeng-kei-la
game board *n.* ក្តារល្បែង kda-lbaeng
game room *n.* បន្ទប់លេងល្បែង bon-tub-leng-lbaeng
game show *n.* ការបង្ហាញល្បែង ka-bong-hat-lbaeng
games arcade *n.* ម៉ាស៊ីនលេងល្បែង ma-sin-leng-lbaeng
gangetic leaf fish *n.* ត្រីខ្លា trei khla
gap *n.* ចន្លោះ chon-los
garage *n.* យានដ្ឋាន yean-than; **underground** ~ ចំណតក្រោមដី chom-nort-krom-dei
garbage *n.* សំរាម sorm-ram
garbage bag *n.* ថង់សំរាម thong-sorm-ram
garbage can *n.* ធុងសំរាម thung-sorm-ram
garbage truck *n.* ឡានសំរាម lan-sorm-ram
garcinia cochinchinensis *(tropical plant) n.* ព្រូស pruos
garcinia loureiri *(tropical plant) n.* សណ្តាន់ sorn-dan
garcinia vilersiana *(tropical plant) n.* ព្រហូត pro-huot
garden *n.* សួនច្បារ suon-chba
gardening *n.* ការធ្វើដំណាំ ka-thver-dom-nam
gargoyle *n.* ចម្លាក់មុខសត្វនៃអាគារ chom-lak-muk-sat-nei-ah-kea
garlic *n.* ខ្ទឹមស khtoem-sor
garnet *n.* ត្បូងទទឹម boung-tor-term
garnish *n.* គ្រឿងតុបតែង krerng-tob-taeng

gas *n.* ឧស្ម័ន ou-sman
gas bottle *n.* ដបឧស្ម័ន dorb-ou-sman
gas cylinder *n.* កំប៉ុងឧស្ម័ន kom-porng-ou-sman
gas gauge *n.* ប្រដាប់ស្ទង់ឧស្ម័ន bro-dab-stong-ou-sman
gas station *n.* ស្ថានីយប្រេងឥន្ធនៈ sthan-ni-breng-en-tneak
gas tank *n.* ធុងឧស្ម័ន thong-ou-sman
gasoline *n.* ប្រេងសាំង breng-sang; **unleaded** ~ សាំងគ្មានជាតិសំណ sang-kmean-cheat-som-nor
gastritis *n.* ជំងឺរលាកក្រពះ chum-ngeu-ro-leak-kro-peah
gastroenteritis *n.* ជំងឺរលាកក្រពះពោះវៀន chum-ngeu-ro-leak-kro-peah-puos-vean
gastronomy *n.* ភោជនីសិល្បៈ phoch-ni-sel-lpak
gastropod *n.* ពួកខ្យងខ្មៅ puok-khchong-khmaow
gate *n.* ទ្វាររបង thvea-ro-borng
gate keeper *n.* អ្នកយាមទ្វារ neak-yeam-thvea
gather *v.* ប្រមូល bro-mol
gathering place *n.* កន្លែងជួបជុំ kon-laeng-chuob-chom
gauge *n.* ប្រដាប់វាស់ស្ទង់ bro-dab-vos-stong
gauze *n.* ស្បៃ sbai
gay *n.* បុរសស្រលាញ់ភេទដូចគ្នា bo-ros-sro-lanh-phet-doch-knea
gay club *n.* ក្លឹបសម្រាប់បុរសស្រលាញ់ភេទដូចគ្នា klep-som-rab-bo-ros-sro-lanh-phet-doch-knea
GDP (Gross Domestic Product) *n.* ជីឌីភី chi-di-phi
gear *n.* ឧបករណ៍ ob-pak-kor
gearbox *n.* ប្រអប់ដាក់ឧបករណ៍ bro-orb-dak-ob-pkor
gearshift lever *n.* ដៃចង្កូត dai-chong-kot
gel *n.* ជាតិអន្ទិល cheat-orn-til
gelatin *n.* ជាតិខាប់អន្ទិល cheat-khab-orn-til
gem *n.* ត្បូង tbong
Gemini *(Zodiac) n.* តារានិករសម្រាប់អ្នកកើតក្នុងថ្ងៃ ២១ ឧសភា ដល់ ២១ មិថុនា dara-ni-kor-som-rab-neak-kert-knong-thngai-21-ou-sak-phea-dol-21-mi-tho-na
gemstone *n.* ត្បូងថ្ម tbong-thmor
gender *n.* ភេទ phet
gene *n.* ហ្សែន shen
general *adj.* ទូទៅ tou-touw; **in** ~ ជាទូទៅ chea-tou-touw
general delivery *n.* ការទុកសារនៅប្រៃសនីយ ka-tok-sa-nov-prey-sni

general store *n.* ហាងទំនិញគ្រប់មុខ hang-tom-ninh-krob-muk
generally *adv.* ជាទូទៅ chea-tou-touw
generate *v.* បង្កើត bong-kert
generation *n.* ជំនាន់ choum-norn
generator *n.* ម៉ាស៊ីនភ្លើង ma-sin-phlerng
generosity *n.* ភាព pheap
generous *adj.* ចិត្តសប្បុរស chet-sob-bros
generously *adv.* យ៉ាងសប្បុរស yang-sob-bros
genetic *adj.* តាមពូជ tam-puch
genetically *adv.* ទៅតាមពូជ touw-tam-puch
genetically modified food (GMO) *n.* អាហារដែលបានកែប្រែ ah-ha-dael-ban-kae-brae
genetics *n.* តំណពូជ dom-nor-puch
genitals *n.* ប្រដាប់បន្តពូជ bro-dab-bon-tor-puch
genius *n.* អ្នកប្រាជ្ញ neak-brach
genre *n.* បែបបទ baeb-bot
gentle *adj.* សុភាពរាបសារ so-pheap-reab-sa
gentleman *n.* សុភាពបុរស so-pheap-bo-ros
gently *adv.* យ៉ាងថ្នមៗ yang-thnorm-thnorm
genuine *adj.* ពិតប្រាកដ pit-bra-kot
genuinely *adv.* យ៉ាងពិតប្រាកដ yang-pit-bra-kot
geography *n.* ភូមិសាស្ត្រ phoum-sas
geological *adj.* នៃភូគព្ភសាស្ត្រ nei-phout-phat-sas
geologist *n.* ភូគព្ភវិទូ phout-pheak-vi-tou
geology *n.* ភូគព្ភវិទ្យា phout-pheak-vi-chea
germ *n.* មេរោគ me-rok
German *adj.* នៃភាសាអាល្លឺម៉ង់ nei-phea-sa-arl-lmong
Germany *n.* ប្រទេសអាល្លឺម៉ង់ pror-tes-arl-lmong
germicide *n.* ថ្នាំសំលាប់មេរោគ thnam-som-lab-me-rok
gerund *n.* នាមសព្ទបានពីកិរិយាសព្ទ neam-sap-ban-pi-kek-ri-ya-sap
gesture *n.* កាយវិការ kay-vi-ka
get *v.* ទទួលបាន tor-tuol-ban; **how do I get to ...?** តើខ្ញុំធ្វើដូចម្តេចទៅដល់ ...? ta-uh khnhom thver douch-mdech touw dorl ...?
get back *v.* បានមកវិញ ban-mok-vinh
get lost *v.* វង្វេង vong-veng
get off *v.* ចុះ chos
get on *v.* ឡើង lerng; ~ **well** ចុះសម្រុង chos-som-rong

get rid of *v.* លុបបំបាត់ lub-bom-bat
get to *v.* ធ្វើឲ្យមូរម៉ៅ thver-oay-muo-maow
giant *n.* យក្ស yeak
giant barb *(fish) n.* ត្រីគល់រាំង trei kul-raing
giant gourami *(fish) n.* ត្រីត្រចៀកដំរី trei tror-chiak-dorm-rei
giant snakehead *(fish) n.* ត្រីឆ្ពោរ trei cha-poor
giant taro *(plant) n.* ក្តាត kdad
giblets *n.* គ្រឿងក្នុងសត្វ kroeurng-knong-sat; **chicken ~** គ្រឿងក្នុងមាន់ kroeurng-knong-moan
gift *n.* អំណោយ orm-noay; **free ~** កាដូឥតគិតថ្លៃ ka-do-et-kit-thlai
gift shop *n.* ហាងកាដូ hang-ka-do
gig *n.* រទេះសេះ ro-tes-ses
gilded *adj.* ស្រោបមាស sorb-meas
gin *n.* ស្រាស srar-sor
ginger *n.* ខ្ញី khnhei
ginger ale *n.* ភេសជ្ជៈខ្ញី pes-scheak-khnhei
ginger beer *n.* ស្រាបៀរខ្ញី sra-bea khnhei
ginger powder *n.* ម្សៅខ្ញី msaow-khnhei
ginkgo biloba *n.* ដើមឈើម្យ៉ាង derm-chher-myang
ginkgo seeds *n.* ដើមឈើម្យ៉ាង derm-chher-myang
giraffe *n.* សត្វកវែង sat-kor-veng
girl *n.* មនុស្សស្រី mnus-srey
girlfriend *n.* មិត្តស្រី moet-srey
give *v.* ឲ្យ oay; **please ~ me** សូមឲ្យមកខ្ញុំ som-oay-mork-khnhom; **~ sth. up** បញ្ឈប់ conh-chhop; **~ sth. away** បរិច្ចាគ bor-ri-chak; **~ sth. out** អស់ ors
give birth (to) *v.* ផ្តល់កំណើត phdol-korm-nert
gizzard *n.* កោះបក្សី kouh-bak-sai; **turkey ~** កោះមាន់បារាំង kouh-moin-barang
glacier *n.* ផែនទឹកកក phaen-toek-kok
glad *adj.* រីករាយ rik-reay
gladly *adv.* យ៉ាងរីករាយ yang-rik-reay
glamour *n.* ភាពទាក់ទាញ pheap-teak-teanh
gland *n.* ក្រពេញ krop-penh
glass *n.* កែវ kaew
glass catfish *n.* ត្រីកេសប្រាក់ trei kes-prak

glasses *n.* វ៉ែនតា vaen-ta
glassware *n.* គ្រឿងកែវ kroeurng-kaeo
glaze *n.* ថ្នាំលាបឲ្យរលោង thnam-leap-oay-ro-long
glider *n.* យានសំកាំង yean-som-kang
glimpse *n.* ការឃើញមួយភ្លែត ka-khernnh-muoy-phlet
global *adj.* ជាសកល chea-sak-korl
globalization *n.* សកលភាវូបនីយកម្ម sak-korl-phea-vub-nei-kam
glory *n.* ភាពរុងរឿង pheap-rung-rerng
gloss *n.* ភាពរលោង pheap-ro-long
glossary *n.* សន្ទានុក្រម son-tnea-nu-krom
glove *n.* ស្រោមដៃ sroam-dai
glucose *n.* គ្លុយកូស kloy-kos
glue *n.* កាវ kav
gluten *n.* សារធាតុស្អិត sa-theat-sert
gluten-free *adj.* គ្មានសារធាតុស្អិត kmean-sa-theat-sert
glycerin *n.* គ្លីសេរ៉ុល kli-se-rol
gmelina asiatica *(tropical plant) n.* អញ្ចាញ orn-chanh
go *v.* ទៅ touw; **how is it ~ing**? *phr.* យ៉ាងម៉េចហើយ? yang-mech-hery; **let's ~!** *phr.* តោះទៅ! tos-touw; **where does this bus ~?** *phr.* តើឡាននេះទៅដល់ណា? ta-uh lan-nis touw dorl na?
go away! *phr.* ចេញទៅ chenh-touw
go bad *v.* ខូច khoch
go by *v.* ដើរកាត់ der-kat
go down *v.* ធ្លាក់ thleak
go to *v.* ទៅ touw
go up *v.* ឡើង lerng
go wrong *v.* មានកំហុស mean-kom-hors
goal *n.* គោលដៅ kol-daow
goalkeeper *n.* អ្នកចាំទី neak-cham-ti
goat *n.* ពពែ por-pe; **kid** ~ កូនពពែ kon-por-pe
goat cheese *n.* ប្រហុម៉ាស់ធ្វើពីទឹកដោះពពែ pro-mas-thver-pi-toek-dos-por-pe
goat meat *n.* សាច់ពពែ sach por-pe
goat milk *n.* ទឹកដោះគោពពែ toek da-oh koo por-pe
goblet *n.* កែវមានជើង kaew-mean-cherng
god *n.* ព្រះ preah, ព្រះអាទិទេព preuh-ah-ti-tep
goggle *n.* វ៉ែនតាការពារភ្នែក vaen-ta-ka-pea-phnek
going-out-of-business sale *n.* ការលក់លាងឃ្លាំង ka-luok-leang-khleang

gold *n.* មាស meas
gold apple *n.* ច័ន chan, មាក់ប៉ែន mak-paen
gold plate *n.* មាសស្រោប meas-srorb
golden *adj.* ធ្វើពីមាស thver-pi-meas
golden tank goby *(fish) n.* ត្រីក្សាន trei ksan
golden trumpet *(flowering plant) n.* ត្រែ trae
goldfin tinfoil barb *(fish) n.* ត្រីឆ្ពិន trei chpoen
golf *n.* កីឡាវាយកូនគោល kei-la-veay-kon-kol
golf club *n.* ដងវាយកូនគោល dorng-veay-kon-kol, ដំបងវាយកូនហ្គោល dorm-borng vai kon-kol
golf course *n.* ទីលានវាយកូនគោល ti-lean-veay-kon-kol
gondola *n.* ទូកចែវ touk-chaev
gone *adj.* ទៅបាត់ touw-bat
good *adj.* ល្អ laor; **very ~** ល្អណាស់ laor-nas; **not very ~** មិនសូវល្អ men-souw-laor
good afternoon *phr.* សួស្តី suo-sdei
good at *phr.* ពូកែខាង pi-kae-khang
good evening *phr.* សាយ័ន្តសួស្តី sa-yaon-suo-sdei
good for *phr.* ល្អសម្រាប់ laor-som-rab
Good Friday *n.* ថ្ងៃសុក្រមុនថ្ងៃរំលឹកព្រះយេស៊ូ tngi-sok-mun-thngai-rom-loek-phreah-ye-su
good health! *excl.* សូមមានសុខភាពល្អ! som-mean-sok-khak-pheap-laor
good luck! *excl.* សំណាងល្អ! sorm-nang-laor
good morning *phr.* អរុណសួស្តី ah-run-sur-sdei
good night *phr.* រាត្រីសួស្តី rea-trei-sur-sdei
goodbye *excl.* លាហើយ lea-hery • *phr.* ជំរាបលា choum-reap-lea
goods *n.* ទំនិញ tom-ninh
goose *n.* ក្ងាន kngan
goose liver *n.* ថ្លើមក្ងាន thlerm-kngan
gooseberry *n.* កន្ទួត korn-tuot
gospel *n.* សិក្ខាបទព្រះយេស៊ូ se-kha-bot-preah-ye-su
gothic style *n.* បែបមជ្ឈឹមសម័យ baeb mach-choem-samai
gourd *n.* លៃឃ្លោក lae-khlok
govern *v.* ត្រួតត្រា truot-tra
government *n.* រដ្ឋាភិបាល roat-tha-phi-bal
governor *n.* អភិបាល ark-phi-bal
grab *v.* ចាប់យក chab-york

grade *n.* លំដាប់ lom-dab
gradient *n.* ទីជម្រាល ti-chom-real
gradual *adj.* យឺត yeut
gradually *adv.* ម្តងបន្តិច mdong-bon-tich
graduate *n.* អ្នករៀនចប់ neak-rean-chob • *v.* រៀនចប់ rean chob
graham crackers *n.* នំស្រួយក្រាហាម num srouy kra-ham
grain *n.* ធញ្ញជាតិ thonh-cheat
gram (*abbr.*: **g, gm**) *n.* ក្រាម kram
grammar *n.* វេយ្យាករណ៍ ve-ya-kor
grand *adj.* ធំ thom
grand jury *(legal) n.* គណៈវិនិច្ឆ័យចំបង kanak vi-ni-chai chorm-borng
grandchild *n.* ចៅ chaow
granddaughter *n.* ចៅស្រី chaow-srey
grandfather *n.* តា ta
grandmother *n.* យាយ yeay
grandparent *n.* តាយាយ ta-yeay
grandson *n.* ចៅប្រុស chaow-bros
granola *n.* អាហារធញ្ញជាតិ ah-ha-thonh-cheat
granola bar *n.* នំធញ្ញជាតិ nom-thonh-cheat
grant *v.* ផ្តល់ pdorl
granulated *adj.* ត្រូវបានបំបែកជាគ្រាប់តូចៗ trouw-ban-bom-baek-chea-krorb-toch-toch
granulated sugar *n.* ស្ករដែលបានធ្វើឲ្យឡើងក្រាម skor-dael-ban-thver-oay-lerng-kram
granule *n.* គ្រាប់តូចៗ kroab-toch-toch
grape *n.* ទំពាំងបាយជូរ tom-peang-bay-chu
grape juice *n.* ទឹកទំពាំងបាយជូរ toek-tom-peang-bay-chu
grapefruit *n.* ក្រូចថ្លុង krouch-thlong
grapes *n.* ទំពាំងបាយជូរ tum-paing-bay-chou
grapeseed oil *n.* ប្រេងទំពាំងបាយជូរ breng-tom-peang-bay-chu
graph *n.* ក្រាប krab
graphic *adj.* ក្រាហ្វិក kra-phfich
graphic art *n.* លេខនាសិល្បៈ lek-nea-sel-lpak
graphic artist *n.* អ្នករចនាក្រាហ្វិច neak-rach-chna-kra-phfich
graphic design *n.* ការរចនាក្រាហ្វិច ka-rach-chna-kra-phfich
graphics *n.* ក្រាហ្វិក kra-fik, រូបភាពក្រាហ្វិច rub-pheap-kra-phfich; **computer ~** រូបភាពក្រាហ្វិចកុំព្យូទ័រ rub-pheap-kra-phfich-kom-phyu-tor

graphics card *n.* ក្ដារក្រាហ្វិច kda-kra-phfich
grass *n.* ស្មៅ smaow
grate *v.* កោស kouhs
grated *adj.* ដែលត្រូវបានកោស dael-touw-ban-kouhs
grated cheese *n.* ហ្វ្រូម៉ាស់កោស fro-mas koas
grateful *adj.* ដែលកតញ្ញូ dael-kat-tnhu
grater *n.* ប្រដាប់កោស bror-dab-koas; **cheese** ~ ប្រដាប់កោសហ្វ្រូម៉ាស់ bror-dab koas froma
gratuity *n.* ប្រាក់ឧបត្ថម្ភ brak-ob-pak-thom
grave *n.* ផ្នូរ phno
gravestone *n.* ថ្មក្បាលផ្នូរ thmor-kbal-phno
gravitational *adj.* ដែលមានកម្លាំងទំនាញ dael-mean-kom-lang-tom-neanh
gravity *n.* ទំនាញផែនដី tom-neanh-phen-dei
gravy *n.* ទឹកជ្រលក់ toek-chro-luok; **turkey** ~ ទឹកជ្រលក់មាន់បារាំង toek-chro-luok-moin-barang
gray *adj.* ប្រផេះ bro-phes
gray-haired *adj.* ដែលមានសក់ស្កូវ dael-mean-sork-skaow
graze *v.* រលាត់ស្បែក ro-leak-sbaek
grease *n.* ខ្លាញ់ khlanh; **cooking** ~ ចំអិនខ្លាញ់ chom-ern-khlanh
grease pan *n.* ខ្ទះខ្លាញ់ khteah-khlanh
greasy hair *n.* សក់ប្រេង sork-breng
great *adj.* ឆ្នើម chhnerm • *excl.* អស្ចារ្យ មែន os-cha-men
Great Britain *n.* ប្រទេសអង់គ្លេស pror-tes-orng-kles
greater scissortail *(fish) n.* ត្រីចង្វាពោត trei chorng-va poat
greatly *adv.* យ៉ាងអស្ចារ្យ yang-os-cha
green *adj.* បៃតង bai-torng
green beans *n.* សណ្ដែកខៀវ sorn-daek khieu, សណ្ដែកបារាំង sorn-daek-barang
green pepper *n.* ម្ទេសផ្លោក mtes-phloak
green tea *n.* តែបៃតង tae-bei-tong
greengrocer *n.* ផ្សាបន្លែបៃតង phsa-bon-lae-bei-tong
greens *n.* បន្លែបៃតង bon-lae-bei-tong; **mixed** ~ បន្លែបៃតងចំរុះ bon-lae-bei-tong-chom-ros
greet *v.* ស្វាគមន៍ sva-kom
greeting *n.* បដិសណ្ឋារកិច្ច pak-de-son-tha-kich
grewia tomentosa *(flowering plant) n.* ពព្លា poo-phlea
grey *adj.* ប្រផេះ bro-phes

grief *n.* ទុក្ខព្រួយ tok-pruoy
grievance *n.* បទបណ្ដឹង bort-born-doeng
grill *v.* អាំង arng • *n.* ចង្ក្រានអាំង chorng-kran arng; **barbecue ~** សាច់អាំងភ្នំភ្លើង sach-arng-phnom-phlerng
grilled *adj.* ដែលត្រូវបានអាំង dael-trouw-ban-arng; **charcoal-~** ដែលអាំងដោយភ្លើងធ្យូង dael arng doay pleuhng thyoung
grilled cheese *n.* ប្រូម៉ាស់អាំង pro-mas-arng
grind *v.* គាបសង្កត់ keab-song-kot
grits *n.* ម្សៅកិន msao-kin
grocer *n.* អ្នកលក់គ្រឿងទេស neak-luok-kroeurng-tes
groceries *n.* គ្រឿងទេស kroeurng-tes
grocery store *n.* ហាងលក់គ្រឿងទេស hang-luok-kroeurng-tes
gross *adj.* សរុប sak-rop
ground *n.* ដី dei
ground coffee *n.* កាហ្វេកិន ka-fe-ken
ground beef *n.* សាច់គោកិន sach-kooh koet
ground floor *n.* ជាន់ផ្ទាល់ដី choan-phtol-dei
ground meat *n.* សាច់កិន sach koen
groundcloth *n.* កម្រាលតង់ korm-ral-tong
group *n.* ក្រុម krom
group activity *n.* សកម្មភាពក្រុម sak-kam-pheap-krom
grouper *n.* ត្រីធំ trei thom
grouse *n.* ការត្អូញត្អែរ ka-ta-ounh-ta-ae
grow *v.* លូតលាស់ lout-lors
grow up *v.* ធំឡើង thom-lerng
growth *n.* ការលូតលាស់ ka-lout-lors
gruel *n.* បបររាវ bor-bor-reav
guarantee *n.* ការធានា ka-thea-nea
guard *n.* អ្នកយាម neak-yeam
guardian *n.* អាណាព្យាបាល ah-na-pyia-bal; អាណាព្យាបាលស្របច្បាប់ ah-na-pyia-bal srorb chbab; **legal ~** អាណាព្យាបាលស្របច្បាប់ ah-na-pyia-bal-srorb-chbab
guardianship *n.* ភាពជាអាណាព្យាបាល pheap-chea-ah-na-pyia-bal
guava *n.* ផ្លែត្របែក phlae-tor-baek
guava nectar *n.* ទឹកត្របែក toek-tro-baek
guess *v.* ទាយ teay
guest *n.* ភ្ញៀវ phnheav

guesthouse *n.* ផ្ទះសំណាក់ phteah-som-nak
guidance *n.* ការណែនាំ ka-nae-noam
guide *n.* មគ្គុទេសក៍ meak-ktes
guidebook *n.* សៀវភៅមគ្គុទេសក៍ siev phouw-meak-ktes
guided tour *n.* ទេសចរណ៍មានមគ្គុទេសក៍ tes-schor-mean-meak-ktes-kor
guidedog *n.* ឆ្កែនាំផ្លូវ chhkae-norm-phlouw
guidelines *n.* សេចក្តីណែនាំ sech-kdei-nae-norm
guilt *n.* កំហុស kom-hos
guilty *adj.* ដែលមានកំហុស dael mean kom-hos
guinea fowl *n.* បក្សីអាហ្វ្រិច bak-sei-ah-me-rech
guinea pig *n.* កណ្តុរសំពៅ kon-dol-som-pouw
guitar *n.* ហ្គីតា gi-ta
guitarist *n.* អ្នកលេងហ្គីតា neak-leng-ngei-ta
gum *n.* *(anat.)* អញ្ចាញធ្មេញ ornh-chanh-thmenh; **chewing ~** ស្ករកៅស៊ូ skor kaow-sou
gumdrop *n.* ចាហួយម្យ៉ាង cha-huoy-myang
gun *n.* កាំភ្លើង kam-phlerng
gunshot *n.* ការបាញ់កាំភ្លើង ka-banh-kom-phlerng
guy *n.* មនុស្សប្រុស mnus-bros
guy rope *n.* ខ្សែពួរ khsae-puo
gym *n.* កន្លែងហាត់ប្រាណ korn-laeng-hat-bran
gymnasium *n.* គ្រឹះស្ថានហាត់កីឡាកាយសម្ព័ន្ធ kroes-sthan-hat-kei-la-som-pon
gymnast *n.* គ្រូបង្ហាត់កាយសម្ព័ន្ធ krou-bong-hat-kay-som-pon
gymnastics *n.* កីឡាកាយសម្ព័ន្ធ kei-la-kay-som-pon
gynecologist *n.* អ្នកជំនាញរោគស្ត្រី neak-chom-neanh-rok-strei

H

habeas corpus *(legal) n.* ដីកាអោយយកខ្លួនមកតុលាការ dei-ka oay york khluon mok tolaka
habit *n.* ទម្លាប់ tom-top
habitat *n.* ជម្រក choum-rork
haddock *n.* ត្រីសមុទ្រម្យ៉ាង trei-sa-mot-myang
hair *n.* សក់ sork; **greasy** ~ សក់ប្រេង sork-breng
hair conditioner *n.* សាប៊ូបន្ទន់សក់ sa-bu-bon-ton-sork
hair dryer *n.* ប្រដាប់ផ្លុំសក់ bro-dab-phlom-sork
hair mousse *n.* ហ្វូមចាប់ម៉ូដសក់ foam-chab-mod-sork
hair spray *n.* ប្រដាប់បាញ់សក់ bro-dab-banh-sork
hairbrush *n.* ក្រាសសិតសក់ kras-seth-sork
haircare product *n.* ផលិតផលថែរក្សា phor-let-phol-thae-reak-sa
haircut *n.* ការកាត់សក់ ka-kat-sork; **get a** ~ ទៅកាត់សក់ touw-kat-sork
hairdo *n.* ការធ្វើសក់ ka-thver-sork
hairdresser *n.* ជាងកាត់សក់ cheang-kat-sork
hake *(fish) n.* ត្រីសមុទ្រម្យ៉ាង trei-sa-mot-myang
half *n.* ពាក់កណ្ដាល peak-kon-dal • *adv.* នៃពាក់កណ្ដាល nei-peak-kon-dal; **one** ~ មួយកន្លះ muoy-kon-las
half board *n.* ការផ្ដល់ការហូបចុកស្នាក់នៅមិនពេញថ្ងៃ ka-phdol-ka-hob-chok-snak-nov-men-penh-thlai
half bottle *n.* ពាក់កណ្ដាលដប peak-kon-dal-dorb
half past *adv.* កន្លះ kon-las
half price *n.* ថ្លៃចុះពាក់កណ្ដាល thlai-chos-peak-kon-dal
half-timbered *adj.* ដែលមានឈើពាក់កណ្ដាល deaeol-mean-chher-peak-kon-dal
halibut *(fish) n.* ត្រីធំសំប៉ែត trei-thom-som-pet, ត្រីហាលីបាត់ trei ha-li-bat
hall *n.* សាល sal
ham *n.* សាច់ហែម sach-haem
ham sandwich *n.* នំប៉័ងសាច់ហែម num-paing-sach-haem
hamburger *n.* នំប៊ឺហ្គឺរ num-beur-geur
hamburger bun *n.* បន្ទះនំប៊ឺហ្គឺរ bon-teas-num-beur-geur
hammer *n.* ញញួរ nhor-nhuor

hammock *n.* អង្រឹង orng-roeng
hamster *n.* កណ្ដុរម្យ៉ាង kon-dol-myang
hand *n.* ដៃ dai
hand around *v.* ចែកឲ្យ chaek-oay
hand baggage *n.* កាបូបយួរដៃ ka-boub-yuo-dai
hand washable *adj.* ដែលអាចលាងដៃបាន dael-ach-leang-dai-ban
handbag *n.* កាបូបដៃ ka-boub-dai
handbrake *n.* ហ្វ្រាំងដៃ frang-dai
handcuff *n.* ខ្នោះ khnors
handicap *n.* ពិការ pi-ka
handicapped *adj.* ដែលពិការ dael-pi-ka
handicraft *n.* វត្ថុធ្វើដោយដៃ vothuk-thver-doay-dai
handkerchief *n.* កន្សែងដៃ kon-saeng-dai
handle *v.* រ៉ាប់រង rab-rong
handlebars *n.* ដៃកង់ dai-kong
handmade *adj.* ដែលធ្វើដោយដៃ dael-thver-doay-dai
handsewn *adj.* ដែលដេរដោយដៃ dael-dee-doay-dai
handsome *adj.* សង្ហារ sorng-ha
hang *v.* ព្យួរ pchuor
hanger *n.* ប្រដាប់ព្យួរ bro-dab-phchuor
hangglider *n.* ឆត្រហោះ chhat-ha-uh
hangover *n.* ភាពធីងធោងឈឺក្បាល pheap-thyng-thong-chher-kbal
happen *v.* កើតឡើង kert-loeurng; **what ~ed?** មានរឿងអ្វីកើតឡើង? mean-roeurng-avey-kert-loeurng?
happen to (do) *v.* ស្រាប់តែ srab-tae
happily *adv.* យ៉ាងរីករាយ yang-rik-reay
happiness *n.* សុភមង្គល so-pheak-meang-kol
happy *adj.* សប្បាយរីករាយ sab-bay-rik-reay
happy birthday! *phr.* រីករាយថ្ងៃខួបកំណើត rik-reay-thngai-khuob-kom-nert
happy new year! *phr.* សួស្ដីឆ្នាំថ្មី suo-sdei-chhnam-thmei
hara-champa *(flower) n.* ក្រវាន់ kror-van
harass *v.* បៀតបៀន beat-bean
harassment *n.* ការបៀតបៀន ka-beat-bean
harbor *n.* ចំណតផែ chom-nort-phee
harbor area *n.* កន្លែងចតផែ kon-laeng-chort-phae
hard *adj.* ពិបាក pi-bak

hard disc *n.* ហាតឌីស hard-dis
hard liquor *n.* ស្រាខ្លាំង sra-khlang
hard-boiled egg *n.* ពងទាស្ងោរ porng-tea sngoa, ស៊ុតស្ងោរឆ្អិន suth-sngor-chh-en
hardly *adv.* ស្ទើរតែមិន ster-tae-men
hardware *n.* គ្រឿងដែក kroeurng-daek
hare *n.* ទន្សាយ ton-say; **wild ~** ទន្សាយព្រៃ ton-say-prey
harm *n.* ភាពខូចខាត pheap-khoch-khat
harmful *adj.* ដែលធ្វើឲ្យខូចខាត dael-thver-oay-khoch-khat
harmless *adj.* ដែលមិនធ្វើឲ្យខូចខាត dael-men-thver-oay-khoch-khat
harmony *n.* សុខដុម sok-kdom
harness *n.* អាសុប្រាករណ៍ ah-sa-kor
harp *n.* ពិណ pen
harvest *n.* ការប្រមូលផល ka-bro-moul-phol
hash *n.* ម្ហូបចិញ្ច្រាំលាយគ្នា mhob-chenh-chram-leay-knea
hashish *n.* ថ្នាំស្រវឹង thnam-sro-voeng
hat *n.* មួក muok
hate *v.* ស្អប់ sa-ob
hatred *n.* ភាពស្អប់ខ្ពើម pheap-sa-ob-khperm
haunt *v.* លង long
have *v.* មាន mean
hay *n.* សំបុក sorm-bok
hay fever *n.* ជំងឺតឹងច្រមុះ chum-ngeu-toeng-chro-mos
hazard *n.* គ្រោះថ្នាក់ krouh-thnak
hazelnut *n.* គ្រាប់កៅឡាក់ kroab-kaow-lak
he *pron.* គាត់ kort
head *n.* ក្បាល kbal • *adj.* ដែលជាអ្នកដឹកនាំ dael-chea-neak-doek-noam
head waiter *n.* មេការរត់តុ mee-ka-rot-tok
headache *n.* ការឈឺក្បាល ka-chheu-kbal; **have a ~** ឈឺក្បាល chheu-kbal
header *n.* ក្បាលទំព័រ kbarl tum-puour, សំណេរក្បាលទំព័រ sorm-nee-kbal-tom-por; **add a ~ to a document** បន្ថែមសំណេរក្បាលទំព័រ bon-thaem-som-nee-kbal-tom-por
heading *n.* ចំណងជើង chom-norng-cherng
headlight *n.* ភ្លើងហ្វារ phlerng-fha
headroom *n.* ចន្លោះដំបូលក្នុងឡាន chon-los-dom-bol-knong-lan
headstrong *adj.* ចចេស chor-ches
heal *v.* ព្យាបាល pchea-bal

health *n.* សុខភាព sok-kha-pheap; **national ~ service** សេវាសុខភាពជាតិ se-va-sok-pheap-cheat

health center *n.* មជ្ឈមណ្ឌលពិនិត្យសុខភាព mach-chheak-mon-dol-pi-net-sok-pheap

health food *n.* អាហារសុខភាព ah-ha-sok-pheap

health food store *n.* ហាងលក់អាហារសុខភាព hang-luok-ah-ha-sok-pheap

health insurance *n.* ធានារ៉ាប់រងសុខភាព thea-nea-rab-rorng-sok-pheap

healthy *adj.* ដែលមានសុខភាពល្អ dael-mean-sok-pheap-laor

hear *v.* ឮ loeu

hear about/of *v.* ឮអំពី loeu-orm-pi

hearing *n.* សវនាការ savanak-kar

hearing aid *n.* ប្រដាប់ជំនួយត្រចៀក bro-dab-chom-nuoy-tro-cheak

hearing test *n.* ការពិសោធការស្តាប់ ka-pi-sort-ka-slab

hearsay *n.* ពាក្យចចាមអារ៉ាម peak-chor-cham-ah-ram

heart *n.* បេះដូង bes-dong

heart attack *n.* ជំងឺគាំងបេះដូង chum-ngeu-keang-bes-dong

heart condition *n.* ស្ថានភាពបេះដូង sthan-pheap-bes-dong

heart of palm *n.* កំពីងដូង kom-ping-dong

heartbeat *n.* ចង្វាក់បេះដូង chong-vak-bes-dong

heat *n.* កំដៅ korm-daow • *v.* កំដៅ korm-daow; **pre~** កំដៅទុកមុន korm-daow-tok-mun

heater *n.* ម៉ាស៊ីនកំដៅ ma-sin-korm-daow

heating *n.* ការកំដៅ ka-korm-daow

heaven *n.* ឋានសួគ៌ than-suo

heavily *adv.* យ៉ាងធ្ងន់ធ្ងរ yang-thngon-thngor

heavy *adj.* ធ្ងន់ thngon

heavy cream *n.* ក្រែមក្រាស់ kraem-kras

heel *n.* កែងស្បែកជើង kaeng-sbaek-cherng

heifer *n.* មេគោ mee-ko

height *n.* កំពស់ kom-puos

height above sea level *n.* កំពស់ពីសមុទ្រ kom-puos-pi-sak-mot

helicopter *n.* ឧទ្ធម្ភាគចក្រ ou-thorm-phes-chak

hell *n.* នរក nor-ruok

hello *excl.* សួស្តី suor-sdei

helmet *n.* មួកសុវត្ថិភាព muok-so-vat-te-pheap

help *v.* ជួយ chuoy; **can you ~ me?** តើអ្នកអាចជួយខ្ញុំបានទេ? ter-neak-ach-chuoy-khnhom-ban-te • *n.* ជំនួយ choum-nuoy; **I need ~**

ខ្ញុំត្រូវការជំនួយ khnhom trouw kar choum-nuoy
helpful *adj.* ដែលចេះជួយគ្នា dael-ches-chuoy-knea
hemorrhoid *n.* ឬសដូងបាត rers-dong-bat
hen *n.* មាន់ moin
hence *adv.* ដូច្នេះ doch-chnes
henna *n.* ក្រពេន kror-pen
her *pron.* នាង neang • **~(s)** *adj.* របស់នាង ro-bos-neang
herb *n.* ឱសថរុក្ខជាតិ oay-soth-rok-cheat; **mixed ~s** ល្បាយរុក្ខជាតិឱសថ lbay-rok-khcheat
herbaceous *adj.* នៃតិណទេស nei-tin-tes
herbal *adj.* នៃឱសថរុក្ខជាតិ nei-oay-soth-rok-cheat
herbal tea *n.* តែឱសថរុក្ខជាតិ tae-oay-soth-rok-cheat
herbivore *n.* សត្វស៊ីស្មៅ sat-si-smao
here *adv.* ទីនេះ ti-nis; **from ~** ពីទីនេះ pi-ti-nis; **to ~** ទៅទីនេះ touw-ti-nis; **~ you are** *phr.* នេះនែ nis-ne
heritage *n.* បេតិកភណ្ឌ pe-te-kak-porn
hernia *n.* រោគក្លូន rook-klorn
hero *n.* វីរបុរស vi-reak-bo-rors
heroin *n.* ថ្នាំអាភៀន thnam-ah-phean
heroine *n.* វីរនារី vi-reak-nea-ri
herring *n.* ត្រីហារ៉ុង trei harong, ត្រីសាឌីនធំ trei-sa-din-thom; **pickled ~** ម៉ាំត្រីសាឌីនធំ marm-trei-sa-din-thom
hers *pron.* របស់នាង ro-bos-neang
herself *pron.* ខ្លួននាង khluon-neang
hesitate *v.* ស្ទាក់ស្ទើរ ster-steak
heterosexual *adj.* មនុស្សស្រលាញ់ភេទផ្ទុយគ្នា mnus-sro-lanh-phep-phtuy-knea
hey *excl.* នែ ne
hey there *excl.* សួស្តី suo-sdei
heyday *n.* ថ្ងៃរីករាយបំផុត thngai-rik-reay-bom-phot
hi *excl.* សួស្តី suo-sdei
hibernate *v.* សម្ងំ som-ngom
hibernation *n.* ការសម្ងំ ka-som-ngom
hiccup *n.* ត្អើក ta-erk
hide *v.* លាក់ leak
high *adj.* ខ្ពស់ khpuos
high quality *adj.* ដែលមានគុណភាពខ្ពស់ dael-mean-kon-pheap-khpuos

high school *n.* វិទ្យាល័យ vi-thyea-lai
high voltage line *n.* កម្លាំងវ៉ុលខ្លាំង korm-lang-vol-khlang
high-beam lights *n.* ពន្លឺចាំងខ្លាំង pon-lue-chang-khlang
highlight *v.* លើកឡើង lerk-lerng
highlight hair *v.* លាបសក់ផ្នែកៗ leap-sork-phnek-phnek
highly *adv.* យ៉ាងខ្ពស់ yang-khpuos
high-rise *n.* អាគារច្រើនជាន់ ah-kea-chhern-chorn
high-tech *adj.* ដែលមានបច្ចេកវិទ្យាខ្ពស់ dael-mean-pa-chek-vi-chea-khpuos
highway *n.* ផ្លូវធំ phlouw-thom; **two-lane** ~ ផ្លូវមួយទៅមួយមក phlouw-muoy-touw-muoy-mok
highway exit *n.* ផ្លូវចេញពីមហាវិថី phlouw-chenh-pi-mor-ha-vi-thei
highway interchange *n.* ផ្លូវបែកនៃមហាវិថី phlouw-baek-nei-mor-ha-vi-thei
highway police *n.* ប៉ូលីសមហាវិថី po-lis-mor-ha-vi-thei
hike *v.* ឡើងភ្នំ lerng-phnom
hiking boots *n.* ស្បែកជើងឡើងភ្នំ sbaek-cherng-lerng-phnom
hiking gear *n.* ឧបករណ៍ឡើងភ្នំ ou-pakor-lerng-phnom
hiking route *n.* ផ្លូវឡើងភ្នំ phlouw-lerng-phnom
hilarious *adj.* កំប្លែង kom-phlaeng
hill *n.* កូនភ្នំ kon-phnom
hilly *adj.* ដែលមានកូនភ្នំ deae-mean-kon-phnom
him *pron.* គាត់ kort
himself *pron.* ខ្លួនគាត់ khluon-kort
hint *n.* តំរុយ dom-roy
hip *n.* ត្រគៀក tro-keak
hire *v.* ជួល chuol
his *pron.* របស់គាត់ ro-bos-kort
historian *n.* ប្រវត្តិវិទូ bro-vot-vi-tou
historic *adj.* ជាប្រវត្តិសាស្ត្រ chea-bro-vot-sas
historic building *n.* អាគារប្រវត្តិសាស្ត្រ ah-kea-bro-vot-sas
historic site *n.* ទីតាំងប្រវត្តិសាស្ត្រ ti-tang-bro-vot-sas
historical *adj.* នៃប្រវត្តិសាស្ត្រ nei-bro-vot-sas
history *n.* ប្រវត្តិសាស្ត្រ bro-vot-sas
hit *v.* វាយ veay
hitchhike *v.* ឈរតាមផ្លូវសុំដោយសារគេ chhor-tam-phouw-som-doay-sa-ke
hither *adv.* នៅទីនេះ nov-ti-nis

hits *n.* ហ៊ីត hit, ការចុចចំគោលដៅ ka-choch-chom-kol-daow; **website ~** ការចុចចូលច្រើនក្នុងគេហទំព័រ ka-choch-chol-chrern-knong-ke-hak-tom-por
HIV *n.* មេរោគហ៊ីវ me-rok-hiv
HIV-positive *adj.* ដែលមានផ្ទុកមេរោគហ៊ីវ dael-mean-phtok-me-rok-hiv
hobby *n.* ទម្លាប់កំសាន្ត tom-lop-kom-san
hockey *n.* កីឡាវាយកូនគោល kei-la-veay-kon-kol; **ice ~** កីឡាវាយកូនគោលលើទឹកកក kei-la-veay-kon-kol-toek-kok
hog plum *(tree/plant/fruit) n.* ពោន poan
hold *v.* កាន់ kan
holder *n.* ដង dorng
holding *n.* ការរក្សា kar-raksa
hole *n.* រន្ធ run
holiday *n.* ការលំហែកាយ ka-lom-hae-kay; **on ~** កំពុងលំហែកាយ kom-pong-lom-hae-kay
holiday discount *n.* ការចុះតម្លៃសម្រាប់ការលំហែកាយ ka-chos-dom-lai-som-rab-ka-lom-hae-kay
holiday resort *n.* កន្លែងសម្រាកលំហែកាយ kon-laeng-som-rab-lom-hae-kay
holiday sale *n.* ការលក់ចុះថ្លៃសម្រាប់ការលំហែកាយ ka-luok-chos-thlai-som-rab-ka-lom-hae-kay
holiday schedule *n.* កាលវិភាគលំហែកាយ kal-vi-pheap-lom-hae-kay
hollow *adj.* ដែលមានប្រហោង dael-mean-bro-hoang
holocaust *n.* ការប្រល័យពូជសាសន៍ ka-bro-lai-puch-sas
holy *adj.* ដែលវិសុទ្ធ dael-vi-soth
home *n.* ផ្ទះ phteah; **at ~** នៅផ្ទះ nov-phteah; **go ~** ទៅផ្ទះ nov-phteah
home furnishings *n.* គ្រឿងសង្ហារិម kreung sorng-ha-roem
homeland *n.* ស្រុកកំណើត srok-kom-nert
homeless *adj.* ដែលគ្មានទីជម្រក dael-kmean-ti-chom-rork
homeless person *n.* ជនគ្មានទីជម្រក chun-kmean-ti-chom-rork
homemade *adj.* ដែលធ្វើនៅផ្ទះ dael-thver-nov-phteah
homeopathy *n.* ការព្យាបាលដោយធម្មជាតិ ka-pchea-bal-doay-thoem-cheat
homepage *n.* ទំព័រដើម tom-por-derm; **set ~ to** ដាក់ទៅទំព័រដើម dak-nov-tom-por-derm
home-style cooking *n.* ការចម្អិនម្ហូបបែបនៅផ្ទះ ka-chom-en-mhob-baeb-nov-phteah
homework *n.* កិច្ចការផ្ទះ kech-ka-phteah

homicide *n.* មនុស្សឃាត mnus-kheat
homogenized *adj.* ដែលធ្វើឲ្យដូចគ្នា dael-thver-oay-dovh-knea
homosexual *adj.* មនុស្សស្រលាញ់ភេទដូចគ្នា mnus-sro-lanh-phet-doch-knea
honest *adj.* ស្មោះត្រង់ smos-trong
honestly *adv.* ដោយស្មោះត្រង់ doay-smos-trong
honey *n.* ទឹកឃ្មុំ toek kmum
honey cake *n.* នំទឹកឃ្មុំ num toek kmum
honey syrup *n.* ស៊ីរ៉ូទឹកឃ្មុំ siro-toek kmum
honeycomb *n.* សំបុកឃ្មុំ sombuk-khmum
honeydew *n.* ត្រសក់ស្រូវ tro-sork-srouv
honeymoon *n.* ការក្រេបទឹកឃ្មុំ ka-kreb-toek-khmum; **on a ~** កំពុងក្រេបទឹកឃ្មុំ kom-pung-kreb-toek-khmum
honk *v.* សម្រែកក្ងាន somraek-kngan
honor *n.* កិត្តិយស ket-ti-yuos; **in ~ of** ជាកិត្តយសនៃ chea-ki-ti-yuos-nei
hood *n.* គម្របក្បាល kom-rorb-kbal
hook *n.* ទំពក់ tom-puos
hookah *n.* បំពង់ជក់ថ្នាំ bom-pung-chuos-thnam
hooray *excl.* ជយោ chei-yoo
hope *v.* សង្ឃឹម sorng-khoem
hopeful *adj.* ដែលមានសង្ឃឹម dael-mean-sorng-khoem
hops *n.* ការលោត ka-loat
horizontal *adj.* ដែលផ្ដេក dael-pdek
horn *n.* ស្នែង snaeng
horrible *adj.* អាក្រក់ akrok
horror *n.* សេចក្ដីរន្ធត់ sech-kdei-run-thut
horror film *n.* ភាពយន្តរន្ធត់ pheap-yun-run-thut
horse *n.* សេះ ses
horse racing *n.* ការប្រណាំងសេះ ka-bro-namng-ses
horseback riding *n.* ការជិះសេះ ka-chis-ses
horseradish *n.* គ្រឿងទេសរំដេង kreung tes rum deng, រំដេង rom-deng
horse-riding school *n.* សាលាបង្រៀនជិះសេះ sala-bong-rean-chis-sesh
horseshoe crab *n.* ក្ដាមម្យ៉ាង kdam-myang
hospital *n.* ពេទ្យ pet
hospitality *n.* បដិសណ្ឋារកិច្ច bak-di-sorn-tha-rak-kich
host *n.* ម្ចាស់ផ្ទះ mchas-pteah
hostage *n.* ចំណាប់ខ្មាំង chom-nab-kmang
hostel *n.* ផ្ទះសំណាក់ pteah-som-nak

hostile *adj.* ដែលបង្ករឿង dael-bong-kor-roeurng
hot *adj.* ក្ដៅ kdao, ហិរ hil; **feel ~** មានអារម្មណ៍ក្ដៅ mean-ah-rom-kdaow
hot chocolate *n.* សូកូឡាក្ដៅ so-ko-la-kdao
hot dog *n.* សាច់ក្រកអាមេរិក sach-krork-ah-me-ric
hot dog stand *n.* រទេះលក់សាច់ក្រកអាមេរិក ro-teah-luk-sach-krork-a-me-ric
hot sauce *n.* ទឹកជ្រលក់ហិរ toek-chro-luk-hil
hot spring *n.* ទឹកផុសពីដី toek-pous-pe-dei
hotel *n.* សណ្ឋាគារ sorn-tha-kea
hour *n.* ម៉ោង moang; **per ~** ក្នុងមួយម៉ោង knong muoy moang
house *n.* ផ្ទះ phteah; **~ for rent** ផ្ទះជួល phteah-chuol; **one-story ~** ផ្ទះមួយជាន់ phteah-muoy-chorn; **on the ~** *phr.* ហាងចេញលុយឲ្យផឹក ឬទទួលទាន hang-chenh-luy-oy-pherk roue tor-toul-tean
house salad *n.* សាឡាដលាយ sa-lad-leay
house wine *n.* ស្រាតាមហាង sra-tam-hang
household *n.* ផ្ទះសំបែង phteah-sorm-baeng
household goods *n.* របស់របរក្នុងផ្ទះ robors-robor-knung-phteah
household linen *n.* កម្រាលពូកនៅផ្ទះ korm-ral-puok-nov-phteah
housekeeping *n.* គេហកិច្ច ke-ha-kich; **~ by tenant** *phr.* គេហកិច្ចធ្វើដោយអ្នកជួលផ្ទះ ke-ha-kich-thver-oy-doy-nak-choul-pteah
housewife *n.* មេផ្ទះ me-phteah
housework *n.* ការងារផ្ទះ ka-ngea-phteah
housing *n.* ទីលំនៅ te-lom-nov
how *conj.* យ៉ាងណា yang-na; **~ are you?** តើអ្នកសុខសប្បាយទេ? ter-nak-sok-sabay-te; **~ long?** យូប៉ុណ្ណា you-pun-na; **~ many?** ប៉ុន្មាន? pun-marn; **~ many times?** ប៉ុន្មានដង? pun-marn-dorng; **~ much?** ច្រើនប៉ុណ្ណា? chrern-punna; **~ often?** ញឹកញាប់ប៉ុណ្ណា? nhoek-nhorb-punna; **~ old?** អាយុប៉ុន្មាន? a-yu-pun-marn
however *adv.* ទោះយ៉ាងណាក៏ដោយ tuos-yang-na-kor-dory
hub *n.* ហាប់ hab
hubcap *n.* យ៉ាន់ yan
hug *n.* ការអោប ka-orb • *v.* អោប orb
huge *adj.* ធំ thom
human *adj.* នៃមនុស្ស nei-mnus
human rights *n.* សិទ្ធិមនុស្ស seth-mnus
humble *adj.* ដែលដាក់ខ្លួន dael-dak-kloun
humidity *n.* ភាពសើម pheap-serm
humiliate *v.* ធ្វើអោយអាម៉ាស់ thver-oay-amas

humiliation *n.* ការធ្វើអោយអាម៉ាស់ ka-thver-oay-amas
humility *n.* ភាពដាក់ខ្លួន pheap-dak-kloun
hummus *n.* គ្រាប់សណ្ដែកនិងល្ងគិន krorb-sorn-daek-noeng-lngor-kin
humorous *adj.* ដែលកំប្លែង dael-komphlaeng
hundred *n.* រយ roy
hundredth *adj.* ខ្ទង់រយ khtung-roy
hung jury *(legal) n.* គណៈវិនិច្ឆ័យមិនអាចសម្រេចបាន kanak vi-ni-chai min ach som-rach, ព្យួរគណៈវិនិច្ឆ័យ pchuo-k-nak-vi-ni-chai
hunger *n.* ភាពស្រេកឃ្លាន pheap-srek-khlean
hungry *adj.* ឃ្លាន khlean; **to be ~** ស្រេកឃ្លាន srek-khlean
hunt *v.* ប្រមាញ់ bro-manh
hunter *n.* អ្នកប្រមាញ់ neak-bro-manh
hunting *n.* ការប្រមាញ់ ka-bro-manh
hurry *v.* ប្រញាប់ bronhab; **in a ~** កំពុងប្រញាប់ kompung-bronhab; **be in a ~** ដែលប្រញាប់ dael-bronhab
hurt *v.* ធ្វើឲ្យឈឺចាប់ thver-ory-cheu-chab; **be ~** ឈឺចាប់ cheu-chab; **where does it ~?** តើឈឺត្រង់ណា? ter-cheu-trorng-na
husband *n.* ប្ដី pdei
husk *n.* សំបកគ្រាប់ធញ្ញជាតិ sorm-bork-krorb-thunh-cheat; **corn ~** សំបកគ្រាប់ពោត som-bork-krorb-puoch
hut *n.* ខ្ទម khtoum
hybrid *n.* ការបង្កាត់ពូជ ka-bong-kat-puoch
hydrogen *n.* អ៊ីដ្រូសែន ei-dro-sen
hydrogenize *v.* ផ្សំអ៊ីដ្រូសែន phsorm-ei-dro-sen
hygienist *n.* អ្នកជំនាញខាងអនាម័យ neak-chom-neanh-khang-ah-na-mai
hyperlink *n.* លីងទៅហ្វាល ling touw farl
hyphen *n.* សហាសញ្ញា s-ha-sanha
hypnotism *n.* ភាពសណ្ដំចិត្ត pheap-sorn-dorm
hypnotize *v.* សណ្ដំចិត្ត sorn-dorm
hypodermic needle *n.* ម្ជុលចាក់ថ្នាំសើរស្បែក mchul-chak-thnam-ser-sbaek
hypothesis *n.* សម្មតិកម្ម sak-mat-tak-kam
hysteria *n.* ការរំជួលចិត្ត ka-rom-choul-chet
hysterical *adj.* ដែលរំជួលចិត្ត dael-rom-choul-chet

I

I *pron.* ខ្ញុំ khnhom

ice *n.* ទឹកកក toek-kok • *adj.* នៃទឹកកក nei-toek-kok; **with/without ~** ដាក់/មិនដាក់ទឹកកក dak/min-dak-toek-kok; **no ~** គ្មានទឹកកក kmean-toek-kok

ice cream *n.* ការ៉េម karem

ice cream cone *n.* នំត្រៀបដាក់ការ៉េម num-kreab-dak-karem

ice cream parlor *n.* ហាងការ៉េម hang-karem

ice hockey *n.* កីឡាវាយកូនគោលលើទឹកកក kei-la-veay-koun-khoal-ler-toek-kok

ice pop *n.* ការ៉េមកី karem-kei

ice skate *v.* ស្បែកជើងជិះលើទឹកកក sbaek-cherng-chis-ler-toek-kok • *n.* **~s** ស្បែកជើងស្គីទឹកកក sbek-cherng-ski-toek-kok

iceberg *n.* ផ្ទាំងទឹកកកអណ្តែត phteang-toek-kok-orn-daek

iceberg lettuce *n.* សាឡាដម្យ៉ាង sa-lad-myang

iced *adj.* ដែលដាក់ទឹកកក dael-dak-toek-kok

iced tea *n.* តែទឹកកក tae-toek-kok

icing *n.* ក្រែមស្រោបនំ kraem-sroab-num

icy *adj.* ដែលត្រជាក់ dael-tro-chak

ID card (*abbr. for* **identification card**) *n.* បណ្ណសម្គាល់ខ្លួន ban-som-korl-kloun

idea *n.* គំនិត kom-net

ideal *adj.* ល្អឥតខ្ចោះ laor-et-khcheah

idealism *n.* ឧត្តមគតិនិយម ou-dom-kh-ti-ni-yum

idealist *n.* អ្នកឧត្តមគតិនិយម neak-ou-dom-kh-ti-ni-yum

idealistic *adj.* ដែលមានឧត្តមគតិ dael-mean-ou-dom-kh-ti

ideally *adv.* យ៉ាងល្អបំផុត yang-laor-bom-put

identical *adj.* ដែលដូចបេះបិត dael-douch-beah-bet

identification *n.* ការសម្គាល់ ka-som-korl

identification card (ID) *n.* បណ្ណសម្គាល់ខ្លួន ban-som-korl-kloun

identify *v.* សម្គាល់ som-korl

identity document *n.* ឯកសារសម្គាល់ខ្លួន ek-ka-sa-som-korl-kloum

ideological *adj.* នៃគតិវិជ្ជា nei-kak-ti-vi-chchea

idiom *n.* ពាក្យន័យធៀប peak-nei-theab
idle *adj.* តែឯង tae-eng
if *con. j* បើសិន ber-sen
ignite *v.* បញ្ឆេះឡើង banh-ches-lerng
ignition *n.* ការបញ្ឆេះឡើង ka-banh-ches-lerng
ignition key *n.* កូនសោរបញ្ឆេះ koun-sor-banh-ches
ignorance *n.* ភាពល្ងង់ខ្លៅ pheap-lngong-khlao
ignorant *adj.* ដែលល្ងង់ dael-lngong
ignore *v.* ព្រងើយ pro-ngery
ill *adj.* ឈឺ chheu
illegal *adj.* ខុសច្បាប់ khus-chbab; **it is** ~ នេះជារឿងខុសច្បាប់ nis-chea-roo erng-khus-chbab; **is it ~?** តើនេះខុសច្បាប់ឬទេ? ter-nis-khus-chbab-reu-te
illegal entry *n.* ការចូលខុសច្បាប់ ka-chol-khus-chbab
illegally *adv.* ដោយខុសច្បាប់ doay-khus-chbab
illegibility *n.* ការអានមិនដាច់ ka-arn-min-dach
illegible *adj.* ដែលអានមិនដាច់ dael-arn-min-dach
illegitimate *adj.* ឥតខាន់ស្លា et-khan-sla
illiteracy *n.* អក្ខរកម្ម ak-krak-kam
illiterate *adj.* ដែលមិនចេះអក្សរ dael-min-ches-ak-sor
illness *n.* ការមានជំងឺ ka-mean-chom-ngeu
illuminate *v.* បញ្ចេញពន្លឺ banh-chenh-pun-leu
illumination *n.* ការបញ្ចេញពន្លឺ ka-banh-chenh-pun-leu
illustrate *v.* បង្ហាញ bong-heanh
illustration *n.* ការបង្ហាញ ka-bong-heanh
image *n.* រូបភាព roub-pheap
imagery *n.* និមិត្តរូប ni-mit-roub
imaginary *adj.* ដែលស្រមើស្រមៃ dael-sro-mer-sro-mai
imagination *n.* ការស្រមើស្រមៃ ka-sro-mer-sro-mai
imaginative *adj.* ដែលមានការច្នៃប្រឌិត dael-mean-ka-chnai-bro-dit
imagine *v.* ស្រមៃ sro-mai
imitate *v.* ធ្វើតម្រាប់តាម thver-dom-rab-tam
imitation *n.* ការធ្វើតម្រាប់តាម ka-thver-dom-rab-tam
immediate *adj.* ភ្លាម phleam
immediately *adv.* ភ្លាមៗ phleam-phleam
immigrant *n.* ជនចំណូលស្រុក chun-chom-noul-sruk
immigration *n.* ចំណូលស្រុក chom-noul-sruk
immoral *adj.* ដែលគ្មានសីលធម៌ dael-kmean-sel-thor

immune *n.* ភាពស៊ាំ pheap-soim
immune system *n.* ប្រពន្ធ័ភាពស៊ាំ pror-poan-pheap-soim
immunity *n.* ភាពស៊ាំនឹងមេរោគ pheap-soim-noeng-me-rork
immunity *n.* អភ័យឯកសិទ្ធិ ak-phei aek-ka-soet
immunization *n.* ការធ្វើឲ្យស៊ាំ ka-thver-ory-soim
impact *n.* ផលប៉ះពាល់ phol-pas-poil
impatient *adj.* ដែលគ្មានការអត់ធ្មត់ dael-kmean-ka-ort-thmut
impatiently *adv.* យ៉ាងគ្មានភាពអត់ធ្មត់ yang-kmean-pheap-ort-thmut
imperative *adj.* ដែលបញ្ជា dael-banh-chea
impersonate *v.* ធ្វើបដិរូបកម្ម thver-pak-di-roub-kam
impersonation *n.* ការធ្វើបដិរូបកម្ម ka-thver-pak-di-roub-kam
implement *v.* អនុវត្ត ak-nu-wat
implementation *n.* ការអនុវត្ត ka-ak-nu-wat
implication *n.* ការជាប់ទាក់ទិន ka-choib-tak-torng
imply *v.* បញ្ជាក់ banh-chaek
impolite *adj.* មិនគួរសម min-kuor-som
import *n.* ការនាំចូល ka-noam-choul • *v.* អ៉ឹមផត im-port; *(tech.)* ~ **files** យកឯកសារចូល yok-ek-ka-choul
importance *n.* សារៈសំខាន់ sarak-somkhan
important *adj.* សំខាន់ somkhan; **it is** ~ វាសំខាន់ vea somkhan; **it is not** ~ វាមិនសំខាន់ទេ vea-min-somkhan-te
importantly *adv.* យ៉ាងសំខាន់ yang-somkhan
impose *v.* វាយពន្ធ veay-pun
impossible *adj.* ដែលមិនអាចទៅរួច dael-min-arch-touw-ruoch
impostor *n.* អ្នកបន្លំ neak-born-lom
imposture *n.* ការបន្លំ ka-born-lom
impress *v.* ធ្វើឲ្យស្ញើច thver-ory-sngerch
impressed *adj.* ដែលស្ញើច dael-sngerch
impression *n.* ការស្ញើចសរសើរ ka-sngerch-sor-ser
impressive *adj.* ដែលគួរឲ្យស្ញើច dael-kuor-oy-sngerch
improve *v.* ធ្វើឲ្យរីកចម្រើន thver-ory-rek-chom-rern
improved *n.* ដែលរីកចម្រើន dael-rek-chom-rern
improvement *n.* ភាពរីកចម្រើន pheap-rek-chom-rern
in *prep.* ក្នុង knong
in a hurry *phr.* កំពុងប្រញាប់ kompung-bronhab
in addition (to) *prep.* បន្ថែមទៅលើ bon-thaem-touw-ler
in advance *adv.* មុននឹង mun-neong

in case (of) *phr.* ក្នុងករណី knong-kor-nei
in charge of *phr.* ក្នុងការគ្រប់គ្រង knong-ka-krob-krorng
in common *adv.* ដូចគ្នា douch-knea
in control (of) *phr.* ក្រោមការគ្រប់គ្រង kroam-ka-krob-krorng
in detail *adv.* ជាលម្អិត chea-lom-et
in excess of *phr.* លើស lers
in exchange (for) *phr.* ជាការផ្លាស់ប្តូរនឹង chea-ka-phlas-pdo-noeng
in favor (of) *phr.* នៃចំណូលចិត្តរបស់ nei-chom-noul-chet-robors
in front (of) *phr.* នៅពីមុខ nov-pe-muk
in general *adv.* ជាទូទៅ chea-tou-touw
in honor of *phr.* ជាកិត្តយសនៃ chea-ki-ti-yuos-nei
in memory of *phr.* ជាការចងចាំនៃ chea-ka-chong-cham-nei
in order to *prep.* ដើម្បី derm-bei
in public *phr.* ជាសាធារណៈ chea-sa-thea-nak
in return *phr.* ត្រឡប់មកវិញ tro-lorb-mork-vich
in season *phr.* ដល់រដូវ dol-ror-douv
in the end *phr.* ទីបញ្ចប់ te-banh-chob
inability *n.* អសមត្ថភាព ak-samat-ta-pheap
inaccessible *adj.* ដែលមិនអាចចូលដល់ dael-min-arch-choul
incarcerate *v.* ដាក់គុក dak-kuk
incarceration *n.* ការដាក់គុក ka-dak-kuk; ការដាក់ពន្ធនាគារ kar dak poan-theanea-kea
incentive *n.* រឿងលើកទឹកចិត្ត roeurng-lerk-toek-chet
inch *n.* អ៊ិន្ឈ៍ inch
incidence *n.* ហេតុការណ៍ het-ka
incident *n.* ឧបទ្ទវហេតុ ou-pak-te-vae-het
incise *v.* វះ veah
incline *n.* ភាពលំអៀង pheap-lom-eang
include *v.* រាប់បញ្ចូល roib-banh-choul
included *adj.* ដែលរាប់បញ្ចូល dael-roib-banh-choul; **to be ~** ដែលត្រូវរាប់បញ្ចូល dael-trouw-roib-banh-choul
including *prep.* រួមមាន ruom-mean
inclusive *adj.* ដែលរាប់បញ្ចូល dael-roib-banh-choul
income *n.* ប្រាក់ចំណូល prak-chom-noul
income tax *n.* ពន្ធប្រាក់ចំណូល pun-prak-chom-noul
incompetent *adj.* គ្មានសមត្ថភាព kmean-samat-ta-pheap • *n.* មនុស្សខ្វះសមត្ថភាព mnus kvas samat-ta-pheap

incorporate *v.* បង្កើតសារជីវកម្ម bong-kert-sa-chi-vak-kam
incorporated (*abbr.:* **Inc.**) *adj.* ដែលចូលគ្នា dael-choul-knea
incorrect *adj.* មិនត្រឹមត្រូវ min-troem-trouw
increase *v.* បង្កើន bong-kern
increasingly *adv.* ដោយការកើនឡើង doay-ka-kern-lerng
incredible *adj.* មិនគួរឲ្យជឿ min-kour-ory-cheur
incriminate *v.* ធើពិរុទ្ធកម្ម ver-pi-rut-kam
incubate *v.* ញាស់ nhors
incumbent *n.* អ្នកកាន់តំណែង neak-kan-dom-naeng
incur *v.* នាំមកនូវ noim-mok-nouv
indeed *adv.* ពិតប្រាកដណាស់ pit-bra-kod-nas
independence *n.* ឯករាជ្យភាព ek-reach-pheap
independent *adj.* ឯករាជ្យ ek-reach
independently *adv.* ដោយឯករាជ្យ doay-ek-reach
index *n.* សន្ទស្សន៍ sorn-tous
India *n.* ប្រទេសឥណ្ឌា pror-tes-en-dia
Indian *adj.* ជនជាតិឥណ្ឌា chun-cheat-en-dia
Indian food *n.* ម្ហូបឥណ្ឌា mhoub-en-dia
Indian heliotrope *(flower) n.* ស្មៅកន្ទុយដំរី smao-korn-tuy-dorm-rei
indicate *v.* បង្ហាញ bong-hanh
indication *n.* ការបង្ហាញ ka-bong-hanh
indict *v.* ចោទប្រកាន់ choat-brokan
indictment *n.* ការចោទប្រកាន់ ka-chaot-brokan; ដីកាចោទប្រកាន់ deika-choat-pror-kan
indigestion *n.* ការមិនរំលាយអាហារ ka-min-rom-leay-a-ha
indirect *adj.* ប្រយោល bro-yoal
indirectly *adv.* ដោយប្រយោល doay-bro-yoal
individual *adj.* នៃបុគ្គល nei-bu-kul
indoor *adj.* ក្នុងផ្ទះ knung-pteah
indoor pool *n.* អាងទឹកក្នុងផ្ទះ ang-toek-knung-pteah
indoors *adv.* នៅក្នុងផ្ទះ nov-knung-pteah
induce *v.* បញ្ចូល banh-choul
induction *n.* ការបញ្ចូល ka-banh-choul
industrial *adj.* នៃឧស្សាហកម្ម nei-ou-sa-ha-kam
industrial district *n.* ភូមិភាគឧស្សាហកម្ម phoum-pheak-ou-sa-ha-kam
industry *n.* ឧស្សាហកម្ម ou-sa-ha-kam
inequality *n.* វិសមភាព vi-som-ma-pheap

inevitable *adj.* ដែលមិនអាចចៀសបាន dael-min-arch-cheas-ban
inevitably *adv.* ដោយមិនអាចចៀសបាន doay-min-arch-cheas-ban
inexpensive *adj.* ថោក thork
infant *n.* ទារក tea-rok
infant formula *n.* ទឹកដោះគោកូនក្មេង toek-dos-koo-koun-kmeng
infantry *n.* ទ័ពថ្មើរជើង toab-thmer-cherng
infect *v.* ចម្លងរោគ chom-lorng-rork
infected *adj.* ដែលត្រូវបានឆ្លងរោគ dael-trouw-ban-chlorng-rork
infection *n.* ការចម្លងរោគ ka-chom-lorng-rork
infectious *adj.* ដែលចម្លងរោគ dael-chom-lorng-rork
infectious mononucleosis *n.* ជំងឺឆ្លងតាមទឹកមាត់ chum-ngeu-chlorng-tam-toek-moit
infinitive *n.* សព្ទដើម sab-derm
infirmary *n.* គិលានដ្ឋាន ki-lean-dthean
inflammation *n.* ការរលាក ka-ro-leak
inflammatory *adj.* ដែលធ្វើឲ្យរលាក dael-thver-ory-ro-leak
inflation *n.* អតិផរណា ak-ti-phor-na
influence *n.* ឥទ្ធិពល et-ti-phul
influenza *n.* គ្រុនផ្តាសាយធំ krun-pdas-say
inform *v.* ផ្តល់ដំណឹង phdol-dom-noeng
informal *adj.* មិនផ្លូវការ min-phlouw-ka
information *n.* ពត៌មាន puour-dor-mean, ព័ត៌មាន por-mean
information desk *n.* កន្លែងសួរព័ត៌មាន kon-laeng-suor-por-mean
information office *n.* ការិយាល័យព័ត៌មាន ka-ri-ya-lai-por-mean
infraction *n.* បទល្មើស bort-la-mers
infrastructure *n.* ហេដ្ឋារចនាសម្ព័ន្ធ hetha-rachana-somporn
infusion *n.* ការឆុង ka-chung
ingredient *n.* គ្រឿងផ្សំ kroeng-psom
initial *adj.* ដំបូង dom-boung
initially *adv.* ជាដំបូង chea-dom-boung
initiative *n.* គំនិតផ្តួចផ្តើម kom-nit-pduoch-pderm
inject *v.* ចាក់ chak
injection *n.* ការចាក់ថ្នាំ ka-chak-thnam
injunction *n.* អធិបញ្ញា ah-thi-banh-chea
injure *v.* ធ្វើឲ្យរបួស thver-ory-ro-buos
injured *adj.* ដែលមានរបួស dael-mean-ro-buos
injury *n.* របួស ro-buos

ink *n.* ទឹកខ្មៅ toek-khmao
inn *n.* សណ្ឋាគារ sorn-tha-kea
innate *adj.* តាមធម្មជាតិ tam-choim-cheat
inner *adj.* ខាងក្នុង khang-knung
inner tube *n.* ពោះវៀន puos-vean
innocent *adj.* ដែលគ្មានទោស dael-kmean-tors • *n.* និរទោស ni-ror-toos
innovate *v.* នវានុវត្ត no-va-nu-wat
innovation *n.* នវានុវត្តន៍ no-va-nu-wat
inoculation *n.* ការចាក់ថ្នាំការពារ ka-chak-thnam-ka-pea
input *n.* ការដាក់បញ្ចូល kar-dak banh-chol, ការបញ្ចូល ka-banh-choul
inquiry *n.* សំណួរ sorm-nuor
insect *n.* សត្វល្អិត sat-laet
insect bite *n.* សត្វល្អិតខាំ sat-laet-kham
insect repellant *n.* ជាតិបណ្ដេញសត្វល្អិត cheat-born-denh-sat-laet
insert *v.* បញ្ចូល banh-choul
inside *prep.* នៅខាងក្នុង nov-khang-knung • *adj.* ក្នុង knung
insight *n.* ទស្សនៈវិស័យ tors-sa-nak-visai
insist (on) *v.* ទទូច tor-touch
insistence *n.* ការទទូច ka-tor-touch
insomnia *n.* ជំងឺដេកមិនលក់ chum-ngeu-dek-min-luk
inspect *v.* ត្រួតពិនិត្យ truot-pinit
inspection *n.* ការត្រួតពិនិត្យ ka-truot-pinit
inspiration *n.* ការជម្រុញទឹកចិត្ត ka-chom-runh-toek-chet
inspire *v.* ជម្រុញទឹកចិត្ត chom-runh-toek-chet
install *v.* តម្លើង dom-lerng
installation *n.* ការតម្លើង ka-dom-lerng
instance *n.* ឧទាហរណ៍ ou-tea-hor
instant *adj.* ភ្លាម pleam
instant coffee *n.* កាហ្វេឆុងភ្លាម ka-fe-chung-pleam
instead *adv.* ដោយជំនួស doay-chom-nuos
instead of *prep.* ជំនួសឲ្យ chom-nuos-ory
instigate *v.* ញុះញង់ nhus-nhung
instigation *n.* ការញុះញង់ ka-nhus-nhung
instinct *n.* សភាវគតិ sa-phea-vaek-kh-ti
institute *n.* វិទ្យាស្ថាន vi-thyea-sthan
institution *n.* ស្ថាប័ន stha-ban
institutional *adj.* នៃស្ថាប័ន nei-stha-ban

instruction *n.* សេចក្តីណែនាំ sech-kdei-nae-noim
instructional *adj.* នៃសេចក្តីណែនាំ nei-sech-kdei-nae-noim
instructor *n.* អ្នកណែនាំ neak-nae-noim
instrument *n.* ឧបករណ៍ ou-pak-koo
instrumental *adj.* ជាឧបករណ៍ chea-ou-pak-koo
insufficient *adj.* មិនគ្រប់គ្រាន់ min-krub-kroin
insulin *n.* អាំងស៊ុយលីន ang-suy-lin
insult *v.* ជេរប្រមាថ che-bro-tich
insulting *adj.* ដែលជេរប្រមាថ dael-che-bro-tich
insurance *n.* ធានារ៉ាប់រង thea-nea-rab-rorng
insurance card *n.* បណ្ណធានារ៉ាប់រង ban-thea-nea-rab-rorng
insurance claim *n.* ការទាមទារធានារ៉ាប់រង ka-team-tea-thea-nea-rab-rorng
insurance company *n.* ក្រុមហ៊ុនធានារ៉ាប់រង krum-hun-thea-nea-rab-rorng
integrate *v.* បញ្ចូលគ្នា banh-choul-knea
integrated *adj.* ដែលបញ្ចូលគ្នា dael-banh-choul-knea
integration *n.* ការបញ្ចូលគ្នា ka-banh-choul-knea
intellectual *adj.* ដែលមានប្រាជ្ញា dael-mean-prach-nha
intellectual property *n.* ទ្រព្យសម្បត្តិបញ្ញា troib-sombat-panha
intelligence *n.* ប្រាជ្ញា prach-nha
intelligent *adj.* ដែលវៃឆ្លាត dael-vei-chleat
intend *v.* មានបំណង mean-bom-norng
intense *adj.* ខ្លាំងក្លា khlang-khla
intension *n.* បំណងជាសះស្បើយ bom-norng-chea-sas-sbery
intensity *n.* ភាពខ្លាំងក្លា pheap-khlang-khla
intensive *adj.* ដែលខ្លាំងក្លា dael-khlang-khla
intensive care *(med.) n.* ការថែទាំល្អិតល្អន់ ka-thae-toim-laet-la-oin
intention *n.* គោលបំណង korl-bom-norng
interact *v.* ទាក់ទង tak-torng
interaction *n.* ការទាក់ទង ka-tak-torng
interactive *adj.* ដែលមានការទាក់ទង dael-mean-ka-tak-torng, អ៊ីនធឺអាកធីវ in-ter-ak-tiv
interactive program *n.* កម្មវិធីមានការទាក់ទង kam-vi-thi-mean-ka-tak-torng
intercity train រថភ្លើងឆ្លងក្រុង rut-phlerng-chlorng-krung
interest *n.* ចំណាប់អារម្មណ៍ chom-nab-arom

interested *adj.* មានចំណាប់អារម្មណ៍ mean-chom-nab-arom
interested in *adj.* ចាប់អារម្មណ៍នឹង chab-arom-noeng
interesting *adj.* ដែលគួរឲ្យចាប់អារម្មណ៍ dael-kuor-ory-chab-arom
interface *n.* អ៊ីនធឺហ្វេស in-ter-fes
interference *n.* ការជ្រៀតជ្រែក ka-chreat-chraet
interim *adj.* បណ្ដោះអាសន្ន born-dos-ason
interior *n.* ផ្នែកខាងក្នុង phnhaek-khang-knung
intermediate *adj.* មធ្យម mo-chum
intermission *n.* ពេលសម្រាក pel-somrak
internal *adj.* នៃផ្ទៃក្នុង nei-ptei-knung
international *adj.* អន្តរជាតិ orn-ta-rak-cheat
international call *n.* ការហៅទូរសព្ទទៅក្រៅប្រទេស ka-hav-tou-sab-touw-krao-pror-tes
international student card *n.* បណ្ណសម្គាល់ខ្លួនសិស្សបរទេស ban-som-korl-klun-sers-bo-tes
Internet *n.* អ៊ីនធឺណេត internet
Internet café *n.* ហាងបម្រើសេវាអ៊ីនធឺណិត hang-bom-rer-seva-in-ter-net
interpret *v.* បកប្រែផ្ទាល់មាត់ bork-brae-ptoil-moit
interpretation *n.* ការបកប្រែផ្ទាល់មាត់ ka-bork-brae-ptoil-moit
interpreter *n.* អ្នកបកប្រែផ្ទាល់មាត់ neak-bork-brae-ptoil-moit
interrupt *v.* រំខាន rom-khan
interruption *n.* ការរំខាន ka-rom-khan; **without ~** ដោយគ្មានការរំខាន dory-kmean-ka-rom-khan
intersection *n.* ចំណុចប្រសព្វ chom-nuch-bro-sorb
interval *n.* ចន្លោះ chun-lors
intervene *v.* ធ្វើអន្តរាគមន៍ thver-orn-ta-ra-kum
intervention *n.* ការធ្វើអន្តរាគមន៍ ka-thver-orn-ta-ra-kum
interview *n.* បទសម្ភាសន៍ bot-som-pheas
intimacy *n.* ភាពស្និទ្ធស្នាល pheap-snet-snal
intimate *adj.* ស្និទ្ធស្នាល snet-snal
into *prep.* ចូល choul
intrinsic *adj.* ក្នុងសរីរាង្គ knung-sa-re-reang
introduce *v.* ណែនាំ nae-noim; **may I ~ ...?** ខ្ញុំសូមណែនាំ ...? khnhom-soum-nae-noim ...; **~ oneself** ណែនាំខ្លួន nae-noim-kloun
introduction *n.* សេចក្ដីផ្ដើម sech-kdei-pderm
introspect *v.* ត្រិះរិះ tris-ris
introspection *n.* ការត្រិះរិះ ka-tris-ris

intrude *v.* ឈ្លានពាន chhlean-pean
intruder *n.* អ្នកឈ្លានពាន neak-chhlean-pean
intrusion *n.* ការឈ្លានពាន ka-chhlean-pean
invent *v.* បង្កើត bong-kert
invention *n.* ការបង្កើត ka-bong-kert
invest *v.* វិនិយោគ vi-ni-yoak
investigate *v.* ស៊ើបអង្កេត serb-ang-ket
investigation *n.* ការស៊ើបអង្កេត ka-serb-ang-ket
investment *n.* ការវិនិយោគ ka-vi-ni-yoak
investor *n.* អ្នកវិនិយោគ neak-vi-ni-yoak
invitation *n.* ការអញ្ជើញ ka-anh-chernh
invite *v.* អញ្ជើញ anh-chernh
invite for *v.* អញ្ជើញមក anh-chernh-mok
invoice *n.* វិក័យប័ត្រ vikai-bat
involve *v.* ពាក់ពន្ធ័ pak-poin
involved in *phr.* ពាក់ពន្ធ័នឹង pak-poin-noeng
involvement *n.* ការពាក់ពន្ធ័ ka-pak-poin
inwards *adv.* ទៅក្នុង touw-knung
iodine *n.* អ៊ីយ៉ូដ e-youd
ion *n.* អ៊ីយ៉ុង e-yung
Iran *n.* ប្រទេសអ៊ីរ៉ង់ pror-tes-ei-rorng
Iranian *adj.* ជនជាតិអ៊ីរ៉ង់ chun-cheat-ei-rorng
Iraq *n.* ប្រទេសអ៊ីរ៉ាក់ pror-tes-ei-rak
Iraqi *adj.* នៃប្រទេសអ៊ីរ៉ាក់ nei-pror-tes-ei-rak
Ireland *n.* ប្រទេសអៀកឡង់ pror-tes-eak-lorng; **Northern ~** ប្រទេសអៀកឡង់ខាងជើង pror-tes-eak-lorng-khang-cherng
iridescent glassy perchlet *(fish) n.* ត្រីកញ្ចាញច្រាសធំ trei kanh-chanh chras thom
iridescent shark-catfish *n.* ត្រីប្រា trei pra
Irish *adj.* ជនជាតិអៀកឡង់ chun-cheat-eak-lorng
iron *n.* ដែក daek
ironic *adj.* ដែលចំអក dael-chom-orn
ironwork *n.* ផលិតផលដែក phol-let-phol-daek
irony *n.* ការចំអក ka-chom-orn
irregular *adj.* មិនទៀងទាត់ min-teang-toit
irrigation *n.* ការបង្ហូរទឹក ka-bong-hou-toek
irritate *v.* បង្ហូរទឹក bong-hou-toek

irritated *adj.* ដែលមួម៉ៅ dael-muo-mao
irritating *adj.* គួរឲ្យមួម៉ៅ kuor-ory-muo-mao
Islam *n.* ឥស្លាម e-slam
Islamic *adj.* នៃឥស្លាម nei-e-slam
island *n.* កោះ koh
isolate *v.* ផ្ដាច់ខ្លួន phdach-kloun
isolated *adj.* ដែលផ្ដាច់ខ្លួន dael-phdach-kloun
isolation *n.* ការផ្ដាច់ខ្លួន ka-phdach-kloun
Israel *n.* ប្រទេសអ៊ីស្រាអែល pror-tes-e-sra-el
Israeli *adj.* ជនជាតិអ៊ីស្រាអែល chun-cheat-e-sra-el
Israeli salad *n.* សាឡាត់របស់អ៊ីស្រាអែល salad rorbos e-sra-el
issue *n.* បញ្ហា banh-ha
it *pron.* វា vea
itch *v.* រមាស់ ro-mois; **have an ~** មានការរមាស់ mean-ka-ro-mois
item *n.* វត្ថុ vat-thu
itemize *v.* រាយមុខទំនិញ reay-muk-tom-ninh
itemized *adj.* ដែលត្រូវបានរាយមុខ dael-trouw-ban-reay-muk
itemized bill *n.* វិក័យប័ត្ររាយមុខទំនិញ vikai-ban-reay-muk-tom-ninh
itinerary *n.* កម្មវិធីធ្វើដំណើរ kam-vithi-thver-dom-ner
its *pron.* របស់វា robors-vea
itself *pron.* ខ្លួនវា khluon-vea
ixora *(plant) n.* ដកខិម dork-kim

J

jacket *n.* អាវក្រៅ av-krao
jackfruit *n.* ខ្នុរ khnul
jail *n.* គុក kuk
jalapeno *n.* ម្ទេសប្លោកតូច mtes-ploak
jam *n.* ដំណាប់ dom-nab
jambolan plum *n.* ព្រីង pring
January *(abbr:* **Jan.***)* *n.* ខែមករា khae-mak-ra
Japan *n.* ប្រទេសជប៉ុន pror-tes-cho-pun
Japanese *adj.* ជនជាតិជប៉ុន chun-cheat-cho-pun
Japanese tea *n.* តែជប៉ុន tae-cho-pun
jar *n.* ក្រឡ kro-lor
jasmine *n.* ផ្កាម្លិះ phka-mlis; **night-blooming** ~ ណាគ្រី na-kri; **tree** ~ អង្គាបុស្ប orng-kea bos
jasmine rice *n.* អង្ករផ្កាម្លិះ orng-kor-phka-mlis
jaundice *n.* ជំងឺខាន់លឿង chum-ngeu-khan-lerng
jaw *n.* ថ្គាម thkeam
jazz *n.* តន្ត្រីម្យ៉ាង don-trei-myang
jealous *adj.* ប្រចណ្ឌ bro-chan
jeans *n.* ខោខៅប៊ូយ khoa-khouv-bouy
jeep *n.* រថយន្តហ្ស៊ីប rut-yun-zep
jello *n.* ចាហួយផ្លែឈើ cha-houy-phlae-chher
jelly *n.* ចាហួយ cha-houy
jellyfish *n.* ខ្លែសមុទ្រ khnhae-samut
jerk *n.* មនុស្សមិនល្អ mnus-min-laor
Jerusalem *n.* ទីក្រុងហ្សេរុយសាឡិម ti-krong-ze-ruy-sa-lim
jet lag *n.* វិបត្តិគេងខុសម៉ោង vibat-keng-khus-moang
jet-ski *n.* ស្គីទឹក skee-toek
jetty *n.* ទំនប់ទឹក tom-noib-toek
Jew *n.* ជ្វា chvea
jewel *n.* អលង្កា ak-lang-ka
jeweler *n.* ឈ្មួញគ្រឿងអលង្ការ chhmuonh-kreoung-ak-lang-ka
jewelry *n.* គ្រឿងអលង្ការ kreoung-ak-lang-ka

Jewish *adj.* ជនជាតិជ្វា chun-cheat-chvea
Jewish cuisine *n.* ម្ហូបជ្វីហ្វ ma-houb cheu-vis
Jewish dietary laws *n.* ច្បាប់របបអាហាររបស់សាសន៍យូដា chbab ror-borb aha rorbors sas-yuda
job *n.* របរ robor; **what's your ~?** តើអ្នកប្រកបរបរអ្វីដែរ? ter-nak-bro-kork-robor-avey
job center *n.* មជ្ឈមណ្ឌលការងារ mo-cheah-mon-dul-ka-ngea
job description *n.* បរិយាយភារកិច្ច bo-re-yeay-phea-ro-kich
jockey *n.* អ្នកជិះសេះប្រណាំង neak-chis-seah-bro-nang
jogging *n.* ការរត់ត្រុកៗ ka-rot-truk-truk
join *v.* ចូលរួម choul-ruom
join in *v.* ចូលរួមក្នុង choul-ruom-knung
join someone *v.* ចូលរួមជាមួយអ្នកណាម្នាក់ choul-ruom-chea-muoy-nak-na
joint *n.* សន្លាក់ sorn-lak
jointly *adv.* ដោយភ្ជាប់គ្នា doay-phchoib-knea
joke *v.* លេងសើច leng-serch; **are you joking?** តើអ្នកលេងសើចទេឬ? ter-nak-leng-serch-te-reu
Jordan *n.* ប្រទេសជ័រដែន pror-tes-chor-daen
journal *n.* កំណត់ហេតុ kom-nort-het
journalism *n.* សារព័ត៌មាន sa-por-mean
journalist *n.* អ្នកសារព័ត៌មាន neak-sa-por-mean
journey *n.* ដំណើរ dom-ner
joy *n.* ភាពសប្បាយ pheap-sabay
judge *n.* ចៅក្រម chao krom
judgement *n.* ការវាយតម្លៃ ka-veay-dom-lai
judiciary *n.* អង្គចៅក្រម ang-chao-krom
jug *n.* ភាជន៍ pheach
juice *n.* ទឹកផ្លែឈើ teouk-phlae-chheu
jujube *n.* ពុទ្រា put-trea
julienne *adj.* ចំណិត cham-net • *v.* កាត់ជាចំណិត kat-chea-cham-net;
July (*abbr:* **Jul.**) *n.* ខែកក្កដា khae-kakada
jump *v.* លោត loot
jumper *n.* អាវរងារ av ror-ngea
jumper cables *n.* ខ្សែបញ្ចូលភ្លើងអាគុយ khsae banh-chol phleung a-kuy
junction *n.* ចំណុចប្រសព្វ chom-nuch pror-sorb
June (*abbr:* **Jun.**) *n.* ខែមិថុនា khae-mi-thuna
june plum *n.* ម្កាក់ ma-kak

jungle *n.* ព្រៃ pray
junior *adj.* កំរិតទាប kom-ret-teap
junior high school *n.* អនុវិទ្យាល័យ ak-nuh vi-thyia-lai
juniper berry *n.* ផ្លែប៊ឺរី phlae beu-ri
jurisdiction *n.* យុត្តាធិការ yut-ta-thi-ka, អំណាចច្បាប់ orm-nach chbab
jurisprudence *n.* យុត្តិសាស្ត្រ yut-te-sas
jury *n.* គណៈវិនិច្ឆ័យ kanak-vi-ni-chai; **hung** ~ គណៈវិនិច្ឆ័យមិនអាចសម្រេចបាន kanak vi-ni-chai min ach som-rach, ព្យួរគណៈវិនិច្ឆ័យ pchuo-kanak-vi-ni-chai
just *adv.* ទើបតែ te-uhb tae
justice *n.* យុត្តិធម៌ yut-te thuo-or
justified *adj.* ត្រឹមត្រូវ troem-trouw
justify *v.* ផ្តល់អំណះអំណាង phdorl orm-nas-orm-nang
Jyaishttha *(month on Hindu calendar) n.* ជេស្ឋ ches

K

kale *n.* ស្ពៃ spei
Kampong cham *(Cambodian province) n.* កំពង់ចាម kompong-cham
Kampong chhnang *(Cambodian province) n.* កំពង់ឆ្នាំង kompong chhnang
Kampot *(Cambodian town) n.* កំពត kom port
kanak champa *(tree) n.* កណិការ kaknika
kapok tree *n.* គ koo
kartika *(ritual knife) n.* កត្តិក ka-doek
kassod tree *n.* អង្កាញ់ orng-kanh
kebab *n.* គីបាប់ ki-bab; **lamb** ~ គីបាប់សាច់ចៀម ki-bab sach cheam; **chicken** ~ គីបាប់សាច់មាន់ ki-bab sach moan
keen *adj.* ចង់ chorng
keen on *phr.* មានចំណាប់អារម្មណ៍លើ mean chom-nab-ar-rorm
keep *v.* ទុក tuk; ~ **the change**! *phr.* ទុកលុយអាប់ចុះ! tuk luy-arb cho-uh
keep out *v.* ទុកអោយនៅក្រៅ tuk oay-nov-krao
kennel *n.* ផ្ទះឆ្កែ phteah chha-kae
Kep *(Cambodian town) n.* កែប kaeb
kernel *n.* សាច់គ្រាប់ sach kroab
kerosene *n.* ប្រេងកាត preng-kat
kerosene stove *n.* ចង្ក្រានប្រេងកាត chorng-kran preng-kat
ketchup *n.* ទឹកប៉េងប៉ោះ toek peng pa-oh
kettle *n.* កំសៀវ korm-seaw
key *n.* សោរ soa
key ring *n.* បន្តោងសោរ bon-toang soa
keyboard *n.*ឃីបត khi-bort, ក្ដារចុច kda-choch
keyword *n.* ពាក្យគន្លឹះ peak-kon-leus
keyword search *n.* ស្វែងរកពាក្យគន្លឹះ svaeng-rork peak-kon-leus
kick *v.* ទាត់ toat
kick-off *n.* ការចាប់ផ្ដើម kar-chab pda-uhm
kid *n.* ក្មេង kmeng
kiddie pool *n.* អាងហែលទឹករបស់ក្មេង ang hael-toek ror-bors kmeng
kidnap *v.* ចាប់ជំរិត chab chum-roet

kidnapper *n.* ជនចាប់ជំរិត chun chab chum-roet
kidney *n.* តម្រងនោម dorm-rorng-noam
kidney bean *n.* សណ្ដែកសៀង sorn-daek seang
kidney stone *n.* ដុំគ្រួសក្នុងតម្រងនោម dom-kruos knong dorm-rorng-noam
kill *v.* សម្លាប់ som-lab
killing *n.* ការសម្លាប់ kar-som-lab
kilobyte *n.* គីឡូបាយត៍ kilo-bay
kilogram *n.* គីឡូក្រាម kilo-gram; **half a kilo** *(1.1 lbs.)* កន្លះគីឡូ kon-las-ki-lo
kilometer *n.* គីឡូម៉ែត្រ kilo-maet
kind *adj.* ចិត្តល្អ chit la-or • *n.* ប្រភេទ pror-phet; **what ~ of** តើ ... ប្រភេទអ្វី ta-uh ... pror-phet avei
kindergarten *n.* មត្តេយ្យ mat-tei
kindly *adv.* ដោយចិត្តល្អ doay chit-la-or
kindness *n.* សប្បុរសធម៌ sorb-boros thuo-or
king *n.* ស្ដេច sdach
kinship *n.* ញាតិសន្ដាន nheat sorn-dan
kiss *v.* ថើប tha-uhb
kissing gourami *(fish) n.* ត្រីកន្ទ្រប់ trei korn trorb
kit *n.* ឈុត chhut
kitchen *n.* ផ្ទះបាយ phteah bay
kitchen counter *n.* កន្លែងផ្ទះបាយ korn-laeng phteah bay
kitten *n.* កូនឆ្មា kon chmar
kiwi *n.* សត្វគីវី sat kivi
knapsack *n.* កាបូបស្ពាយ kaboub-spiay
knead *v.* ច្របាច់ chror-bach
knee *n.* ជង្គង់ choong-koong
knife *n.* កាំបិត kam-boet; **carving** ~ កាំបិតឆ្លាក់ kam-boet chhlak
knit *v.* ចាក់ chak
knock *v.* គោះទ្វារ kuoh tvea
knot *n.* ចង chorng
know *v.* ដឹង doeng
knowledge *n.* ចំណេះដឹង chorm-nes-doeng
kosher *adj.* បែបជ្វីហ្វ baeb cheuvis
Koulen *(Cambodian town) n.* គូលែន kou-len
Kratié *(Cambodian province) n.* ក្រចេះ kror-ches

L

label *n.* ស្លាក slark
labor *n.* ពលកម្ម pol-karm
Labor Day *n.* ទិវាពលកម្ម tivea pol-karm
laboratory *n.* បន្ទប់ពិសោធន៍ bon-tub pi-soat
lace *n.* ខ្សែស្បែកជើង khsae sbaek-cheung
lack *n.* កង្វះ korng-was, *v.* ខ្វះ kwas
lacquer *n.* ថ្នាំរលោង thnarm ror-loong
lactose *n.* ឡាក់តូស lak-tos
lactose intolerant *adj.* ជំងឺឡាក់តូស chum-ngeu
lad *n.* ក្មេងប្រុស kmeng pros
ladder *n.* ជណ្តើរ chun da-uh
ladies' restroom *n.* បន្ទប់ទឹកនារី bon-tub toek neari
ladieswear *n.* ខោអាវនារី khoa-aw neari
ladle *n.* វែក vek
lady *n.* នារី neari
lag *v.* នៅពីក្រោយ nov pi-kroay
laggard *n.* មនុស្សនៅពីក្រោយគេ mnus nov pi-kroay ke
lake *n.* បឹង boeng
lama *(Buddhist teacher) n.* ដាឡៃឡាម៉ា dalai-la-ma
lamb *n.* *(animal)* ចៀម cheam; *(meat)* សាច់កូនចៀម sach kon-cheam; ~ **kebab** គីបាប់សាច់ចៀម ki-bab sach cheam; **rack of** ~ ឆ្អឹងជំនីចៀម cha-oeng chum-ni cheam
lambaste *v.* រិះគន់យ៉ាងសំបើម ris-kun yang sorm-berm
lambchop rasbora *(fish) n.* ត្រីចង្វាឆ្នូត trei chorng-va chnout
lame *adj.* ដែលពុំគួរអោយជឿ dael pum kuo-oay choeur
lament *v.* ទួញសោក tuonh soak
lamentable *adj.* ដែលសោកសៅ dael soak-sao
lamentation *n.* ការសោកសៅ kar soak-sao
lamp *n.* អំពូល orm-pul
lance *n.* លំពែង lum-peaeng
land *n.* ដី dei
landing: airplane ~ *n.* យន្តហោះចុះចត yun ha-oh chos-chort

landlord *n.* ម្ចាស់អចលនទ្រព្យ ma-chas ak-chorl-lanak-truo-orb
landmark *n.* កំណត់សំគាល់ korm-nort sorm-koal
landscape *n.* ទេសភាព tes-pheap
lane *n.* លេនផ្លូវ len phlouw
langsat *(tree species) n.* លាំងសាត laing-sat
language *n.* ភាសា phea-sa
language course *n.* មេរៀនភាសា me-rean phea-sa
languish *v.* ស្រពោន sror-poon
laotian shad *(fish) n.* ត្រីក្បក trei kbork
laparoscope *n.* ឧបករណ៍ឆ្លុះពោះ ob-pakor chloh puos
lapse *n.* ចន្លោះ chorn la-oh
laptop *n.* លេបថប leb-torb; ~ **computer** កុំព្យូទ័រលេបថប kom-phyu-tor leb-torb
larceny *n.* ការលួច kar-louch, ចោរកម្ម choar-rakam
lard *n.* ខ្លាញ់ជ្រូក khlanh chrouk
large *adj.* ធំ thoum
largely *adv.* ធំ thoum
larger *adj.* ធំជាង thoum cheang
largescale archerfish *n.* ត្រីកញ្ចាកស្លា trei kanh-chiak-sla
largetooth sawfish *n.* ត្រីថ្កុ trei thkooh
lark *n.* ការលេងសើច kar leng sauch
laryngitis *n.* ស្អកក sa-ork kor
lasagna *n.* ឡាហ្សាញ៉ា la-za-nha
laser *n.* ឡាហ្ស៊ែរ la-zeae
last *adj.* មុន mun, ចុងក្រោយ chong kroay • *adv.* **at** ~ ជាចុងក្រោយ chea chong kroay
late *adj.* យឺត yeut; **be** ~ យឺត yeut
later *adv.* ក្រោយ kroay
latest *adj.* ចុងក្រោយបង្អស់ chong kroay borng-ors
latitude *n.* រយៈទទឹង ror-yak to-toek
latte *n.* កាហ្វេឡាតេ ka-fe la-te
latter *adj.* នៃទីពីរ nei-ti-pi
laudable *adj.* គួរអោយសរសើរ kuor-oay sor-sa-uh
laugh *v.* សើច sauch
laughter *n.* សំណើច sorm na-uch
launch *v.* ចាប់ផ្តើម chab pda-uhm
launderette *n.* ម៉ាស៊ីនបោកគក់ masin boak kuok

laundromat *n.* ម៉ាស៊ីនបោកគក់ masin boak kuok
laundry *n.* កន្លែងបោកគក់ korn-laeng boak kuok
laundry facilities *n.* ឧបករណ៍បោកគក់ ob-pakor boak kuok
laundry service *n.* សេវាបោកគក់ seva boak kuok
laureate *n.* ជ័យលាភី chei lea-phi
laurel *n.* កិត្តិយស ket-te-yuos
lava *n.* កម្អែភ្នំភ្លើង korm-aer phnom phleung
lavatory *n.* ឡាវ៉ាបូ lavabo
lavender *n.* ផ្កាឡាវេនដឺ phkar lavender
law *n.* ច្បាប់ chbab
lawsuit *n.* រឿងក្តី roeurng kdei
lawyer *n.* មេធាវី me-thea-vi
laxative *n.* ថ្នាំទល់លាមក thnam tol-lea-muok
lay *v.* ដាក់ចុះ dak chos
lay person *n.* សមាជិកព្រះវិហារមិនបានបំបួស sama-choek preah-vihear min-ban-buos
layer *n.* ស្រទាប់ sror-toab
layered *adj.* ដែលមានស្រទាប់ dael mean sror-toab
layover *n.* ការឈប់សម្រាក kar-chhub sorm-rak
lazy *adj.* ខ្ជិល khchoel
LCD *n.* អិលស៊ីឌី el-si-di
lead *v.* *(show the way)* ដឹកនាំ doek noam • *n.* *(metal)* សំណរ sorm nor
leaded *adj.* ធ្វើពីសំណ thver pi sorm-nor
leaded gasoline *n.* សាំងមានជាតិសំណ saing mean cheat sorm-nor
leader *n.* អ្នកដឹកនាំ naeak doek-noam
leadership *n.* ការដឹកនាំ kar doek-noam
lead-free *adj.* គ្មានជាតិសំណ kmean cheat sorm-nor
leading *adj.* នាំមុខ noam muk
leaf *n.* ស្លឹក sloek
league *n.* ក្រុម krom
leak *n.* លេច lech
lean *adj.* គ្មានខ្លាញ់ kmean khlanh; ~ **meat** សាច់គ្មានខ្លាញ់ sach kmean khlanh • *v.* ឱន oarn
lean out *v.* អើតទៅក្រៅ eut touw krao
leap *v.* លោតរំលង loot-rum-long
learn *v.* រៀន rean
lease *n.* ជួល chuol

leasing *n.* ការជួល kar-chuol
least *pron.* តិចបំផុត tech borm-put; **at ~** យ៉ាងហោចណាស់ yang hoach-nas
least rasbora *(fish) n.* ត្រីចង្វាឆ្នូត trei chorng-va chnout
leather *n.* ស្បែក sbaek
leather goods *n.* របស់ធ្វើពីស្បែក ror-bors thver-pi-sbaek
leave out *v.* ទុកនៅក្រៅ tuk nov krao
leave *v.* ចាកចេញ chak chenh; *phr.* **~ me alone** អោយខ្ញុំនៅម្នាក់ឯង oay khnhom nov mnak aeng
leaven *v.* ធ្វើអោយឡើងមេ thver oay la-uhng me
lecture *n.* បទបង្ហាញ bort-borng-hanh
lecturer *n.* សាស្ត្រាចារ្យ sas-strar-cha
ledge *n.* គែមជញ្ជាំង keaem-choonh-chaing
leech *n.* ឈ្លើង chhleung
leek *n.* ខ្ទឹមគល់ khtoem kul
left *adj.* ឆ្វេង chveng; **on the ~** នៅខាងឆ្វេង nou khang chveng
leftist *n.* ជនឆ្វេងនិយម chun chveng niyum
leftover *adj.* នៅសល់ nov sorl
left-wing *adj.* ឆ្វេងនិយម chveng niyum
leg *n.* ជើង cheung
legal *adj.* ស្របច្បាប់ srorb chbab; **is it ~?** តើវាស្របច្បាប់រឺទេ? ta-uh vea srorb chbab reu-te?
legal guardian *n.* អាណាព្យាបាលស្របច្បាប់ ah-na-pyia-bal-srorb-chbab
legalization *n.* នីត្យានុកូលកម្ម ni-tyar-nuh-kol-karm
legally *adv.* ដែលស្របច្បាប់ dael srorb chbab
legend *n.* រឿងព្រេង roeurng preng
leggings *n.* ស្រោមបារ sroam bar
legislation *n.* នីតិកម្ម ni-te-karm
legislator *n.* អ្នកតាក់តែងច្បាប់ naeak tak-taek chbab
legislature *n.* អង្គនីតិបញ្ញត្តិ orng-ni-te-panh-nhat
legume *n.* បន្លែផ្លែមានគួរ bon-lae phlae mean kuor
leisure *n.* ការលំហែ kar-lom-hae
lemon *n.* ក្រូចឆ្មារ krouch chmar
lemon juice *n.* ទឹកក្រូចឆ្មារ toek krouch chmar
lemonade *n.* ទឹកក្រូចឆ្មារ toek krouch chmar
lemongrass *n.* ស្លឹកគ្រៃ sloek kray
lend *v.* អោយខ្ចី oay khchei; **could you ~ me ...?** តើអ្នកអាចអោយខ្ញុំខ្ចី ... បានទេ? ter-nek-arch-ouy-khnom-kchei-...-ban-te?

lender *n.* អ្នកអោយខ្ចី neak oay khchei
length *n.* ប្រវែង pror-vaeng
leniency *n.* ការអត់ឱន kar-ort-oan
lenient *adj.* ដែលអត់ឱន dael ort-oan
lens *n.* លេន len
lens cap *n.* គម្របលេន kum-rorb len
Lent *(Christian) n.* រយៈពេលតមអាហាររបស់សាសនាគ្រឹស្ត ror-yak-pel torb aha ror-bors sasna kreus
lentil *n.* ប្រភេទគ្រាប់មានរាងជាលេន pror-phet kroab mean reang chea len; **green ~s** ស្លឹកលេនថលពណ៌ខៀវ sleuk-len-tol-por-khiev
lentil soup *n.* ស៊ុបសណ្តែក soup sorn-daek, ស៊ុបលេនថល soup len-tol
leopard *n.* ខ្លាដំបង khlar-dorm-borng
lesbian *adj.* ខ្ទើយស្រី khteuy srei
less *pron.* តិចជាង tech cheang
lesser vehicle *(Buddhist Hinayana) n.* ហីនយាន hoen-yean
lesson *n.* មេរៀន me-rean
let *v.* អនុញ្ញាត ak-nuh-nhat; **~ me …** អនុញ្ញាតអោយខ្ញុំ … ak-nuh-nhat oay khnhom; **~ me know** អោយខ្ញុំដឹង oay khnhom doeng
lethargy *n.* ភាពទន់ល្ហិតល្ហៃ pheap tun la-hoet la-hai
letter *(written note) n.* លិខិត likit
letter box *n.* ប្រអប់សំបុត្រ pror-orb sombut
lettuce *n.* ស្ពៃសុ spay-sor
level *n.* កម្រិត korm-roet
levy *v.* ហូតពន្ធ hout-pun
liability *n.* ការទទួលខុសត្រូវ kar tor-tuol khos trouw
liable *adj.* ដែលទទួលខុសត្រូវ dael too-tuol khos trouw
liar *n.* មនុស្សកុហក mnus kuh-hork
libel *n.* ការបរិហាកេរ្តិ៍ kar-bori-ha-ke
liberal arts *n.* សិល្បៈសេរី sel-la-pak-se-rei
Libra *(Zodiac) n.* លីបប្រា lib-bra
librarian *n.* បណ្ណារក្ស bannarak
library *n.* បណ្ណាល័យ banna-lay
lice *n.* ចៃ chay
license *n.* អាជ្ញាប័ណ្ណ ak-nha-ban
license plate *n.* ស្លាកលេខ slak-leek
license plate number *n.* ស្លាកលេខ slak-leek
licorice *n.* ដើមឈើអែម derm-cheur-aem

lid *n.* គម្រប kum-rorb
lie *v. (lay prone)* តម្រេកខ្លួន dorm-rek khluon; ~ **on the bed** តម្រេកខ្លួនលើគ្រែ dorm-rek khluon leu kreae; ~ **down** គេងសម្រាក keng sorm-rak; *(tell a falsehood)* កុហក kohork
lien *n.* សិទ្ធិឃាត់ទុក soet khoat-tuk
lieutenant *n.* អនុសេនីយ៍ទោ ak-nuh se-nei-tor
life *n.* ជីវិត chivit
life belt *n.* ខ្សែក្រវាត់ពោង khsae kror-vat poong
life jacket *n.* អាវពោង av poong
life preserver *n.* ពោងសុវត្ថិភាព poong so-vat-te-pheap
lifeboat *n.* ទូកសង្គ្រោះ touk sorng-kruos
lifeguard *n.* អ្នកចាំជួយមនុស្សលង់ទឹក nak charm chuoy mnus lung toek
lift *v.* លើក leurk • *n.* ជណ្តើរយន្ត chun der yun
lift pass *n.* សំបុត្រជិះស្គី sorm-bot chis ski
light *v.* អុជ uch • *adj.* ស្រាល srarl; ~ **meal** អាហារសម្រន់ aha-som-ron
light meter *n.* ឧបករណ៍វាស់ភ្លើង orb-pak-kor voas pleung
lightbulb *n.* អំពូលភ្លើង orm-pul pleung
lighter *n.* ដែកកេះ daek kes
lighting *n.* ប្រដាប់បំភ្លឺ pror-dab borm-phleur
lightly *adv.* តិចៗ tech tech; ~ **salted** ប្រៃតិចៗ pray-tech-tech
lightning *n.* រន្ទះបាញ់ run te-ah banh
like *prep.* ដូច douch • *conj* ដូច douch; ~ **this** ដូចនេះ douch nis; **I'd ~ to …** ខ្ញុំចង់ … khnhom chorng …
likely *adj.* ទំនងជា tum-nong chea
lilac *n.* ផ្កាលីឡាក phkar li-lac
lily *n.* ផ្កាលីលី phkar li-li
lima beans *n.* សណ្តែកហ៉ាវឡាំងតាវ sorn-daek huo-or laing tao
limber *adj.* ដែលធ្វើចលនាបានស្រួល dael thver chorl-lana ban sruol
lime *n.* ក្រូចឆ្មារ krouch chmar
lime juice *n.* ទឹកក្រូចឆ្មារ toek krouch chmar
limit *n.* កម្រិត korm-roet
limitation *n.* ការកម្រិត kar korm-roet
limited *adj.* មានកំណត់ mean korm-nort
limonana *(type of lemonade) n.* ទឹកក្រូចឆ្មារ toek krouch-chmar
limousine *n.* ឡានលីមូហ្ស៊ីន lan-li-mo-zin
linden tree *n.* ដើមលិនដុន da-uhm lin-den
line *n.* ខ្សែ khsae

lineage *n.* ពូជ pouch
linear *adj.* ដែលជាបន្ទាត់ dael chea born-toat, ត្រង់ trorng
lined *adj.* ដែលជាជួរ dael chea chuor
linen *n.* ក្រណាត់វេញពីធ្មៃ kror-nat venh pi thmei
lingerie *n.* អាវក្នុងស្រី aow knong srei
linguist *n.* ភាសាវិទូ phea-sa vitou
linguistics *n.* ភាសាសាស្ត្រ phea-sa sas
link *v.* ភ្ជាប់ phchoab • *n.* ការទាក់ទង kar-teak-torng; **website ~** លីងគេហទំព័រ ling-ke-hak-tum puo-or
lion *n.* សត្វតោ sat toa
lip *n.* បបូរមាត់ bor-bo-moat
lipstick *n.* ក្រេម krem
liquefy *v.* ពង្រាវ porng-reav
liqueur *n.* ស្រាផ្អែម sra pha-aem
liquid *n.* វត្ថុរាវ vat toh reav
liquidate *v.* ទូរទាត់ tou-toat
liquidation *n.* ការរំលាយក្រុមហ៊ុន kar roum-leay krom-hun
liquidity *n.* លទ្ធភាពសងបំណុល loet-pheap sorng borm-nol
liquor *n.* ស្រា sra; **hard ~** ស្រាខ្លាំង sra-khlang
liquor store *n.* ហាងស្រា hang-sra
list *n.* បញ្ជី banh-chi
listed building *n.* អាគារក្នុងបញ្ជីអភិរក្ស ar-kea knong banh-chi ak-phi-rak
listen *v.* ស្តាប់ sdab
listener *n.* អ្នកស្តាប់ neak sdab
liter *n.* លីត្រ lit; **half a ~** *(0.5 qt.)* កន្លះលីត្រ kon-las-lit
literal *adj.* ន័យនៃពាក្យ nei-nei-peak
literary *adj.* ខាងអក្សរសាស្ត្រ khang ak-sor-sas
literature *n.* អក្សរសាស្ត្រ ak-sor-sas
litigant *n.* គូរក្តី kou-kdei, គូវិវាទ koo-vi-veat
litigation *n.* បណ្តឹងវិវាទ born-doeng vi-veat
litter *(trash)* *n.* សម្រាម sorm-ram
littering: no littering *phr.* ចោលសម្រាម; choal sorm-ram, ហាមចោលសម្រាម ham choal sorm-ram
little *adj.* តិច tech • *adv.* យ៉ាងតិច yang tech • *pron.* **a ~** ចំនួនតិចតួច chom-nuon tech tuoch
live *v.* រស់នៅ ruos nov • *adj.* ផ្ទាល់ ptoal
live together *v.* នៅជាមួយគ្នា nov chea-muoy knea

livelihood *n.* ជីវភាព chi-veak-pheap
lively *adj.* ដែលសកម្ម dael sar-karm
liver *n.* ថ្លើម thlerm
living *adj.* មានជីវិត mean chivit
living room *n.* បន្ទប់ទទួលភ្ញៀវ bon-tub tor-tuol phnheav
living standard *n.* កម្រិតជីវភាព korm-roet chi-vak-pheap
lizard *n.* សត្វបង្កួយ sat borng-kuoy
load *n.* បន្ទុក born-tuk
load limit *n.* កម្រិតបន្ទុក korm-roet born-tuk
loaf *n.* ដុំ dom; ~ **of bread** ដុំនំប៉័ង dom nom-paing
loan *n.* កម្ចី korm chei
loath *adj.* ស្ទាក់ស្ទើរ staeak-steuh
loathsome *adj.* គួរអោយខ្ពើម kuor-oay-khpeurm
lobby *n.* ឡប់ប៊ី lorb-bi
lobster *n.* បង្កងសមុទ្រ borng-korng samut
local *adj.* ក្នុងស្រុក knong srok
local council *n.* ក្រុមប្រឹក្សាខេត្តក្រុង krom-proek-sa khaet krong
local speciality *n.* ម្ហូបពិសេសក្នុងតំបន់ ma-hob pises knong dom-born
local train *n.* រថភ្លើងក្នុងស្រុក rut-phlerng knong srok
locally *adv.* ក្នុងប្រទេស knong pror-tes
locate *v.* រកកន្លែង rork korn-laeng
located *adj.* មានទីតាំង mean ti-taing
location *n.* ទីកន្លែង ti korn-laeng
lock *v.* ចាក់សោរ chark-soa
lock out *v.* ចាក់សោរអោយនៅក្រៅ chark-soa oay nov krao
locker *n.* មេសោរ me-soa; **baggage** ~ សោរចាក់វ៉ាលី soa-chark-vali
locomotive *n.* ក្បាលរថភ្លើង kbarl-rot-phleung
locust *n.* កណ្តូប korn-doub
lodestar *n.* ផ្កាយដុះកន្ទុយ phkai-dos-korn-tuy
log in/on *(tech.) v.* ចូល choul
log out/off *(tech.) v.* ចេញ chenh
logic *n.* ហេតុផល haet-phol
logical *adj.* សមហេតុផល sorm haet-phol
login *(tech.) v.* ការចូល karl choul; ~ **to your account** ចូលក្នុងគណនីអ្នក choul knong kak-nak-nei nak
login ID *(tech.) n.* អត្តសញ្ញាណចូល ar-tak-sanh-nhan chol • *v.* ឈ្មោះឡុកអ៊ីន chhmuoh lok-in

lollipop *n.* ស្ករគ្រាប់ឡាលីប៉ប់ skor-kroab-la-li-porp
London *n.* ក្រុងឡុង krong-long
lonely *adj.* តែឯង tae-aeng
lonesome *adj.* ដែលតែឯង dael tae-aeng
long *adj.* វែង veng
long-distance *adj.* ឆ្ងាយ chha-ngai
long-distance bus *n.* ឡានក្រុងចម្ងាយឆ្ងាយ lan-krong chorm-ngai chha-ngai
long-distance call *n.* ទូរស័ព្ទក្រៅតំបន់ tou-rasab krouw dorm-born
long-grain rice *n.* អង្ករគ្រាប់វែង orng-kor kroab veng
longan *n.* មៀន mean
longer *adj.* វែងជាង veng cheang
longevity *n.* អាយុវែង ak-yoh veng
longitude *n.* រយៈបណ្ដោយ ror-yak born-doay
long-snouted pipefish *n.* ត្រីចៃក្រពើ trei chai kror-pa-uh
long-term *adj.* រយៈពេលវែង ror-yak pel veng
long-term parking *n.* ចំណតរថយន្តរយៈពេលយូរ chom-nort rort-yun ror-yak pel you
look *v.* មើល meurl
look after *v.* ថែរក្សា thae-rak-sa
look around *v.* រក rok
look for *v.* ស្វែងរក svaeng-rok; **I'm just looking for ...** ខ្ញុំគ្រាន់តែមើលទេ khnhom kroan tae meurl te
look forward to *v.* រង់ចាំ rorng-cham
look like *v.* មើលទៅដូច meurl-touw-douch
loose *adj.* មិនជាប់ min-choab
loose-fitting *adj.* រលុង ror-long
loosely *adv.* ដែលមិនជាប់ dael min-choab
lord *n.* ព្រះ preah
lorry *n.* ឡានដឹកទំនិញ lan-doek-tum-ninh
lose *v.* បាត់ bat
lose one's way *v.* វង្វេង vong-veng
loser *n.* អ្នកចាញ់ nak-chanh
loss *n.* ការបាត់បង់ kar-bat-borng
lost *adj.* ដែលបាត់ dael bat; **be ~** ដែលបាត់ dael bat
lost and found office *n.* កន្លែងរកនិងទទួលរបស់បាត់ korn-laeng rork ning to-tuol ror-bors bat
lot: a lot (of) *pron.* ជាច្រើន chea chra-uhn

lotion *n.* ឡូសិន lo-sen
lottery *n.* ឆ្នោត chhnoat
lotus *n.* ឈូក chhouk
loud *adj.* លឺខ្លាំង leu-khlaing
louder *adv.* លឺជាងមុន leu-cheang-mun
loudly *adv.* យ៉ាងលឺ yang-leu
loudness *n.* សំលេងលឺ sorm-leng leu
lounge *n.* បន្ទប់រង់ចាំ bon-tub rorn-cham
love *n.* ស្នេហា snae-ha
lovely *adj.* គួរអោយស្រលាញ់ kuor-oay-sror-lanh
lover *n.* សាហាយ sa-hai
low *adj.* ទាប teap
low-beam *adj.* ភ្លើងហ្វាជិត phlerng-pha-chet
low-calorie *adj.* ដែលមានកាឡូរីទាប dael mean ka-lo-ri teap
low-fat *adj.* មានជាតិខ្លាញ់តិច mean cheat khlanh tech
lower *adj.* ទាបជាង teap-cheang
lowland *n.* ដីទំនាប dei tum-neap
loyal *n.* ជនស្មោះត្រង់ chun sma-oh trorng
lozenge *n.* ថ្នាំគ្រាប់ផ្អែម thnam kroab pha-aem; **cough** ~ ថ្នាំបៀមបាត់ក្អក thnam beam bat ka-ork
lubricant *n.* ប្រេងរំអិល preng rum-oel
lubricate *v.* ដាក់ប្រេង dak-preng
lubrication *n.* ការដាក់ប្រេង kar-dark-preng
lucent *adj.* ចែងចាំង chaeng-charng
luck *n.* សំណាង sorm-nang; **good** ~! *phr.* សំណាងល្អ! sorm-nang la-or
lucky *adj.* សំណាងល្អ sorm-nang la-or
lucrative *adj.* ដែលចំណេញច្រើន dael chom-nenh chreun
ludwigia *(aquatic plant) n.* កំពីងពួយ kom-ping-puoy
luggage *n.* វ៉ាលី vali
luggage allowance *n.* កម្រិតទម្ងន់វ៉ាលី korm-roet tum-ngun vali
luggage cart *n.* រទេះវ៉ាលី ror-tes vali
luggage locker *n.* កន្លែងដាក់វ៉ាលី kon-laeng-dak-vali
lukewarm *adj.* ក្តៅឧណ្ហៗ kdao un-un
lullaby *n.* ចំរៀងបំពេរ chorm-reang borm-pee
luminous *adj.* ដែលបញ្ចេញពន្លឺ dael banh-chenh pun-leu
lump *n.* ដុំ doum
lunatic *n.* មនុស្សឆ្កួត mnus chkuot

lunch *n.* អាហារថ្ងៃត្រង់ ar-ha tngai-trorng
lunch box *n.* អាហារថ្ងៃត្រង់ប្រអប់ ar-ha tngai-trorng pror-orb
lunchmeat *n.* បន្ទះសាច់ bon-teah sach
lunchtime *n.* ពេលអាហារថ្ងៃត្រង់ pel aha-tngai-trorng
lungs *n.* សួត suot
lush *adj.* លូតលាស់ល្អ lout-loas-la-or
lust *n.* ចំណង់ផ្លូវភេទ chom-norng-phlouw-phet
luxury *n.* ប្រណីត pror-noet
luxury goods *n.* ទំនិញប្រណិត tum-ninh pror-noet
lychee *n.* គូលែន kou-len
lyric *adj.* ធ្វើអោយអណ្តែតអណ្តូង thver-oay-orn-daet-orn-doung

M

macaroni *n.* ម៉ាការូនី ma-karo-ni
macaroon *n.* នំម៉ាការូន num-makaroon
macerate *v.* ត្រាំអោយទន់ tram-oay-tun
machine *n.* ម៉ាស៊ីន masin
machine language *n.* ភាសាម៉ាស៊ីន pheasa masin
machine washable *adj.* អាចបោកដោយម៉ាស៊ីន arch-boak-doay-masin
machinery *n.* គ្រឿងយន្ត kreung-yun
mackerel *n.* ត្រីស្បៃកា trei sbai-kar
mad *adj.* ខឹងខ្លាំង khoeng khlaing
mad barb *(fish) n.* ត្រីព្រលួង trei proo-loung
Madagascar plum *n.* ក្រខុប kror-kub
madam *n.* លោកស្រី look srey
made *adj.* ធ្វើឡើង thver la-uhng
Madrid *n.* ក្រុងម៉ាឌ្រីដ krung mar-drit
magazine *n.* ទស្សនាវដ្ដី tuosana-vadei
Magha *(month on Hindu calendar) n.* មាឃ mek
magic *n.* វេទមន្ត vet-tamun
magician *n.* អ្នកផ្លិនភ្នែក neak chhpoen phneaek
magnesium *n.* ម៉ាញេស្យូម ma-nhe-shoum
magnet *n.* ដែកឆក់ daek-chhork
magnetic *adj.* ដែលឆក់ dael-chhork
magnetism *n.* បាតុភូតដែនម៉ាញេទិច pataput daen ma-nhe-tech
magnificent *adj.* ដែលប្រសើរលើសលប់ dael pror-seur le-uhs loup
magnitude *n.* ទំហំ tum-hum
magpie *n.* សត្វល្វាចេក sat lvea-chek
maid *n.* អ្នកបម្រើតាមផ្ទះ neak borm-reur tam pteah
maiden name *n.* ឈ្មោះដើម chhmuos deurm
mail *n.* សារ sar
mailbox *n.* ប្រអប់សារ pror-orb sar
main *adj.* ចំបង chorm borng
main course *n.* អាហារចំបង aha-chorm-borng
main road *n.* ផ្លូវធំ phlouw thom

main square *n.* ទីលានចំបង ti-lean chorm-borng
main street *n.* ផ្លូវធំ phlouw thom
mainly *adv.* ជាចំបង chea chorm-borng
mainstream *n.* និន្នាការទំនោរ nen-nea-ka tum-noo
maintain *v.* រក្សា rak-sa
maintenance *n.* តំហែទាំ tom-hae-toam
maize *n.* ពោត poot
major *adj.* ចំបង chorm-borng
majority *n.* សំឡេងភាគច្រើន sorm-laeng pheak chreun
make *v.* ធ្វើ thver
make fun of *v.* លេងសើច leng sa-uch
make sth up *v.* ធ្វើឡើង thver la-uhng
make sure *v.* ធានា thea-nea
make up *v.* ផ្សះផ្សា phsas-phsar
make-up *n.* គ្រឿងសំអិតសំអាងខ្លួន kreung sorm-oet sorm-arng khluon
maker *n.* អ្នកបង្កើត neak borng-keurt
malady *n.* ជម្ងឺ chum-ngeu
malaria *n.* គ្រុនចាញ់ krun-chanh
male *adj.* ភេទប្រុស phet-pros
malice *n.* គំនិតព្យាបាទ kom-nit pyea-bat
malicious *adj.* មានគំនិតអាក្រក់ mean kom-nit ak-krork
malign *v.* និយាយមួលបង្កាច់ niyeay muol borng-kach
malignant *adj.* ដែលបង្កគ្រោះថ្នាក់ dael borng kor kruos tnak
mall *n.* ផ្សារទំនើប phsar tum-noeb
mallet *n.* អន្លូងក្បាលស្វា orn-loung kbal sva
malnutrition *n.* កង្វះអាហារូបត្ថម្ភ korng-was aha-ruop-pak-thorm
malpractice *n.* ការប្រព្រឹត្តមិនត្រឹមត្រូវ kar-pror-proet min troem trouw
malted *adj.* តាប៉ែ ta-pae
mammal *n.* ថនិកសត្វ tak-noek-sat
mammoth *n.* សត្វធំសម្បើម sat thom-sorm-beurm
man *n.* បុរស boros
manage *v.* គ្រប់គ្រង krub-krong
management *n.* ការគ្រប់គ្រង kar krub-krong
manager *n.* អ្នកគ្រប់គ្រង neak krub-krong
managerial *adj.* នៃការគ្រប់គ្រង nei-kar-krub-krong
mandarin orange *n.* ក្រូចចិន krouch chen
mandatory *adj.* ចាំបាច់ cham-bach

mango *n.* ស្វាយ svay
mango pickle *n.* ស្វាយត្រាំ svay-trump
mangosteen *n.* មង្ឃុត mung-khut
mania *n.* ភាពញៀន pheap-nhean
manicure *n.* ការធ្វើក្រចក kar-thver-kror-chork
manifesto *n.* គោលនយោបាយបក្ស kool-nor-yoo-bay-pak
mannequin *n.* ម៉ាឡាកាំង ma-la-kaing
manner *n.* របៀប ror-beab
mansion *n.* វិមាន vi-mean
manslaughter *n.* មនុស្សឃាត mnus kheat
manual *adj.* ដោយដៃ doay day
manual transmission *n.* លេខដៃ lek day
manufacture *v.* ផលិត phorl-lit
manufacturing *n.* ការផលិត kar phorl-lit
manure *n.* លាមកសត្វ lea-muok sat
manuscript *n.* អក្សរសរសេរដៃ ak-sor sor-se-day
many *pron.* ច្រើន chrern
map *n.* ផែនទី phaen-ti
maple syrup *n.* ស៊ីរ៉ូស្ករ siro-skor
maprang *(tree) n.* មាក់ប្រាង mak-praing
maraschino cherry *n.* ផ្លែឆឺរី phlae cher-ri
marathon *n.* ការរត់ម៉ារ៉ាតុន kar-rot-maraton
marble *n.* ឃ្លី khli
marbled *adj.* ដែលធ្វើពីថ្មម៉ាប dael thver pi thmor-mab
marbled sleeper *(fish) n.* ត្រីដំរី trei dorm-rei
march *v.* ដើរជាក្បួន deur-chea-kbuon
March (*abbr:* **Mar.**) *n.* ខែមិនា khae-mi-nea
margarine *n.* ប៊ឺធ្វើពីប្រេងរុក្ខជាតិ beur-thver-pi preng-ruk-ka-cheat
margin *n.* កម្រិតខុសគ្នា korm-roet khos khnea; រឹមទំព័រ roem tum-puour
margin of error *n.* កម្រិតកំហុសអនុគ្រោះ korm-roet kom-hoh ak-nu-kruos
marigold *n.* ស្បៃរឿង sbai-reung
marijuana *n.* កញ្ឆា kanh-char
marinade *n.* ទឹកប្រលាក់សាច់ toek pror-lak sach
marinated *adj.* ប្រលាក់ pror-lak
marine *adj.* នៃសមុទ្រ nei-sak-mut
marital status *n.* ស្ថានភាពគ្រួសារ sa-than-pheap kruosar
marjoram *n.* ជីម៉ាជ៉ីរ៉ាម chi ma-chor-ram

mark *n.* សញ្ញា sanh-nha
marked *adj.* កំណត់ចំណាំ korm-nort chom-narm
marker *n.* ហ្វឺត pheurt
market *n.* ទីផ្សារ ti-psar
market price *n.* តម្លៃទីផ្សារ dorm-lay ti-psar
marketing *n.* ការផ្សព្វផ្សាយទីផ្សារ kar-psorb-psay ti-psar
marketplace *n.* ទីផ្សារ ti-psar
marmalade *n.* ដំណាប់ក្រូច dorm-nab krouch
marriage *n.* អាពាហ៍ពិពាហ៍ ak-pea-pi-pea
married *adj.* ដែលរៀបការ dael-reap-kar
marrow *n.* ត្រសក់ស្រូវ tror-sork-srouw
marry *v.* រៀបការ reap-kar
Mars *n.* ផ្កាយព្រះអង្គារ phkay-preah-orng-kea
marsh *n.* ទំនាបបឹង tum-neab boek
marshal *n.* ឧត្តមសេនីយ៍ ot-dorm-se-nei
marshmallow *n.* ស្ករអេប៉ុង skor-ee-pong
martyr *n.* ទុក្ករបុគ្គល tu-karak-bok-kool
marvelous *adj.* អស្ចារ្យ ors-cha
marzipan *n.* នំម៉ាហ្សីផាន nom marzipan
mascara *n.* ម៉ាសការ៉ា mas-ka-ra
mascot *n.* រូបតំណាង roub-dorm-nang
masculine *adj.* មានសាច់ដុំ mean-sach-doum
mashed *adj.* កិន koen
mashed potato *n.* ដំឡូងកិន dorm-loung koet
mask *n.* របាំងមុខ ror-barng-muk; **diving** ~ ម៉ាសពាក់បើកបរ mas-paeak-beurk-bor
mass *n.* ចំនួនច្រើន chum-noan chreun; ម៉ាស់ mas
massacre *n.* ការសម្លាប់រង្គាល kar-sorm-larb-rong-keal
massage *n.* ម៉ាស្សា mas-sa
masseur *n.* អ្នកធ្វើសរសៃរ neak thver sor-say
massive *adj.* សំបើម sorm-beurm
master *n.* អ្នកជំនាញ nak chum-neanh
masterpiece *n.* ស្នាដៃឯក sna-day aek
masturbate *v.* សេពកាមដោយខ្លួនឯង saeb-karm-doay-khluon-aeng
mat *n.* កម្រាល korm-ral
match *n.* ការប្រកួត kar-pror-kuot
matches *n.* ឈើគូស chheur-kuos

matching *adj.* ដែលត្រូវគ្នា dael trouw knea
mate *n.* មិត្តភ័ក្តិ moet-phaeak
material *n.* វត្ថុធាតុ vat-tuk-theat
mathematics *n.* គណិតវិទ្យា kaeak-nit-vit-tyea
matinée *n.* ការសំដែង kar-sorm-daeng
matriculate *v.* ចុះឈ្មោះរៀន chos chhmuoh rean
matriculation *n.* ការចុះឈ្មោះរៀន kar chos chhmuoh rean
matrix *n.* ម៉ាទ្រីស ma-tris
matron *n.* ស្ត្រីគ្រប់គ្រងគិលានុបដ្ឋាយិកា strei-krub-krong-kak-lean-numpp ak-tha-yika
matte finish *n.* មិនភ្លឺរលោង min phleur roo-loong
matter *n.* រឿង roeurng; **it doesn't ~** មិនអីទេ min-ei-te; **what's the ~?** មានរឿងអ្វី? mean-reung-avei?
mattress *n.* ពូក pouk
mature *v.* ពេញវ័យ penh vay
maturity *n.* កាលវសាន karl-vor-san
mausoleum *n.* ចេតិយ chaet-day
maxim *n.* សុភាសិត so-phea-soet
maximize *v.* ធ្វើអោយពេញអេក្រង់ thver oay penh eh-krorng, បង្កើនជាអតិបរមា borng-keurn-chea a-ti-pak-rama
maximum *adj.* អតិបរមា a-ti-pak-rama
may *v.* ប្រហែលជា pror-hael chea
May *(month) n.* ខែឧសភា khae-uh-saphea
May Day (May 1) *n.* ទិវាឧសភា tivea uh-saphea
maybe *adv.* ប្រហែល pror-hael
mayonnaise *n.* ម៉ាយ៉ោនេស maya-nes
mayor *n.* ចាហ្វាយក្រុង cha-vai-krong
maze *n.* សុំនុំផ្លូវខ្វាត់ខ្វែង som-nom phlouw kvat-kvaeng
me *pron.* ខ្ញុំ khnhom
mead *n.* ស្រាទឹកឃ្មុំ srar-toek-khmum
meadow *n.* វាលស្មៅ veal-smao
meager *adj.* ស្គម skoom
meal *n.* អាហារ aha; **go out for a ~** ទៅញ៉ាំអាហារខាងក្រៅ touw-nham-ah-ha-khang-krouw
mean *v.* មានន័យ mean nei; **what does this ~?** តើនេះមានន័យដូចម្តេច? ta-uh nis mean nei douch mdech?
meaning *n.* ន័យ nei

means *n.* មធ្យោបាយ moat-tyoa-bay
meanwhile *adv.* ទន្ទឹមនឹងនេះ tun-toem-noeng-nis
measles *n.* កញ្ជ្រិល kanh-chroel
measure *v.* វាស់វែង voas-vaeang
measurement *n.* ការវាស់វែង kar voas-vaeang
measuring cup *n.* កែវសម្រាប់វាស់ kaev-sorm-rab-voas
meat *n.* សាច់ sach; **cut of** ~ សាច់ដែលកាត់តាមផ្នែក sach dael kat-tam-phnaek; **ground** ~ សាច់កិន sach koen; **lean** ~ សាច់គ្មានខ្លាញ់ sach kmean khlanh
meatball *n.* ប្រហិត pror-hoet
meatloaf *n.* បន្ទះសាច់ជញ្ជ្រាំ bon-teah sach chun-chram
mechanic *n.* ជាងជួសជុល cheang chuos chol
mechanical *adj.* ដែលស្វ័យប្រវត្តិ dael svay-pror-voat
mechanics *n.* យន្តសាស្ត្រ yun-sas
mechanism *n.* យន្តការ yun-kar
medal *n.* មេដាយ me-day
media *n.* សារព័ត៌មាន sara puo-or dor-mean
mediate *v.* សម្រុះសម្រួល sorm-ros sorm-ruol
mediation *n.* ការនាំសម្រុះសម្រួល kar noam sorm-ros sorm-ruol
mediation *n.* ការសម្រុះសម្រួល kar sorm-ros sorm-ruol
mediator *n.* អ្នកសម្រុះសម្រួល neak sorm-ros sorm-ruol
medic *n.* សិស្សពេទ្យ soes-phet
medical *adj.* នៃវេជ្ជសាស្ត្រ nei vech-sas
medication *n.* ការអោយថ្នាំ kar-oay-thnam
medicine *n.* ថ្នាំ thnam
medieval *adj.* នៃមជ្ឈឹមសម័យ nei mach-cheom-samai
mediocre *adj.* ដែលសាមញ្ញ dael sa-manh
mediocrity *n.* ភាពសាមញ្ញ pheap sa-manh
meditation *n.* ការសមាធិ ka-sama-thi
Mediterranean *adj.* នៃតំបន់មេឌីទែរ៉ានេ nei-tom-bon-meh-dy-tae-rane
Mediterranean food *n.* ម្ហូបនៃតំបន់មេឌីទែរ៉ាណេ mhob nei dorm-born meh-dy-tae-rane
medium *adj.* មធ្យម ma-chum
medium-well-done *adj.* ល្អមធ្យម laor-ma-chum; ~ **steak** សាច់ឆ្អិនមធ្យម sach cha-oen ma-thyoum
meet *v.* ជួប chuob; **pleased to ~ you** រីករាយដែលបានជួបអ្នក rik reay dael ban chuob nak

meeting *n.* កិច្ចប្រជុំ kech-bro-chum
meeting place *n.* កន្លែងប្រជុំ konleng-bro-chum
megabyte *n.* មេហ្គាបាយ meh-ga-bay, មេហ្គាបាយត៏ mega-baiy
Mekasay *(month on Khmer calendar) n.* មិគសិរ meak-ka-se
Mekong blind sole *(fish) n.* ត្រីអណ្ដាតឆ្កែ trei orn-dart chha-kae
Mekong giant catfish *n.* ត្រីរាជ trei reach
melancholy *n.* ភាពប្រកបដោយទុក្ខសោក pheap-bro-kob-doy-tuk-soak
melba toast *n.* នំស្រួយ num-srouy
meld *v.* ប្រកាស (ដាក់ពិន្ទុតាមសន្លឹកបៀរ) bro-kas (dak-pun-tok-tam-son-leok-bear)
melody *n.* បទភ្លេង bot-pleng
melon *n.* ក្រូចថ្លុង krouch-thlong, ត្រសក់ស្រូវ tror-sork srouw
melt *v.* រលាយ ro-leay
member *n.* សមាជិក sa-ma-chik
membership *n.* សមាជិកភាព sa-ma-chik-pheap
membrane *n.* កោសិកាស្បែក kor-se-ka-sbek
memo / memorandum *n.* អនុស្សារណៈ ah-nu-sa-ro-nak
memoir *n.* កំណត់ប្រវត្តិ kom-not-bro-voit
memorial *n.* ពិធីរំលឹក pi-thi-rom-leok
memory *n.* ការចងចាំ ka-chong-cham; **in ~ of** ជាការចងចាំនៃ chea-ka-chong-cham-nei
menace *n.* ការគំរាមកំហែង ka-kom-ream-kom-haeng
meningitis *n.* រោគរលាកស្រោមខួរ rook-roleak-sroam-khour
menopause *n.* ពេលវេលាស្ត្រីឈប់មានរដូវ pel-vela-sat-srey-chob-mean-rodov
mens' restroom *n.* បន្ទប់ទឹកបុរស bon-tub-toek-bros
menstruation *n.* វដ្តរដូវ wat-rodov
menswear *n.* សំលៀកបំពាក់បុរស sorm-leak-bom-peak-boros
mental *adj.* នៃផ្នត់គំនិត nei-pnot-kumnit
mentally *adv.* ដោយផ្នត់គំនិត doay-pnot-kumnit
menthol *n.* សារធាតុមែនតូល sa-ro-theat-man-thol
mention *v.* លើកឡើង lerk-lerng; don't **~ it** អត់អីទេ ort ei te
menu *n.* មីនុយ mi-nuy, បញ្ជីមុខម្ហូប banh-chi-muk-mahoub; **~ of the day** មុខម្ហូបប្រចាំថ្ងៃ muk mhob pror-cham thngai
merchandise *n.* ទំនិញ tom-nenh
merchant *n.* អ្នកជំនួញ neak-chum-nouch
mercury *n.* ធាតុបារ៉ត theat-barot

mere *adj.* ត្រឹមតែ treom-tae
merge *v.* ដាក់បញ្ចូលគ្នា dak-banhchol-knea
meridian *n.* ខ្សែវណ្ណ khsae-voin
meringue *n.* នំដុតពងទា num-dot-pong-tea
Merry Christmas *phr.* រីករាយថ្ងៃបុណ្យណូអែល reek-reay-tngai-bon-no-ael
mess *n.* ភាពរាយប៉ាយ pheap-reay-pay
message *n.* សារ sar
message board *n.* ក្ដារបង្ហាញសារ kda-bong-heanh-sar
messenger *n.* អ្នកនាំសារ neak-noim-sar
mesua ferrea *(tree) n.* បុសនាគ bos neak
metabolic *adj.* នៃដំណើរការមេតាបូលីស nei-dom-ner-ka-meh-ta-bo-lis
metabolism *n.* ដំណើរការមេតាបូលីស dom-ner-kar-meh-ta-bolis
metal *n.* លោហៈ lor-hak
metaphor *n.* មេតាផ័រ meh-ta-phor
meteor *n.* ឧត្កនិយម ou-tu-niyum
meteorologist *n.* អ្នកជំនាញខាងឧត្កនិយម nak-chum-neach-khang-ou-tu-niyum
meteorology *n.* ឧត្កនិយមវិទ្យា ou-tu-niyum-vithyea
meter *n.* ម៉ែត្រ maet
method *n.* វិធីសាស្ត្រ vithi-sas
metro *n.* រថភ្លើងក្រោមដី rot-phlerng-kroam-dei
metro station *n.* ស្ថានីយរថភ្លើងក្រោមដី sathani-rot-phlerng-kroam-dei
metropolis *n.* ទីក្រុងធំៗ ti-krung-thom-thom
metropolitan *n.* មនុស្សរស់នៅទីក្រុងធំៗ mnus-ros-nov-ti-krung-thom-thom
microprocessor *n.* ម៉ាស៊ីនដំណើរការតូច masin dorm-na-uh kar touch
microwave *n.* មេដែកអគ្គិសនី meh-dek-ah-kis-sani
microwave oven *n.* ឆ្នាំងចម្អិនអាហារដោយអគ្គិសនី chnang-chom-en-ah-ha-doy-ah-kis-sani
midday *n.* ថ្ងៃត្រង់ thngai-trong
Middle East *n.* មជ្ឈឹមបូព៌ា mach-chheom-bo-pea
Middle Eastern *adj.* នៃមជ្ឈឹមបូព៌ា nei-mach-chhoem-bo-pea
Middle Eastern food *n.* អាហារប៉ែកមជ្ឈឹមបូព៌ា aha paek mach-chhoem-bo-pea
middle *n.* កណ្ដាល kondal
midnight *n.* កណ្ដាលអាធ្រាត kondal-ah-threat
midwife *n.* ឆ្មប chhmob

might *v.* ប្រហែលនឹង brohel-neng
migraine *n.* អាការៈឈឺក្បាល ah-ka-rak-cheu-kbal
mild *adj.* មិនណាស់ណា, ល្មមគួរសម min-nas-na
mile *n.* ចម្ងាយម៉ាយ chorm-ngeay-may
mileage *n.* ចំនួននៃរង្វាស់ម៉ាយ chom-noun-nei-rong-voin; **unlimited ~** ផ្លូវមិនកំណត់ចម្ងាយ phlouw-min-kom-nort-chom-ngeay
milestone *n.* ព្រឹត្តិការណ៍សំខាន់ ឬចាំបាច់ preot-ka-somkhan-reu-cham-bach
military *adj.* នៃយោធា nei-yo-thea
military service *n.* ការបម្រើការយោធា ka-bom-rer-ka-yo-thea
milk *n.* ទឹកដោះគោ toek-da-oh-koo; **whole ~** ទឹកដោះគោសុទ្ធ toek-da-oh-koo-sot; **non-fat ~** ទឹកដោះគោគ្មានជាតិស្ករ toek da-oh koo kmean cheat skor; **skim ~** ទឹកដោះគោមានជាតិខ្លាញ់តិច toek-da-oh-koo-mean-cheat-klanh-tic; **organic ~** ទឹកដោះគោសរីរាង្គ toek da-oh koo sak-rei reang; **goat ~** ទឹកដោះគោពពែ toek da-oh koo por-pe; **sheep ~** ទឹកដោះគោចៀម toek da-oh koo cheam; **condensed ~** ទឹកដោះគោខាប់ toek da-oh koo khab; **chocolate ~** ទឹកដោះគោសូកូឡា toek da-oh koo so-ko-la
milk carton *n.* កំប៉ុងក្រដាសទឹកដោះគោ korm-pong kror-das toek da-oh koo
milk subsitute *n.* ផលិតផលទឹកដោះសុប្បនិមិត្ត phal-let-phal toek-dos so-pak-nimit
milkfish *n.* ត្រីនួនចាន់ trei nuon chan
milkfruit *n.* ទឹកដោះគោ toek da-oh kooh
milkshake *n.* ទឹកដោះគោក្រឡុក toek-da-oh-koo-kror-lok; **vanilla ~** ទឹកដោះគោក្រឡុកជាតិវ៉ានីឡា toek-da-oh-koo-kror-lok-vanilla
milky *n.* ទឹកដោះ toek da-oh
millet *n.* ធញ្ញជាតិម្យ៉ាងដែលគេយកទៅធ្វើម្សៅ thom-cheat-myang
milligram (*abbr.*: **mg**) *n.* មីលីក្រាម mi-li-kram
millimeter (*abbr.*: **mm**) *n.* មីលីម៉ែត្រ mi-li-met
million *num.* លាន lean
millionaire *n.* សេដ្ឋី se-thei
mime *n.* របាំត្រាប់ ro-bam-trab
mimic threadfin *(fish) n.* ត្រីព្រាមស trei pream sor
minaret *n.* ប៉មវិហារឥស្លាម porm-vi-hea-ei-slarm
mince *v.* ចិញ្ច្រាំ chenh-chram; **~ed** ហាន់ han
minced meat *n.* សាច់ចិញ្ច្រាំ sach-chanh-chram
mind *n.* សតិ sak-tek; **do you ~?** តើអ្នកប្រកាន់ទេ? ta-uh nak pror-kan khnhom te?; **never ~** *conj.* មិនអីទេ min-ey-te

mine *pron.* របស់ខ្ញុំ ro-bos-khnhom; **that's** ~ វាជារបស់ខ្ញុំ vea chea ro-bos khnhom

mineral *n.* សារធាតុរ៉ែ sar-theat-rea

mineral water *n.* ទឹកដែលមានសារធាតុរ៉ែ toek-dael-mean-sar-theat-rea

miniature *n.* រូបគំនូរតូច rub-kum-nu-toch

minibar *n.* កន្លែងស្រស់ស្រូបភេសជ្ជៈក្នុងផ្ទះ kon-laeng-sros-srob-phes-cheak-knong-phteas

minimart *n.* ហាងលក់ចាបហ៊ួយខ្នាតតូច hang-louk-chab-houy-khnat-toch

minimize *v.* បំបាំង borm-baing, ការបង្រួមឲ្យតូច ka-bong-roum-ory-toch; ~ **screen** *(tech.)* បង្រួមអេក្រង់ borng-ruom eh-krorng

minimum *adj.* អប្បបរមា ah-pak-pak-ma

minimum charge *n.* តម្លៃអប្បបរមា dorm-lai-ah-pak-pak-ma

minister *n.* រដ្ឋមន្ត្រី roat-mun-trei

ministry *n.* ក្រសួង kro-soung

minnow *n.* ត្រីផ្ទោង trei-ptung

minor *adj.* តូចតាច touch-tach • *n.* អនីតិជន ak-ni-te-chon; **he is a** ~ គាត់ជាអនីតិជន koat chea ak-ni-te-chon

minority *n.* ជនភាគតិច chun-pheak-tic

mint *n.* ជីអង្កាម chi-orng-kam; **breath** ~ ខ្យល់ដង្ហើមស្រស់ថ្លា khyol dorng-heurm srors thla

mint lemonade *n.* ក្រូចជីអង្កាម krouch chi orng-kam

mint tea *n.* តែជីអង្កាម tae chi orng-kam

minuscule *n.* អក្សរតូច ak-sor-toch

minute *n.* នាទី nea-ti; **just** a ~ ចាំមួយភ្លែត cham muoy phleat

mirror *n.* កញ្ចក់ konh-chok

miscalculate *v.* គណនាខុស keak-nea-khos

miscarriage *n.* ការរលូតកូនក្នុងផ្ទៃ ka-ro-lut-kon-khnong-ptey

mischief *n.* អំពើរពិលរប៉ូច orm-per-ro-pel-ro-poch

mischievous *adj.* ដែលរពិលរប៉ូច dael-ro-pel-ro-poch

misconception *n.* ការយល់ខុស ka-yol-khos

misconduct *n.* ការប្រព្រឹត្តមិនត្រឹមត្រូវ ka-bro-pret-min-trerm-trouw

misdemeanor *n.* បទល្មើសជាមជ្ឈិម bot-lmers-chea-mach-chherm

misgiving *n.* ការរអែងចិត្ត ka-ro-eng-chet

mishap *n.* គ្រោះថ្នាក់អកុសល krous-thnak-ahk-ko-sol

miss *v.* ភ្លេច plech

Miss *(title) n.* កញ្ញា konh-nha

missile *n.* មីស៊ីល mi-sil

missing *adj.* ដែលបាត់បង់ dael-bat-bong
missionary *n.* អ្នកផ្សព្វផ្សាយសាសនា neak-phsay-sas-sna
mistake *n.* កំហុស kom-hos
mistaken *adj.* ដែលមានកំហុស dael-mean-kom-hos
mistress *n.* ស្រីកំណាន់ srey-kom-nan
mistrial *n.* ការជម្រះក្តីមិនត្រូវ ka-choum-reah-kdei min trouw, សេចក្តីសម្រេចថា ទុកជាមោឃៈ sekdey-som-rach-tha-tok-chea-mo-kheak
misunderstanding *n.* ការយល់ខុស kar-yol-khos; **there's been a ~** វាមានការយល់ច្រឡំ vea mean kar-yol chror-lom
mitrephora maingayi *(tree) n.* ប្រដាក់ bror-dak
mix *v.* ការលាយបញ្ចូលគ្នា ka-ro-leay-bonh-chol-knea
mixed *adj.* ដែលលាយបញ្ចូលគ្នា dael-leay-bonh-chol-knea
mixed herbs *n.* ល្បាយរុក្ខជាតិឱសថ lbay-rok-khcheat
mixed nuts *n.* ល្បាយគ្រាប់ធញ្ញជាតិ lbay-krob-rok-khcheat
mixed rice *n.* ល្បាយអង្ករ lbay-orng-kor
mixed salad *n.* បន្លែញាំចូលគ្នា bon-le-nhom-chol-knea
mixture *n.* ល្បាយ lbay
moat *n.* ប្រឡាយជីកជុំវិញបន្ទាយ bro-lay-chik-chom-vinh-bon-teay
mobile *adj.* ចល័ត chak-lat
mobile phone *n.* ទូរស័ព្ទដៃ tu-ro-sap-dai
mobility *n.* ចល័តភាព chak-lat-pheap
mockery *n.* ការចម្អក ka-chom-ork
modal *n.* កិរិយាស័ព្ទពិសេស ki-re-ya-sab pi-ses
mode *n.* វិធី, របៀប vi-thi, ro-beab
model *n.* គំរូ kum-ru
modem *(tech.) n.* ម៉ូឌែល (ឧបករណ៍ភ្ជាប់កុំព្យូទ័រ) mo-dael
modern *adj.* ដែលទាន់សម័យ dael-ton-sa-mai
modest *adj.* ដែលដាក់ខ្លួន dael-dak-khloun
modification *n.* ការកែប្រែពីលើ ka-kea-brea-pi-ler
modify *v.* កែប្រែ kae-prae
moisten *v.* ធ្វើឲ្យមានសំណើម thver-oy-mean-som-nerm
moistened *adj.* សំណើម sorm neurm
moisturizing cream *n.* ក្រែមលាបធ្វើឲ្យមានសំណើម krem-leab-thver-oy-mean-som-nerm
molar *n.* ថ្គាមធ្មេញ thkeam-thmenh
molasses *n.* រងូ ro-ngu
mold *n.* *(growth)* ផ្សិត phset; *(form)* ពុម្ព pum • *v.* ធ្វើពុម្ព thver pom

moldy *n.* ដែលដុះផ្សិត dael-dos-phset
mole *n.* ប្រជុយ bro-chruy
molecular *adj.* នៃម៉ូលេគុល ney-mo-le-kol
molecule *n.* ម៉ូលេគុល mo-le-kol
molest *v.* ធ្វើអំពើបៀតបៀន thver-om-per-beat-bean
molestation *n.* ការធ្វើអំពើបៀតបៀន ka-thver-om-per-beat-bean
molt *v.* ជម្រុះរោម ឬស្លាប chom-rus-rom roue slarb
molten *adj.* រលាយ ro-leay
mom *n.* ម៉ាក់, ម្ដាយ mak-mday
moment *n.* មួយស្របក់ muoy-sro-bork
momentary *n.* មួយស្របក់ពេលដ៏ខ្លី muoy-sro-bork-pel-dol-khley
momentous *adj.* សំខាន់ som-khan
momentum *n.* កំលាំងរុញច្រាន kom-lang-runh-chran
monarch *n.* ព្រះមហាក្សត្រ preas-mo-ha-khsat
monarchy *n.* រាជាធិបតេយ្យ reach-chea-thep-tai
monastery *n.* វត្ត vot
Monday (*abbr:* **Mon.**) *n.* ថ្ងៃច័ន្ទ thngai-chan
monetary *adj.* នៃរូបិយវត្ថុ ney-rub-pey-vothuk
money *n.* លុយ luy
money order *n.* អាណត្តិប្រៃសណីយ៍ ah-nat-prey-snei
Mongkol borey *(Cambodian district) n.* មង្គលបុរី morng-kul borei
monitor *n.* ម៉ូនីទ័រ moni-ter, ត្រួតពិនិត្យ trout-pi-net; **computer ~** ម៉ាស៊ីនកុំព្យូទ័រ ma-sin kom-phyu-tor
monkey *n.* សត្វស្វា sat-sva
monkeypod *(plant) n.* អម្ពិលទឹក orm-pil toek
monogamy *n.* ឯកពន្ធភាព ek-pon-pheap
monologue *n.* ឯកវាទ ek-veat
monopoly *n.* ការផ្ដាច់មុខ ka-pdach-muk
monsoon *n.* មូសុង mu-song
month *n.* ខែ khae; **this ~** ខែនេះ khae nis; **last ~** ខែមុន khae-mun; **next ~** ខែបន្ទាប់ khae-bon-torp
monthly *adj.* ប្រចាំខែ bro-cham-khae
monument *n.* វិមាន vi-mean
monumental *adj.* ដ៏អស្ចារ្យ dor-os-cha
mood *n.* អារម្មណ៍ ah-rom
moody *adj.* ដែលរអាក់រអួលក្នុងអារម្មណ៍ dael-ark-oul-khnong-ah-rom
moon *n.* ព្រះចន្ទ preas-chan

moor *n.* ដីទំនាប dey-tom-neab
moose *n.* សត្វក្តាន់មួយប្រភេទ sat-kdan-muoy-bro-phet
moot *adj.* ដែលអាចយកមកជជែកបាន dael-ach-york-mok-chor-chek-ban • *v.* មិនចាំបាច់ min cham bach
mop *v.* ជូតលាង dos-leang
mope *v.* បង្ហាញសេចក្តីព្រួយបារម្ភ bong-hanh-sekdey-prouy-barom
moped *n.* ម៉ូតូមានកូនម៉ាស៊ីននិងឈ្នាន់ moto-mean-kon-ma-sin-neng-chhnon
moral *adj.* ដែលប្រកបដោយសីលធម៌ dael-bro-korb-doy-sel-thor
moral compass *n.* គន្លងសីលធម៌ kun-loong soel-la-thuo-or
moralist *n.* អ្នកបង្រៀនខាងចរិយា neak-bong-rean-khang-chak-riya
morally *adv.* ដោយប្រកបដោយសីលធម៌ doay-bro-korb-doy-sel-thor
morbid *adj.* ដែលអាចបណ្តាលឲ្យស្លាប់ dael-ach-bon-dal-oy-slab
morbidity *n.* ការកើតរោគ ka-kert-rok
more *adj.* ច្រើនជាង chrern-cheang • *adv.* ច្រើន chrern; **some** ~ ថែមទៀត thaem-tiet; **no** ~ លែងទៀតហើយ laeng-tiet-hai
moreover *adv.* លើសពីនេះទៅទៀត lers-pi-nis
morning *n.* ពេលព្រឹក pel-prerk; **good** ~ *phr.* អរុណសួស្តី! ah-run-sou-sdey; **in the** ~ នៅពេលព្រឹក nov-pel-prerk; **this** ~ ព្រឹកនេះ prerk-nis
morning-after pill *n.* ថ្នាំពន្យារកំណើត thnam-pon-year-kom-nert
morphine *n.* ម័រស្វីន (ឱសថប្រើបំបាត់ការឈឺចាប់) mer-svin
morsel *n.* មួយដុំតូច muoy-dom-toch
mortal *adj.* ដល់អាយុជីវិត dol-ah-yuk-chi-vet
mortality *n.* ភាពអាចនឹងស្លាប់ pheap-ach-neng-slab
mortar *n.* បាយអរ bay-or
mortgage *n.* និក្ខេប ni-kheb
mortify *v.* ធ្វើឲ្យអាប់មុខ thver-oy-arb-muk
mosaic *n.* គំនូរវិចិត្រដោយផ្គុំរូបតូចៗ kum-nu-vi-chet-douy-phkom-rub
Moscow *n.* ទីក្រុងមូស្គូ ti-krong-mus-sku
mosque *n.* វិហារឥស្លាម vi-hea-ey-slam
mosquito *n.* សត្វមូស sat-mus
mosquito bite *n.* ស្នាមខាំរបស់សត្វមូស snam-kham-ro-bos-sat-mus
mosquito coil *n.* ធូបមូស thub-mus
mosquito net *n.* មុង mung
moss *n.* ស្លែ slea
most *adv.* ភាគច្រើន pheak-chrern
mostly *adv.* ដោយភាគច្រើន doay-pheak-chrern

mote *n.* លំអងធូលី lom-orng-thu-li
motel *n.* ផ្ទះសំណាក់តាមផ្លូវ phteah-som-nak-tam-phlouw
moth *n.* សត្វខ្មុត sat-khmot
mother *n.* ម្ដាយ mday
motherboard *(tech.) n.* ម៉ាដ័របត ma-der-bort
motherhood *n.* មាតាភាព mea-ta-pheap
mother-in-law *n.* ម្ដាយក្មេក mday-kmek
motif *n.* គំនិតសំខាន់ kom-nit-som-khan
motion *n.* ចលនា chol-na
motion sickness *n.* អាការៈវិលមុខបានជិះលើអ្វីមួយមានចលនា ah-ka-rak-vil-muk-ban-chis-ler-avey-myang
motivate *v.* លើកទឹកចិត្ត lerk-toek-chet
motivated *adj.* ត្រូវបានលើកទឹកចិត្ត trouw-ban-lerk-toek-chet
motivation *n.* ការលើកទឹកចិត្ត ka-lerk-toek-chet
motive *n.* ចលករ chol-kor
motor *n.* ម៉ាស៊ីន ma-sin
motorbike *n.* ទោចក្រយានយន្ត toch-chak-kro-yean-yon
motorboat *n.* កាណូត ka-not
motorcycle *n.* ទោចក្រយានយន្ត toch-chak-kro-yean-yon
motorway *n.* ផ្លូវធំៗដែលបើកក្នុងល្បឿនកំណត់ phlouw-thom-thom-dael-berk-khnong-lbern0kom-not
mottle *n.* ពណ៌ចម្រុះគ្នា por-chom-ros-knea
motto *n.* បាវចនា ba-vach-chna
mound *n.* ពំនូកដី pon-nuk-dey
Moung Ruessei *(Cambodian town) n.* មោងឫស្សី moong roes sei
mount *v.* ឡើង lerng
mountain *n.* ភ្នំ phnom
mountain bike *n.* កង់សម្រាប់ឡើងភ្នំ kong-som-rab-lerng-phnom
mountain chain *n.* ជួរភ្នំ chour-phnom
mountain climbing *n.* ការឡើងភ្នំ ka-lerng-phnom
mountain pass *n.* ច្រលងចន្លោះភ្នំ chro-long-chon-los-phnom
mountain path *n.* ផ្លូវភ្នំ phlouw-phnom
mountain range *n.* ជួរភ្នំ chou-phnom
mountaineer *n.* អ្នកឡើងភ្នំ neak-lerng-phnom
mountainous *adj.* ដែលប្រកបដោយភ្នំច្រើន dael-pro-kob-doy-chou-phnom
mourn *v.* កាន់ទុក្ខ kan-tok
mourner *n.* អ្នកកាន់ទុក្ខ neak-kan-tok

mournful *adj.* ដែលសោកសង្រេង dael-soak-song-reng
mourning *n.* ពេលព្រឹក pel-prerk
mouse *n. (animal)* មោស៍ moas, កណ្តុរ kon-dol; *(tech.)* **computer ~** ប្រដាប់បញ្ជាកុំព្យូទ័រ pror-dab banchea kom-phyu-tor; *(tech.)* **point with a ~** ការប្រើម៉ៅបញ្ជា ka-prer-mao-banh-chea
mousse *n.* ឈ្មោះនំម្យ៉ាង chhmuos-nom-myang
moustache *n.* ពុកមាត់ puk-mot
mouth *n.* មាត់ mot
mouth ulcer *n.* អការៈរលាកមាត់ ah-ka-rak-ro-leak-mot
mouthful *adj.* ពេញមាត់ penh-mot
movable *adj.* ដែលអាចរើពីមួយកន្លែងទៅមួយកន្លែងទៀតបាន dael-ach-rer-pi-muoy-kon-laeng-touw-muoy-kon-laeng-teat-ban
move *v.* ផ្លាស់ទី phlas-ti; **don't ~ him!** កុំផ្លាស់គាត់ kom plas koat
movement *n.* ចលនា chol-na
mover *n.* អ្នកផ្លាស់ប្តូរទីលំនៅ neak-phlas-ti-lom-nov
movie *n.* ភាពយន្ត pheap-yon
movie theater *n.* រោងកុន rong-kon
moving *adj.* ដែលមានចលនា dael-mean-chol-na
Mozambique cichlid *(fish) n.* ត្រីទីឡាព្យ៉ាខ្មៅ trei ti-la-pya-kmao
Mr. *n.* លោក lok
Mrs. *n.* លោកស្រី lok-srey, អ្នកស្រី neak-srey
Ms. *n.* នាង neang, កញ្ញា konh-nha
much *adj.* ច្រើនជាង chrern-cheang • *adv.* ច្រើន chrern; **too ~** ច្រើនណាស់ chrern-nas; **very ~** ខ្លាំងណាស់ khlaing nas
mucus *n.* ស្លេស្ម sles
mud *n.* ភក់ phouk
mud carp *(fish) n.* ត្រីផ្កាគ trei phkeak
muddle *v.* ធ្វើឲ្យច្របូកច្របល់ thver-oy-chro-bok-chro-bol
muesli *n.* អាហារពេលព្រឹកមួយប្រភេទ ah-ha-pel-prerk-muoy-bro-phet
muffin *n.* នំប័ុងដុំមូលតូចៗ num-paing-dom-mul-toch-toch
muffle *v.* រុំព័ទ្ធ rom-pot
muffler *n.* កន្សែងរុំកឲ្យកក់ក្តៅ kon-saeng-rom-oy-kok-kdao; *(automotive)* បំពុងស៊ីម៉ុង borm-pung si-maing
mug *v. (crime)* ប្លន់ phlorn • *n. (cup)* ពែង ឬកែវធំមានដៃ peng roue keo-thom-mean-dai; **coffee ~** ពែងកាហ្វេ peng ka-fe
muggy *adj.* ដែលក្តៅស្អុះស្អាប់ dael-kdao-sa-ous-sa-arb
mule *n.* សេះទេស ses-tes

mull *v.* ត្រិះរិះពិចារណា tres-ris-pi-cha-na
mulled wine *n.* ស្រាដែលលាយជាមួយនឹងគ្រឿងទេស ឬគ្រាប់ទំពាំងបាយជូ sra-dael-leay-chea-muoy-krerng-tes roue tom-peang-bay-chu
mullet *n.* ត្រីមួយប្រភេទ trei-muoy-bro-phet
mullion *n.* ចង្រឹងបង្អួច chong-rerng-bong-ouch
multi-application *adj.* ដែលមានកម្មវិធីច្រើន dael mean kam-vithi chreun
multi-channel *adj.* ដែលមានបណ្តាញច្រើន dael mean born-danh chreun
multi-colored *adj.* ពណ៌ច្រើន puo-or chreun
multiform *adj.* ដែលមានច្រើនទម្រង់ dael-mean-chrern-tom-rong
multilateral *adj.* ដែលមានច្រើនភាគី dael-mean-chrern-pheak-ki
multimedia *n.* ម៉ាល់ធីមីឌៀរ marl-thi mi-dear, បណ្តាញផ្សព្វផ្សាយ bon-danh-phsop-phsay
multinational *adj.* ពហុជាតិ peak-huk-cheat
multipack *n.* កញ្ចប់ទំនិញស្រដៀងគ្នាដាក់លក់បញ្ចុះតម្លៃ konh-chob-tom-nenh-sro-deang-knea-louk-bonh-chos-dom-lai
multiparous *adj.* ដែលមានពពោះកូនលើសពីមួយ dael-mean-por-pous-kon-lers-pi-muoy
multiped *n.* ដែលមានជើងច្រើន dael-mean-cherng-chrern
multiple *adj.* ច្រើនបែបយ៉ាង chrern-beb-yang
multiplex cinema *n.* រោងភាពយន្តដែលមានអេក្រង់បញ្ចាំងលើសពីមួយ rong-pheap-yon-dael-mean-konh-chok-bonh-chang-lers-pi-muoy
multiplication *n.* ការគុណ ka-kun
multiplicity *n.* ភាពចម្រុះ pheap-chom-ros
multiply *v.* គុណ kun
multitude *n.* ហ្វូងមនុស្ស hvong-mnus
mumble *v.* និយាយរអ៊ូៗ niyeay-ro-ou-ro-ou, និយាយរហឹមៗ niyeay-hem-hem
mummy *n.* សពដែលរុំក្រណាត់រក្សាទុកយូរឆ្នាំ sop-dael-rom-kro-nat-reak-sa-tok-yu-chnam
mumps *n.* រោគសាលាទែន rook-sala-ten
munch *v.* ទំពារគ្រុបៗ tom-pea-kroub-kroub
mundane *adj.* សាមញ្ញ sa-manh
municipal *adj.* នៃក្រុង ney-krong
municipality *n.* ក្រុមមឿង krom-merng
munificent *adj.* ដែលជួយសង្គ្រោះ dael-chouy-song-krous, ដែលករុណា dael-kak-rona
muniment *n.* បន្ទាយ bon-teay, ឯកសារភស្តុតាង ek-sa-phos-tang
munitions *n.* គ្រឿងអាវុធយុទ្ធភណ្ឌ krerng-ahvut-yuth-phon

mural *n.* នៅជញ្ជាំង nov-chonh-cheang
murder *n.* ឃាតកម្ម kheat-kam
murderer *n.* ឃាតករ kheat-kor
murderous *adj.* ដែលមានបំណងសម្លាប់ dael-mean-bom-nong-som-lab
murmur *v.* និយាយរអ៊ូៗក្នុងមាត់ niyeay-ro-ou-ro-ou-khnong-mot
muscle *n.* សាច់ដុំ sach-dom
muscular *adj.* ដែលប្រកបដោយសាច់ដុំ dael-bro-kob-doy-sach-dom
muse *n.* ប្រហោង bro-hong
museum *n.* សារមន្ទីរ sa-rak-monti
mush *n.* ភាពចម្រុះ ឬល្បាយគ្រាប់ទន់ៗ pheap-chom-ros roue lbay-ton-ton
mushroom *n.* ផ្សិត phset; **button** ~ ផ្សិត phset
music *n.* ចម្រៀង chom-reang
music store *n.* ហាងលក់កាសែត ឬថាសចម្រៀង hang-louk-kaset roue thas-chom-reang
musical *adj.* ខាងភ្លេង khang-phleng
musical instrument *n.* ឧបករណ៍ភ្លេង ob-kor-phleng
musician *n.* តន្ត្រីករ dorn-trei-kor
musk *n.* ឈ្លួសប្រែង chhlus-breng
musket *n.* កាំភ្លើងម្យ៉ាងដែលគេច្រករំសេវនិងគ្រាប់តាមមាត់ត្រៃ kam-phlerng-myang-dael-ke-chrok-rom-save-tam-mot-trea
musketeer *n.* ទាហានគោលដៅ tea-hean-kol-dao
Muslim *adj.* នៃពួកមូស្លីម និងឥស្លាម ney-pouk-mu-slim neng ey-slam
muslin *n.* សំពត់អំបោះម្យ៉ាង sorm-pot-om-bos-myang
mussel *n.* សត្វខ្យងស្លាបព្រា sat-khyong-slab-prea
must *v.* ត្រូវតែ trouw-tea
mustard *n.* ទឹកម៉ូតាត toek mas-thad
mustard greens *n.* ប្រភេទបន្លែម្យ៉ាងដែលមានស្លឹកបៃតង bro-phet-bon-le-myang-dael-mean-slerk-beytong
muster *v.* ផ្តុំគ្នា phdom-knea
musty *adj.* ដែលដុះផ្សិត ដែលជូរផ្អូម dael-dos-phset-dael-chu-phaom
mutant *adj.* របស់មានជីវិត ro-bos-mean-chi-vit
mutation *n.* ការប្រែប្រួលទម្រង់ ka-brea-broul-tom-rong
mutative *adj.* ដែលប្រែប្រួលទម្រង់ dael-brea-broul-tom-rong
mute *adj.* ដែលស្ងាត់, ដែលគ dael-sngat-dael-kor
mutilate *v.* ធ្វើកាយវិកលកម្ម thver-kay-vikol-kam
mutilation *n.* ការធ្វើកាយវិកលកម្ម ka-thver-kay-vikol-kam
mutinous *adj.* ដែលបះបោរ dael-bas-boa

mutiny *n.* ការបះបោរ ka-bas-boa
mutter *v.* និយាយរអ៊ូៗ niyeay-ro-ou-ro-ou
mutton *n.* សាច់ចៀម sach cheam
mutual *adj.* ដែលមានទំនាក់ទំនងគ្នាទៅវិញទៅមក dael-mean-tom-neak-tom-nong-kena-touw-ving-touw-mok
muzzle *n.* ច្រមុះ និងមាត់នៃសត្វពាហនៈ chro-mos-neng-mot-sat-pea-hanak
my *adj.* របស់ខ្ញុំ robos-khnhom
myalgia *n.* ឈឺសាច់ដុំ chher-sach-dom
myopia *n.* មីញ៉ូប (មើលឃើញជិត) mi-nhob
myself *pron.* ខ្លួនខ្ញុំ khluon-khnom; **I'll do it ~** ខ្ញុំនឹងធ្វើដោយខ្លួនឯង khnhom noeng thver doay khloun aeng
mysterious *adj.* ដែលអាថិកំបាំង dael-art-kom-bang
mystery *n.* អាថិកំបាំង art-kom-bang
mystic *adj.* ដែលប្រកបដោយអាថិកំបាំង dael-bro-kob-doy-art-kom-bang
mysticism *n.* ជំនឿខាងអធិធម្មជាតិ chum-noeur-khang-ak-thi-thom-cheat
mystify *v.* ធ្វើឲ្យឆ្ងល់ thver-oy-chhngol
myth *n.* រឿងដើមទាក់ទងនឹងប្រពៃណីអ្វីមួយ rerng-derm-teak-tong-neng-bro-pey-ney-avey-muoy
mythical *adj.* ខាងទេវកថា khang-te-veak-kak-tha
mythology *n.* ទេវកថាវិទ្យា te-veak-kak-tha-vi-chea

N

nail *n.* ក្រចក kro-chork
naive *adj.* ដែលខ្វះគតិបណ្ឌិត dael-kvas-kak-ti-bon-det
naked *adj.* ដែលអាក្រាត dael-ah-krat
name *n.* ឈ្មោះ chhmuos; **first ~** នាមត្រកូល neam tror-koul; **last ~** នាមត្រកូល neam tror-koul; **what's your ~?** តើអ្នកឈ្មោះអ្វី? ta-uh nak chhmuos ah-vei?; **my ~ is ...** ឈ្មោះខ្ញុំគឺ chhmuos khnhom keur
nap: take a nap សម្រាកមួយស្របក់ somrak-muoy-srobok
napkin *n.* កន្សែងជូតមាត់ kon-saeng-chut-moat; **paper ~** ក្រដាសជូតមាត់ kror-das chut moat
narcissism *n.* អត្តស្នេហានិយម atak-sneha-niyom
narcissus *n.* ប្រភេទផ្កាម្យ៉ាង bro-phet-pka-myang
narcosis *n.* ការបាត់ស្មារតីដោយសារថ្នាំស្រវឹង ka-bat-sma-dey-doy-sa-tnam-sro-verng
narcotic *n.* ដែលប្រើថ្នាំស្រវឹង dael-brer-tnam-sro-verng
narrative *adj.* ដែលជារឿងនិទានកថា dael-chea-rerng-ni-tean-kak-tha
narrator *n.* អ្នកនិទាន neak-ni-tean
narrow *adj.* ដែលមានទំហំតូច dael-mean-tom-hom-toch
nascent *adj.* ដែលកំពុងចាប់កំណើត dael-kom-pong-chab-kom-nert
nasty *adj.* ដែលអាក្រក់ dael-ah-krok
nation *n.* ប្រជាជាតិ bro-chea-cheat
national *adj.* នៃជាតិ ney-cheat
national holiday *n.* បុណ្យឈប់សម្រាកជាតិ bon-chhob-som-rak-cheat
nationalism *n.* ជាតិនិយម cheat-niyom
nationality *n.* សញ្ជាតិ sonh-cheat
nationalization *n.* ជាតូបនីយកម្ម chea-tob-ni-kam
nationalize *v.* ការធ្វើជាតូបនីយកម្ម ka-thver-chea-tob-ni-kam
native *adj.* ពីកំណើត pi-kom-nert
natural *adj.* នៃធម្មជាតិ ney-thom-cheat
natural sciences *n.* វិទ្យាសាស្ត្រធម្មជាតិ vit-thyea-sas-thom-cheat
naturally *adv.* ដោយធម្មជាតិ doay-thom-cheat
nature *n.* ធម្មជាតិ thom-cheat
nature reserve *n.* តំបន់អភិរក្សធម្មជាតិ dom-bon-ark-phi-reak-thom-cheat

nature trail *n.* ផ្លូវកាត់តាមធម្មជាតិ phlouw-kat-tam-thom-cheat
naughty *adj.* ដែលអាក្រក់ dael-ah-krok
nausea *n.* ដំណើរចង់ក្អួតចង្អោរ dom-ner-chong-kout-chong-oar
nauseous *adj.* ដែលធ្វើឲ្យចង់ក្អួត dael-thver-oy-chong-kout
naval *adj.* នៃកងនាវាចរណ៍ ney-kong-near-vea-chor
nave *n.* ត្រង់កណ្ដាលវិហារ trong-kon-dal-vihea
navigate *v.* ធ្វើនាវាចរណ៍ thver-near-vea-chor
navigation *n.* នាវាចរណ៍ near-vea-chor
navigator *n.* ម៉ាស៊ីនបង្ហាញទិស ma-sin-bong-hanh-ters
navy *n.* ទ័ពជើងទឹក toab-cherng-toek
Neak Loeung *(Cambodian town) n.* អ្នកលឿង nak-leurng
near *adj.* ជិតក្បែរ chet-kbea • *prep.* ក្បែរ kbae
nearby *adj.* នៅជិតៗ nov-chet-nov-chet • *prep.* ក្បែរ kbae
nearest *adj.* នៅជិតបំផុត nov-chet-bom-phot
nearly *adv.* កៀកនឹង keak-neng
near-sighted *adj.* ដែលមិនមើលឃើញវែងឆ្ងាយ dael-min-merl-kherng-veng-chhngay
neat *adj.* ដែលស្អាតបាត dael-saart-bat
neatly *adv.* ដោយស្អាតបាត doay-saart-bat
nebula *n.* ណេប៊ុយឡា ne-boy-la
necessarily *adv.* យ៉ាងសំខាន់ yang-som-khan
necessary *adj.* សំខាន់ som-khan
neck *n.* ក kor
necklace *n.* ខ្សែក khsae-kor
nectar *n.* ទឹកដមផ្កា toek-dorm-phkar
nectarine *n.* ដើមទុំទេស derm-tom-tes
need *v.* ត្រូវការ trouw-kar
needle *n.* ម្ជុល mchol
negative *adj.* អវិជ្ជមាន ark-vich-mean
neglect *v.* ធ្វេសប្រហែស tves-bro-hes
negligence *n.* ការធ្វេសប្រហែស ka-tves-bro-hes, សេចក្ដីប្រមាទ sech-kdei pror-mat
negotiate *v.* ចរចា chor-char
negotiation *n.* ការចរចា ka-chor-char
neighbor *n.* អ្នកជិតខាង neak-chet-khang
neighborhood *n.* តំបន់រស់នៅមួយ dom-bon-rous-nov-muoy
neighboring *adj.* ដែលនៅជិត dael-nov-chet

neither *pron.* ដែលមិនមែនទាំងពីរ dael-min-men-teang-pi
neolithic *adj.* នៃយុគសម័យក្រោយៗ ney-yuk-keak-sak-mai-kroy-kroy
nephelium litchi *(flowering plant) n.* សិរមាន់ se-moan
nephew *n.* ក្មួយប្រុស kmuoy-bros
nepotism *n.* បក្សពួកនិយម pak-pouk-niyom
Neptune *n.* ភពណិបទូន phop-nib-tun
nerve *n.* សរសៃប្រសាទ sor-sai-bro-sat
nerveless *adj.* គ្មានកម្លាំងកំហែង kmean-kom-lang-kom-heng
nervous *adj.* នៃសរសៃប្រសាទ ney-sor-sai-bro-sat
nervous breakdown *n.* ភាពអស់សង្ឃឹម pheap ors sorng-khoem
nervous system *n.* ប្រព័ន្ធសរសៃប្រសាទ pror-porn -sor-sai-bro-sat
nervously *adv.* ដោយភ័យខ្លាច doay-phey-klach
nest *n.* សំបុក som-bok
net *n.* សំណាញ់ sorm-nanh
net weight *n.* ទម្ងន់សរុប tom-ngun-sak-rop
nettle *n.* ដើមខ្លែរ derm-khe
network *n.* បណ្តាញ bon-danh; **computer** ~ បណ្តាញកុំព្យូទ័រ born-danh kom-phyu-tor
neurologist *n.* អ្នកជំនាញផ្នែកសរសៃប្រសាទ neak-chom-neang-phnek-sor-sai-bro-sat
neurology *n.* ប្រសាទសាស្ត្រ bro-sat-sas
neurosis *n.* ជំងឺវិលចរិក chum-ngeu-vi-kol-chak-rik
neuter *n.* អលិង្គ ark-lerng
neutral *adj.* អព្យាក្រឹត្យ ark-pyea-kret
neutralize *v.* បន្សាប bon-sab
neutron *n.* ណឺតត្រុង nert-trong
never *adv.* មិនធ្លាប់ដែល min-tlob-dael
never mind *conj.* មិនអីទេ min-ey-te
nevertheless *adv.* យ៉ាងណាក៏ដោយ yang-na-kor-doy
new *adj.* ដែលថ្មី dael-thmei
new year *n.* ឆ្នាំថ្មី chhnam-thmei; **Happy New Year!** *phr.* សួស្តីឆ្នាំថ្មី sou-sdey-chhnam-thmei
New Year's Day *n.* ថ្ងៃចូលឆ្នាំថ្មី thngai-chol-chhnam-thmei
New Year's Eve *n.* ថ្ងៃមុនចូលឆ្នាំថ្មី thngai-mun-chol-chhnam-thmei
newly *adv.* ដោយថ្មី doay-thmei
news *n.* ព័ត៌មាន por-mean
newspaper *n.* សារព័ត៌មាន sar-por-mean

newsstand *n.* តូបលក់កាសែត និងទស្សនាវដ្ដី tob-louk-kaset-neng-tous-sna-bdey
next *adj.* បន្ទាប់, ក្រោយ bon-torp, kroy • *n.* បន្ទាប់ born-toab
next to *prep.* ជាប់នឹង chop-neng
nib *n.* ក្បាលប៊ិច kbal-bich, ជំពុះសត្វ chom-pus-sat, ស្លាបប៉ាកា slab-pka
nibble *n.* ស៊ីចៀចៗ si-chbich-chbich
nice *adj.* ល្អល្អះ laor-la-as
nicely *adv.* ដោយល្អល្អះ doay-laor-la-as
nickname *n.* ឈ្មោះក្រៅ chhmuos-krav
nicotine *n.* សារធាតុនីកូទីន sa-ro-theat-ni-ko-tin
niece *n.* ក្មួយស្រី kmuoy-srey
night *n.* ពេលយប់ pel-yub; **at** ~ ពេលយប់ pel yub; **last** ~ យប់មិញ yub menh; **per** ~ ក្នុងមួយយប់ knong muoy yub; **spend the** ~ សម្រាកពេលយប់ som-rak-pel-yub; *phr.* **good** ~ រាត្រីសួស្ដី reatrei-sour-sdey
night bell *n.* កណ្ដឹងទ្វារពេលយប់ kon-derng-tvea-pel-yub
night club *n.* រង្គសាល reang-sal
night porter *n.* អ្នកឈរចាំបម្រើការពេលយប់ neak-chhor-cham-bom-rer-ka-pel-yub
night-blooming jasmine *n.* ណាគ្រី na-kri
nightlife *n.* ជីវិតពេលរាត្រី chi-vit-pel-rea-trei
nightmare *n.* សុបិនអាក្រក់ so-ben-ah-krok
nihilism *n.* លទ្ធិបដិវត្តន៍ let-thi-pak-divot
nimble *n.* វៃ, រហ័ស vey, ro-has
nimbus *n.* ពពកភ្លៀង por-pok-pleang
nine *num.* ប្រាំបួន bram-boun
nineteen *num.* ដប់ប្រាំបួន dob-bram-boun
nineteenth *adj.* ទីដប់ប្រាំបួន ti-dob-bram-boun
ninetieth *adj.* ទីកៅសិប ti-kao-sep
ninety *num.* កៅសិប kao-sep
ninth *adj.* ទីប្រាំបួន ti-bram-boun
nitrogen *n.* ឧស្ម័ននីត្រូសែន ou-sman-ni-dro-sen
no *adv.* ទេ te
no one *pron.* គ្មាននរណាម្នាក់ kmean-nor-na-mneak
no way! *phr.* គ្មានផ្លូវទេ! kmean-phlouw-te
nobility *n.* វណ្ណៈអភិជន vannak-ark-phi-chon
noble *adj.* អភិជនភាព ark-phi-chon-pheap

noble truth *n.* អរិយសច្ច ak-rei-sach-chak
nobleman *n.* អភិជនភាព ark-phi-chon-pheap
nobody *pron.* គ្មាននរណាម្នាក់ kmean-nor-na-mneak
node *n.* ភ្នែកឈើ phnek-chher, ថ្នាំង thnang
noise *n.* សូរ so
nominal *adj.* ដ៏ស្តួចស្តើង dor-sdouch-sderng, ដែលមានតែឈ្មោះ dael-mean-tea-chhmous
nomination *n.* ការតែងតាំង ka-teng-tang
nominee *n.* ជនដែលត្រូវបានតែងតាំង chun-dael-trouw-ban-teng-tang
non-alcoholic *adj.* ជន៍មិនសេពគ្រឿងស្រវឹង chon-min-sep-kob-krerng-sro-verng; ~ **beverage** ភេសជ្ជៈគ្មានជាតិអាល់កុល pesa-chak kmean cheat al-kol
nonchalance *n.* ភាពកន្តើយ pheap-kon-tery
nonchalant *adj.* ដែលកណ្តើយ dael-kon-tery
non-dairy cream *n.* ក្រែមទឹកដោះគោ kraem toek da-oh kooh
none *pron.* មិនពេក, មិនណាស់ណា min-pek, min-nas-na
non-EU citizens *n.* ពលរដ្ឋដែលមិនមកពីសហាគមន៍អឺរ៉ុប pol-rot-dael-min-mok-pi-sahak-kum-errop
non-fiction *n.* ការមិនប្រឌិត ka-min-bro-det
noni *(evergreen tree) n.* ញរ nhoo
nonlinear *adj.* ដែលមិនមែនជាបន្ទាត់ dael-min-men-chea-bon-tot, ដែលមិនត្រង់ dael min trorng
nonreturnable *adj.* ដែលមិនអាចប្តូរវិញបាន dael-min-ach-phdo-vinh-ban
nonsense *n.* ភាពមិនសមហេតុផល pheap-min-som-het-phol
non-smoker *n.* ជនមិនជក់បារី chun-min-chouk-barey
non-smoking *adj.* ដែលមិនជក់បារី dael-min-chouk-barey
non-stick *adj.* ដែលមិនស្អិតជាប់ dael-min-saet-chop
non-stick pan *n.* ខ្ទះមិនស្អិត khteah min saet
nonstop *adv.* ដោយឥតស្រាកស្រាន្ត doay-et-srak-sran
noodle *n.* គុយទាវ kuy teav, មី mi
noon *adv.* ថ្ងៃត្រង់ tngi-trong
nor *con.j* មិនមាន min-mean, គ្មាន kmean
norm *n.* បទដ្ឋាន bot-than
normal *adj.* ដែលធម្មតា dael-thom-da
normalize *v.* ធ្វើឲ្យធម្មតា thver-oy-thom-da
normally *adv.* ជាធម្មតា chea-thom-da
north *n.* ទិសខាងជើង ters-khang-cherng • *adv.* ជើង cheurng

North America *n.* ទ្វីបអាមេរិកខាងជើង thvib-americh-khang-cherng
North American *adj.* នៃទ្វីបអាមេរិកខាងជើង ney-thvib-americh-khang-cherng
northeast *adj.* នៃទិសឦសាន ney-ters-ey-san
northern *adj.* នៃទិសខាងជើង ney-ters-khang-cherng
northwest *adj.* ទិសពាយព្យ ters-pea-youp
nose *n.* ច្រមុះ chro-mos; **runny** ~ ហៀរសំបោរ hea-som-bor
nostalgia *n.* ការអាឡោះអាល័យ ka-ah-los-ah-lai
nosy *adj.* ដែលចូលចិត្តដឹងលឺរឿងគេ dael-chol-chet-derng-loue-rerng-ke
not *adv.* មិនមែន min-men; ~ **at all** អត់សោះ ort sos
not bad *adv.* មិនអាក្រក់ណាស់ណាទេ min-akrok-nas-na-te
notable *adj.* ដែលគួរឲ្យកត់សម្គាល់ dael-kou-oy-kot-som-kol
notably *adv.* ដោយគួរឲ្យកត់សម្គាល់ doay-kou-oy-kot-som-kol
notary *n.* សារការី sar-ka-rey
notation *n.* ការកត់ kar-kot
note *n.* កំណត់ចំណាំ kom-not-chom-nam
notebook *n.* សៀវភៅកត់ត្រា siev phouw-kot-tra
noteworthy *adj.* គួរឲ្យកត់សម្គាល់ kou-oy-kot-som-korl
nothing *pron.* គ្មានអ្វីសោះ kmean-avey-sos
nothing else *pron.* គ្មានអីទៀតទេ kmean ei-teat te
notice *n.* ការសង្កេត ka-song-ket, កំណត់សម្គាល់ kom-not-som-korl
noticeable *adj.* ដែលគួរឲ្យកត់សម្គាល់ dael-kou-oy-kot-som-kol
notification *n.* ការប្រាប់ឲ្យដឹង ka-brab-oy-derng
notify *v.* រាយការណ៍ជូនព័ត៌មាន reay-ka-chun-por-mean
notion *n.* ជំនឿ, គំនិត chom-ner, kom-nit
notoriety *n.* ភាពអប្រិយ pheap-ark-phrey
notorious *adj.* ដែលអប្រិយ dael-ark-phrey
nougat *n.* តាំងម៉ែ tang-mea
noun *n.* នាម neam
nourish *v.* ចិញ្ចឹម chenh-cherm
nourishment *n.* ការចិញ្ចឹម ka-chenh-cherm
novel *n.* រឿងប្រលោមលោក roeurng-bro-lorm-lok
novelist *n.* អ្នកនិពន្ធរឿងប្រលោមលោក neak-ni-pon-roeurng-bro-lorm-lok
novelty *n.* ភាពថ្មីឬប្លែក pheap-tmey roue phlek
November (*abbr.:* **Nov.**) *n.* ខែវិច្ឆិកា khae-vich-ka
now *adv.* ឥឡូវនេះ ey-louw-nis; **for** ~ ឥឡូវនេះ ey-louw-nis
nowhere *adv.* ឥតទៅណាទេ et-touw-na-te

---

nuclear *adj.* នៃនុយក្លេអ៊ែរ ney-nuy-kle-ear
nuclear bomb *n.* គ្រាប់បែកនុយក្លេអ៊ែរ kroab-bek-nuy-kle-ear
nuclear energy *n.* ថាមពលនុយក្លេអ៊ែរ tham-pol-nuy-kle-ear
nuclear physics *n.* រូបវិទ្យាផ្នែកវិទ្យាសាស្ត្រ rub-vichea-phnek-vityea-sas
nuclear power station *n.* រោងចក្រថាមពលនុយក្លេអ៊ែរ rong-chak-tham-pol-nuy-kle-ear
nuclear testing *n.* ការធ្វើតេស្តនុយក្លេអ៊ែរ ka-thver-tes-nuy-kle-ear
nuclear tests *n.* តេស្តនុយក្លេអ៊ែរ tes-nuy-kle-ear
nuclear weapons *n.* អាវុធនុយក្លេអ៊ែរ ah-vuth-nuy-kle-ear
nucleus *n.* ណៃយ៉ូ nai-yo
nude *adj.* ដែលអាក្រាត dael-ah-krat
nudist beach *n.* ឆ្នេរសមុទ្រសម្រាប់មនុស្សស្រាត chhne-samot-som-rab-mnus-srat
nuisance *n.* អ្វីដែលធ្វើឲ្យរំខានឬសៅហ្មងក្នុងចិត្ត avey-dael-thver-oy-rom-khan roue sao-mong-khnong-chet
number *n.* លេខ lekh
number plate *n.* ស្លាកលេខ slak-lek
numerator *n.* ភាគយក pheak-york
numerous *adj.* ជាច្រើន chea-chrern
nun *n.* ដូនជី don-chi
nunnery *n.* អាវាសដូនជី ah-vas-don-chi
nurse *n.* គិលានុបដ្ឋាយិកា ki-lean-nu-pak-thak-nika
nursery *n.* កន្លែងមើលក្មេង kon-laeng-merl-kmeng
nut *n.* គ្រាប់(ផ្លែឈើ) kroab (phlae-chher); **mixed ~s** ល្បាយគ្រាប់ធញ្ញជាតិ lbay-kroab-rok-khcheat
nutmeg *n.* ចន្ទន៍គ្រឹស្នា chan-kris-sna
nutrient *n.* ជីជាតិទ្រទ្រង់រាងកាយ chi-cheat-tro-trong-reang-kay
nutrition *n.* អាហារបំប៉ន ah-ha-bom-pon
nutritious *adj.* ដែលមានជីជាតិទ្រទ្រង់រាងកាយ dael-mean-chi-cheat-tro-trong-reang-kay
nutty *adj.* ដែលមានគ្រាប់ dael-mean-krop
nylon *adj.* នីឡុង ni-long

O

oak *n.* ដើមសែន derm-sen
oasis *n.* ឧទ្យានរមណីយ៍ ou-yean-rom-ni-than
oath *n.* សម្បថ som-bot
oatmeal *n.* ម្សៅធញ្ញជាតិ msao-thom-cheat
oats *n.* ស្រូវសាឡី srouw salei, ស្រូវសាឡីម្យ៉ាង srov-sa-ley-myang
obese *adj.* ដែលធាត់ខ្លាំង dael-theat-klang
obesity *n.* ជំងឺធាត់ខ្លាំង chum-ngeu-thot-klang
obey *v.* គោរពតាម ko-rop-tam
obituary *n.* នៃមរណភាព ney-mor-nak-pheap
object *n.* វត្ថុ vot-thok
objection *n.* ការជំទាស់ ka-chom-tors
objectionable *adj.* ដែលគួរឲ្យជំទាស់ dael-kou-oy-chom-tors
objective *n.* គោលដៅ kol-dao
oblation *n.* ដង្វាយ dong-vay
obligation *n.* កាតព្វកិច្ច ka-tap-kich
obligatory *adj.* ដែលជាកាតព្វកិច្ច dael-chea-ka-tap-kich
oblige *v.* គោរពប្រតិបត្តិតាម ko-rop-prot-tibat-tam
oblique *adj.* បញ្ឆិតបញ្ឆៀង bonh-chhet-bonh-chheang
obliterate *v.* បំផ្លាញចោល bom-phlanh-chol
obliteration *n.* ការបំផ្លាញចោល ka-borm-phlanh-chol
oblivion *n.* ភាពស្រពិចស្រពិលមិនអាចចងចាំបាន pheap-sro-pich-sro-pel-min-ach-chong-cham-ban
oblivious *adj.* ដែលភ្លេចភ្លាំង dael-plech-pleang
obnoxious *adj.* ដែលគួរឲ្យស្អប់ dael-kour-oy-saob
obscene *adj.* ដែលឆ្អេសឆ្អាស dael chh-es chh-as
obscenity *n.* ភាពអាសគ្រាម pheap-as-kream
obscure *adj.* ដែលមិនច្បាស់ dael-min-chbas
obscurity *n.* ភាពមិនច្បាស់ pheap-min-chbas
observance *n.* ការប្រតិបត្តិតាម ka-bro-ti-bat-tam
observation *n.* ការសង្កេត ka-song-ket
observatory *n.* កន្លែងសង្កេតមើលផ្កាយ kon-laeng-song-ket-merl-phkay
observe *v.* សង្កេត song-ket

observer *n.* អ្នកសង្កេត neak-song-ket
obsess *v.* ងប់ងុល ngob-ngol
obsession *n.* ការងប់ងុល ka-ngob-ngol
obsolete *adj.* ដែលអត់ប្រយោជន៍ dael-ort-bro-yoch
obstacle *n.* ឧបសគ្គ op-basak
obstinacy *n.* ភាពរឹងរូស pheap-rerng-rus
obstinate *adj.* រឹងរូស rerng-rus
obstruct *v.* កម្ទេច kom-tech
obstruction *n.* ការកម្ទេច ka-kom-tech
obstructive *adj.* ដែលបំផ្លិចបំផ្លាញ dael-bom-phlech-bom-phlanh
obtain *v.* ទទួលបាន tor-toul-ban
obtainable *adj.* ដែលអាចទទួល ឬសម្រេចបាន dael-ach-tor-toul roue som-rach-ban
obtuse *adj.* ដែលទាល់, ល្ងង់ dael-torl, lngong
obvious *adj.* ដែលច្បាស់ក្រលែត dael-chbas-kro-let
obviously *adv.* ដោយច្បាស់ក្រលែត doay-chbas-kro-let
occasion *n.* ឱកាស oa-kas
occult *adj.* ដែលពិបាកយល់ dael-pibak-yol
occupancy *n.* ទីលំនៅ ti-lom-nov
occupant *n.* អ្នកនៅ neak-nov
occupation *n.* ការកាន់កាប់ ka-kan-kab, ការងារ ka-ngea
occupied *adj.* កំពុងប្រើប្រាស់ kom-pong-brer-bras, រវល់, ro-vol
occupy *v.* ចូលនៅ chol-nov, ចូលកាន់កាប់ chol-kan-kab
occur *v.* កើតឡើង kert-lerng
occurrence *n.* ការកើតឡើង ka-kert-lerng
ocean *n.* មហាសមុទ្រ moha-sak-mot
o'clock *adv.* ម៉ោង morng
octagon *n.* អដ្ឋកោន athak-korn
October (*abbr:* **Oct.**) *n.* ខែតុលា khae-tola
octopus *n.* មឹក merk
ocular *adj.* នៃភ្នែក ney-phnek
oculist *n.* ពេទ្យភ្នែក pet-phnek
odd *adj.* ចម្លែក chom-laek, មិនធម្មតា min-thom-mda
oddly *adv.* យ៉ាងចម្លែក yang-chom-laek
odds *n.* ឱកាស oa-kas
ode *n.* កាព្យឃ្លោងបន្ទូរអារម្មណ៍ kap-khlong-bon-thu-arom
odious *adj.* គួរឲ្យស្អប់ kou-oy-saob

odium *n.* ការស្អប់ខ្ពើម ka-saob-khperm
odometer *n.* ឧបករណ៍វាស់ចម្ងាយ op-pakor-vos-chom-ngay
odor *n.* ក្លិន klen
odorous *adj.* ដែលមានក្លិនក្រអូប dael-mean-klen-kro-ob
of *prep.* នៃ ney
of course *adv.* ពិតប្រាកដណាស់ pit-bra-kot-nas
off *adj.* មិននៅតទៅទៀត min-nov-tor-touw-teat
offal *n.* កម្ទេចសាច់សេសសល់ kom-tech-sach-ses-sol
offend *v.* បំពានច្បាប់ bom-pean-chbab
offense *n.* ការរំលោភច្បាប់ ka-rom-lop-chbab
offensive *adj.* ដែលមានលក្ខណៈវាយប្រហារ dael-mean-leak-nak-veay-bro-ha
offer *v.* ផ្តល់ឲ្យ phdol-oy
offering *n.* តង្វាយ dong-vay
office *n.* ការិយាល័យ ka-ri-ya-lai
office work *n.* ការងារក្នុងការិយាល័យ ka-ngea-ka-ri-ya-lai
office worker *n.* អ្នកធ្វើការក្នុងការិយាល័យ neak-thver-ka-khnong-ka-ri-ya-lai
officer *n.* មន្ត្រី mon-trei
official *adj.* ដែលមានលក្ខណៈជាផ្លូវការ dael-mean-leak-nak-chea-phlouw-ka
officially *adv.* ដោយផ្លូវការ doy-phlouw-ka
officious *adj.* ដែលចាត់ចែងច្រើន dael-chat-cheng-chrern
offline *adj.* អុហ្វឡាន of-lainh; **webpage is** ~ ទំព័រនេះគឺអុហ្វឡាន tum-puo-or nis keur of-lainh
off-peak *adj.* ស្ងប់ស្ងាត់ sngob-sngat, មិនមមារញឹក min-mor-mea-nherk
offset *v.* ទូទាត់ tu-tot
offside *adj.* ខុសរបៀប khos-ro-beab, អកហ្ស៊ី ork-zeu
offspring *n.* កូនចៅ kon-chao
often *adv.* ញឹកញយ nherk-nhoy
ogle *v.* មើលដោយចេតនា ឬពេញចិត្ត merl-doy-chet-na roue penh-chet
oh! *excl.* អូ! oh
oil: *n.* **olive** ~ ប្រេងអូលីវ preng oh-liv; **vegetable** ~ ប្រេងបន្លែ preng-bon-lae
oil filter *n.* ប្រដាប់ច្រោះប្រេង bro-dab-chros-breng
oil gauge *n.* នាឡិកាវាស់ប្រេង nea-li-ka-vos-breng
oil painting *n.* គំនូរដោយប្រើប្រេង koum-nou-doy-brer-breng

---

oil refinery *n.* ការចំរាញប្រេង kar chom ranh preng
oily *adj.* ដែលរលើបដោយប្រេង dael-ro-lerb-doy-breng
oily skin *n.* សាច់រលើបដោយខ្លាញ់ sach-ro-lerb-doy-khlanh
ointment *n.* ក្រមួនឬប្រេងសម្រាប់លាបស្បែកឬដំបៅ kro-moun-som-rab-leab-ler-sbek roue dom-bao
OK! / okay! *excl.* អូខេ! oh khe
okra *n.* ក្រចាប់ kro-chab
old *adj.* ចាស់, បុរាណ, អតីត chas, boran, ah-dit
old town *n.* ក្រុងបុរាណ krong-boran
old-fashioned *adj.* ដែលចាស់កំរិលមិនទាន់សម័យ dael-chas-kom-ril-min-ton-samai
oligarchy *n.* អប្បជនាធិបតេយ្យ arb-pak-chun-nea-thoeb-pa-tai
olive *n.* ផ្លែអូលីវ phlae-o-liv; **black** ~ អូលីវខ្មៅ oh-liv khmao; **green** ~ អូលីវបៃតង oh-liv bai-torng; **pitted** ~ អូលីវចោះ oh-liv chos
olive oil *n.* ប្រេងអូលីវ preng o-liv
Olympic games *n.* កីឡាអូឡាំពិត kei-la-oh-lam-pich
omelet *n.* អូម៉ាឡែត oh-ma-let
omen *n.* ប្រោផ្នូល bro-phnol
ominous *adj.* ដែលគំរាមកំហែង dael-kom-ream-kom-heng
omission *n.* ការលុបចោល ka-lub-chol
omit *v.* លុបចោល lub-chol
omnipotence *n.* ភាពប្រកបដោយសព្វានុភាព pheap-bro-kob-doy-sa-pvea-nu-pheap
omnipotent *adj.* ដែលប្រកបដោយសព្វានុភាព dek-bro-kob-doy-sa-pvea-nu-pheap
omnipresence *n.* ការមាននៅគ្រប់ទីកន្លែង ka-mean-nov-krop-ti-kon-laeng
omnipresent *adj.* ដែលមាននៅគ្រប់ទីកន្លែង dael-mean-nov-krop-ti-kon-laeng
omniscience *n.* ការដឹងអ្វីៗទាំងអស់ ka-deng-avey-avey-teang-os
omniscient *adj.* ដែលដឹងអ្វីៗទាំងអស់ dael-deng-avey-avey-teang-os
omnivore *n.* សត្វសព្វាសី sat-sap-sei
on *prep.* ពីលើ pi-ler
on board *phr.* នៅលើ nov-ler
on purpose *phr.* ដោយចេតនា doy-chet-na
on tap *phr.* ចេញពីរ៉ូប៊ីណេ chenh-pi-rom-ne
on the house *phr.* ហាងចេញលុយឲ្យផឹក ឬទទួលទាន hang-chenh-luy-oy-pherk roue tor-toul-tean

on the rocks *phr.* ទំនងនឹងបរាជ័យ tom-nong-neng-para-chey; *(ice)* ជាមួយទឹកកក chea muoy toek-kok
once *adv.* តែម្តង tea-mdong
one *num.* មួយ muoy
one another *n.* ក្នុងចំណោមគ្នាទៅវិញទៅមក knong-chom-norm-knea-touw-vinh-touw-mok
one time *n.* ម្តង mdong
onerous *adj.* ស្មុគស្មាញ smok-smanh
one-story house *n.* ផ្ទះមួយជាន់ phteah-muoy-chorn
one-third *n.* មួយភាគបី muoy pheak bei
one-way *adj.* ឯកទិស ek-ters
one-way street *n.* ផ្លូវឯកទិស phlouw-ek-ters
one-way ticket *n.* សំបុត្រសម្រាប់ផ្លូវឯកទិស sorm-bot-som-rab-ek-ters
onion *n.* ខ្ទឹមបារាំង khtoem-barang
online *(tech.) n.* អនឡាញ orn-lainh, ជាប់ទាក់ទងនឹងអ៊ីនធឺណិត chop-teak-tong-neng-internet; **to go ~** ទៅលេងលើអ៊ីនធឺណេត touw leng leur in-ter-net; **search ~** ស្វែងរកតាមអ៊ីនធឺណិត sveng-rork-tarm-internet
only *adj.* ត្រឹមតែ trerm-tea
onto *prep.* ពីលើ pi-ler
opacity *n.* ភាពស្រអាប់ pheap-sro-ab
opal *n.* រតនោបល (ពេជ្រម្យ៉ាង) rot-no-bol (pech myang)
opaque *adj.* ស្រអាប់ sro-ab
open *adj.* បើក berk
open-air *adj.* កន្លែងទីធ្លាបើកចំហ kon-laeng-ti-thlea-berk-chom-hor
open all night *adj.* ការបើកដំណើរការពេញមួយយប់ ka-berk-dom-ner-ka-penh-muoy-yob
open here *phr.* ការបើកដំណើរការនៅទីនេះ ka-berk-dom-ner-ka-nov-ti-nis
open hours *n.* ម៉ោងដំណើរការ morng-dom-ner-ka
opening *n.* ការបើក ka-berk
opening hours *n.* ម៉ោងដំណើរការ morng-dom-ner-ka
openly *adv.* ដោយបើកចំហ doay-berk-chom-hor
opera *n.* អូប៉េរ៉ា oh-pe-ra
opera house *n.* កន្លែងសម្តែងអូប៉េរ៉ា kon-laeng-som-deng-oh-pe-ra
operate *n.* ធ្វើប្រតិបត្តិការ thver-bro-ti-bat-ka
operating system *n.* ប្រព័ន្ធដំណើរការ pror-poan dorm na-uh kar
operation *n.* ប្រតិបត្តិការ bro-ti-bat-ka
operational *adj.* ដែលមានប្រតិបត្តិការ dael-mean-bro-ti-bat-ka

operator *n.* អ្នកធ្វើប្រតិបត្តិការ, អ្នកគ្រប់គ្រងបញ្ហា neak-thver-bro-ti-bat-ka, neak-krop-krong-bonh-chea
opinion *n.* គំនិត kom-nit
opium *n.* អាភៀន ah-phean
opponent *n.* គូបដិបក្ខ ku-pak-di-pak
opportunism *n.* ឱកាសនិយម oa-kas-ni-yom
opportunity *n.* ឱកាស oa-kas
oppose *v.* ប្រឆាំង bro-chhang
opposite *adj.* ផ្ទុយពី phtuy-pi • *n.* ការផ្ទុយ kar-ptuy
opposition *n.* ភាពផ្ទុយពី pheap-phtuy-pi
oppress *v.* សង្កត់សង្កិន, ជិះជាន់ song-kot-song-kin
oppression *n.* ការជិះជាន់ ka-chis-chorn
oppressor *n.* ជនផ្តាច់ការ chun-phdach-ka
opthalmologist *n.* ពេទ្យភ្នែក pet-phnek
optical *adj.* នៃភ្នែក ney-phnek
optician *n.* អ្នកវាស់ភ្នែកកាត់វ៉ែនតា neak-vos-phnek-kat-venta
optimism *n.* សុទិដ្ឋិនិយម sothei-thi-niyom
optimist *n.* ជនដែលសុទិដ្ឋិនិយម chun-dael-sothei-thi-niyom
optimistic *adj.* ដែលប្រកបដោយសុទិដ្ឋិនិយម dael-bro-korb-doy-sothei-thi-niyom
optimum *adj.* ដែលប្រសើរបំផុត dael-bro-ser-bom-phot
option *n.* ជម្រើស chom-rers
optional *adj.* ដែលប្រកបដោយជម្រើស dael-bro-korb-doy-chom-rers
optometrist *n.* អ្នកវាស់ភ្នែកកាត់វ៉ែនតា neak-vos-phnek-kat-venta
opulence *n.* ភាពសម្បូរសប្បាយ pheap-som-bo-sab-bay
opulent *adj.* ដែលសម្បូរសប្បាយ dael-som-bo-sab-bay
or *con.j* រឺ roue
oracle *n.* ពាក្យទស្សន៍ទាយ peak-tous-teay
oracular *n.* នៃការព្យាករណ៍ ney-ka-pyea-kor
oral *adj.* ដោយមាត់ doay-mot
orally *adv.* តាមមាត់ tam-mot
orange *n.* ក្រូច kroch
orange blossom *n.* ផ្កាក្រូច phka-kroch
orange juice *n.* ទឹកក្រូច toek-kroch
orange peel *n.* សំបកក្រូច sorm-bork-kroch
oration *n.* សុន្ទរកថា son-tarak-katha, ពាក្យសន្ទនាគ្នា peak-son-tnea-knea
orator *n.* វាគ្មិន veal-kmin, អ្នកថ្លែងសុន្ទរកថា neak-thleng-son-tarak-katha

oratory *n.* សិល្បៈនៃការថ្លែងសុន្ទរកថា sil-lapak-ney-ka-thleng-son-tarak-katha
orbit *v.* វិលជុំវិញគន្លង vil-chom-vinh-kon-long
orchard *n.* ចម្ការផ្លែឈើ chom-ka-phle-chher
orchestra *n.* វង់ភ្លេង vong-phleng, វង់តន្ត្រី vong-don-trei
orchestral *adj.* នៃវង់ភ្លេង, វង់តន្ត្រី ney-vong-phleng, vong-don-trei
ordeal *n.* ការល្បងពិសោធន៍ (អាក្រក់) ka-lbong-pi-sort
order *n.* បញ្ជា banh chea; សណ្តាប់ធ្នាប់, បទបញ្ជា son-dab-thnop, bot-banh-chea; **out of ~** គ្មានសណ្តាប់ធ្នាប់ kmean sorn-dab thnoab; **in ~** មានសណ្តាប់ធ្នាប់ mean-son-dab-thnop; **in ~ to** ដើម្បី derm-bei
orderly *n.* ដែលមានសណ្តាប់ធ្នាប់ dael-mean-son-dab-thnop
ordinal *n.* បូរាណសំខ្យា (ទី១,ទី២,....។ល។) boran-som-kya
ordinance *n.* សេចក្តីបង្គាប់ sekdey-bong-kop
ordinary *adj.* ដែលសាមញ្ញ dael-sa-manh
ore *n.* រ៉ែ (មាស,ត្បូង, ពេជ្រ) rea(mean-tbung)
oregano *n.* ផ្កាម្យ៉ាងដែលរំសាយក្លិនប្រហើរ phka-myang-dael-rom-say-klen
organ *n.* សរីរាង្គ sarey-reang
organic *adj.* នៃសរីរាង្គ ney-sarey-reang
organic milk *n.* ទឹកដោះគោសរីរាង្គ toek da-oh koo sak-rei reang
organic produce *n.* ផលិតផលសរីរាង្គ phal-let-phal sak-rei-reang
organism *n.* សរីរៈ sarey-reak
organization *n.* អង្គការ ong-ka, រចនាសម្ព័ន្ធ rach-chna-som-pon
organizational *adj.* នៃអង្គការ ney-ong-ka, រចនាសម្ព័ន្ធ rach-chna-som-pon
organize *v.* រៀបចំ reab-chom
orgasm *n.* ទីបំផុតនៃតម្រេក ti-bom-phot-ney-dom-nek
oriental *adj.* នៃទ្វីបអាស៊ី ney-thvip-ah-si
orientate *v.* តម្រង់ dom-rong
origin *n.* ដើមកំណើត derm-kom-nert
original *adj.* ច្បាប់ដើម chbab-derm, ដែលមានតាំងពីដើមមក dael-mean-tang-pi-derm-mok; **~ version** ប្រភេទច្បាប់ដើម bro-phet-chbab-derm
originally *adv.* យ៉ាងពេញទំហឹងតែម្តង yang-penh-tom-herng-tea-mdong
originator *n.* អ្នកជាដើមរឿង neak-chea-derm-rerng
ornament *n.* គ្រឿងតុបតែងលម្អ krerng-top-teng-lom-or
orphan *n.* ក្មេងកំព្រា kmeng-kom-prea
orphanage *n.* មណ្ឌលកុមារកំព្រា mod-dol-ko-ma-kom-prea
orthodox *adj.* ដែលប្រកាន់វិន័យ និងបែបផែនចាស់ dael-bro-kan-viney-beb-phen-chas

oscillate *v.* យោលទៅយោលមក yol-touw-yol-mok
oscillation *n.* សំយោល sorm-yol
ossify *v.* តាំងចិត្តឲ្យរឹង tang-chet-oy-rerng, ធ្វើឲ្យក្លាយជាឆ្អឹង thver-oy-khlay-chea-chh-erng
ostracize *v.* បណ្ដេញចេញពីក្រុមអ្វីមួយ bon-denh-chenh-pi-krom-avey-muoy
ostrich *n.* សត្វអូទ្រីស sat-oh-tris
other *adj.* មួយផ្សេងទៀត muoy-phseng-teat
otherwise *adv.* បើមិនដូច្នេះទេ ber-min-doch-chhnes-te
otter *n.* ភេ phe
Oudong *(Cambodian town) n.* ឧត្តុង uh-dong
ought to *v.* គួរតែ kou-tea
ounce *n.* រង្វាស់ទម្ងន់ rong-vos-tom-ngon
our *adj.* នៃយើង ney-yerng
ours *pron.* របស់យើង ro-bos-yerng
ourselves *pron.* ខ្លួនពួកយើង khluon-pouk-yerng
oust *v.* បណ្ដេញចេញពីតំណែងអ្វីមួយ bon-denh-chenh-pi-dom-neng-avey-muoy
out *adv.* ចេញ chenh; **way** ~ ផ្លូវចេញ phlouw chenh; **eat** ~ ញ៉ាំអាហារក្រៅផ្ទះ nham-aha-krao-ptes
outbid *v.* ឲ្យថ្លៃច្រើនជាង oy-thlai-chrern-cheang
outbreak *n.* ការរីកសាយភាយ (ជំងឺ) ka-rik-say-pheay (chum-ngeur)
outburst *n.* ការផ្ទុះ ka-phtus
outcast *n.* ដែលគេបន្សាត់ចោល dael-ke-bon-sat-chol
outcome *n.* លទ្ធផល lat-phol
outcry *n.* ការប្រឆាំងយ៉ាងខ្លាំង ka-bro-chhang-yang-klang
outdated *adj.* ដែលហួសសម័យ dael-hous-samai
outdo *v.* ធ្វើបានប្រសើរជាង thver-ban-bro-ser-cheang
outdoor(s) *adj.* នៅខាងក្រៅ nov-khang-krav, កណ្ដាលវាល kon-dal-veal
outer *adj.* ខាងក្រៅ khang-krav
outfit *n.* គ្រឿងស្លៀកពាក់ krerng-sleak-peak
outgoing *adj.* ដែលនឹងចេញពីតំណែង dael-neng-chenh-pi-dom-neng, ដែលចំណាយ dael-chom-nay, ដែលរួសរាយ dek-rous-reay
outing *n.* ដំណើរកំសាន្ត dom-ner-kom-san
outlandish *adj.* ដែលចម្លែកខុសគេ dael-chom-lek-khos-ke
outlaw *n.* ចោរព្រៃ ថ្លើង thlerng
outlet *n.* ច្រកចេញ chrork-chenh, ផ្សារលក់ចេញ phsa-louk-chenh; **electrical** ~ កន្លែងសម្រាប់សិកបន្តអគ្គិសនី korn-laeng sorm-rab sork born-tor ak-kisani

outline *v.* គម្រោង koum-rorng, ទម្រង់ក្រៅ tom-rong-krav
outlive *v.* ដែលរស់បានយូរជាង dael-rous-ban-yu-cheang
outlook *n.* ទស្សនៈវិស័យ tous-sa-nak-vi-sai
outnumber *v.* ដែលមានចំនួនច្រើនជាង dael-mean-chom-noun-chrern-cheang
out-patient *adj.* អ្នកមកព្យាបាលជំងឺ (តែមិនសម្រាកនៅមន្ទីរពេទ្យ) neak-mok-pchea-bal-chum-ngeu(tea-min-som-rak-nov-mon-ti-pet)
outpost *n.* ប៉ុស្តិ៍មុខ pos-muk
output *n.* ទិន្នផល tin-phol, ការបញ្ចេញ kar banh chenh
outrage *n.* កំហឹងខ្លាំង korm-herng-khlang
outrageous *adj.* ដែលខឹងខ្លាំង dael-kherng-khlang
outrun *v.* ដែលរត់លឿនជាង dael-rot-lern-cheang
outset *n.* ដើមដំបូង derm-dom-bong
outshine *n.* បញ្ចេញពន្លឺបានភ្លឺជាង bonh-chenh-pon-ler-ban-phler-cheang
outside *n.* ខាងក្រៅ khang-krav
outsider *n.* អ្នកខាងក្រៅ neak-khang-krav
outskirts *n.* តំបន់ជាយក្រុង dom-bon-cheay-krong
outspoken *adj.* ដែលនិយាយឥតសំចៃ dael-niyeay-et-som-chai
outstanding *adj.* ដ៏ល្អ dor-laor, ប្រសើរ bro-ser, ចំណាន chom-narn
oval *adj.* ពងក្រពើ pong-kro-per
ovary *n.* អូវែរ oh-vea
ovation *n.* សន្ទសាទរ son-ta-sator
oven *n.* ឡ lor
oven mitt *n.* ស្រោមដៃសម្រាប់កាន់របស់ក្តៅចេញពីឡ srorm-dai-som-rab-kan-robos-kdav-chenh-pi-lor
oven timer *n.* ឡដុតសាច់កំណត់ម៉ោង lor-dot-sach-komnot-morng
over *adj.* លើស lers
over here *adv.* នៅទីនេះ nov ti-nis
over there *adv.* នៅទីនោះ nov-ti-nous
overall *adj.* សរុប sa-rob
overcast *adj.* ដែលចោលស្រមោលលើ dael-chorl-sro-morl-ler
overcharge *v.* ថ្លៃឈ្នួលខ្ពស់ជ្រុល thlai-chhnoul-kpous-chrol
overcoat *n.* អាវធំគ្របពីក្រៅ av-thom-krop-pi-krav
overcome *v.* យកឈ្នះពីលើ york-chhneas-pi-ler
overdone *adj.* ដែលលើសហួស dael-lers-hous, ដែលជ្រុល dael-chrol
overdose *n.* ការផឹកថ្នាំច្រើនហួស ka-pherk-thnam-chrern-hous
overdraft *n.* ឥណទានកំណត់ en-tean-kom-not

overdraw *v.* ដកប្រាក់លើសប្រាក់មានក្នុងគណនី dok-brak-lers-brak-mean-knong-keak-neak-ney
overdue *adj.* ហួសកំណត់ huos-kom-not
overhanging *adj.* លាតសន្ធឹងពីលើ leat-son-therng-pi-ler
overhear *v.* លឺដោយចៃដន្យ loue-doy-chai-don
overheat *v.* ដុតកម្តៅជ្រុល dot-kom-dao-chrol
overlap *v.* ជាន់ពីលើ choan-pi-ler
overload *v.* ផ្ទុកច្រើនហួស phtok-chrern-hous
overlook *v.* មើលរំលង meurl-rom-long
overnight *n.* ពេលយប់ pel-yob
overrule *n.* ការច្រានចោលសេចក្តីជំទាស់ kar chran choal sech-kdei chum toas • *v.* គ្របសង្កត់ krob-song-kort, ទុកជាមោឃៈ tok-chea-mo-kheak
overrun *v.* មានលើសពីការប្រមាណ mean-lers-pi-ka-bro-man
overseas *adj.* ក្រៅប្រទេស krav-pror-tes
oversight *n.* អំពើធ្វើដោយធ្វេសប្រហែស om-per-thver-doy-thves-bro-hes
overtake *v.* ទាន់ ton
overtime *n.* ពេលធ្វើការក្រៅម៉ោង pel-thver-ka-krav-morng
overweight *adj.* លើសទម្ងន់ lers-tom-ngun
owe *v.* ជំពាក់ chom-peak; **how much do I ~?** តើខ្ញុំជំពាក់អ្នកប៉ុន្មាន? ta-uh khnhom chom peak nak pun-man?
owl *n.* សត្វទីទុយ sat-ti-tuy
own *v.* មាន mean • *adj.* ដែលមានខ្លួនឯង dael-mean-kloun-eng; **on one's ~** ដោយខ្លួនឯង doay khloun aeng
owner *n.* ម្ចាស់ mchas
ownership *n.* កម្មសិទ្ធិ kam-seth
oxidized *adj.* ដែលច្រេះ dael-chres
oxtail *n.* កន្ទុយគោ kon-tuy-ko
oxygen *n.* អុកស៊ីសែន ok-si-sen
oyster *n.* ខ្យងស្មិត khyong-phseth, ងាវសមុទ្រ ngeav-samot
ozone *n.* អូហ្សូន oh-zone
ozone layer *n.* ស្រទាប់អូហ្សូន sro-toab-oh-zone

P

pace *n.* ល្បឿន lbern
pacemaker *n.* អ្នកកំណត់ល្បឿននៅដើមការប្រកួត neak-kom-not-lbern-nov-derm-ka-bro-kout
Pacific *adj.* នៃប៉ាស៊ីហ្វិក ney-pa-si-phich
Pacific Ocean *n.* មហាសមុទ្រប៉ាស៊ីហ្វិក mo-ha-sa-mot-pa-si-phich
pacifier *n.* អ្នកធ្វើឲ្យមានសន្តិភាព neak-thver-oy-mean-son-ti-pheap
pacify *v.* ធ្វើឲ្យមានសន្តិភាព thver-oy-mean-son-ti-pheap
pack *v.* វេចខ្ចប់ vech-khchop; ~ **a suitcase** រៀបវ៉ាលី reab-vali
• *n.* កញ្ចប់ kanh-chob; ~ **of cigarettes** កញ្ចប់បារី kanh-chob ba-rei
package *n.* កញ្ចប់ konh-chop
packed *adj.* ចង្អៀត chong-eat
packed lunch *n.* អាហារថ្ងៃត្រង់ដែលមានពេញច្រើនមុខ ah-ha-tngi-trong-dael-mean-trong-chrern-mok
packet *n.* សំណុំតូច sorm-nom-toch
pad *n.* ទ្រនាប់ tro-nop
paddle *n.* កូរនឹងចង្វារ ko-neng-chong-va
paddling pool *n.* អាងទឹកធ្វើពីប្លាស្ទិចសម្រាប់ឲ្យក្មេងលេង ang-toek-thver-pi-phlas-stich-oy-khmeng-leng
paddy *n.* ស្រែ sre
padlock *n.* សោត្រដោក sor-tro-dork
page *n.* ទំព័រ tom-por
pageant *n.* ពិធីសម្តែងឲ្យមើលយ៉ាងអធិកអធម pi-thi-som-deng-thveroy-mer-yang-ah-therk-ah-thorm
pageantry *n.* ការតាំងដ៏អស្ចារ្យ ks-tang-dor-os-cha
pageview *n.* ចំនួនមើលលើទំព័រ chom nuon merl leu tum-puour
pagoda *n.* វត្ត wat
paid *adj.* ដែលបង់ប្រាក់ហើយ dael-bong-brak-hery
pail *n.* ធុង (មានដៃសម្រាប់យួរ) thong (mean-dai-som-rab-your), ប្រអប់ដាក់ម្ហូប bro-dab-dak-mhob
Pailin *(Cambodian province) n.* ប៉ៃលិន pai-loen
pain *n.* ការឈឺចាប់ ka-chher-chab; **be in** ~ ឈឺចាប់ cheur chab
painful *adj.* ដែលឈឺចាប់ dael-chher-chab

painkiller *n.* ថ្នាំបំបាត់ការឈឺចាប់ thnam-bom-bat-ka-chher-chab
painstaking *adj.* ដែលផ្ចិតផ្ចង់ dael-phchet-phchong
paint *n.* ថ្នាំពណ៌សម្រាប់លាប thnam-por-som-rab-leab; **wet ~** ដែលមិនទាន់ស្ងួត dael-min-toin-sngout
painter *n.* ជាងគំនូរ cheang-kom-nu
painting *n.* *(art)* រូបគំនូរ rub-kom-nu; *(activity)* ការគូរគំនូរ ka-ku-kom-nu
pair *n.* គូ ku
pajamas *n.* ខោអាវស្លៀកដេក khoa-aw-sleak-dek-yop
palace *n.* វិមាន vi-mean
palanquin *n.* គ្រែស្នែង kre-sneng
palatable *adj.* មានឱជារសអាចទទួលយកបាន mean-oa-chea-ros-ach-tor-toul-york-ban
pale *adj.* ដែលស្លេកស្លាំង dael-slek-slang
palette *n.* ក្ដារសម្រាប់លាបថ្នាំពណ៌ kda-som-rab-leab-thnam-por
palm *n.* ដើមត្នោត derm-thnort
palm oil *n.* ប្រេងត្នោត breng-thnort
Palm Sunday *n.* ពិធីបុណ្យតាមសាសនាគ្រឹស្តដែលមានការដង្ហែធាងត្នោត pi-thi-bon-tam-sas-sna-krers-dael-mean-dong-hee-theang-thnort
palmist *n.* គ្រូទាយក្រយៅបាតដៃ kru-teat-kro-yao-bat-dai
palmistry *n.* ការទស្សន៍ទាយតាមក្រយៅបាតដៃ ka-tous-teay-tam-kro-yao-bat-dai
palpable *adj.* ច្បាស់, ជាក់ស្ដែង chbas, cheak-sdaeng
palpitate *v.* ញាប់ញ័រ nhorb-nhor
palpitations *n.* សភាពញាប់ញ័រ sak-pheap-nhorb-nhor
palsy *n.* រោគស្លាប់អវៈយវៈ rook-slab-ah-veak-chi-veak
pamper *v.* ថ្នាក់ថ្នម thnak-thnom
pamphlet *n.* កូនសៀវភៅផ្សព្វផ្សាយ ឬផ្ដល់ព័ត៌មាន kon-seav-phov-phsob-phsay roue phdol-por-mean
pan *n.* ចានដែក chan-dek
panacea *n.* ថ្នាំកែរោគគ្រប់យ៉ាង thnam-kea-rok-krop-yang
pancake *n.* នំចាក់ចុល num-chak-chol; **~ batter** ម្សៅលាយនំ msao-leay-num
pane *n.* កញ្ចក់បង្អួច konh-chork-bong-ouch
panegyric *n.* ពាក្យសរសើរ peak-sor-ser
panel *n.* ឈើឬដែកចំរឹងទ្វារឬបង្អួច chher roue dek chom-rerng-tvea roue bong-ouch
pan-fried *adj.* ខ្ទះ ktea-ah

panorama *n.* ទស្សនីយភាព tous-sney-pheap, ទេសភាពធំទូលាយ tes-spheap-thom-tu-leay
pant *v.* ដង្ហក់ dong-hok
panther *n.* ខ្លារខិន khla-ro-khen
pantomime *n.* សម្ដែងមូគភាសា som-daeng-mok-phea-ssa
pantry *n.* បន្ទប់ដាក់ចានឆ្នាំងស្បៀង bon-top-dak-chan-chhnang-sbeang
pants *n.* ខោជើងវែង khoa-cherng-veng
pantyhose *n.* ខោរឹបនឹងស្បែក (សម្រាប់ស្ត្រី) khor-rerb-neng-sbek (som-rab-satrei)
pap smear *n.* តេស្តរកមើលជំងឺមហារីកស្បូន tes-rok-merl-rok-moha-rik-sbon
papaya *n.* ល្ហុង la-hong
paper *n.* ក្រដាស kro-das
paprika *n.* ម្ទេសផ្លោកទុំកិនយ៉ាងល្អិត mtes-phlok-tom-ken-yang-mot
parable *n.* អធិប្បាយជារូបាធិដ្ឋាន ah-thi-bay-chea-ru-ba-nithan
parachute *n.* ឆ័ត្រយោង chhat-yong
parade *n.* ក្បួនដង្ហែ kboun-dong-hee
paradise *n.* ឋានសួគ៌ than-sour
paradox *n.* បរមតិ bor-rom-tik
paraffin *n.* បារ៉ាហ្វីន ba-ra-phvin
paragon *n.* មនុស្សល្អឥតខ្ចោះ mnus-laor-et-khchos
paragraph *n.* កថាខ័ណ្ឌ kak-tha-khan
paralegal *n.* ជំនួយការមេធាវី chum-nuoy-kar me-theavi
parallel *adj.* ដែលស្របគ្នា dael-bro-sop-knea
paralyze *v.* ដែលធ្វើឲ្យជាប់គាំងនៅមួយកន្លែង dael-thver-oy-chop-keang-muoy-kon-laeng
paralysis *n.* ដំណើរគាំង dom-ner-keang, ការកំរើកលែងបាន ka-kom-rerk-leng-ban
parameter *n.* ប៉ារ៉ាមែត្រ pa-ra-met
paramount *adj.* ឧត្តុងឧត្តម ou-dong-ou-dom
paraplegic *adj.* មនុស្សខ្វិនជើងទាំងពីរ mnus-kvin-cherng-teang-pi
parasite *n.* ប៉ារ៉ាសិត pa-ra-sit
parasol *n.* តាំងយូរ tang-yu
parcel *n.* កញ្ចប់ប្រៃសណីយ៍ konh-chop-prey-sa-ni
parchment *n.* ផ្ទាំងស្បែកសម្រាប់សរសេរអក្សរ phteang-sbek-som-rab-sor-se-ak-sor
parchment paper *n.* ក្រដាសស្បែកសម្រាប់សរសេរអក្សរ kro-das-sbek-som-rab-sor-se-ak-sor

pardon *n.* ការលើកលែងទោស kar-leuk-leaeng toas • *v.* លើកលែងទោស lerk-leng-tos, អត់ឱន ot orn
pardon me? *phr.* សុំនិយាយម្តងទៀតបានទេ? som-niyeay-mdorng teat ban te?
parent *n.* ឪពុកម្តាយ ov-pok-mday
parenthesis *n.* វង់ក្រចក vong-kro-chork
parinari anamensis *(plant species) n.* ថ្លក thlok
parinirvana *(Buddhist) n.* បរិនិព្វាន bor-re-ni-pean
Paris *n.* ទីក្រុងប៉ារីស ti-krong-pa-ris
parish *n.* ជើងវត្ត cherng-wat, ខណ្ឌ khan, ស្រុក srok
parity *n.* ភាពស្មើគ្នា pheap-smer-knea
park *n.* សួនឧទ្យាន soun-ou-syean • *v.* ចត chot; **car ~** កន្លែងចតឡាន korn-laeng chot lan
parking *n.* ការចតយានយន្ត ka-chot-yean-yon; **short-term ~** កន្លែងចតរយៈពេលខ្លី konleng-chort-ro-yak-pel-khlei
parking garage *n.* កន្លែងចតយានយន្ត kon-laeng-chot-yean-yon
parking lot *n.* កន្លែងចតយានយន្ត kon-laeng-chot-yean-yon
parking meter *n.* ម៉ាស៊ីនដាក់លុយសម្រាប់គិតរយៈពេលចតរថយន្ត ma-sin-dak-luy-som-rab-kin-ro-yeark-pel-chot-rot-yon
parking ticket *n.* សំបុត្រចតយានជំនិះ sorm-bot chort yean-chum-nis
parking space *n.* ទីលានចតយានយន្ត ti-lean-chot-yean-yon
parlance *n.* វិធីនៅក្នុងការនិយាយស្តី vi-thi-nov-knong-ka-niyeay-sdey
parliament *n.* សភាពញាប់ញ័រ sak-pheap-nhorb-nhor
parliament building *n.* អគាររដ្ឋសភា ah-kea roat-saphea
parlor *n.* ហាងអ៊ុតសក់ hang-out-sork
parmesan cheese *n.* ឈីសពៃរមេហ្សង់ chhis-pea-me-shong
parody *n.* គ្រាប់កំប្លែងដើម្បីរិះគន់ trab-kom-phleng-derm-bey-ris-kon
parole *n.* ការដោះលែងដោយមានលក្ខខណ្ឌ kar da-oh leaeng doay mean lak-khan, ការដោះលែងដោយមានលក្ខខណ្ឌមុនកំណត់ដោះលែង ka-dos-leng-doy-mean-leak-khan-kom-not-mun-dos-leng
parrot *n.* សត្វសេក sat-sek
parsley *n.* ជីវ៉ាន់ស៊ុយ chi-van-suy, វ៉ាន់ស៊ុយបារាំង van-suy baraing
parsnip *n.* ដើមស្ពៃ derm-spey
parson *n.* អ្នកបួស, ភិក្ខុ neak-bous, phi-khok
part *n.* ផ្នែក phnek
part of speech *n.* ថ្នាក់ពាក្យ thnak-peak
partially *adv.* ដោយផ្នែក doay-phnek

participant *n.* អ្នកចូលរួម neak-chol-roum
participate *v.* ចូលរួម chol-roum
participle *n.* គុណនាមដែលក្លាយពីកិរិយាសព្ទ kun-neam-dael-khlay-pi-kic-riya-sap
particle *n.* ភាគល្អិត pheak-la-et
particular *adj.* ណាមួយ na-muoy
partisan *n.* បក្សពួក pakpouk
partition *n.* ការបែកបាក់ ka-bek-bak
partly *adv.* ដោយផ្នែក doy-phnek
partner *n.* ដៃគូ dai-ku
partnership *n.* ភាពជាដៃគូ pheap-chea-dai-ku
partridge *n.* សត្វទទា sat-tor-tea
part-time *adj.* ក្រៅម៉ោង kraow-moang
part-time job *n.* ការងារក្រៅម៉ោង ka-ngea kraow moang
party *n.* ភាគីក្ដី pheak-ki kdei, ពិធីជប់លៀង pi-thi-choub-leang; **political ~** ភាគីនយោបាយ pheak-ki nor-yo-bye
party politics *n.* នយោបាយគណបក្ស nor-yo-bay-pak-pouk
pass *n.* ច្រក (ភ្នំ) chrork (phnom) • *v.* ប្រគល់ pror-kol; **~ an exam** ប្រលងជាប់ pror-lorng choab
passage *n.* ច្រក chrork, សំណេរដកស្រង់ខ្លីៗ som-ne-dork-srong-kley-kley
passenger *n.* អ្នកដំណើរ neak-dom-ner
passion *n.* ចំណង់ចំណូលចិត្ត chom-nong-chom-nol-chet
passion fruit *n.* ផ្លែផាស្យុង phlae-pha-shong
passionate *adj.* យ៉ាងរំជើបរំជួល yang-rom-cherb-rom-choul
passive *adj.* អកម្ម ak-kam
passport *n.* លិខិតឆ្លងដែន li-khet-chhlong-den
passport control *n.* ការត្រួតពិនិត្យលិខិតឆ្លងដែន kar truot pinit likhit chlorng daen
passport photo *n.* រូបថតលិខិតឆ្លងដែន rub-thot-li-khet-chhlong-den
password *n.* លេខសម្ងាត់ lek-som-ngat
past *adj.* អតីត ak-dit • *adv.* ហួស hous;
pasta *n.* ប៉ាស្តា pa-sta
paste *n.* កាវ kav • *v.* បិទភ្ជាប់ bet-pchorb, ផាស phas; **copy and ~** ចម្លងហើយយកទៅដាក់ chorm-lorng hery york touw dak
pastel *n.* ប៉ាស្តែល pa-stel
pasteurized *adj.* កំដៅរំងាប់មេរោគ kom-dav-rom-ngob-rok
pastime *n.* គ្រឿងកំសាន្ត krerng-kom-san

pastrami *n.* សាច់គោងៀត sach-kooh ngeat
pastry *n.* នំ num
pastry shop *n.* ហាងនំធ្វើពីម្សៅ hang-num-thver-pi-msao
pasture *n.* វាលស្មៅ (សម្រាប់សត្វស៊ី) vea-smav (som-rab-sat-si)
pat *n.* ការទះតិចៗ ka-tes-tic-tic
patch *n.* បំណះ bom-nes
paté *n.* សាច់ប៉ាតេ sach-pa-te
patent *n.* ប៉ាតង់ pa-tong
path *n.* ផ្លូវ phlouw
pathetic *adj.* គួរឲ្យអាណិត kou-oy-ah-nit
pathos *n.* លក្ខណៈនៃការបង្ហាញឲ្យមានការអាណិតអាសូរ leak-nakney-ka-bong-hanh-oy-mean-ka-ah-nit-ah-so
patience *n.* ការអត់ធ្មត់ ka-ort-thmut; **have** ~ មានការអត់ធ្មត់ mean ka-ort thmut
patient *n. (med.)* អ្នកជំងឺ neak-chom-ngeu; **be a** ~ ជាអ្នកជំងឺ chea-neak-chom-ngeu • *adj.* **be** ~ អត់ធ្មត់ ort thmut
patriot *n.* ជនជាតិនិយម chun-cheat-ni-yom
patriotic *n.* ដែលជាតិនិយម de-cheat-ni-yom
patriotism *n.* ការស្នេហា ka-sne-ha
patrol *v.* ការពារល្បាត ka-pea-lbat
patron *n.* ម្ចាស់ mchas, ថៅកែ thao-ke
patronage *n.* សិទ្ធិចាត់តាំង ឬតែងតាំង seth-chat-tang roue teng-tang
patronize *v.* ទាក់ទងលក់ដូរ teak-tong-louk-do
pattern *n.* លំនាំ, គំរូ lom-nom, kom-ru
patty *n.* អ្វីៗដែលមានរាងមូលសំប៉ែត avey-avey-dael-mean-reang-mul-som-pet
pauper *n.* អ្នកទាល់ក្រ neak-tol-kro
pause *v.* ផ្អាក phaarkmuoy
Pausha *(month on Hindu calendar) n.* បុស bos
pavement *n.* ទីក្រាលថ្ម ឬស៊ីម៉ង់ ti-kral-thmor roue si-mong
pavilion *n.* ពន្លា pon-lea
paving stone *n.* ឥដ្ឋកាឡារៀបតាមសួនច្បារ ឬផ្លូវដើរជាដើម et-ka-la-reap-tam-sun-chba roue phlouw-der-chea-derm
paw *n.* ក្រញាំ kro-nham
pay *v.* បង់ថ្លៃ bong-thlai
pay attention *v.* យកចិត្តទុកដាក់ york choet tuk dak
pay phone *n.* ទូរស័ព្ទបង់ថ្លៃ tu-ro-sap-bong-thlai

payable *adj.* ដែលត្រូវចំណាយ dael-trouw-chom-nay, ត្រូវបង់ trouw-bong
payment *n.* ការបង់ថ្លៃ ka-bong-thlai
pea *n.* សណ្ដែកបារាំង sorn-daek-barang
pea soup *n.* ស៊ុបសណ្ដែកបារាំង soup sorn-daek barang
peace *n.* សន្តិភាព son-ti-pheap
peaceful *adj.* ដែលមានសន្តិភាព dael-mean-son-ti-pheap
peach *n.* ផ្លែប៉ែស phle-pes, ភីច pheech
peacock *n.* ក្ងោក kngork
peacock flower *n.* ក្ងោក ka-ngoak
peak *n.* ចំណុចកំពូល chom-noch-kom-pul
peanut *n.* សណ្ដែកដី sorn-daek-dey
peanut butter *n.* ប៊ឺរសណ្ដែកដី beur sorn-daek dey
peanut oil *n.* ប្រេងសណ្ដែកដី preng-sorn-dek-dey
peapod *n.* គ្រាប់សណ្ដែក kroab-son-dek
pear *n.* ផ្លែសារី phlae-sa-ry, សារី sari
pearl *n.* គុជ kuch
pebble *n.* គ្រួស krous
pebbly *adj.* ដែលសំបូរដោយគ្រួស dael-som-bo-doy-krous
pecan *n.* ដើមឈើម្យ៉ាង derm-chher-myang
peculiar *adj.* ដែលចម្លែកខុសគេ dael-chom-lek-khos-ke
pedagogy *n.* គរុកោសល្យ ko-ru-kor-sol
pedal *n.* ឈ្នាន់ chhnon
pedant *n.* អ្នកប្រដៅ ឬរិះគន់គេ neak-bro-dav roue ris-kon-ke
pedantic *adj.* ដែលបញ្ចេញចំណេះ dael-bonh-chenh-chom-nes
pedantry *n.* ពហុភាណ peak-huphean
pedestal *n.* ជើងទ្រ cherng-tror
pedestrian *n.* អ្នកថ្មើរជើង neak-thmer-cherng
pedestrian crossing *n.* ផ្លូវសុវត្ថិភាពសម្រាប់អ្នកថ្មើរជើង phlouw sovat-the-pheap sorm-rab neak-thmer-cherng
pediatrician *n.* គ្រូពេទ្យជំងឺកុមារ kru-pet-chom-nger-ko-ma
pedigree *n.* ពង្សាវលី pong-sa-valy
peel *v.* បក bork • *n.* របក ro-bork
peeled *v.* ដែលរងការរបក dael-rong-ka-ro-bork
peep *v.* លួចមើល louch-merl
peer *n.* មិត្តភក្តិ mit-pheak
peg *n.* កម្រិត kom-rit
pen *n.* ប៊ិច bich

penalize *v.* ផ្តន្ទាទោស phdon-tod, ពិន័យ pi-ney
penalty *n.* ការផ្តន្ទាទោស ka-pdon-tos, ការពិន័យ ka-pi-ney
pence *n.* ផេន (លុយអង់គ្លេស) phen (luy-ong-kles)
pencil *n.* ខ្មៅដៃ khmao-dai
pending *adj.* រង់ចាំ rong-cham
pendulum *n.* នាឡិកាប៉ោល nea-li-ka-porl
penetrate *v.* ធ្លុះចូលទៅក្នុង thlus-chol-touw-knong
penetration *n.* ការចោះបញ្ចូលទៅក្នុង ka-chos-bonh-chol-touw-knong
peninsula *n.* ឧបទ្វីប ob-pa-thvib
penis *n.* លិង្គ loeng
penknife *n.* កាំបិតបត់ kam-bet-bot
penny *n.* សេន nes
pension *n.* ប្រាក់ចូលនិវត្តន៍ brak-chol-ni-voat
pensioner *n.* អ្នកចូលនិវត្តន៍ neak-chol-ni-voat
pentagon *n.* បញ្ចកោណ panh-cha-korn
people *n.* មនុស្សម្នា mnus-mnea, ប្រជាជន bro-chea-chon
pepper *n.* ម្រេច mrech; **bell ~** ម្ទេសផ្លោក mtes phloak; **black ~** ម្រេចខ្មៅ mrech khmao; **cayenne ~** គ្រឿងហិរម៉ត់ kroeung heul mot; **chili ~** ម្ទេសផ្លោកតូច mtes phloak touch, ម្ទេសហឹរ mtes hoel; **green ~** ម្រេចខ្ចី mrech kchei; **red ~** ម្ទេសផ្លោកក្រហម mtes phloak-kror-horm, ម្រេចក្រហម mrech kror-horm; **stuffed ~** ម្ទេសញាត់សាច់ចូល ma-tes nhoat sach chol
peppermint *n.* ជីអ្អម chi-ma-orm
per *prep.* ដោយ doay, តាម tam, ក្នុង knong; **~ hour** ក្នុងមួយម៉ោង knong muoy moang; **~ night** ក្នុងមួយយប់ knong muoy yub; **~ week** ក្នុងមួយសប្តាហ៍ knong muoy sab-bda
perceive *v.* ដឹង (ដោយវិញ្ញាណ) deng(doy-vi-nhean)
percent *n.* ភាគរយ pheak-roy
percentage *n.* ភាគរយ pheak-roy
perceptible *adj.* ដែលអាចសម្គាល់បាន dael-ach-som-korl-ban
perception *n.* ការយល់ឃើញ ka-yol-khernh
perceptive *adj.* ដែលប្រកបដោយការយល់ឃើញ dael-bro-korb-doy-ka-yol-khernh
perch *n.* ទំ (លើមែកឈើ ឬទ្រនំ) tom(ler-mek-chher roue tro-nom
perfect *adj.* ដែលឥតខ្ចោះ dael-et-khchos
perfection *n.* ភាពល្អឥតខ្ចោះ pheap-laor-et-khchos
perfectly *adv.* ដោយឥតខ្ចោះ doay-et-khchos
perfidy *v.* ការក្បត់, ការមិនស្មោះ ka-kbot, ka-min-smos

perform *v.* សម្តែង som-deng
performance *n.* ការសម្តែង ka-som-deng
performer *n.* អ្នកសម្តែង neak-som-deng
perfume *n.* ទឹកអប់ toek-ob
perhaps *adv.* ប្រហែល bro-hel
peril *n.* គ្រោះថ្នាក់ krous-thnak, ហានិភ័យ ha-ni-phey
perilous *adj.* ដែលប្រកបដោយគ្រោះថ្នាក់ dael-bro-korb-doy-krous-thnak
period *n.* *(of time)* អំឡុងពេល om-long-pel; *(gram. / menstrual)* ខ័ណ្ឌ khan
periodic *adj.* ទៀកកំណត់ពេល teak-kom-not-pel
periodical *adj.* នៃសម័យកាល ney-sa-mai-kal
perish *v.* ស្លាប់, ពុកផុយ, រលួយ slab, puk-phoy, ro-louy
perishable *adj.* ដែលអាចស្អុយ ឬរលួយ dael-ach-saouy-ro-louy
perjury *n.* ការភូតភរ (តុលាការ) ka-phut-phor(to-la-ka)
perm *n.* អ៊ុតសក់ out-sork
permanent *adj.* អចិន្ត្រៃយ៍ ak-chen-trai
permanent collection *n.* របស់របរប្រមូលទុកជាអចិន្ត្រៃយ៍ ro-bos-ro-bor-bro-mol-tok-chea-ak-chen-trai
permanently *adv.* ជាអចិន្ត្រៃយ៍ chea-ak-chen-trai
permission *n.* ការអនុញ្ញាត ka-ak-nuk-nhat
permit *v.* អនុញ្ញាត ak-nuk-nhat • *n.* **driver's ~** លិខិតអនុញ្ញាតបើកបរ likhit ak-nu-nhat berk-bor
permit required *phr.* ត្រូវការប័ណ្ណអនុញ្ញាត trouw-ka-bann-ak-nuk-nhat
permit-holders only *phr.* សម្រាប់តែអ្នកមានប័ណ្ណអនុញ្ញាតប៉ុណ្ណោះ som-rab-tea-neak-mean-bann-ak-nuk-nhat-tea-pon-nos
permitted *adj.* ដែលត្រូវបានអនុញ្ញាត dael-trouw-ban-ak-nuk-nhat
permutation *n.* ការប្តូរមុខងារ ka-phdo-muk-ngea, តំណែង dom-neng
pernicious *adj.* ដែលមានគ្រោះថ្នាក់ dael-mean-krous-thnak, កាចសាហាវ kach-sa-hav
perpendicular *adj.* ដែលកាត់កែង dael-kat-keng
perpetual *adj.* ជានិច្ច chea-nich, រហូត, ជាអចិន្ត្រៃយ៍ ro-hot-ak-chen-trai
perpetuate *v.* ដែលធ្វើឲ្យមានរហូតទៅ dael-thve-oy-mean-ro-hot-touw
perplex *v.* ធ្វើឲ្យអល់អែក thver-oy-ol-ek, អន្ទះសា on-teas-sa
perplexity *n.* ភាពងឿងឆ្ងល់ pheap-ngerng-chhngol, ភាពយល់ច្រឡំ pheap-yol-chro-lom
persecute *v.* ធ្វើបាប thver-bab, ធ្វើទុក្ខបុកម្នេញ thver-tok-bok-mnenh
persecution *n.* ការធ្វើបាប ka-thver-bab, ការធ្វើទុក្ខបុកម្នេញ ka-thver-tok-bok-mnenh

perseverance *n.* ស្មារតីលះបង់ sma-ro-dey-leas-bong
persevere *v.* ខិតខំព្យាយាម khet-khom-pchea-yeam
persimmon *n.* ទន្លាប់ tun-loab
persist *v.* តស៊ូ tor-su, ព្យាយាម pchea-yeam
persistence *n.* ការតស៊ូព្យាយាម ka-tor-su-pchea-yeam
persistent *adj.* ដែលតស៊ូព្យាយាម dael-tor-su-pchea-yeam
person *n.* បុគ្គលណាម្នាក់ bok-kol-na-mneak
personage *n.* ឥស្សរជន ey-sa-rak-chon
personal *adj.* ផ្ទាល់ខ្លួន, នៃបុគ្គល phtol-khloun, ney-bok-kol
personal computer (*abbr:* **PC**) *n.* កុំព្យូទ័រផ្ទាល់ខ្លួន kom-phyu-tor-phtol-khloun
personality *n.* បុគ្គលិកលក្ខណៈ bok-klerk-leak-knak
personally *adv.* ដោយផ្ទាល់ខ្លួន doay-phtol-khloun
personification *n.* បដិរូបកម្ម pak-dek-rub-kam
personnel *n.* បុគ្គលិកលក្ខណៈ bok-klerk-leak-knak
perspective *n.* ទស្សនវិស័យ tous-snak-vi-sai
perspiration *n.* ញើស nhers
perspire *v.* ចេញញើស chenh-nhers
persuade *v.* បញ្ចុះបញ្ចូល bonh-chos-bonh-chol
persuasion *n.* ការបញ្ចុះបញ្ចូល ka-bonh-chos-bonh-chol
pertain *v.* ជាប់ទាក់ទងនឹង chob-teak-tong-neng
pertinent *adj.* ដែលជំពាក់ទាក់ទង dael-chom-peak-teak-tong
perusal *n.* ការពិនិត្យមើលយ៉ាងម៉ត់ចត់ ka-pi-nit-merl-yang-mot-chot
peruse *v.* មើលយ៉ាងយកចិត្តទុកដាក់ mer-yang-yok-chet-tok-dak
pervade *v.* រីករាលដាលពាសពេញ rik-real-dal-peas-penh
perverse *adj.* ដែលរឹងទទឹង dael-rerng-tor-terng
perversion *n.* ភាពរឹងទទឹង pheap-rerng-tor-terng, ភាពមានៈ pheap-mea-neas
perversity *n.* ការប្រព្រឹត្តខិលខូច ka-bro-bret-khil-khoch
pervert *n.* ជនល្មោភ កាម chun la-morb kam
pessimism *n.* ទុទិដ្ឋិនិយម tu-ti-thi-ni-yom
pessimist *n.* ជនដែលមានទុទិដ្ឋិនិយម chun-dael-mean-tu-ti-thi-ni-yom
pessimistic *adj.* ដែលប្រកបដោយទុទិដ្ឋិនិយម dael-bro-korb-doy-tu-ti-thi-ni-yom
pest *n.* សត្វចង្រៃ sat-chong-rai
pesticide *n.* ថ្នាំសម្លាប់សត្វចង្រៃ thnam-som-lab-sat-chong-rai
pestilence *n.* ជំងឺបង្កឡើងដោយសត្វចង្រៃ chom-nger-bong-kor-lerng-doy-sat-chong-rai

pet *n.* សត្វចិញ្ចឹម sat-chenh-cherm
petal *n.* ត្របកផ្កា tro-bork-phka
petition *n.* ញត្តិ nheat
petition *n.* បណ្ដឹងទាមទារ born-doeng team-tear
petrol *n.* ប្រេងសាំង breng-sang
petticoat *n.* សំពត់ទ្រនាប់ sorm-pot-tro-nop
petulance *n.* ភាពឆេវឆាវ ឬមិនចេះអត់ធ្មត់ pheap-chhev-chhav roue min-ches-ot-thmot
pewter *n.* សំណប៉ាហាំង sorm-nor-pa-hang
PH *n.* កម្រិតវាស់អាស៊ីដ ឬបាស kom-rit-vos-ah-sit
Phalguna *(month on Hindu calendar) n.* ផល្គុន phorl-kun
phantom *n.* ខ្មោច khmoch
pharmacy *n.* ឱសថស្ថាន oy-soth-than
phase *n.* ដំណាក់កាលវិវត្តន៍ dom-nak-kal-vi-wat
pheasant *n.* មាន់ទោរ moin-tor
phenomenal *adj.* សម្បើម som-berm, អស្ចារ្យ ors-cha
phenomenon *n.* បាតុភូត pa-to-phut
philanthropic *adj.* ដែលសប្បុរស dael-sob-bros
philanthropist *n.* សប្បុរសជន sob-bros-chon
philanthropy *n.* សប្បុរសធម៌ sob-bros-thor
philological *adj.* នៃភាសាសាស្ត្រ ney-phea-sa-sas
philologist *n.* អ្នកជំនាញភាសាសាស្ត្រ neak-chom-neanh-phea-sa-sas
philology *n.* ភាសាសាស្ត្រ phea-sa-sas
philosopher *n.* ទស្សនវិទូ tous-snak-vi-tu
philosophy *n.* ទស្សនវិជ្ជា tous-snak-vi-chea
Phnom Penh *(Cambodian city) n.* ភ្នំពេញ pnum-penh
phone *n./v.* ទូរស័ព្ទ tu-ro-sap; **pay ~** ទូរស័ព្ទបង់ថ្លៃ tu-ro-sap-bong-thlai
phone book *n.* សៀវភៅទូរស័ព្ទ siev phouw-tu-ro-sap
phone booth *n.* បន្ទប់ទូរស័ព្ទ bon-tub-tu-ro-sap
phone call *n.* ការហៅចេញតាមទូរស័ព្ទ ka-hav-chenh-tam-tu-ro-sap; **make a ~** ហៅទូរស័ព្ទចេញ hao tu-ro-sap chenh, ទូរស័ព្ទ tu-ro-sap
phone card *n.* កាតទូរស័ព្ទ kat-tu-ro-sap
phone number *n.* លេខទូរស័ព្ទ lek-tu-ro-sap
phonetics *n.* សព្ទសាស្ត្រ sap-sas
phosphorous *n.* ផូស្វ័រ pho-svor
photo *n.* រូបថត rub-thot; **take a ~** ថតរូប thort roub
photocopier *n.* ម៉ាស៊ីនថតចម្លង ma-sin-thort-chom-long

photocopy *n.* ការថតចម្លង ka-thort-chom-long
photograph *n.* រូបថត rub-thot
photographer *n.* អ្នកថតរូប neak-thort-rub
photography *n.* ការថតរូប ka-thort-rub
phrasal verb *n.* ឃ្លាកិរិយាស័ព្ទ khlea-ki-riya-sap
phrase *n.* ឃ្លា khlea
phrasebook *n.* សៀវភៅនិយាយជាឃ្លា siev phouw-niyeay-chea-khlea
phraseology *n.* របៀបរៀបពាក្យ ro-beab-reap-peak
physical *adj.* នៃរាងកាយ ney-reang-kay
physical therapy *n.* ធម្មជាតិព្យាបាល thom-cheat-pchea-bal
physically *adv.* ដោយរាងកាយ doay-reang-kay
physician *n.* គ្រូពេទ្យ kru-pet
physicist *n.* អ្នករូបនិយម neak-rub-ni-yom
physics *n.* រូបសាស្ត្រ rub-sas
physiognomy *n.* ទ្រង់ទ្រាយមុខ trong-treay-muk
piano *n.* ព្យាណូ pya-no
picarel *(fish) n.* ស្ត្រីចោលម្សៀត satrei-chorl-msaeat
pick *v.* រើស rers; ~ **sb up** លើកនរណាម្នាក់ឡើង lerk-nor-na-mneak-lerng; ~ **sth up** រើសអ្វីមួយឡើង rers-avey-muoy-lerng
pickaxe *n.* ចបត្រសេះ chorb-tro-ses
picket *n.* ចម្រឹង, បង្គោល chom-rerng-bong-kol
pickle *v.* ជ្រក់, ត្រាំ chrouk-tram • *n.* ត្រសក់ជ្រក់ tror-sork chruok, ជ្រក់ត្រសក់ chrouk tror-sork
pickled *adj.* ដែលត្រូវបានដាក់ត្រាំ dael-trouw-ban-dak-tram; ~ **vegetables** បន្លែត្រាំ born-lae tram, ជ្រក់ chrouk
pick-up *n.* រថយន្តប្រភេទមួយបាំងកន្លះ rot-yon-bro-phet-muoy-bang-kon-las
picnic *n.* ពិចនិច pich-nich
picnic area *n.* កន្លែងទទួលទានអាហារពិចនិច kon-laeng-tor-toul-tean-ah-ha-pich-nich
picnic lunch *n.* អាហារពិចនិចថ្ងៃត្រង់ aha pich-nich thngai trorng
picture *n.* រូបភាព rub-pheap
picturesque *adj.* ដែលជាទីចាប់អារម្មណ៍ dael-chea-ti-chab-ah-rom
pie *n.* នំផាយ num-pai
pie crust *n.* សំបកនំ sorm-bork num
piece *n.* ចំណែក chom-nek
piece of furniture *n.* ចំណែកនៃគ្រឿងសង្ហារឹម chom-nek-ney-krerng-song-ha-rerm

piece of land *n.* ដីមួយឡូតិ៍ dey-muoy-lo
pier *n.* ផែ phea
pierogi *n.* គាវ kieu
pig *n.* ជ្រូក chrouk
pigeon *n.* សត្វព្រាប sat-preap
pigmy *n.* មនុស្សក្រិន mnus-krin
pike *n.* លំពែងម្យ៉ាង lom-peng-myang
pilaf *n.* បាយឆាដាក់សាច់ bay-chha-dak-sach; **rice ~** បាយឆាដាក់សាច់ bay-chha-dak-sach
pile *n.* ការគ្រួតលើគ្នា ka-truot-ler-knea
pilfer *v.* លួច louch
pilgrim *n.* អ្នកធម្មយាត្រា neak-thom-yeat-tra
pilgrimage *n.* ការធ្វើធម្មយាត្រា ka-thver-thom-yeat-tra
pill *n.* ថ្នាំគ្រាប់ thnam-krob
pillar *n.* សសរ sor-sor
pillow *n.* ខ្នើយ khnery
pillowcase *n.* ស្រោមខ្នើយ sroam-khnery
pilot *n.* អ្នកបើកយន្តហោះ neak-ber-yon-hos
pilot light *n.* ចង្កូរភ្លើងសម្រាប់ដុតចង្ក្រានធំ chong-oh-phlerng-som-rab-dot-chong-kran-thom
pimiento *n.* ម្ទេសប្លោកម្យ៉ាងរាងវែង mtes-plok-myang-reang-veng
pimple *n.* មុន (រោគស្បែក) mun(rok-sbek)
pin *n.* ម្ជុលខ្ទាស់ mchol-khtos
pinball machine *n.* ទូរហ្គេមលេងវៃគ្រាប់ឃ្លីកុំធ្លាក់ចូលចង្អូរ tu-ngem-leng-vai-krop-khli-thleak-chol-chong-oh
pinch *n.* ការសង្កត់ ka-song-kot, ការកៀប ka-keab • *v.* កៀប keab
pine *n.* ផ្លែស្រល់ phlae-srol
pineapple *n.* ម្នាស់ mnoas
ping-pong *n.* ពីងប៉ុង ping-pong
pink *adj.* ពណ៌ផ្កាឈូក por-phka-chhuk
pink wampee *(fruit) n.* កន្ទ្រោក korn-troak
pinnacle *n.* ចំណុចខ្ពស់បំផុត chom-noch-khpous-bom-phot
pint (*abbr:* **pt**) *n.* រង្វាស់ចំណុះប្រហែលកន្លះលីត្រ rong-vos-bro-hel-kon-las-lit
pioneer *n.* អ្នកនាំផ្លូវ neak-nom-phlouw, អ្នកចាប់ផ្ដើមមុន neak-chab-pderm-mun
pious *adj.* ដែលជឿយ៉ាងស៊ប់ dael-cher-yang-sop

---

pipe *n.* ប៉ី pei
piquant *adj.* មុត mut, ស្រួច srouch, ចាក់ចុច chak-choch
piracy *n.* ចោរកម្ម (តាមសមុទ្រ) chor-kam (tam-samot)
piranha *n.* ត្រីស៊ីសាច់ trei-si-sach
pirate *n.* ចោរសមុទ្រ chor-sa-mot
Pisces *(Zodiac) n.* រាសីអាប់អួរ rea-sey-ab-ou
pistachio *n.* ដើមអង្កាដី derm-orng-kea-dey
pistol *n.* កាំភ្លើងខ្លី kam-phlerng-khlei
piston *n.* ពិស្តុង pis-stong
pita bread *n.* នំប៉័ងមានញាត់សាច់ខាងក្នុង nom-pang-mean-nhot-sach-khang-knong, នំប៉ុំងភីតា num-paing pita
pitch *n.* ងងឹតសូន្យសុង ngor-nget-son-song
pitcher *n.* អ្នកចោល ឬបោះ neak-chorl roue bos; ~ **of water** ថូដាក់ទឹក thou-dak-toek; *(baseball)* អ្នកចោលបាល់ nak choal bal
piteous *adj.* គួរឲ្យសង្វេគ kou-oy-song-vek
pitfall *n.* អន្លង់អន្លាក់, គ្រោះថ្នាក់ on-lung-on-lak
pitiable *adj.* គួរឲ្យសង្វេគ kou-oy-song-vek
pitiful *adj.* គួរឲ្យអាណិត kou-oy-ah-nit
pitiless *adj.* គ្មានមេត្តា kmean-meta, ឥតប្រណី et-bro-ney
pitman *n.* កម្មករ (អ្នកជីករណ្តៅ) kam-mkor(neak-chik-ron-dao)
pittance *n.* ចំណែកតូច chom-nek-toch-toch, ការបញ្ចុះតម្លៃតិចតួច chos-dom-lai-tic-touch
pitted *adj.* ដែលមានរណ្តៅ dael-mean-ron-dao
pitted cherries *n.* ឈើរីឆ្កឹះគ្រាប់ cher-ri chka-oes kroab
pity *n.* ការអាណិតអាសូរ ka-ah-mit-ah-so
pivot *n.* ស្នូល (ដែលមានជុំវិញ) snol(dael-mean-chom-vinh)
pizza *n.* នំភីហ្សា num pi-za
pizzeria *n.* ហាងលក់នំភីហ្សា hang-luok-num-piza
placard *n.* ផ្ទាំងបិទប្រកាស phteang-bet-bro-kas
place *n.* កន្លែង kon-laeng
place of birth *n.* ទីកន្លែងកំណើត ti-kon-laeng-korm-nert
place setting *n.* តុសម្រាប់ទទួលមនុស្សម្នាក់ tuk-somrab-tortoul-mnus-mnak
placebo *n.* គ្រាប់ថ្នាំបញ្ឆោត kroab-thnam-bonh-chhort
placid *adj.* មិនរំភើប, ស្ងប់ស្ងៀម min-rom-pherb, sngop-sngeam
plague *n.* រោគពិស rook-pis
plain *adj.* ជាក់ច្បាស់ cheak-chbas, ច្បាស់លាស់ chbas-lors
plaintiff *n.* ដើមបណ្តឹង derm-bon-derng

plan *n.* ផែនការ phen-ka
plane *n.* យន្តហោះ yon-hos
planet *n.* ភព phop
plank *n.* ក្តារ kdar
planning *n.* ផែនការកម្ម phenka-kam
plant *n.* រុក្ខជាតិ, រោងចក្រ rok-khcheat, rong-chak
plantain *n.* ចេកម្យ៉ាងស្រដៀងនឹងចេកស្នាប់មុខ chek-myang-sro-deang-chek-snap-muk
plantation *n.* ចំការធំៗ chom-ka-thom-thom
planting *n.* ការដាំ ka-dam
plasma *n.* ប្លាស្មា phla-sma
plaster *n.* កំបោរបាយអរម្យ៉ាង kom-bor-bay-or-myang
plastic *n.* ផ្លាស្ទិច phlas-stic
plastic bag *n.* ថង់ផ្លាស្ទិច thong-phlas-stic
plastic wrap *n.* ផ្លាស្ទិចសម្រាប់វេចខ្ចប់ phlas-stic-som-rab-vech-khchop
plate *n.* ចាន chan
plateau *n.* ខ្ពង់រាប khpong-reap
platform *n.* វេទិកា ve-ti-ka
platinum *n.* ប្លាទីន phla-tin
platonic *adj.* ដែលស្និទ្ធស្នាលខ្លាំងប៉ុន្មានមិនបានរួមរក្សគ្នា dael-snet-snal-khlang-pon-marn-min-ban-roum-reak-knea
platoon *n.* កងអនុសេនាតូច korng-ah-nu-se-na-toch
platter *n.* ចានទាបធំ chan-teap-thom
play *v.* លេង leng
player *n.* អ្នកលេង neak-leng
playground *n.* សួនកុមារ soun-ko-ma
playing cards *n.* បៀរសន្លឹក bear-son-lerk
playing field *n.* ទីធ្លាសម្រាប់លេងកីឡា ti-thlea-som-rab-leng-key-la
plea *n.* ការប្តឹងផ្តល់ ka-phderng-phdol, ចម្លើយរបស់ចុងចោទ chorm la-uhy ror-bors chong choat
plea bargain *(legal) n.* ការអង្វរក ka-orng-vor-kor
plead *v.* អង្វរក orng-vor-kor
pleader *n.* អ្នកអង្វរក neak-orng-vor-kor
pleasant *adj.* ដែលធ្វើឲ្យរីករាយរាក់ទាក់គួរសម dael-thver-oy-rik-reay-reak-teak-kou-som
pleasantly *adv.* យ៉ាងរីករាយរាក់ទាក់ yang-rik-reay-reak-teak
pleasantry *n.* សេចក្តីរីករាយរាក់ទាក់ sekdey-rik-reay-reak-teak

please *excl.* សូម som; *phr.* ~ **have a seat** សូមអញ្ជើញអង្គុយ som anh-cheurnh orng-kuy
pleasing *adj.* គួរឲ្យត្រេកអរ kour-oy-trek-or
pleasure *n.* ភាពរីករាយ pheap-rik-reay
plebiscite *n.*ប្រជាមតិ prochea-sethi
pledge *n.* ការប្ដេជ្ញា ka-pdach-nha
plenty *n.* ភាពសម្បូរ pheap-sombo
plight *n.* ស្ថានភាពអាក្រក់ sthan-pheap-akrok
plod *v.* ដើរអឹកអ៊ាក der-eouk-eak
plot *n.* គម្រោង koum-rorng
plow *v.* ភ្ជួរស្រែ phchuo-srae
plowman *n.* អ្នកភ្ជួរស្រែ nek-pure-srae
pluck *v.* ដកចេញ dork-chenh
plug *n.* ឆ្នុក chhnok; **pull the** ~ បញ្ឈប់អ្វីមួយ banh-chob-avey-muoy; **electric** ~ ឌុយភ្លើង douy-plerng
plum *n.* ផ្លែផ្លម phlae phlum, ផ្លែព្រូន phlae-prune
plumber *n.* ជាងធ្វើបង្គន់ cheang-thver-borng-kun
plumeria *n.* ចំប៉ី chom-pei
plump *v.* ធ្វើឲ្យមូល thver-ouy-moul
plunder *v.* លួចប្លន់ louch-plorn
plunge *v.* ជ្រមុជចូល chro-mouch-chol
plural *n.* ពហុវចនៈ pek-huk-vech-cha-nak
plus *prep.* បូក b-oak, បន្ថែម bon-thaem • *adj.* វិជ្ជមាន vech-mean
ply *v.* ផ្គត់ផ្គង់ p-kut-p-kong
pm *(time) adv.* ពេលថ្ងៃ pel-thgnai
pneumonia *n.* ជំងឺរលាកសួត chum-ngeu-ror-leak-sourt
poached *adj.* ដែលត្រូវបានប្រមាញ់ dael-trouw-ban-pror-mhenh
poached egg *n.* ស៊ុតជាប់ភ្នៅ suth choab phnov, ពងមាន់ជ័រភ្នៅ porng-moin-chhor-pnov
pocket *n.* ហោប៉ៅ hor-pao • *v.* ដាក់ក្នុងហោប៉ៅ dak-knong-hor-pao
pod *n.* ស្រោមផ្លែ (កប្បាសសណ្តែក) srom-phlaephlae (kabas-son-dek), ហ្វូងត្រីបាឡែន vong-trei-balene
poem *n.* កំណាព្យ kom-narb
poet *n.* អ្នកតែងកំណាព្យ neak-taeng-kom-narb
poetic *adj.* ជាកាព្យនិទាន chea-karb-ni-tean
poetics *n.* កវីនិពន្ធវិជ្ជា kak-vey-ni-pun-vichea
poetry *n.* កវីនិពន្ធ kak-vey-ni-pun

poignancy *n.* ភាពមុតស្រួច pheap-mun-sroul
poignant *adj.* ដែលមុតស្រួច dael-mut-sroul
point *n.* ចំណុច chom-noch • *v.* ចំនុច chom-noch; *(tech.)* ~ **with** a **mouse** ការប្រើម៉ៅបញ្ជា ka-prer-mao-banh-chea
point of interest *n.* ចំណុចគួរឲ្យចាប់អារម្មណ៍ chom-noch-kour-ouy-chab-ahrom
point to *v.* ចង្អុលទៅកាន់ chong-ol-touw-kan
pointed *adj.* ដែលស្រួច dael-srouch
Poipet *(Cambodian town) n.* ប៉ោយប៉ែត poay-paet
poise *n.* ការថ្លឹង ka-thloeng
poison *n.* ថ្នាំពុល thnam-poul, ការបំពុល ka-bom-poul
poisonous *adj.* ដែលពុល dael-poul
poke *v.* ចាក់ chak
poker *n.* ដែកឆ្កឹះរងើកភ្លើង dek-chkers-ror-ngerg-plerng
poker game *n.* ល្បែងប៉ូកែរ lbaeng-poker
polar *adj.* នៅតំបន់ប៉ូល nov-dom-bon-pole, ដែលផ្ទុយស្រឡះ dael-ptouy-sro-las
pole *n.* តំបន់ប៉ូល dom-bon-pole; **north** ~ ប៉ូលខាងជើង pole-khang-cherng
police *n.* ប៉ូលិស po-lis
police report *n.* របាយការណ៍ប៉ូលិស ror-bay-ka-po-lis
police station *n.* ប៉ុស្តិ៍ប៉ូលិស post-po-lis
policeman *n.* មន្ត្រីប៉ូលិស mon-trei po-lis
policy *n.* គោលនយោបាយ koul-nor-yo-bay
polish *n.* ប៉ូលា po-lea • *v.* ~ **shoes** ប៉ូលាស្បែកជើង po-lea-sbaek-cherng; ~ **wood** ប៉ូលាឈើ po-lea chheur
polite *adj.* ដែលគួរសម dael-kour-som
politely *adv.* ប្រកបដោយភាពរាក់ទាក់ pror-korb-doy-pheap-rek-tek
political *adj.* លក្ខណៈនយោបាយ leak-kha-nak-nor-yo-bye
political party *n.* ភាគីនយោបាយ pheak-ki nor-yo-bye
political views *n.* ទស្សនៈនយោបាយ tous-sa-nak-no-yor-bay
politically *adv.* ប្រកបដោយលក្ខណៈនយោបាយ pror-korb-doy-leak-kha-nak-nor-yo-bye
politician *n.* អ្នកនយោបាយ neak-nor-yo-bye
politics *n.* កិច្ចការនយោបាយ kach-ka-nor-yo-bye; **party** ~ នយោបាយគណបក្ស nor-yo-bay-pak-pouk
poll *n.* ការបោះឆ្នោត ka-bos-chnaut
pollen *n.* លំអង lum-orng

pollen count *n.* ការរាប់លំអង ka-rorb-lum-orng
pollute *v.* បំពុល bom-poul
pollution *n.* ការបំពុល ka-bom-poul
polo *n.* កីឡាជេះសេះវាយកូនបាល់ keila-chis-ses-vai-kon-bal
polyester *adj.* ដែលមានសារធាតុប៉ូលីយេស្ទឺ dael-mean-sa-ror-teat-poly-yester
polygamous *adj.* ដែលមានប្រពន្ធច្រើន dael-mean-pror-pun-chren
polygamy *n.* ការមានប្រពន្ធច្រើន ka-mean-pror-pun-chren
polyglot *n.* ដែលចេះច្រើនភាសា dael-ches-phea-sa-chren
polygonum tomentosum *(plant) n.* កន្ទាំងហៃ korn-thaing hae
pomegranate *n.* ផ្លែទទឹម phlae-tor-toem, ទទឹម tor-toem
pomelo *n.* ក្រូចថ្លុង krouch thlong
pomp *n.* ដំណើរអធិកអធម dom-ner-arc-theouk-arc-thoarm
pomposity *adj.* ការប្រកបដោយភាពអធិកអធម ka-pror-korb-doy-pheap-arc-theouk-arc-thoam
pompous *adj.* ដែលក្រអឺតក្រទម dael-kror-ert-kror-torm
pond *n.* ស្រះ sras
ponder *v.* គិតត្រិះរិះ kit-tres-ris
pony *n.* សេះតូច ses-tor-ouch
pool *n.* កីឡាបុកប៊ីយ៉ា keila-bok-bi-ya; **kiddie** ~ អាងហែលទឹករបស់ក្មេង ang hael-toek ror-bors kmeng; **swimming** ~ អាងហែលទឹក ang-hael-teouk; **indoor swimming** ~ អាងហែលទឹកខាងក្នុង ang-hael-toek-khang-knong; **outdoor swimming** ~ អាងហែលទឹកខាងក្រៅ ang-hael-toek-khang-kraow
poor *adj.* ដែលក្រីក្រ dael-krei-kror
pop *v.* ផ្ទុះបែក phtous-baek
pop music *n.* ចម្រៀងប៉ុប chom-reang-pop
popcorn *n.* ពោតលីង pourt-ling
pope *n.* សម្តេចប៉ាប samdach-parp
poppy *n.* ដើមអាភៀន derm-ah-phean
poppy seed *n.* គ្រាប់អាភៀន krob-ah-phean, គ្រាប់ពូជដំណាំអាភៀន kroab pouch dorm-nam ah-phean
popular *adj.* ដែលប្រកបដោយប្រជាប្រិយភាព dael-pror-korb-doy-pror-chea-prey-pheap
popularity *n.* ប្រជាប្រិយភាព pror-chea-prey-pheap
population *n.* ចំនួនប្រជាជនទាំងអស់ chum-nuon-pror-chea-chun-tang-ors
populous *adj.* ដែលមានប្រជាជនច្រើន dael-mean-pror-chea-chun-chren

porcelain *n.* ប៉័រសេឡែន por-say-lane
porch *n.* ហោណ៉ាង hor-nang
pore *n.* រន្ធញើស roon-nhers
pork *n.* សាច់ជ្រូក sach-chrouk; **braised** ~ សាច់ជ្រូកអាំង sach chrouk aing
pork chop *n.* ដុំសាច់ជ្រូក dom sach-chrouk
pork loin *n.* សាច់ជ្រូកចំណិត sach-chrouk-chomnet
pork roast *n.* សាច់ជ្រូកដុត sach-chrouk-dot
pork sausage *n.* សាច់ក្រកជ្រូក sach-krork-chrouk
pork shoulder *n.* សាច់ស្មា sach-sma
porridge *n.* បបរ bor-bor
port *n.* កំពង់ផែ kom-pong-phae
portable *adj.* ដែលអាចកាន់បាន dael-arch-kan-ban
portable crib *n.* គ្រែកូនក្មេង kre-kon-kmeng
portage *n.* ថ្លៃដឹកជញ្ជូន thlai-dek-chun-chune
portal *n.* ក្លោងទ្វារធំ klorng-thver-thom
portend *v.* ឲ្យប្រផ្នូល ouy-pror-pnol
porter *n.* អ្នកជញ្ជូនឬកាន់ឥវ៉ាន់ nek-chun-chune-reou-kan-ey-van, អ្នកចាំទ្វារ nek-cham-tvea
portfolio *n.* សឺមី seou-mi
portico *n.* ដំបូលផ្លូវដើរ dom-bol-phlouw-der
portion *n.* ចំណែក chom-naek
portrait *n.* រូបគំនូរ ឬរូបថតបុគ្គលណាម្នាក់ roub-kom-nou reou roub-thort-bo-kol-na-mnek
portray *v.* បង្ហាញ borng-hind
portulaca grandiflora *(flower) n.* ម៉ោងដប់ moang-dorb
pose *v.* ឈរឲ្យគេថតរូប ឬគូររូប chhor-ouy-ke-thort-roub
position *n.* តំណែង dom-na-eng; ទីតាំង ti-tang
positive *adj.* វិជ្ជមាន vicha-mean
possess *v.* កាន់កាប់ kan-kab
possession *n.* ការកាន់កាប់ ka-kan-kab
possessive *adj.* ដែលកាន់កាប់ជាម្ចាស់ dael-kan-kab-chea-mchas
possibility *n.* លទ្ធភាព let-ta-pheap
possible *adv.* ដែលអាចទៅរួច dael-arch-touw-rouch; **as soon as** ~ កាន់តែឆាប់តាមតែអាចធ្វើបាន kan-tae-chhab-tarm-tae-arch-thver-ban
possibly *adv.* អាចទៅកើតបាន arch-touw-kert-ban
post *n.* បង្គោល bong-korl; តំណែង, ឋានៈ dom-na-eng tha-nak
post office *n.* ប្រៃសណីយ៍ prey-sa-ney

postage *n.* ថ្លៃតែម thlai-taem
postage-paid *adv.* ដែលបង់ថ្លៃតែមរួច dael-borng-thlai-taem-rouch
postal code *n.* លេខកូដប៉ុស្តិ៍ lek-kot-post
postbox *n.* ប្រអប់សំបុត្រ bror-ob-sombot
postcard *n.* កាតប៉ុស្តាល់ kart-post-tal
poster *n.* ប័ណ្ណប្រកាស banne-pror-kas
posterity *n.* កូនចៅខាងក្រោយ kon-chao-khang-kroy
postman *n.* អ្នករត់សំបុត្រ neak-rot-som-bot
postmaster *n.* នាយកប្រៃសណីយ៍ nea-york-prey-sa-ney
postpone *v.* ពន្យារពេល pon-year-pel
postponement *n.* ការពន្យារពេល ka-pon-year-pel
postscript *n.* បច្ឆាលិខិត pak-cha-li-khet
posture *n.* របៀបឈរឬអង្គុយ ror-beab-chhor-roeu-ang-kouy
pot *n.* ថូ t-ho; **cooking** ~ ឆ្នាំង chnang; **flower~** ថូផ្កា t-ho pkar
pot roast *n.* ឆាសាច់គោជាមួយបន្លែ chha-sach-ko-muoy-bon-lae
potable *adj.* ដែលអាចផឹកបាន dael-arch-phirk-ban
potato *n.* ដំឡូង dorm-loung; **baked** ~ ដំឡូងដុត dorm-loung dot;
mashed ~ ដំឡូងកិន dorm-loung koet
potato chip *n.* ដំឡូងឆិប dorm-loung chip
potato chips *n.* ដំឡូងចំណិតស្រួយៗ dorm-loung chomnet srouy-srouy
potato flour *n.* ម្សៅដំឡូង msao dorm-loung
potato starch *n.* ម្សៅដំឡូង msao dorm-loung
potency *n.* អំណាច am-narch
potential *adj.* ដែលមានសក្តានុភាព dael-mean-sak-kda-nouk-pheap
potholes *n.* គ្រលុក kror-lok
potter *n.* កុម្ភការី kom-ka-rey
pottery *n.* សិល្បៈស្មូនឆ្នាំង sel-la-pak-smoan-chnang
pouch *n.* ថង់, ការ៉ុង thorng, karong
poultry *n.* បក្សី bak-sei
pounce *v.* ការសង្គ្រប់លើ ka-sorng-krub-ler, រោយ rooy
pound *v.* ដើរយ៉ាងខ្លាំង der-yang-klang • *n.* មន្ទីររបើស mon-ti-ror-bus
pour *v.* ចាក់(ទឹក) chak (teouk), ហូរ (ទឹក) ho (teouk)
poverty *n.* ភាពក្រីក្រ pheap-krey-kror
powder *n.* ម្សៅ m-sao • *v.* រោយម្សៅ rooy m-sao
powdered *adj.* ដែលលាបម្សៅ dael-leap-m-sao
powdered sugar *n.* ម្សៅស្ករ msao skor, ស្ករម្សៅ skor-msao
powdery *adj.* ប្រឡាក់ដោយម្សៅ pror-lak-doy-m-sao

power *n.* ថាមពល tharm-mpoul, អំណាច am-narch
power engine *n.* បញ្ឆេះម៉ាស៊ីន banh-chhes-ma-sin
power of attorney *(legal) n.* លិខិតប្រគល់សិទ្ធិអំណាច li-khet-pror-kol-sethi-am-narch; អ្នកតំណាងសិទ្ធិ nek-dom-narng-sethi
power outage *n.* ការដាច់ចរន្តអគ្គិសនី ka-dach-cha-ron-ah-kis-ny
power points *n.* កម្មវិធីផោវើរ ភញ្ញក្នុងកុំព្យូទ័រ kam-vi-thi-power-point-knong-kom-pchu-ter
powerful *adj.* ដែលប្រកបដោយថាមពល dael-pror-korb-doy-tham-mpul, ដែលប្រកបដោយអំណាច dael-pror-korb-doy-am-narch
practicability *n.* ភាពអាចយកទៅប្រើ ឬអនុវត្តបាន pheap-arch-york-touw-prer reou ah-nouk-wat ban
practical *adj.* ដែលអាចប្រើ ឬអនុវត្តបាន dael-arch-prer reou ah-nouk-wat-ban
practically *adv.* ជិត chit, ស្ទើរតែ ster-tae
practice *n.* ការអនុវត្ត ka-ah-nouk-wat • *v.* អនុវត្ត ah-nouk-wat
practitioner *n.* អ្នកអនុវត្ត neak-ah-nouk-wat
pragmatic *adj.* ដែលអាចអនុវត្តបាន dael-arch-ah-nouk-wat-ban
pragmatism *n.* ហេតុការណ៍និយម haet-ka-niyum
praise *n.* ការសរសើរ ka-sor-ser • *v.* សរសើរ sor-ser
praiseworthy *adj.* ដែលគួរអោយសរសើរ dael-kour-ouy-sor-ser
praline *n.* សណ្តែកខៀវ sorn-daek-khieu
prank *n.* ល្បិចអាក្រក់ lbech-akrok
prattle *v.* និយាយឥតបានការ ni-yeay-et-ban-ka • *n.* ការនិយាយឥតបានការ ka-niyeay-et-ban-ka
prawn *n.* បង្គារ bang-kea
pray *v.* បន់ស្រន់ bon-sron
prayer *n.* ការបន់ស្រន់ ka-bon-sron
preach *v.* ទូន្មានតាមបែបសាសនា tou-mean-tarm-baeb-sasna
preacher *n.* អ្នកទូន្មានតាមបែបសាសនា nek-tou-mean-tarm-baeb-sasna
preamble *n.* បុព្វកថា bop-pek-kak-tha
precaution *n.* ការប្រុងប្រយ័ត្ន ka-prong-pror-yat
precautionary *adj.* ដែលប្រកបដោយការប្រុងប្រយ័ត្ន dael-pror-korb-doy-ka-prong-pror-yat
precede *v.* មាននៅខាងមុខ mean-nov-khang-muk
precedence *n.* ការនាំមុខ ka-noam-muk
precedent *n.* អ្វីៗដែលធ្លាប់មានពីមុនមក avey-avey-dael-thlob-mean-pi-mun-mor, ករណីយុត្តិសាស្ត្រ kak-ror-nei yuti-sas
precept *n.* សិក្ខាបទ sek-kha-bot; **five ~s** *(in Buddhism)* បញ្ចសីល panh-cha soel

precious *adj.* ដែលមានតម្លៃ dael-mean-dom-lai
precise *adj.* ត្រឹមត្រូវ trem-trouw
precisely *adv.* ប្រកបដោយភាពត្រឹមត្រូវ pror-korb-doy-pheap-trem-trouw
precision *adj.* ភាពត្រូវ pheap-trouw
precursor *n.* អ្វីៗដែលនាំមុខ avey-avey-dael-noam-muk
predator *n.* រំពាសី room-pea-sey
predecessor *n.* បុព្វការីជន bop-pa-ka-rey-chun
predestination *n.* ព្រេងសំណាង preng-somnang
predetermine *v.* កំណត់ជាមុន kom-nort-chea-mun
predicament *n.* ស្ថានការណ៍ដ៏លំបាក sthan-ka-dor-lom-bak
predict *v.* ព្យាករណ៍ pchea-kor
prediction *n.* ការព្យាករណ៍ ka-pchea-kor
predominance *n.* ភាពមានឥទ្ធិពល ជាង pheap-mean-ethipol- cheang
predominant *adj.* ដែលលើសលុប dael-lers-loup
predominate *v.* ត្រួតត្រាលើ trout-tra ler
preeminence *n.* ឧត្តមភាព oudom-pheap
preeminent *adj.* ដោយឧត្តមភាព doay oudom-pheap
preface *n.* អារម្ភកថា arom kak-tha
prefect *n.* ប្រធានថ្នាក់ bror-tean tnak
prefer *v.* ចូលចិត្តច្រើនជាង chol-chet chrern-cheang
preference *n.* ចំណង់ចំណូលចិត្ត chom-norng chom-nol-chet
prefix *n.* បុព្វបទ bop-pbot
pregnancy *n.* ដំណើរមានគត៌ dom-ner mean kor
pregnancy test *n.* តេស្តពិនិត្យមើលផ្ទៃពោះ tes-pi-net-mer-ptey-pous
pregnant *adj.* មានផ្ទៃពោះ mean ptey-pous
preheat *v.* កំដៅទុកមុន korm-daow-tok-mun
prehistoric *adj.* នៃបុរេប្រវត្តិ ney bo-ree-bror-voat
prehistoric art *n.* សិល្បៈបុរេប្រវត្តិ sel-la-pak-bo-ree-bror-voat
prejudice *n.* សេចក្តីមិនចូលចិត្ត sekdey min-chol-chet, មិនទុកចិត្ត min tok-chet
prelate *n.* ព្រះអ្នកមានបុណ្យស័ក្តិខ្ពស់ preah neak mean bon-sak kpous
preliminary *adj.* ផ្តើមមុខ phderm-muk
preliminary hearing *n.* ការជំនុំជម្រះក្តីដំបូង kar chum-num chum-reas kdei dorm-boung, សវនាការដំបូង sa-va-na-ka dom-boung
prelude *n.* សេចក្តីផ្តើម sech-kdei-pderm
premature *adj.* មិនគ្រប់ខែ min krop khe, ធ្វើមុនកាល thver mun kal
premeditate *v.* គ្រោងទុកជាមុន krong-tok chea-mun

premeditation *n.* ការគិតទុកជាមុន ka-kit tok-mun,ចេតនា chet-tna
premenstrual syndrome (pms) *n.* អាការៈមុនមករដូវ are-ka-rak mun mor ror-dov
premier *n.* នាយករដ្ឋមន្ត្រី nea-youk roth-mon-trei
premiere *n.* ការសម្តែងឬបញ្ចាំងលើកដំបូង ka som-deng reou bonh-chang lerk dom-bong
premises *n.* អាគារនិងទីក្នុងបរិវេណអាគារ akea neng ti knong ah-kea, ទីកន្លែង ti kon-laeng
premium *n.* ការបង់ប្រាក់ធានា ka bong-prak thea-nea
premium gas *n.* សាំងគុណភាពខ្ពស់ sang-kun-pheap-kpous
premonition *n.* ប្រផ្នូល pro-pnol, ការប្រមានជាមុន ka pro-mean chea mun
preoccupation *n.* ការគ្របសង្កត់លើចិត្ត ka krob song-kot ler chet
preoccupy *v.* គ្របសង្កត់លើចិត្ត krob song-kot ler chet
preparation *n.* ការរៀបចំ kar reab-chom
prepare *v.* រៀបចំ reab-chom
prepared *adj.* ប្រុងប្រៀប prong-preap
preponderance *n.* ឧត្តមានុភាព oudom-mea-nupheap
preponderate *v.* មានឧត្តមានុភាព mean oudom-mea-nupheap
preposition *n.* ពាក្យសម្រាប់ភ្ជាប់ peak som-rab pchop
prerequisite *n.* អ្វីៗដែលត្រូវការជាមុន avey avey dael trouw-ka chea mun
prerogative *n.* បុព្វសិទ្ធិ bop-pseth
prescience *n.* ការញ៉ាំងអោយដឹងហេតុការណ៍ជាមុន ka nhang oy deng het-ka chea mun
prescribe *v.* អោយថ្នាំ oy tnam
prescription *n.* វិជ្ជបញ្ជា vi-cheak bonh-chea
presence *n.* វត្តមាន wat-mean
present *adj.* ដែលមានវត្តមាន dael mean wat-mean • *v.* នាំអោយគេស្គាល់ norm oy ke skol; **to give a ~** ជូនការដូ yo-geurt sot
presentation *n.* ការបង្ហាញ ka bong-harnh
preservative *n.* ថ្នាំបង្ការកុំអោយខូច thnam bong-ka kom aoy khoch • *adj.* ដែលបង្ការកុំអោយខូច dael bong-ka kom aoy khoch
preserve *v.* រក្សាទុក reak-sa tok, ធ្វើអោយទុកបានយូរ thver oy tok ban yu
preserved *adj.* ដែលរក្សាទុក dael rek-sa tuk
preserves *n.* សារធាតុរក្សាទុក sar-ror-teat rek-sa-tuk; **fruit ~** ផ្លែឈើរក្សាទុក phlae-chher rek-sa-tuk
president *n.* ប្រធានាធិបតី pro-thea-near thip-dey, ប្រធាន pro-thean
press *v.* ចុច choch • *n.* សារពត៌មាន sar-por mean

pressure *n.* ចំណុះ chom-nos
pressurize *v.* គាបសង្កត់ keap song-kort
prestige *n.* កិត្យានុភាព keth-thya-nuh-pheap
prestigious *adj.* ដ៏មានកិត្យានុភាព dor mean ket-tya-nu-pheap
presumably *adv.* ដោយ សន្និដ្ឋាន doay sekdey sorn-ni-tharn
presume *v.* សន្មតទុកជាមុន son-mot tok-chea-mun
presumption *n.* ការសន្និដ្ឋាន ka sornithan
presuppose *v.* ជឿទុកមុន cher tok mun
presupposition *n.* ការប៉ាន់ស្មាន ka-pan-sman
pretence *n.* ការបន្លំធ្វើ ka bon-lom thver
pretend *v.* តាំងខ្លួនជា tang kloun chea
pretension *n.* ការទាមទា ka team-tea, សេចក្ដីអះអាង sekdey ask-arng
pretentious *adj.* ដែលប្រកាន់ថាខ្លួនគ្រាន់បើ dael pro-kan tha kloun kron-ber
pretext *n.* លេស les
pretty *adv.* ស្អាត saart
pretzel *n.* នំកង num-korng
prevail *v.* មានប្រៀប mean-preap
prevalence *n.* ការរាតត្បាត ka reat-tbat
prevalent *adj.* រាលដាល real-dal
prevent *v.* ការពារ ka pea
prevention *n.* ការបង្ការ kar-borng-ka
preventive *adj.* ដែលបង្ការ dael borng-ka
previous *adj.* ពីមុន pi-mun
previously *adv.* កាលពីមុន karl-pi-mun
prey *n.* សត្វដែលគេបរបាញ់ sat dael ke bor-banh
Prey Veng *(Cambodian province) n.* ព្រៃវែង prei-veng
price *n.* តម្លៃ dom-lai • *v.* កំណត់តម្លៃ kom-not dom-lai
price per liter *n.* តម្លៃក្នុងមួយលីត្រ dom-lai knong muoy-lit
prick *v.* ស្កៀប skeap
pride *n.* មោទនភាព motnak pheap
priest *n.* លោកសង្ឃ lok-song
prima facie *(legal) n.* ការរំលេចចេញដំបូង ka-rum-lech chenh dom-bong
primarily *adv.* លើកដំបូងតែម្ដង lerk dom-bong tea mdong
primary *adj.* ធំជាងគេ thom cheang ke
prime *n.* ចំណុចកំពូល chom-noch kom-poul
prime minister *n.* នាយករដ្ឋមន្ត្រី nea-youk roth-mon-trei
primeval *adj.* បុរេប្រវត្តិ bo-re pror-voat

primitive *adj.* មុនគេបំផុត mun ke bom-pot
prince *n.* ស្តេច sdach
princess *n.* ព្រះអង្គម្ចាស់ក្សត្រី preah orng-mchas ksat-trei
principal *adj.* ចំបង chom-borng
principally *adv.* ជាចំបង chea chom borng
principle *n.* គោលការណ៍ kool-kar
print *v.* បោះពុម្ព bos-pom
printer *n.* ម៉ាស៊ីនព្រីន masin prin
printing *n.* ការបោះពុម្ព ka bos-pom
prior *adj.* មុន mun, ដំបូង dom-bung
priority *n.* អទិភាព ark-ti-pheap
prison *n.* គុក kuk
prisoner *n.* អ្នកទោស nak-tos
privacy *n.* ឯកជនភាព aek-kak-chun pheap
private *adj.* ឯកជន aek-kak-chun
private property *n.* អចលនទ្រព្យឯកជន ak-chol-nak-trob ek-chun
private room *n.* បន្ទប់ផ្ទាល់ខ្លួន bon-tub ptol-kloun
privately *adv.* ជាឯកជន chea aek-kak-chun
privation *n.* ភាពក្រីក្រ pheap krei-kror
privatization *n.* ឯកជនភាពូបនីយកម្ម ek-chun pheap-vup-ni-kam
privilege *n.* ឯកសិទ្ធិ ek-set
prize *n.* រង្វាន់ rong-won
probability *n.* ភាពអាចកើតឡើង pheap-ach-kert-lerng
probable *adj.* ដែលអាចនឹងមានឡើង dael arch neng mean lerng
probable cause *(legal) n.* ភវនីយហេតុ pheak-vak-nei-haet, មូលហេតុទៅរួច moul-haet touw ruoch
probably *adv.* ប្រហែល pror-hael
probate *v.* ធ្វើសុពលកម្ម thver sopol-karm
probation *n.* ការល្បង ka-lbong
probationer *n.* អ្នកមកធ្វើការសាកល្បង neak-mok-thver-ka-sak-lbong
probe *v.* ពិនិត្យមើល pi-nit-mel
problem *n.* បញ្ហា panh-ha
problematic *adj.* ពិបាកដោះស្រាយ pibak-da-oh sray
procedure *n.* និតិវិធី ni-ti-vithi
proceed *v.* ចាត់ចែង chat-cheng
proceeding *n.* ចំណាត់ការ chom-nat-ka
proceeds *n.* ប្រាក់ចំណូល prak-chom-nol

process *v.* កែច្នៃ kae-chnai
processed *adj.* ដែលកែច្នៃ dael-kae-chnai
processed food *n.* អាហារកែច្នៃ aha-kae-chnai
procession *n.* ចលនាតៗគ្នា chol-na-tor-tor-knea
processor *n.* អ្នកធ្វើឬប្រើ neak-thver
proclaim *v.* ប្រកាស prokas
proclamation *n.* សេចក្តីប្រកាស sech-kdei-pro-kas
proclivity *n.* ទំនោរ tum-noo
procrastinate *v.* បង្អង់ទុក borng-orng-tuk
procrastination *n.* ការបង្អង់ទុក ka-bong-orng-tok
proctor *n.* មេប្រយោគ me-pro-yok
procure *v.* ទទួលបាន tor-tuol ban
procurement *n.* លទ្ធកម្ម loet-kam
prodigal *adj.* ដែលខ្ជះខ្ជាយ dael-kcheas-kcheay
prodigality *n.* ភាពខ្ជះខ្ជាយ pheap-kcheas-kcheay
produce *n.* ផលដំណាំ phol-dom-nam; **organic** ~ ផលិតផលសរីរាង្គ phal-let-phal sak-rei-reang
produce market *n.* ទីផ្សារផលិតផល ti-psa-pholit-phol
producer *n.* អ្នកផលិត neak-pholit
product *n.* ផលិតផល pholit-phol
production *n.* ផលិតកម្ម pholit-kam
productivity *n.* ផលិតភាព pholit-pheap
profane *v.* ប្រមាថ pro-mart
profess *v.* បញ្ចេញគំនិត bonh-chenh-kom-nit
profession *n.* វិជ្ជាជីវៈ vichea-chi-veak, ការអះអាងថា ka-as-ang-tha
professional *adj.* មានជំនាញ mean-chom-neanh
professor *n.* សាស្ត្រាចារ្យ sas-tra-cha
profile *n.* ទំរង់ tom-rong, ពណ៌នាត្រួសៗ por-nea-trous-trous
profit *n.* ប្រាក់ចំណេញ prak-chom-nenh
profitability *n.* ភាពចំណេញ pheap-chom-nenh
profitable *adj.* ដែលចំណេញ dael-chom-nenh
profiteer *n.* អ្នកឆ្លៀតរកកម្រៃធំ neak-chhleat-rok-kom-rai-thom
profligacy *n.* ភាពខ្ជះខ្ជាយ pheap khcheaes-khcheay
profligate *adj.* ដែលខ្ជះខ្ជាយហួសប្រមាណ dael-kcheas-kcheay-hous-pro-marn
profound *adj.* ជ្រៅ chreal-chrov
profoundity *n.* ភាពជ្រាលជ្រៅ pheap-chreal-chrov

profuse *adj.* ច្រើនក្រៃលែង chrern-krai-leng
profusion *n.* ភាពច្រើនក្រៃលែង pheap-chrern-krai-leng
progeny *n.* កូនចៅ kon-chao-khang-kroy
program *n.* កម្មវិធី kam-vi-thi; ~ **of events** របៀបវារៈនៃកម្មវិធី ror-beap-virak ney kam-vi-thi
progress *n.* ភាពជឿនលឿន pheap-chern-lern; **in** ~ ដែលកំពុងដំណើរការ dael kompong dom-ner-ka
progressive *n.* ជនដែលគាំទ្រគណបក្សកែទំរង់ chon-dael-kom-tro-knak-pak-kea-tom-rong
prohibit *v.* ហាមឃាត់ harm-khot
prohibited *n.* ដែលហាមឃាត់ dael harm-khot
prohibition *n.* ការហាមឃាត់ ka-harm-khot
project *n.* ការងារ ka-ngea
projectile *n.* វត្ថុដែលចោល wat-tho-dael-chorl
projection *n.* ការព្យាករណ៍ទៅមុខ kar pyea-kor-touw-muk
projector *n.* ប្រដាប់បញ្ចាំងកុន pro-dab-bonh-chang-kon
proliferate *v.* កើនឡើង ka-uhn la-uhng
proliferation *n.* ការកើនឡើង kar ka-uhn la-uhng
prolific *adj.* ផ្លែច្រើន phlae-chrern
prologue *n.* បុរេកថា bo-ree-kaktha
prolong *v.* ធ្វើអោយបានយូ thver-oy-ban-yu
prolongation *n.* ការពន្យាពេល ka-pon-year-pel
prominence *n.* ភាពលេចធ្លោ pheap-lech-chro-thlo
prominent *adj.* ល្បីល្បាញ lbey-lbanh
promise *v.* សន្យា sorna-ya
promising *adj.* ដែលអាចនឹងមានជោគជ័យ dael-ach-neng-mean-chok-chey
promissory *adj.* ដែលមានកិច្ចសន្យា dael-mean-kich-sonya
promissory note *n.* ក្រដាសស្នាមកិច្ចសន្យា kror-das-snarm kech-son-ya
promote *v.* តំឡើងបុណ្យស័ក្ក dom-lerng-bon-sak
promotion *n.* ការដំឡើងស័ក្ក ka-dom-lerng-sak
prompt *adj.* ដែលឆាប់រហ័ស dael-chhab-rohas
promptly *adv.* យ៉ាងរហ័ស yang-rohas
prone *adj.* ដែលរហ័ស dael-rohas
pronoun *n.* សព្វនាម sop-neam
pronounce *v.* ប្រកាស bro-kas
pronunciation *n.* ការអាន ka-arn
proof *n.* ភស្តុតាង phos-tang

prop *n.* ចន្ទល់ chon-tol
propaganda *n.* ការឃោសនា ka-khos-sna
propagandist *n.* អ្នកឃោសនា neak-khos-sna
propagate *v.* ធ្វើអោយដុះដាល thver-oy-dos-dal
propagation *n.* ការចេញផ្សាយច្រើន ka-chenh-psay-chrern
propel *v.* ធ្វើអោយទៅមុខ thver-oy-touw-muk
proper *adj.* ដែលត្រូវ dael-trouw, ដែលសម dael-som
properly *adv.* យ៉ាងស្មោះ yang-smos, យ៉ាងត្រឹមត្រូវ yang-trerm-trouw
properties *n.* លក្ខណៈ leak-khak-nak
property *n.* ទ្រព្យ trop, សម្បត្តិ sombat
prophecy *n.* ការទាយអនាគត់ ka-teay-aknakot
prophesy *v.* ព្យាករណ៍ pchea-kor, ទាយ teay
prophet *n.* អ្នកបង្រៀនផ្នែកសាសនា neak-bong-rean-pnek-sas-sna
proportion *n.* រង្វាស់ rong-vos
proportional *adj.* តាមចំណែកស្មើៗគ្នា tam-chom-nek-smer-smer-knea
proposal *n.* គំរោងការ kom-rong-ka
propose *v.* ធ្វើសំណើ thver-som-ner, ដាក់ស្នើ dak-sner
proposition *n.* សំណើ sorm-ner
propound *v.* ដាក់អោយពិនិត្យពិចារណា dak-oy-pinet-picha-na
proprietary *adj.* ជាម្ចាស់ទ្រព្យសម្បត្តិ chea-mchas-trop-sombat
proprietor *n.* ម្ចាស់ mchas
propriety *n.* បែបបទ beb-bot
prosaic *adj.* មិនថ្លៃថ្នូ min-tlai-tno
prose *n.* ពាក្យរាយ peak-leay, ពាក្យលាត peak-leat
prosecute *v.* កាត់ទោស kat toas
prosecution *n.* ការកាត់ទោស kar kat-toas
prosecutor *n.* ព្រះរាជអាជ្ញា preah reach-ah-nha
prosody *n.* កាព្យសាស្ត្រ karp-sas
prospect *n.* ភាពអាចកើតឡើង pheap-ach-kert-lerng
prospective *adj.* សម្រាប់អនាគត som-rab-anakot
prospectus *n.* សំណើលក់ហ៊ុន sorm-ner luok hun
prosper *v.* ធ្វើអោយចម្រើន thver-oy-chom-rern
prosperity *n.* ភាពចម្រើន pheap-chom-rern
prosperous *adj.* ដែលបានចម្រើន dael-ban-chom-rern
prostitute *n.* ស្រីពេស្យា srey-pes-sya
prostitution *n.* ពេស្យាចារ pes-sya-char
prostrate *v.* ធ្វើអោយដុនដាប thver-oy-don-dab

prostration *n.* ការក្រាបអោនលំទោន ka-krab-orn-lom-ton
protagonist *n.* តួរឯក tour-ek
protect *v.* ការពារ ka-pea
protected *adj.* ដែលបានការពារ dael-ban-ka-pea
protected species *n.* ប្រភេទសត្វអភិរក្ស pror-phaet-sat ak-phi-rek
protection *n.* ការការពារ ka-ka-pea
protein *n.* ប្រូតេអីន pro-te-in
protest *n.* ការតវ៉ា ka-tor-va
Protestant *n.* អ្នកកាន់សាសនាប្រូតេស្តង់ neak-kan-sas-na-pro-te-stong
protocol *n.* ពិធីការ pi-thi-kar
proton *n.* ប្រូតុង pro-tong
prototype *n.* គំរូដើម kum-ru-derm
proud *adj.* ដែលមានមោទនភាព dael-mean-moo-tanak-pheap
proudly *adv.* ដោយមោទនភាព doay-moo-tanak-pheap
prove *v.* បង្ហាញ bong-hanh
proverb *n.* សុភាសិត sophea-set
provide *v.* ផ្គត់ផ្គង់ pkot-pkong
provided *con.j* អោយតែ oy-tea
provident *adj.* ដែលត្រៀមសម្រាប់អនាគត dael tream sorm-rab ak-na-kut
providential *adj.* ដែលចៃដន្យល្អ dael-chai-don-laor
provider *n.* អ្នកផ្គត់ផ្គង់ neak-pkut-pkung
province *n.* ខេត្ត khaet
provincialism *n.* វប្បធម៌បែបអ្នកខេត្ត vap-pak-thuor baeb nak-khaet
provision *n.* ការផ្តល់ ka-pdol
provisionality *n.* ភាពផ្គត់ផ្គង់ pheap-pkut-pkong
provisionally *adv.* ជាបណ្តោះអាសន្ន chea-bon-dos-asorn
provocation *n.* ការរករឿង ka-rok-roueng
provocative *adj.* ដែលបង្កហេតុ dael-bong-kor-het
provoke *v.* បង្ករឿង bong-kor-roueng, បង្កហេតុ bong-kor het
prowess *n.* អំពើក្លាហាន omper-kla-harn
proximate *adj.* ជិតបំផុត chet-bom-phot
proximity *n.* ភាពជិតបំផុត pheap-chet-bom-phot
proxy *n.* ឯកសារប្រទានសិទ្ធិ aek-kasa pror-tean soet
prudence *n.* ការប្រុងប្រយ័ត្ន ka-prong-pror-yat
prudent *adj.* ដែលប្រុងប្រយ័ត្ន dael-prong-pror-yat
prune *n.* ផ្លែព្រូនហាល់ phlae-prune-hal
prune juice *n.* ទឹកផ្លែព្រូន toek-phlae-prune

pry *v.* គាស់ koas
psalm *n.* ចម្រៀងសាសនា chom-reang-sasna
pseudonym *n.* រហស្សនាម rohas-neam
psyche *n.* សតិមនុស្ស sat-teh-mnus
psychiatrist *n.* ពេទ្យវិកលចរិត pet-vikol-charek
psychiatry *n.* ការសិក្សាខាងសតិស្មារតី ka-seksa-khang-satek-sma-dey
psychic *n.* មនុស្សមានញ្ញាណមិនធម្មតា mnusmean nhean min thoam-da
psychological *adj.* នៃចិត្តវិជ្ជា ney-chet-vi-chea
psychologist *n.* ចិត្តវិទូ chet-vi-tou
psychopath *n.* អ្នកវិកលចរិត neak-vikol-charek
psychotherapy *n.* ភាពច្របូកច្របល់នៃចិត្ត pheap-chror-bok-chror-bol-ney-chet
pub *n.* តៀមស្រា team-sra
puberty *n.* ភាពគ្រប់ការ pheap-krub-ka
public *adj.* សាធារណៈ sa-thea-ronak; **in** ~ ជាសាធារណៈ chea-sa-thea-nak
public telephone *n.* ទូរស័ព្ទសាធារណៈ tu-ro-sab sa-thea-ronak
public toilet *n.* បង្គន់សាធារណៈ borng-kun sa-thea-ronak
public transportation *n.* មធ្យោបាយធ្វើដំណើរសាធារណៈ ma-sho-bay-thver-dom-ner-sa-thea-ronak
publication *n.* ការបោះពុម្ពផ្សាយ ka-bos-pom-psay
publicity *n.* ការផ្សាយជាសាធារណៈ ka-psay-chea-sa-thea-ronak
publicly *adv.* យ៉ាងបើកចំហរ yang-berk-chom-hor
publish *v.* ផ្សាយ phsay
publisher *n.* អ្នកបោះពុម្ព neak-bos-pom
publishing *n.* ការបោះពុម្ព ka-bos-pom
pudding *n.* សង់ខ្យា song-kya
puddle *n.* គ្រលុគមានទឹកដក់ kro-luk-mean-toek-dok
puerile *adj.* ដែលបង្ហាញពីភាពមិនទាន់ពេញវ័យ dael-bong-hanh-pi-pheap-min-ton-penh-vey
puff *n.* ការផុលខ្យល់ ka-phol-kchol
puff-pastry *n.* នំម្សៅផាសស្ទ្រី num-msao-pastry
pull *v.* ទាញ teanh
pull out *v.* ទាញចេញ teanh-chenh
pulley *n.* កៅឡាក់ kao-lak
pullover *n.* អាវយឺតចាក់ av-yert-chak
pulp *n.* សាច់ផ្លែឈើ sach-ple-chher
pulpit *n.* វេទិកា veti-ka

pulsate *v.* ដើរ der, លោត lot
pulsation *n.* ការប្រព្រឹត្តទៅជានិយ័ត ka-pro-pret-touw-chea-niyat
pulse *n.* ជីពចរ chip-chor
pump *n.* ម៉ាស៊ីនបូម ma-shin-bom
pumpernickel *n.* នំប៉័ងគ្រាប់ធញ្ញជាតិ num-paing kroab thun-cheat, នំប៉័ងស្រូវសាឡី num-paing-srov-saley
pumpkin *n.* ល្ពៅ la-pouw
pumpkin seed *n.* គ្រាប់ល្ពៅ kroab la-pouw
pun *n.* ការលេងពាក្យ ka-leng-peak
punch *v.* ចោះ chos, ទម្លុះ tom-lus • *n.* ការចាក់ ka-chak; **fruit** ~ ផាញផ្លែឈើ painh phlae-cheur
punctual *adj.* ទៀងទាត់ពេលវេលា teang-tot-pel-velea
punctuality *n.* ទំនៀងពេល tom-neang-pel
punctuation *n.* វណ្ណយុត្ត van-yut
puncture *n.* ការចាក់ដោយម្ជុល ការចាក់ដោយម្ជុល ka-chak-doay-mchul • *v.* ធ្វើអោយបាក់មុខ thver-oy-bak-muk
pungency *n.* ភាពឆ្លាតវាងវៃ pheap-chhlat-veang-vey
pungent *adj.* មុត mut
punish *v.* ដាក់ទោស dak-tos
punishment *n.* ការធ្វើទោស ka-thver-tos
pupil *(student) n.* កូនសិស្ស kon-sers
puppet *n.* តុក្កតា tokata
puppet show *n.* ល្ខោនតុក្កតា la-khorn-tokata
puppy *n.* កូនឆ្កែ kon-chhke
purchase *n.* ការទិញ ka-tinh
purchaser *n.* អ្នកទិញ nek-tinh
pure *adj.* សុទ្ធ soth
puree *n.* ស៊ុបខាបៗ soup-khab-khab
purely *adv.* ដែលបរិសុទ្ធ dael-bon-soth
purgation *n.* ការធ្វើអោយស្អាត ka-thver-oay-sart
purgative *n.* ថ្នាំបញ្ចុះ thnam-bonh-chos
purgatory *n.* នរក nor-rouk
purge *v.* កំចាត់ចេញ kom-chat-chenh
purification *n.* ការធ្វើអោយស្អាត ka-thver-oy-sart
purify *v.* ធ្វើអោយស្អាត thver-oy-sart
purist *n.* អ្នកហ្មត់ចំពោះការរៀបចំ nek-mot-chot-chom-pous-ka-reap-chom
puritan *n.* អ្នកបរិសុទ្ធ neak-bor-sot

purity *n.* ភាពត្រឹមត្រូវ pheap-trerm-trouw
purple *adj.* ពណ៌ស្វាយ por-svay
purport *v.* អះអាង as-ang
purpose *n.* គោលបំណង kol-bom-norng; **on ~** ដោយចេតនា doy-chet-na; **~ of visit** គោលបំណងនៃទស្សនកិច្ច korl-bom-nong-ney-tes-sana-kech
Pursat *(Cambodian province) n.* ពោធិសាត់ pooh-sat
purse *n.* ស្បោងប្រាក់ sborng-prak
pursue *v.* តាមរក tam-rok
pursuit *n.* ការតាមរក ka-tam-rok
pus *n.* ទឹករងៃ toek-ro-ngey
push *v.* រុញ,ច្រាន runh, chrarn
put *v.* ដាក់ dak; **~ sth. on** ដាក់ពីលើ dak-pi-ler
put in *v.* ដាក់ចូល dak-chol
put out *v.* បញ្ជូនចេញ banh-choun-chenh
puzzle *n.* រូបដែលគេកាត់តូចៗហើយមករៀបអោយដូចដើមវិញ rub-dael-ke-kat-toc-toc-hery-reap-oy-doch-derm-vinh
pygmy *n.* មនុស្សតូចតាច mnus-toch-tach
pygmy gourami *(fish) n.* ត្រីក្រឹមទន្សាយ trei kroem tun-sai
pyramid *n.* សាជីក្រុង sachi-krong
pyre *n.* គំនរឧសបូជាសព kom-nor-ous-bo-chea-sop
python *n.* ពស់ថ្លាន់ pous-tlan

Q

quack *(of a duck) n.* សំរែកសត្វទា sorm-rek-sat-tea
quadrangle *n.* ចតុកោណ chak-to-korn
quadruple *n.* បួនដង boun-dong • *adj.* ដែលមាន៤ជ្រុង dael-mean-4-chrung
quail *n.* សត្វក្រួច sat-krouch
quaint *adj.* បុរាណហើយគួរអោយចាប់ចិត្ត boran-hey-kour-oy-chab-chet
quake *v.* រញ្ជួយ ronh-chouy
qualification *n.* គុណសម្បត្តិ kun-som-bat
qualified *adj.* ដែលមានសិទ្ធិទទួល dael-mean-set-tor-toul
qualify *v.* ផ្តល់សិទ្ធិ phdol-set
quality *n.* គុណសម្បត្តិ, គុណភាព kun-som-bat, kun-pheap
quandary *n.* ភាពអល់អែក pheap-orl-ek
quantity *n.* ចំនួន, បរិមាណ chom-noun, pak-ri-man
quarantine *n.* ការដាក់អោយនៅដាច់ពីគេ ka-dak-oy-nov-dach-pi-ke
quarrel *n.* ឈ្លោះ chhlous
quarry *(in hunting) n.* សត្វដែលគេបរបាញ់ sat-dael-ke-bor-banh
quarter *n.* មួយភាគបួន muoy-pheak-boun
quartered *adj.* នៃមួយភាគបួន ney-muoy-pheak-boun
queen *n.* ស្តេចស្រី sdach-srey
quell *v.* បំបាត់ bom-bat
quench *v.* ពន្លត់ pon-lot
query *n.* សំណួរ sorm-nuor, សំនួរ sorm-nour
quest *n.* ការស្វែងរក ka-sveng-roka
question *n.* សំនួរ som-nour
question mark *n.* សញ្ញាសួរ sanh-nha suo
questionable *adj.* ដែលគួរអោយសង្ស័យ dael-kour-oy-song-sai
questionnaire *n.* សំនួរឬចំណោទ som-sour roue chom-nort
queue *n.* កម្រង korm-rong
quibble *n.* ការជួញរឿង ka-chounh-ruerng
quiche *n.* ប្រភេទនំម៉្យាង bro-pet-num-myang-
quick *adj.* រហ័ស rohas, លឿន lern
quickest *adj.* ដែលលឿនបំផុត dael-lern-bom-put

quickly *adv.* យ៉ាងឆាប់រហ័ស yang-chhab-rohas
quicksand *n.* ខ្សាច់ផុង khsach-phong
quicksilver *n.* បារត ba-rot
quiet *adj.* ស្ងៀមស្ងាត់ sngeam-sngat
quieter *adj.* ដែលស្ងៀមស្ងាត់ជាង dael-sngeam-sngat-cheang
quietly *adv.* ដោយភាពស្ងប់ស្ងាត់ doay-pheap-sngeam-sngat
quinoa *n.* ប្រភេទធញ្ញជាតិម៉្យាង bro-pet-thun-cheat-myang
quit *v.* លះបង់ leas-bong
quite *adv.* ទាំងស្រុង teang-srong
quiver *v.* ញាក់ nheak
quixotic *adj.* ដែលមានគំនិតរវើរវាយ dael-mean-kom-net-rover-roveay
quiz *n.* ចំនោទសួរ chom-nort-sour
quorum *n.* អង្គប្រជុំ orng-prochom
quota *n.* ចំនួនកំរិត chon-noun-kom-ret
quotation *n.* ការប៉ាន់ស្មានតំលៃ ka-pan-sman-domlai
quotation marks *n.* សញ្ញាធ្មេញកណ្ដុរ sanh-nha thmenh korn-dol
quote *v.* ដកស្រង់សម្ដី dork-srong-somdey

R

rabbi *n.* អ្នកចេះច្បាប់ neak-ches-chbab
rabbit *n.* ទន្សាយ tonsay
race *n.* ការប្រណាំងប្រជែង ka-pro-nang-pro-cheng
racial *adj.* ដែលទាក់ទងជាតិសាសន៍ dael-teak-tong-cheat-sas
racialism *n.* សាសន៍និយម sas-niyom
racing *n.* ការប្រណាំង ka-pro-nang
racism *n.* សាសន៍និយម sas-niyom
rack *n.* ប្រដាប់សំរាប់ព្យួរ bro-dab-somrab-pchou
rack of lamb *n.* ឆ្អឹងជំនីចៀម cha-oeng chum-ni cheam
racket *n.* សំលេងលាន់ខ្ទរ sorm-leng-lon-ktor
radiance *n.* ភាពភ្លឺចាំង pheap-pler-chang
radiant *adj.* ដែលបញ្ចេញពន្លឺត្រចះត្រចង់ dael-bonh-chenh-pon-ler-tro-chas-tro-chong
radiate *v.* ផ្សាយ psay
radiation *n.* ការបញ្ចេញកំដៅ ka-banh-chenh-kom-dao
radiator *n.* រ៉ាឌីយ៉ាទ័រ ra-di-ya-ter
radical *adj.* យ៉ាងធំទូលាយហើយឆាប់រហ័ស yang-thom-tu-leay-hey-chhab-rohas
radicalism *n.* មូលវិវដ្តនិយម mul-vi-wat-niyom
radio *n.* ផ្សាយវិទ្យុ phsay-vi-yuk
radish *n.* មើមស្ពៃក្រហម merm-spey-kro-horm
radius *n.* ទីវាស់ដោយគិតជាកាំ ti-vos-doy-kit-chea-kam
rag *n.* កន្ទប kon-top
rage *n.* កំហឹងដ៏ខ្លាំង korm-herng-dor-khlang
ragout *n.* ឈ្មោះសម្លម្យ៉ាង chhmous-somlor-myang
raid *n.* ការវាយឆ្មក់ ka-veay-chmok
rail *n.* របា ro-ba
railery *n.* ការចំអន់លេង ka-chom-orn-leng
railing *n.* របាំងការពារ ro-bang-ka-pea
railroad *n.* ផ្លូវរទេះភ្លើង phlouw-ro-tes-phlerng
railroad crossing *n.* ឆ្លងផ្លូវរថភ្លើង chlorng phlouw roat-phlerng
rain *n.* ភ្លៀង phleang; **it's ~ing** មេឃភ្លៀង mek-phleang

---

raincoat *n.* អាវភ្លៀង av-phleang
rainy *adj.* ដែលមានភ្លៀងច្រើន dael-mean-phleang-chrern
raise *v.* ចិញ្ចឹម chonh-chem
raisin *n.* ទំពាំងបាយជូរក្រៀម tom-peang-bay-chu-kream
rally *n.* ការប្រជុំ ka-prochom
RAM *(tech.) n.* រេម rem, រ៉េមក្នុងកុំព្យូទ័រ ram-knong-kom-pyu-tor
ram *n. (animal)* ចៀមឈ្មោល cheam-chhmol • *v.* បុកទម្លាយ bok-tom-leay
ramble *n.* ការដើរចរច្រប់ ka-der-chor-chrop
rambutan *(tree) n.* សាវម៉ាវ sav-mao
ramp *n.* ការប៉ុនប៉ងបន្លំ ka-pon-pong-bonlom
rampage *n.* ការប្រព្រឹត្តដូចកំរោលចូល ka-pro-prit-doch-kom-rorl-chol • *v.* ច្រលោត chror-loat
rampant *adj.* ដែលពំអាចត្រួតត្រាបាន dael-pom-ach-trout-tra-ban
rampart *n.* កំពែង kom-peng
rancor *n.* ការចងកំហឹង ka-chong-kom-houeng
random *adj.* ព្រាវៗ preav-preav
range *n.* ចន្លោះចម្ងាយ chon-los-chom-ngay
ranger *n.* ទាហានល្បាត tea-hean-lbat
rank *n.* លំដាប់ថ្នាក់ lom-dab-tnak
ransack *v.* ពង្រាត់ពង្រាយ pong-rot-pong-reay
ransom *n.* ប្រាក់លោះ prak-lous
rape *n.* ការចាប់រំលោភ ka-chab-romlop
raped *adj.* ដែលត្រូវបានចាប់រំលោភ dael-trouw-ban-hab-romlop
rapid *adj.* យ៉ាងឆាប់រហ័ស yang-chhab-rohas
rapidly *adv.* យ៉ាងរហ័សរហួន yang-rohas-rohoun
rapids *n.* រលកជាច្រើន ro-lok-chea-chrern
rappeling *n.* ការហាក់ចុះជម្រាលភ្នំ ka-hok-chos-chom-real-pnom
rapport *n.* ការទាក់ទងគ្នាយ៉ាងសុខដុម ka-teak-tong-knea-yang-sok-dom
rapt *adj.* ដែលជក់ចិត្តខ្លាំង dael-chouk-chet-klang
rapture *n.* សេចក្តីអណ្តែតអណ្តូង sech-kdei-orn-det-orn-dong
rare *adj. (infrequent)* កម្រមាន korm-ror-mean; ~ **steak** សាច់ឆៅ sach chao
rarely *adv.* ដោយកម្រ doay-korm-ror
rascal *n.* អ្នកលេងល្បិច neak-leng-lbech
rash *n.* ការកើតមានឡើងជាញឹកញាប់ ka-kert-mean-lerng-chea-nherk-nhob
raspberry *n.* ផ្លែឈើមួយបែប phlae-chher-muoy-beb
rat *n.* កណ្តុរប្រែង kondol-preng
rate *n.* អត្រា atra, កំរិត kom-rit

rather *adv.* ដែលគួរសម dael-kour-som
rather than *adv.* ជាជាង chea cheang
ratify *v.* អនុម័ត ark-numat
ratio *n.* អនុបាត ark-nubat
ration *n.* ចំនួនឬរបបកំណត់ chom-noun roue robob-kom-not • *v.* ចែកតាមចំនួនកំរិត chek-tam-chom-noun-kom-rit;
rational *adj.* សមស្រប som-srob
rationale *n.* សនិទានភាព sak-ni-tean-pheap
rationality *n.* ភាពសមតាមវិចារណញ្ញាណ pheap-som-tam-vicha-ronak-nhean
rationalize *v.* ធ្វើសនិទានកម្ម thver-sak-ni-tean-kam
rattle *n.* ប្រដាប់ទារកអង្រន់លេង bro-dab-tea-rouk-orngron-leng
ravage *v.* បំផ្លិចបំផ្លាញ bom-plec-bom-planh
rave *v.* សរសើរហួសហេតុ sorser-hous-het
raven *n.* ការលួចប្លន់ ka-louch-plon, លួចប្លន់ louch-plon
ravine *n.* ជ្រោះជ្រៅ chrous-chrov
raw *adj.* ឆៅ chhav
ray *n.* កាំរស្មី kam-reaksmey
razor *n.* កាំបិតកោរពុកមាត់ kam-bet-kor-puk-mot
razor blade *n.* ឡាមកោរ lam-koa
reach *v.* ទៅដល់ touw-dol • *n.* ចម្ងាយដែលដល់ chom-ngay-dael-dol
react *v.* មានប្រតិកម្ម mean-bro-ti-kam
reaction *n.* ប្រតិកម្ម bro-ti-kam
reactionary *n.* អ្នកប្រតិកិរិយា neak-bro-ti-kam
reactor *n.* គ្រឿងបង្កើតកំដៅ krerng-bong-kert-kom-dao
read *v.* អាន arn
reader *n.* អ្នកអាន neak-arn
readily *adv.* យ៉ាងងាយ yang-ngeay, យ៉ាងស្រួល yang-sroul
reading *n.* ការអាន ka-arn
ready *adj.* ទ្រៀមរួចហើយ tream-rouch-hey
ready-made *adj.* ដែលធ្វើស្រាប់ dael thver srab
real *adj.* ពិត, ពិតប្រាកដ pit-pit-brakot
real estate *n.* អចលនទ្រព្យ ark-chol-nak-troab
real estate agent *n.* ភ្នាក់ងារអចលទ្រព្យ phnak-ngea ak-chol-nak troab
realism *n.* ប្រាកដនិយម brakot-niyom
realist *n.* អ្នកប្រាកដនិយម neak-brakot-niyom
realistic *adj.* ដែលមានភាពប្រាកដនិយម dael-mean-pheap-brakot-niyom

reality *n.* ជាក់ស្តែង cheak-sdaeng
realization *n.* ការយល់ដឹង ka-yol-deng
realize *v.* យល់ដឹង yol-deng
really *adv.* យ៉ាងពិតប្រាកដ yang-pit-prakot
realm *n.* ព្រះរាជណាចក្រ preah-reach-na-chak
ream *n.* ដុំក្រដាស់500សន្លឹក dom-kro-das-500-snolerk • *v.* ខួងពង្រីករន្ធ khuong pung-rik run
reap *v.* បេះប្រមូលយកផល bes-promol-yok-phol
reaper *n.* អ្នកច្រូត nek-chrot, ម៉ាស៊ីនច្រូតកាត់ masin-chrot
rear *n.* ផ្នែកខាងក្រោយ phnek-khang-kroy
rear door *n.* ទ្វារក្រោយ tvea kroay
reason *n.* ហេតុផល het-phol; ~ **for travel** គោលបំណងដើរកំសាន្ត kool borm-norng da-uh korm-san
reasonable *adj.* សមហេតុផល som-het-phol
reasonable doubt *(legal) n.* វិមតិសង្ស័យ vi-mat-teh sorng sai, ចំងល់សមហេតុផល chom-ngorl sorm haet phol
reasonably *adv.* ដោយសមហេតុផល doay-som-het-phol
reassure *v.* ធ្វើអោយគេទុកចិត្តជាថ្មី thver-oy-ke-tok-chet-chea-tmey
rebate *n.* ប្រាក់បង្វិលអោយមកវិញ prak-bong-vel-oy-mok-vinh
rebel *v.* បះបោរ bas-bor
rebellion *n.* ការប្រឆាំង, ការបះបោរ ka-bro-chhang, ka-bas-boa
rebellious *adj.* ដែលមិនងាយគ្រប់គ្រងបាន dael-min-ngeay-krob-krong-ban
rebirth *n.* ការបង្កើតថ្មី ka-bong-kert-tmey
rebound *v.* លោតឡើងវិញ lot-lerng-vinh
rebuff *n.* ការទាត់ចោល ka-tot-chorl
rebuild *v.* សាងជាថ្មី sang-chea-tmey
rebuilt *adj.* ដែលសង់ឡើងវិញ dael-song-lerng-vich
rebuke *v.* ស្តីបន្ទោស sdey-bontos
rebut *v.* ឆ្លើយបដិសេធ chhla-uhy pak-de-saet, ជំទាស់ chom-tos
recall *v.* នឹកឃើញឡើងវិញ nek-kherng-lerng-vinh
recede *v.* ដកថយ dork-thoy
receipt *n.* បង្កាន់ដៃ bong-kan-dai • *v.* អោយបង្កាន់ដៃ oy-bongokan-dai
receive *v.* ទទួល tor-toul
receiver *n.* អ្នកទទួល nek-tor-toul
recent *adj.* ថ្មីៗ thmey-thmey
recently *adv.* កាលពីពេលថ្មីៗនេះ kal-pi-pel-thmey-thmey-nis
reception *n.* ពីធីទទួល pithi-tor-toul

reception desk *n.* កន្លែងអ្នកទទួលភ្ញៀវ korn-laeng nak to-tuol pnheav
receptionist *n.* អ្នកទទួលភ្ញៀវ neak-tor-toul-pnheav
receptor *n.* សរសៃប្រសាទសម្រាប់ទទួល sor-sai-pro-sat-som-rab-tor-toul
recess *v.* ឈប់សម្រាក chhop-som-rak • *n.* ពេលសម្រាក pel-som-rak
recession *n.* ការដកចេញ ka-dork-chenh
recipe *n.* រូបមន្តធ្វើម្ហូប rub-mun-thver-mhop
recipient *n.* អ្នលទទួល neak-tor-toul
reciprocal *adj.* ទៅវិញទៅមក touw-vinh-touw-mok
reciprocate *v.* ធ្វើតប thver-tob
recital *n.* ការរៀបរាប់ ka-reap-rop
recitation *n.* ការរៀបរាប់ ka-reap-rop
recite *v.* រៀបរាប់ reap-rop
reckon *v.* គិតគូរ kit-ku
reclaim *v.* ទាញយក teanh-yok
reclamation *n.* ការរៀបចំដីឡើងវិញ ka-reap-chom-dey-lerng-vinh
recluse *n.* មនុស្សដែលមិនសេបគប់នឹងអ្នកណាសោះ mnus-dael-min-sep-kop-nek-na-sos
recognition *n.* ការទទួលស្គាល់ ka-tor-toul-skol
recognize *v.* ចំណាំ chom-nam
recoil *v.* រួមមកវិញ roum-mok-vinh
recollect *v.* ធ្វើស្មឹងស្មាត thver-smerng-smat
recommend *v.* ផ្តល់យោបល់ pdol-yobol
recommendation *n.* ការផ្តល់សំណើ ka-pdol-som-ner
recommended *adj.* ដែលបានផ្តល់យោបល់ dael-ban-pdol-yobol
recompense *n.* រង្វាន់ rov-von, អ្វីៗដែលគេសង avey-avey-dael-ke-song
reconcile *v.* ផ្សះផ្សា psas-psa
reconciliation *n.* ការផ្សះផ្សា ka-psas-psa
record *n.* សំណុំរឿងទាំងមូល sorm-nom reung taing moul; ថាសចម្រៀង thas-chom-reang • *v.* កត់ត្រា kot-tra
recorder *n.* ម៉ាស៊ីនថតសម្លេង masin-thot-somleng
recording *n.* សម្លេងដែលថតហើយ somleng-dael-thot-hey
recount *v.* រាប់សារឡើងវិញ rob-sa-lerng-vinh
recoup *v.* បានមកវិញ ban-mok-vinh
recourse *n.* គ្រឿងជួយដោះបន្ទាល់ krerng-chouy-dos-bon-tol
recover *v.* ជាសះស្បើយ chea-sas-sbery
recovery *n.* ការជាសះស្បើយ kar-chea-sas-sbery
recruit *v.* ជ្រើសរើស chrers-rers

recruitment *n.* ការជ្រើសរើស ka-chrers-rers
rectangle *n.* ផ្ទៃបួនជ្រុងទ្រវែង phtey-boun-chrung-tro-veng
rectification *n.* ការធ្វើអោយត្រូវបាន ka-thver-oy-ban-trouw
rectify *v.* កែតម្រង់ kea-dom-rong
rectum *n.* ចុងពោះវៀន chong-pous-vean
recur *v.* កើតឡើងម្តងទៀត kert-lerng-mdong-teat
recurrence *n.* ការមានឡើងវិញ ka-mean-lerng-vinh
recurrent *adj.* ដែលត្រលប់មកក្រោយវិញ dael-tro-lob-mok-kroy-vinh
recyclable *adj.* ដែលអាចប្រើម្តងទៀត dael-ach-prer-mdong-teat
recycle *v.* វិលចុះវិលឡើង vil-chos-vil-lerng
recycling *n.* ការកែច្នៃឡើងវិញ ka-kea-chhnai-lerng-ving
recycling bin *n.* ធុងសំរាម thung sormram
red *adj.* ពណ៌ក្រហម por-kror-horm
red pepper *n.* ម្រេចក្រហម mrech kror-horm
red wine *n.* ស្រាក្រហម sra-kror-horm
redeem *v.* លោះរបស់មកវិញ lous-robos-mok-vinh
redemption *n.* ការរំដោះ ka-rom-dos
redeye puffer *(fish) n.* ត្រីកំពត trei kompot
redirect *v.* ប្តូរទិស pdo-ters
redress *n.* សំណងការខូចខាត sorm-norng kar-kouch-kat • *v.* កែអោយត្រូវ kea-oy-trouw
redtail barb *(fish) n.* ត្រីកន្ទុយក្រហម trei ko-n-tuy kror-horm
reduce *v.* កាត់បន្ថយ kat-bon-thoy; ~ **weight** បន្ថយទំងន់ bon-thoy tom ngun; ~ **prices** ទំលាក់តំលៃ tum-leak dorm-lai
reduced *adj.* ដែលត្រូវកាត់បន្ថយ dael-trouw-kat-bon-thoy
reduction *n.* ការកាត់បន្ថយ ka-kat-bon-thoy
redundance *n.* ការប្រើសម្តីច្រើន ka-prer-som-dey-chrern
redundancy *n.* ភាពលែងត្រូវការ pheap-leng-trouw-ka
redundant *adj.* ដែលមិនត្រូវការ dael-min-trouw-ka
reed *n.* កក់ kork
reel *n.* សំណុំ sorm-nom
refer to *v.* សំដៅទៅលើ sorm-dav-touw-ler
referee *n.* អាជ្ញាកណ្តាល reach-anha
reference *n.* ឯកសារយោង ek-sa-yong
referendum *n.* មតិរបស់រាស្ត្រ matek-robos-reas
refine *v.* សំអាត sorm-art
refined *adj.* ថ្លៃថ្នូរ thlai-thno

refined sugar *n.* ស្ករស sakor skor
refinery *n.* រោងចក្រសម្រេងកាត rong-chak-slor-preng-kat; **oil ~** ការចំរាញប្រេង kar chom ranh preng
reflect *v.* ជះត្រលប់មកវិញ cheas-tro-lop-mok-vinh
reflection *n.* ការជះពន្លឺត្រលប់មកវិញ ka-cheas-pon-loue-tro-lop-mok-vinh
reflector *n.* ប្រដាប់បញ្ចាំងពន្លឺឬកំដៅ pro-dab-bonh-chenh-pon-loue roue kom-dao
reflex *n.* ការធ្វើទៅដោយមិនដឹងខ្លួន ka-thver-doy-min-deng-kloun
reflexive *adj.* ដែលបកទៅប្រធានវិញប្រត្តិកម្ម dael-bork-touw-bro-thean-vinh-pro-tikam
reform *v.* កែទម្រង់ kae-tum-rung
reformation *n.* ការកែទម្រង់ ka-kae-tum-rung
reformatory *n.* កន្លែងអប់រំកែប្រែ kon-laeng-orb-rom-kea-prae
reformer *n.* អ្នកកែទម្រង់ neak-kae-tum-rung
refrain *v.* តម torm
refresh *v.* ធ្វើអោយមានកម្លាំងជាថ្មី thver-oy-mean-kom-lang-chea-tmey; រីហ្វ្រេស ri-fres; **~ a webpage** រីហ្វ្រេសទំព័រវេប ri-fres tum-puo-or veb
refreshing *adj.* ដែលពង្រឹងកំលាំងឡើងវិញ dael-pong-rerng-kom-lang-lerng-vinh
refreshment *n.* ភេសជ្ជៈ phes-cheak
refrigeration *n.* សីតកម្ម sey-tak-kam
refrigerator *n.* ទូទឹកកក tu-toek-kok
refuge *n.* ជំរក chom-rok
refugee *n.* ជនភៀសខ្លួន chun-pheas-kloun
refulgent *adj.* ជាពន្លឺ chea-pon-loue
refund *n.* ប្រាក់អោយមកវិញ brak-oy-mok-vinh
refusal *n.* ការបដិសេធ ka-pak-deset
refuse *v.* អ្វីៗមិនត្រូវការ avey-avey-min-trouw-ka
refutation *n.* ការឆ្លើយបដិសេធ ka-chhlery-pak-deset
refute *v.* ឆ្លើយបដិសេធ chhlery-pak-deset
regal *adj.* នៃស្តេច nei-sdach
regard *v.* គោរព korop; **give my ~s to …** ផ្ញើរការនឹករលឹកដល់… phnheur kar-noek-ror-loek dorl …
regarding *prep.* ចំពោះ chom-pous
regenerate *v.* ធ្វើអោយដុះឡើងវិញ thver-oy-dos-lerng-ving
regeneration *n.* ការធ្វើអោយមានឡើងវិញ ka-thver-oy-mean-lerng-ving
regicide *n.* ការធ្វើឃាដព្រះរាជា ka-thver-kheat-preah-reachea

regime *n.* របបគ្រប់គ្រង roborb-krob-krong
regiment *n.* ទ័ព toab
region *n.* តំបន់ dom-bon
regional *adj.* នៃតំបន់ ney-dom-bon
regional cooking *n.* ការចំអិនអាហារតំបន់ kar chorm oen aha dorm-born
register *v.* ចុះឈ្មោះ chos-chhmous
registered mail *n.* សារដែលបានចុះទុក sar dael ban chos tuk
registration *n.* ការចុះឈ្មោះបញ្ជីការ ka-chos-chhmous-bonh-chi-ka
registration form *n.* ទំរង់ចុះឈ្មោះ tum-rung chos chmuoh
registry *n.* បញ្ជីឈ្មោះ bonh-chi-chhmous
regret *v.* ស្ដាយក្រោយ sday-kroy • *n.* វិប្បដិសារី vi-pak-de-sarey
regular *adj.* ធម្មតា thom-mda
regularly *adv.* យ៉ាងទៀងទាត់ yang-trang-tot
regulate *v.* ដាក់កម្រិត dak-kom-ret
regulation *n.* បទបញ្ញា bot-bonh-chea
regulator *n.* និយតករ niyat-kam
regulatory *adj.* ដែលរៀបចំតាមរបៀប dael-reap-chom-tam-robeab
rehabilitate *v.* ធ្វើអោយល្អឡើងវិញ thver-oy-laor-lerng-vinh
rehabilitation *n.* ការធ្វើអោយបានល្អឡើងវិញ thver-oy-ban-laor-lerng-vinh
rehearsal *n.* ការហាត់ ka-hat
rehearse *v.* បង្ហាត់ bong-hat
re-heat *v.* កម្ដៅ korm-dao
reign *n.* ការរាតត្បាត ka-reat-tbat • *v.* សោយរាជ្យ soy-reach
reimburse *v.* អោយប្រាក់វិញ oy-prak-vinh, សង song
reimbursement *n.* សំណង sorm-norng
reindeer *n.* រមាំងមួយបែប ro-meang-muoy-kbal
reinforce *v.* បន្ថែមកម្លាំង bon-them-kom-lang
reinforcement *n.* ការបន្ថែមកម្លាំង ka-bon-them-kom-lang
reinstate *v.* តែងតាំងវិញ teng-tang-vinh
reinstatement *n.* ការធ្វើអោយដូចដើមវិញ ka-thver-oy-doch-derm
reiterate *v.* ធ្វើម្ដងទៀត thver-mdong-teat
reiteration *n.* ការធ្វើម្ដងទៀត ka-thver-mdong-teat
reject *v.* បោះចោល bos-chol
rejection *n.* ការបដិសេធមិនទទួល ka-pak-deset-min-tor-toul
rejoice *v.* ធ្វើអោយសប្បាយរីករាយ thver-oy-sabay-rik-reay
rejoinder *n.* ការឆ្លើយតប ka-chhlery-tob, ចម្លើយបករបស់ចុងចោទ chom la-uhy bork ror-bors chong choat

rejuvenate *v.* ធ្វើយុវកម្ម thver-yu-veak-kam
rejuvenation *n.* យុវកម្ម yu-veak-kam
relapse *v.* ថយក្រោយ thoy-kroy
relate *v.* និទាន nitean, ដំណាលប្រាប់ dom-nal-brab
related (to) *adj.* ដែលទាក់ទងទៅនឹង dael-tak-tong-touw-neng
relation *n.* ទំនាក់ទំនង tom-neak-tom-nong
relations *n.* ការទាក់ទង ka-tak-tong
relationship *n.* ការទំនាក់ទំនង ka-tom-neak-tom-nong
relative *adj.* ដែលមានទំនាក់ទំនង dael-mean-ton-neak-tom-nong • *n.* សាច់ញ្ញាតិ sach-nheat
relatively *adv.* តាមចំណែកដែលពាក់ព័ន្ធ tam-chom-nek-dael-peak-pon
relax *v.* សម្រាក som-rak
relaxation *n.* ការសម្រាក ka-som-rak
relaxed *adj.* ដែលគ្មានអារម្មណ៍តឹងតែង dael-kmean-arom-terng-teng
relaxing *adj.* ដែលធ្វើអោយបាត់ការតឹងតែងក្នុងចិត្ត dael-thver-oy-bat-ka-terng-teng-knong-chet
relay *n.* ការរត់បណ្តាក់ ka-rot-bon-dak
release *v.* ដោះលែង dos-leng
relent *v.* បន្ទន់ចិត្ត bon-ton-chet
relentless *adj.* ឥតឈប់ឈរ et-chhob-chhor
relevance *n.* ភាពទាក់ទង pheap-teak-tong
relevant *adj.* ដែលទាក់ទងគ្នា dael-teak-tong-knea
reliable *adj.* អាចពឹងពាក់បាន ach-pueng-peak-ban
reliance *n.* ការទុកចិត្ត ka-tok-chet
relic *n.* រិកធាតុ rik-theat
relief *n.* ការធូរស្រាល ka-thu-sral
relieve *v.* ធ្វើអោយធូស្រាល thver-oy-thu-sras
religion *n.* សាសនា sas-na
religious *adj.* នៃសាសនា ney-sas-na
religious service *n.* សេវាកម្មសាសនា se-va-kam-sas-sna
relinquish *v.* បោះបង់ចោល bos-bong-chol
relish *n.* ភាពសែនរីករាយ pheap-sen-rik-reay • *v.* សប្បាយ sabay
reluctance *n.* ភាពស្ទើស្ទាក់ pheap-ster-steak
reluctant *adj.* ស្ទើស្ទាក់ ster-steak
rely on *v.* ពឹងលើ peong-ler
remain *v.* នៅសល់ nov-sol
remainder *n.* អ្វីៗដែលនៅសល់ avey-avey-dael-nov-sol

remaining *adj.* កន្លែងដែលនៅសល់ kon-laeng-dael-nov-sol
remains *n.* សំណល់ sorm-nol
remand *v.* ធ្វើត្រលប់ thver-tro-lop
remark *n.* សេចក្តីសង្កេត sech-kdei-orng-ket
remarkable *adj.* គួរអោយចាប់អារម្មណ៍ kou-oy-chab-arom
remedy *n.* ថ្នាំ thnam • *v.* ដោះស្រាយ dos-sray
remember *v.* ចាំ cham, នឹកឃើញ nek-khernh
remembrance *n.* ការចងចាំ ka-chong-cham
remind *v.* ធ្វើអោយនឹកឃើញ thver-oy-nel-khernh
reminder *n.* សំបុត្រនឹករលឹក sorm-bot-nek-rolerk
reminiscence *n.* ការនឹករឿងដើម ka-nek-rerng-derm
reminiscent *adj.* ដែលធ្វើអោយនឹកដល់ dael-thver-oy-nek-dol
remission *n.* ការលើកលែងទោស ka-lerk-leng-tos
remit *v.* លើកទោស lerk-tos
remittance *n.* ប្រាក់ផ្ញើទៅអោយ prak-pnher-touw-oy
remorse *n.* ការស្តាយក្រោយ ka-sday-kroy
remote *adj.* ដាច់ស្រយាល dach-sro-yal
remote control *n.* តេឡេបញ្ជា te-le-banh-chea
removal *n.* ការយកចេញ ka-yok-chenh
remove *v.* ផ្លាស់ទី plas-ti
remunerate *v.* សង song
remuneration *n.* ចំនួនប្រាក់សង chom-noun-prak-song
renaissance *n.* ដំណើរមានថ្មី dom-ner-mean-tmey
render *v.* ប្រគល់អោយវិញ bro-kol-oy-vinh
rendezvous *n.* ការណាត់ជួបគ្នា ka-nat-choub-knea
renew *v.* ខំប្រឹងជាថ្មី khom-brerng-chea-thmei
renewal *n.* ការខំប្រឹងជាថ្មី ka-khom-brerng-chea-tmey
renounce *v.* លះបង់ leas-bong
renovate *v.* រៀបចំកែអោយល្អជាថ្មី reap-chom-kea-oy-laor-chea-tmey
renovation *n.* ការធ្វើអោយថ្មី ka-thver-oy-tmey
renown *n.* កេរ្តិ៍ឈ្មោះ ke-chhmous
renowned *adj.* ល្បីឈ្មោះ lbey-chhmous
rent *n.* រហែក ro-hek • *v.* ជួល choul; **for ~** ជួលឲ្យ choul-oy; **~ out** ជួលឲ្យគេ choul-oy-ke
rental *adj.* ថ្លៃឈ្នួល tlai-chhnoul
rental car *n.* ឡានជួល lan-choul
rented *adj.* បានជួល ban choul

renunciation *n.* ការលះបង់ចោល ka-leas-bong-chol
repair *v.* ជួសជុល chous-chol
repair shop *n.* ការជួសជុលហាង ka-chous-chol-hang
reparable *n.* ដែលធ្វើអោយល្អឡើងវិញ dael-thver-oy-laor-lerng-vinh
repartee *n.* ការសើកសំដីតបវិញភ្លាម ka-sork-som-dey-vinh-pleam
repatriate *v.* ធ្វើមាតុភូមិនិវត្ត thver-mea-to-phum-nivot
repatriation *n.* មាតុភូមិនិវត្ត mea-to-phum-nivot
repay *v.* តបស្នង tob-snong
repayment *n.* ការសង ka-song
repeal *v.* លុបចោល lop-chol
repeat *v.* ថាឡើងវិញ tha-lerng-vinh; **please ~ that** សូមនិយាយម្តងទៀត som-niyeay-mdong-teat
repeated *adj.* ម្តងហើយម្តងទៀត mdong-hey-mdong-teat
repeatedly *adv.* ដដែលៗ dor-dael dor-dael
repel *v.* ច្រានទៅវិញ charan-touw-vinh
repellent *n.* ធ្វើអោយសត្វមិនហ៊ានមកជិត thver-oy-sat-min-hean-mok-chet
repent *v.* ស្តាយក្រោយ sday-kroy
repentance *n.* ការស្តាយក្រោយ ka-sday-kroy
repercussion *n.* ប្រតិឃាត bro-ti-kheat
repetition *n.* ពាក្យច្រំដែល peak-chrom-dael
replace *v.* ជំនួស chum-nous
replacement *n.* ការជំនួស ka-chum-nous
replacement part *n.* គ្រឿងបន្លាស់ kreung-bon-las
replenish *v.* បំពេញម្តងទៀត bom-penh-mdong-teat
replete *n.* ពោពេញ, សម្បូរ po-penh, sombo
replica *n.* វត្ថុចម្លង votho-chom-long
reply *n.* ការឆ្លើយតប ka-chhlery-tob
report *v.* ប្រកាស pro-kas • *n.* របាយការណ៍ ro-bay-ka
reporter *n.* អ្នកយកព័ត៌មាន neak-yok-por-mean
repose *n.* ការសម្រាក ka-somrak
repository *n.* កន្លែងដាក់ទុក kon-laeng-dak-tok
represent *v.* ធ្វើអោយឃើញច្បាស់ thver-oy-khernh-chbas
representation *n.* ការបង្ហាញអោយឃើញ ka-bong-hanh-oy-khernh
representative *n.* អ្នកជំណាង neak-dom-nang
repress *v.* បង្ក្រាប bong-krab
repression *n.* ការទប់ ka-tob
reprimand *v.* ស្តីបន្ទោស sdey-bontos

reprint *v.* បោះពុម្ពម្តងទៀត bos-pom-mdong-tet
reproach *v.* រិះគន់ ris-kun, ស្តីបន្ទោស sdey-bon-tos
reproduce *v.* បណ្តុះបណ្តាល bon-dos bon-dal
reproduction *n.* ការផលិតបន្ថែមទៀត ka-phorl-lit-bon-them-teat
reproductive *adj.* នៃការបន្តពូជ ney-ka-bon-tor-puch
reproof *n.* ការស្តីបន្ទោស ka-sdey-bon-tos
reptile *n.* សត្វល្មូន sat-lmon
republic *n.* សាធារណរដ្ឋ sathea-nak-roth
repudiate *v.* លែងទទួលស្គាល់ leng-tor-toul-skol
repudiation *n.* ការលែងប្រពន្ធ ka-leng-pro-pon
repugnance *n.* ការស្អប់មុខ ka-saob-muk
repugnant *adj.* គួរអោយស្អប់ kou-oy-saob
repulse *v.* វាយច្រានទៅវិញ veay-chran-touw-vinh
repulsion *n.* ការមិនចូលចិត្តជាខ្លាំង ka-min-chol-chet-chea-klang
repulsive *adj.* ដែលគួរអោយស្អប់ខ្ពើម dael-kour-oy-saob-kperm
reputation *n.* កិត្តិនាម kit-neam
repute *v.* រាប់អាន rob-arn
request *n.* សំណូមពរ sorm-nom-por
require *v.* ត្រូវការ trouw-ka
required *adj.* ដែលត្រូវការ dael-trouw-ka
requirement *n.* អ្វីដែលតម្រូវអោយមាន avey-dael-dom-rov-oy-mean
requisite *n.* វត្ថុតម្រូវការ vot-thok-dom-rov-ka
requisition *n.* ការស៊ួររក ka-sak-sour
requite *v.* ទូទាត់ tu-tot
rescue *v.* ជួយសង្គ្រោះ chuoy-song-krous
research *n.* ការស្រាវជ្រាវ ka-srav-chreav
researcher *n.* អ្នកស្រាវជ្រាវ neak-srav-chreav
resemblance *n.* ប្រហាក់ប្រហែលគ្នា pro-hak-pro-hel-knea
resemble *v.* ដូច doch
reservation *n.* ការសំចៃ ka-som-chai
reservation desk *n.* តុបម្រុង tok-bom-rong
reserve *v.* ត្រៀមទុក tream-tok; ~ **a table** កក់តុទុក kok-tok-tuk
reserved *adj.* ដែលទុកអោយគេហើយ dael-tok-oy-ke-hey
reservoir *n.* អាងស្តុកទឹក ang-stok-toek
reside *v.* តាំងនៅ tang-nov
resident *n.* អ្នកស្រុក neak-srok
residue *n.* កាកសំណល់ kak-som-nol

resign *v.* សុំលាលែង sorm-lea-leng
resignation *n.* ការចុះចេញពីដំណែង ka-chos-chenh-pi-dom-neng
resist *v.* ទប់ទល់ tub-tol
resistance *n.* ការទប់ទល់ ka-tub-tol
resolute *adj.* ដែលតាំងចិត្តយ៉ាងមាំជាស្រេចហើយ dael-rtang-chet-yang-mom-chea-srach
resolution *n.* សេចក្តីសម្រេច sech-kdei-som-rach
resolve *v.* តាំងចិត្ត tang-chet
resort *n.* កន្លែងកំសាន្ត kon-laeng-kom-san
resound *v.* ធ្វើអោយលាន់រំពង់ thver-oy-lon-rom-pong
resource *n.* ធនធាន thon-thean
respect *n.* ការគោរព ka-ko-rop
respectful *adj.* ដែលបង្ហាញការគោរព dael-bong-hanh-ka-ko-rop
respective *adj.* រៀងខ្លួន reang-kloun
respectively *n.* នីមួយៗ nimuoy nimuoy
respiration *n.* ការដកដង្ហើមចេញចូល ka-dork-dong-herm-chenh-chol
respiratory system *n.* ប្រព័ន្ធដង្ហើម pror-poan-dong-herm
respire *v.* ដកសង្ហើម dok-dong-herm
respond *v.* ឆ្លើយតប chhlery-top
respondent *n.* អ្នកឆ្លើយតប neak-chhlery-top
response *n.* ការតបត ka-tob-tor
responsibility *n.* ការទទួលខុសត្រូវ ka-tor-toul-khos-trouw; **take ~** ទទួលខុសត្រូវ tor-toul-khus-trouw
responsible *adj.* ទទួលខុសត្រូវ tor-toul-khos-trouw
rest *n.* ការសម្រាក ka-somrak
rest area *n.* កន្លែងឈប់សម្រាក kon-laeng-chub-somrak
restaurant *n.* ហាងបាយ hang-bay
restoration *n.* ការធ្វើអោយដូចដើមវិញ ka-thver-oy-doch-derm-vinh
restore *v.* ធ្វើអោយដូវដើមវិញ thver-oy-doch-derm-vinh, ធ្វើអោយដូចដើម thver-oy-doch-derm
restored *adj.* ដែលធ្វើអោយដូចដើមវិញ dael-thver-oy-doch-derm-vinh
restrain *v.* អត់ធ្មត់ ort-tmot
restraint *n.* ការអត់ធ្មត់ ka-ort-tmot
restrict *v.* ដាក់កំណត់ dak-kom-not
restricted *adj.* ដែលមានការដាក់ព្រំដែនត្រឹមត្រូវ dael-mean-ka-dak-prom-den-trerm-trouw
restriction *n.* ការដាក់ព្រំដែន ka-dak-prom-den

restroom *n.* បន្ទប់បង្គន់ bon-tub bong-kun; **ladies' ~** បន្ទប់ទឹកនារី bon-tub toek neari; **mens' ~** បន្ទប់ទឹកបុរស bon-tub-toek-bros
restructure *v.* រៀបចំជាថ្មី reap-chom-chea-tmey
restructuring *n.* កំពុងបានរៀបចំជាថ្មី kom-pong-ban-reap-chom-chea-tmey
result *n.* លទ្ធផល lat-phol
resumé *n.* លិខិតបញ្ជាក់ការងារ likhet-bonh-cheak-ka-ngea
resume *v.* យកមកប្រើវិញ yok-mok-brer-vinh
resumption *n.* ការចាប់ធ្វើបន្ត ka-chab-thver-bon-tor
resurgence *n.* ដំណើរផុសវិញនៃទឹកដី dom-ner-phos-vinh-ney-toek-dey
resurgent *adj.* ដែលលិចចេញជាថ្មី dael-lech-chenh-chea-tmey
retail *n.* ការលក់រាយ ka-louk-reay
retail price *n.* តម្លៃលក់រាយ dom-lai-louk-reay
retailer *n.* អ្នកលក់រាយ neak-louk-reay
retailing *n.* ការលក់រាយ ka-louk-reay
retain *v.* រក្សា reak-sa, ទុកអោយបន្ត tok-oy-bon-tor
retaliate *v.* ធ្វើតប thver-tob
retaliation *n.* ការសងសឹក ka-song-serk
retard *v.* ធ្វើអោយយឺត thver-oy-yert
retardation *n.* ការយឺតយូរ ka-yert-yu
retention *n.* ការចាំ ka-cham
retentive *adj.* ដែលមានការចងចាំ dael-mean-ka-chong-cham
reticence *n.* ការមិនសូវមាត់ ka-min-sov-mot
reticent *adj.* ស្រគត់ស្រគំ sro-kot-sro-kom
retina *n.* ចិត្របដ chet-bod
retinue *n.* អ្នកហែហម neak-hea-horm
retire *v.* ចូលនិវត្តន៍ chol-nivot
retired *adj.* ដែលចូលនិវត្តន៍ dael-chol-nivot
retirement *n.* ការរ៉ឺត្រែត ka-rue-tret
retort *v.* សមសម្តី sorm-somdey
retouch *v.* ស្ទាបឬពាល់ម្តងទៀត steap roue pol-mdong-teat
retrace *v.* គូរឡើងវិញ ku-lerng-vinh
retread *v.* ចាក់សំបកកង់ថ្មី chak-som-bok-kong-tmey
retreat *v.* ដកថយ dok-thoy
retrench *v.* ហូតចេញ hot-chenh
retrenchment *n.* ការបន្ថយ ka-bon-thoy
retrieve *v.* ត្រលប់យក tror-lop yoak, បានមកវិញ ban-mok-vinh; *(tech.)* **~ a file** យកឯកសារមកវិញ yok-ek-kasa-mok-vich

retrospect *v.* ពិចារណាអំពីអតីតកាល pi-cha-na-om-pi-ak-tey-takal
retrospection *n.* ការពិចារណាអំពីអតីតកាល ka-pi-cha-na-om-pi-ak-tey-takal
return *v.* ធ្វើតបវិញ thver-tob-vinh; **in ~** ត្រឡប់មកវិញ tro-lorb-mork-vinh
return ticket *n.* សំបុត្រទៅមក sormbot-touw-mok
returnable *n.* ដែលត្រលប់វិលវិញ dael-tro-lop-vil-vinh
reveal *v.* ធ្វើអោយដឹង thver-oy-deng
revel *n.* ការសប្បាយអ៊ូអរ ka-sabay-ou-or
revelation *n.* ការបរិហារ ka-bori-ha
reveller *n.* អ្នកចិញ្ចឹមគ្នាយ៉ាងអធិកអធម nek-chenh-chem-knea-yang-athek-athom
revelry *n.* ការសប្បាយអ៊ូអរ ka-sabay-ou-or
revenge *n.* ការសងសឹក ka-song-sek
revenue *n.* ប្រាក់ចំណូល prak-chom-nol
revere *v.* គោរពបូជា koo-rub-bou-chea • *n.* ខាងខ្នង khang-khnong
reverence *n.* ការគោរពយ៉ាងជ្រាលជ្រៅ ka-korop-yang-chreav-chrov
reverential *adj.* ដេលគោរព dael-korop
reverie *n.* ការគិតរវើរវាយ ka-kit-rover-roveay
reversal *n.* ការត្រលប់ទៅក្រោយវិញ ka-tro-lop-touw-kroy-vinh
reverse *v.* ត្រលប់ tro-lop; **please ~ the charges** ត្រលប់ទៅយកថ្លៃ tro-lop-touw-yok-thlai • *n.* បដិសេធ pak-de-saet; **drive in ~** ព្យាយាមសម្រេចអ្វីមួយ pyea-yeam-somrach-avey-muoy
revert *v.* ប្រគល់អោយម្ចាសដើមវិញ pro-kol-oy-mchas-derm-vinh
review *n.* ពិនិត្យដោយហ្មត់ចត់ឡើងវិញ pinit-doy-mot-chot-lerng-vinh
revise *v.* ពិនិត្យឡើងវិញ pinit-lerng-vinh
revision *n.* ការកែ ka-kea
revival *n.* ការនិយាយឡើងវិញ ka-niyeay-lerng-vinh
revive *v.* ធ្វើអោយដឹងខ្លួនវិញ thver-oy-derng-kloun-vinh
revocable *adj.* អាចដកហូតវិញបាន ach-dok-hot-vinh-ban
revocation *n.* ការលុបចោលវិញ ka-lub-chol-vinh
revoke *n.* ការដកហូតវិញ kar dork hout vinh • *v.* លុបចោល lop-chol
revolting *adj.* ដែលមានក្លិនអាក្រក់ dael-mean-klen-ah-krok
revolution *n.* ការវិលជុំវិញ ka-vil-chom-vinh
revolutionary *adj.* ដែលខុសប្លែកច្រើនពីធម្មតា dael-khos-plek-chhrern-pi-thom-da
reward *n.* រង្វាន់ rong-von
rhamnus tinctorius *(tree) n.* ល្វៀង la-veang
rhetoric *n.* វោហាសាស្រ្ត vo-ha-sas

rhetorical *adj.* ខាងវោហាសាស្ត្រ khang-vo-ha-sas
rheumatic *adj.* នៃរោគសន្លាក់ឆ្អឹង ney-rook-sonlak chh-erng
rheumatism *n.* រោគសន្លាក់ឆ្អឹង rook-sonlak chh-erng
rhinoceros *n.* រមាស ro-meas
rhubarb *n.* ដើមស្ពៃទឹក derm-spey-toek
rhyme *n.* ពាក្យចួន peak-choun
rhythm *n.* សាច់ភ្លេង sach-pleng
rhythmic *adj.* ជាចង្វាក់ chea-chong-vak
rib *n.* ឆ្អឹង chh-erng
ribbon *n.* បូ bo
rib-eye steak *n.* សាច់បន្ទះឆ្អឹងជំនី sach-bon-tes-cha-oeng-chum-ni
rice *n.* ស្រូវ srov, អង្ករ orng-kor; **brown** ~ អង្ករសំរូប orng-kor som-roub; **long-grain** ~ អង្ករគ្រាប់វែង orng-kor kroab veng; **mixed** ~ ល្បាយអង្ករ lbay-orng-kor; **steamed white** ~ បាយស bai- sor; **jasmine** ~ អង្ករផ្កាម្លិះ orng-kor-phka-mlis; **basmati** ~ អង្ករឥណ្ឌា orng-kor in-dea
rice cake *n.* នំអង្ករ num-orng-kor
rice pilaf *n.* បាយឆាដាក់សាច់ bay-chha-dak-sach
rice pudding *n.* សង់ខ្យា song-kya
ricepaper *n.* សំបកណែម sorm-bok-nem
rich *adj.* សម្បូរ sombo
rickets *n.* រោគក្រិស rook-kris
rickshaw *n.* ឆៃកែវ chhai-keo
rid *v.* កំចាត់ kom-chat
riddle *n.* ពាក្យប្រដៅ peak-prodao
ride *v.* ជិះ chis; ~ **a horse** ជិះសេះ chis-ses; ~ **a bike** ជិះកង់ chis-kong; **take a** ~ ជិះ chis
rider *n.* អ្នកជិះ neak-chis
ridge *n.* កំពូល kom-pul • *v.* ឡើងជាខ្ពស់ lerng-chea-kpous
ridicule *v.* ចំអក chom-ork
ridiculous *adj.* គួរអោយអស់សំណើច kou-oy-os-som-nerch
riding *n.* ការជិះសេះ ka-chis-ses; **horseback** ~ ការជិះសេះ ka-chis-ses
rifle *n.* កាំភ្លើង kam-plerng
right *adj.* ត្រឹមត្រូវ trem-trouw; **that's** ~ វាត្រឹមត្រូវ vea-trem-trouw • *n.* សិទ្ធ seth
right now *adv.* ឥឡូវនេះ ey-luv-nis
righteous *adj.* ដែលត្រឹមត្រូវ dael-trem-trouw
rightly *adv.* យ៉ាងត្រឹមត្រូវពិតប្រាកដ yang-trem-trouw-pit-prakot

rigid *adj.* មិនចេះប្រែប្រួល min-ches-pre-proul
rigor *n.* ភាពរឹងមាំ pheap-reong-mum
rigorous *adj.* ប្រឹតប្រៀង bret-preang
rim *n.* ខ្នងកង់ khnong-kong
rind *n.* សំបក sorm-bork
ring *n.* ចិញ្ចៀន chenh-chean • *v.* រោទិ៍ roo
ringlet *n.* សក់ឡើងរមួរ sok-lerng-ro-mour
ringworm *n.* ជម្ងឺស្រែង chum-ngeu-sreng
rinse *v.* លាងសំអាត leang-som-art
riot *n.* មនុស្សប្រសប់កំប្លែង mnus-pro-shop kom-pleng
rip *v.* ហែក hek; **it is ~ped** វាត្រហែក vea-rohek • *n.* ស្នាមរហែក snam ror-haek
rip off *v.* ហែកចេញ hek-chenh
ripe *adj.* ដែលទុំជោរ dael-tom-cho
ripe fruit *n.* ផ្លែឈើទុំ phlae-chher-tum
ripple *n.* ដែកកោស dek-kors
rippled *adj.* ដែលអង្កាញ់ dael-ang-kanh
rise *v.* ឡើងថ្លៃ lerng-tlai
risk *n.* ការប្រថុយ ka-prothoy
ritual *n.* ការធ្វើជាទំលាប់ ka-thver-chea-tom-lop
ritual slaughterer *n.* ការសម្លាប់ក្នុងពិធីបុណ្យសាសនា kar-sorm-lab knong pithi bun sasna
rival *n.* គូរប្រជែង ku-procheng
rivalry *n.* ការប្រកួត ka-prokout
river *n.* ទន្លេ ton-le
river bank *n.* មាត់ទន្លេ mort-ton-le
river boat *n.* ទូកទន្លេ touk-ton-le
river cruise *n.* នាវា nea-vea
rivulet *n.* អូរ oh
roach *n.* កន្លាត kon-lat
road *n.* ផ្លូវថ្នល់ phlouw-tnol; **~ closed** បិទផ្លូវ bet-phlouw; **main ~** ផ្លូវធំ phlouw thom
road conditions លក្ខខណ្ឌផ្លូវ leak-khan-phlouw
road map ផែនទីផ្លូវ phen-ti-phlouw, ផែនទី pen-ti
roam *v.* ដើរចរច្រប់ der-chor-chrop
roar *v.* គ្រហឹម kro-hem
roast *v.* អាំង ang, ខ្វៃ kvai, ដុត dot • *n.* **pork ~** សាច់ជ្រូកដុត sach-chrouk-dot;

pot ~ ឆាសាច់គោជាមួយបន្លែ chha-sach-ko-muoy-bon-lae
roast beef *n.* សាច់គោអាំង sach kooh ang, គោដុត koo-dot
roast chicken *n.* មាន់អាំង moan ang
roasted *adj.* ដែលបានអាំង dael-ban-ang
roasted eggplant *n.* ត្រប់អាំង trorb ang
roasted meat *n.* សាច់អាំង sach ang
rob *v.* ប្លន់ plon
robbed *adj.* ដែលប្លន់ dael plon; **I was ~** ខ្ញុំត្រូវបានគេប្លន់ kchom-trouw-ban-ke-plon
robber *n.* ចោរប្លន់ chor-plon
robbery *n.* ការប្លន់ ka-plon, ការលួច ka-louch
robe *n.* អាវវែង av-veng
robot *n.* មនុស្សយន្ត mnus-yon
rock *n.* ថ្ម thmor
rock and roll ចង្វាក់រ៉ក់និងរ៉ូល chong-vak-rock-neng-roll
rock climbing ការឡើងថ្ម kar leurng thmor
rocket *n.* កាំជ្រួច kam-chrouch
rocks n. *(ice)* ជាមួយទឹកកក chea muoy toek-kok; **on the ~** ទំនងនឹងបរាជ័យ tom-nong-neng-para-chey
rod *n.* រំពាត់ rom-pot
roe *n.* ពងត្រី pong-trei
rogue *n.* មនុស្សខិល mnus-khil
role *n.* ដើរតួ der-tour
roll *n.* របុំ ror-bum; រំ rom, រមូរ romu
roll call *n.* ហៅឈ្មោះ hav-chmuos
rolling pin *n.* ប្រដាប់ប្រដាប្រើប្រាស់ក្នុងផ្ទះបាយ bro-dab-bro-da-brer-bras-knong-ptes-bay
romaine lettuce *n.* ប្រភេទស្ពៃម៉ាយ៉ាង bro-pet-spai-ma-yang
romance *n.* រឿងប្រលោមលោក roueng-prolom-lok
romantic *adj.* ដែលមានអារម្មណ៍អណ្ដែតអណ្ដូង dael-mean-arom-orndet-orndong
romanticism *n.* ចិត្តនិយម chet-nitom
Rome *n.* ទីក្រុងរ៉ូម ti-krong-rome
romp *n.* ការលេងឬប្រឡែងច្រងាប់ច្រងិល ka-leng rue proleng-chror-ngab-chror-ngil
rood *n.* ឈើឆ្កាង chher-chhkang
roof *n.* ដំបូល dom-bol

roof rack *n.* ដំបូលដាក់ឥវ៉ាន់ dom-bol-dak-ey-van
room *n.* បន្ទប់ bon-tub; **single** ~ បន្ទប់គ្រែមួយ bon-tub-kre-muoy; **double** ~ បន្ទប់ពីរ bon-tub-pi; **private** ~ បន្ទប់ផ្ទាល់ខ្លួន bon-tub ptol-kloun; **game** ~ បន្ទប់លេងល្បែង bon-tub-leng-lbaeng
room number *n.* លេខបន្ទប់ lek-bon-tub
room rate *n.* អត្រាតម្លៃក្នុងមួយបន្ទប់ a-tra-dom-lai-knong-muoy-bon-tub
room service *n.* សេវាបម្រើដល់បន្ទប់ភ្ញៀវ se-va-bom-rer-dol-bon-tub-pa-nheav
roommate *n.* មិត្តរួមបន្ទប់ moet-roum-bon-tub
rooster *n.* មាន់ឈ្មោល moin-chhmol
root *n.* ដើមហេតុ derm-het
rope *n.* ពួរ pour
rose *n.* ផ្កាកូលាប phka-kolap
rose myrtle *n.* ពួច puoch
rose water *n.* ទឹកកូឡាប toek kolap
rosefin rasbora *(fish) n.* ត្រីចង្វា trei chorng-va
rosemary *n.* ផ្ការូសម៉ារី phkar ros-mari
rostrum *n.* វេទិកា vetika
rot *v.* ខូច khoch
rotary *n.* ភាគឬប្រដាប់បង្វិល pheak rue prodab-bong-vil
rotation *n.* ការបង្វិល ka-bong-vil
rotisserie *n.* ប្រដាប់សម្រាប់អាំងសាច់ prodab-som-rab-ang-sach
rotted *v.* ខូច khoch
rotten *adj.* រលួយស្អុយ ro-louy siuy
rough *adj.* គ្រោតគ្រាត krot-kreat
roughly *adv.* យ៉ាងឈ្លើយ yang-chhlery
round *adj.* មូល mul • *n.* ជុំ chum
roundabout *n.* រង្វង់មូល rong-vong-mol
round-trip *adj.* ដំណើរកំសាន្តទៅនឹងមក dom-ner-kom-san-touw-mok
round-trip ticket *n.* សំបុត្រទៅមក sorm-bot-touw-mok
rouse *v.* ដាស់តឿន das-tern
rout *v.* ច្រានចេញ chran-chenh
route *n.* ផ្លូវ phlouw-tnol
routine *n.* ទម្រង់ការ tomrong-ka
rove *v.* ទាញរវៃ teanh-vai
rover *n.* មនុស្សដើរចរច្រប់ពាសវាល mnus-der-chor-chrob-peas-veal
row *n.* ជួរដេក chuor-dek; ជួរ chour; **spreadsheet** ~ ជួរតារាងទិន្នន័យ

chour-ta-rang-tin-nanei • *v.* ~ **a boat** អុំទូក om-touk
rowing *n.* ករចែវទូក ka-chev-tuk
royal *adj.* នៃស្តេច ney-sdach
royal featherback *(fish) n.* ត្រីក្រាយ trei krai
royalty *n.* សួយសារ suoy-sar
rub *v.* រលុប ro-lub
rubber *n.* កៅស៊ូ kao-su
rubbish *n.* សម្រាម som-ram
rubble *n.* កំទេចថ្ម kom-tech-tmor
rubus alceaefolius *(tropical shrub) n.* ក្រាក krak
ruby *n.* ត្បូងទទ្ទឹម tbong-ton-tem
rucksack *n.* ពេលអ្នកធ្វើដំណើរ pel-nek-thver-dom-ner
rude *adj.* ឥតគួរសម ett-kou-som
rudely *adv.* ដោយទ្រគោះ doay-tro-kus
rudiment *n.* បឋមវិធាន bak-thom vithean
rudimentary *adj.* ជាបឋមវិធាន chea-bak-thom-vithean
rue *n.* ការស្តាយក្រោយ ka-sday-kroy
rueful *adj.* ខូចចិត្តខូចថ្លើម khoch-chet-khoch-tlerm
ruffian *n.* មនុស្សពាល mnus-peal
ruffle *v.* បត់ជាផ្នត់ bot-chea-pnot
ruffled *adj.* ដែលតុបតែងដោយរំភើយ dael-tub-teng-doy-rom-pery
rug *n.* កម្រាល kom-ral
rugby *n.* ល្បែងបាល់ម៉្យាងអោបក៏បានទាត់ក៏បាន lbeng-bal-myang-ob-kor-ban-tot-kor-ban
ruin *v.* ធ្វើអោយខូច thver-oy-khoch
ruined *adj.* ដែលខូចខាត dael-khoch-khat
ruins *n.* កន្លែងបោះបង់ចោល kon-laeng-bos-bong-chol; **ancient ~** យូរលង់ yu-lung
rule *n.* ច្បាប់ chbab
ruler *n.* បន្ទាត់ bon-tot
rules *n.* បទបញ្ញា bort-banh-chea
rum *n.* ស្រារោម srar-rorm
rumdul *(flower) n.* រំដួល rumduol
rumor *n.* ពាក្យចចាមអារ៉ាម peak-chor-cham-aram
rump *n.* ត្រគាត tro-keak
run *v.* រត់ rot; ~ **into** *(crash)* ជួបដោយចៃដន្យ choub-doy-chai-don; ~ **out of fuel** អស់សាំង os-sang

runner *n.* អ្នករត់ neak-rot
running *n.* ការរត់ ka-rot
running shoes *n.* ស្បែកជើងសម្រាប់រត់ sbaek-cherng-somrab-rot
running water *n.* ទឹកហូរ toek-hou
runny nose *n.* ហៀរសំបោរ hea-som-bor
rural *adj.* នៃស្រុកស្រែ ney-srok-sre
ruse *n.* ឧបាយកល ou-bay-kol
rush *v.* ប្រញាប់ប្រញាល់ bro-nhab-bro-nhal; **in a** ~ ប្រញាប់ប្រញាល់ bro-nhab-bro-nhal
rush hour *n.* ម៉ោងកកស្ទះ morng-kok-stes
rusk *n.* នំប៊ីស្គីតសម្រាប់ទារក num-bis-skit-somrab-tea-rok
Russia *n.* ប្រទេសរុស្ស៊ី pror-tes-rusy
Russian *adj.* រុស្ស៊ី rusy
Russian Federation *n.* សហព័ន្ធរុស្ស៊ី sak-hak-porn-rusy
rust *n.* ច្រេះ chres
rustic *adj.* សម្រែ som-re • *n.* មនុស្សសម្រែ mnus-som-re
rusticity *n.* លក្ខណៈដូចស្រុកស្រែ leak-knak-doch-srok-sre
rusty *adj.* ច្រេះចាប់ chres-chab
rut *n.* ស្នាមភ្លួរ snam-pchour
rye *n.* ស្រាវីស្គីម៉្យាង sra-visky-myang
rye bread *n.* នំប៉័ងគ្រាប់ធញ្ញជាតិ numpaing kroab-thun-cheat, នំប៉័ងធ្វើពីស្រូវរៃ num-pang-thver-pi-srov-rai

S

Sabbath *n.* ថ្ងៃសិល thngai-sil
sabertooth thryssa *(fish) n.* ត្រីឆ្មាក្រពើ trei chmar kror-pa-uh
sabotage *v.* ធ្វើអោយខូចខាតបាត់បង់ thver-oy-khoch-khat-bat-bong
saccharin *n.* អង្គធាតុផ្អែមប្រើជំនួសស្ករ orng-thean p-em prer-chom-nous-skor
sack *n.* ថង់ thong
sacrament *n.* ប្រសិទ្ធិ bro-seth
sacred *adj.* សក្តិសិទ្ធិ sak-seth
sacred garlic pear *n.* ថ្នាន់ thngan
sacrilege *n.* ទោសប្រមាថព្រលឹង tos-promat-pro-lueng
sad *adj.* សោកសៅ sork-sao
saddle *n.* កែប kep
sadism *n.* ការសប្បាយដោយធ្វើបាបគេ ka-sabay-doy-thver-bab-ke
sadly *adv.* យ៉ាងសៅហ្មង yang-sao-mong
sadness *n.* ភាពសោកសៅ pheap-sork-sao
safe *adj.* ដែលសុខសប្បាយ dael-sok-sabay; **feel** ~ មានអារម្មណ៍ថាសុវត្ថិភាព mean-arom-tha-sovat-pheap
safe sex *n.* សុវត្ថិភាពផ្លូវភេទ sovat-pheap-phlouw-phet
safely *adv.* ដោយសុវត្ថិភាព doay-sovat-pheap
safety *n.* សុវត្ថិភាព sovat-pheap
safety pin *n.* ម្ជុលខ្ទាស់ mchul-ktors
safflower oil *n.* ប្រេងផ្កាសាហ្វ preng pkar-saf
saffron *n.* រមៀត ro-meaat
sagacious *adj.* ដែលភ្លឺថ្លា dael-plue-tla
sagacity *n.* ភាពឆ្លាតវៀងវៃ pheap-chhlat-veang-vey
sage *(wise person) n.* បណ្ឌិត bon-deth
Sagittarius *(Zodiac) n.* រាសីធ្នូ rea-sey-tnu
sail *v.* បើកទូកក្តោង berk-tuk-kdorng
sailing *n.* បច្ចេកទេសបើកទូកក្តោង pak-chaek-tes-berk-tuk-kdorng
sailing club *n.* ឈ្មោះបារនៅលើឆ្នេរ chmous-bar-nov-ler-chne
sailor *n.* ទាហានជើងទឹក tea-hean-cherng-toek
saint *n.* សន្ត sont

sake: for the sake of *phr.* ដើម្បី derm-bei
salad *n.* សាឡាត់ sa-lad; **house ~** សាឡាដលាយ sa-lad-leay; **mixed ~** បន្លែញាំចូលគ្នា bon-le-nhom-chol-knea; **tossed ~** ញាំសាឡាដ nhoim-sa-lad; **Turkish ~** សាឡាត់តួកគី salad tou-key
salad dressing *n.* ទឹកសាឡាត់ toek sa-lad
salami *n.* សាច់ក្រកសាឡាមី sach-krork salami
salary *n.* ប្រាក់ខែ brak-khe
sale *n.* ការលក់ kar-luok
sales *n.* ការលក់ kar-luok, នៃការលក់ nei-kar-luok
sales clerk *n.* អ្នកលក់ nak-luok
sales department *n.* កន្លែងលក់ konlaeng-luok
sales receipt *n.* វិក្កយប័ត្រលក់ vi-kai-bat-luok
sales tax *n.* ពន្ធទិញអីវ៉ាន់ pon-tinh-eyvan
saliva *n.* ទឹកមាត់ toek-mot
salmon *n.* ត្រីសូម៉ុង trei-so-mong
salon *n.* សាឡន sa-lorn
salt *n.* អំបិល om-bel
salted *adj.* ប្រៃ brai
salty *adj.* ប្រៃ brai
salutation *n.* ការគំនាប់ ka-kom-neab
salute *v.* គំនាប់ kom-neab
salvage *v.* យកបានមកវិញ yok-ban-mok-vinh
salvation *n.* ការសង្គ្រោះ ka-sorng-kruos
same *adj.* ដូចគ្នា doch-knea; **the ~ thing** របស់ដូចគ្នា robos-doch-knea
sample *n.* ការធ្វើពុម្ព ka-thver-pum
Samraong *(Cambodian city) n.* សំរោង sorm-roang
sanatorium *n.* ព្យាបាលរោគ pchea-bal-rok
sanctification *n.* ការផ្តល់នូវភាពសក្តិសិទ្ធិ ka-pdol-nov-pheap-sak-set
sanctify *v.* ធ្វើអោយពិសិដ្ឋ thver-oy-piseth
sanction *n.* ការយល់ព្រម ka-yol-prom
sanctuary *n.* ទីជំរក ti-chom-rok
sand *n.* ដីខ្សាច់ dey-ksach
sandal *n.* ស្បែកជើង sbaek-cherng, ស្បែកជើងសង្រែក sbaek-cherng-song-rek
sandoricum koetjape *(tropical fruit) n.* បំពេញ borm-penh
sandwich *n.* នំប៉័ងញាត់សាច់ num-paing-nhot-sach; **ham ~** សានវិចសាច់ជ្រូក sanwich-sach-chrouk

sandy *adj.* ដែលមានខ្សាច់ច្រើន dael-mean-ksach-chrern
sanitary *adj.* អនាម័យ ak-na-mai
sanitary napkin *n.* វ័ណ្ណកន្ទបនៅពេលមានរដូវ von-kon-tuy-nov-pel-mean-ro-dov
sanitation *n.* អនាម័យ ak-na-mai
sanitize *v.* ធ្វើអោយមានអនាម័យ thver-oy-mean-ak-na-mai
santol *(tree) n.* បំពេញរាជ្យ borm-penh reach, លោះ luos
sapling *n.* កូនឈើ kon-cher
sapodilla *(tree) n.* ល្មុត la-mut
sapphire *n.* ត្បូងកណ្ដៀង tbong-kon-deang
sarcasm *n.* ការចំអកបញ្ឈឺចិត្ត ka-chom-ork-bonh-chher-chet
sardine *n.* ត្រីសាឌីន trei-sa-din
Satan *n.* កំពូលបិសាច kom-pul-bey-sach
satellite *n.* ផ្កាយរណប phkay-ro-nob
satellite dish *n.* ចានផ្កាយរណប chan-phkay-ro-nob
satin *n.* សាតាំង sa-tang
satire *n.* និពន្ធដៀលត្មះ ni-pon deal-tmes
satisfaction *n.* ការពេញចិត្ត ka-penh-chet
satisfied *adj.* ដែលសមតាមបំណង dael-som-tam-bom-norng; **I'm not ~ with this** ខ្ញុំមិនពេញចិត្តជាមួយនឹង kchom-min-penh-chet-chea-muoy-neng
satisfy *v.* បំពេញចិត្ត bom-penh-chet
satisfying *adj.* គួរជាទីពេញចិត្ត kou-chea-ti-penh-chet
saturate *v.* ធ្វើអោយជ្រួតជ្រាប thver-oy-chrout-chreap
saturated *adj.* ដែលទទឹកជោគ dael-tor-toek-chok
saturated fat *n.* ខ្លាញ់ឆ្អែត klanh-chha-et
saturation *n.* ការឆ្អែត ka chha-et
Saturday *n.* ថ្ងៃសៅរ៍ thngai-sao
sauce *n.* ទឹកជ្រលក់ toek-chro-louk
saucepan *n.* ឆ្នាំងតូចមានដៃ chnang-toch-mean-dai
saucer *n.* ថាស thas
sauna *n.* ផ្ទះឬបន្ទប់ងូតទឹកចំហុយ pteas roue bon-top-chom-hoy
sausage *n.* សាច់ក្រក sach krork; **grilled ~** សាច់ក្រកអាំង sach-krork-arng
sautée *n.* ចៀន chean
sautéed *n.* របស់រំលីង ror-bors rum-ling
savage *adj.* ឃោរឃៅ khoo-khouw
save *v.* សន្សំ son-som
saving *n.* ប្រាក់សន្សំ prak-son-son

savings account *n.* គណនីសន្សំ ka-nak-nei-son-som
saviour *n.* អ្នកជួយសង្គ្រោះ nek-chouy-song-krous
savor *v.* ធ្វើអោយឆ្ងាញ់ thver-oy chh-nganh
savory *adj.* ដែលមានរស់ជាតិ dael-mean-ros-cheat
saw *n.* រណា ror-na
say *v.* និយាយ ni-yeay
saying *n.* សុភាសិត so-phea-set
scab *n.* សំបករើង sorm-bork-rerng
scaffold *n.* រានពិឃាតមនុស្សទោស rean-pi-kheat-mnus-tos
scald *v.* ស្រុស sros
scalding *adj.* ក្ដៅរលាក kdao-ro-leak
scale *v.* ស្រកា sro-ka • *n.* ជញ្ជីង chun-ching
scallion *n.* ស្លឹកខ្ទឹម sloek ktoem
scallops *n.* ងាវ ngav
scalp *n.* ស្បែក sbek
scalpel *n.* កាំបិតវះកាត់ kam-bet-veas-kat
scan *v.* ធ្វើវិភាគ thver vi-pheak
scandal *n.* រឿងអាស្រូវ roeurng-ah-srov
scanner *n.* ម៉ាស៊ីនស្កេន masin sken; ប្រដាប់ថតចម្លងឯកសារ pro-dab thot-chom-long-ek-sa
scapegoat *n.* អ្នករងកំហុសអ្នកឯទៀត neak-rong-kom-hos-nek-dor-tey
scar *n.* សម្លាក som-lak
scare *v.* ខ្លាច khlach
scared *adj.* ដែលខ្លាច dael-khlach
scarf *n.* ក្រមា, កន្សែង kro-ma, kon-saeng
scary *adj.* ដែលធ្វើអោយខ្លាច dael-thver-oy-khlach
scatter *v.* បំបែក bom-bek
scattered *adj.* ដែលនៅរាយប៉ាយ dael-nov-reay-pay
scene *n.* ឈុត chhot, ឆាក chhak
scenery *n.* ទេសភាព tes-pheap
schedule *n.* កាលវិភាគ kal-vi-pheak
scheduled flight *n.* កាលវិភាគហោះហើរ kal-vi-pheak-hos-her
scheme *n.* គ្រោងការណ៍ krong-ka
scholar *n.* អ្នកប្រាជ្ញ nek-prach
school *n.* សាលារៀន sala-rean
sciatica *n.* ការឈឺចាប់ត្រង់ម្ដុំត្រគាកនិងភ្លៅ ka-cher-chab-trong-mdom-tro-keak-neng-phlouw

science *n.* វិទ្យាសាស្ត្រ vi-thyea-sas
science fiction *n.* ប្រលោមលោកបែបវិទ្យាសាស្ត្រ bro-lorm-lork-beb-vi-chea-sas
scientific *adj.* នៃវិទ្យាសាស្ត្រ ney-vi-thyea-sas
scientist *n.* អ្នកវិទ្យាសាស្ត្រនិយម nek-vi-thyea-sas-niyom
scissors *n.* កន្ត្រៃ kon-trai
scissortail rasbora *(fish) n.* ត្រីចង្វាពោត trei chorng-va poot
scope *n.* កែវយឺត kaew-yert
score *n.* ពិន្ទុ pon-tuk
scoreboard *n.* តារាងពិន្ទុ ta-rang-pon-tu
Scorpio *(Zodiac) n.* សញ្ញាទី៨នៃចក្ររាសី sanh-nha-ti-pram-bey-nei-chak-rea-sey
scorpion *n.* ខ្យាដំរី khya-domrey
scotch *n.* ប្រជាជនអេកូស pro-chea-chon-eh-kos
scramble *v.* ច្របល់គ្នា chro-bol-knea
scrambled *adj.* ដែលចជ្របល់គ្នា dael-chro-bol-knea
scrambled eggs *n.* ស៊ុតក្រឡុក suth-kro-luk
scrape *v.* ដុសចេញ dos-chenh
scratch *v.* កកាយ kor-kay
scream *v.* ស្រែក srek
screen *n.* អេក្រង់ eh-krong; **computer** ~ ផ្ទាំងអេក្រង់កុំព្យូទ័រ pteng-eh-krong-kom-phyu-tor
screen door *n.* ទ្វារកញ្ចក់ tvea-kanh-chork
screw *n.* គ្រឿងមួលបញ្ចេញឬបញ្ចូល krueng-moul-bonh-chenh roue bonh-chol • *v.* មួល muol
screwdriver *n.* ទូរណឺវីស tu-ner-vis
screw-pine *n.* រំចេក rum-chek
script *n.* អក្សរអក្ខរក្រម ark-sor-ark-rak krom
sculptor *n.* ជាងចម្លាក់ cheang-chom-lak
sculpture *n.* រូបចម្លាក់ rub-chom-lak
sea *n.* សមុទ្រ sak-mut
sea level *n.* កម្ពស់ទឹកសមុទ្រ kom-pous-toek-sak-mut
sea bass *(fish) n.* ឈ្មោះត្រីសមុទ្រមួយបែប chhmous-trei-sak-mut-muoy-beb
sea bream *(fish) n.* ត្រីជំពូកក្អែក trei-chom-pouk-ka-ek
sea urchin *n.* សត្វសមុទ្រម្យ៉ាងដែលមានបន្លាជុំវិញ sat-sak-mut-myang-dael-mean-bon-la-chum-vich

seafood *n.* ម្ហូបសាច់សមុទ្រ mhop-sach-sak-mut
seal *v.* បិទ bet
sear *v.* ធ្វើអោយស្ងួត thver-oy-sngout
search *n.* ការឆែកឆេរ ka-chhek-chhee
search engine *n.* ឧបករណ៍ស្វែងរក ob-pak-kor svaek-rork
search warrant *n.* ដីកាឆែកឆេរ dei-ka chhaek chheh
seashore *n.* ឆ្នេរសមុទ្រ chhne-sak-mut
seasick *adj.* ពុលរលកសមុទ្រ pol-ro-lork-sak-mut
season *v. (add flavor)* ធ្វើអោយស្ងួត thver-oy-sngout • *n. (in time)* រដូវ ror-douv; **in ~** ដល់រដូវ dol-ror-douv
seasoning *n.* ប៊ីចេង bee-cheng
seasonal *adj.* តាមផ្លូវ tam-phlouw
seat *n.* គូថ kut
seat belt ខ្សែក្រវ៉ាត់ *n.* kse-krovat
seat number លេខកៅអី *n.* lek-kav-ey
seaweed *n.* រុក្ខជាតិដុះក្នុងសមុទ្រជំពូកសារាយ ruk-cheat-dael-dos-knong-sak-mut-chom-puk-saray
second *n.* ភាពទីពីរ pheap-ti-pi; *(in time)* លើកទីពីរ lerk-ti-pim; *(ord. num.)* វិនាទី vi-nea-ti
second class *n.* ថ្នាក់ទីពីរ tnak-ti-pi
second floor *n.* ជាន់ទីពីរ chon-ti-pi
second opinion *n.* គ្រូពេទ្យ ឬ អ្នកជំនាញការមួយទៀត kru-pet-reu-nak-chum-neanh-ka-muoy-teat
secondary *adj.* បន្ទាប់បន្សំ bon-top-bon-som
secondhand *n.* របស់ដែលគេប្រើហើយ robos-dael-ke-brer-hery
secondhand store *n.* ហាងលក់របស់ប្រើប្រាស់ហើយ hang-luk-robos-brer-bras-hery
secret *adj.* សម្ងាត់ som-ngat
secretary *n.* ស្មៀន smean
secretly *adv.* យ៉ាងអាថិកំបាំង yang-art-kok-bang
section *n.* ផ្នែក pnek
sector *n.* តំបន់ dom-bon, ផ្នែក pha-naek
secular *adj.* ដែលមិនទាក់ទងនឹងសាសនា dael-min-teak-tong-neng-sas-na
secure *adj.* ដែលការពារ dael-ka-pea
security *n.* សន្តិសុខ son-ti-sok
security check *n.* ការត្រួតពិនិត្យសុវត្ថិភាព ka-trut-pi-nit-sovat-pheap
sedative *n.* ថ្នាំរម្ងាប់ការឈឺចាប់ thnam-rom-ngop-ka-cher-chab

sediment *n.* កករ kor-kor
see *v.* មើល merl; ~ **you later**! ជួបគ្នាថ្ងៃក្រោយ choub-knea-tngai-kraoy
seed *n.* គ្រាប់ពូជ kroab-pouch
seek *v.* រកមើល rok-merl
seem *v.* ហាក់ដូចជា hak-doch-chea
segment *n.* កំណាត់ kom-nat
seizure *n.* ការរឹបអូសយក ka-rep-ohs
select *v.* ជ្រើសរក chrers-rers, ជ្រើសរើស chreus-reus
selection *n.* ការជ្រើសរើស ka-chrers-rers
self *n.* ខ្លួនឯង khluon-eng
self-defense *n.* ស្វ័យការពារ svay kar-pea
self-employed *adj.* រកស៊ីខ្លួនឯង rork-si khluon-eng
selfish *adj.* កំណាញ់ kom-nanh
self-service *n.* អ្នកបំរើសេវាកម្មដោយខ្លួនឯង nek-bom-rer-seva-kam-doy-khloun-eng; សេវាខ្លួនឯង seva khluon eng
sell *v.* លក់ដូរ louk-do
sell-by date *n.* ថ្ងៃដាក់លក់ tngai-dak-louk
seller *n.* អ្នកលក់ neak-louk
semicolon *n.* ចំណុចក្បៀស chom-noch-kbeas
seminar *n.* សិក្ខាសាលា se-kha-sela
semi-sweet *adj.* ដែលមិនផ្អែមខ្លាំង dael-min-pa-em-klang
semolina cake *n.* នំសេម៉ូលីណា num se-mo-li-na
senate *n.* ព្រឹទ្ធសភា pret-sa-phea
senator *n.* សមាជិកព្រឹទ្ធសភា sak-ma-cherk-pret-sa-phea
send *v.* បញ្ជូន bonh-chun
sender *n.* អ្នកផ្ញើ neak-pnher
senior *adj.* មានឋានៈខ្ពស់ជាង mean-tha-nak-kpous-cheang
senior citizen *n.* អ្នកចូលនិវត្តន៍ nak-chol-ni-wat
Senmonorom *(Cambodian city) n.* សែនមនោរម្យ saen mono-rum
sense *n.* ការដឹង ka-derng
sensible *adj.* សមហេតុផល som-het-phol
sensitive *adj.* ពិបាកដោះស្រាយ pi-bak-dos-sray
sensitive plant *n.* ព្រះខ្លប preah-khlorb
sensitivity *n.* ភាពឆាប់រំភើប pheap-chhab-rom-pherb
sentence *n. (gram.)* ប្រយោគ pro-yok; *(legal)* សាលក្រម sarl-krom
separate *adj.* ទីទៃពីគ្នា ti-tey-knea
separated *adj.* លែងលះពីគ្នា leng-leas-pi-knea

separately *adv.* ដោយបែកគ្នា doay-bek-knea; **wash** ~ សំអាតដាច់ពីគ្នា sorm-art dach pi knea

separation *n.* ការបែងចែក ka-beng-chek

September *n.* ខែកញ្ញា khae-kanha

sequence *n.* លំដាប់ lom-dab

sequential *adj.* តាមលំដាប់ tam lum-dap

sequester *n.* បង្ខាំងទុក borng-khaing tuk • *v.* ទុកដោយឡែក tok-doy-lek

Serei Saophoan *(Cambodian district) n.* សិរីសោភ័ណ se-rei soa-poan

series *n.* ស៊េរី seri

serious *adj.* មិនលេងសើច min-leng-serch

seriously *adv.* យ៉ាងស្មោះត្រង់ yang-smos-trong

serum *n.* សេរ៉ូម se-rome

servant *n.* អ្នកបម្រើ neak-bom-rer

serve *v.* បម្រើ bom-rer

server *n.* ស៊ើវើ seu-veu, អ្នកបម្រើ nek-bom-rer

service *n.* សេវាកម្ម seva-kam

serving tray *n.* ប្រអប់សម្រាប់ដាក់របស់ bro-ob-som-rab-dak-robos

sesame *n.* ល្ង lngor

sesame seed *n.* គ្រាប់ល្ង kroab-lngor

sesame oil *n.* ប្រេងល្ង breng-lngor

sesbania javanica *(flowering plant) n.* ស្នោ snoar

session *n.* សម័យប្រជុំ sak-mai-pro-chom

set *v.* កំណត់ kom-nort

setting *n.* ការដាក់ ka-dak; **place** ~ តុសម្រាប់ទទួលមនុស្សម្នាក់ tuk-somrab-tortoul-mnus-mnak

settle *v.* ផ្សះផ្សា psas-psa

settlement *n.* ការដោះស្រាយ ka-dos-sray; ការផ្សះផ្សា kar phsas-phsar

setup *n.* ការតំលើង kar dorm-leurng, របៀបរៀបចំ ro-beab-reap-chom

seven *num.* ប្រាំពីរ pram-pi

seven-line barb *(fish) n.* ត្រីក្រសក់ trei tror-sork

seventeen *num.* ដប់ប្រាំពីរ dob-pram-pi

seventeenth *adj.* ទីដប់ប្រាំពីរ toi-dob-pram-pi

seventh *adj.* ទីប្រាំពីរ ti-pram-pi

seventieth *adj.* ទីចិតសិប ti-chet-sep

seventy *num.* ចិតសិប chet-sep

several *pron.* ច្រើន chrern

severe *adj.* យ៉ាងខ្លាំងខ្លា yang-klang-klar

severely *adv.* យ៉ាងខ្លាំងខ្លា yang-klang-klar
sew *v.* ដេរ deh
sewing *n.* ការកាត់ដេរ ka-kat-deh
sewing machine *n.* មាស៊ីនកាត់ដេរ ma-sin-kat-deh
sex *n.* ភេទ phet; **have** ~ រួមភេទ roum-phet; **safe** ~ សុវត្ថិភាពផ្លូវភេទ sovat-pheap-phlouw-phet
sexism *n.* ការប្រកាន់ភេទ ka-bro-kan-phet
sexual *adj.* រវាងភេទ ro-veang-phet
sexual relations *n.* ទំនាក់ទំនងផ្លូវភេទ tom-nak-tom-norng-phlouw-phet
sexuality *n.* ជីវិតផ្លូវភេទ chi-vet-phlouw-phet
sexually *adv.* ផ្លូវភេទ phlouw-phet
sexy *adj.* ដែលមានសម្រើប dael-mean-som-berm
shade *n.* ម្លប់ mlop
shadow *n.* ស្រមោល sro-morl
shady *adj.* ដែលមានម្លប់ dael-mean-mlop
shake *v.* រញ្ជួយ ronh-chouy
shall *v.* នឹង neng
shallot *n.* ខ្ទឹមក្រហម khtoem-sor
shallow *adj.* មិនជ្រៅ min-chrov
shame *n.* ភាពអាម៉ាស់មុខ pheap-ah-mas
shampoo *n.* សាប៊ូកក់សក់ sa-bu-kok-sok
shank *n.* ផ្នែកពីក្បាលជង្គង់ទៅកជើង pnek-pi-kbal-chong-kung-touw-kor-cherng
shape *v.* ធ្វើអោយមានរូបរាងឡើង thver-oy-mean-rub-reang-lerng
shaped *adj.* តាមពុម្ពគំរូ tam-pom-kom-ru
share *v.* ចែកចាយ chek-chay
shareholder *n.* ម្ចាស់ហ៊ុន mchas-hun
shark *n.* ត្រីឆ្លាម trei-chhlam
sharp *adj.* មុត mut
sharply *adv.* ភ្លាមៗ pleam pleam
shave *v.* កោរ koa; ~ **one's face** កោរមុខនរណាម្នាក់ koa muk noo-na mnak
shaver *n.* ប្រដាប់កោរ pro-dab-koa
shaving brush *n.* ជក់កោរពុកមាត់ chouk-koa-puk-mot
shaving cream *n.* គ្រីមកោរពុកមាត់ krim-koa-puk-mot
she *pron.* នាង neang
sheep *n. pl* សត្វចៀម sat-cheam
sheep milk *n.* ទឹកដោះគោចៀម toek da-oh koo cheam

sheer *adj.* សុទ្ធ soth
sheet *n.* សន្លឹក son-lerk
shelf *n.* ធ្នើរ thner
shell *n.* សំបក som-bork
shellfish *n.* លៀសគ្រុំ leas krum, លៀស leas, ខ្ចៅ kchao
shelter *n.* ជម្រក chom-rok
sherbet *n.* ទឹកផ្លែឈើដែលកក kroev toek-pleh-chher-dael-reav
sheriff *n.* ប្រធានចៅក្រមសង្កាត់ bror-thean chouw krorm sorng-kat, នគរបាល nor-kor-bal
sherry *n.* ផ្លែសេរី phlae-seri
shield *n.* ប្រដាប់ការពារ pro-dab-ka-pea
shift *v.* ប្តូរកន្លែង pdo-kon-laeng; ~ **gears** ប្រអប់លេខ pror-orb lek • *n.* ស៊ីហ្វ sif
shift key *n.*ឃីស៊ីហ្វ khi-sif
shine *v.* បញ្ចេញពន្លឺ bonh-chenh-pon-loue
shiny *adj.* រលោង ro-long
ship *n.* កប៉ាល់ kak-pal • *v.* ដឹកតាមកប៉ាល់ doek tam kak-pal
shipping charge *n.* ថ្លៃដឹក tlai-deok
shirt *n.* អាវ av
shiver *v.* ធ្វើអោយញ័រ thver-oy-nhor
shock *n.* ការឆក់ ka-chhork
shock absorber *(mech.) n.* បូម boum
shocked *adj.* តក់ស្លុត tork-slut
shockproof *adj.* ការពារការបែក ka-pea-ka-bek
shoe *n.* ស្បែកជើង sbaek-cherng; **running ~s** ស្បែកជើងសម្រាប់រត់ sbaek-cherng-somrab-rot; **walking ~s** ស្បែកជើងកីឡាសម្រាប់ដើរ sbaek-cherng-keila-somrab-der; **waterproof ~s** ស្បែកជើងមិនជ្រាបទឹក sbaek-cherng-min-chreab-toek
shoe repair shop *n.* ហាងជួសជុលស្បែកជើង hang-chous-chol-sbaek-cherng
shoe store *n.* ហាងស្បែកជើង hang sbaek cherng
shoot *v.* បាញ់ banh
shooting *n.* ថត thort
shop *n.* ហាង hang • *v.* ទិញអីវ៉ាន tinh-ey-van
shopkeeper *n.* ម្ចាស់ហាង mchas-hang
shoplifting *n.* ការលួចឥវ៉ាន់ក្នុងហាង ka-louch-ey-van-knong-hang
shopping *n.* ការដើរទិញឥវ៉ាន់ ka-der-tinh-ey-van • *v.* **go** ~ ទៅទិញឥវ៉ាន់ touw-tinh-ey-van

shopping basket *n.* កន្ត្រកទិញទំនិញ kon-trok-tenh-tum-nenh
shopping center *n.* មជ្ឈមណ្ឌលលក់ទំនិញ mach-chh-mon-dol-luk-tom-nenh
shore *n.* មាត់បឹង mot-berng
short *adj.* ខ្លី khlei
short story *n.* រឿងខ្លី rerng-khlei
short-sighted *adj.* ម្ញូប ma-nhoub
short-term parking *n.* កន្លែងចតរយៈពេលខ្លី konleng-chort-ro-yak-pel-khlei
shortage *n.* ការខ្វះខាត ka-kvas-khat
shortcake *n.* នំផ្អែម num-pa-em
shortfin eel *n.* ត្រីច្លក trei chlok
shortly *adv.* យ៉ាងខ្លី yang-kley
shorts *n.* ខោទ្រនាប់បុរស khor-tro-nop-bros
shortspine eel *n.* ត្រីខ្ជឹង trei khchoeng
shot *n.* ការបាញ់កាំភ្លើង ka-banh-kam-plerng
should *v.* គួរតែ kou-tea
shoulder *n.* ស្មា sma; **pork** ~ សាច់ស្មា sach-sma
shout *v.* ស្រែក srek
shovel *n.* ប៉ែល pehl
show *v.* បង្ហាញ bong-hanh; **can you ~ me?** តើអ្នកអាចបង្ហាញខ្ញុំបានទេ? ter-nak-ach-bong-hanh-kchom-ban-te
shower *n.* ងូតទឹក ngut-toek; **rain** ~ រលឹម ro-lem; **bridal** ~ កាដូររៀបការ kado-reab-ka
shred *v.* ច្រៀក chreak
shrimp *n.* កំពឹស kom-pers
shrine *n.* ទីធ្វើសក្ការបូជា ti-thver-sa-karak-bo-chea
shut *v.* បិទ bet
shutoff valve *n.* ការបិទសន្ទះ ka-bet-son-tes
shutter *n.* គំរប kom-rob
shuttle *n.* ត្រល់ trorl
shuttle service *n.* ការដឹកជញ្ជូនទៅមក ka-deok-chun-choun-touw-mok
shy *adj.* អៀន earn
siamese algae eater *(fish) n.* ត្រីបណ្ដាលស្រុក trei borndol-srok
siamese fighting fish *n.* ត្រីក្រឹមភឿក trei kroem-pheurk
siamese glassfish *n.* ត្រីកញ្ចាញច្រាសតូច trei kanh-chanh chras touch
sibling *n.* បងប្អូនបង្កើត bong p-oun bong-kert

sick *adj.* ដែលឈឺ dael-chheu; **I feel ~** ខ្ញុំមានអារម្មណ៍ថាឈឺ kchom-mean-arom-tha-chheu; **car ~** ពុលឡាន pol-lan • *v.* **be ~** ឈឺ cheur; **feel ~** មិនស្រួលខ្លួន men-sruol-khluon
sickness *n.* ជម្ងឺ chom-ngeu
side *n.* ចំហៀង chom-heang
side dish *n.* ម្ហូបបន្ទាប់បន្សំ ma-hub born-toab born-sorm
side effect *n.* ផលប៉ះពាល់ phorl pas-poal
sidebar *n.* ផ្នែកខាង pha-naek khang
sidewalk *n.* ចិញ្ចើមថ្នល់ chenh-cherm-tnol
sideways *adj.* ពីចំហៀង pi-chom-heang
Siem Reap *(Cambodian city) n.* សៀមរាប siam-reap
sieve *n.* កន្ទ្រង kon-trong
sift *v.* រោយ roy
sight *n.* អំណាចមើល om-nach-merl
sightseeing *n.* ការដើរទស្សនាកំសាន្ត ka-der-tus-na-kom-san; **go ~** ទៅដើរកម្សាន្ត touw-der-kom-san
sightseeing tour *n.* ដំណើរទស្សនាចរ dom-ner-tus-sa-na-chor
sign *n.* ចុះហត្ថលេខានិងឈ្មោះ chos-hat-lee-kha neng chhmous • *v.* ចុះហត្ថលេខា chos-hat-lee-kha
sign here *phr.* ចុះហត្ថលេខាត្រង់នេះ chos-hat-thak-lehka-trong-nis
sign language *n.* សញ្ញាភាសា sanha-phea-sa
signal *n.* សញ្ញា sanh-nha • *v.* អោយសញ្ញា oy-sanh-nha
signature *n.* ហត្ថលេខា hat-le-kha
significance *n.* សារៈសំខាន់ sarak-som-khan
significant *adj.* សំខាន់ som-khan
significantly *adv.* ដោយមានសារៈសំខាន់ doay-mean-sarak-som-khan
signpost *n.* ផ្លាកសញ្ញា phlak-sanh-hna
Sihanoukville *(Cambodian town) n.* ព្រះសីហនុ preah sei-hak-nuk
silence *n.* ភាពស្ងាត់ pheap-sngat
silent *adj.* ស្ងាត់ sngat
silk *n.* សូត្រ soth
silly *adj.* ឆ្កួត chhkout
silver *n.* ប្រាក់ prak; **sterling ~** ប្រាក់លុយ prak luy, នៃស្ទែរលិញ nai-ster-linh
silver botia *(fish) n.* ត្រីកញ្ជ្រូកលឿង trei kanh-chrouk leurng
silver plate *n.* ចានប្រាក់ chan prak
silver rasbora *(fish) n.* ត្រីចង្វា trei chorng-va
silver sharkminnow *(fish) n.* ត្រីក្រុស trei kros

silverware *n.* គ្រឿងផ្ទះបាយស្រោបដោយប្រាក់ kreung pteah bay sroab doay prak
similar *adj.* ស្រដៀងគ្នា sro-deang-knea
similarly *adv.* ក៏ដូចតែគ្នា kor-doch-tea-knea
simmer *v.* រម្ងាស់ rom-ngos
simple *adj.* សាមញ្ញ sa-manh
simply *adv.* ងាយ ngeay
sin *n.* អំពើបាប om-per-bab
since *prep.* ចាប់តាំងពី chab-tang-pi • *adv.* ដោយសារ doay-sar
sincere *adj.* ដែលស្មោះ dael-smos
sincerely *adv.* យ៉ាងស្មោះត្រង់ yang-sms-trong
sing *v.* ច្រៀង chreang
singe *v.* រោលចុង rol-chong
singer *n.* អ្នកចម្រៀង nek-chom-reang
singing *n.* ការស្រែកច្រៀង ka-srek-chreang
single *adj.* ដែលម្នាក់ឯង dael-mnek-eng
single room បន្ទប់គ្រែមួយ bon-tob-kre-muoy
single ticket សំបុត្រឯកទិស sormbot-ek-teos
singular *n.* ឯកវចនៈ ek-vach-nak
sink *n.* ធុងលាងចាន thong-leang-chan • *v.* លិច lech
sir *n.* លោក lok
siren *n.* ស៊ីរ៉ែន shi-ren
sirloin *n.* សាច់ត្រគាកខាងលើ sach-tro-keak-khang-ler
sirloin steak បន្ទះសាច់ត្រគាក bon-tes-sach-tro-keak
sister *n.* បងប្អូនស្រី bong p-oun srey
sit *v.* អង្គុយ orng-kuy; ~ **down, please** សូមអង្គុយចុះ som-orng-kuy-chos
site *n.* ទីកន្លែង ti-kon-laeng, គេហទំព័រ ke-hak tum-puour
situation *n.* ស្ថានការណ៍ sthan-ka
six *num.* ប្រាំមួយ bram-muoy
sixteen *num.* ដប់ប្រាំមួយ dob-bram-muoy
sixteenth *adj.* ទីដប់ប្រាំមួយ ti-dob-bram-muoy
sixth *adj.* ទីប្រាំមួយ ti-bram-muoy
sixtieth *adj.* ទីហុកសិប ti-hok-seb
sixty *num.* ហុកសិប hok-seb
size *n.* ទំហំ tom-hom
skate *v.* ដើរឬជិះស្បែកជើងមានកង់ der roue chis sbek-cherng mean kong • *n.* ស្គី ski; **ice ~s** ស្បែកជើងស្គីទឹកកក sbek-cherng-ski-toek-kok

skeleton *n.* គ្រោងឆ្អឹង krong chh-erng
sketch *n.* គំនូរព្រាង koum nou-preang
skewer *v.* ដោតចង្កាក់ dort chong-kak
skewered *adj.* ដែលបានដោតចង្កាក់ dael-ban-dort chong-kak
ski *v.* លេងស្គី leng-ski • *n.* ស្គី ski; **downhill ~ing** ការជិះស្គីចុះភ្នំ ka-chis-ski-chos-phnom
ski boots *n.* ស្បែកជើងលេងស្គី sbek-cherng-leng-ski
ski lift *n.* ស្គីទោង ski-torng
ski poles *n.* ដងលេងស្គី dorng-leng ski
skill *n.* ការប៉ិនប្រសប់ ka-pin-pro-sop
skillful *adj.* ដែលប៉ិនប្រសប់ dael-pen-bro-sob
skillfully *adv.* យ៉ាងស្ទាត់ជំនាញ yang-stort-chum-neanh
skilled *adj.* ជុំនាញ chom-neanh
skillet *n.* ខ្ទះចៀន khteah chean
skim milk *n.* ទឹកដោះគោមានជាតិខ្លាញ់តិច toek-da-oh-koo-mean-cheat-klanh-tic
skin *n.* ស្បែក sbek
skinned *adj.* មានស្បែក mean sbek
skirt *n.* សំពត់ហ៊្សីប sorm-pot-ship
skull *n.* លលាដ៏ក្បាល lor-lea-kbal
skunk botia *(fish) n.* ត្រីកញ្ជ្រូក trei konh-chrork
Skuon *(Cambodian town) n.* ស្គួន់ sa-kun
sky *n.* មេឃ mek
slang *n.* ពាក្យសាមញ្ញ peak sa-manh
slash *n.* ស្នាមកាត់ឬឆ្កូត snam kat roue chhkot
slaw *n.* ស្ពៃក្តោបចិញ្ច្រាំ spei kdop chonh-chram
sleep *v.* ដេក dek, គេង keng
sleeper *n.* អ្នកដេក neak-dek
sleeping bag *n.* ថង់ធំមិនជ្រាបទឹកអាចលាចេញសំរាប់ដេក thong-thom-min-chreab-toek som-rab-dek
sleeping car *n.* ទូររថភ្លើងមានគ្រែសម្រាប់គេងយប់ tou-rot-plerng-mean-kre-somrab-keng-yob
sleeping pill *n.* ថ្នាំងងុយគេង thnam-ngo-nguy-keng
sleepy *adj.* ដែលងងុយគេង dael-ngor-nguy-keng
sleeve *n.* ដៃអាវ dai-av
slender rasbora *(fish) n.* ត្រីចង្វាឆ្នូត trei chorng-va chnout
slice *n.* បន្ទះ bon-teas • *v.* កាត់ជាបន្ទះ kat chea born-teah

slide *v.* រអិល ro-eil
slight *adj.* តូចប្រឡឹង touwtoch-chror-loeng
slightly *adv.* ដោយត្រឹមតែបន្តិចបន្តួច doy-trerm-tea-bon-tiv-bon-touch
slim *adj.* ដ៏ស្គួចស្ដើង dor-sdouch-sderng
sling *n.* ដង្ហក់ dong-hok
slip *v.* ទាញចេញ teanh-chenh
slipper *n.* ស្បែកជើងម្យាងសម្រាបពាក់នៅផ្ទះ sbek-cherng-myang-som-rab-peak-nov-pteas
slope *n.* ចំណោទ chom-not
slow *adj.* យឺត yert; ~ **down**! បន្ថយល្បឿន bon-thory-lbern
slowly *adv.* យឺត yert
SLR camera *n.* កាម៉េរ៉ាឌីជីថល ka-meh-ra-digital
small *adj.* តូច toch
small change *n.* ផ្លាស់ប្ដូរតិចតួច plas-pdo-tic-toch
smaller *adj.* ដែលតូច dael-toch
smallscale croaker *(fish) n.* ត្រីប្រម៉ា trei pror-ma
smart *adj.* ឆ្លាត chhlat
smash *v.* បុកកំទេច bok-kom-tech
smell *v.* ស្រង់ក្លិន srong-klen; **what's that ~?** តើវាជាក្លិនអ្វី ter-vea-chea-klen-avey
smile *v.* ញញឹម nhor-nhoem • *n.* ការញញឹម kar nhor-nhoem
smoke *n.* ការជក់បារី ka-chouk-barey
smoked *adj.* បង្ហុយ bong-hoy
smoked fish *n.* ត្រីឆ្អើរ trei-chh-er
smoked sausage *n.* សាច់ក្រកឆ្អើរ sach-krork cha-a-uh
smoker *n.* អ្នកជក់បារី neak-chouk-barey
smoking *n.* ការជក់បារី ka-chouk-barey; **no** ~ ហាមជក់បារី ham-chok-bari
smooth *adj.* រាបស្មើ reap-smer
smoothie *n.* ប្រភេទទឹកផ្លែឈើម្យាង bro-phet-toek-pleh-chher-myang; **fruit** ~ រសជាតិផ្លែឈើ ros-cheat-ple-chher
smoothly *adv.* យ៉ាងរាបស្មើ yang-reap-smer
snack *n.* អាហារសម្រន់ aha sorm-rorn, អាហារសំរន់ ah-ha som-ron
snack bar *n.* អាហារដ្ឋាន ah-ha-ro-than
snack food *n.* អាហារសំរន់ aha sormron
snail *n.* ខ្យង khyong
snake *n.* ពស់ pous
snakeskin gourami *(fish) n.* ត្រីកន្ធរ trei korn-thooh

sneaker *n.* គេចខ្លួន kech-kloun
snorkel *n.* បំពង់ខ្យល់ bom-pong-kchol
snow *n.* ទឹកកកសំឡី toek-kok-som-ley
snow tires *n.* កង់ឡានប្រើសម្រាប់ពេលធ្លាក់ទឹកកក kong-lan-somrab-brer-pel-tlak-toek-kok
snowstorm *n.* ព្យុះព្រិល pchos-proel
so *adv.* ដូច្នេះ doch-chnes; ~ **that** ដូច្នេះ doch-chnes
so-called *adj.* ហៅថា hav-tha
soap *n.* សាប៊ូ sa-bu
soap opera *n.* ល្ខោនអូប៉េរា la-khorn-opera
soccer *n.* កីឡាបាល់ទាត់ key-la-bal-tot
soccer match *n.* ការប្រកួតបាល់ទាត់ ka-bro-kout-bal-tort
sociable *adj.* រាក់ទាក់ reak-teak
social *adj.* ដែលជាក្រុមឬពួក dael-chea-krom roue pouk
social science *n.* វិទ្យាសាស្ត្រសង្គម vi-chea-sas-song-kum
social security *n.* សន្តិសុខសង្គម son-te-sok-song-kum
social welfare *n.* សុខុមាលភាពសង្គម so-khu-mal-pheap-song-kum
socialist *adj.* អ្នកសង្គមនិយម neak-song-kom-niyom
socially *adv.* តាមបែបសង្គម tam-beb-song-kom
society *n.* សង្គម sorng-kom
sock *n.* ស្រោមជើង sroam-cherng
socket *n.* ឌុយ duy
soda *n.* សូដា soda, ទឹកក្រូច toek-kroch; **flavored** ~ រសជាតិសូដា ros-cheat-soda
soda water *n.* ទឹកសូដា toek-soda
soda pop *n.* ទឹកក្រូចសូដា toek-krouch-soda
sodium *n.* សូដ្យូម so-di-youm, សូឌីយ៉ូម sod-youm; **high** ~ សូដ្យូមខ្ពស់ so-di-youm-kpous; **low** ~ សូដ្យូមទាប so-di-youm-teab
soft *adj.* ទន់ៗ ton ton
soft cheese *n.* ឈីសទន់ chhiz-tun
soft drink *n.* ទឹកភេសជ្ជៈ toek-pes-sa-chak
softly *adv.* យ៉ាងសន្សឹមៗ yang son-serm son-serm
software *n.* ប្រូក្រាមរបស់កុំព្យូទ័រ pro-gram-robos-kom-putor, សូហ្វវែរ sof-waear
soil *n.* ដី dey
sojourn *n.* កាសំចត ka-som-chort
solar *adj.* នៃព្រះអាទិត្យ ney-preas-ah-tet

sold *adj.* លក់ដូរ louk-do
sold out *adj.* លក់អស់ louk-os
soldier *n.* ទាហាន tea-hean
sole *n.* ទ្រនាប់ tro-nop
solid *adj.* កក kok, រឹង rerng
solo *adj.* សម្តែងដោយមនុស្សម្នាក់ som-deng-doy
soloist *n.* អ្នកស្រែកឬធ្វើការមួយ neak-srek roue thver-ka muoy
solution *n.* ដំណោះស្រាយ dom-nos-sray
solve *v.* ដោះស្រាយបញ្ហា dos-sray-panh-ha
solvent *n.* គ្រឿងដាក់រំលាយ krerng-dak-rom-leay
some *pron.* ខ្លះ khlas; ~ **kind of** ប្រភេទខ្លះ bro-pet-khlas
somebody *pron.* អ្នកណាម្នាក់ neak-na-mnek
somehow *adv.* មិនដឹងជាយ៉ាងម៉េច min-derng-chea-yang-mech
someone *pron.* អ្នកណាម្នាក់ nek-na-mnek
something *pron.* អ្វីមួយ avey-muoy
sometimes *adv.* ម្តងម្កាល mdong-mkal
somewhat *adv.* ដូចជា doch-chea
somewhere *adv.* នៅកន្លែងណាមួយ nov-kon-laeng-na-mouh
son *n.* កូនប្រុស kon-pros
song *n.* ចម្រៀង chom-reang
songwriter *n.* អ្នកសរសេរបទចម្រៀង neak-sor-se-chom-reang
son-in-law *n.* កូនប្រសាប្រុស kon-pro-sa-pros
soon *adv.* យ៉ាងឆាប់ yang-chhab; **as ~ as** យ៉ាងឆាប់ yang-chab
soothe *v.* លួងលោម loung-lom
sophisticated *adj.* ជឿនលឿន chern-lern
sorbet *n.* ការ៉េមមានរសជាតិផ្លែឈើ ka-rem-mean-ros-cheat-phlaephlae-chher
sore *adj.* ឈឺចាប់ chheu-chab; **to have a ~ throat** ឈឺក chheu-kor; **to be ~** ខឹង kheong
sorghum *n.* ស្ដៅ sdao
sorrel *n.* ដើមពាក្យ derm-peak
sorry *adj.* គួរអោយស្តាយ kou-oy-sday; **I'm ~** ខ្ញុំសោកស្តាយ kchom-sork-sday
sort *n.* ប្រភេទ pro-phet
soufflé *n.* នំពងទាដាក់សូកូឡា num-pong-tea-dak-so-ko-la
soul *n.* ព្រលឹង bro-lerng
soul music *n.* ប្រភេទតន្ត្រី bro-phet-don-trei

sound *n.* សម្លេង som-leng
soup *n.* ស៊ុប soup; **chicken** ~ ស៊ុបមាន់ soup-moin; **cream** ~ ស៊ុបខាប់ soup khab
soup bowl *n.* ចានដាក់ស៊ុប chan-dak-soup
soup of the day *n.* ស៊ុបប្រចាំថ្ងៃ soup-pror-cham-tngai
soup stock *n.* ទឹកសាច់ស្ងោរ toek sach-sa-ngoa
sour *adj.* ជូរ chou
sour cabbage *n.* ស្ពៃជូរ spei chou
sour cream *n.* ក្រែមជូរ krem chou; ក្រែមទឹកដោះគោជូរ krem-toek-dos-koo-chou
source *n.* ច្បាប់ដើម chbab-derm
south *n.* ទិសខាងត្បូង ters-khang-tboung • *adv.* នៅខាងត្បូង nov-khang-tboung
southeast *n.* អាគ្នេយ៍ ah-khne
southern *adj.* ខាងត្បូង khang-tboung
souvenir *n.* វត្ថុអនុស្សាវរីយ៍ vothok-ak-nu-sa-very
souvenir shop *n.* ហាងលក់វត្ថុអនុស្សាវរីយ៍ hang-luk-vothok-ah-nu-sa-very
sow *v.* សាបព្រួស sab-prous; ~ **seeds** ព្រួស prous
sowing *n.* ការសាបព្រួស ka-sab-prous
soy *n.* សណ្ដែកសៀង sorn-dek-seang
soy milk *n.* ទឹកសណ្ដែក toek-son-dek
soy sauce *n.* ទឹកស៊ីអ៊ីវ toek-si-iv
soya *n.* ដើមសណ្ដែកសៀង derm-son-dek-seang
soybean *n.* សណ្ដែកសៀង son-dek-seang
soybean oil *n.* ប្រេងសណ្ដែកសៀង breng-son-dek-seang
space *n.* កន្លែង kon-laeng
spacebar *n.* ដកឃ្លា dork khlea, របារលើកុំព្យូទ័រសម្រាប់ចុចដកឃ្លា ro-ba-ler-kom-pyu-ter-somrab-dok-khlea
spade *n.* ចបជីក chop-chik
spaghetti *n.* ស្ពែហ្គាធី spa-getti, នំបញ្ចុកអ៊ីតាលី nom-banh-chok-itali
Spain *n.* ប្រទេសអេស្ប៉ាញ pror-tes-es-spanh
Spanish *adj.* នៃប្រទេសអេស្ប៉ាញ ney-pro-tes-es-spanh
spare *adj.* សម្រាប់បម្រុងការ som-rab-bom-rong-ka
spare part *n.* គ្រឿងបន្លាស់ krerng-bon-las
spare wheel *n.* កង់សាគួរ kong-sakour
sparkling *adj.* នៃផ្កាភ្លើង ney-pka-plerng
sparkling wine *n.* ពពុះស្រា por-po-sra

spatula *n.* វែកកូរ vek-ko
speak *v.* និយាយ niyeay; **do you ~ English?** តើអ្នកចេះនិយាយអង់គ្លេសទេ? ter-nak-ches-niyeay-ang-le-te
speaker *n.* អ្នកនិយាយ neak-niyeay
speakle horseface loach *(fish) n.* ត្រីឬសចេក trei reus-chek
special *adj.* ពិសេស pi-ses • *n.* **today's ~** ម្ហូបពិសេសប្រចាំថ្ងៃ mhob pises prorcham thngai
special delivery *n.* ការដឹកជូនជាពិសេស kar-doek chun chea pises
special needs *n.* តម្រូវការពិសេស dorm-rouw kar pises
specialist *n.* អ្នកឯកទេស neak-ek-tes
specialize *v.* ធ្វើឯកទេសកម្ម thver-ek-tes-kam
specialized *adj.* ដែលមានជំនាញ dael-mean-chom-neanh
specially *adv.* យ៉ាងពិសេស yang-pi-ses
specialty *n.* ភាពពិសេស pheap-pi-ses
species *n.* ប្រភេទ pro-phet
specific *adj.* ច្បាស់លាស់ chbas-lors
specifically *adv.* ដោយជាក់លាក់ doay-cheak-leak
specification *n.* ការបញ្ជាក់អោយច្បាស់ ka-banh-cheak-oy-chbas
specify *v.* ប្រាប់អោយជាក់លាក់ prab-oy-cheak-leak
specimen *n.* គំរូយ៉ាង, បដិរូប tour-yang , pak-de-rub
spectacles *n.* វ៉ែនតា ven-ta
spectator *n.* អ្នកទស្សនា neak-tous-na
spectrum *n.* វិសាលគម vi-sal-kom
speech *n.* សន្ទរកថា sorn-tarak-katha
speed *n.* ល្បឿន lbern
speed limit *n.* កម្រិតល្បឿន korm-rit-lbern
speeding *n.* ពន្លឿន pun-lbern
speedometer *n.* ការស្ទង់ល្បឿន ka-stong-lbern
spell *v.* ប្រកបអក្សរ bro-korb-ak-sor
spelling *n.* ការប្រកបអក្សរ ka-bro-korb-ak-sor
spelt flour *n.* ម្សៅធ្វើនំប៉័ង masao-thver-num-pang
spend *v.* ចំណាយ chom-nay
spherical *adj.* ដែលមានរាងដូចស្វ៊ែ sel-mean-reang-doch-svea
spice *n.* គ្រឿងហឹរ kreung hoel, គ្រឿងទេស krerng-tes; **~ blend** គ្រឿងទេស kreung-tes
spicy *adj.* ដែលមានរសជាតិហឹរ dael-mean-rous-cheat-hil
spider *n.* ពីងពាង ping-peang

spill *v.* ធ្វើអោយកំពប់ thver-oy-kom-pop
spin *v.* បង្វិល bong-vil
spinach *n.* បន្លែម្យាង bon-leh- m-yang
spinal column *n.* ឆ្អឹងខ្នង cha-eong-knong
spine *n.* បន្លា bon-la
spire *n.* កំពូល kom-pul
spirit *n.* អ្នកតា neak-ta
spirits *n.* *(bravery)* សេចក្តីក្លាហាន sech-kdei-kla-han; *(alcohol)* ស្រា sra
spiritual *adj.* ខាងសាសនា khang-sas-na
spite *n.* ជិតអាក្រក់ chet-akrok
spleen *n.* ការស្រេពន់ចិត្ត ka-sro-pom-chet
splinter *n.* ចំណែកតូចៗ chom-nek-toch-toch
split *v.* ចែកគ្នា chek-knea
spoil *v.* ធ្វើអោយខូច thver-oy-khoch
spoiled *adj.* ដែលធ្វើអោយខូច dael-thver-oy-khoch
spoiled food *n.* ម្ហូបខូច ma-houb-khoch
spoke *n.* និយាយ niyeay
spoken *adj.* ដែលនិយាយ dael-niyeay
sponge *n.* ដុំកៅស៊ូទន់ៗ dom-kao-su-ton-ton
sponge cake *n.* នំពងទា num-pong-tea
sponsor *n.* អ្នកគាំទ្រ nek-korm-tror
spoon *n.* ស្លាបព្រា slap-prea
spoonful *n.* ចំណុះមួយស្លាបព្រា chom-nos-muoy-slap-prea
spork *n.* ស្លាបព្រាសម slap-prea-som
sport *n.* កីឡា kei-la
sporting goods *n.* សម្ភារៈកីឡា som-phea-rak-kei-la
sporting goods store *n.* ហាងលក់សម្ភារៈកីឡា hang-luk-som-phea-rak-kei-la
sporting ground *n.* កន្លែងលេងកីឡា kon-laeng-leng-kei-la
sports *n.* កីឡា kei-la
sports field *n.* ទីលានលេងកីឡា ti-lean-leng-kei-la
spot *n.* ចំណុច chom-noch
spotted algae eater *(fish)* *n.* ត្រីស្មុក trei smok
spouse *n.* ប្តីឬប្រពន្ធ pdey roue pro-pon
sprain *n.* ដំណើរគ្រេច dom-ner-krech
sprained *adj.* នៃដំណើរគ្រេច ney-dom-ner-krech
sprained ankle *n.* ជើងគ្រេច cherng-krech

spray *n.* ថ្នាំបាញ់សត្វ thnam-banh-chhab • *v.* បាញ់ banh
spread *v.* លាត leat, ត្រដាង tro-dang
spreadsheet *n.* តារាងទិន្នន័យ ta-rang tin-na-nei, កម្មវិធីកុំព្យូទ័រ kam-vi-ti-kom-pyu-ter
spring *n. (leap)* ការលោត ka-ro-lark; *(water)* **hot ~** ទឹកផុសពីដី toek-pous-pe-dei; *(season)* និទាឃរដូវ ni-tea-kheak-ror-douv
spring onion *n.* ស្លឹកខ្ទឹម sloek khtoem
sprinkle *v.* រោយ roy
sprinkles *n.* ស្ករពណ៌ skor puour
sprout *n.* ពន្លក pon-lok; **bean ~** សណ្តែកបណ្តុះ son-dek-bon-dos
squab *n.* កូនព្រាប kon-preap
square *v.* ធ្វើអោយត្រង់ thver-oy-trong • *n.* ការ៉េ ka-re; **main ~** ទីលានចំបង ti-lean chorm-borng
squash *n.(vegetable)* កីឡាម្យាងស្រដៀងគ្នានឹងតិនីស key-la-myarng-sro-deang-tenis, រនោងល្ពៅ ror-noong-la-pouw; **summer ~** ផ្លែស្ពូស phlae squash; *(sport)* **game of ~** កីឡាម្យាងស្រដៀងគ្នានឹងតិនីស key-la-myarng-sro-deang-tenis
squeeze *v.* ច្របាច់ chro-bach
squid *n.* ត្រីមឹក trei-merk
squirrel *n.* កំប្រុក kom-brok
Sravan *(month on Khmer calendar) n.* ស្រាពណ៍ srab
Sre Ambel *(Cambodian town) n.* ស្រែអំបិល srae-orm-boel
stable *adj.* ឋិតថេរ thet-the
stables *n.* ក្រុមមនុស្ស krum-mnus
stadium *n.* ពហុកីឡដ្ឋាន peak-huk-key-la-than
staff *n.* អ្នកធ្វើការ nek-thver-ka
stage *n.* កន្លែងដែលកើតហេតុ kon-laeng-dael-kert-het
stain *v.* ធ្វើអោយប្រឡាក់ thver-oy-pro-lak
stain remover *n.* ប្រដាប់សំអាតស្នាម pror-dab sorm-art snam
stained glass *n.* កញ្ចក់ពណ៌ដាក់ក្នុងព្រះវិហារ kanh-chok-por-dak-knong-preah-vihear
stainless steel *adj.* ប្រភេទដែកថែបមិនច្រេះ bro-pet-dek-theb-min-chres
stair *n.* ជណ្តើរ chon-der
staircase *n.* ជណ្តើរនិងបង្កាន់ដៃ chon-der neng bong-kan-dai
stairway *n.* ជណ្តើរនិងបង្កាន់ដៃ chon-der neng bong-kan-dai
stairwell *n.* ប្រឡោះជណ្តើរ bro-los-chon-der
stake *n.* បង្គោល bong-kol

stale *adj.* មិនស្រស់ min-sros
stamp *n.* តែម tem; **postage ~** តែមប្រៃសណីយ tem-brai-sa-nee • *v.* **~ a ticket** បោះត្រាសំបុត្រ bos-tra-sormbot; **~ a passport** បោះត្រាលិខិតឆ្លងដែន bos-tra-le-khet-chlong-den
stand *v.* ឈរ chor, **~ in line** ឈរតាមជួរ chor-tam-chour; **~ up** ក្រោកឈរ kroak-chor • *n.* ការឈរ kar chor; **taxi ~** ចំណតតាក់ស៊ី chom-nort-taxi
standard *n.* ស្តង់ដា stong-da
standard charge *n.* តម្លៃស្តង់ដា dorm-lei storng-da
standby ticket *n.* សំបុត្រសម្រាប់អ្នកចាំជំនួស sorm-bot-somrab-nak-cham-chom-nous
standing *adj.* ដែលអចិន្ត្រៃយ៍ dael ak-chen-trai • *n.* រយៈពេល ro-yak-pel
star *n.* ផ្កាយ phkay
star gooseberry *n.* ងប់ ngub
star lotus *n.* លំចង់ lum-chorng
starch *n.* ម្សៅ m-sao
stare *v.* សម្លឹងមិនដាក់ភ្នែក som-lerng-min-dak-pnek
starfish *n.* ក្រចាប់សមុទ្រ kro-chab-sak-mot
start *v.* ចាប់ផ្តើម chab-pderm; **~ a car** បញ្ឆេះឡាន banh-ches-lan
starter motor *n.* ម៉ូទ័របញ្ឆេះ mo-ter-banh-ches
start-up company *n.* ចាប់ផ្តើមអាជីវកម្ម chab-pdeurm achivakam
state *n.* រដ្ឋ roat • *v.* បញ្ចេញ banh chenh, ថ្លែង thlaeng
statement *n.* របាយការណ៍ ro-bay-ka; **make a ~ (to the police)** រៀបរាប់ reab-roab
stateroom *n.* បន្ទប់ឯកជនសម្រាប់សមាជិករដ្ឋាភិបាល bon-tob-ek-ka-chun-som-rab-samachik-rot-tha-phi-bal
station *n.* ស្ថានីយ s-than-ni; **police ~** ប៉ុស្ត៍ប៉ូលីស pos-po-lis; **train ~** ស្ថានីយរថភ្លើង sa-than-ny-rut-phlerng
statistic *n.* ស្ថិតិ s-thek-tek
statistics *n.* ស្ថិតិ s-thek-tek
statistical *adj.* នៃស្ថិតិ ney s-thek-tek
statue *n.* រូបចម្លាក់ rub-chom-lak
status *n.* ស្ថានការណ៍ s-than-ka
statute *n.* លក្ខន្តិកៈ leak-khan-the-kak
statutory *adj.* តាមច្បាប់ tam-chbab
stay *v.* ស្នាក់នៅ snak-nov
steadily *adv.* យ៉ាងទៀងទាត់ yarng-teang-tot
steady *adj.* មិនប្រែប្រួល min-pre-proul

steak *n.* បន្ទះសាច់អាំង bon-teah-ang-sach, ស្តេក stek; **rare** ~ សាច់ឆៅ sach chao; **sirloin** ~ បន្ទះសាច់ត្រគាក bon-tes-sach-tro-keak

steal *v.* លួច louch

stealing *n.* ដែលលួចលាក់ dael-louch-leak

steam *n.* ចំហាយ chom-hay • *v.* ផ្តល់កំដៅ pdol-kom-dao

steamed *adj.* បញ្ចេញចំហាយ banh-chenh-chom-hay

steamer *n.* ពួកចោរ pouk-chor

steel *n.* ដេកថែប dek-theb

steep *v. (soak)* ប្រលាក់ bro-lak • *adj. (high)* ហួសហេតុ hous-het

steeply *adv.* យ៉ាងខ្ពស់សន្លឹម yang-kpous-son-lerm

steer *v.* កាច់ចង្កូត kach-chong-kot

steering wheel *n.* ដៃចង្កូត dai-chong-kout

stem *n.* ដើម derm, មែក mek, ទង tong; **word** ~ កំណើតពាក្យ korm-neurt peak

step *n.* ជំហាន chom-hean

sterile *adj.* ដែលពុំផ្តល់សទ្ធផល dael-pon-pdol-lat-phol

sterilized *adj.* ក្រៀវ kreav

sterilizing solution *n.* សម្លាប់មេរោគ som-lab-meh-rok

sterling *(British money) n.* លុយអង់គ្លេស luy-ong-kles

sterling silver នៃស្ទែរលិញ nai-ster-linh, ប្រាក់លុយ prak luy

stew *n.* សម្ល som-lor; **beef** ~ ការីសាច់គោ ka-ri-sach-koo; **vegetable** ~ ស្ងោរបន្លែ sngoar bon lae

stewed *adj.* ដែលឆុងចាស់ពេក dael-chung-chas-pek; ~ **meat** សាច់ខ sach khoo

stick *v.* មុត mut • *n.* ដំបង dorm-borng

stick out *v.* លេខធ្លោ lech thloor

sticky *adj.* ដែលស្អិត dael s-et

stiff *adj.* ពិបាក pi-bak

stiff neck *n.* ភាពចុករោយក pheap-chuk-roy-kor

stiffly *adv.* យ៉ាងរឹង yang-reong

still *adv.* កាន់តែ kan-tea • *adj.* ស្ងៀម sngeam; **I'm ~ waiting** ខ្ញុំកំពុងតែចាំ kchom-kom-pong-te-cham

still-life painting *n.* ដែលគំនូរវត្ថុគ្មានជីវិត dael-kum-nou-vat-thu-kmean-chivit

stimulate *v.* ដាស់តឿន das-tern

stimulus *n.* គ្រឿងជំរុញលើកទឹកចិត្ត krerng-chom-roch-lerk-toek-chet

sting *n.* ការទិច ka tech

stinging catfish *n.* ត្រីអណ្ដែងទន់ពុកមាត់បួន trei orn-daeng tun puk moat buon
stir *v.* កម្រើក korm rerk
stir-fry *n.* ឆា chh
stitch *n.* របៀបដេរ ro-beab-deh
stock *n.* *(inventory)* ការស្តុកទំនិញ ka-stok-tom-ninh; *(soup)* ទឹកសាច់ស្ងោរ toek sach-sa-ngoa; **chicken** ~ ស៊ុបមាន់ soup moan
stock exchange *n.* ទីផ្សារទិញលក់ភាគហ៊ុន ti-psa-tenh-luk-pheak-hun, ផ្សារភាគហ៊ុន phsar pheak-hun
stockings *n.* ស្រោមជើងវែង sraom-cherng-veng
stolen *adj.* ដែលបានលួច dael-ban-louch
stomach *n.* ក្រពះ kro-peas; **upset** ~ ឆ្អល់ពោះ cha-ol-pos
stomachache *n.* ការឈឺក្រពះ ka-chher-kro-peas
stone *n.* ដុំថ្ម dom-tmor
stoned *adj.* ដែលស្រវឹងខ្លាំង dael-sro-verng-klang; *(drugged)* ជក់គ្រឿងញៀន chuk kreung nhean
stool *n.* ជើងម៉ា cherng-ma
stop *v.* ឈប់ chhub; ~ **at ...** ឈប់នៅ chhub-nov • *n.* **bus** ~ ចំណតឡានក្រុង chom-nort-lan-krong; **last** ~ ចំណតចុងក្រោយ chom-nort chong kroay; **full** ~ សញ្ញាចុច sanh-nha-choch; **next** ~! *phr.* ចំណតបន្ទាប់! chom-not-bon-torp
stop sign *n.* សញ្ញាឈប់ sanh-nha-chhub
stopcock *(mech.)* *n.* ប្រដាប់បិតបើក bro-dab-bet-berk
stoplight rasbora *(fish)* *n.* ត្រីចង្វាស្រលួង trei chorng-va sror-loung
stopper *n.* ឆ្នុក chnok
store *n.* ហាងលក់ដូរ hang-luok-do
store directory *n.* បញ្ជីឈ្មោះហាង banh-chi-chmous-hang
store window *n.* ការដាក់តាំងលក់ទំនិញ kar-dak-tang-luk-tum-nenh
stork *n.* សត្វក្រសា sat-kro-sa
storm *n.* ខ្យល់ព្យុះ kyol-pchus; **snow**~ ព្យុះព្រិល pchos-proel
storm warning *n.* ការប្រុងប្រយ័ត្ន ការព្រមានអំពីខ្យល់ព្យុះ ka-pro-mean-om-pi-kyol-pchus
stormy *adj.* ដែលមានខ្យល់ខ្លាំង dael-mean-kyol-klang
story *n.* រឿងហេតុ roeurng-het
storyboard *n.* គំនូររឿង koum-nou-rerng
stove *n.* ចង្ក្រាន chong-kran; **camp** ~ ចង្ក្រានដែលអាចយួរបាន chong-kran-dael-ach-your-ban
straight *adj.* ត្រង់ trong

straight ahead *adv.* ឆ្ពោះទៅមុខ chpous-touw-muk
strain *v.* ធ្វើអោយឈឺ thver-oy-chheu; ~ **a muscle** ទាញឲ្យឈឺ teanh-oy-chheu
strange *adj.* ដែលចំឡែក dael-chom-lek
strangely *adv.* យ៉ាងប្លែកអស្ចារ្យ yang-plek-os-cha
stranger *n.* មនុស្សចម្លែក mnus-chom-lek
strategic *adj.* យុទ្ធសាស្ត្រ yuth-sas
strategically *adv.* តាមយុទ្ធសាស្ត្រ tam-yuth-sas
strategy *n.* វិធីសាស្ត្រ vithy-sas
straw *n.* បំពង់បឺត bom-pong-bert
strawberry *n.* ផ្លែស្ត្របេរី phlae-stop-bery, ស្ត្របឺរី stor-berri
stream *n.* ខ្សែទឹក khsae toek
street *n.* ផ្លូវ phlouw; **main** ~ ផ្លូវធំ phlouw thom; **one-way** ~ ផ្លូវឯកទិស phlouw-ek-ters
street children *n.* ក្មេងរស់នៅតាមចិញ្ចើមផ្លូវ kmeng-ros-nov-tam-chen-cherm-phlouw
street food *n.* ម្ហូបអាហារតាមចិញ្ចើមផ្លូវ ma-hub tam-chenh-choem-phlouw, អាហារតាមផ្លូវ aha-tam-phlouw
street light *n.* ភ្លើងបំភ្លឺផ្លូវ pleurng borm-pleur phlouw
streetcar *n.* រថអគ្គិសនី rod-ah-ki-sa-ni
strength *n.* ភាពរឹងមាំ pheap-rerng-mom
stress *n.* ភាពតានតឹង pheap-tan-terng
stressed *adj.* តានតឹង tan-teong
stressful *adj.* ដែលដាក់ទំងន់ dael-dak-tom-ngon
stretch *v.* ធ្វើអោយយឺត thver-oy-yert
stretcher *n.* ប្រដាប់ធ្វើអោយយឺត bro-dab-thver-oy-yert
strict *adj.* ដាច់ខាត dach-khat
strictly *adv.* យ៉ាងជិតដល់ yang-det-dol
strike *v.* វាយប្រហារ veay-pro-ha • *n.* **labor** ~ កូដកម្មការងារ kod-kam-ka-ngea
striking *adj.* ធ្វើកូដកម្ម thver-kod-kam
string *n.* ខ្សែ k-se
string bean *n.* ចម្ការសណ្ដែក chom-ka-son-dek
stringy *adj.* សរសៃៗ sor-sai sor-sai
strip *v.* ដកយកចេញ dork-yok-chenh • *n.* បន្ទះ born-teah
stripe *n.* ឆ្នូត chhnot
striped *adj.* ដែលមានឆ្នូតៗ dael-mean-chhnot-chhnot

striped flying barb *(fish) n.* ត្រីចង្វាភ្លៀង trei chorng-va phleang
striploin *n.* ឈ្មោះសាច់គោម៉្យាង chhmuos-sach-koo-ma-yang
stroke *n. (rub)* ការអង្អែល ka-ong-el
stroll *v.* ដើរលំហែរ der-lom-heh
strong *adj.* ខ្លាំង khlang
strongly *adv.* យ៉ាងមាំមួន yang-morm-moun
structural *adj.* នៃរចនាសម្ព័ន្ធ ney-rach-na-som-pon
structurally *adv.* ដោយមានរចនាសម្ព័ន្ធ doay-mean-rach-na-som-pon
structure *n.* ទ្រង់ទ្រាយ trong-tray
strudel *n.* ផ្លែឈើជូ phlae-chher-chu; **apple** ~ នំប៉ោម noam poam
struggle *v.* ប្រយុទ្ធ bro-yoth
stubborn *adj.* រឹងរូស rerng-rus
stuck *adj.* ជប់គ្នា choab-knea • *v.* **be** ~ ជាប់គាំង chorb-kaeng
student *n.* សិស្ស sers
student card *n.* កាតសិស្ស kat-sers
student discount *n.* ចុះតំលៃសម្រាប់សិស្ស chos dorm-lei sorm-rab sers
studio *n.* កន្លែងថតភាពយន្ត kon-laeng-thot-pheap-yon
study *n.* ការសិក្សា ka-sek-sa • *v.* រៀន rean
stuff *n.* របស់ ro-bos
stuffed *adj.* ឆ្អែត cha-et; **I'm** ~ ខ្ញុំឆ្អែតខ្លាំង kchom-chh-et-klang
stuffed cabbage *n.* ស្ពៃញាត់សាច់ចូល spei nhoat sach chol
stuffed pepper *n.* ម្ទេសញាត់សាច់ចូល ma-tes nhoat sach chol
stuffed vegetable *n.* បន្លែញាត់សាច់ចូល bon-lae nhoat sach chol
stuffing *n.* គ្រឿងញាត់ krerng-nhot
stun *v.* ធ្វើលេងអោយដឹងខ្លួន thver-leng-oy-derng-kloun
Stung Saen *(Cambodian district) n.* ស្ទឹងសែន stoeng saen
Stung Treng *(Cambodian district) n.* ស្ទឹងត្រែង stoeng traeng
stunning *adj.* ដែលធ្វើអោយភ្ញាក់ផ្អើល dael-thver-oy p-nheak p-erl
stupid *adj.* ល្ងីល្ងើ lngi-lnger
sturgeon *n.* ប្រភេទត្រីធំម៉្យាង bro-phet-trei-thom-myang
style *n.* ម៉ូតឬគំរូ mot roue kum-ru
stylistic *adj.* នៃអ្នករចនាម៉ូត ney-nek-rach-na-mot
subject *n.* ប្រធានបទ bro-thean-bot; **change the** ~ ប្តូរប្រធានបទ pdo-bro-thean-bort
submit *v.* ចុះចូល chos chol
subpoena *n.* ដីកា dei-ka, ដីកាកោះសាក្សី deika koh sak-sei
subscribe *v.* ជាវប្រចាំ cheav-bro-cham

subscriber *n.* អ្នកឧបត្ថម្ភលុយ neak-op-pthom-luy
subscription *n.* ការជាវជាប្រចាំ ka-cheav-chea-bro-cham
subsequent *adj.* បន្តបន្ទាប់ bon-tor-bon-top
subsequently *adv.* ក្នុងពេលបន្តទៅ knong-pel-bon-tor-touw
subsidiary *adj.* បន្ទាប់បន្សំ bon-top-bon-som
substance *n.* វត្ថុជាក់ស្តែង vothuk-cheak-sdeng
substantial *adj.* ច្រើនគួរសម chrern-kour-som
substantially *adv.* ដោយមានសារៈសំខាន់ doy-mean-sa-rak-som-khan
substitute *n.* អ្នកជំនួស neak-chom-nous
subtitles *n.* ចំណងជើង chom-norng-cherng
subtle *adj.* ប្រសប់ bro-sop
suburb *n.* ជាយក្រុង cheay-krong
subway *n.* ផ្លូវក្រោមដី phlouw-krom-dey
subway map *n.* ផែនទីផ្លូវក្រោមដី phen-ti-phlouw-kroam-dei
subway station *n.* ស្ថានីយ៍ផ្លូវក្រោមដី sa-than-ny-phlouw-kroam-dei
succeed *v.* បន្ទាប់ពី bon-top-pi
success *n.* ជោគជ័យ chok-chey
successful *adj.* ដែលមានជោគជ័យ dael-mean-chok-chey
successfully *adv.* ប្រកបដោយជោគជ័យ bro-kok-doy-chok-chey
such *pron.* អញ្ចឹង onh-cheng
such as *adv.* ដូចជា doch-chea
suck *v.* ជញ្ជក់ chonh-chouk
sudden *adj.* ភ្លាមៗ pleam pleam
suddenly *adv.* ភ្លាមៗ pleam pleam
suffer *v.* ឈឺចាប់ chher-chab
suffering *n.* ការឈឺចាប់ ka-chher-chab
sufficient *adj.* គ្រប់គ្រាន់ល្មម krub-kron-lmom
sufficiently *adv.* យ៉ាងគ្រប់គ្រាន់ yang-krub-kron
suffix *n.* បច្ច័យ pak-chai
sugar *n.* ស្ករ skor; **brown** ~ ស្ករត្នោត skor-tnot; **refined** ~ ស្ករសរ sakor skor; **unrefined** ~ ស្ករឆៅ skor-chao
sugar cane *n.* អំពៅ orm-pouw
sugar-coated *adj.* ដែលស្រោបដោយស្ករ dael sroab doay skor
sugar-free *adj.* ដែលគ្មានជាតិស្ករ dael-kmean-cheat-skor
sugar palm *n.* ត្នោត tnaut
suggest *v.* ផ្តល់យោបល់ pdol-yo-bol
suggestion *n.* ការផ្តល់យោបល់ ka-pdol-yo-bol

suit *n.* សំលៀកបំពាក់មួយសំរាប់ sorm-leak-bom-peak-muoy-som-rab, បណ្តឹង born-doeng
suitable *adj.* សមរម្យ som-rom
suitable for *adj.* ដែលសមរម្យនឹង dael-som-rum-neng
suitcase *n.* វ៉ាលី va-li
suite *n.* គ្រឿងសង្ហារឹម krerng-song-ha-rem
suited *adj.* សមគ្នាហើយ som-knea-hey
sum *n.* ផលបូក phol-bok
summary *n.* សង្ខេប sorng-kheb
summary judgment *(legal) n.* សេចក្តីវិនិច្ឆ័យសង្ខេប sekdey-vi-ni-chhai-sorng-kheb
summer *n.* រដូវក្តៅ ro-dov-kdoaw
summer schedule *n.* កាលសិក្សាសម្រាប់រដូវក្តៅ ka-seok-sa-somrab-ro-dov-kdoaw
summer solstice *n.* សុលស្ទីស sol-stis
summer squash *n.* ឈ្មោះបន្លែម៉្យាង chhmuos-bon-lae-ma-yang
summer vacation *n.* វិសម្សកាលខែក្តៅ vis-samak-kal khae kdoaw
summon *v.* ប្រមូលផ្តុំ bro-mol-pdom
summons *n.* ដីកាកោះហៅ dei-ka-kos-hav
sun *n.* ព្រះអាទិត្យ preas-ah-tet
sun deck *n.* កន្លែងហាលថ្ងៃ kornlaeng hal-thngai
sun loach *(fish) n.* ត្រីកញ្ជ្រូកក្រហម trei korn-chrouk kror-horm
sunbathe *v.* ការហាលថ្ងៃ kar-hal-thngai
sunblock *n.* ឡេការពារកំដៅថ្ងៃ le-ka-pea-preas-ah-tet
sunburn *n.* ដំណើររលាកនឹងកំដៅថ្ងៃ dom-ner-ror-leak-neng-korm-daow thngai
sunburned *adj.* រលាកដោយកំដៅថ្ងៃ ror-leak doay korm-daow thngai
sundae *n.* ការ៉េមទ្រង់គ្រឿង ka-rem-tron-krerng
Sunday *n.* ថ្ងៃអាទិត្យ thngai-ah-tet
sun-dried tomato *n.* ប៉េងប៉ោះក្រៀម peng pa-oh kream
sunflower *n.* ឈូករ័ត្ន chhouk roat, ផ្កាឈូករត្ន phka-chhouk-roat
sunflower oil *n.* ប្រេងឈូករតន៍ breng-chhouk-roat
sunflower seeds *n.* គ្រាប់ផ្កាឈូករត្ន័ kroab-pka-chhouk-roat
sunglasses *n.* វ៉ែនតាការពារកំដៅថ្ងៃ vaen-ta-ka-pea-kom-dav-tngi
sunlight *n.* ពន្លឺព្រះអាទិត្យ pon-lue-preas-ah-tet
sunny *adj.* ភ្លឺដោយពន្លឺព្រះអាទិត្យ plue-doy-pon-lue-preas-ah-tet
sunrise *n.* ព្រះអាទិត្យរះ preas-ah-tet

sunroof *n.* ការពារពីកម្តៅថ្ងៃ ka-pea-pi-kom-dao-tngai
sunscreen lotion *n.* ឡេការពារកម្តៅថ្ងៃ le-ka-pea-kom-dav-tngai
sunset *n.* ថ្ងៃលិច thngai-lich
sunshade *n.* រនាំងឆ័ត្របាំងការពារពន្លឺថ្ងៃ ro-neang-chhat-bang-ka-pea-kom-dao-tngai
sunstroke *n.* សុរិយរោគ so-rey-rok
suntan *n.* ថ្នាំលាបអោយឡើងពណ៌ដែក thnam-leap-oy-lerng-por-dek
suntan lotion *n.* ឡេការពារស្បែក le-ka-pea-sbek
Suong *(Cambodian town) n.* សួង suong
super *n.* អស្ចារ្យ os-cha; *(premium gas)* ស៊ុបពែរ soup-paea • *adj.* អស្ចារ្យ os-cha
superb *adj.* ប្រសើរក្រៃលែង bro-ser-krai-leng
superior *adj.* ល្អៗ laor laor
superlative *adj.* ល្អលើសគេ laor-lers-ke
superman *n.* មនុស្សអស្ចារ្យ mnus-os-cha
supermarket *n.* ផ្សារធំ phsa-thom
supervise *v.* គ្រប់គ្រង krop-krong
supervision *n.* ការត្រួតត្រាមើល ka-truot-tra-merl
supper *n.* អាហារពេលល្ងាច ah-ha-pel-lngeach
supplement *n.* អ្វីៗដែលបំពេញឬបង្គ្រប់ avey avey-dael-bom-penh roue bong-kop; **calcium** ~ ការបន្ថែមជាតិកាល់ស្យូមក្នុងអាហារ ka-bon-thaem-cheat-kal-syum-knong-aha; **vitamin** ~ វីតាមីនជំនួយ vitamin-chum-nuoy
supplier *n.* អ្នកផ្គត់ផ្គង់ neak p-kot p-kong
supplies *n.* គ្រឿងផ្គត់ផ្គង់ krerg p-kot p-kong
supply *n.* ការផ្គត់ផ្គង់ ka p-kot p-kong
support *n.* ជំនួយ chom-nouy
supporter *n.* អ្នកគាំទ្រ nek-kom-tror
suppose *v.* ប្រៀបធៀប breap-theap
suppository *n.* ឱសថសម្រាប់បញ្ចូលតាមទ្វារបាត oy-soth-som-rab banh-chol-tam-tvea-bat
suppress *v.* លុបចោល lup-choal, សង្កត់ sorng-kot
supreme *adj.* សំខាន់បំផុត sorm-khan-bom-phot
sure *adj.* ពិតជា pit-chea; **are you ~?** តើអ្នកច្បាស់ទេ? ter-nak-chbas-te
surely *adv.* ប្រាកដប្រជា bra-kot-chea
surf *v.* *(sport)* ជិះរលក chis-ro-lork; ~ **waves** កីឡាជិះរលក key-la-chis-ro-lork; *(tech.)* ស្វែងរក svaeng rork, ~ **the Internet** ស្វែងរកអ្វីមួយក្នុងអ៊ីនធឺណេត ka-svaeng-rork-avey-muoy-knong-internet

surface *n.* ផ្នែកខាងក្រៅ phnek-khang-krav
surface mail *n.* ការផ្ញើសំបុត្រតាមគោកឬទឹក ka-pcher-sombot-tam-kork-reu-toek
surfboard *n.* ក្តារសម្រាប់ជិះរំអិល kda-somrab-chis-rom-el
surfer *n.* អ្នកជិះទូករំអិលលើទឹក neak-chis-tuk-ro-el-ler-toek
surfing *n.* កីឡាដែលគេជិះលើបន្ទះក្តារលើទឹក key-la-dael-ke-chis-ler-kda-bon-teas-ler-toek
surgeon *n.* ពេទ្យវះកាត់ pet-veas-kat
surgery *n.* សល្យកម្ម sol-kam
surname *n.* នាមត្រកូល neam-tro-kol
surplus *n.* ចំនួនលើស chom-noun-lers
surprise *n.* អ្វីដែលធ្វើអោយភ្ញាក់ avey-dael-thver-oy p-nheak
surprised *adj.* ដែលភ្ញាក់ផ្អើល dael p-nheak p-erl
surprising *adj.* ដែលធ្វើអោយភ្ញាក់ផ្អើល dael-thver-oy p-nheak p-erl
surprisingly *adv.* ដែលបណ្តោយអោយភ្ញាក់ផ្អើល dael-bon-dal-oy p-nheak p-erl
surrender *v.* ចុះចាញ់ chos chanh
surround *v.* ឡោមព័ទ្ធ lorm-pot
surrounding *adj.* ជុំវិញ chom-vinh
surroundings *n.* អ្វីៗដែលនៅជុំវិញ avey avey-dael-nov-chom-vinh
surveillance *n.* ការពិនិត្យថែទាំ ka-pi nit-thee-tom
survey *n.* ការស្ទង់ ka-stong
survival *n.* ដែលមានគង់នៅ dael-mean-kong-nov
survive *v.* ជៀសផុតពីសេចក្តីស្លាប់ cheas-phot-pi-sekdey-slab
sushi *n.* ស៊ូស៊ី sou-shi
sushi roll *n.* ដុំស៊ូស៊ី dom sou-shi
suspect *v.* សង្ស័យ sorng-sai
suspicion *n.* ការសង្ស័យ ka-sorng-sai
suspicious *adj.* ដែលមានមន្ទិលសង្ស័យ dael-mean-mon-til-sorng-sai
sustain *v.* គាំទ្រ koam-troo, ទ្រទ្រង់ tro-trong
sustainable *adj.* ដែលអាចទ្រទ្រង់ dael-ach-tro-trong
Svay Rieng *(Cambodian province) n.* ស្វាយរៀង svai riang
swab *n.* អំបោស om-bos
swallow *v.* លេប leb
swamp *n.* វាលភក់ veal-phouk
swamp barb *(fish) n.* ត្រីអង្កត់ប្រាក់ trei orng-kot prak
swamp eel *n.* អន្ទង់ trei orn-lung

swear *v.* ស្បត់ sbot
swear words *n.* ពាក្យស្បថ peak-sbot
swearing *n.* ការស្បេតស្បែរ ks-sbot-sbe
sweat *n.* ញើស nhers
sweater *n.* អាវយឺត av-yert
sweatshirt *n.* អាវក្រាស់សម្រាប់អ្នកកីឡា av-kras-somrab-nak-kei-la
sweep *v.* បោស bos
sweet *adj.* ផ្អែម p-em
sweet potato *n.* ដំឡូងជ្វា dorm-loung-chvea
sweetener *n.* គ្រឿងធ្វើឲ្យផ្អែម kreong-thver-oy-pa-em; **no calorie ~** គ្មានជាតិផ្អែម kmean-cheat-pa-em; **artificial ~** ស្ករក្លែងក្លាយ skor khlaeng khlay
sweetsop *n.* ទៀប teab
swell *v.* ធ្វើអោយសើម thver-oy-serm
swelling *n.* កន្លែងហើម kon-laeng-herm
swim *n.* ហែលទឹក hel-toek; **go for a ~** ទៅហែលទឹក touw-hael-toek
swimming *n.* ការហែលទឹក ka-hael-toek; **no ~** ហាមហែលទឹក ham-hael-toek
swimming pool *n.* អាងហែលទឹក ang-hael-toek; **indoor ~** អាងហែលទឹកខាងក្នុង ang-hael-toek-khang-knong; **outdoor ~** អាងហែលទឹកខាងក្រៅ ang-hael-toek-khang-kraow
swimsuit *n.* សម្លៀកបំពាក់ហែលទឹក som-leak-bom-peak-hael-toek
swindler *n.* អ្នកបោកប្រាស់ neak-bok-pras
swing *n.* ទោង tong
Swiss *adj.* នៃប្រទេសស្វីស nei-pror-tes-swiss
Swiss cheese *n.* ឈីសស្វីស chis-swis
Swiss chard *n.* ស្ពៃស្វីស spei-swiss
switch *n.* កុងតាក់ kong-tak • *v.* ប្តូរ pdo; **~ sth. off** បិទ bet
swollen *adj.* ហើម herm
sword *n.* ដាវ dav
swordfish *n.* ត្រីឆ្លាម trei-chhlam
syllable *n.* ព្យាង្គ pcheang
symbol *n.* សញ្ញា sanha
symmetry *n.* ភាពសមគ្នា pheap-som-knea
sympathetic *adj.* ដែលអាណិតអាសូរ dael-anit-aso
sympathy *n.* ការអាណិតអាសូរ ka-anit-aso
symphony *n.* មហោរី mor-hor-ri

symptom *n.* រោគសញ្ញា rook-sanha
synagogue *n.* វិហារហ្សីហ្វ vihea-shis
syndrome *n.* សហនិមិត្តហេតុ sahak-nimit-het
synthesis *n.* សំយោគ sorm-yok
synthetic *adj.* សាំងតេទិក sang-te-tic
synthetic material *n.* វត្ថុសំយោគ wat-thu-som-york
syringe *n.* ម្ជុលចាក់ថ្នាំ mchol-chak-tnam
syrup *n.* ទឹកស៊ីរ៉ូ toek-si-ro; **maple ~** ស៊ីរ៉ូស្ករ siro-skor
system *n.* ប្រព័ន្ធ pror-poan

T

Ta Khmau *(Cambodian city) n.* តាខ្មៅ ta-kmao
table *n.* តារាង tarang, តុ tuk; **dinner** ~ តុញ៉ាំបាយ tuk-nham-bay
table tennis *n.* តុលេងតិន្និស tuk-leng-tin-nis
tableau *n.* ផ្ទាំងគំនូរ phteang-kom-nu
tablecloth *n.* កម្រាលតុ korm-ral-tuk
tablespoon *n.* ស្លាបព្រាបាយ slab-prea-bay
tablet *n.* ថ្នាំពេទ្យ thnam-pet
tableware *n.* កែវ keo
taboo *adj.* ដែលហាមប៉ះពាល់ dael-ham-pas-pol
tackle *v.* វាយប្រហារ veay-pro-ha
tag *n.* ផ្លាក phlak; **price** ~ ផ្លាកតម្លៃ phlak-dom-lai
tail *n.* កន្ទុយ kon-tuy; **ox** ~ កន្ទុយគោ kon-tuy-ko; **pig** ~ កន្ទុយជ្រូក kon-tuy-chrouk
taillight *n.* ភ្លើងក្រោយ phlerng-kraoy
tailor *n.* ជាងកាត់ដេរ cheang-kat-de
tailor-made *adj.* កាត់ kat
take *v.* កាន់ kan; ~ **a taxi** ជិះតាក់ស៊ី chis-taxi; ~ **time** ចំណាយពេល chom-neay-pel; ~ **a nap** សម្រាកមួយស្របក់ somrak-muoy-srobok
taken *adj.* ទទួល tor-tul; *(occupied)* ត្រូវបានគេយក trouw ban ke york
take-out food *n.* ម្ហូបទិញយកញ៉ាំក្រៅ ma-houb-tenh-yok-nham-krao
takeover *n.* ការគ្រប់គ្រង ka-krob-kron; **hostile** ~ ការទិញយកក្រុមហ៊ុន kar tinh york krom-hun
tale *n.* រឿងប្រឌិត rueng-bro-dit
talent *n.* ទេពកោសល្យ tep-kosal
talented *adj.* ដែលប៉ិនប្រសប់ dael-pin-bro-sop
talk *v.* និយាយ niyeay
tall *adj.* ខ្ពស់ kpous
tamarind *n.* អម្ពិល orm-pil; **velvet** ~ ក្រឡាញ់ kror-lanh
tampon *n.* ឆ្នុក chhnok
tan *adj.* ដែលមានពណ៌ដាំដែង dael-mean-por-dam-deng
tangerine *n.* ក្រូចឃ្វិច krouch-kvich
tangy *adj.* ដែលមានរសជាតិឬក្លិនមុត dael-mean-ros-cheat roue klen-mut

tank *n.* អាង ang, ធុង thung
tap *v.* គោះបន្ទើរ kuoh-bon-ther; *(beer)* **on** ~ ចេញពីរ៉ូប៊ីណេ chenh-pi-rom-ne
tape *n.* ការសែត ka-set
tapestry *n.* គ្រឿងព្រំ klrerng-prom
tapioca *n.* ម្សៅក្ដួចដំឡូងឈើ msao-kdouch dom-loung-chher
tapioca pudding *n.* ម្សៅក្ដួចដំឡូងឈើ msao-kdouch dom-loung-chher
target *n.* គោលដៅ kol-dao
tarragon *n.* ដើមចាព្លូ derm-chha-plu
tart *adj.* ជូរចត់ chou-chot • *n.* នំផៃម៉្យាងមូល nom-pai-myang-mul; **fruit** ~ ផ្លែឈើជូរ ple-chher-chou
tartar sauce *n.* ជ្រក់ម៉្យាង chrouk-myang
task *n.* កិច្ចការ kich-ka
taste *n.* រសជាតិ ros-cheat • *v.* ភ្លក់ phlouk
Taurus *(Zodiac) n.* ឧសភារាសី ou-sa-phea-rea-sei
tawes *(fish) n.* ត្រីឆ្ពិនប្រាក trei chpoen prak
tax *n.* ពន្ធ pon
taxation *n.* ការយកពន្ធ ka-york-pon
taxi *n.* តាក់ស៊ី tak-si; **hail a** ~ ហៅតាក់ស៊ី hav-tak-si; **take a** ~ ជិះតាក់ស៊ី chis-tak-si
taxi stand *n.* ចំណតតាក់ស៊ី chom-nort-tak-si
taxpayer *n.* អ្នកដែលបង់ពន្ធ neak-dael-york-pon
Tbeng Meanchey *(Cambodian city) n.* ត្បែងមានជ័យ tbaeng mean chei
tea *n.* ទឹកតែ toek-tae; **hot** ~ តែក្ដៅ tae-kdao; **black** ~ តែខ្មៅ tae-khmao; **green** ~ តែបៃតង tae-bai-torng; **herbal** ~ តែឱសថរុក្ខជាតិ tae-oay-soth-rok-cheat; **iced** ~ តែទឹកកក tae-toek-kok; **Japanese** ~ តែជប៉ុន tae-cho-pun; **mint** ~ តែជីអង្កាម tae chi orng-kam
tea bag *n.* កញ្ចប់តែ kanh-chob-tae
tea kettle *n.* កំសៀវតែ kom-seav-tae
teach *v.* បង្រៀន bong-rean
teacher *n.* គ្រូបង្រៀន kru-bong-rean
teaching *n.* ការបង្រៀន ka-bong-rean
team *n.* ក្រុម krom
tear *n.* *(in eye)* ទឹកភ្នែក toek-pnek • *v.* *(rip)* រហែក ro-hek
teaspoon *n.* ស្លាបព្រាកាហ្វេ slab-prea-kah-ve
technical *adj.* បច្ចេកទេស pak-chek-tes
technique *n.* បច្ចេកទេស pak-chek-tes
technology *n.* បច្ចេកវិទ្យា pak-chaek-vithyea; **cutting edge** ~

បច្ចេកវិទ្យាទំនើប pak-chaek-kak-vithyea tum-nerb
teddy bear *n.* ខ្លាឃ្មុំតុក្កតា khla-kmom-tu-ka-ta
telecommunication *n.* ទូរគមនាគមន៍ tourak-keak-ma-nea-kum
telegram *n.* ទូរលេខ tu-lek
telephone *n.* ទូរស័ព្ទ tu-ro-sap; **public** ~ ទូរស័ព្ទសាធារណៈ tu-ro-sap-sa-thea-ro-nak
telephone directory *n.* បញ្ជីរាយលេខទូរសព្ទ័ bonh-chi-reay-lek-tu-ro-sap
telephone number *n.* លេខទូរស័ព្ទ lek-tu-ro-sap
telescope *n.* កែវយឺត kaew-yert
television *n.* ទូរទស្សន៍ tu-tous
tell *v.* និយាយប្រាប់ niyeay-prab
temperature *n.* កំដៅ kom-dao
temple *n.* ប្រាសាទ bra-sat
temporarily *adv.* ដោយបណ្តោះអាសន្ន doay-born-doah-ah-sorn
temporary *adj.* បណ្តោះអាសន្ន born-doah-ah-sorn
temporary exhibit *n.* ការបង្ហាញបណ្តោះអាសន្ន kar borng-hanh born-doah-ah-sorn
temporary worker *n.* កម្មករបណ្តោះអាសន្ន kamkor born-doah-ah-sorn
ten *num.* ដប់ dob
tenant *n.* អ្នកជួលដីឬផ្ទះគេ neak-choul-dey roue pteas-ke
tend *v.* ថែទាំ thea-tom
tendency *n.* ការលំអៀងទៅ ka-lom-eang-touw
tender *adj.* ផុយ phoy • *n.* ការថែទាំ ke-thea-tom; *(money)* **legal** ~ រូបិយប័ណ្ណ rob-bei-bann
tenderized *adj.* ធ្វើឲ្យផុយ thver-oy-phoy
tenderloin *n.* សាច់ចម្លក sach-chom-lork; **beef** ~ សាច់ចម្លកគោ sach-chom-lork-kooh
tendon *n.* សរសៃពួរ sor-sai-pou
tennis *n.* តិន្នីស tin-nis; **table** ~ តុលេងតិន្និស tuk-leng-tin-nis
tennis court ទីលេងតេននីស ti-leng-tin-nis
tennis raquet ប្រដាប់វាយតេននីស bro-dab-veay-tin-nis
tense *n.* កាល kal
tension *n.* ការតានតឹង ka-tan-terng
tent *n.* រោងសំណាក់ rong-somnak
tent peg *n.* បង្គោលជើងតង់ borng-kul cheurng torng
tent pole *n.* គ្រោងតង់ krong torng
tenth *adj.* ទីដប់ ti-dob

terabyte (tb) *n.* តេរ៉ាបាយត៏ te-ra-baiy
term *n.* ឆមាស chhor-meas
term of office *n.* អាណត្តិ ah-nat
terminal *n.* ច្រក chrork, ស្ថានីយ snan-ni; **computer** ~ ម៉ាស៊ីនកំព្យូទ័រ masin kom-phyu-tor; **bus** ~ ស្ថានីយ៍ឡានក្រុង snan-ni-lan-krong
terminalia chebula *(Ayurvedic herb) n.* សម៉ sa-mor
terminus *n.* ចុងផ្លូវ chong-phlouw
terrace *n.* លាន lean
terra-cotta *adj.* ដីឥដ្ឋ dey-et
terrible *adj.* គួរអោយខ្លាច kou-oy-klach
terribly *adv.* អាក្រក់ណាស់ ah-krok-nas
terrific *adj.* ដែលធ្វើអោយខ្លាច dael-thver-oy-klach
territory *n.* តំបន់ dom-bon
terrorist *n.* ភេរវជន phe-veak-chon
test *n.* ការប្រឡង ka-bro-lorng
testicle *n.* ពងស្វាស pong-svas
testimony *n.* សក្ខីភាព sak-kei-pheap, សេចក្តីប្រកាស sekdey-pro-kas
tetanus *n.* រោគប្រកាច់ rook-bro-kach
text *n. (words)* អត្ថបទ art-bot • *v. (tech.)* ផ្ញើសារ phnher sa
textile *n.* វាយនភណ្ឌ veay-nak-phorn
texture *n.* វាយនភាព veay-nak-pheap
thai mahseer *(fish) n.* ត្រីក្អោរ trei ka-oar
than *prep.* ជាង cheang
thank *v.* អរគុណ or-kun; **give ~s** អរគុណ or-kun
thank you *phr.* អរគុណ or-kun
that *pron.* នោះ nus; ~ **one** មួយនោះ muoy-nus; **~'s all** អស់ហើយ os-hery; **~'s fine** មិនអីទេ min-ey-te
the *det.* សម្គាល់អ្វីមួយ som-keal-avey-muoy
theater *n.* រោងកុន rong-kon
theft *n.* ចោរកម្ម choa-rakam
their *adj.* របស់គេ robos-ke
theirs *pron.* របស់ពួកគេ robos-pouk-ke
them *pron.* ពួកគេ pouk-ke
theme *n.* ផ្ទៃរឿង phtey-rourng
themselves *pron.* ខ្លួនរបស់ពួកគេទាំងឡាយ khluon-robos-pouk-ke-teang-lay
then *adv.* បន្ទាប់ bon-teab

theoretical *adj.* ខាងទ្រឹស្ដី khang-trerd-sdey
theory *n.* គោលគំនិត kul-kom-nit
therapeutic *n.* វិធីព្យាបាលរោគ vi-thi-pyea-bal-rok
therapy *n.* ការព្យាបាល ka-pchea-bal
there *adv.* ទីនោះ ti-nus; **over** ~ នៅទីនោះ nov-ti-nus; ~ **is** វាមាន vea-mean
therefore *adv.* ដូច្នេះ doch-chnes
thermometer *n.* ប្រដាប់វាស់កំដៅ bro-dab-veas-kom-dao
thermos *n.* ទែរម៉ូស tea-moss
these *adj.* ទាំងនេះ teang-nis
they *pron.* គេ ke
thick *adj.* ក្រាស់ kras
thicklip barb *(fish) n.* ត្រីត្រសក់ស trei tror-sork sor
thickly *adv.* យ៉ាងក្រាស់ yang-kras
thickness *n.* ផ្ទាំងក្រាស់ phteang-kras
thief *n.* ចោរលួច chor-louch
thigh *n.* ភ្លៅសត្វ phlouw-sat; **chicken** ~ ភ្លៅមាន់ phlouw moan
thin *adj.* ស្ដើង sderng
thing *n.* សំភារៈ sorm-phea-reak
think *v.* គិត kit
think about *v.* គិតពី kit-pi
thinking *n.* ការគិត ka-kit
third *adj.* ទីបី ti-bei; **one-**~ មួយភាគបី muoy pheak bei
third-party *n.* ភាគីទីបី pheak-ki-ti-bei
thirst *n.* ការស្រេក ka-srek
thirsty *adj.* ស្រេកទឹក srek-toek
thirteen *num.* ដប់បី dob-bey
thirteenth *adj.* ទីដប់បី ti-dob-bey
thirtieth *adj.* ទីសាមសិប ti-sam-seb
thirty *num.* សាមសិប sam-seb
this *adj.* នេះ nis; ~ **afternoon** ល្ងាចនេះ lngeach-nis; ~ **one** មួយនេះ muoy-nis
thorough *adj.* ពេញលេញ penh-lenh
thoroughly *adv.* គ្រប់ពេលវេលា krob-pel-ve-lea
those *adj.* ទាំងនោះ teang-nus
though *conj.* ទោះជា tous-chea
thought *n.* ការរិះគិត ka-ris-kit
thousand *num.* មួយពាន់ muoy-pon

thousandth *adj.* ទីមួយពាន់ ti-muoy-pon
thread *n.* អំបោះដេរ om-bos-de
threat *n.* ការសម្លុត ka-som-lot
threaten *v.* គំរាមកំហែង kom-ream-kom-heng
threatening *adj.* ដែលគំរាមកំហែង dek-kom-ream-kom-heng
three *num.* បី bei
threespot gourami *(fish) n.* ត្រីកំភ្លាញសំរៃ trei kom pleanh sorm-rae
thrill *n.* ការរំភើបចិត្ត ka-rom-pherp-chet
thrilled *adj.* សប្បាយចិត្ត sabay-chet
thrilling *adj.* ដែលធ្វើអោយសប្បាយចិត្ត dael-thver-oy-sabay-chet
throat *n.* បំពង់ក bon-pong-kor
thrombosis *n.* ការកកឈាមក្នុងសរសៃឈាម ka-kork-chheam-knong-sor-sai-chheam
through *prep.* តាមរយៈ tam-ro-yeak
throughout *prep.* ពីដើមដល់ចប់ pi-derm-dol-chop
throw *v.* គប់ kob; ~ a **party** រៀបចំជប់លៀង reab-chom-chub-leang
throw away *v.* បោះចោល bos-chorl
thumb *n.* មេដៃ me-dai
thunder *n.* ផ្គរ phkor
Thursday *n.* ថ្ងៃព្រហស្បតិ៍ thngai-pro-hos
thus *adv.* ដូច្នេះ doch-chnes
thyme *n.* រុក្ខជាតិម្យាងដែលមានស្លឹកផ្អែមគេយកមកចំធិនម្ហូប rok-cheat-myang-dael-mean-slerk p-em-ke-yok-thver-mhob
ticket *n.* សំបុត្រ sorm-bot; **return** ~ សំបុត្រទៅមក sorm-bot-touw-mok; **single** ~ សំបុត្រឯកទិស sorm-bot-ek-teos; **free** ~ សំបុត្រឥតគិតថ្លៃ sorm-bot-et-kit-thlai; **one-way** ~ សំបុត្រសម្រាប់ផ្លូវឯកទិស sorm-bot-som-rab-ek-ters; **round-trip** ~ សំបុត្រទៅមក sorm-bot-touw-mok; **standby** ~ សំបុត្រសម្រាប់អ្នកចាំជំនួស sorm-bot-somrab-nak-cham-chom-nous; **parking** ~ សំបុត្រចតយានជំនិះ sorm-bot chort yean-chum-nis; **stamp a** ~ បោះត្រាសំបុត្រ bos-tra-sorm-bot; **validate a** ~ ធ្វើឲ្យមានសុពលភាព thver-oy-mean-so-pul-pheap
ticket agency *n.* ភ្នាក់ងារលក់សំបុត្រ phnak-ngea-luk-sormbot
ticket holder *n.* អ្នកកាន់សំបុត្រ nak-kan-sormbot
ticket collector *n.* អ្នកប្រមូលសំបុត្រ nak-bro-moul-sormbot
tide *n.* ទឹកឡើងចុះ toek-lerng-chos
tidy *adj.* ប្រណិត bro-nit
tidy up *v.* ធ្វើឲ្យរៀបរយ thver-oy-reab-roy

tie *v.* ចង chong • *n.* ក្រវ៉ាត kro-vat; **neck~** ក្រវ៉ាត់ក kro-vat-khor
tie game *n.* ការប្រកួតស្មើគ្នា ka-bro-kuot-smer-knea
tier *n.* អ្នកចង neak-chong
tiger botia *(fish) n.* ត្រីកញ្ជ្រូកឆ្នូត trei korn-chrouk chnout
tight *adj.* តឹង terng
tightly *adv.* យ៉ាងតឹង yang-terng
tights *n.* ខោអាវម៉្យាងរឹតជាប់នឹងសាច់ khor-av-myang-ret-chop-neng-sach
tilapia *n.* ត្រីទីឡាបយ៉ា trei-ti-lap-ya
tile *n.* បំពង់បង្ហូរទឹកម៉្យាង bom-pong-bong-ho-toek
till *prep.* រហូតដល់ ro-hot-dol
time *n.* ម៉ោង morng; **free** ~ ពេលទំនេរ pel-tom-ne; **on** ~ ទាន់ពេល toin-pel; **what ~ is it**? តើម៉ោងប៉ុន្មានហើយ? ter-morng-pon-marn-hery
timer *n.* អ្នកកត់ម៉ោង neak-kot-morng; **oven** ~ ឡដុតសាច់កំណត់ម៉ោង lor-dot-sach-komnot-morng
timetable *n.* តារាងពេលវេលា darang-pel-velea
tin *n.* សំណ sorm-nor
tinfoil barb *(fish) n.* ត្រីកាហែលឿង trei ka-hae leurng
tiny *adj.* ដែលល្អិត dael l-et
tip *n.* ចុង chong
tire *n.* កង់ kong
tired *adj.* អស់កំលាំង os-kom-lang
tiring *adj.* ដែលធ្វើអោយអស់កម្លាំង dael-thver-oy-os-kom-lang
tissue *n.* សរសៃ sor-sai
title *n.* ចំណងជើង chom-norng-cherng, ប័ណ្ណសំគាល់កម្មសិទ្ធិ ban som-koal kamasoet
to *prep.* ទៅកាន់ touw-kan
toad *n.* អាម៉ាស់មុខ ah-mas-muk
toast *n. (bread)* នំប៉័ងអាំង num-paing-ang; *(honorific)* **make a** ~ ជល់កែវ chul-keo
toaster *n.* មាស៊ីនសម្រាប់អាំងនំប៉័ង ma-sin-som-rab-ang-num-paing
toaster oven *n.* ចង្ក្រានអាំងនំប៉័ង chong-kran-ang-num-pang
tobacco *n.* ថ្នាំជក់ thnam-chuok; **chewing** ~ ចុកថ្នាំ chuok-thnam
tobacco shop *n.* ហាងលក់ថ្នាំជក់ hang-luk-thnam-chuok
tobacco plant *n.* ដើមថ្នាំជក់ derm thnam chuok
today *adv.* ថ្ងៃនេះ thngai-nis
toe *n.* មេជើង me-cherng
toffee *n.* តាំងម៉ែដាក់កញ្ចប់ tang-mea-dak-kanh-chop

tofu *n.* តៅហ៊ូ tao-hu
together *adv.* ជាមួយគ្នា chea-muoy-knea
together with *adv.* ព្រមជាមួយនឹង prom-chea-muoy-neng
toilet *n.* បង្គន់ borng-kun; **public** ~ បង្គន់សាធារណៈ borng-kun-sathea-ra-nak
toilet paper *n.* ក្រដាស់អនាម័យ kro-das-ana-mai
token *n.* ភស្តុតាង phos-tang
toli shad *(fish) n.* ត្រីប៉ាលូង trei pa-loung
toll *n.* សួរជួង so-choung
tomato *n.* ប៉េងប៉ោះ peng pa-oh, ប៉េងប៉ោះ peng-pos
tomato juice *n.* ទឹកប៉េងបោះ toek-peng-pos
tomato paste *n.* ទឹកប៉េងប៉ោះ toek peng pa-oh
tomato sauce *n.* ទឹកជ្រលក់ប៉េងបោះ toek-chro-luk-peng-pos
tomorrow *adv.* នៅថ្ងៃស្អែក nov-tngi saek; ~ **morning** ព្រឹកស្អែក preok-saek; **day after** ~ ខានស្អែក khan-saek; **see you** ~! ជួបគ្នាថ្ងៃស្អែក choub-knea-tngai-saek
ton *n.* តោន torn
tone *n.* សម្លេង som-leng
tongue *n.* អណ្តាត orn-dat
tonic water *n.* ថ្នាំប៉ូវកម្លាំង thnam-pov-kom-lang
tonight *adv.* យប់នេះ yop-nis
tonsil *n.* អាមីដាល់ ah-mi-dal
tonsilitis *n.* រោគរលាកអាមីដាល់ rook-ro-leak-ah-mi-dal
too *adv.* ដែរ dea
too expensive *adj.* ថ្លៃណាស់ thlai-nas
too much *adv.* ច្រើនណាស់ chrern-nas
tool *n.* ប្រដាប់ប្រដា bro-dab-bro-da
toolbar *(tech.) n.* ធូលបារ thool-bar, របារកម្មវិធី ro-ba-kam-vi-ti
tooth *n.* ធ្មេញ thmenh
toothache *n.* ឈឺធ្មេញ chheu-thmenh
toothbrush *n.* ច្រាសដុះធ្មេញ chras-dos-thmenh
toothpaste *n.* ថ្នាំដុះធ្មេញ thnam-dos-thmenh
toothpick *n.* ឈើចាក់ធ្មេញ chher-chak-thmenh
top *n.* កំពូល kom-pul
topic *n.* ប្រធាន bro-thean
topping *n.* វត្ថុដែលនៅលើវត្ថុផ្សេងទៀត vot-tho-nov-ler-vot-thu-pseng-teat
topside *n.* ប៉ែកខាងលើ pek-khang-ler

torn *adj.* ដែលរហែក dael-ro-hek
torrent *n.* ដំណើរធ្លាក់បោកខ្លាំង dom-ner-tleak-bok-klang
tort *(legal) n.* ការបង្កព្យសនកម្ម kar-borng-kor-pyaeas-sanak-kam, ការបំភ្លេចពាក្យសន្យា ka-bom-plech-peak-som-ya
torte *n.* នំម៉្យាង nom-myang
tortoise *n.* ពពួកអណ្ដើក po-pouk-orn-derk
torture *v.* ធ្វើបាប thver-bab
toss *v.* ខ្ទាតចេញ khteat-chenh
tossed salad *n.* ញាំសាឡាដ nhoim-sa-lad
total *adj.* សរុប sak-rop
totally *adv.* ទាំងអស់ teang-os
touch *v.* ស្ទាប steap; **keep in** ~ រក្សាទំនាក់ទំនង rak-sa-tom-nak-tom-norng
touchpad *n.* កន្លែងថាច់ផេត korn-laeng tach-pet
tough *adj.* ស្វិត svert
tour *n.* ដំណើរកំសាន្ត som-ner-kom-san
tour guide *n.* មគ្គុទេសក៍ទេសចរ mak-ku-tes-tes-chor
tour group *n.* ដំណើរកម្សាន្តជាក្រុម dom-ner-kom-san-chea-krum
tourist *n.* អ្នកទេសចរ neak-tes-chor
tourist attraction *n.* កន្លែងទាក់ទាញភ្ញៀវទេសចរ kon-laeng-tak-teanh-pcheav-tes-chor
tourist office *n.* ក្រុមហ៊ុនទេសចរណ៍ krum-hun-tes-chor
tow *v.* សណ្ដោង sorn-dorng
tow truck *n.* ឡានសណ្ដោង lan-sorn-dorng
toward(s) *prep.* ចំពោះ chom-pous
towel *n.* កន្សែង kon-saeng
tower *n.* បន្ទាយ bon-teay
town *n.* ទីក្រុង ti-krong
town hall *n.* សាលាក្រុង sala-krong
toxic *adj.* ពុល pol
toxic waste *n.* កាកសំណល់ដែលមានជាតិពុល kak-som-nol-dael-mean-cheat-pol
toxin *n.* ជាតិពុល cheat-pol
toy *n.* ប្រដាប់ក្មេងលេង bro-dab-khmeng-leng
toy store *n.* ហាងលក់ប្រដាប់ក្មេងលេង hang-lork-bro-dab-khmeng-leng
trace *v.* តាមដាន tam-dan
track *n.* បទភ្លេង bort-phleng, ផ្លូវដែក phlouw-dek; **railroad** ~ ផ្លូវរថភ្លើង phlouw-rot-phlerng; **running** ~ ផ្លូវរត់ប្រណាំង phlouw-rot-bro-nang

trade *n.* ជំនួញ chum-nuonh; **international** ~ ពាណិជ្ជកម្មអន្តរជាតិ pea-nich-kam-on-tarak-cheat; **a fair** ~ ពាណិជ្ជកម្មត្រឹមត្រូវ peanich-kam troem trouw
trade union *n.* សហជីព sa-ha-chib
trader *n.* ឈ្មួញ chhmuonh
trading *n.* ការជួញដូរ ka-chhounh-do
tradition *n.* ប្រពៃណី bror-pay-nay
traditional *adj.* ទំនៀមទំលាប់ tom-neam-tom-lop
traditionally *adv.* តាមបែបប្រពៃណីបូរាណ tam-beb-bror-pey-ney-boran
traffic *n.* ត្រាហ្វិក tra-fik, ចរាចរ chor-ra-chor
traffic accident *n.* គ្រោះថ្នាក់ចរាចរណ៍ krous-thnak-cha-ra-chor
traffic circle *n.* ផ្លូវវង់មូល phlouw-vong-moul
traffic jam *n.* ស្ទះចរាចរណ៍ stes-cha-ra-chor
tragedy *n.* រឿងសោកសៅ roeurng-sok-sao
trail *n.* ផ្លូវ phlouw
trailer *n.* វគ្គផ្សាយពាណិជ្ជកម្ម veak-psay-pea-nich-kam
train *n.* រទេះភ្លើង ror-tes-phlerng; **intercity** ~ រថភ្លើងឆ្លងក្រុង rut-phlerng-chlorng-krung; **local** ~ រថភ្លើងក្នុងស្រុក rut-phlerng knong srok; **commuter** ~ រថភ្លើងដឹកអ្នកដំណើរ rut-phlerng nak doek dorm-ner; **express** ~ រថភ្លើងលឿន rut-phlerng leurn, រទេះភ្លើងលឿន ro-tes-phlerng-loeurn; **change ~s** ប្តូរជើងរថភ្លើង pdou cheung rut-phlerng
train of thought *n.* ដំណើរបន្តមិនដាច់គ្នា dom-ner-bontor-min-dach-knea
train station *n.* ស្ថានីយរថភ្លើង sa-than-ny-rut-phlerng
trained *adj.* បង្ហាត់ bong-hat
trainer *n.* អ្នកបង្ហាត់ neak-bong-hat
training *n.* ការបង្ហាត់ ka-bong-hat; **sports** ~ ការបង្ហាត់កីឡា ka-bong-hat-keila
tramway *n.* ផ្លូវរថយន្តបរលើផ្លូវដែក phlouw-rot-yon-bor-ler-phlouw-dek
transaction *n.* កិច្ចការ kich-ka
transcript *n.* ប្រតិចារិក bror-the charoek
transfer *v.* ផ្លាស់ប្តូរ phlas-pdo
transform *v.* ធ្វើអោយទៅជា thver-oy-touw-chea
transformation *n.* ការផ្លាស់ប្តូរ ka-plas-pdo
transfusion *n.* ការចាក់បញ្ចូល ka-chak-bonh-chol
transit *n.* ការធ្វើដំណើរឆ្លងកាត់ ka-thver-dom-ner-chhlong-kat; **in** ~ ការបញ្ជូនទំនិញ ka-banh-choun-tom-nenh
transition *n.* ការផ្លាស់ប្តូរ ka-plas-pdo
translate *v.* បកប្រែ bork-brae

translation *n.* ការបកប្រែដោយសរសេរ ka-bork-brae-doy-sor-se
translator *n.* អ្នកបកប្រែឯកសារ neak-bork-brae-eka-sa
transmission *n.* ការបញ្ជូន ka-banh-choun; **auto ~** ការបញ្ជូនដោយស្វ័យប្រវត្តិ ka-banh-choun-doy-svay-brovoit; **automatic ~** ការបញ្ជូនដោយស្វ័យប្រវត្តិ ka banh-choun doay svai bro-vat; **manual ~** លេខដៃ lek day
transmit *v.* ចំលង chom-long
transparent *adj.* ថ្លា thlar
transplant *v.* យកទៅដាំ york-touw-dam
transport *v.* ដឹកទំនិញ derk-tom-ninh
transportation *n.* ការដឹកជញ្ជូន ka-derk-chonh-chun
trap *n.* អន្ទាក់ orn-teak
trash *n.* ធុងសំរាម thoung-sorm-ram, សំរាម sorm-ram
trash can *n.* ធុងសំរាម thung-sorm-ram
travel *v.* ធ្វើដំណើរ thver-dom-ner
travel agency *n.* ការិយាល័យខាងការធ្វើដំណើរ kari-ya-lai-khang-ka-thver-domner
traveler *n.* អ្នកធ្វើដំណើរ neak-thver-dom-ner
traveler's check *n.* កន្លែងពិនិត្យអ្នកធ្វើដំណើរ konleng-pinet-nak-thver-dom-ner
traveling *n.* ការធ្វើដំណើរ ka-thver-dom-ner
tray *n.* ថ្នេរ thner
treasure *n.* រតនសម្បត្តិ rot-nak-som-bat
treasury *n.* រតនាគារ rot-na-kea
treat *n.* អ្វីៗដែលបំពេញចិត្ត avey-avey dael-bom-penh-chet
treatment *n.* ការព្យាបាល ka-pyea-bal; **alternative ~** វិធីព្យាបាលបែបផ្សេង viti-pyea-bal-beb-pseng; **ethical ~** ទង្វើមានក្រមសីលធម៌ tong-ver-krorm-sel-thor
treatment room *n.* បន្ទប់ព្យាបាល bon-tob-pyea-bal
tree *n.* ដើមឈើ derm-chher
tree jasmine *n.* អង្គាបុស្ប orng-kea bos
trek *n.* ការធ្វើដំណើរ ka-thver-dom-ner
tremendous *adj.* យ៉ាងខ្លាំង yang-klang
trend *n.* ការនិយម ka-ni-yom
trespass *v.* បុករុក bok-ruk
trespassing *n.* ការលុកលុយ ka-luk-luy; **no ~** គ្មានការហាមឃាត់ kmean-ka-ham-khort

trial *n.* ការជំនុំជម្រះក្តី kar chum-num chum-reas kdei, ការសាកល្បង ka-sak-lbong
triangle *n.* ត្រីកោណ trei-korn
tribe *n.* បក្សពួក pak-pouk
tribute *n.* ភស្តុតាង phos-tang
trick *n.* ល្បិច lbech
trim *v.* ធ្វើអោយស្មើ thver-oy-smer
trimmed *adj.* កាត់តម្រឹម kat-dom-reom
trimming *n.* គ្រឿងតុបតែង krerng-tob-teng
trio *n.* ក្រុមភ្លេង krom-pleng
trip *n.* ដំណើរកំសាន្ត dom-ner-kom-san
tripe *n.* អ្វីៗដែលឥតខ្លឹមសារ avey-avey dael-et-klem-sa
triumph *n.* ជ័យជំនះ chey-chom-neas
trolley *n.* រទេះរុញដាក់ម្ហូប ro-tes-ronh-dak-mhop
tropical *adj.* នៃតំបន់ក្តៅ ney-dom-bon-kdav
trouble *n.* បញ្ហា panh-ha
trousers *n.* ខោ khor
trout *n.* ត្រីទឹកសាបម៉្យាង trei-toek-sab-myang; ត្រីព្រួល trei pruol
truck *n.* ឡានដឹកទំនិញ lan-derk-tom-ninh
true *adj.* ពិតប្រាកដ pit-bra-kot; **that's not ~** វាមិនពិតទេ vea-min-pit-te; **~ or false** ពិតឬមិនពិត pit-reu-min-pit
truffle *n.* រុក្ខជាតិជំពូកផ្សិត rok-cheat-chom-puk-pset; **chocolate ~** ដំណាប់សូកូឡា dom-nab-so-co-la
truly *adv.* ដោយស្មោះ doay-smos
trunk *n.* ប្រម៉ោយ bro-mory
truss *v.* ចងយ៉ាងជាប់ chong-yang-chop
trust *n.* សេចក្តីទុកចិត្ត sech-kdei-tok-chet
trustee *n.* អ្នកតំណាង neak dorm-nang, អ្នកទុកចិត្តបាន neak-tuk-chet-ban
truth *n.* ការពិត ka-pit; **tell the ~** ប្រាប់ការពិត prab-ka-pit
try *v.* ព្យាយាម pchea-yeam
try hard *v.* ខិតខំ khet-khom
try on *v.* សាកល្បង sak-lbong
t-shirt *n.* អាវយឺត av-yert
tube *n.* បំពង់ bom-pong
tuber *n.* មើម merm
tuberose *n.* ច័ន្ទ chan-thou
Tuesday *n.* ថ្ងៃអង្គារ thngai-orng-kea

---

tumor *n.* ដុះសាច់ dos-sach; **benign ~** ដុំពកស្លូត dom-pok-sngout; **malignant ~** គំរាមកំហែងជីវិត kom-ream-kom-heng-chivit
tuna *n.* ត្រីធូណា trei thou-na
tune *n.* បទភ្លេង bot-pleng
tunnel *n.* ផ្លូវរូង phlouw-rung
turbot *n.* ប្រភេទត្រីសមុទ្រម៉្យាង bro-phet-trei-sa-mot-myang
turkey *n.* មាន់បារាំង moan-barang; **roasted ~** មាន់ដុតបារាំង moan-dot-barang
Turkish salad *n.* សាឡាត់តួកគី salad tou-key
turmeric *n.* រមៀត ror-meat
turn *v.* វិល vil
turn down *(reject) v.* ច្រានចោល chran-chorl
turn signal *n.* ស៊ីញ៉ូ si-nhou
turnip *n.* មើមស្ពៃ merm-spey, ស្ពៃមើម spei-merm
turnover *n.* ការផ្លាស់ប្ដូរ ka-plas-pdo
turret *n.* ប៉មតូច porm-toch
turtle *n.* អណ្ដើក orn-derk
tutor *n.* គ្រូបង្រៀនឯកជន kru-bong-rean-ek-chon
tutorial *n.* ការណែនាំ kar-nae-noam
tutorial *n.* ការបង្ហាត់បង្រៀន ka-bong-hat-bong-rean; **online ~** រៀនតាមអនឡាញ rean-tam-online
TV *n.* ទូរទស្សន៍ tu-tous; **~ set** ឧបករណ៍ទូរទស្សន៍ ou-pak-kor-tu-tous
tweezers *n.* ចន្ទាសឬដង្កៀប chon-teas roue dong-keap
twelfth *adj.* ទី១២ ti-dob-pi
twelve *num.* ដប់ពី dob-pi
twentieth *adj.* ទីម្ភៃ ti-mpey
twenty *num.* ម្ភៃ mpey
twenty-four-hour service *n.* សេវាកម្មម្ភៃបួនម៉ោង se-va-kam-mpey-boun-morng
twice *adv.* ពីរដង pi-dong; **~ a day** ពីរដងក្នុងមួយថ្ងៃ pi-dong-knong-muoy-tngai
twin *n.* កូនភ្លោះ kon-plous; **identical ~s** ដូចគ្នាបេះបិទ doch-knea-bes-bet
twin bed គ្រែមួយដេកពីរនាក់ kreae-muoy-dek-pi-nak
twist *v.* រុំ rom; **~ an ankle** គ្រេចជើង krech-cherng
two *num.* លេខពីរ lek-pi
two-door car *n.* ឡានមានទ្វារពីរ lan-mean-tvea-pi
two-lane highway *n.* ផ្លូវមួយទៅមួយមក phlouw-muoy-touw-muoy-mok

type *n.* ប្រភេទ bro-phet
typical *adj.* ជាធម្មតា chea-thom-da
typically *adv.* ដោយធម្មតា doay-thom-da

U

ugly *adj.* អាក្រក់ akrok
ulcer *n.* ដំបៅ dom-bav
ultimate *adj.* ផ្ដាច់ព្រាត់ phdach-prot
ultimately *adv.* ក្នុងទីបផុត knong-ti-bom-phot
ultrasound *adj.* អេកូ eh-ko
umbrella *n.* ឆ័ត្រ chhatt
unable *adj.* មិនអាច min-ach
unacceptable *adj.* ដែលមិនអាចទទួលយកបាន dael-moin-ach-tor-toul-yok-ban
unbearable *adj.* ដែលមិនអាចទ្រាំបាន dael-min-arch-trom-ban
uncertain *adj.* មិនច្បាស់ min-chbas
uncertainty *n.* ភាពមិនពិតប្រាកដ pheap-min-bra-kot
uncle *n.* អ៊ុំប្រុស om-bros
uncomfortable *adj.* ដែលមិនស្រួល dael-min-sroul
unconscious *adj.* ឥតដឹងខ្លួន et-deng-kloun; **be** ~ សន្លប់ son-lob
uncontrolled *adj.* ដែលមិនអាចគ្រប់គ្រងបាន dael-min-ach-krop-krong-ban
uncooked *adj.* ឆៅ chhao
uncork *v.* បើកឆ្នុកចេញ berk-chnok-chenh
uncountable *adj.* មិនអាចរាប់បាន min-ach-rop-ban
under *prep.* ក្រោម krom
under control *adj.* ស្ថិតក្រោមការត្រួតត្រា sa-thet-krom-ka-trout-tra
underdone *adj.* ស្ទើរឆៅស្ទើរឆ្អិន ster-chhav-ster-chh-en
undergo *v.* ទទួល tor-toul
undergraduate *n.* និស្សិតមហាវិទ្យាល័យមិនទានបានសញ្ញាបត្រ niset-moo ha-vichea-lai-min-ton-ban-sanha-bat
undergraduate degree *n.* និស្សិតមហាវិទ្យាល័យមិនទាន់បានសញ្ញាប័ត្រ niset-moha-vithya-lai-min-toin-ban-sanh-nha-bat
underground *adj.* ក្រោមដី krom-dey
underground garage *n.* ចំណតក្រោមដី chom-nort-krom-dei
underlie *v.* នៅក្រោម nov-krom
underlying *adj.* ដែលជាមូលដ្ឋាន dael-chea-mul-than
underneath *prep.* នៅក្រោម nov-krom

underpants *n.* ខោខ្លី khoa-kley
underpass *n.* ផ្លូវក្រោមដី phlouw-krom-dey
understand *v.* យល់ yol; i don't ~. ខ្ញុំមិនយល់ទេ kchom-min-yul-te
understanding *n.* ការយល់ ka-yol; **to reach an** ~ សម្រេចកិច្ចព្រមព្រៀង somrach-kech-prom-preang
undertake *v.* ទទួលព្រមធ្វើ tor-toul-prom-thver
undertaking *n.* ការសន្យា ka-son-ya
underwater *adj.* ដែលធ្វើក្រោមផ្ទៃទឹក dael-thver-kropm-ptey-toek
underwear *n.* ខោអាវទ្រនាប់ khoa-aw-tro-nop
undo *v.* ធ្វើអោយដូចដើមវិញ thver-oy-doch-derm-vinh
undoubtedly *adv.* ដោយមិនបាច់សង្ស័យ doay-min-bach-song-sai
undress *v.* ដោះចេញ dos-chenh
unemployed *adj.* គ្មានការធ្វើ kman-ka-thver
unemployment *n.* និកម្មភាព nikam-pheap
unemployment compensation *n.* សំណងនិកម្មភាព sorm-norng nikam-pheap
uneven *adj.* មិនស្មើគ្នា min-smer-knea
uneven road surface *n.* ផ្លូវមិនស្មើគ្នា phlouw-min-smer-knea
unexpected *adj.* ដែលមិនបានគិតជាមុន dael-min-ban-kit-chea-mun
unexpectedly *adv.* ដោយចៃដន្យ doay-chai-don
unfair *adj.* ដែលមិនយុត្តិធម៌ dael-min-yuth-thor
unfairly *adv.* យ៉ាងអយុត្តិធម៌ yang-ak-yuth-thor
unfamiliar *adj.* មិនល្បីល្បាញ min-lbey-lbanh
unfortunate *adj.* អភ័ព្វ ak-phop
unfortunately *adv.* ដោយគួរអោយសោកស្តាយ doay-kou-oy-sork-sday
unfriendly *adj.* មិនរាក់ទាក់ min-reak-teak
unfurnished *adj.* ដែលមានគ្រឿងសំណង់ត្រៀមទុក dael-mean-krerng-som-nong-tream-tok
unhappiness *n.* ការគ្មានសេចក្តីសុខ ka-kmean-sekdey-sok
unhappy *adj.* ដែលមិនសប្បាយ dael-min-sabay
unicode *n.* យូនីកូដ you-ni-kod
uniform *n.* ឯកសណ្ឋាន ek-son-than
unimportant *adj.* ដែលមិនសំខាន់ dael-min-som-khan
uninterrupted *adj.* ដែលមិនឈប់ dael-min-chhop
union *n.* ការរួបរួម ka-roub-roum
unique *adj.* ដែលមានតែមួយ dael-mean-tea-muoy
unit *n.* មាត្រា mea-tra

unite *v.* បញ្ចូលគ្នា bonh-chol-kna
united *adj.* ដែលរួមគ្នា dael-roum-knea
United Kingdom *n.* ចក្រភពអង់គ្លេស chak-phorb-ang-le
United States of America *n.* សហរដ្ឋអាមេរិក sa-ha-roth-a-me-ric
universe *n.* សកល sakol
university *n.* សាកលមហាវិទ្យាល័យ sark-kol-vithea-lai
university degree *n.* សញ្ញាប័ត្រសកលវិទ្យាល័យ sanh-nha-bat-sark-kol-vithea-lai
unkind *adj.* ចិត្តអាក្រក់ chet-akrok
unknown *adj.* គ្មានអ្នកណាដឹង kmean-nek-na-deng
unleaded *adj.* ដែលមិនបាន dael-min-ban
unleaded gasoline *n.* សាំងគ្មានជាតិសំណ sang-kmean-cheat-som-nor
unleavened *adj.* មិនឡើង min-lerng
unleavened bread *n.* នំប៉័ងមិនឡើង num-pang-min-lerng
unless *conj.* លុះត្រាតែ lus-tra-tea
unlike *prep.* មិនដូច min-doch
unlikely *adj.* ប្រហែលមិន bro-hel-min
unlimited *adj.* មិនកំណត់ min-kom-nort
unlimited mileage *n.* ផ្លូវមិនកំណត់ចម្ងាយ phlouw-min-kom-nort-chom-ngeay
unload *v.* ដោះចេញ dos-chenh
unlock *v.* មិនចាក់សោរ min-chak-sor
unlucky *adj.* សំណាងអាក្រក់ sorm-nang-akrok
unmarried *adj.* នៅលីវនៅឡើយ nov-liv-nov-lery
unmixed *adj.* មិនច្របល់ចូលគ្នា min-chro-bol-chol-knea
un-mold *v.* ដកចេញពីពុម្ព dok-chenh-pi-pum
unnecessary *adj.* ដែលមិនចាំបាច់ dael-min-cham-bach
unpleasant *adj.* មិនសប្បាយចិត្ត min-sabay-chet
unreasonable *adj.* មិនសមហេតុផល min-som-het-phol
unrefined *adj.* មិនថ្លៃថ្នូរ min-tlai-tno
unrefined sugar *n.* ស្ករឆៅ skor-chao
unripe *adj.* នៅខ្ចី nov-kchei; **unripe fruit** ផ្លែឈើខ្ចី phlae-chher-kchei; **unripe vegetable** បន្លែស្រស់ bon-lae sros
unsafe *adj.* ដែលមិនមានសុវត្ថិភាព dael-min-mean-sovat-pheap
unsanitary *adj.* ដែលគ្មានអនាម័យ dael-kmean-akna-mai
unsaturated *adj.* មិនទាន់ឆ្អែត min-ton chha-et
unscrew *v.* មួលចេញ moul-chol

unstable *adj.* មិនបិតថេរ min-thet-the
unsteady *adj.* មិនទៀងទាត់រហូត min-teang-tot-rohot
unsuccessful *adj.* ដែលមិនទទួលបានជោគជ័យ dael-min-tor-toul-chok-chey
untidy *adj.* មិនមានរបៀបរៀបរយ min-mean-ro-beab-reap-roy
until *prep.* រហូតដល់ rohot-dol
unusual *adj.* ខុសពីប្រក្រតី khos-pi-bro-kro-dey
unusually *adv.* ដោយអត់មានប្រយោជន៍ doay-ort-mean-bro-yoch
unwilling *adj.* ដែលមិនសុខចិត្ត dael-min-sok-chet
unwillingly *adv.* ដោយមិនពេញចិត្ត doay-min-penh-chet
unzip *n.* ដោះហ្ស៊ីប da-uoh zip • *v.* មិនបិទរូត min-bet-rut; ~ **clothing** ដោះឡេវរូតអាវ dos-lev-rout-av; ~ **a file** អាន់ហ្ស៊ីបហ្វាល an-zip-file
up *adv.* ទៅលើ touw-ler; **going** ~ ឡើងលើ lerng-ler
up there *adv.* នៅលើនោះ nov-ler-nus
up to *adv.* ឡើងដល់ lerng-dol
updated *adj.* ដែលធ្វើអោយទាន់សម័យ dael-thver-oy-ton-sak-mai
uphill *adj.* ពិបាក pi-bak
upon *prep.* លើ ler
upper *adj.* ខាងលើ khang-ler
upper berth *n.* គ្រែម្យ៉ាងក្នុងនាវា kre-myang-knong-nea-vea
upper body *n.* ខ្លួនផ្នែកខាងលើ khloun phnaek khang leur
upset *v.* ធ្វើអោយរកាំចិត្ត thver-oy-ro-kam-chet
upset stomach *n.* ឆ្អល់ពោះ cha-ol-pos
upsetting *adj.* ដែលមិនសប្បាយចិត្ត dael-min-sabay-chet
upside down *adv.* បញ្ច្រាសទិសគ្នា bonh-chras-tis-knea
upstairs *adv.* ជាន់ខាងលើ choan-khang-ler • *n.* ខាងលើ khaing leur
upward *adj.* នៅខាងលើ nov-khang-ler
upwards *adv.* ទៅលើ touw-ler
urban *adj.* នៃទីក្រុង ney-ti-krong
urge *v.* បញ្ចុះបញ្ចូល bonh-chos-bonh-chol
urgent *adj.* ប្រញាប់ bro-nhab
urine *n.* ទឹកនោម toek-nom
URL *n. (tech.)* យូអរអិល you-or-el, អាសយដ្ឋានចូលវេបសាយ a-soy-than-chol-web-site
us *pron.* យើង yerng
usage *n.* ការប្រើប្រាស់ ka-prer-pras
use *v.* ប្រើប្រាស់ prer-pras; ~ **before** *phr.* ប្រើមុន prer-mun
used *adj.* ប្រើហើយ prer-hey; ~ **to sth** ស៊ាំនឹងអ្វីមួយ soim-neng-avey-muoy;

  ~ **to do sth** ធ្លាប់ធ្វើអ្វីមួយ thloib-thver-avey-muoy
useful *adj.* ដែលមានប្រយោជន៍ dael-mean-bro-youh
useless *adj.* ឥតប្រយោជន៍ et-bro-youch
user *n.* អ្នកប្រើប្រាស់ nek-brer-bras
username *n.* ឈ្មោះអ្នកប្រើប្រាស់ chhmous-nek-brer-bras; **website ~** ឈ្មោះអ្នកប្រើប្រាស់វេបសាយ chmous-nak-brer-bras-veb-say
usual *adj.* ធម្មតា thom-da
usually *adv.* តាមធម្មតា tam-thom-da
usury *n.* ការចងការ ka-chorng-ka, ព្រឹទ្ធិកម្ម proet-takam
utensil *n.* គ្រឿងប្រដាប់ចំអិនអាហារ krerng-bra-dab-chom-enn-ah-ha, សម្ភារផ្ទះបាយ sorm-pheareak pteah bai
utility *n.* ប្រយោជន៍ bro-youch
utterance *n.* ភាពទាំងស្រុង pheap-teang-srong
uvaria rufa *(shrub species) n.* ត្រៀល treal

V

vacancy *n.* ដំណែងនៅទំនេ dom-neng-nov-tom-ne; **no ~** កន្លែងទំនេរ kon-laeng-tom-ne

vacant *adj.* ទំនេរ tom-ne

vacate *v.* លាលែង lea-leng

vacation *n.* ថ្ងៃសំរាក thngai-som-rak; **on ~** ឈប់សម្រាក chob-som-rak; **take a ~** ឈប់សម្រាកដើរកម្សាន្ត chob-somrak-der-kom-san

vaccinate *v.* ចាក់ថ្នាំវ៉ាក់សាំង chak-tnam-vak-sang; **be ~d against** ចាក់វ៉ាក់សាំងបង្ការ chak-vak-sang-bong-ka

vaccination *n.* ការចាក់ថ្នាំការពារ ka-chak-tnam-ka-pea

vaccine *n.* ថ្នាំបង្ការរោគ thnam-bong-ka-rok

vagina *n.* ប្រដាប់ភេទស្ត្រី bro-dab-phet-sa-trei

vaginal infection *n.* រលាកទ្វារមាស ro-leak-tvea-meas

Vaisakha *(month on Hindu calendar) n.* វិសាខ vi-sak

valet *n.* អ្នកបំរើ neak-bom-rer

valet service *n.* សេវាកម្មបោកអ៊ុត se-va-kam-boak-eut

valid *adj.* ដែលមានសុពលភាព dael-mean-so-pul-pheap; **be ~** សុពលភាព so-pul-pheap

validate *v.* ធ្វើអោយត្រឹមត្រូវ thver-oy-trerm-trouw; **~ tickets** ធ្វើឲ្យមានសុពលភាព thver-oy-mean-so-pul-pheap

validation *n.* ការធ្វើអោយមានសុពលភាព ka-thver-oy-mean-so-pul-pheap

valley *n.* ជ្រលងភ្នំ chro-long-pnom

valuable *adj.* ដែលមានតម្លៃ dael-mean-dom-lai

valuables *n.* វត្ថុមានតម្លៃ votho-mean-dom-lai

valuation *n.* ការវាយតម្លៃ ka-vea-dom-lai

value *n.* តម្លៃ dom-lai; **a good ~** តម្លៃត្រឹមត្រូវ dorm-lai troem trouw

value-added tax (VAT) *n.* តម្លៃពន្ធអាករបន្ថែម dom-lai-pun-ah-ko-bon-thaem

van *n.* ឡានដឹកទំនិញមានដំបូល lan-derk-tom-ninh-mean-dom-bol

vanilla *n.* រុក្ខជាតិ rok-cheat, វ៉ានីឡា vannila

vanilla bean *n.* សណ្តែកវ៉ានីឡា sorn-daek vannila

vanilla extract *n.* សារធាតុចម្រាញ់ពីផ្លែឈើម្យ៉ាង sara-theat-chom-reach-pi-ple-chher-myang

vapor *n.* ចំហាយ chom-hay
variable *adj.* ដែលផ្លាស់ប្តូរ dael-plas-pdo
variation *n.* ការផ្លាស់ប្តូរ ka-plas-pdo
varied *adj.* ផ្សេងគ្នា phseng-knea
variety *n.* ភាពមានច្រើន pheap-mean-chrern
various *adj.* ផ្សេងៗ phseng phseng
vary *v.* ធ្វើអោយផ្លាស់ប្តូរ thver-oy-plas-pdo
vase *n.* ថូ tho
vast *adj.* ធំធេង thom-theng
VAT (value-added tax) *n.* តម្លៃពន្ធអាករបន្ថែម dom-lai-pun-ah-ko-bon-thaem
VAT receipt *n.* បង្កាន់ដៃពន្ធ bong-kan-dai-pun
vault *n.* ទូដែក tu-dek
veal *n.* សាច់កូនគោ sach-koun-kou
vector *n.* វិចទ័រ vich-tor
vegan *adj.* ដែលមិនស៊ីសាច់នឹងស៊ុត dael-min-si-sach-neng-sup
vegetable *n.* បន្លែ bon-lae; **stuffed ~s** បន្លែញាត់សាច់ចូល bon-lae nhoat sach chol; **canned ~s** បន្លែកំប៉ុង bon-lae kom-pong; **pickled ~s** បន្លែត្រាំ bon-lae tram, ជ្រក់ chrouk; **unripe ~** បន្លែស្រស់ bon-lae sros
vegetable broth ស៊ុបបន្លែ soup bon-lae
vegetable oil *n.* ប្រេងបន្លែ preng-bon-lae
vegetable stew កំពុងដាក់ស្លរ kompong-dak-slor
vegetarian *adj.* ដែលគ្មានសាច់ dael-kmean-sach
vegetarian dish *n.* ម្ហូបសម្រាប់អ្នកតមសាច់ ma-houb-somrab-nak-torm-sach
vegetarian menu *n.* បញ្ជីមុខម្ហូបអ្នកតមសាច់ banh-chi-muk-mahoub-nak-torm-sach
vegetation *n.* សារពើរុក្ខជាតិ sa-per-rok-cheat
vehicle *n.* យានជំនិះ yean-chom-nis
veil *n.* របាំង ro-bang
vein *n.* សរសៃឈាមខ្មៅ sor-sai-chheam-kmao
velocity *n.* ល្បឿន lbern
velvet tamarind *n.* ក្រឡាញ់ kror-lanh
vendor *n.* អ្នកលក់ nek-louk
venereal *adj.* នៃរោគសង្គម ney-rok-song-kom
venereal disease *n.* រោគស្វាយប្រមេះ rok-svay-bro-mes
venison *n.* សាច់រមាំង sach-ro-meng

venom *n.* ពិស pis
ventilator *n.* កង្ហារ kong-ha
venture *n.* ធ្វើការផ្សងព្រេង thver-ka-psong-preng
venue *n.* ទីកន្លែងជំនុំជំរៈ ti-korn-laeng chum-num chum-reas, យុត្តាធិការ yuth-ta-thi-ka
verb *n.* កិរិយាស័ព្ទ ke-ri-ya-sap
verdict *n.* សាលក្រម sarl-krom, សេចក្តីសំរេច sech-kdei-som-rach
verse *n.* កំណាព្យ kom-nap
version *n.* កំណែថ្មី kom-nea-tmey
vertical *adj.* តាមខ្សែបណ្តោយ tam-ksea-bon-doy
very *adv.* លើសលុប lers-lop
very good *adj.* ល្អណាស់ laor-nas
very much *adv.* ខ្លាំងណាស់ khlaing nas
via *prep.* តាម tam
victim *n.* អ្នករងគ្រោះ neak-rong-krous
victorious *adj.* ដែលមានជ័យជំនះ dael-mean-chey-chom-neas
victory *n.* ជ័យជំនះ chey-chom-neas
video *n.* វីដេអូ vi-de-oo
video camera *n.* កាម៉េរ៉ាវីដេអូ ka-me-ra-vi-de-oo
video card *n.* កាតវីដេអូ kard-vi-de-oo
video game *n.* ហ្គេមវីដេអូ game-vi-de-oo
view *n.* ទេសភាព tes-pheap; **sea** ~ ទេសភាពសមុទ្រ tes-pheap-samut; **political ~s** ទស្សនៈនយោបាយ tous-sa-nak-no-yor-bay
viewer *n.* អ្នកមើល neak-merl
viewpoint *n.* ទស្សនៈ tous-nak
village *n.* ភូមិ phum
vinaigrette *n.* រទេះអូសកង់ពីរ ro-tes-os-kong-pi
vine *n.* ដើមទំពាំងបាយជូរ derm-tom-peang-bay-chu
vinegar *n.* ទឹកខ្មេះ toek-kmes; **red wine** ~ ទឹកខ្មេះស្រាក្រហម toek-kmes-sra-krohom; **distilled** ~ ទឹកខ្មេះសម្រក់ toek-kmes-som-rork
vineyard *n.* ចំការទំពាំងបាយជូរ chom-ka-tom-peang-bay-chu
vintage *adj.* ដែលធ្វើក្នុងឆ្នាំល្អ dael-thver-knong-chnam-laor
vintage wine *n.* ស្រាទំពាំងបាយជូរ sra-tom-peang-bay-chou
viola *n.* ទ្រឆេ tror-chhe
violence *n.* អំពើឃោរឃៅ om-per-kho-khov
violent *adj.* ដ៏អំណាចឬឃោរឃៅ dor-om-nach roue kho-khov
violently *adv.* យ៉ាងឃោរឃៅ yang-kho-khov

violets *n.* វីយ៉ូឡែត vi-you-laet
violin *n.* វីយ៉ូឡុង vi-yu-long
virgin *n.* ប្រុសឬស្ត្រីព្រហ្មចារី bros roue srey prom-charey
Virgo *(Zodiac) n.* សញ្ញសករាសី sanh-sak-rea-sey
virtually *adv.* ដោយជាក់ស្តែង doay-cheak-sdeng
virtue *n.* គុណធម៌ kun-thor
virus *n.* មេរោគ me-rok; **computer** ~ មេរោគកុំព្យូទ័រ me-rok-kom-phyu-tor
viruses *n.* មេរោគ me-roak
visa *n.* វីហ្សា vi-sa
visible *adj.* ដែលអាចមើលឃើញ dael-ach-merl-khernh
vision *n.* ទស្សនះវិស័យ tous-nak-vi-sai
visit *v.* ធ្វើទស្សនះកិច្ច thver-tous-nak-kich
visiting hours *n.* ម៉ោងទស្សនកិច្ច morng-tous-sa-nak-kech
visitor *n.* ភ្ញៀវ pnheav
visor *n.* របាំងការពារមុខ ro-bang-ka-pea-muk
visual *adj.* នៃភ្នែក ney-pnek
vital *adj.* សំខាន់ណាស់ sorm-khan-nas
vitamin *n.* វីតាមីន vi-ta-min
vocabulary *n.* វាក្យស័ព្ទ veak-sap
vocal *adj.* នៃសម្លេង ney-som-leng
vodka *n.* ឈ្មោះស្រាម៉្យាង chhmuos-sra-myang
voice *n.* សម្លេង som-leng
voir dire *(legal) n.* ការពិនិត្យពិច័យគណៈវិនិច្ឆយ kar pinit pi-chai ka-nak-vini-chai
volcano *n.* ភ្នំភ្លើង phnom-plerng
volleyball *n.* បាល់ទះ bal-tes
voltage *n.* កំលាំងជាវ៉ុលត៍ kom-lang-chea-vol
volume *n.* ទំហំ tom-hom
voluntarily *adv.* ដោយស្ម័គ្រចិត្ត doay-smak-chet
voluntary *adj.* ដែលស្ម័គ្រចិត្ត dael-smak-chet
volunteer *n.* ជនស្ម័គ្រចិត្ត chun-smak-chet
vomit *v.* ក្អួត kh-out
vote *n.* ការបោះឆ្នោត ka-bos-chnort
vowel *n.* ស្រះ sras

W

wafer *n.* នំម៉្យាងតូចៗស្តើង nom-myang-toch-toch-sderng, វ៉ាហ្វ៊ែរ va-pher
waffle *n.* នំពុម្ព nom-pom
wage *n.* ប្រាក់ឈ្នួល brak-chhnoul
waist *n.* ចង្កេះ chong-kes
wait *n.* រយៈពេលដែលចាំ ro-yak-pel-dael-cham
wait for *v.* រង់ចាំ rong-cham
waiter *n.* អ្នកបំរើ nek-bom-rer
waiting room បន្ទប់រង់ចាំ bon-tob-rong-cham
waitress *n.* អ្នកបំរើស្រី neak-bom-rer-srey
waiver *n.* ការលើកលែង ka-lerk-leng, ការលះបង់សិទ្ធិ kar leaes borng soet
wake *v.* ដាស់ das
wake up *v.* ភ្ញាក់ឡើង pnheak-leng
wake-up call *n.* ទូរស័ព្ទដាស់ tou-ro-sab-das
walk *v.* ដើរ der; **go for a ~** ដើរលេង der-leng
walking *n.* ការដើរ ka-der
walking catfish *n.* ត្រីអណ្តែងរឹង trei orn-daeng roeng
walking shoes *n.* ស្បែកជើងកីឡាសម្រាប់ដើរ sbaek-cherng-keila-somrab-der
walking snakehead *(fish) n.* ត្រីក្សាន trei ksan
walkway *n.* ផ្លូវ phlouw
wall *n.* ជញ្ជាំង chonh-cheang
wallet *n.* ការបូបដាក់លុយ ka-boub-dak-luy
walnut *n.* គ្រាប់វ៉ាល់ណាត់ kroab val-nat, ឈើវ៉ាលណាត់ chher-val-nat
wander *v.* រវើរវាយ ro-ver-ro-veay
want *v.* ត្រូវការ trouw-ka
war *n.* សង្គ្រាម song-kream
war memorial *n.* វិមានរំលឹកវិញ្ញាណក្ខន្ធ vimea-rom-leok-vinheanh-khan
ward *n.* សង្កាត់ song-kat; **hospital ~** បន្ទប់សម្រាកព្យាបាល bon-ton-somrak-pya-bal
ward of the state *n.* ជននៅក្រោមអាណាព្យាបាលរដ្ឋ chun-nov-kroam-ana-pya-bal-roth
wardrobe *n.* ទូរព្យួរខោអាវ tu-pchou-khor-av

warehouse *n.* ឃ្លាំងអីវ៉ាន់ khleang-ey-wan
warm *adj.* កក់ក្តៅ kork-kdao; ~ **weather** អាកាសធាតុកក់ក្តៅ ah-kasa-theat-kork-kdao
warmer *adj.* ប្រដាប់ធ្វើអោយកក់ក្តៅ bro-dab-tvre-oy-kork-kdao
warmth *n.* ការកក់ក្តៅ ka-kork-kdao
warn *v.* ដាស់តឿន das-tern
warning *n.* ការព្រមាន ka-pro-mean; **health** ~ គ្រោះថ្នាក់សម្រាប់សុខភាព krous-tnak-somrab-sok-pheap
warning light *n.* ភ្លើងព្រមាន plerng-pro-mean;
warrant *n.* ដីកា deika
warranty *n.* ការធានា kap-thea-nea
wart *n.* ឬសនៅលើស្បែក rers-nov-ler-sbek
wasabi *n.* វ៉ាសាប៊ិ va-sabi
wash *v.* លាង, ដុស leang-dos; ~ **dishes** លាងចាន leang-chan; **hand** ~ ទឹកលាងដៃ toek-leang-dai
washbasin *n.* អាងទឹកលុបមុខ ang-toek-lub-muk
washing *n.* ការលាង ka-leang
washing machine *n.* ម៉ាស៊ីនបោកខោអាវ ma-sin-boak-khor-av
Washington, D.C. *n.* វ៉ាស៊ីនតោន ឌីស៊ី wa-sin-ton-d-c
washroom *n.* បន្ទប់ទឹក bon-tob-toek
wasp *n.* ឪម៉ាល់ or-mal
waste *v.* ខ្ជះខ្ជាយ khcheas-kcheay
watch *v. (look at)* មើល merl • *n. (timepiece)* នាឡិកា nea-li-ka
watch out! *excl.* ប្រយ័ត្ន bro-yat
watchmaker *n.* ជាងធ្វើនាឡិកា cheang-thver-nea-li-ka
water *n.* ទឹក toek; **bottled** ~ ទឹកដប toek dorb; **drinkable** ~ ទឹកដែលអាចផឹកបាន toek-dael-ach-pherk-ban; **filtered** ~ ទឹកច្រោះ toek-chrors; **fresh** ~ ទឹកបរិសុទ្ធ toek-bor-ri-soth; **running** ~ ទឹកហូរ toek-hou; **well** ~ ទឹកអណ្តូង toek-on-doung
water bottle *n.* ដបទឹក dorb-toek
water chestnut *n.* ក្រចាប់ kro-chab
water convolvulus *(plant) n.* ត្រកួន tror-kuon
water faucet *n.* ក្បាលម៉ាស៊ីនរ៉ូប៊ីណេ kbal-ma-sin-ro-bee-ne
water heater *n.* ម៉ាស៊ីនទឹកក្តៅ masin toek kdao
water hyacinth *n.* កំប្លោក kom-phloak
water lily *n.* ព្រលឹត proo-loet
water mimosa *n.* កញ្ឆែត kanh-chaet

water primrose *n.* កំពឹងពួយ kom-ping puoy
watercolor *n.* គំនូរដោយប្រើថ្នាំពណ៌ទឹក kum-nou-doy-brer-thnam-por-toek
watercress *n.* ក្រសាំងទៀប kro-sang-teab
waterfall *n.* ទឹកធ្លាក់ toek-tleak
watermelon *n.* ឪឡឹក aow-loek
waterproof *adj.* ដែលមិនជ្រាបទឹក dael-min-chreap-toek
waterproof shoes *n.* ស្បែកជើងមិនជ្រាបទឹក sbaek-cherng-min-chreab-toek
water-ski *v.* ជិះស្គីលើទឹក chis-ski-ler-toek
water-skiing *n.* កីឡាជិះស្គីលើទឹក kei-la-chis-ski-ler-toek
wave *n.* ទឹករលក toek-ro-lork • *v.* បក់ដៃ bork-dai; ~ **goodbye** បក់ដៃលា bork-dai-lea
wax *n.* ក្រមួន kror-muon
wax apple *n.* ជម្ពូ chum-poo
wax paper *n.* ក្រដាសក្រមួន kror-das kror muon
waxwork *n.* រូបសូន្យក្រមួន rub-son-kror-muon
way *n.* របៀប ro-beap, ផ្លូវ phlouw; **on the** ~ នៅតាមផ្លូវ nov-tam-phlouw; **which ~?** របៀបណា ro-beap-na
we *pron.* យើង yerng
weak *adj.* ខ្សោយ khsoy
weakness *n.* ភាពទុនខ្សោយ pheap-ton-khsoy
wealth *n.* ភាពសំបូរ pheap-som-bo
wealthy *adj.* មានទ្រព្យ mean-trop
weapon *n.* អាវុធ ah-vut
wear *v.* ស្លៀកពាក់ sleak-peak
weather *n.* អាកាសធាតុ ah-kasa-theat; **warm** ~ អាកាសធាតុកក់ក្តៅ ah-kasa-theat-kork-kdao
weather forecast *n.* ព្យាករណ៍អាកាសធាតុ pyea-kor-ah-kasa-theat
web *(network) n.* បណ្ដាញ bon-danh
webpage *n.* គេហទំព័រ ke-hak-tom-por
website *n.* គេហទំព័រ ke-hak-tom-por, វេបសាយ web-site
wedding *n.* មង្គលការ mong-kol-ka
wedding anniversary *n.* ខួបអាពាហ៍ពិពាហ៍ khuob-ah-pea-pi-pea
wedding cake *n.* នំអាពាហ៍ពិពាហ៍ num-ah-pea-pi-pea
Wednesday *n.* ថ្ងៃពុធ thngai-put
week *n.* សប្ដាហ៍ sab-bda; **this** ~ សប្ដាហ៍នេះ sab-bda-nis; **next** ~ សប្ដាហ៍ក្រោយ sab-bda-kroay, សប្ដាហ៍បន្ទាប់ sab-bda-bon-torp; **last** ~ សប្ដាហ៍មុន sab-bda mun; **every** ~ រាល់សប្ដាហ៍ rorl sab-bda; **per** ~

ក្នុងមួយសប្តាហ៍ knong muoy sab-bda
weekday *n.* ថ្ងៃធ្វើការ thngai-thver-ka
weekend *n.* ចុងសប្តាហ៍ chong-sab-bda
weekly *adv.* រាល់សប្តាហ៍ rol-sab-bda
weigh *v.* ថ្លឹង thlerng
weight *n.* ទម្ងន់ tom-ngun; **net ~** ទម្ងន់សរុប tom-ngun-sak-rop; **lose ~** ស្រកទម្ងន់ srok-tom-ngun; **reduce ~** បន្ថយទំងន់ born-thory tom ngun
welcome *v.* ទទួលស្វាគមន៍ tor-toul-sva-kom; **~ to …** ស្វាគមន៍ទៅកាន់ sva-kum-touw-kan; you're ~! មិនអីទេ min-ey-te
well *adv.* ល្អ laor; **as ~ as** ក៏ដូចជា kor-douch-chea • *n. (for water)* អណ្តូង orn-doung
well water *n.* ទឹកអណ្តូង toek-on-doung
well-known *adj.* ល្បីល្បាញ lbei-lbanh
west *n.* ទិសខាងលិច ters-khang-lich • *adv.* ខាងលិច khaing lech
western *adj.* ឆ្ពោះទៅខាងលិច chhpous-touw-khang-lich
wet *adj.* ទទឹក tor-toek
wet paint *n.* ដែលមិនទាន់ស្ងួត dael-min-toin-sngout
wetsuit *n.* ខោអាវហែលទឹក khoa-av-hael-toek
what *pron.* អ្វី avey; **~ is that?** តើវាជាអ្វី? ter-vea-chea-avey
whatever *det* អ្វីក៏បាន avey-kor-ban
wheat *n.* ស្រូវសាឡី srouw salei; **whole ~** ស្រូវសាឡីសុទ្ធ srouw-salei-sot; **whole ~ bread** នំប៉័ងស្រូវសាឡីសុទ្ធ num-pang srouw salei sot
wheat flour *n.* ម្សៅស្រូវសាឡី msao srouw salei; **whole ~** ម្សៅស្រូវសាឡីសុទ្ធ msao-srouw-salei-sot
wheat germ *n.* ពន្លកស្រូវសាលី pun-lork srouw-salei
wheel *n.* កង់ kong
wheelchair *n.* កៅអីមានកង់ kao-ey-mean-kong
wheezing *n.* សម្លេងដកដង្ហើមថប់ៗ somleng-dork-dong-herm-thorb-thorb
when *conj.* កាលណា kal-na
whenever *conj.* ពេលណាក៏បាន pel-na-kor-ban
where *conj.* ដោយហេតុថា doay-het-tha; **~ to?** ទៅណា touw-na
whereas *conj.* ដោយហេតុថា doy-het-tha
wherever *conj.* ឯណាក៏ដោយ eh-na-kor-doy
whether *conj.* ថាតើ tha-ter
whey *n.* កាកទឹកដោះ kark-toek-dos
which *pron.* ដែល dael

while *con.j* នៅពេលដែល nov-pel-dael; ~ **you wait** កំឡុងពេលចាំ komlong-pel-cham
whip *v.* រំពាត់ rom-port
whipfin silver-biddy *(fish) n.* ត្រីដូរអង្ករ trei doo-orng-kor
whipped *adj.* ពត់ put
whipped cream *n.* វាយ veay, ក្រែមវាយនឹងរំពាត់ kraem vai noeng rum-poat
whisk *v.* បោស bors
whiskey *n.* ស្រាវីស្គី srar viski
whisper *v.* ខ្សឹបប្រាប់ khsep-prab
whistle *n.* ផ្លុំ phlom
white *adj.* ស sor
white bread *n.* នំប៉័ងស num-pang sor, នំប៉័ងស្រូវសាឡី num-pang-srov-salie
white gardenia *n.* មាលតី mal-tei
white leadtree *n.* ក្ទម្ពទេស ktoam-tes
white sauce *n.* ទឹកជ្រលក់ toek-chro-luk
white wine *n.* ស្រាស srar-sor
whither *adv.* ផ្លូវណា phlouw-na
whiting *n.* ត្រីក្បក trei-kbork
who *pron.* អ្នកណា neak-na
whoever *pron.* អ្នកណាក៏ដោយ neak-na-kor-doy
whole *adj.* ទាំងអស់ teang-os
whole milk *n.* ទឹកដោះគោសុទ្ធ toek-da-oh-koo-sot
whole grain *n.* គ្រាប់ធញ្ញជាតិទាំងមូល kroab thun-cheat taing moul
whole wheat *n.* ស្រូវសាឡីសុទ្ធ srouw-salei-sot
whole wheat bread *n.* នំប៉័ងស្រូវសាឡីសុទ្ធ num-pang srouw salei sot
whole wheat flour *n.* ម្សៅស្រូវសាឡីសុទ្ធ msao-srouw-salie-sot
whom *pron.* អ្នកណា nek-na
whose *det* របស់អ្នកណា ro-bos-nek-na
why *adv.* ហេតុអ្វី het-avey; ~ **not?** ហេតុអីមិនអាច? het-avey-min-ach
wide *adj.* ទូលំទូលាយ tu-lom-tu-leay
wide band *(tech.) n.* ការប្រើប្រាស់ប្រេកង់ kar preur-pras fre-korng
widely *adv.* ទូទៅ tu-touw
widespread *adj.* ជាសកល chea-sak-kol
widow *n.* មេម៉ាយ mee-may
widower *n.* ពោះម៉ាយ pous-may
width *n.* ទទឹង tor-terng

wife *n.* ប្រពន្ធ pror-pun
wild *adj.* ដែលដុះឯង dael-dos-eng
wild animal *n.* សត្វព្រៃ sat-prey
wild boar *n.* ជ្រូកព្រៃ chrouk-prey
wildlife *n.* សត្វព្រៃ sat-prey
wildly *adv.* យ៉ាងព្រៃផ្សៃ yang-prey-psai
will *n. (legal)* សំបុត្របណ្តាំ sorm-bot born-dam • *v.* នឹង neng
willing *adj.* ដែលសុខចិត្ត dael-sok-chet
willingly *adv.* ដោយក្តីពេញចិត្ត doay-kdey-penh-chet
willingness *n.* ភាពពេញចិត្ត pheap-penh-chet
willughbeia cochinchinensis *(tropical fruit) n.* គុយ kuy
win *v.* ឈ្នះ chhneas
wind *n.* ខ្យល់ kchol
wind up *v.* បញ្ចប់ banh-chob
windbreaker *n.* អាវទប់ខ្យល់ av-top-kchol
windmill *n.* ម៉ាស៊ីនកិនម្សៅដើរដោយកម្លាំងខ្យល់ ma-sin-der-doy-kom-lang-kchol
window *n.* វីនដូ vin-do, បង្អួច bong-ouch
window seat *n.* កន្លែងអង្គុយក្បែរបង្អួច konleng-ang-kuy-kber-bong-ouch
window shopping *n.* ការដើរមើលទំនិញតែមិនទិញ ka-der-merl-tom-nenh-te-min-tenh
windshield *n.* កញ្ចក់ kanh-chok
windshield wiper *n.* ផ្លិតទឹកឡាន plet-toek-lan
windsurf *v.* កីឡាជិះទូកក្តោង kei-la-chis-touk-kdoang
windy *adj.* ដែលមានខ្យល់ខ្លាំង dael-mean-kchol-klang
wine *n.* ស្រា sra, ស្រាទំពាំងបាយជូរ sra-tom-peang-bay-chu; **bottle of** ~ ស្រាមួយដប sra-muoy dorb; **house** ~ ស្រាតាមហាង sra-tam-hang; **red** ~ ស្រាក្រហម sra-kror-horm; **white** ~ ស្រាស srar-sor; **sparkling** ~ ពពុះស្រា por-po-sra; **vintage** ~ ស្រាទំពាំងបាយជូរ sra-tom-peang-bay-chou
wine cellar *n.* កន្លែងស្តុកស្រាទំពាំងបាយជូរ konleng-stock-sra-tom-peang-bay-chou
wine list *n.* បញ្ជីឈ្មោះស្រា banh-chi-chmous-sra
wineglass *n.* កែវស្រាទំពាំងបាយជូរ kaew-sra-tom-peang-bay-chu
winery *n.* កន្លែងធ្វើស្រាទំពាំងបាយជូរ kon-laeng-thver-sra-tom-peang-bay-chu
wing *n.* ស្លាប slab

winner *n.* អ្នកឈ្នះ neak-chhneas
winning *adj.* ដែលធ្វើអោយឈ្នះ dael-thver-oy-chhneas
winter *n.* រដូវត្រជាក់ ro-dov-tro-cheak
wipe *v.* ជូត chout
wire *n.* ខ្សែលួស khsae-lous
wireless Internet *n.* ខ្សែអ៊ីនធឺណេត khsae-internet
wisdom *n.* គតិបណ្ឌិត kak-tik-bon-det
wise *adj.* ដែលវៃឆ្លាត dael-vei-chhlat
wish *v.* បួងសួង boung-soung; **best ~es** សព្ទសាធុការពរ sorb-sa-thu-ka-por
wit *n.* ប្រាជ្ញា brach-nha
with *prep.* ជាមួយ chea-muoy
withdraw *v.* ដកថយ dork-thoy; ~ **money** ដកលុយ dork-luy
withdrawal *n.* ការដកចេញ ka-dork-chenh
within *prep.* នៅក្នុង nov-knong
without *prep.* គ្មាន kmean
witness *n.* ភស្តុតាង phos-tang, សាក្សី sak-sei
woman *n.* ស្រី srey
women's room *n.* បន្ទប់ស្រី bon-tob-srey
women's clothing *n.* សម្លៀកបំពាក់ស្ត្រី somleak-bom-peak-sat-trei
wonder *v.* សង្ស័យ song-sai
wonderful *adj.* អស្ចារ្យ os-cha
wood apple *n.* ខ្វិត khvoet
wood *n.* ឈើ chher
wood carving *n.* ឆ្លាក់ឈើ chlak-chher
wooden *adj.* ដែលធ្វើពីឈើ dael-thver-pi-chher
wooden spoon *n.* ស្លាបព្រាឈើ sleab-prea-chher
woods *n.* ព្រៃឈើ prey-chher
woody herb *n.* កន្ទាំង korn-thaing
wool *n.* រោម rom
word *n.* ពាក្យ peak
word processing *n.* កម្មវិធីសម្រាប់វាយឯកសារ kam-vithi sorm-rab vai aeng-kasar, សម្រង់អត្ថបទ som-rong-art-ta-bot
work *v.* ធ្វើការ tve-ka; **it doesn't ~** វាមិនដំណើរការ vea-min-dom-ner-ka
work permit ច្បាប់អនុញ្ញាតការងារ chbab-ah-nu-nhat-kangea
worker *n.* អ្នកធ្វើការ nek-thver-ka
workforce *n.* កំលាំងការងារ kom-lang-ka-ngea
working *adj.* ដែលធ្វើការងារ dael-thver-ka-ngea

workout *n.* ការហាត់ប្រាណ ka-hat-bran
works *n.* រោងចក្រ rong-chak
workshop *n.* រោងជាង rong-cheang
world *n.* ពិភពលោក pi-phob-lok
World Cup *n.* ពានរង្វាន់ពិភពលោក pean-rong-voin-pi-phob-lork
World War II *n.* សង្គ្រាមលោកលើកទី២ song-kream-lork-lerk-ti-pi
worldwide *adj.* ទូទាំងពិភពលោក tou-tang-pi-phob-lok
worm *n.* ដង្កូវ dong-kov
wormwood *n.* អាម៉ាស់ ah-mas
worried *adj.* ដែលព្រួយបារម្ភ dael-prouy-barom
worry *v.* បារម្ភ barom
worrying *adj.* ដែលធ្វើអោយបារម្ភ dael-thver-oy-barom
worse *adj.* អាក្រក់ជាង akrok-cheang
worship *n.* សក្ការៈ sak-ka-rak
worst *adj.* អាក្រក់បំផុត akrok-bom-phot
worth *adj.* ដែលមានតំលៃ dael-mean-dom-lai • *n.* តម្លៃ dorm-lai; **what's it ~?** តើវាមានតម្លៃអ្វី ter-vea-mean-dom-lai-avey
worthy *adj.* ដែលគួរធ្វើ dael-kou-thver
would *v.* នឹង neng
wound *n.* ការឈឺចាប់ផ្លូវចិត្ត ka-chher-chab-phlouw-chet
wounded *adj.* ដែលត្រូវរបួស dael-trouw-ro-bous
wrap *v.* ស្លៀកពាក់យ៉ាងក្រាស sleak-peak-yang-kras
wrapped *adj.* រុំ rum
wrapping *n.* គ្រឿងរុំពីក្រៅ krerng-rom-pi-krav
wrist *n.* កដៃ kor-dai
writ *(legal) n.* គម្ពីរ kom-pi, ដីកាបង្គាប់ deika borng koab
write *v.* សរសេរ sor-seh
write down *v.* កត់ត្រាទុក kot-tra-tuk
writer *n.* អ្នកសរសេរ nek-sor-seh
writing *n.* ការសរសេរអក្សរ ka-sor-seh-ak-sor
written *adj.* សរសេរ sor-seh
wrong *adj.* ខុស khos; **what's ~?** តើមានបញ្ហាអ្វី ter-mean-panh-ha-avey
wrong number *n.* ខុសលេខ khos-lek
wrongly *adv.* មិនត្រូវ min-trouw
www (world-wide web) *(tech.) n.* ដាប់បិលយូបីដង dab-bel-you bei dorng

X-Y-Z

x-ray *n.* កាំរស្មីអិច kam-reak-smey-ex

yacht *n.* ទូកក្តោងសំរាប់ជិះលេង tuk-kdorng-som-rab-chis-leng
yam *n.* ដំឡូងជ្វា dorm loung chvea
yard *n.* ទីធ្លា ti-tlea
yarrow *n.* រុក្ខជាតិម៉្យាង ruk-cheat-myang
yawn *v.* ស្ងាប sngab
yeah *exclam* បាទ bat
year *n.* ឆ្នាំ chhnam; **this ~** ឆ្នាំនេះ chhnam-nis; **last ~** ឆ្នាំមុន chhnam mun; **next ~** ឆ្នាំបន្ទាប់ chhnam-bon-torp; **Happy New ~!** សួស្តីឆ្នាំថ្មី sou-sdey-chhnam-thmei
yeast *n.* ដំបែ dorm-bae
yeast cake *n.* នំផ្សិតដំបែ num-pa-soet dorm-bae
yell *v.* គំហកដាក់ kom-hork-dak
yellow *adj.* ពណ៌លឿង por-loeurng
yellow cheese *n.* ឈីសលឿង chhiz loeurng
yellowstripe scad *(fish) n.* ត្រីឆ្នូតលឿង trei chnout loeurng
yellowtail rasbora *(fish) n.* ត្រីចង្វាមូល trei chorng-va moul
yes *excl.* បាទ bat, ចាំ cha
yesterday *adv.* ពីម្សិលមិញ pi-msil-minh
yet *adv.* នៅឡើយ nov-lery; **not ~** មិនទាន់រួច min-toin-rouch
yield *v.* ផ្តល់អោយ phdol-oy
ylang-ylang *n.* ក្តាំងងា kdaing-ngea
yoga *n.* យោគ yuk
yogurt *n.* ទឹកដោះគោយ៉ាអួ toek da-oh koo chou, ទឹកដោះគោជូរ toek-dos-koo-chou; **low-fat ~** ទឹកដោះគោមានជាតិខ្លាញ់ទាប toek-da-oh-koo-mean-cheat-khlanh-teab; **plain ~** យូហ្គឺតសុទ្ធ yo-geurt sot
yolk *n.* ស៊ុតលឿង sut-lueng
you *pron.* អ្នក neak
young *adj.* ក្មេង kmeng
your *adj.* របស់អ្នក robos-neak

yours *pron.* របស់អ្នក robos-neak; **is this ~?** តើវាជារបស់អ្នកឬ ter-vea-chea-robos-neak-reu
yours truly *phr.* យ៉ាងស្មោះស្ម័គ្រ yang-smos-smak
yourself *pron.* ខ្លួនឯង kloun-eng
youth *n.* យុវជន yu-veak-chun
youth hostel *n.* សណ្ឋាគារសម្រាប់ក្មេង son-tha-kea-somrab-kmeng

zander *(fish) n.* ត្រីបាឡែន trei-ba-len
zebra *n.* សេះបង្កង់ ses-bong-kong
zero *num.* សូន្យ soon
zest *n.* *(enthusiasm)* រីករាយខ្លាំង rik-reay-klang; *(fruit rind)* **lemon ~** សម្បកក្រូច sombok-krouch
zesty ពោរពេញដោយសេចក្តីរីករាយ por-penh-doy-sech-kdei-reek-reay
zip *n.* ហ្ស៊ីប zip • *v.* បិទ bit; *(tech.)* **~ a file** ផ្តុំឯកសារ pdom-ek-kasa
zip drive *n. (tech.)* ដ្រាយដែលត្រូវបានហ្ស៊ីប drai dael trouw ban zip, បន្ទះថាសសម្រាប់ផ្ទុកទិន្នន័យ bon-tes-thas-som-rab-ptuk-tin-na-nei
zipper *n.* ខ្សែរូត khsae-rut
Zodiac *n.* រាសីចក្រ rea-si-chak
zone *n.* តំបន់ dom-bon
zoning *n.* ការបែងចែកជាតំបន់ ka-beng-chek-chea-dom-bom, នគរូបនីយកម្ម nor-kor rub-pak-nei-kam
zoning laws *n.* ច្បាប់សង្កាត់ chbab-song-kat, នីតិនគរូបនីយកម្ម ni-the nor-kor rub-pak-nei-kam;
zoo *n.* សួនសត្វ soun-sat
zucchini *n.* បន្លែម្យ៉ាងស្រដៀងននោង bon-lae-myang-sro-deang-no-norng

www.ingramcontent.com/pod-product-compliance
Lightning Source LLC
Jackson TN
JSHW071700170426
101040JS00022B/429